ヤマダの木構造

改訂版

YAMADA'S TIMBER STRUCTURE

山田憲明

はじめに

木材は、サイズ・乾燥・腐朽・燃焼等に対して配慮の必要な材料である一方、軽くて加工しやすいという特長を合わせ持つ。それゆえ木構造は、多種多様な「素材」「接合」とそれらを用いて「かたち」をつくるための設計・施工技術が編み出され、その豊富さでは他の構造の追従を許さない。一方、建築という巨大で複雑な構造物を構築する際にはあらゆる段階で様々な課題が立ちはだかり、設計者・施工者はその都度大きな構想と細かい工夫をもって解決をはかっている。だが、経験の少ない設計者にとって、特に木構造においては、多様な技術の中から適切なものを取捨選択して解決するのは至難の業である。

本書は、こうした多くの設計者・施工者が直面する木構造の課題について、個々の具体的な解決策を紹介する「事例編」と、基本となる考え方を紹介する「基礎知識編」の２つのパートから成る。

事例編では、これまでに私が構造設計した27件の建築作品を事例として、木構造の構造計画で頻繁に起こる様々な課題を解決・実現する方法を解説したものである。本書の改訂にあたり、新しく７作品を入れ替えた。特徴的な構造の課題を持った住宅、事務所、幼稚園保育園、レストラン、図書館、会館など、様々な用途と規模の作品をピックアップし、どのような構想と工夫をもって解決していったかを詳述している。どの事例もちょっとした発想の転換や考え方の整理のもと、ごくごく一般的な技術を組み合わせて解決していることに気づいていただけるだろう。

基礎知識編では、構造設計者が関わることの少ない４号建築物規模の木造住宅を主対象に、これまで意匠設計者から寄せられた相談や疑問のなかから特に多かったものをピックアップして解説を行ったものである。木造住宅ではほとんどの場合、意匠設計者自身の経験や建築基準法の仕様規定をもとに構造設計が行われている。しかし、経験や仕様規定だけでは判断に迷う場面も実際の設計では多い。その内容は多岐にわたるが、数々の相談を受けるなかで、「詳細な構造計算による数値的な根拠よりも、木構造の背景にある力学的な仕組みを知って、自分自身を安心・納得させたい」という、意匠設計者に共通の思いを感じてきた。この思いに応えるべく筆をとったものである。

全編通して数式はなるべく使わずに、構造設計の根本にある力学的な仕組みを簡単なイラストで理解できるようにしているので、意匠設計者はもちろん、学生、木構造に不慣れな構造設計者にも手に取っていただけることを願っている。本書が様々な解決の糧となり、身の周りに溢れているにもかかわらず設計者にとって最も縁遠いともいえる木構造を、少しでも身近なものに感じていただければ幸いである。

山田憲明

本書は、建築知識2014年8月号～2016年10月号および2022年8月号～2023年2月号で連載した「山田憲明の木構造」と、建築知識2016年4月号で特集した「ヤマダの超実践木構造」に大幅な加筆修正を行い、再編集した本である。

目次

part 2 基礎知識編

デザイン：山田知子（chichols）
DTP：TKクリエイト
印刷：シナノ書籍印刷
カバー写真：
RISE&WIN Brewing Co. BBQ & General Store
（写真：ナカサアンドパートナーズ）

Part 1

事　例　編

1

無柱大空間を化粧小屋組でつくる方法

事例：府中の家／堀部安嗣建築設計事務所

室内に柱を立てずにワンルームのＬＤＫをつくろうとすると、梁に長いスパンが求められ、一般的なかけ方では実現できない。加えて、小屋梁を化粧露しでみせ、梁のかけ方やディテールの見た目にも配慮するとなれば、難易度はさらに上がる。一方、六角形プランの建物は珍しいが、構造的に安定させやすく、空間的な特徴も出しやすい。
ここでは、対角線長8.4ｍ、六角形プランをもつ木造2階建て住宅「府中の家」を事例に、無柱大空間を化粧小屋組でつくる方法を解説する。

図1｜六角形プランの長所

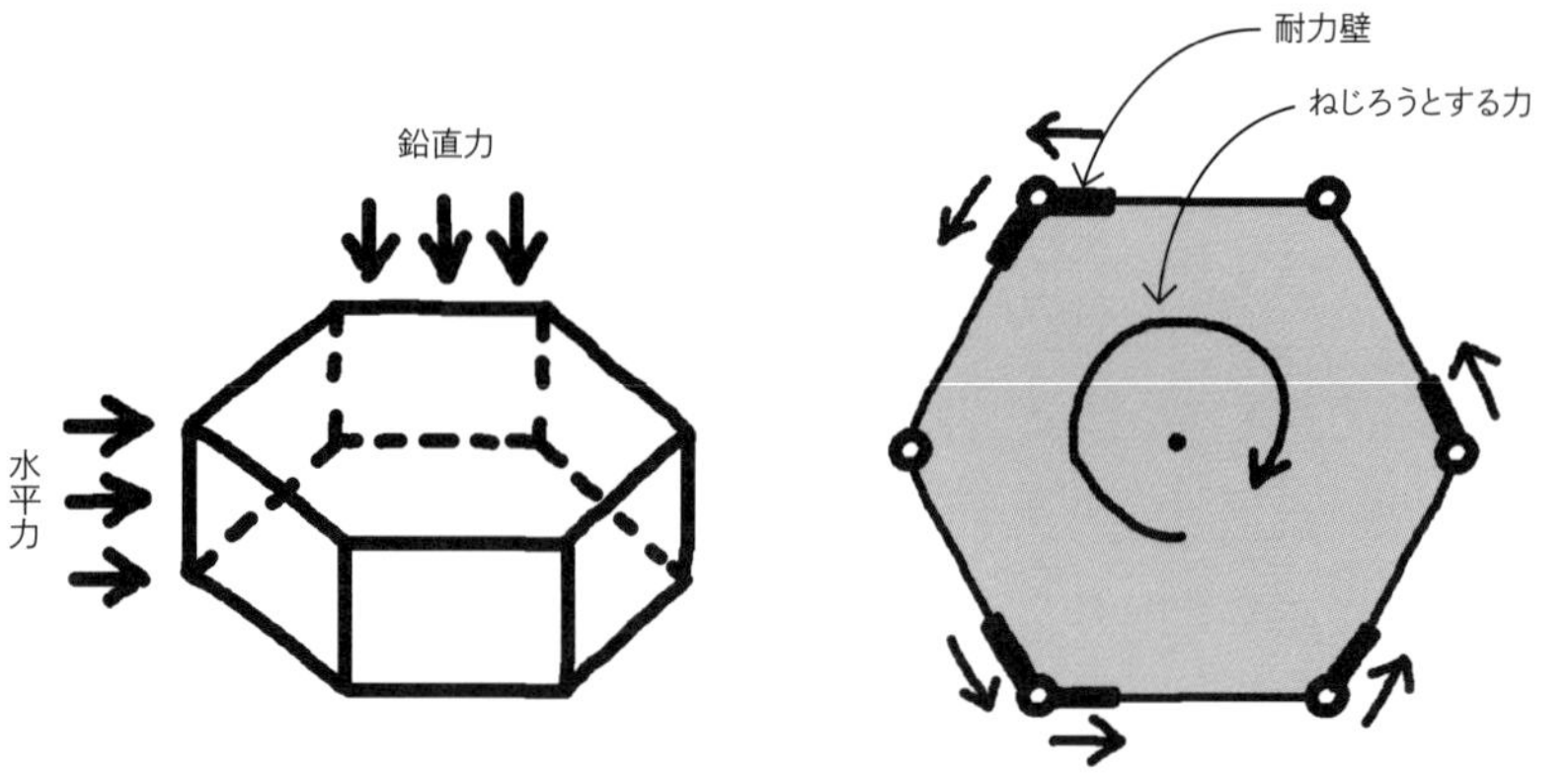

鉛直力
水平力
耐力壁
ねじろうとする力

対称形であるため、部材にかかる鉛直荷重が均当になりやすい。また、六角形は面の数が多く、その分鉛直構面を確保しやすいので、水平力にも強い

外周面に耐力壁を確保しやすいため、建物をねじろうとする力に強い

図2｜足元の固定による架構の安全性

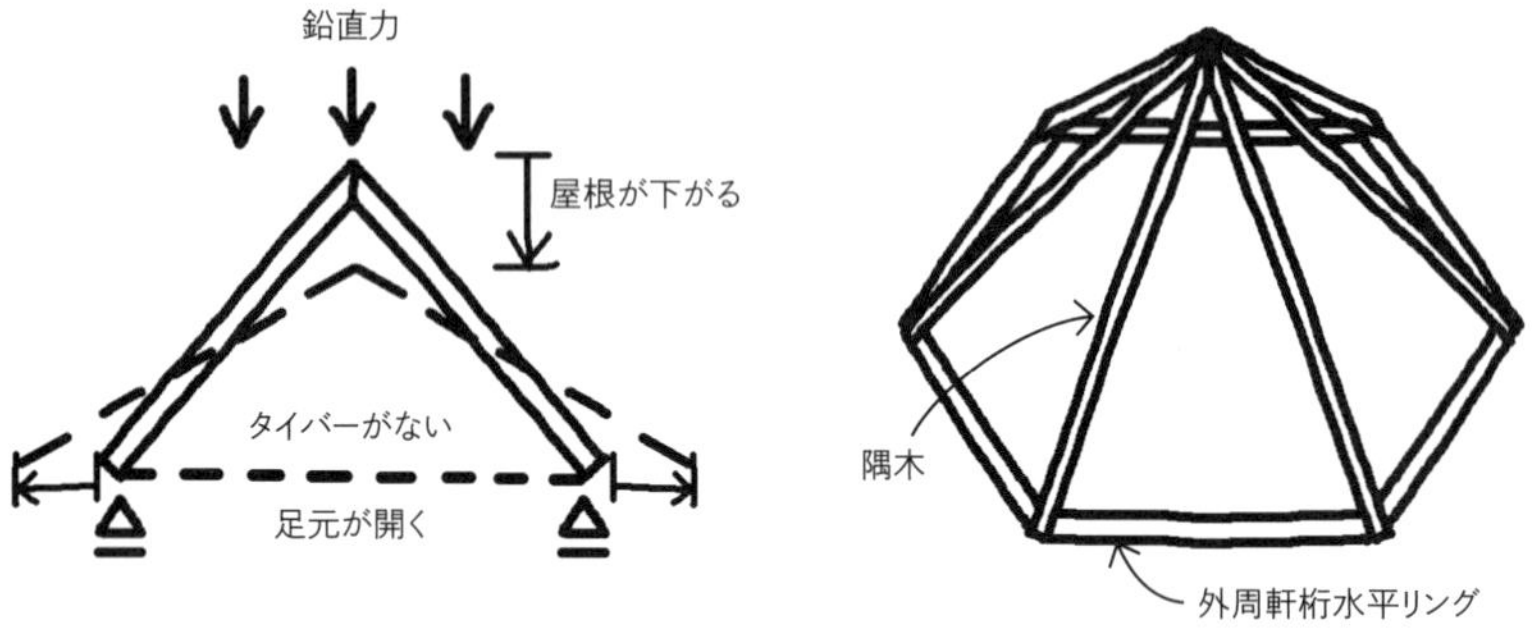

鉛直力
屋根が下がる
タイバーがない
足元が開く
隅木
外周軒桁水平リング

タイバーがない合掌屋根に鉛直力が加わると、足元が水平方向に開き、屋根が下がってしまう

リング状の軒桁に6本の隅木を固定して六角錐形の立体トラスをつくることにより、隅木の足元が開かないようにできる

一般的な木造住宅の部屋は、広くても8～12畳程度。部屋周囲の壁に柱を立てて、通常より断面が大きめの梁を短手方向に2間～2間半（3.64～4.55ｍ）のスパンで飛ばせばよい。たとえば和小屋の単純梁形式であれば、小屋梁成は240～300㎜、材長4～6ｍの流通材で足りる。しかし、ワンルームでそれ以上のスパンを飛ばす場合、室内の柱なしで梁をかけることは難しい。

「府中の家」の特徴は、六角形のプランと、六角錐形で方形（5寸勾配）の屋根である。2階はワンルームのＬＤＫで、対角線長8.4ｍの柱のない無柱空間となっている。2階は天井を張らず、屋根の垂木や梁を化粧露しとして、美しい見え方になるように梁を組んでいる[9頁小屋伏図参照]。さらに、道路側は全面窓になっていて耐力壁がなく、一見、耐震性能上のバランスが悪いように見える。このような特徴をもつ建物の構造をどのように計画していけばよいだろうか。構造計画のポイントは次のとおりに集約できる。

❶六角形プランの長所をどう生かすか
❷室内の柱をどうやってなくすか
❸化粧露しの小屋組をつくるための梁のかけ方とディテール
❹道路側の耐力壁がない部分に、どう耐震性を持たせるか

❶六角形プランの長所をどう生かすか

六角形プランは多く採用されるものではないが、構造上の長所があり、さまざまな可能性を秘めている。まず、外力に対して安定した形状であるということである。たとえば、対称形なので鉛直荷重や地震・風などの水平力に対してバランスをとりやすい。また、四角形に比べ外周面に耐力壁を多く確保しやすいので、建物をねじろうとする力に対しても強いかたちといえる[図1]。

一方、部材どうしが90°の角度で接合される長方形プランとは異なり、120°の角度で接合されるので接合部の納まり

屋根を六角錐形の方形とした、無柱大空間

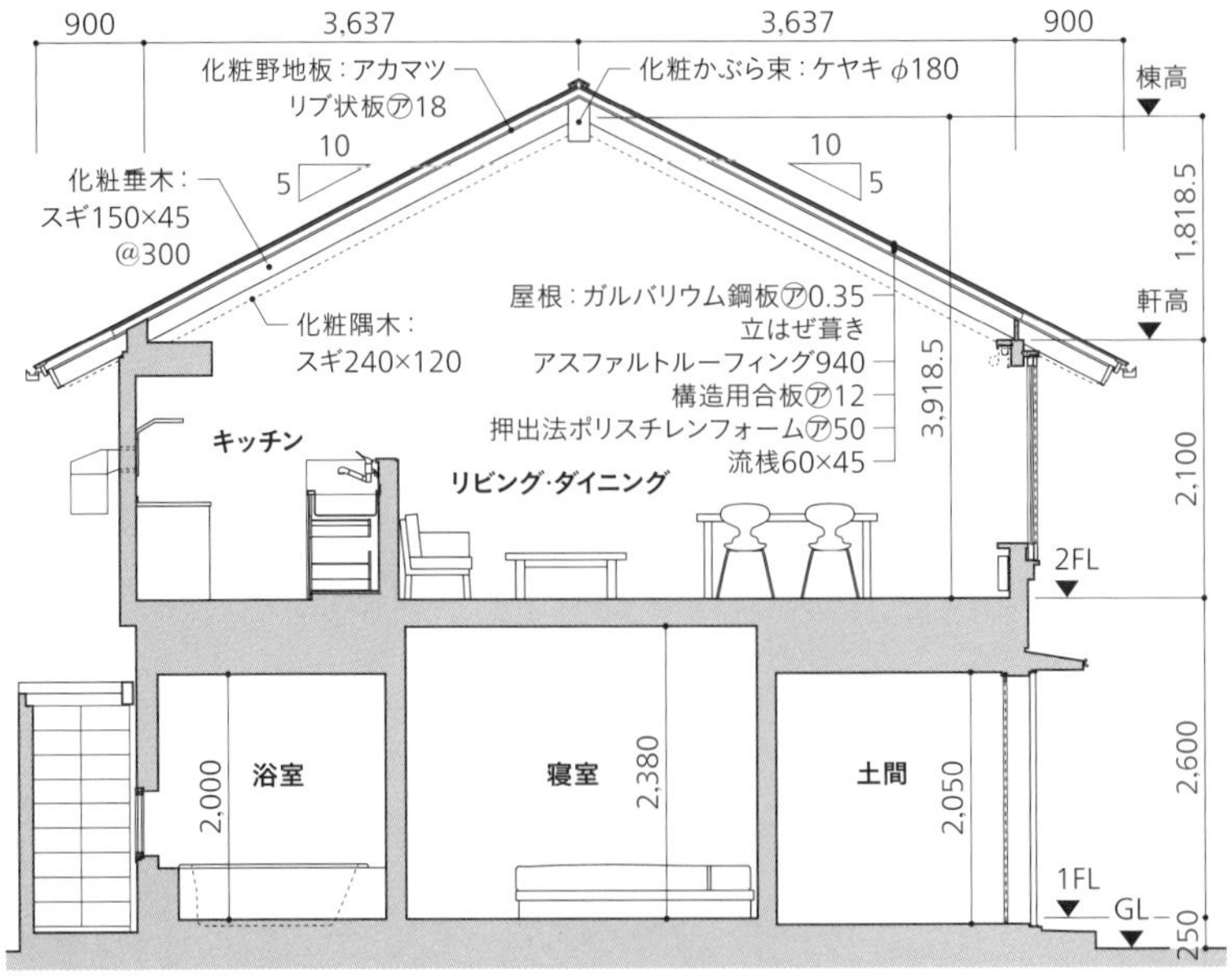
900
3,637
3,637
900
化粧野地板：アカマツ
リブ状板㋐18
化粧かぶら束：ケヤキ φ180
棟高
化粧垂木：
スギ150×45
@300
10
5
10
5
1,818.5
屋根：ガルバリウム鋼板㋐0.35
立はぜ葺き
化粧隅木：
スギ240×120
軒高
アスファルトルーフィング940
構造用合板㋐12
押出法ポリスチレンフォーム㋐50
流桟60×45
キッチン
リビング・ダイニング
3,918.5
2,100
2FL
浴室
寝室
土間
2,000
2,380
2,050
2,600
1FL
GL
250

断面図［S=1：100］

建物外観。全面窓で、耐力壁のない道路側の耐震性をいかに確保するかが課題

屋根は六角錐形の立体トラス構造。接合部には金物を使用せず、直接木材どうしの支圧で応力を伝達させている

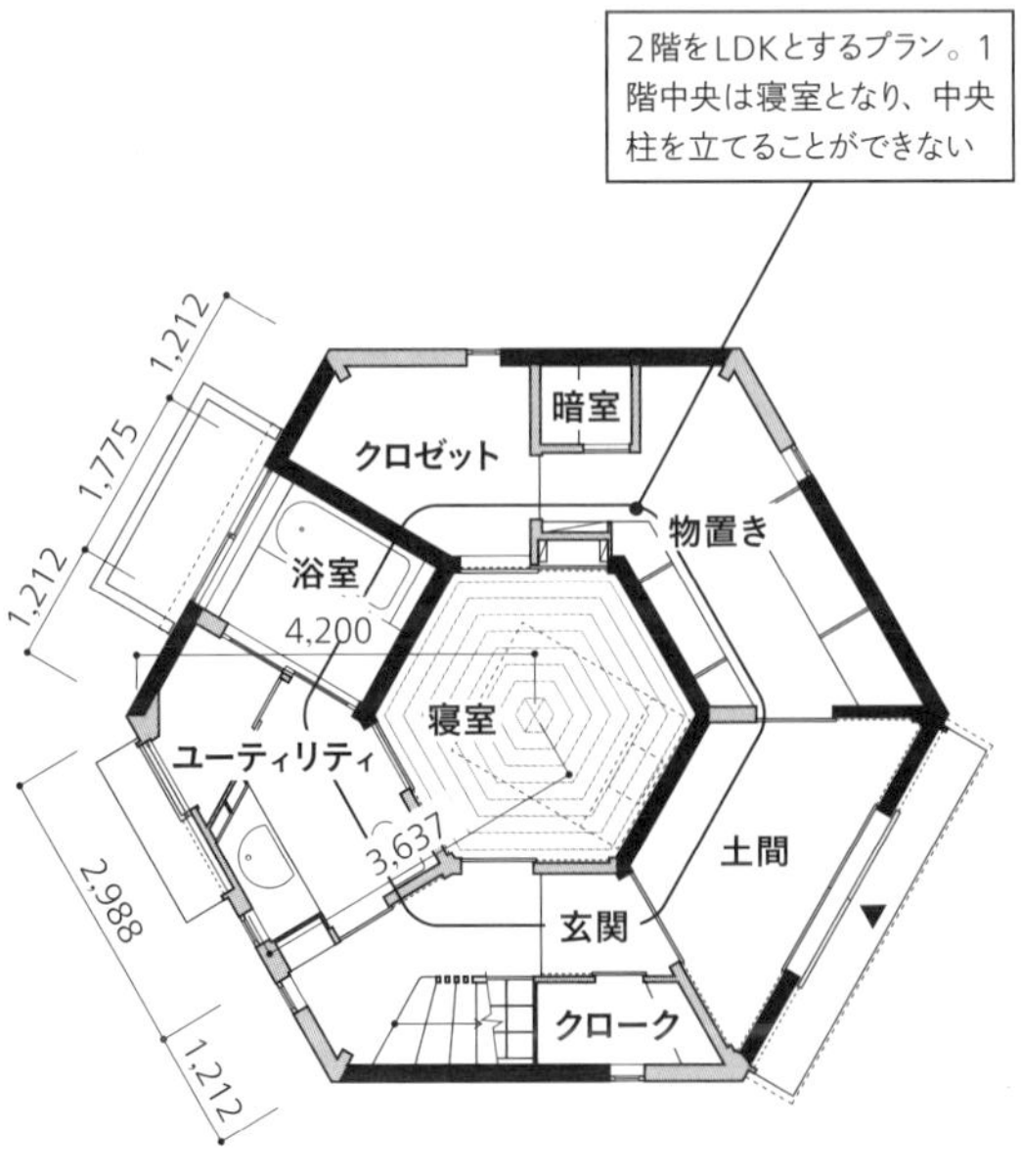
2階をLDKとするプラン。1階中央は寝室となり、中央柱を立てることができない
1,212
1,775
1,212
暗室
クロゼット
物置き
浴室
4,200
寝室
ユーティリティ
3,637
土間
2,988
玄関
クローク
1,212

1階平面図［S=1：150］

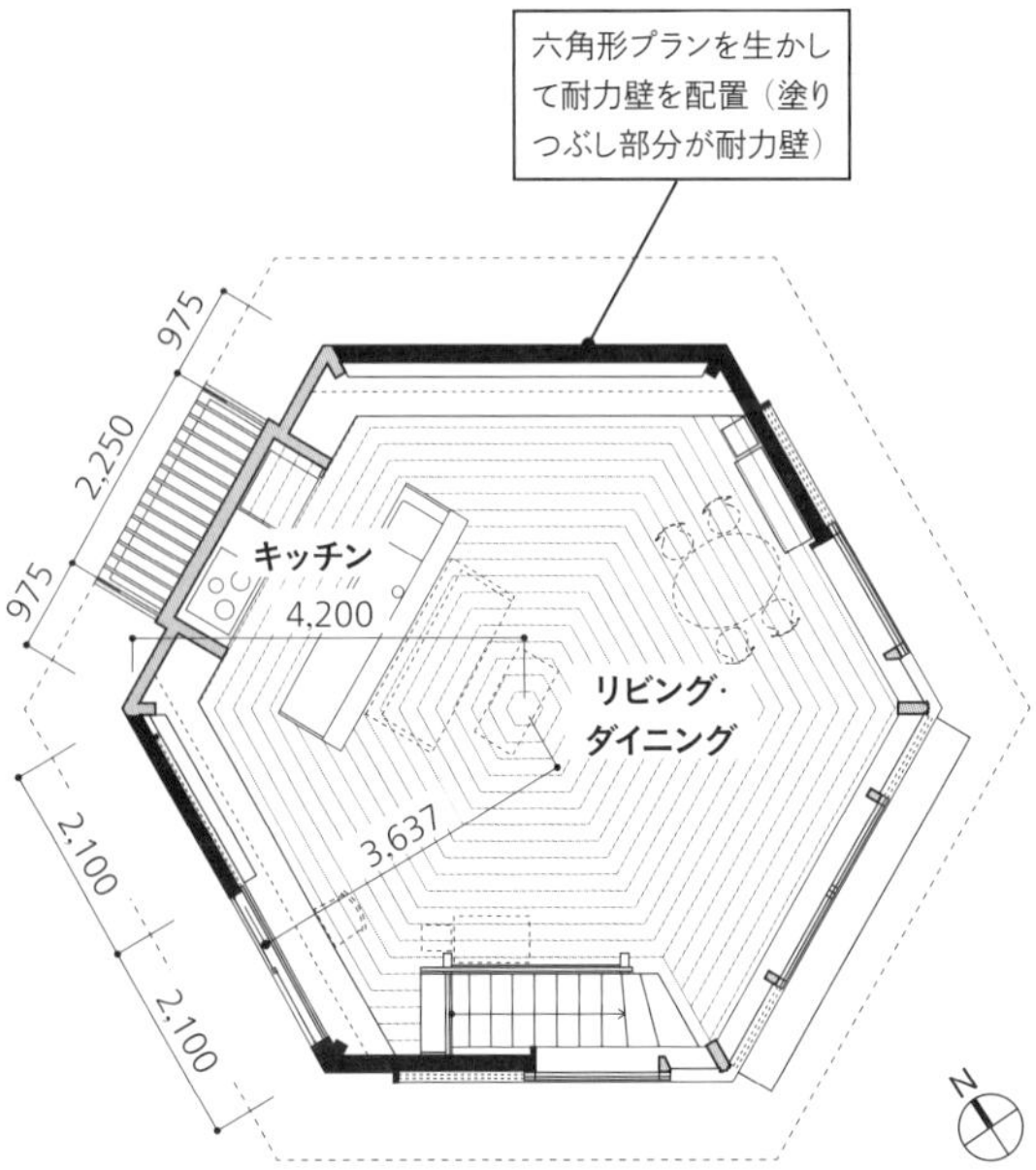
六角形プランを生かして耐力壁を配置（塗りつぶし部分が耐力壁）
975
2,250
975
キッチン
4,200
リビング・
ダイニング
3,637
2,100
2,100
N

2階平面図［S=1：150］

に工夫が必要という短所もある。このような六角形プランの短所を補い、長所を生かすことが、構造計画の大きなポイントである。

❷室内の柱をどうやってなくすか

六角形プランでは、普通は方形屋根の隅角部に6本の隅木を入れ、その隅木を中心の柱と外周の柱で支え、屋根をつくる。ただ、部屋のつくりから中心に柱を立てられない場合もある。本事例では、2階がワンルームのLDKになっているうえ、真下の1階中央が寝室のため、真ん中に柱を落とせない。そこで、中心に柱を立てなくても屋根を支えられる工夫が必要になる。中心の柱が支える荷重を別の仕組みで支えるには、長材が得られる大断面集成材や鉄骨梁を単純梁としてかけ渡す方法、屋根勾配を生かした平面トラスが考えられる。ただ、いずれも化粧露しにするには少し難がある。六角形平面という整形プランを生かした屋根構造としたい。

単に中心の柱をなくすと合掌のような形になるが、これに屋根荷重がかかると合掌の足元が開いて屋根が下がってしまう。一方、足元を六角形のリングで水平方向に動かないように固定してやると屋根は下がらない［6頁図2］。本事例ではこの仕組みを利用して屋根構造をつくっている。

図3｜有効耐力壁の考え方

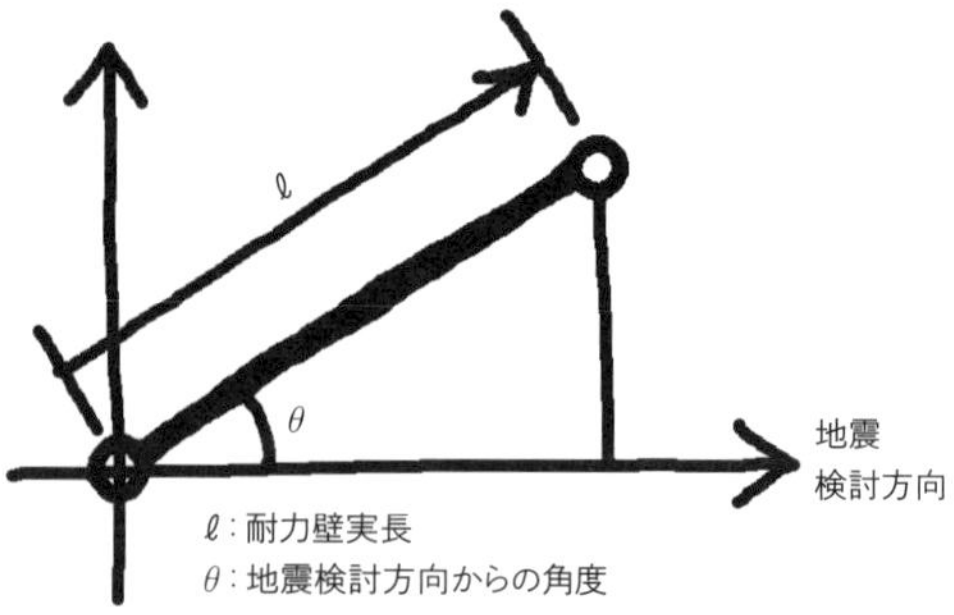

六角形プランでは直交座標から耐力壁の向きがずれることになるが、耐力壁の実長に$\cos^2\theta$を掛けたものを有効耐力壁長さとし、壁量を算定

図4｜六角形プランを生かした全面開口のとり方

❶四角形プランの場合

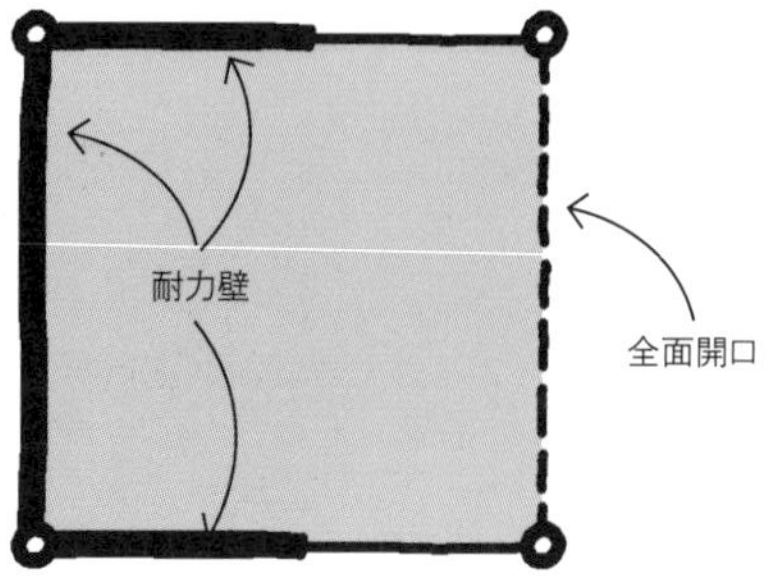

全面開口とする場合、不安定になりやすいため、強固な水平構面を設けたうえで残りの3面を耐力壁で固め、ねじれ抵抗を高めるなどの対策が必要

❷六角形プランの場合

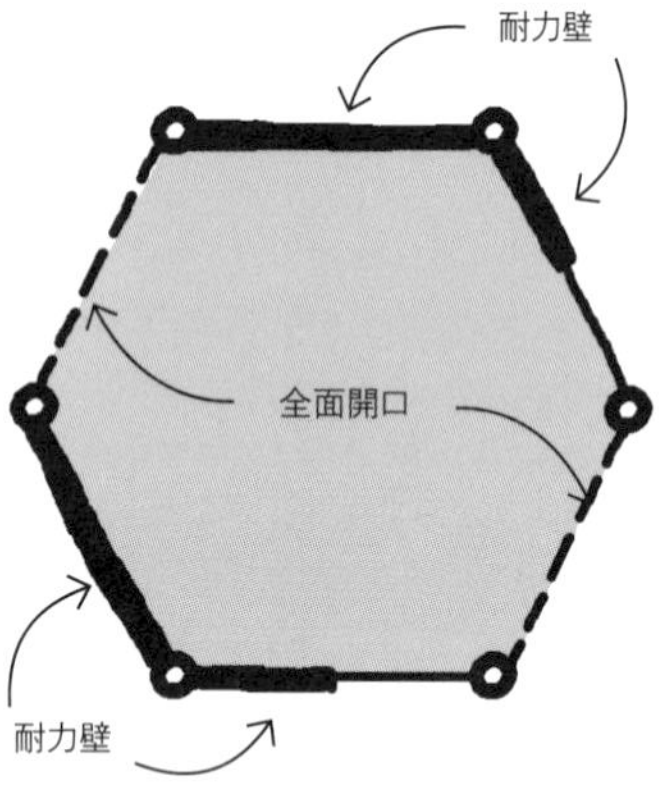

四角形プランと比べて面が多く、全面開口をとる場合でも外壁面に耐力壁を配置しやすい

2階の南側道路面は全幅で窓を設けている

❸化粧露しの小屋組をつくるために、梁のかけ方とディテール

この家では、1階も2階も天井を張らず、屋根の垂木や棟木、床梁を化粧露しにしており、小屋組や床組の美観に配慮する必要がある。すっきりとした小屋組は、力学的に無駄のない合理的なかたちや梁のかけ方が重要であることはもちろん、木材どうしの接合ディテールをどうつくるかが大きなポイントである。

通常、在来軸組構法では、仕口や継手加工した木部材どうしをはめ合せ、補強金物で留めつけるのが主流だが、応力は補強金物にほとんど負担させている。だが、木材を露しにする場合、補強金物が見えることは嫌われる。強度性能を確保しつつ、シンプルな接合部をつくるには、仕口や継手形状を工夫して、応力を金物を介さず木材から木材へ支圧によって直接伝達させる「ウッドタッチ」がよい。

小屋組で最も重要で難しい接合部は、隅木が6本集まってくる屋根頂部と、隅木と隅柱、軒桁が交わる隅部である。屋根頂部は、スリットプレートを使う方法が一般的だが、ここでは、東屋などで使われる「かぶら束」という伝統的な手法を用いている。隅の接合部には隅木の開きを抑える工夫を施しているが、これらは加工や組み立てが難しい。そこで技術の高い大工さんに加工してもらい、事前に仮組みを行って、施工上問題ないことを確認した。2階床組は最大3方向6部材の交差が生じるので、1方向の床梁を通し、これに残りの4本の床梁を取り付けた。

❹耐力壁がない道路側の部分に、どう耐震性をもたせるか

この家は、道路側の一面が全幅で窓となっているため、耐震的なバランスが取りにくい。そこで、六角形プランの利点を生かし、道路側とその対角面には耐力壁を入れず、残りの4面に耐力壁を入れてバランスをとっている[図3]。これが四角形の場合、1面に耐力壁がないと残りの3面だけで地震に耐えなければならず、大きな偏心が生じるところである[図4]。また、本事例では耐力壁のない面の柱を少し太くし(135×120㎜)、腰壁部分にダボ式の落し込み板を入れて柱脚を拘束することで曲げの抵抗を期待している。

通常、屋根面には火打ち梁や構造用合板を張って水平構面を確保するが、本事例ではどちらも入れていない。6本の隅木と外周の軒桁で三角形の強固な構面が形成されるからだ。これにより構造用合板を垂木に直接張らずに済み、化粧野地板を露しにした勾配天井面をつくることができた。

DATA

府中の家
(堀部安嗣建築設計事務所)

敷地面積	115.71㎡
建築面積	46.16㎡
延床面積	91.98㎡
規　模	地上2階
竣　工	2004年4月

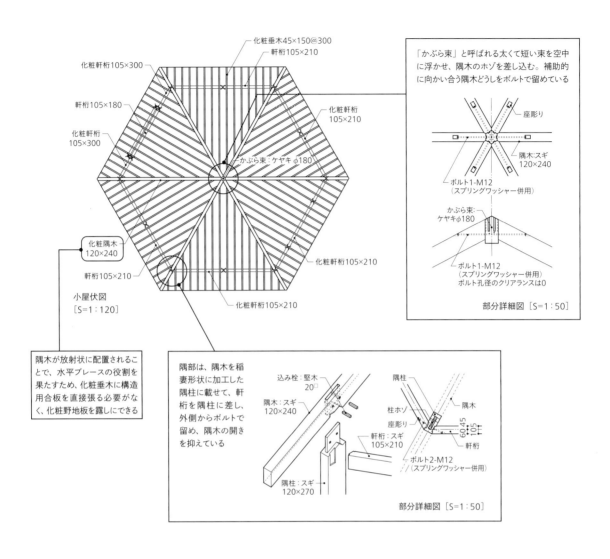

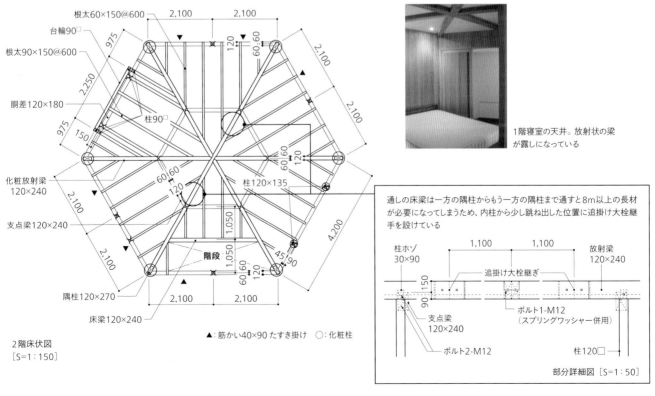

強さと美しさを両立させる小屋組・床組

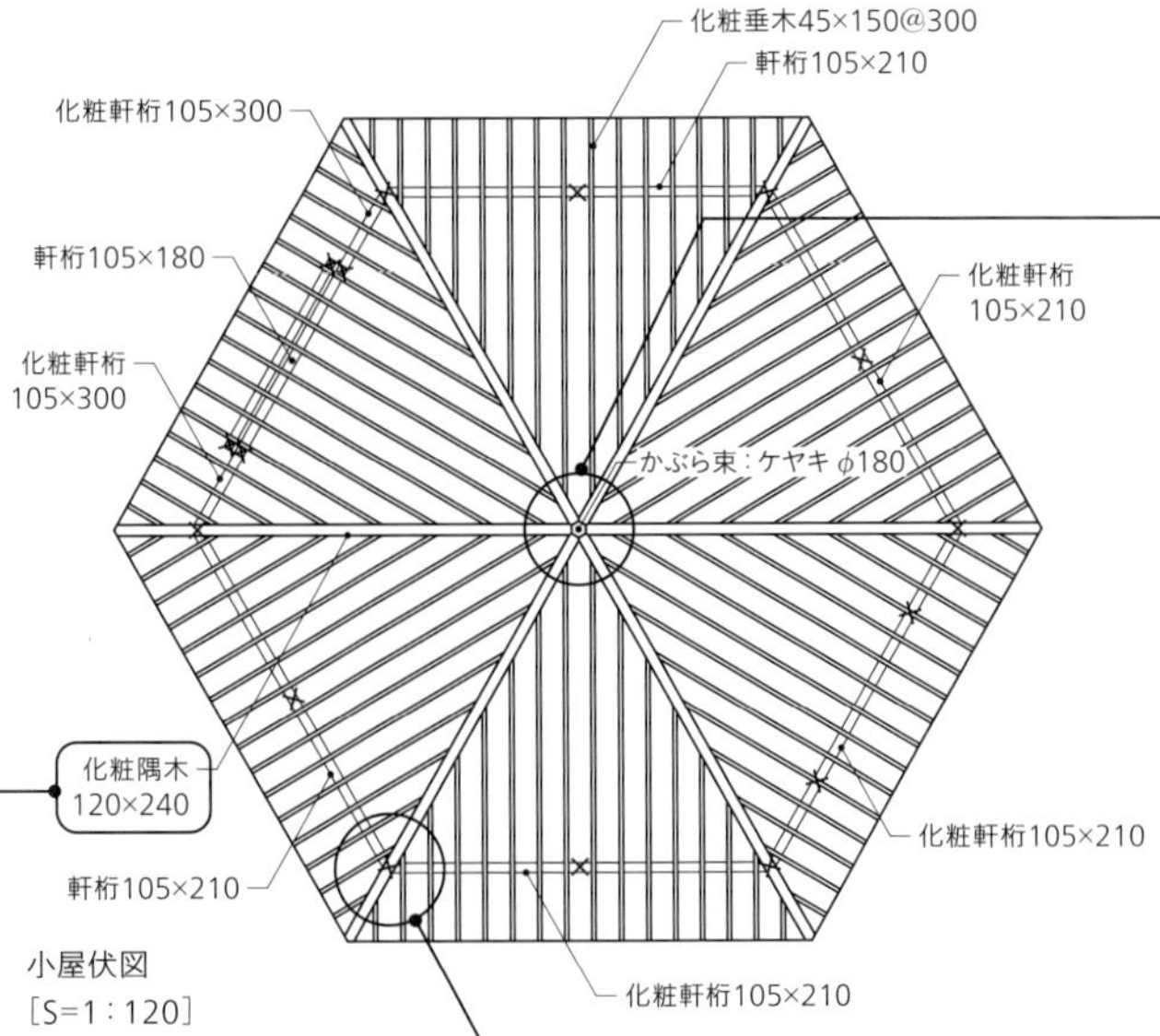

化粧垂木45×150@300
軒桁105×210
化粧軒桁105×300
軒桁105×180
化粧軒桁
105×300
化粧軒桁
105×210
かぶら束：ケヤキ φ180
化粧隅木
120×240
化粧軒桁105×210
軒桁105×210
化粧軒桁105×210

小屋伏図
［S=1：120］

「かぶら束」と呼ばれる太くて短い束を空中に浮かせ、隅木のホゾを差し込む。補助的に向かい合う隅木どうしをボルトで留めている

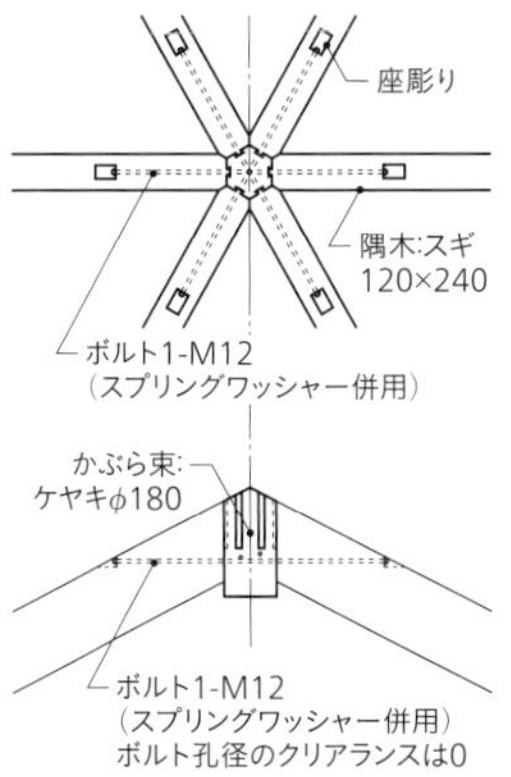

座彫り
隅木：スギ
120×240
ボルト1-M12
（スプリングワッシャー併用）
かぶら束：
ケヤキφ180
ボルト1-M12
（スプリングワッシャー併用）
ボルト孔径のクリアランスは0

部分詳細図［S=1：50］

隅木が放射状に配置されることで、水平ブレースの役割を果たすため、化粧垂木に構造用合板を直接張る必要がなく、化粧野地板を露しにできる

隅部は、隅木を稲妻形状に加工した隅柱に載せて、軒桁を隅柱に差し、外側からボルトで留め、隅木の開きを抑えている

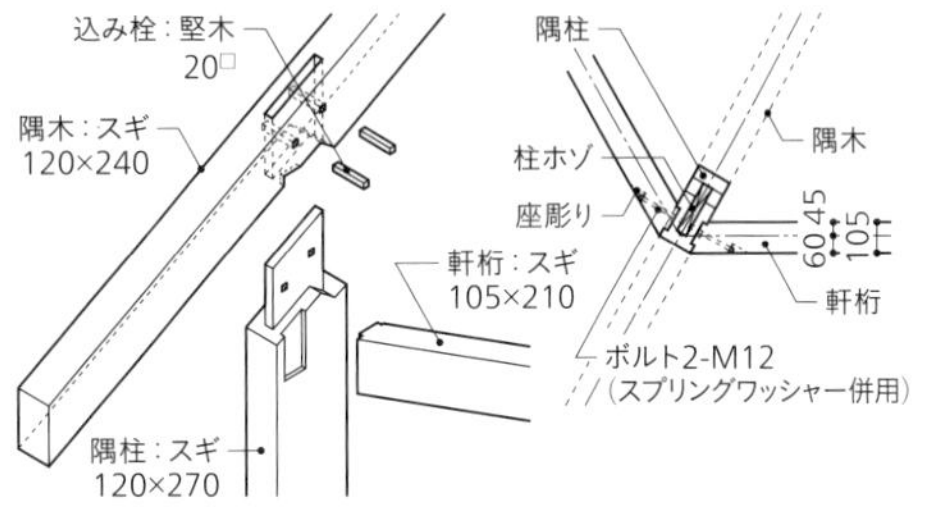

込み栓：堅木
20□
隅木：スギ
120×240
隅柱：スギ
120×270
軒桁：スギ
105×210
隅柱
隅木
柱ホゾ
座彫り
60
45
105
軒桁
ボルト2-M12
（スプリングワッシャー併用）

部分詳細図［S=1：50］

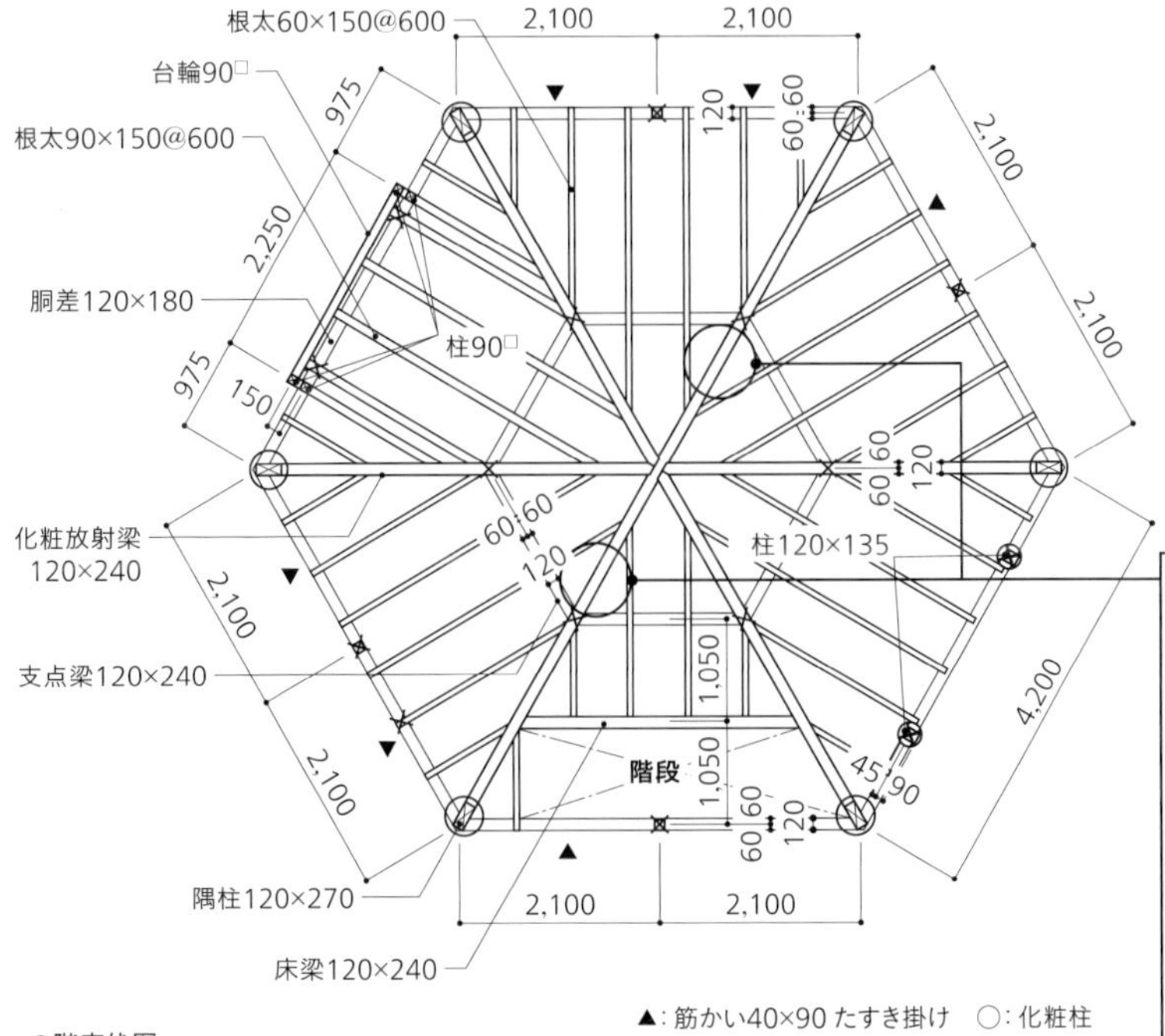

根太60×150@600
台輪90□
根太90×150@600
胴差120×180
柱90□
化粧放射梁
120×240
支点梁120×240
隅柱120×270
床梁120×240
柱120×135
階段
2,100
2,100
975
2,250
975
150
120
60
60
2,100
2,100
4,200
1,050
1,050
45
90

▲：筋かい40×90 たすき掛け　○：化粧柱

2階床伏図
［S=1：150］

1階寝室の天井。放射状の梁が露しになっている

通しの床梁は一方の隅柱からもう一方の隅柱まで通すと8m以上の長材が必要になってしまうため、内柱から少し跳ね出した位置に追掛け大栓継手を設けている

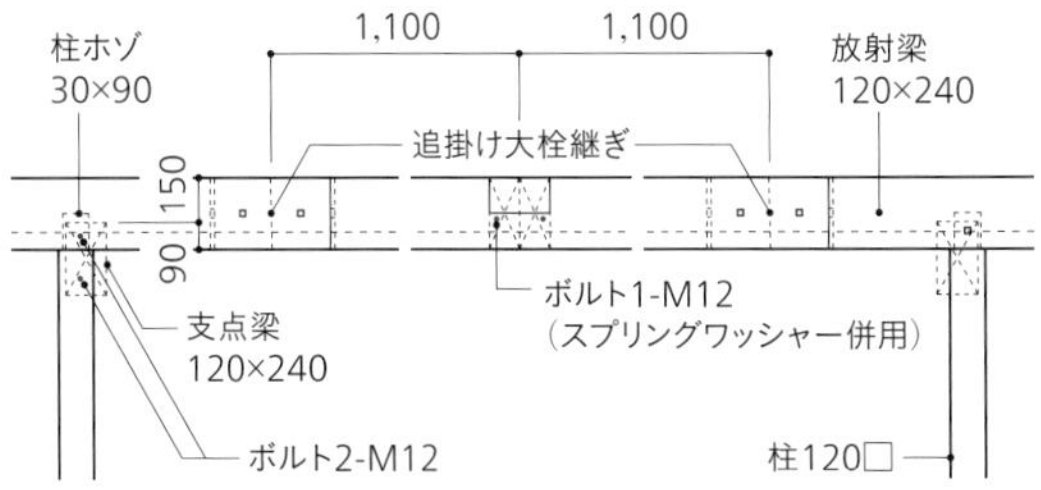

柱ホゾ
30×90
1,100
1,100
放射梁
120×240
追掛け大栓継ぎ
150
90
ボルト1-M12
（スプリングワッシャー併用）
支点梁
120×240
ボルト2-M12
柱120□

部分詳細図［S=1：50］

2

大屋根を生かして無壁の大空間をつくる方法

事例：GFU／NIIZEKI STUDIO

木造住宅では一般的に、外壁や室内に柱や耐力壁を設けて鉛直力や水平力を負担させるが、敷地や部屋構成などの設計条件によっては柱や耐力壁を設けにくい場合がある。細長プランはその典型だ。外壁は採光や眺望確保のため、室内では動線や部屋幅の確保のために短手方向の壁を十分設けられず、水平耐力の確保に苦慮した経験をもつ設計者は多いのではないだろうか。ここでは、細長い平面と切妻大屋根をもつ2階建て住宅「GFU」を例に、大屋根を生かして無柱・無壁の大空間をつくる方法を解説する。

図1｜妻壁をどうつくるのか？

山形をした建物外観。大きな妻壁をいかに一般流通材で支えるかが課題

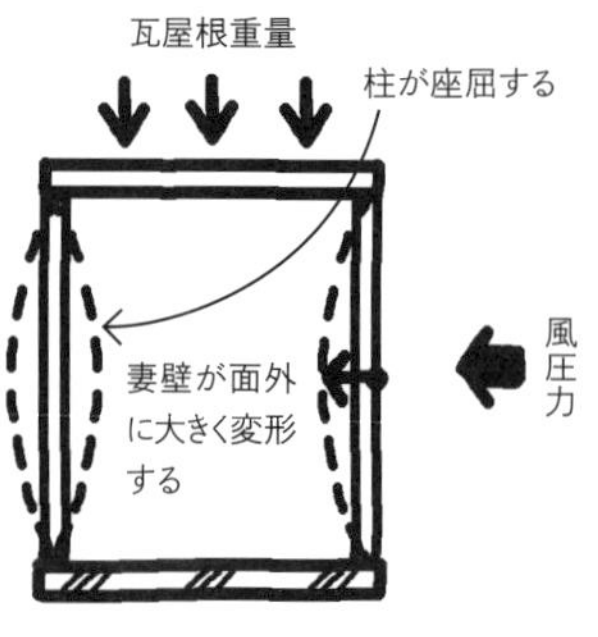
瓦屋根重量
柱が座屈する
風圧力
妻壁が面外に大きく変形する

（桁行断面）

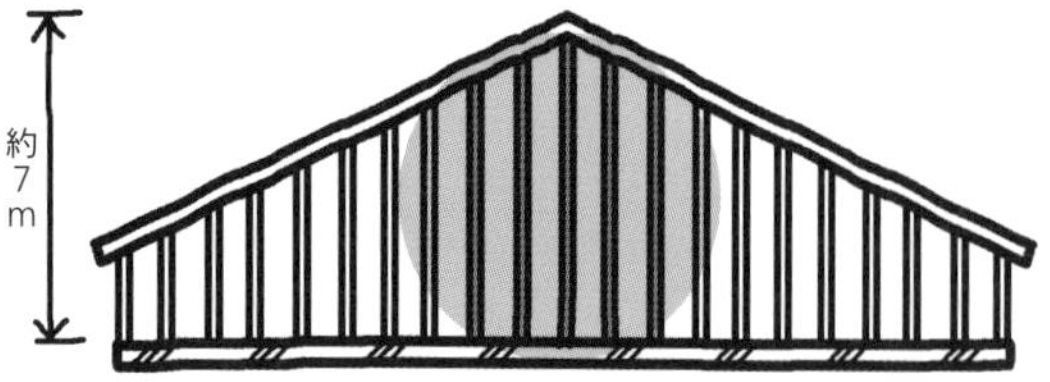
約7m

（梁間断面）

棟付近の柱が長く、一般流通材のサイズを超える

図2｜妻壁の解決方法

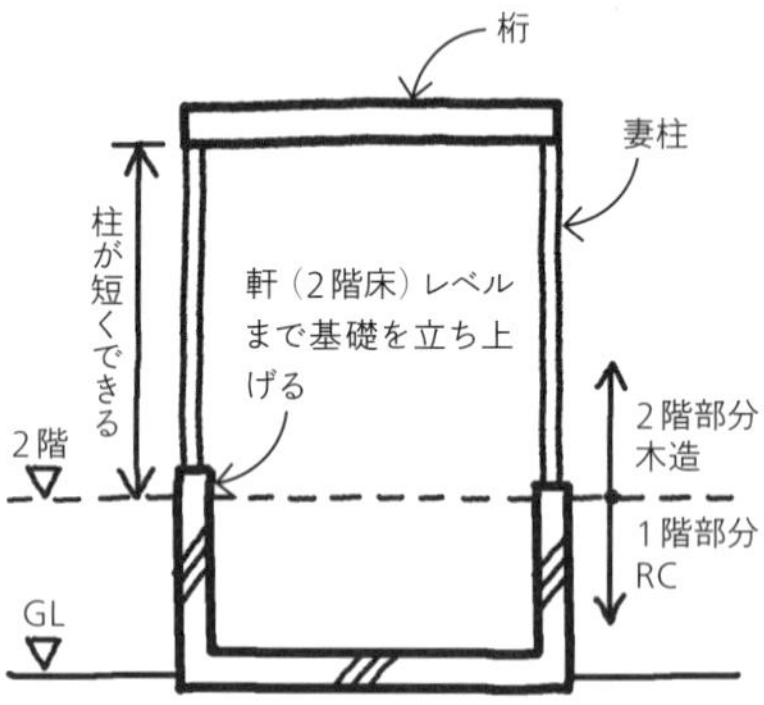
桁
妻柱
柱が短くできる
軒（2階床）レベルまで基礎を立ち上げる
2階部分木造
1階部分RC
2階
GL

RC独立壁を設けることにより…

・柱に一般流通材が使える

・柱が座屈しにくくなる

・妻壁が面外風圧力に対して変形しにくくなる

・1階部分の水平力はすべてRC独立壁で負担できるようになる

「GFU」が面する通りは、間口が狭く奥行きが深い敷地に瓦屋根の伝統的な建物が建ち並ぶ歴史的な景観をもっている。

通りに面する建物はいずれも細長い平面をしており、本事例もその1つ。広さは桁行3間×梁間10間（5・46×18・2m）で、瓦屋根が並ぶ周囲の景観に合わせ、瓦葺きの切妻大屋根が5寸勾配で緩やかにかけ渡されている。基本的に平屋の構造になっており、大きな山形のワンルーム空間の中に箱状の各部屋がおさめられている［左頁断面図参照］。室内に屋根まで到達する壁や柱はなく、大屋根の勾配天井面が梁間方向に18・2m連続している。内部に屋根を支える柱や壁がないため一見不安定に見えるこのような建物の構造は、どのように計画していけばよいだろうか。構造計画のポイントは次の3つに整理できる。

❶大きな山形ワンルームの妻壁をどうつくるか

❷3×10間のスパンに対し、重い瓦屋根をどう支えるか

❸2階の桁行と梁間方向の水平耐力をどう確保するか

❶大きな山形ワンルームの妻壁をどうつくるか

大きな山形空間で課題になるのが妻壁の構造である。棟付近の高さが7mにもなるので、1階床レベルから棟まで木柱を通すと柱長が7m近くなり、一般流通材の最大長さ6mを超えてしまう。また、妻壁面積が大きくなれば必然的に風圧力を受ける見付け面積も増える。これらのことから、鉛直力や面外風圧力によって柱の座屈や妻壁の水平変形が過大になりやすい［図1］。

この妻部分の柱や壁を支える一般的な方法として、長材の製造が可能な集成材を柱として使うことや、鉄骨の耐風梁や耐風柱で補強することなどが考えられるが、いずれもコストがかかる

瓦の大屋根を、桁と妻柱の門型フレームで支える

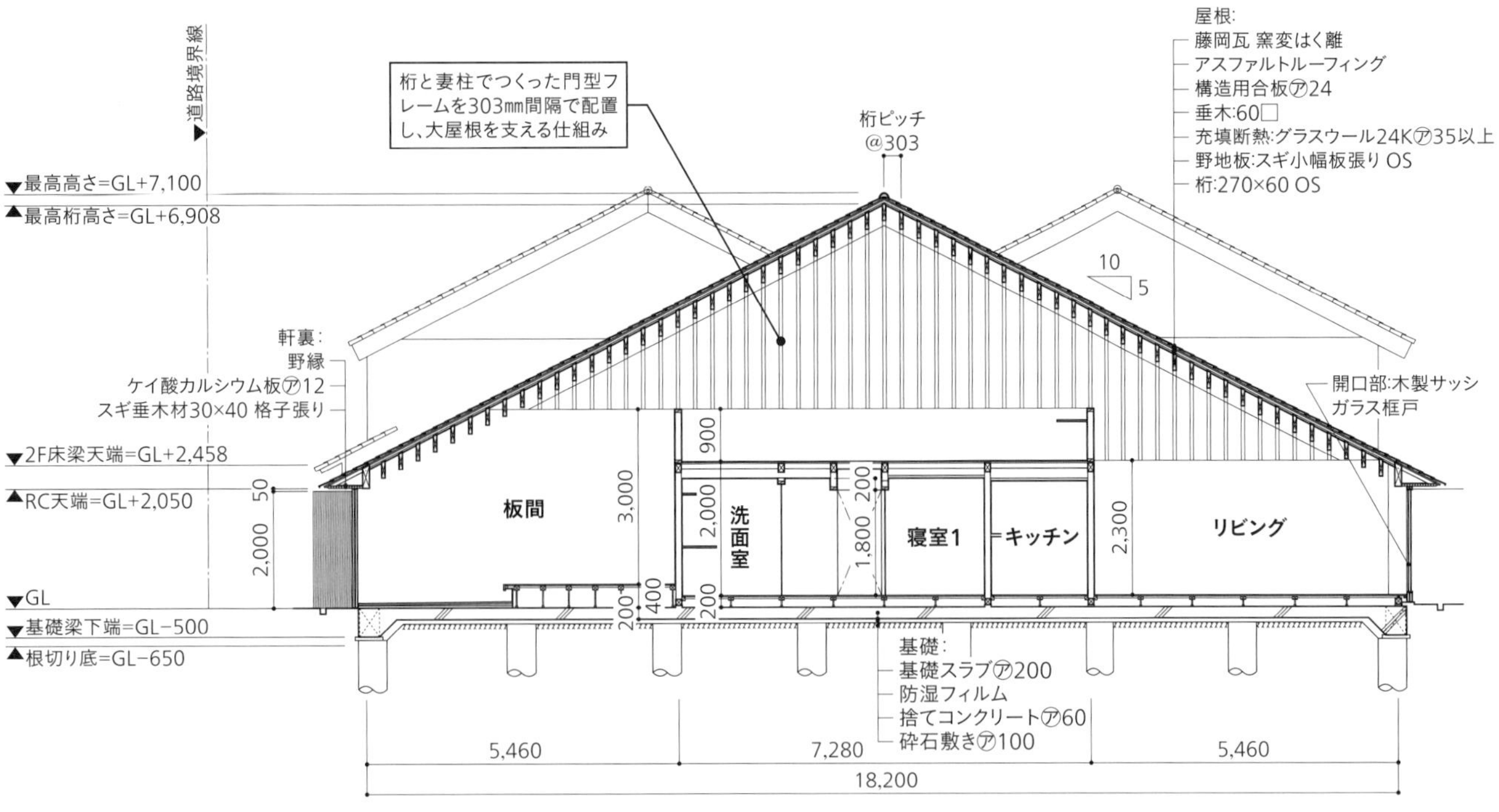
桁と妻柱でつくった門型フレームを303㎜間隔で配置し、大屋根を支える仕組み
道路境界線
桁ピッチ
@303
屋根:
藤岡瓦 窯変はく離
アスファルトルーフィング
構造用合板㋐24
垂木:60□
充填断熱:グラスウール24K㋐35以上
野地板:スギ小幅板張り OS
桁:270×60 OS
最高高さ=GL+7,100
最高桁高さ=GL+6,908
10
5
軒裏:
野縁
ケイ酸カルシウム板㋐12
スギ垂木材30×40 格子張り
開口部:木製サッシ
ガラス框戸
2F床梁天端=GL+2,458
RC天端=GL+2,050
GL
基礎梁下端=GL−500
根切り底=GL−650
板間
洗面室
寝室1
キッチン
リビング
3,000
900
2,000
200
1,800
2,300
50
2,000
400
200
基礎:
基礎スラブ㋐200
防湿フィルム
捨てコンクリート㋐60
砕石敷き㋐100
5,460
7,280
5,460
18,200
断面図［S=1:180］

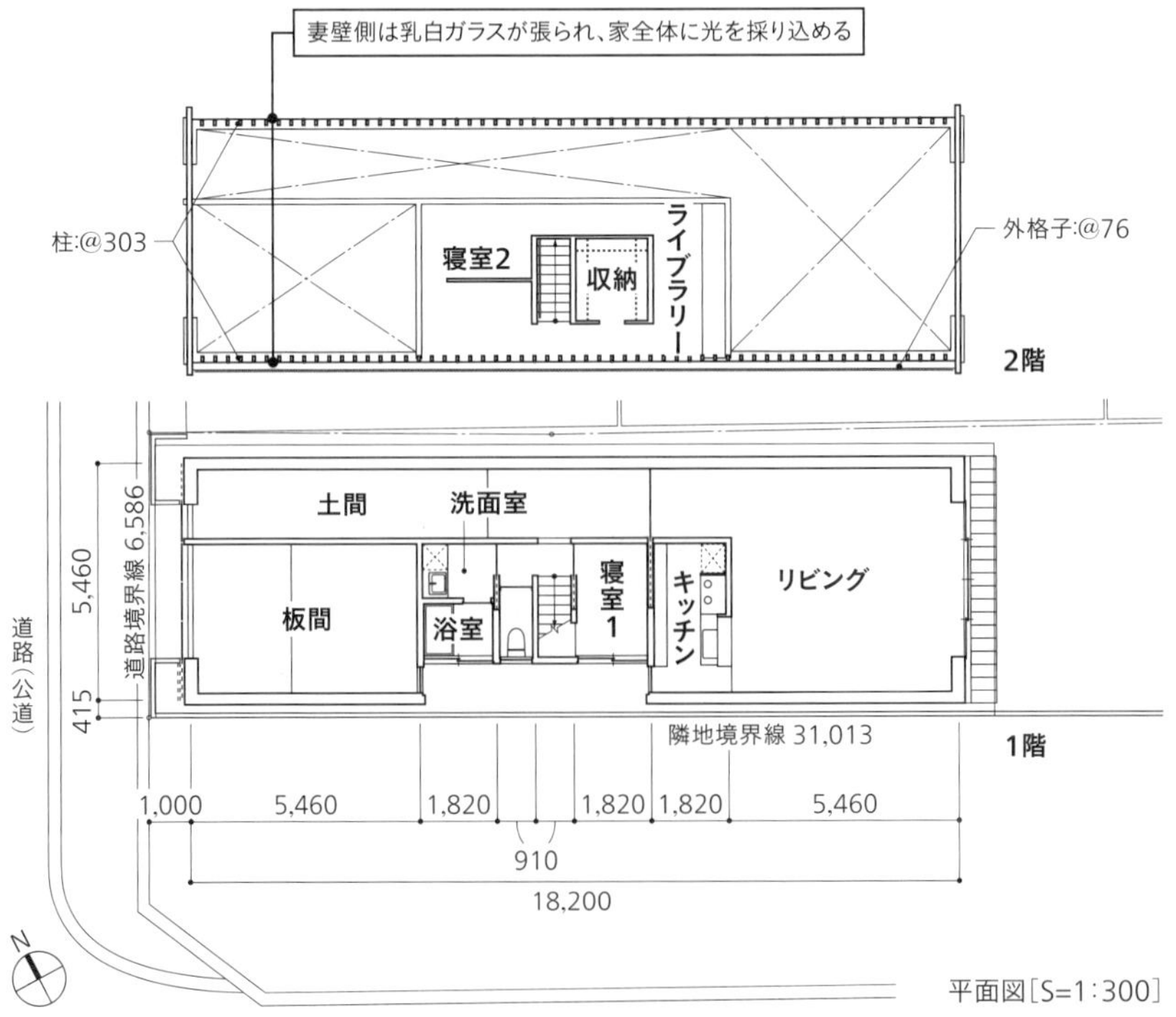
妻壁側は乳白ガラスが張られ、家全体に光を採り込める
柱:@303
外格子:@76
寝室2
収納
ライブラリー
2階
土間
洗面室
リビング
板間
浴室
寝室1
キッチン
道路境界線 6,586
5,460
415
道路(公道)
隣地境界線 31,013
1階
1,000
5,460
1,820
1,820
1,820
5,460
910
18,200
N
平面図［S=1:300］

東側道路から外観を見る。1000枚超の手焼きの藤岡瓦を葺いた、壮観な構え ［写真：西川公朗］

うえ、木造屋根との納まりが難しいなど、問題も多い。そこで、妻通りのRC基礎を軒レベルまで独立壁として立ち上げて柱長を短くする方法をとった［図2］。これによって一般流通材が使えるようになるとともに、1階部分の水平力はすべてRC壁で負担できることから、道路側や庭側の側面部を開放できるようになった。また、RC独立壁に「かえし」の袖壁をつけてコの字配置にすることで、❸で述べる2階の水平耐力確保の拠り所とした。

❷3×10間のスパンに対し、重い瓦屋根をどう支えるか

瓦屋根は金属屋根にくらべると2倍以上重量がある。この重い瓦屋根を支えながらも繊細な室内空間をつくるために、力学的に素直に考え、短手となる桁行方向に、桁をハイピッチで3間分かけ渡す方法をとっている［12頁図3］。RC独立壁上に建てた妻柱60×120㎜と桁60×270㎜で門型フレームを構成、これを303㎜間隔に配置した。妻柱と桁は幅広の薄い長材になるため、ねじれ、反り、死に節などの木材欠陥が問題になる。そこで、ベイマツを原木で仕入れている地元の製材所にお願いして、大径の原木から良質の芯去材を挽いてもらった。これによって美観と強度性能を兼ね備えた木材を安心して使用することができた。

棟付近では妻柱が長くなることで細長比が過大になり座屈しやすくなる。そこで、座屈を抑える2つの工夫をしている。1つは、サッシ継目位置でL

図3｜GFUの構造システム

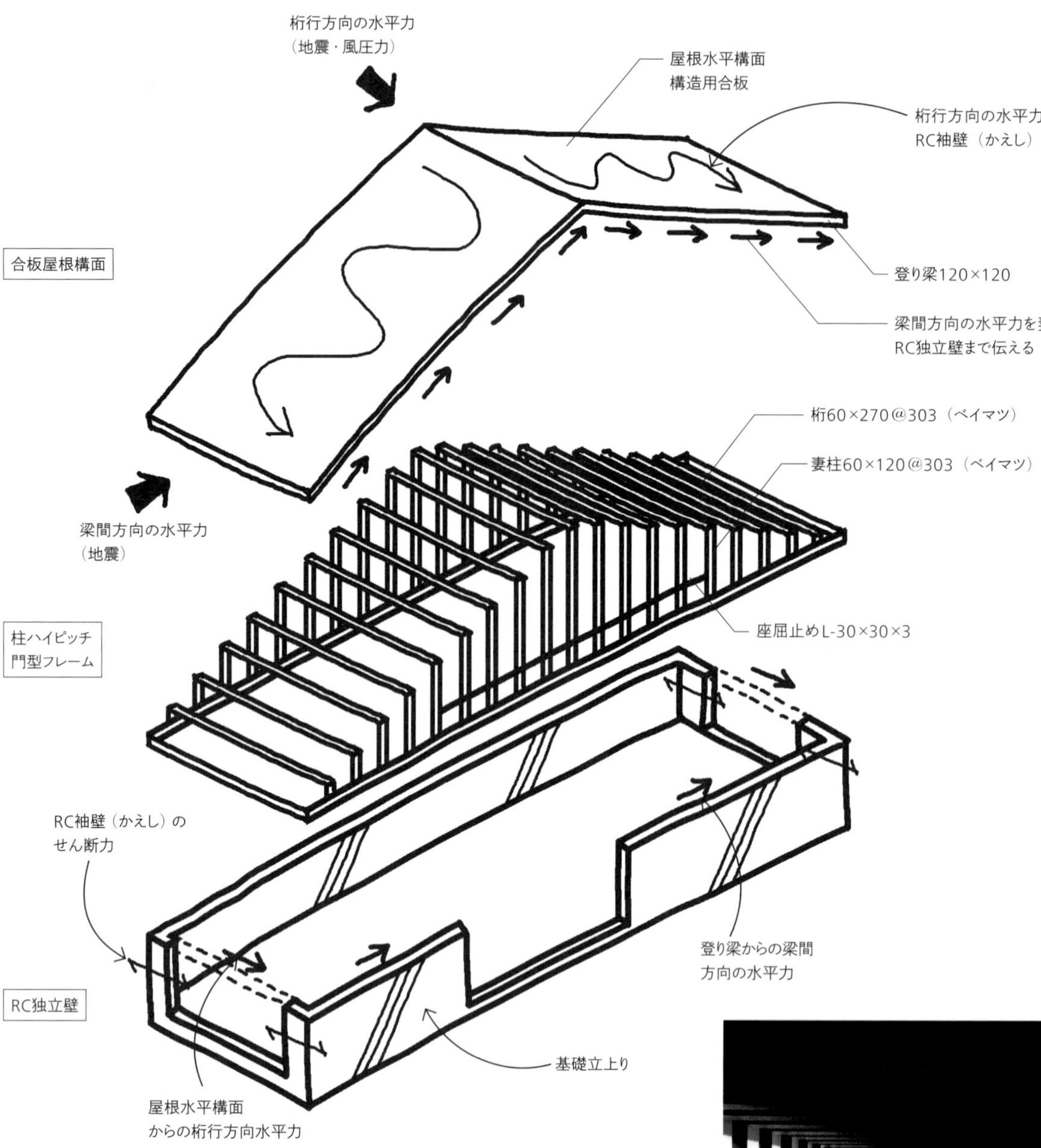
桁行方向の水平力を側部分の
RC袖壁（かえし）まで伝える
梁間方向の水平力を妻部分の

1階居間からキッチン方向を見る。2階上部は壁や柱が立ち上がっておらず、開放的な空間を実現している

［写真：西川公朗］

-30×30×3を梁間方向に流し、棟付近の長柱を、軒桁に近づくにしたがって短くなる柱とつなぐことで座屈長さを小さくしている点。もう1つは、棟付近の長柱の柱脚部に構造用合板を小壁状に張り、足元を拘束することで座屈を抑えていることである［左頁部分詳細図1参照］。

❸2階の桁行と梁間方向の水平耐力をどう確保するか

2階は桁行・梁間のどちらの方向にも柱や壁がない空間である。特に桁行方向の水平耐力確保は重大な課題だ。これを解決するために、この切妻形状の大屋根と下部構造のRC独立壁を最大限利用することにした。つまり、屋根構面を強固にすることで地震や風によって大屋根や妻壁に生じる水平力をすべて側面のRC独立壁まで伝達させる計画とした。強固な水平構面をつくるため、門型フレームの上に格子状の下地を組み、厚さ24㎜の構造用合板を張っている。

梁間方向は、切妻屋根であるため、妻面では三角形のトラス構面が自ずと成立するので、破風部分に120×120㎜の登り梁を入れて水平力を妻面のRC独立壁まで伝達させる計画とした。これによって妻部分も壁のない、ガラスと連子格子によるすっきりとした妻面をつくっている［左頁部分詳細図2参照］。

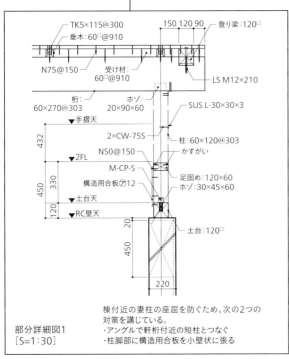

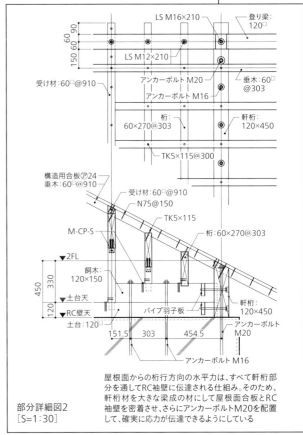

RC独立壁に水平力・鉛直荷重を伝達する

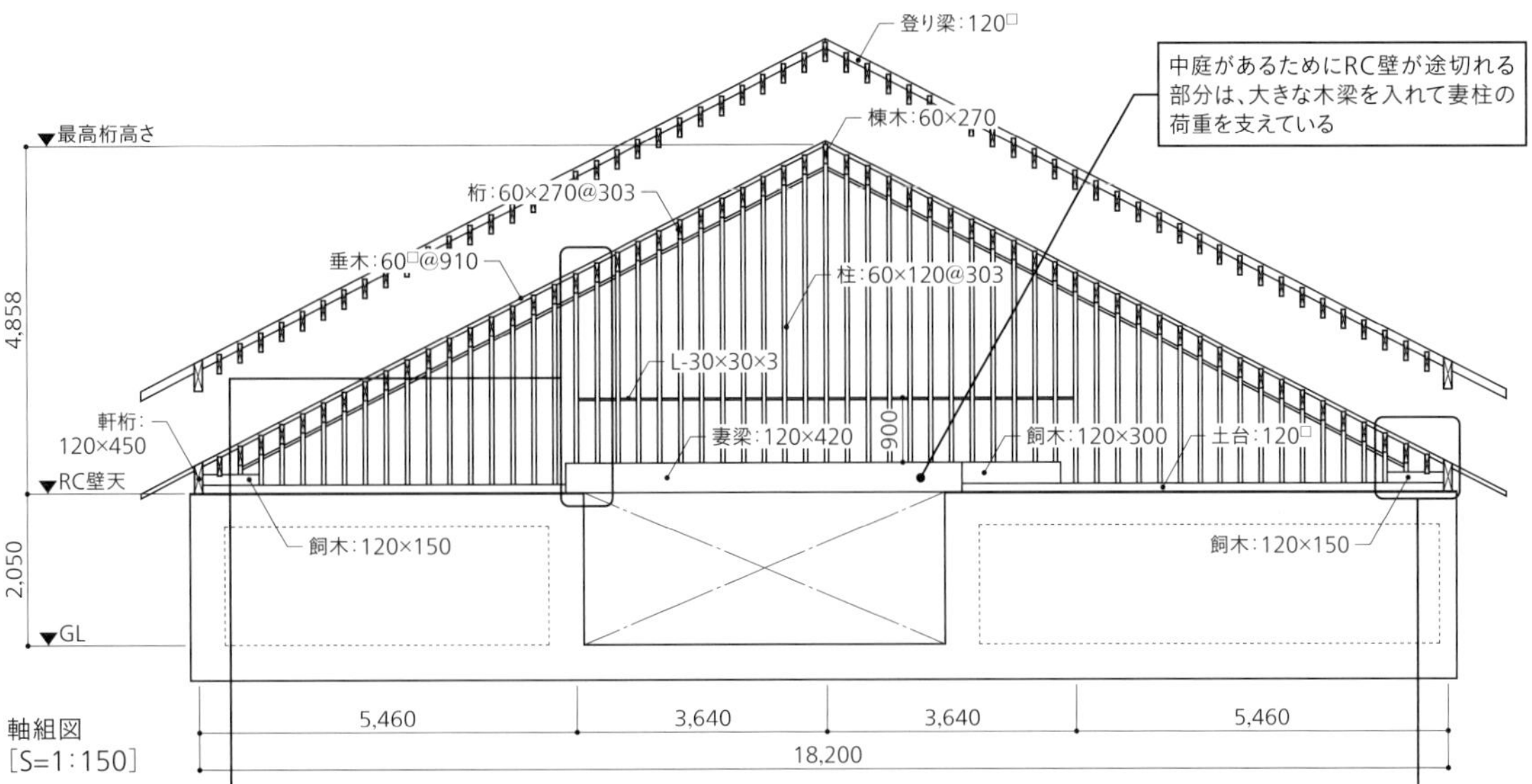
登り梁:120□
中庭があるためにRC壁が途切れる部分は、大きな木梁を入れて妻柱の荷重を支えている
最高桁高さ
棟木:60×270
桁:60×270@303
垂木:60□@910
柱:60×120@303
4,858
L-30×30×3
軒桁:120×450
妻梁:120×420
900
飼木:120×300
土台:120□
RC壁天
飼木:120×150
飼木:120×150
2,050
GL
5,460
3,640
3,640
5,460
18,200

軸組図
[S=1:150]

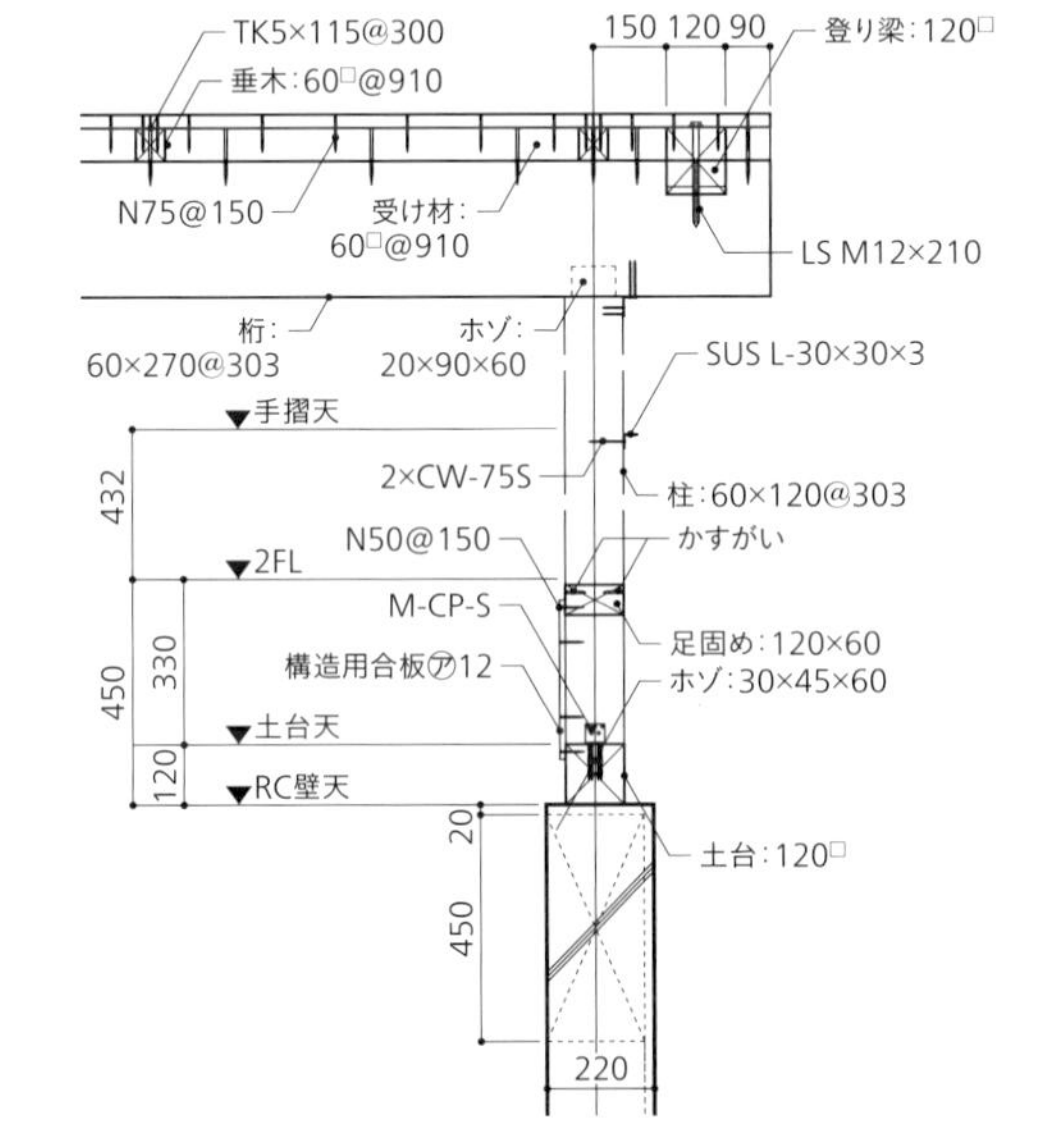
TK5×115@300
垂木:60□@910
150 120 90
登り梁:120□
N75@150
受け材:60□@910
LS M12×210
桁:60×270@303
ホゾ:20×90×60
SUS L-30×30×3
手摺天
432
2×CW-75S
柱:60×120@303
N50@150
かすがい
2FL
M-CP-S
足固め:120×60
構造用合板㋐12
ホゾ:30×45×60
450
330
土台天
120
RC壁天
20
土台:120□
450
220

部分詳細図1
[S=1:30]

棟付近の妻柱の座屈を防ぐため、次の2つの対策を講じている。
・アングルで軒桁付近の短柱とつなぐ
・柱脚部に構造用合板を小壁状に張る

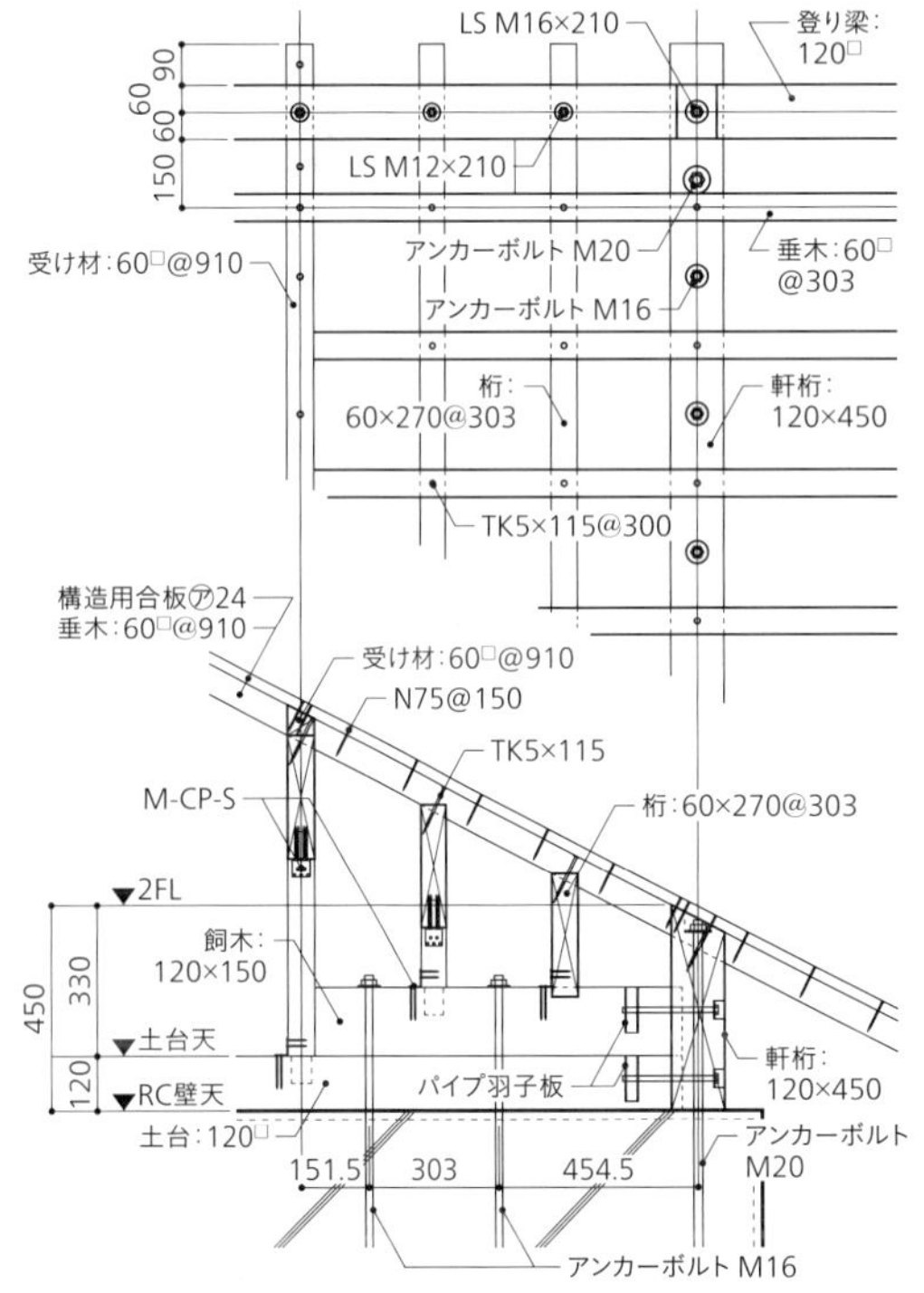
LS M16×210
登り梁:120□
90
60
60
150
LS M12×210
受け材:60□@910
アンカーボルト M20
垂木:60□@303
アンカーボルト M16
桁:60×270@303
軒桁:120×450
TK5×115@300
構造用合板㋐24
垂木:60□@910
受け材:60□@910
N75@150
TK5×115
M-CP-S
桁:60×270@303
2FL
飼木:120×150
450
330
土台天
120
RC壁天
パイプ羽子板
軒桁:120×450
土台:120□
アンカーボルト M20
151.5
303
454.5
アンカーボルト M16

部分詳細図2
[S=1:30]

屋根面からの桁行方向の水平力は、すべて軒桁部分を通してRC袖壁に伝達される仕組み。そのため、軒桁材を大きな梁成の材にして屋根面合板とRC袖壁を密着させ、さらにアンカーボルトM20を配置して、確実に応力が伝達できるようにしている

登梁を少しだけ欠き込み、桁をはめ合わせることでずれにくい接合部をつくっている

DATA

GFU（NIIZEKI STUDIO）

敷地面積	290.06㎡
建築面積	99.37㎡
延床面積	120.89㎡
規　模	地上2階
竣　工	2012年4月

3

十字形プランを生かして開放的なLDKをつくる方法

事例：隅切の家／リオタデザイン

開放的なLDKをつくるために、開口を多く設けて外部からの眺望や光を取り込んだり、室内に柱や壁を設けず大きなワンルーム空間にしたりすることはよくある。これらの建築計画には構造が密接にかかわるため、プランニングと構造計画を平行して行っていく必要がある。また平面形状の違いや、同じ平面形状であっても種々の条件によって、開口の取り方は変わるものである。ここでは2階建て木造住宅「隅切の家」を例に、十字形プランを生かして開放的なLDKをつくるための構造計画について解説する。

図1｜十字形プランの利点

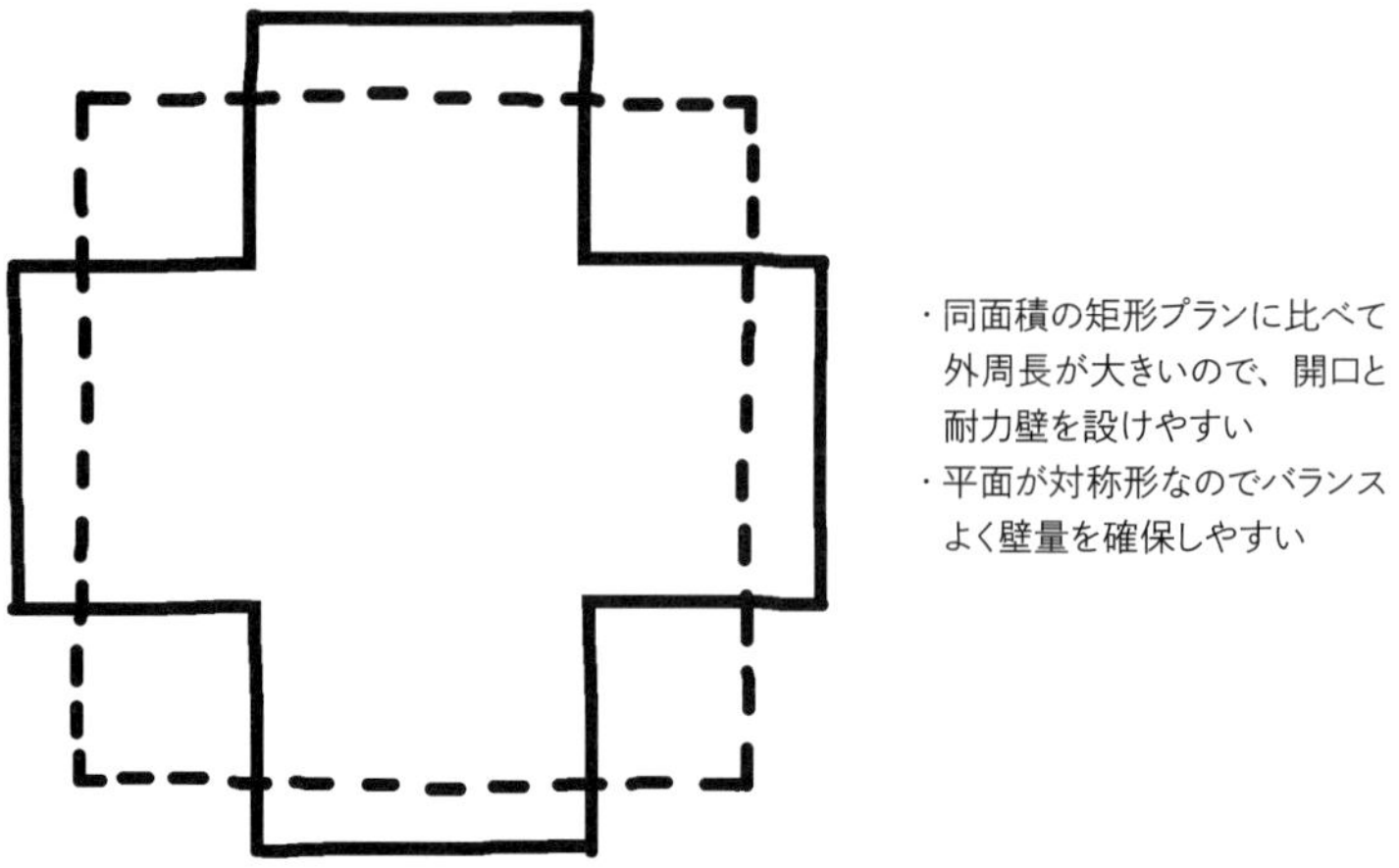
・同面積の矩形プランに比べて外周長が大きいので、開口と耐力壁を設けやすい
・平面が対称形なのでバランスよく壁量を確保しやすい

図2｜十字形プランにおける耐力壁と開口のレイアウト例

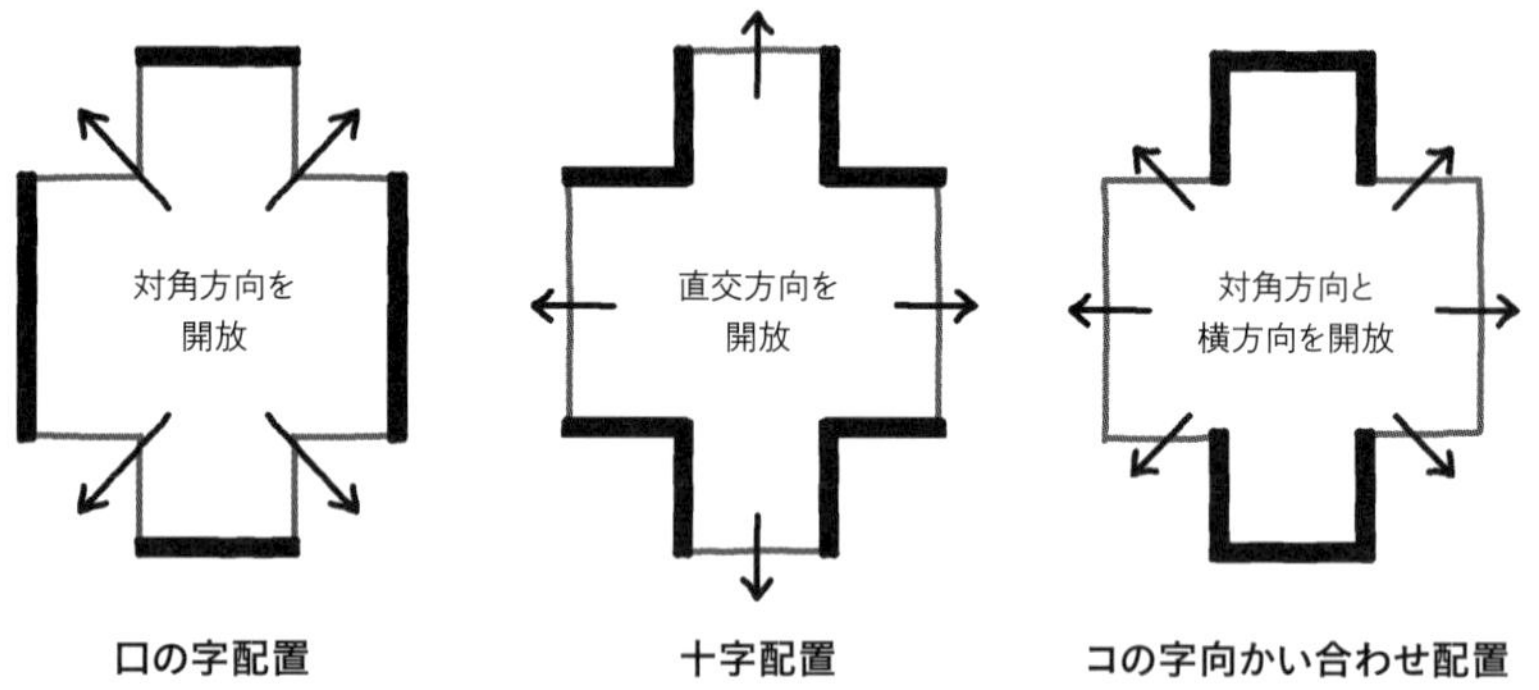
対角方向を開放
直交方向を開放
対角方向と横方向を開放
口の字配置
十字配置
コの字向かい合わせ配置

「隅切の家」は、美しい桜並木が立ち並ぶ川沿いの遊歩道に北側で面している。建築計画上の重要なポイントは、この恵まれた環境をLDKの室内になるべく取り込むことであった。

北面だけでなくプランの対角方向にも開口を多く設置。この北面と対角方向の大開口を実現するために、6・37m×8・19mの長方形の隅を切り落としたような十字形プランが採用された。必要壁量が大きくなる1階には壁が多くなる個室や水廻りを、一方、必要壁量が小さくて済む2階には、開放性が要求されるため壁を設けにくいLDKをそれぞれ配置している。

屋根は、この十字形プランを包括するような八角形平面の軒が回り、その軒から8つの勾配面で構成される亀の甲状の多面体とした。2階LDKの天井は屋根面に平行に張って、多面体の天井面を見せるすっきりとしたデザインとなっている。したがって、小屋組は化粧露しとはせず勾配天井内に隠し、水平な小屋梁が室内に一切出てこないよう配慮されている。

この建物の構造計画におけるポイントは次の3つであった。

❶十字形プランに耐力壁と開口をどう配置するか
❷各階の条件に見合った開口と耐力壁をどう配置するか
❸無柱空間となるLDKの屋根構造をどうつくるか

❶十字形プランに耐力壁と開口をどう配置するか

十字形プランは、同面積の矩形プランに比べて外周長が必然的に大きくなるので開口を設けやすいうえ、対称形に近い平面形となるのでバランスよく壁量を確保しやすいなどの利点がある［図1］。では、十字形プランでバランスよく壁量を確保しつつ、開口を多く設けるにはどのようなレイアウトが考えられるだろうか。

考えられるレイアウトを図2に示

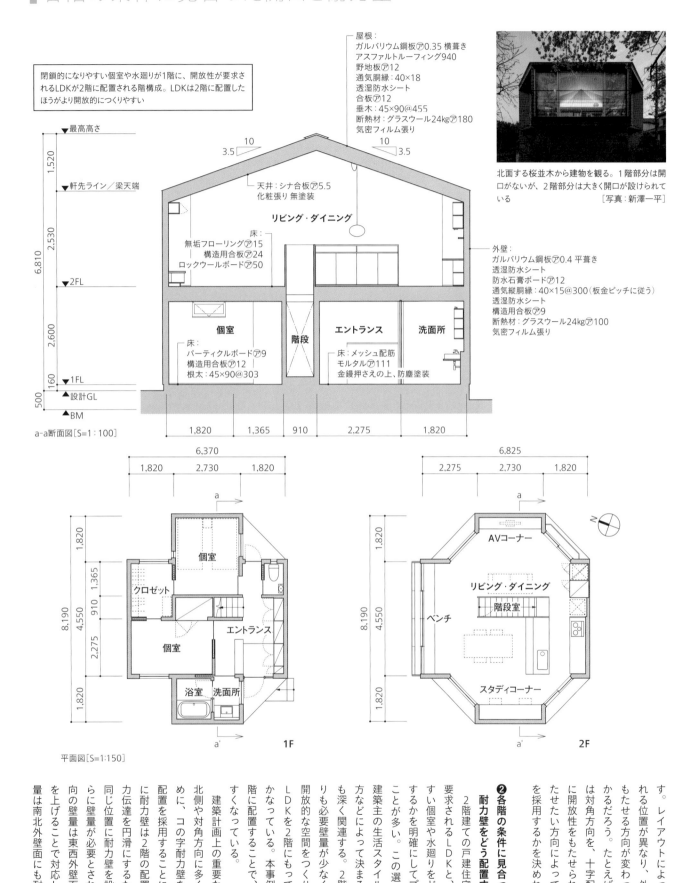

各階の条件に見合った開口と耐力壁

閉鎖的になりやすい個室や水廻りが1階に、開放性が要求されるLDKが2階に配置される階構成。LDKは2階に配置したほうがより開放的につくりやすい

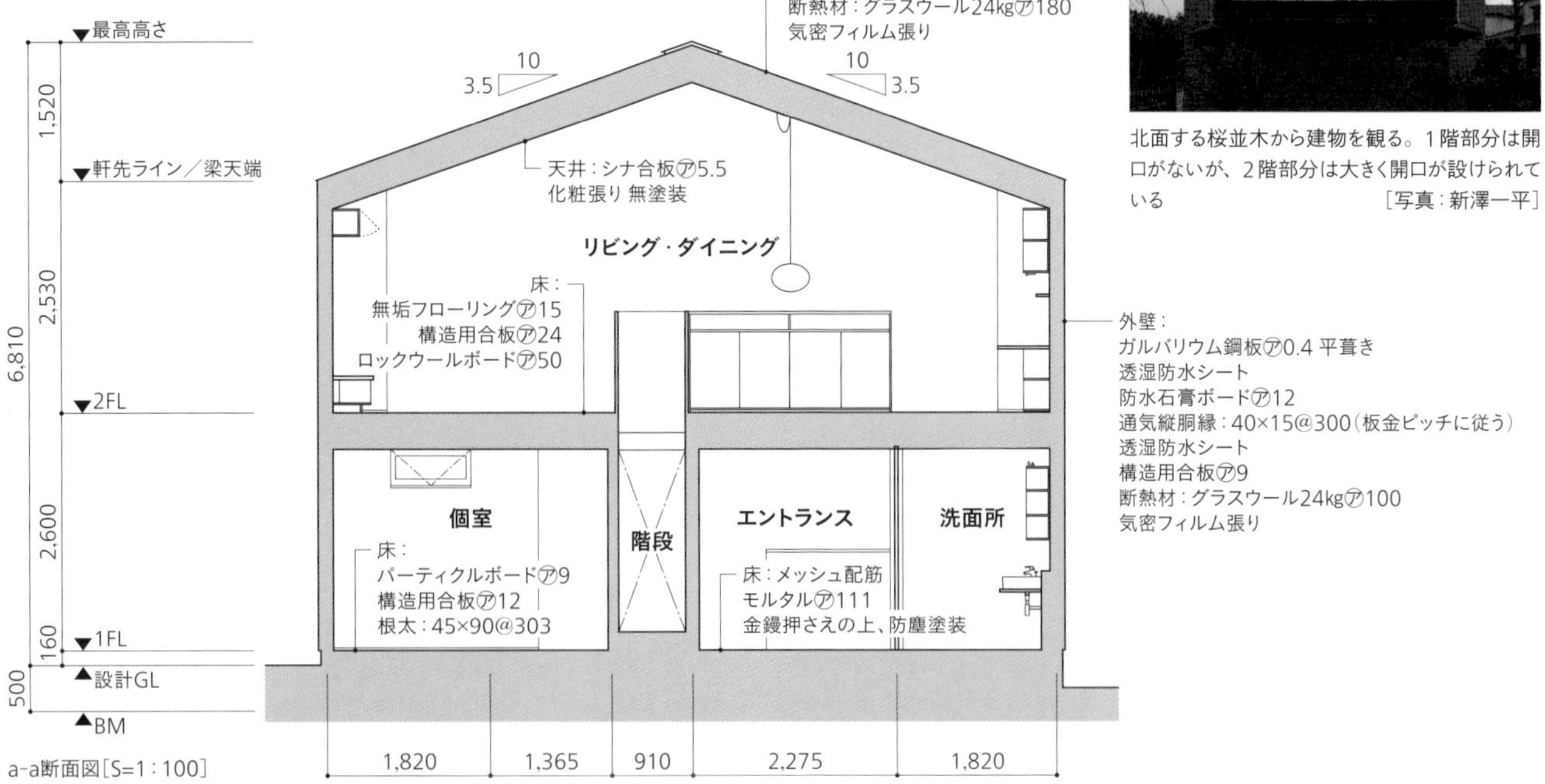

屋根：
ガルバリウム鋼板㋐0.35 横葺き
アスファルトルーフィング940
野地板㋐12
通気胴縁：40×18
透湿防水シート
合板㋐12
垂木：45×90@455
断熱材：グラスウール24kg㋐180
気密フィルム張り
最高高さ
軒先ライン／梁天端
2FL
1FL
設計GL
BM
6,810
1,520
2,530
2,600
160
500
3.5
10
天井：シナ合板㋐5.5
化粧張り 無塗装
リビング・ダイニング
床：
無垢フローリング㋐15
構造用合板㋐24
ロックウールボード㋐50
外壁：
ガルバリウム鋼板㋐0.4 平葺き
透湿防水シート
防水石膏ボード㋐12
通気縦胴縁：40×15@300（板金ピッチに従う）
透湿防水シート
構造用合板㋐9
断熱材：グラスウール24kg㋐100
気密フィルム張り
個室
階段
エントランス
洗面所
床：
パーティクルボード㋐9
構造用合板㋐12
根太：45×90@303
床：メッシュ配筋
モルタル㋐111
金鏝押さえの上、防塵塗装
1,820
1,365
910
2,275
1,820

a-a断面図［S=1：100］

北面する桜並木から建物を観る。1階部分は開口がないが、2階部分は大きく開口が設けられている ［写真：新澤一平］

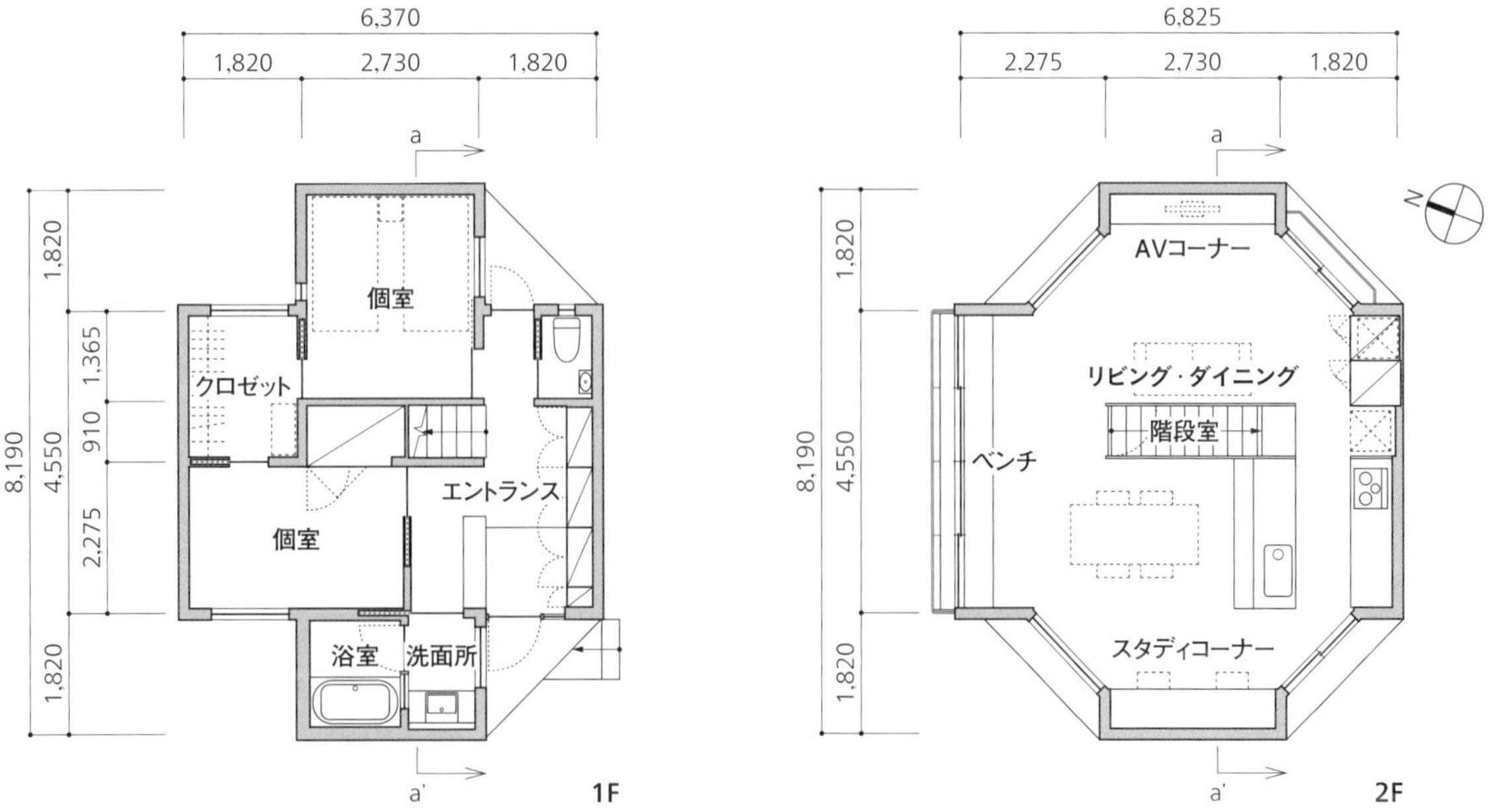

6,370
1,820
2,730
1,820
a
8,190
1,820
1,365
4,550
910
2,275
1,820
個室
クロゼット
個室
エントランス
浴室
洗面所
a'
1F
6,825
2,275
2,730
1,820
a
N
AVコーナー
リビング・ダイニング
階段室
ベンチ
8,190
1,820
4,550
1,820
スタディコーナー
a'
2F

平面図［S=1:150］

す。レイアウトによって開口を設けられる位置が異なり、外部への開放性をもたせる方向が変わってくることが分かるだろう。たとえば、ロの字配置では対角方向を、十字配置では直交方向に開放性をもたせられる。開放性をもたせたい方向によってどのレイアウトを採用するかを決めればよい。

❷各階の条件に見合った開口と耐力壁をどう配置するか

2階建ての戸建住宅では、開放性が要求されるLDKと、閉鎖的になりやすい個室や水廻りをどちらの階に配置するかを明確にしてプランニングすることが多い。この選択は、敷地条件、建築主の生活スタイル、設計者の考え方などによって決まるが、構造計画とも深く関連する。2階のほうが1階よりも必要壁量が少なくなるため、より開放的な空間をつくりたいのであればLDKを2階にもってくるほうが理にかなっている。本事例でもLDKを2階に配置することで、大開口を設けやすくなっている。

建築計画上の重要なポイントである北側や対角方向に多く開口を設けるために、コの字耐力壁を向かい合わせた配置を採用することにした。このように耐力壁は2階の配置を優先させ、応力伝達を円滑にするために、1階にも同じ位置に耐力壁を設けた。1階はさらに壁量が必要とされるので、南北方向の壁量は東西外壁面の耐力壁の倍率を上げることで対応し、東西方向の壁量は南北外壁面にも耐力壁を設け、全

図3｜構造ダイヤグラム

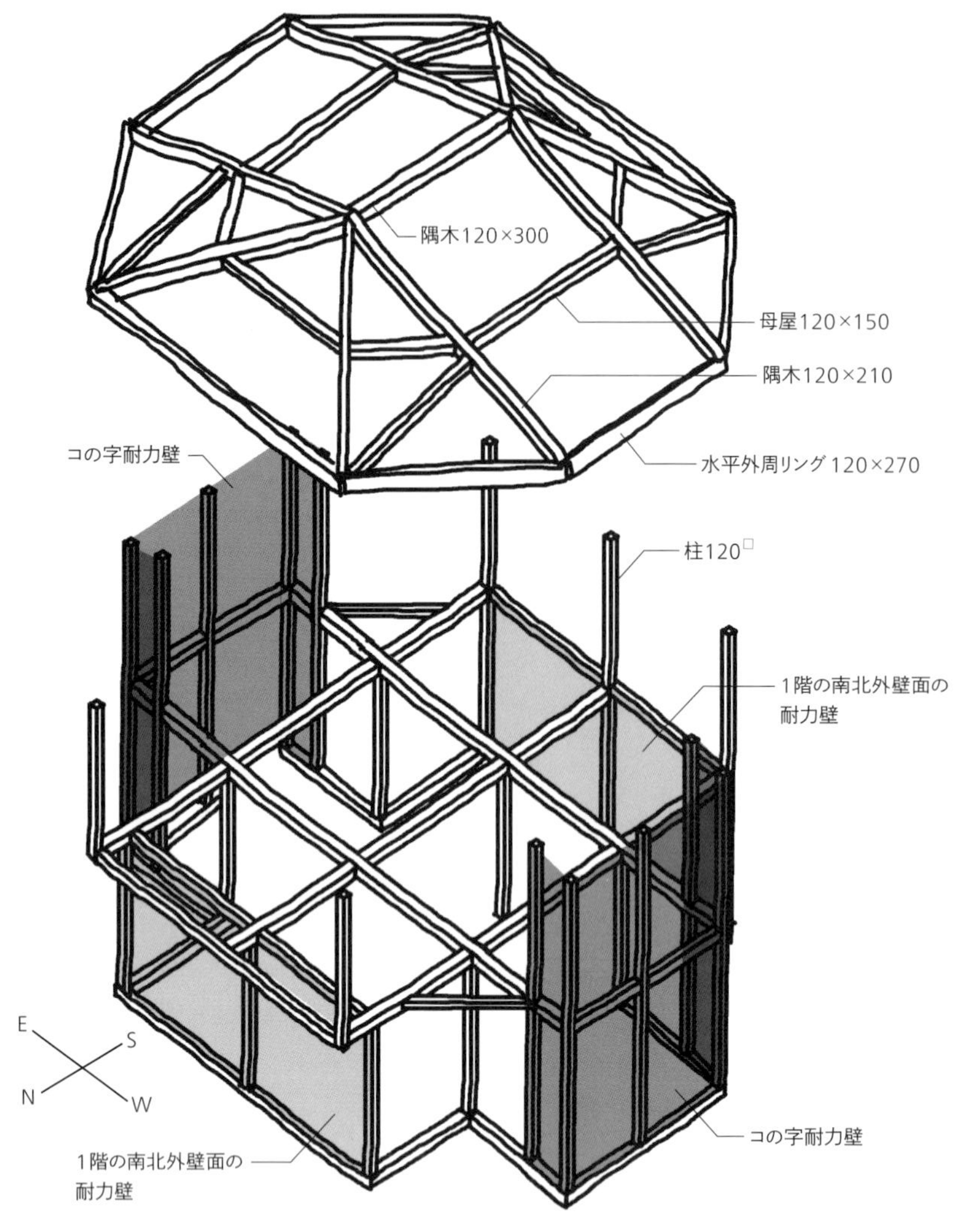
隅木120×300
母屋120×150
隅木120×210
コの字耐力壁
水平外周リング 120×270
柱120□
1階の南北外壁面の耐力壁
E
S
N
W
1階の南北外壁面の耐力壁
コの字耐力壁

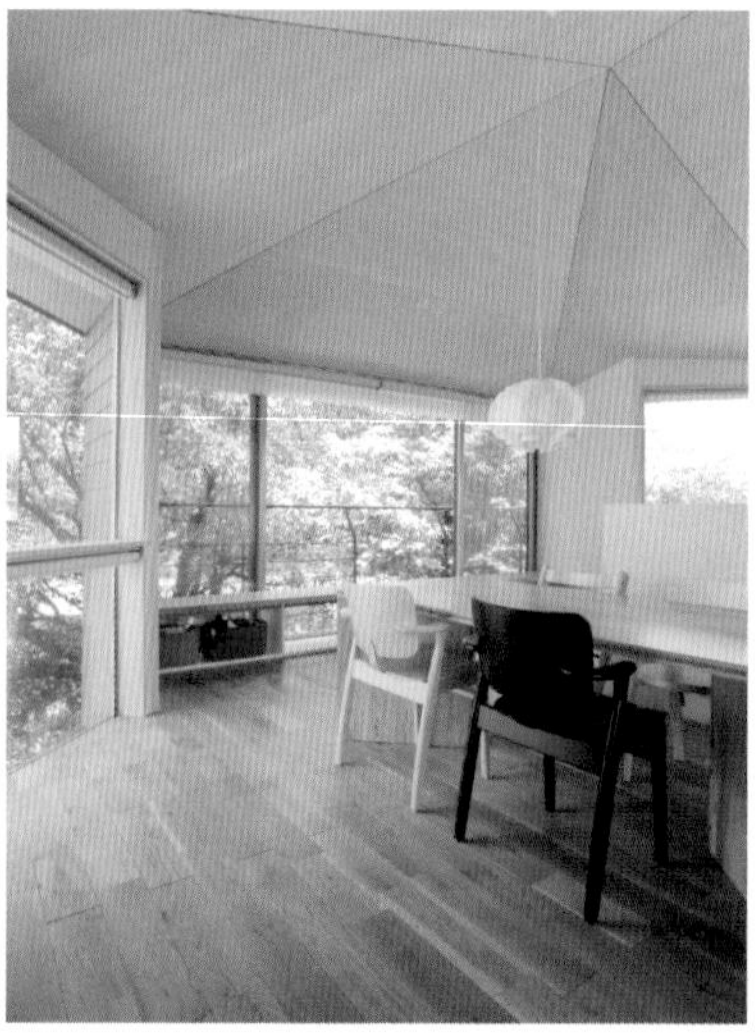

2階には柱がなく、開放的な空間となっている。大きく開けられた開口によって、桜並木と一体となる印象

建物外観　［写真上下：永禮賢］

図4｜隅切の家の耐力壁と開口のレイアウト

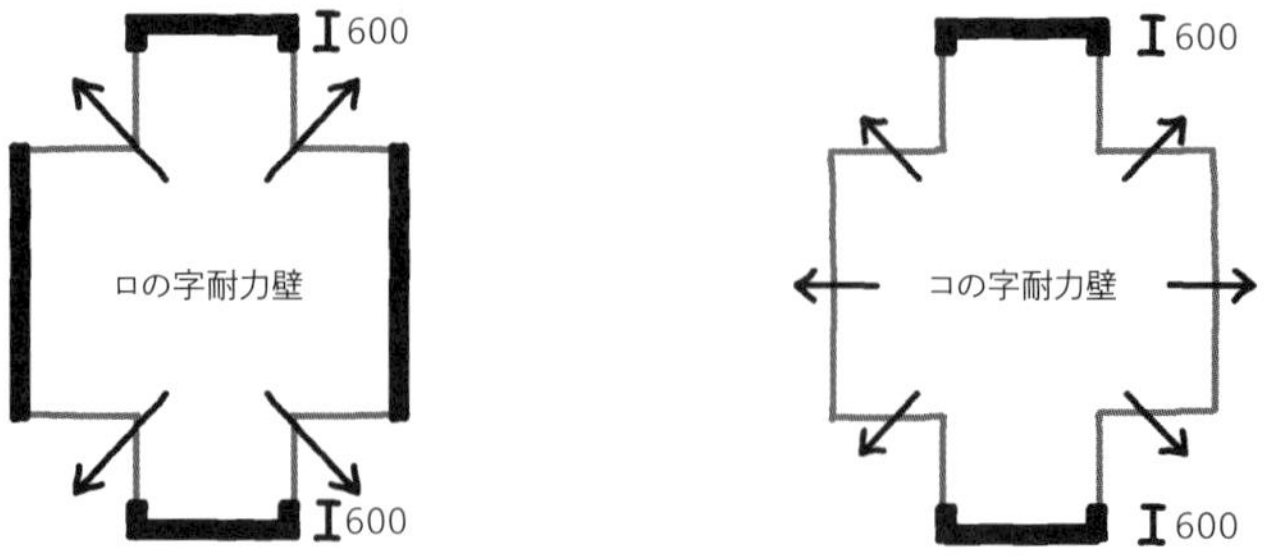
600
ロの字耐力壁
600
600
コの字耐力壁
600

1階　2階

DATA

隅切の家（リオタデザイン）

敷地面積　100.25㎡
建築面積　48.44㎡
延床面積　82.88㎡
規　　模　地上2階
竣　　工　2013年8月

体としてロの字配置を採用することになった［図3・4］。

❸無柱空間となるLDKの屋根構造をつくる

LDKの対辺間距離は6・825mと8・19mであり、この大きさの部屋をワンルームの無柱空間としてつくるのにはちょっとした工夫が必要だ。しかも屋根面に平行に張って多面体の天井面を見せるすっきりとしたデザインが求められている。

そこで八角形を底面とする多面体の屋根形状を生かした構造をつくることを考えた。「府中の家」［6〜9頁］でも紹介した外周水平リングと隅木を生かした立体トラスの採用である。この方法ならば室内に小屋梁をだすことなく、屋根面内に配置した部材のみで屋根構造を成立させることができる。ただし本事例は府中の家のような完全な回転対称形ではないので、さまざまな角度の部材や接合部の納まりが発生し、加工と組み立ての困難が懸念された。

特に隅木と外周水平リングの接合部における応力伝達はこの構造の要であり、慎重にディテールを決定した［17頁屋根架構詳細図参照］。圧縮力とせん断力は木と木をはめ合わせる仕口で伝達させ、リングの引張り力は、隅角部を外側からへの字形プレートとラグスクリューで留めて伝達させるシンプルな方法とした。小屋組が化粧露しにならなくても、ある程度構造体の美観を意識してデザインしている。

立体トラスで応力をうまく伝達する

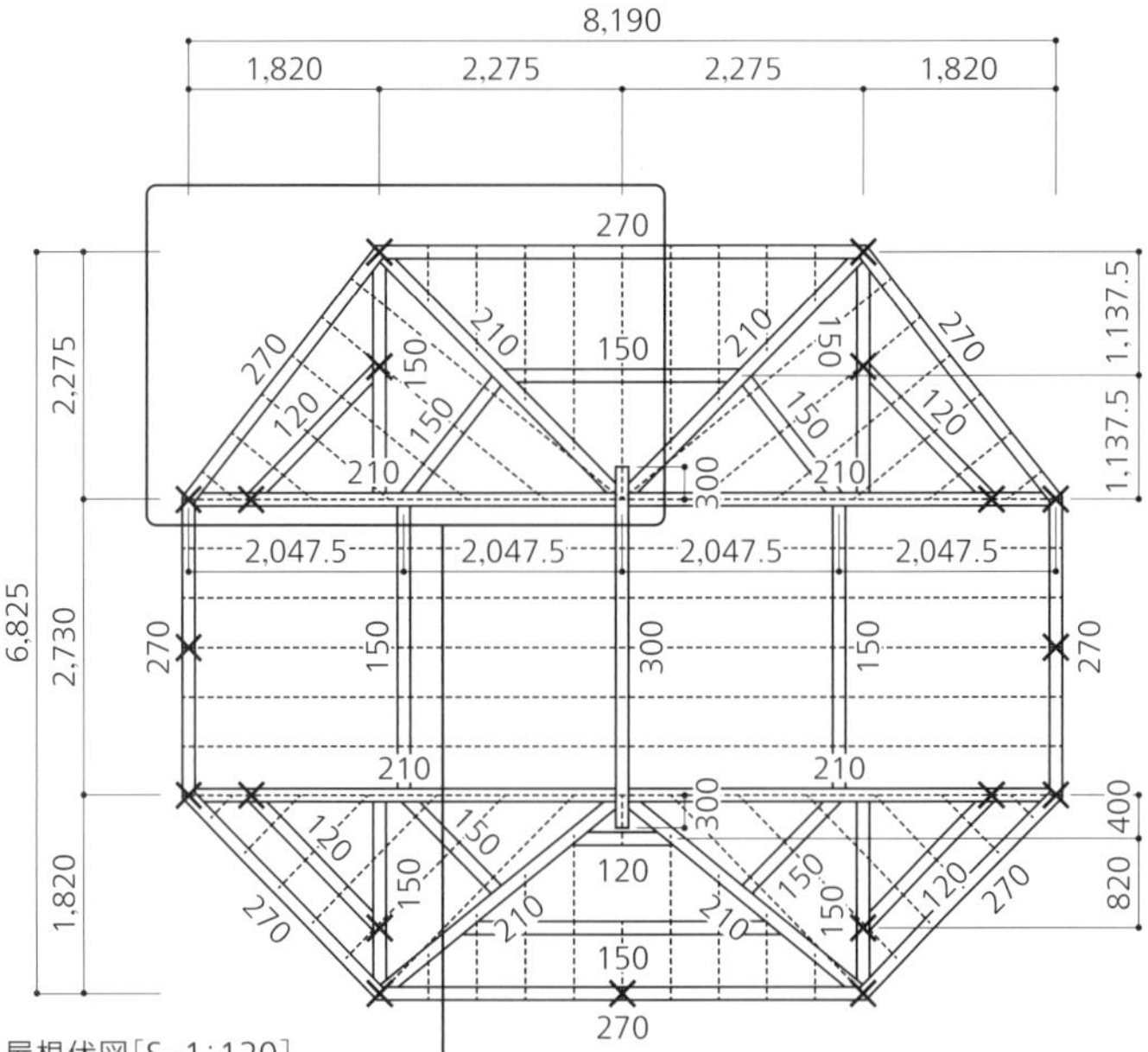
8,190
1,820
2,275
2,275
1,820
270
2,275
6,825
2,730
1,820
1,137.5
1,137.5
400
820
2,047.5
2,047.5
2,047.5
2,047.5
210
150
120
300
270
屋根伏図[S=1:120]

LDKの天井は屋根面に平行に張って、多面体の天井面をすっきり見せている。小屋組は天井裏に隠れている　[写真：新澤一平]

隅木と水平外周リングの接合部。接合部の納まりが複雑だったため、プレカットではなく大工の手加工による仕口とした

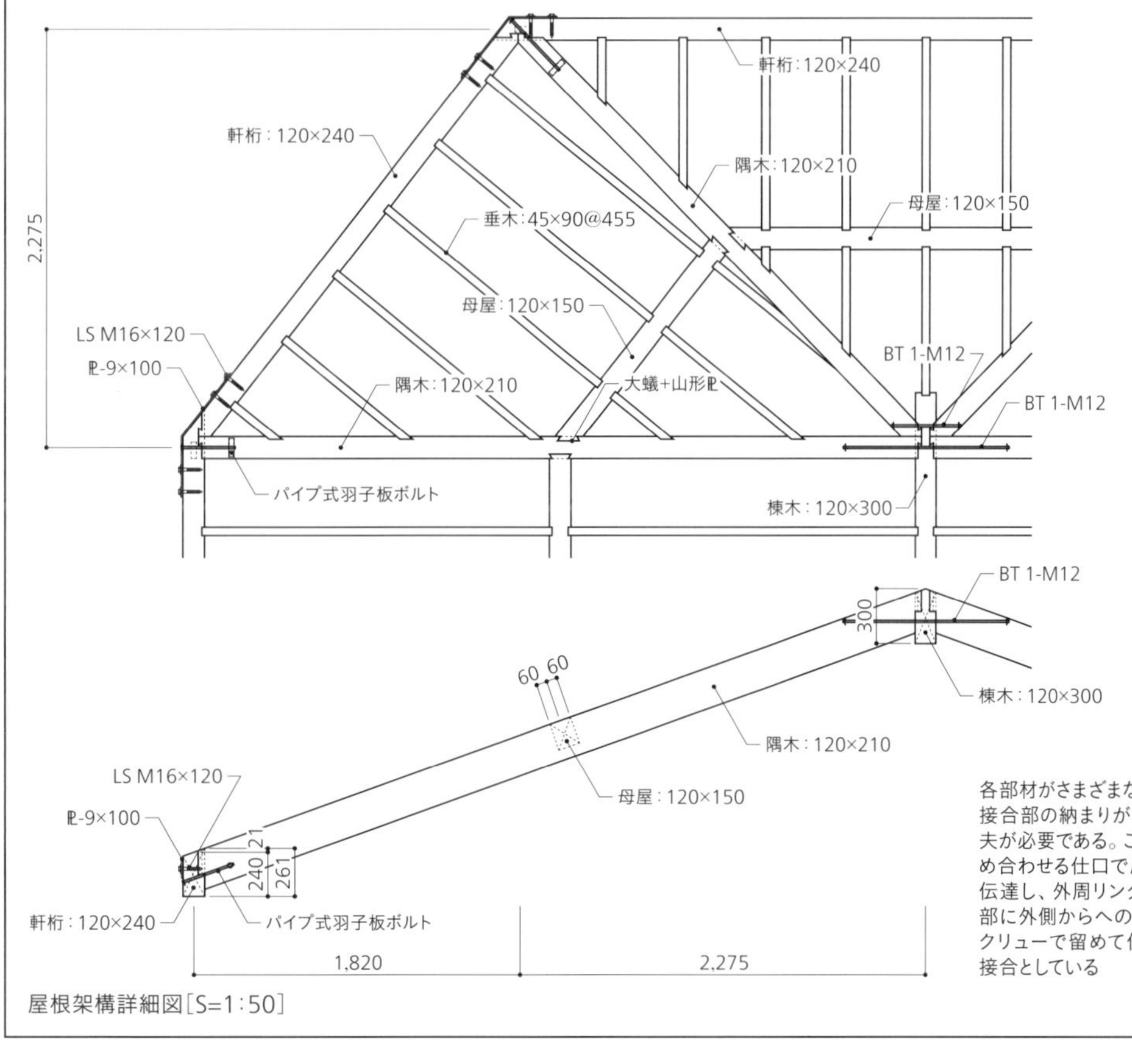
軒桁：120×240
軒桁：120×240
隅木：120×210
母屋：120×150
垂木：45×90@455
母屋：120×150
LS M16×120
PL-9×100
隅木：120×210
大鎹+山形PL
BT 1-M12
BT 1-M12
パイプ式羽子板ボルト
棟木：120×300
2,275
BT 1-M12
300
棟木：120×300
60 60
隅木：120×210
母屋：120×150
LS M16×120
PL-9×100
21
240
261
軒桁：120×240
パイプ式羽子板ボルト
1,820
2,275

各部材がさまざまな角度で交わるため、接合部の納まりが複雑になりやすく工夫が必要である。ここでは、木と木をはめ合わせる仕口で圧縮力とせん断力を伝達し、外周リングの引張り力は隅角部に外側からへの字プレートとラグスクリューで留めて伝達するシンプルな接合としている

屋根架構詳細図[S=1:50]

4

構造用面材を使わず真壁を実現する方法

事例：吉祥寺東町の家／Studio PRANA　林美樹

かつての日本の住宅は、軸部を大工職人がつくり、軸組の内法部分を左官職人が土塗り壁などで仕上げ、軸部も壁も化粧露しにする「真壁」があたりまえであった。現代では、さまざまな変化（建材、ライフスタイル、断熱や気密などに対する考え方、職人の減少、生産システム、法令など）により、大壁形式がほとんどである。これに関連して、壁・屋根・床の下地には当然のように構造用合板などの構造用面材が使われている。

ここでは、昔の純粋な伝統構法の住宅が建てにくくなった現代において、構造用面材を使わず、伝統構法をうまく使いながら真壁を実現した事例として「吉祥寺東町の家」を紹介したい。

都心にあって閑静な住宅街の一角に建つ「吉祥寺東町の家」は、梁間4・55m×桁行14・56mの長方形平面に、下屋やテラスなどがとりついた切妻屋根の木造2階建てである［平面図］。1階にはダイニングキッチンを中心に水廻りと収納と2つの個室、2階にはダイニングキッチン上の吹抜けを有するホールを中心に4つの個室が配置されている。

この建物は、壁・屋根・床下地に構造用面材を使う代わりに、自然素材をなるべく用い、大工職人による貫構造や軸部の継手・仕口、左官職人による竹小舞下地土塗り壁の外壁などの伝統技術が多く使われている。自然素材と伝統技術を用いたこの建物における構造計画のポイントは次の3つであった。

❶構造用面材を使わず、真壁で水平耐力をどう確保するか
❷構造用面材を使わず、小幅の野地板や床板で水平構面をどうつくるか
❸化粧露しとなる軸部の接合部に、どう金物が出ないようにするか

❶構造用面材を使わず、真壁で壁量をどう確保するか

構造用面材は、軸組に張ることで容易に高倍率で小幅（通常600㎜まで）の耐力壁をつくることができる。さらに軸組の内法に受け材を設けて張れば真壁形式の耐力壁もつくれる［図1］。この建物で採用する土塗り壁は、吸湿性や耐久性、蓄熱性が高いなどの利点がある反面、壁倍率は低く（建築基準法において下地の仕様や塗り方によって壁倍率0.5〜1.5が与えられている）、工事コストが高い。

真壁は、壁面を柱面より少しだけ引込めて「チリ（散り）」を確保するため、仕上げ・下地・断熱材・耐力要素を入れるための壁厚が大壁の場合に比べて小さくなる［図2参照］。

この建物は室内外ともほとんどが漆喰塗りで仕上げられる。真壁と塗り壁

図1｜構造用面材による真壁形式の耐力壁

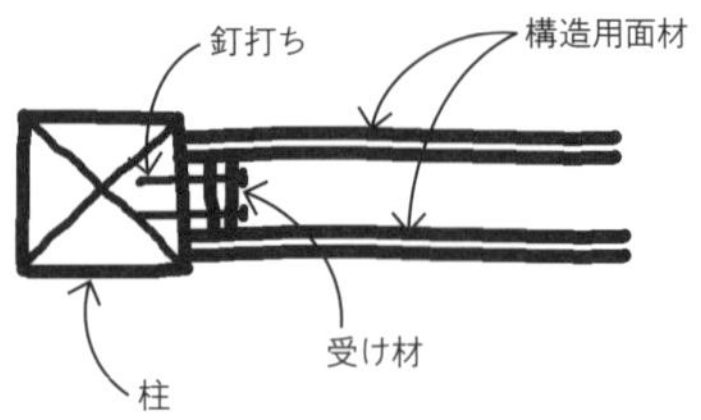

図2｜真壁のチリと有効壁厚

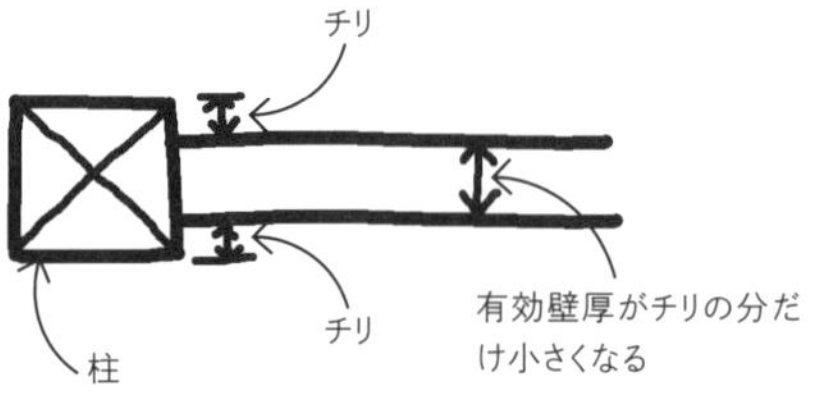

外観は全面漆喰塗の簡素な佇まい。屋内に一歩入ると柔らかな木軸部と漆喰壁の対比が、印象的な清楚な空間が眼前に広がる

漆喰仕上げの建物外観。塗り壁仕上げは、吸湿性や蓄熱性が高いなどの利点がある。

小屋組・床組は金具を見せず化粧露しに

A–A'断面図

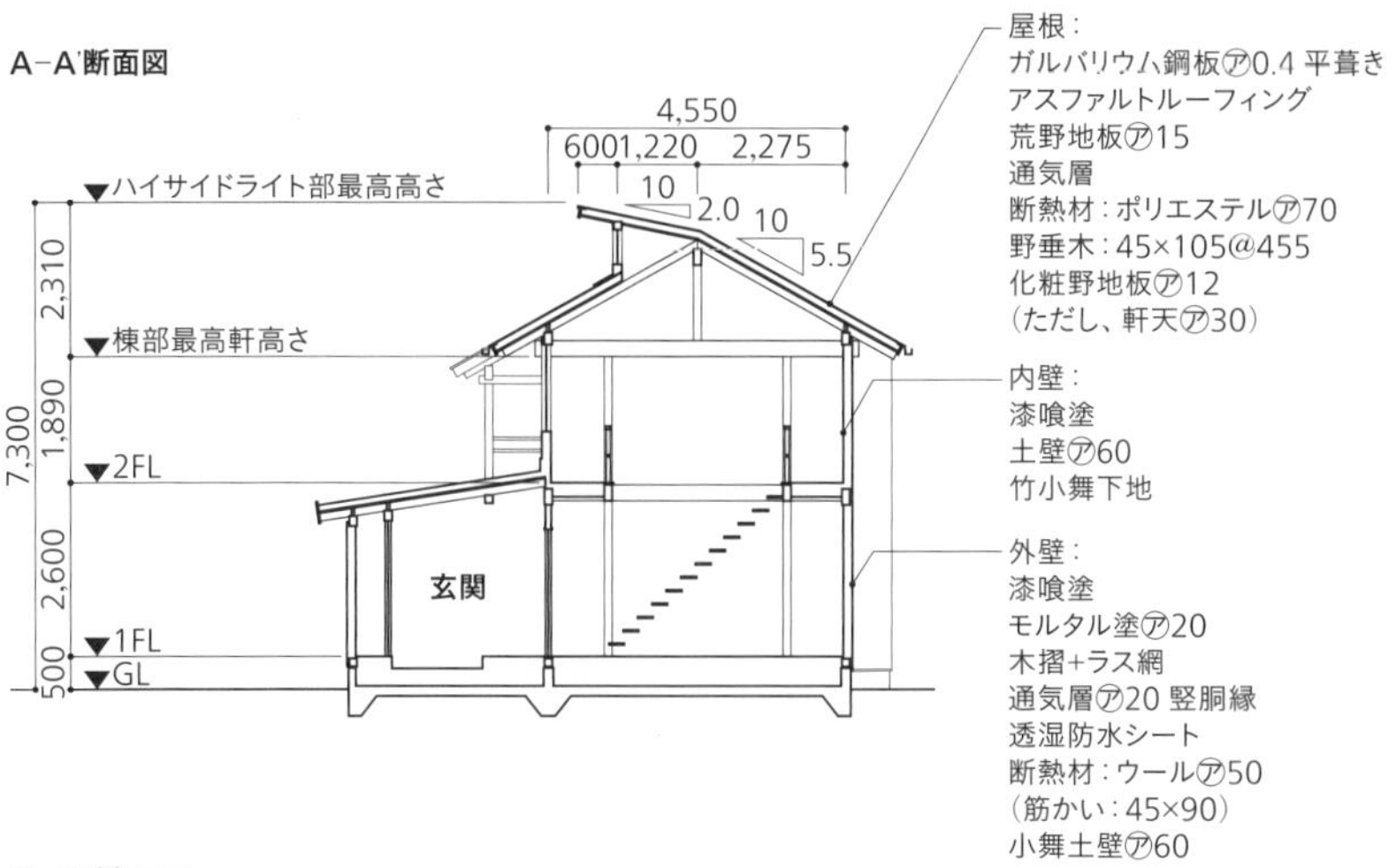
4,550
600 1,220 2,275
10
2.0
10
5.5
ハイサイドライト部最高高さ
棟部最高軒高さ
2FL
1FL
GL
7,300
2,310
1,890
2,600
500
玄関
屋根：
ガルバリウム鋼板㋐0.4 平葺き
アスファルトルーフィング
荒野地板㋐15
通気層
断熱材：ポリエステル㋐70
野垂木：45×105@455
化粧野地板㋐12
（ただし、軒天㋐30）
内壁：
漆喰塗
土壁㋐60
竹小舞下地
外壁：
漆喰塗
モルタル塗㋐20
木摺+ラス網
通気層㋐20 竪胴縁
透湿防水シート
断熱材：ウール㋐50
（筋かい：45×90）
小舞土壁㋐60

2階洗面室側からベランダ方向を見る。小屋組は天井を張らず化粧露しとしている

B–B'断面図

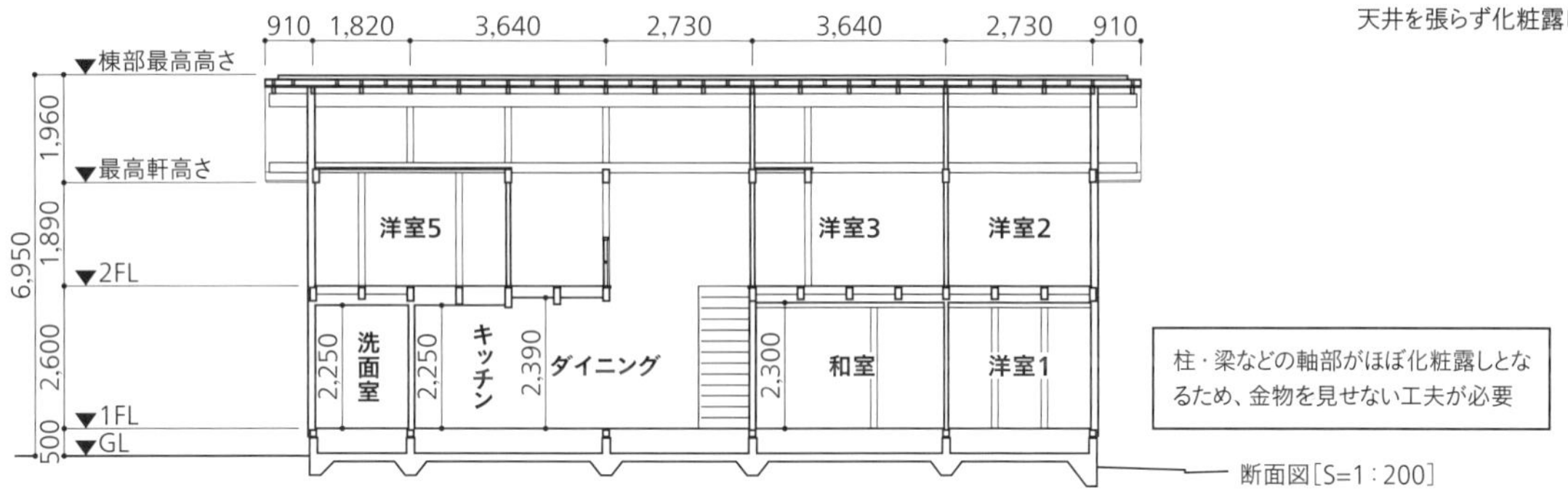
910 1,820 3,640 2,730 3,640 2,730 910
棟部最高高さ
最高軒高さ
2FL
1FL
GL
6,950
1,960
1,890
2,600
500
洋室5
洋室3
洋室2
洗面室
キッチン
ダイニング
和室
洋室1
2,250
2,250
2,390
2,300
柱・梁などの軸部がほぼ化粧露しとなるため、金物を見せない工夫が必要
断面図[S=1：200]

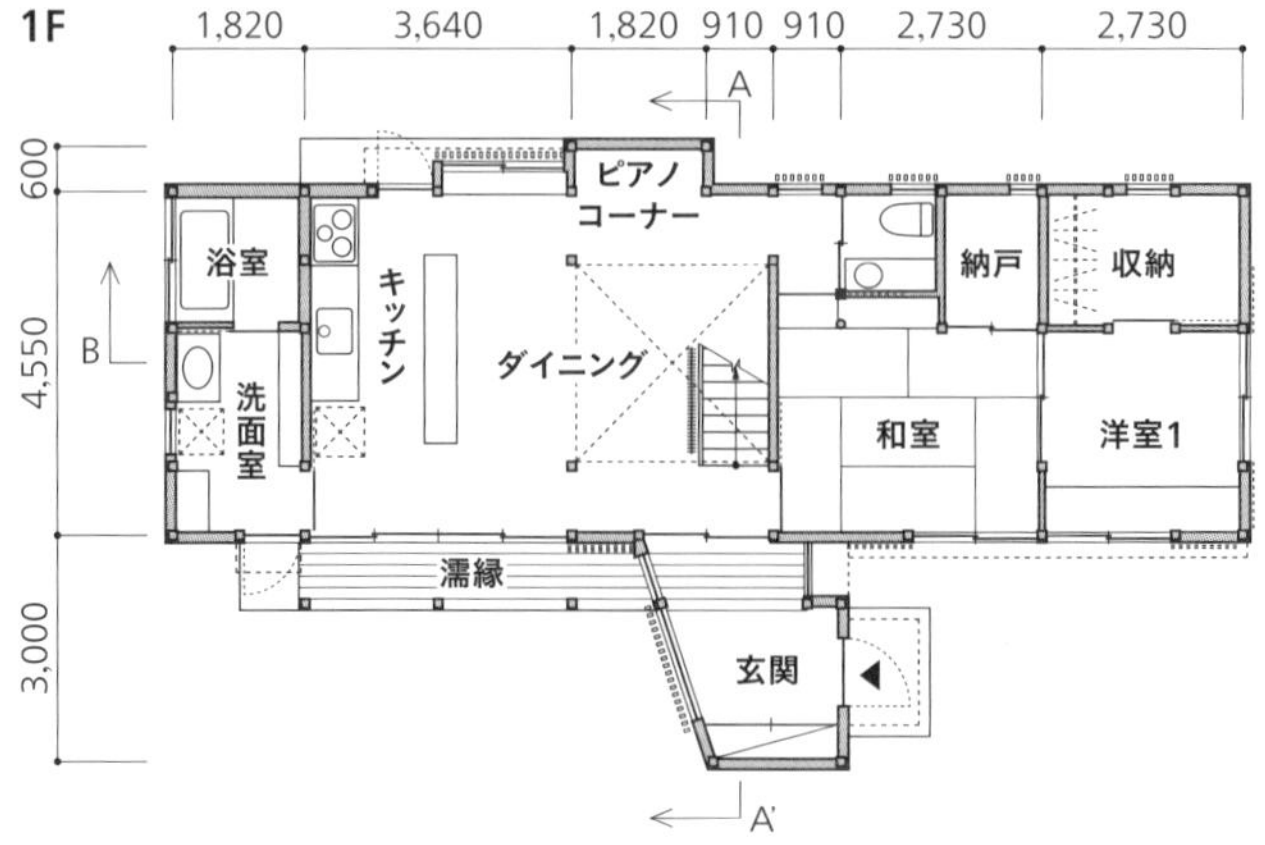
1F
1,820 3,640 1,820 910 910 2,730 2,730
600
4,550
3,000
A
A'
B
ピアノコーナー
浴室
キッチン
洗面室
ダイニング
納戸
収納
和室
洋室1
濡縁
玄関

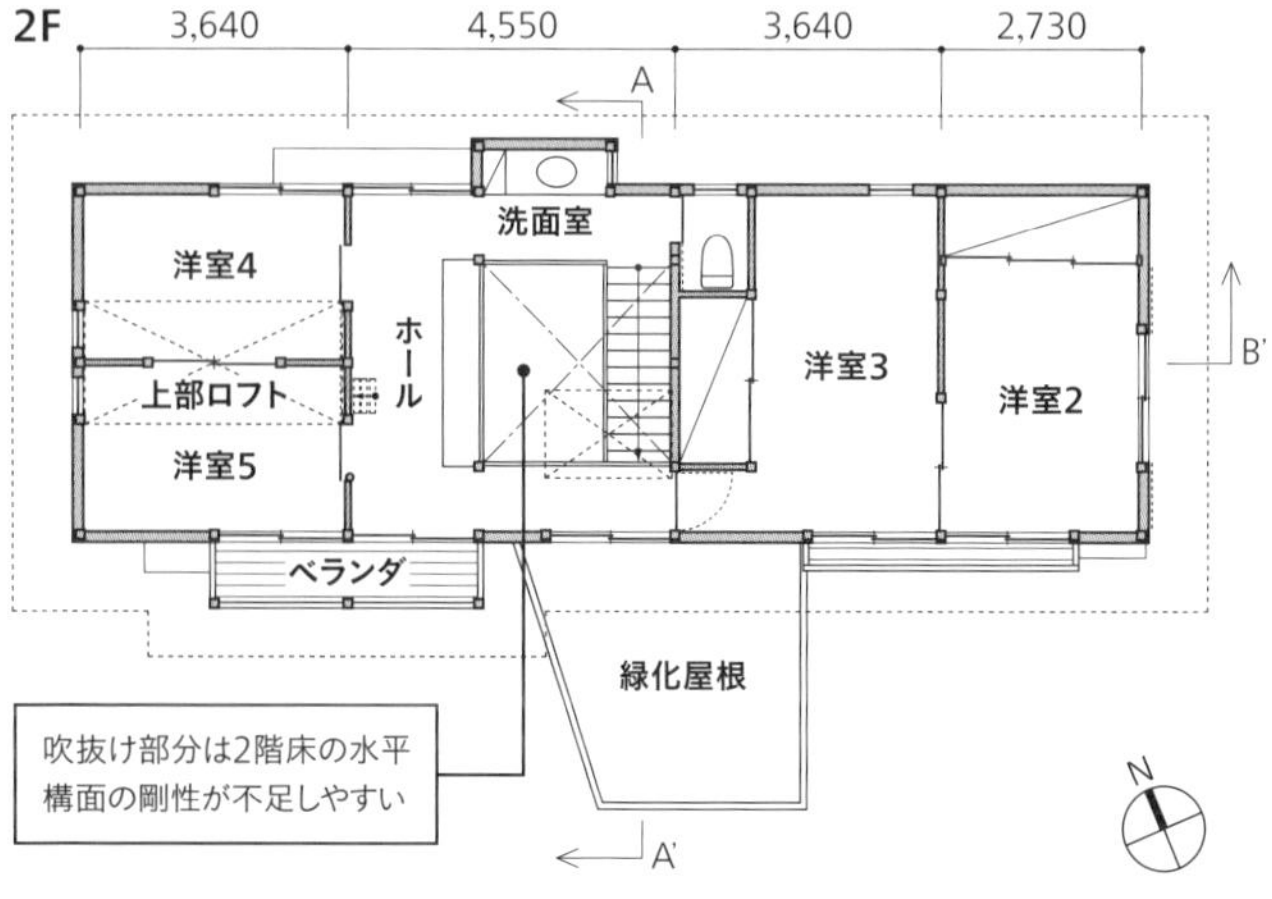
2F
3,640 4,550 3,640 2,730
A
A'
B'
洋室4
洗面室
ホール
上部ロフト
洋室5
洋室3
洋室2
ベランダ
緑化屋根
吹抜け部分は2階床の水平構面の剛性が不足しやすい
N

平面図[S=1：200]

仕上げを前提として、土塗り壁・筋かい・木摺の組み合わせで耐力壁をつくろうとすると、20頁図3のような仕様が考えられる。本来は、内外とも土塗り壁だけでつくりたいところだが、間仕切壁にまで土塗り壁を使ってしまうと、低い壁倍率を補うために壁長を増やさなければならず、コストやプランの自由度に影響が出てしまう。そこで今回は、構造用面材を使わずコストを抑えながらも、プランの自由度や十分な壁量を確保するために、外壁を〈土塗り壁＋筋かい片掛け＋木摺〉、間仕切壁を〈筋かいたすき掛け〉の仕様とした。

❷構造用面材を使わず小幅の野地板や床板で水平構面をどうつくるか

構造用面材を使わずに床面や屋根面に必要な水平構面の性能をもたせるには、どのような方法があるだろうか。

屋根に水平構面としての剛性をもたせる方法として火打ち梁・屋根ブレース・野地板張りなどがあり、それぞれに長所・短所がある[20頁図4]。火打ち梁は簡易な方法であるが、勾配天井や小屋組を化粧露しにする場合、火打ち梁を軒レベルに水平に設けると下から見えてしまうので適さない。また屋根ブレースは水平構面としての剛性が高い反面、加工や組み立てが大変である。屋根面は大きな水平構面としての剛性を必要としないため、本事例ではスギの野地板張りとし、これを化粧露しとした。

床に水平構面としての剛性をもたせ

図3｜真壁＋塗り壁を実現するための耐力壁のつくり方

間仕切壁　　　　　　　　　　　　外壁

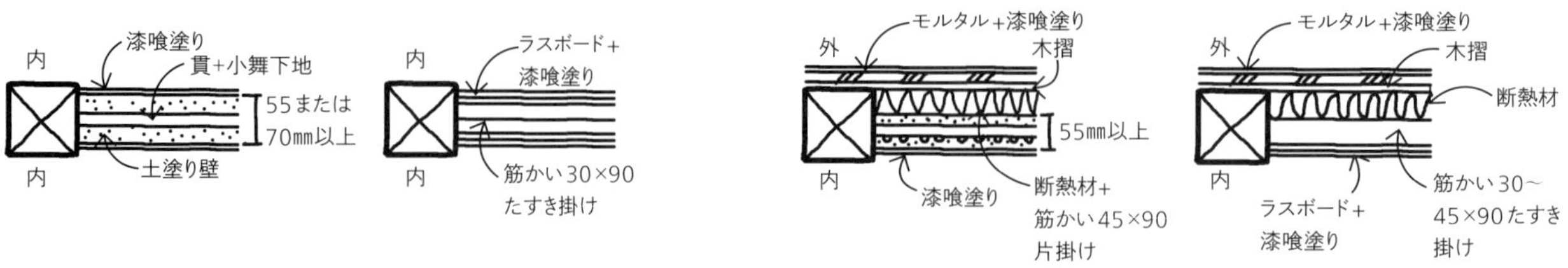

〈土塗り壁　0.5～1.5倍〉　〈筋かいたすき掛け　3倍〉　〈土塗り壁＋筋かい片掛け＋木摺　3～3.5倍〉　〈筋かいたすき掛け　3.5～4.5倍〉

図4｜構造用面材を使わずに屋根の水平構面をつくる方法

火打ち梁　　　　　屋根ブレース　　　　　野地板張り

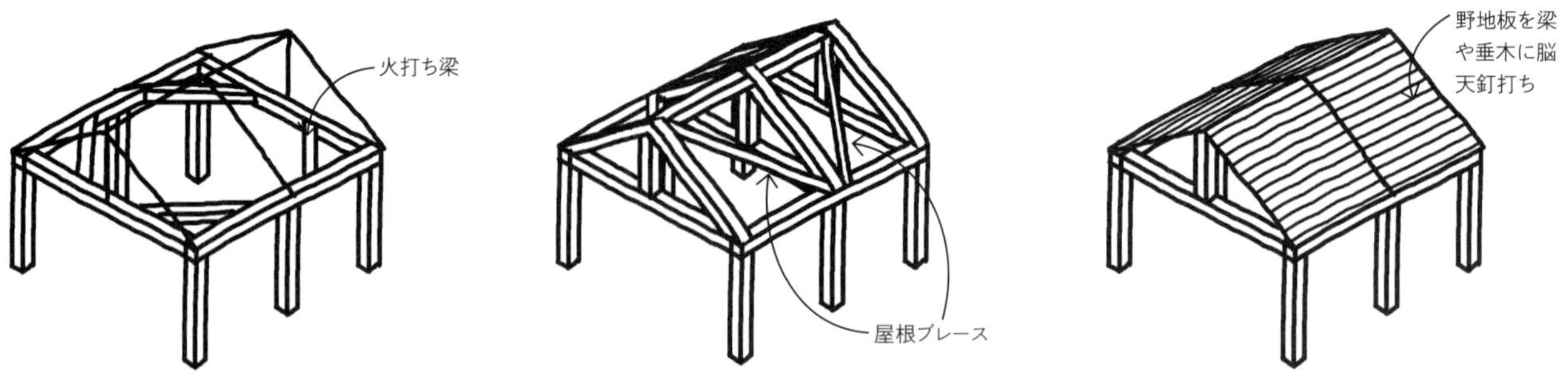

簡易な方法だが、火打ち梁が見え、小屋組露しには向かない

水平構面の性能は高いが、加工や組み立ての難易度が高い

水平構面の性能は高くないが、施工が簡易で野地板を化粧露しにしやすい

図5｜構造用面材を使わずに床の水平構面をつくる方法

火打ち梁　　　　　床ブレース　　　　　厚板張り

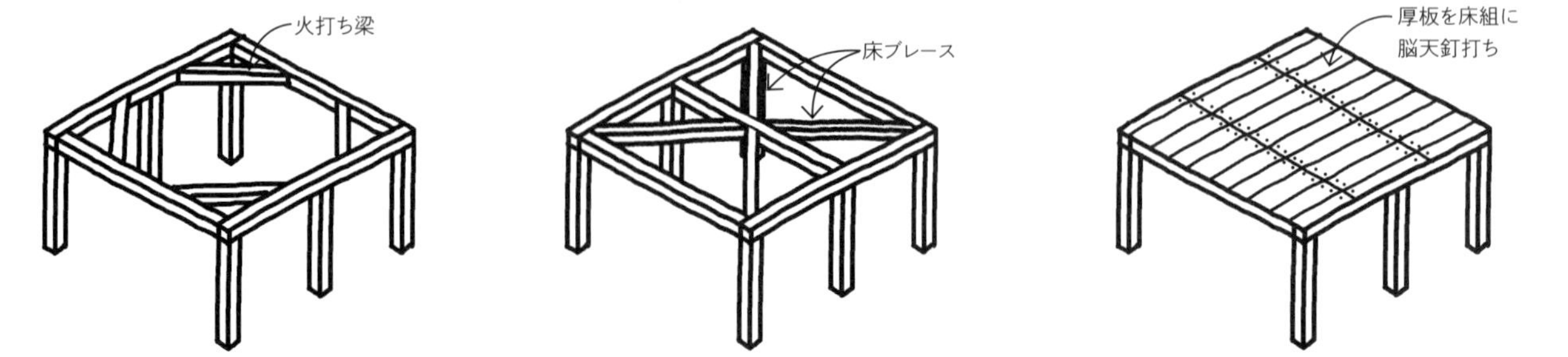

簡易な方法だが、火打ち梁が見え、床組露しには向かない

水平構面の性能は高いが、加工や組み立ての難易度が高い

水平構面の性能は高くないが、施工が簡易で、階下から見上げる床組を化粧露しにしやすい。ただし、踏み床を想定した本実＋隠し釘打ちでは耐力が下がるため、厚板を床組に脳天釘打ちし、上から仕上げ材を張るのが望ましい

る方法には火打ち梁・床ブレース・厚板張りなどがあり、それぞれ長所・短所をもっている［図5］。厚板張りはシンプルな方法であるが、本実＋隠し釘打ちの場合、耐力がかなり低下するとの研究結果もあるので脳天釘打ちにしたい。脳天釘打ちにした場合は踏み床にできないので、厚板上にさらに仕上げをする必要が生じ、コストアップになる。本事例では床梁下端の少し上のレベルに天井を張る計画であり、火打ち梁を入れて天井裏に隠す方法を選択した。

❸化粧露しとなる軸部の接合部に、どう金物が出ないようにするか

一般的な在来軸組構法では、柱梁の継手・仕口といった接合部に羽子板ボルトなどの接合金物を使って引張耐力を担保することがほとんどである。ところが真壁の場合や、天井を張らずに小屋組・床組を化粧露しにする場合、これら接合部が見え掛かりとなるので、金物が見えない工夫をするか使わないようにしたい。

本事例では、大工技術による伝統的な継手・仕口を使うことで、接合金物の使用を極力避けている。たとえば、梁どうしの仕口は、直交する梁のレベルをずらし、上木と下木を少しずつ欠き込みながら組む「渡腮《わたりあご》」を採用することで羽子板ボルトをなくしている。また、桁や胴差の継手では一般に軸方向の引張力に耐えるよう「腰掛《こしか》け鎌継《かまつ》ぎ」に加えて梁側面に短冊金物が使われるが、「追掛《おっか》け大栓継《だいせんつ》ぎ」や「金輪《かなわ》

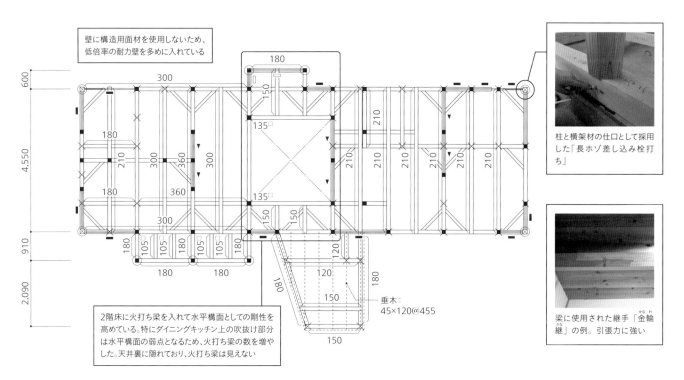

伝統的な継手・仕口で強度と美観を両立させる

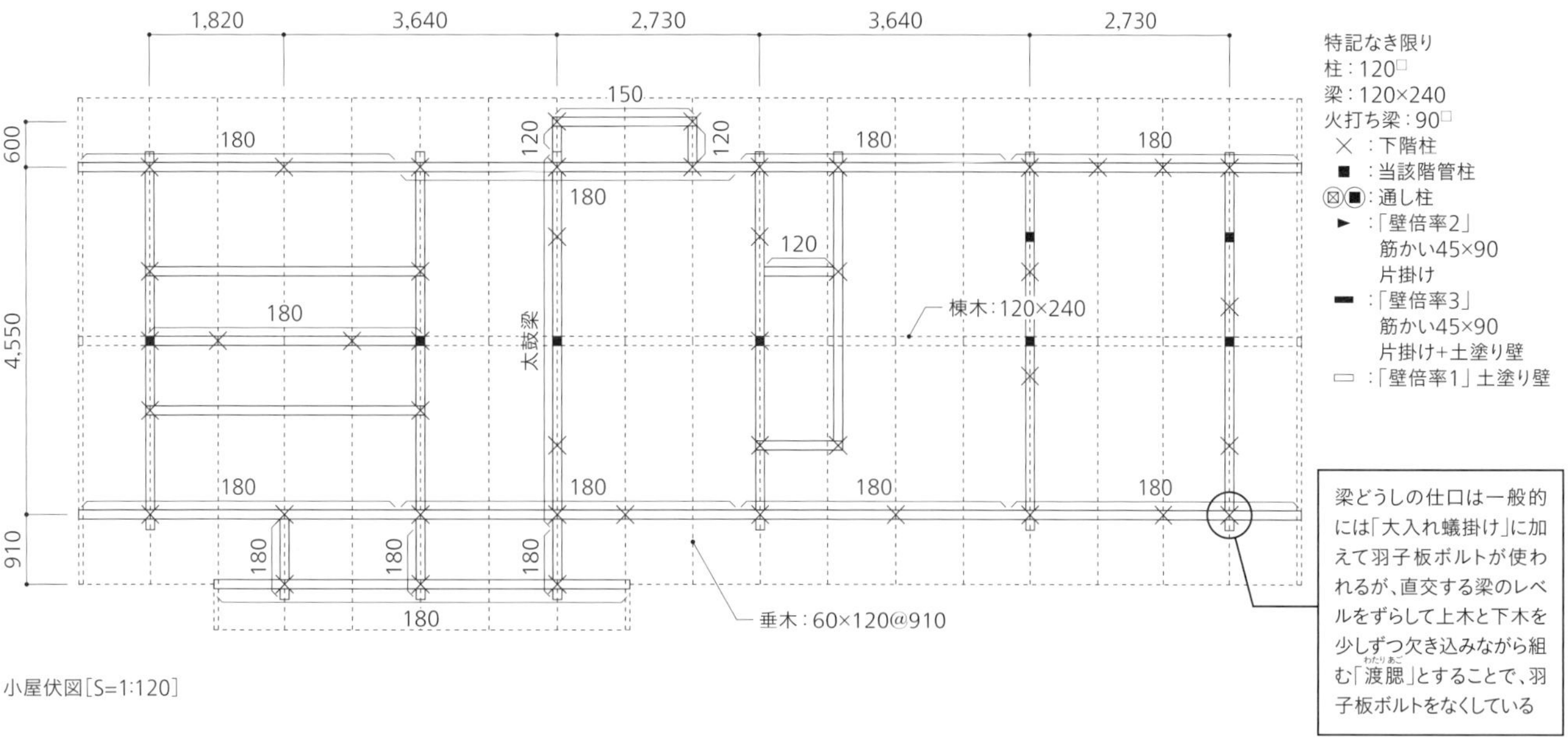
1,820
3,640
2,730
3,640
2,730
600
4,550
910
150
120
180
太鼓梁
棟木:120×240
垂木:60×120@910
特記なき限り
柱:120□
梁:120×240
火打ち梁:90□
×:下階柱
■:当該階管柱
⊠■:通し柱
►:「壁倍率2」筋かい45×90片掛け
▬:「壁倍率3」筋かい45×90片掛け+土塗り壁
▭:「壁倍率1」土塗り壁
梁どうしの仕口は一般的には「大入れ蟻掛け」に加えて羽子板ボルトが使われるが、直交する梁のレベルをずらして上木と下木を少しずつ欠き込みながら組む「渡腮《わたりあご》」とすることで、羽子板ボルトをなくしている

小屋伏図[S=1:120]

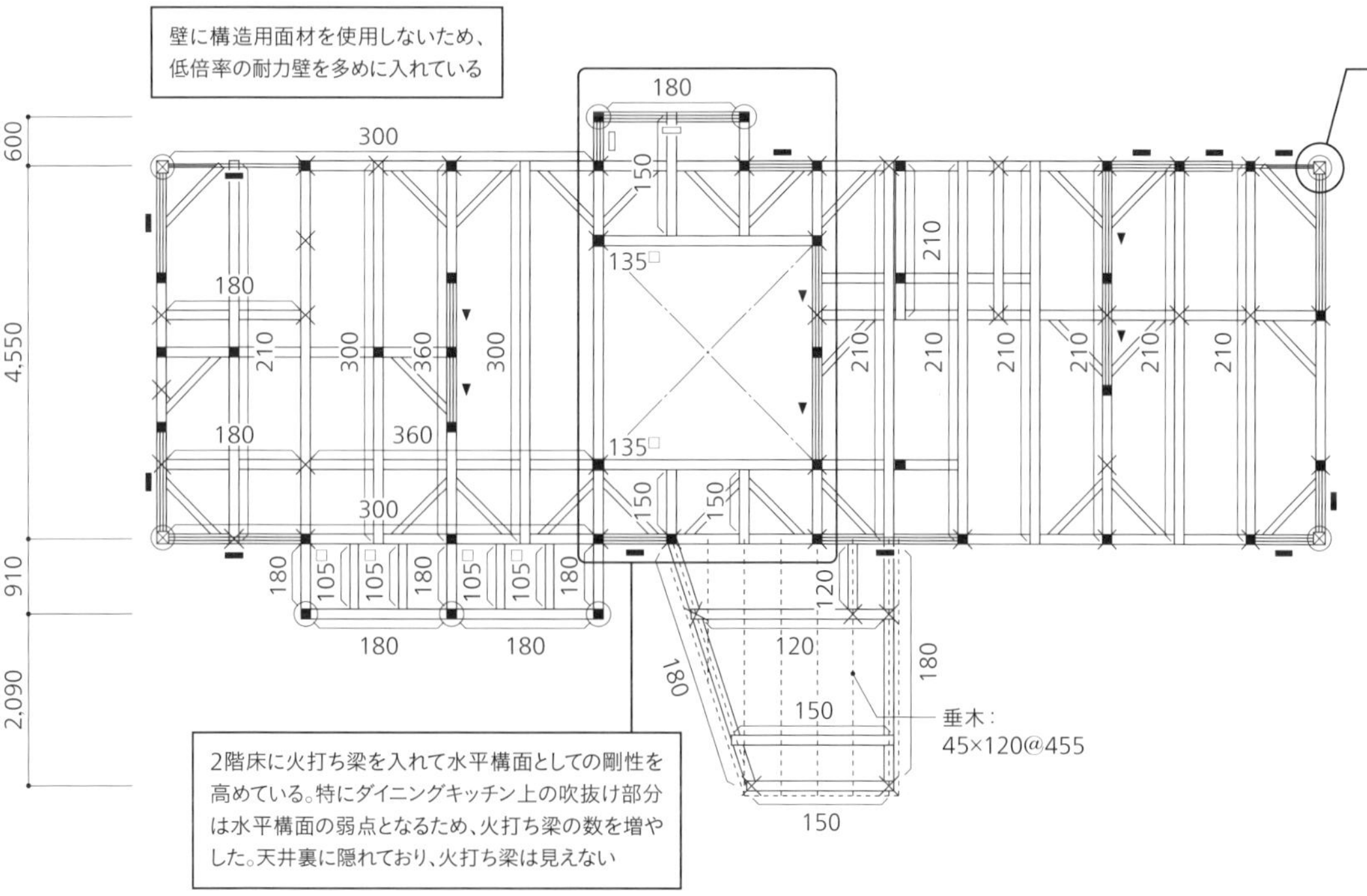
壁に構造用面材を使用しないため、低倍率の耐力壁を多めに入れている
600
4,550
910
2,090
300
180
210
360
135□
150
105□
120
垂木:45×120@455
2階床に火打ち梁を入れて水平構面としての剛性を高めている。特にダイニングキッチン上の吹抜け部分は水平構面の弱点となるため、火打ち梁の数を増やした。天井裏に隠れており、火打ち梁は見えない

2階床伏図[S=1:120]

柱と横架材の仕口として採用した「長ホゾ差し込み栓打ち」

梁に使用された継手「金輪《かなわ》継《かな》」の例。引張力に強い

継《つ》ぎ」といった引張力に強い継手を使うことで、短冊金物をなくしている。さらに、見え掛かり・見え隠れを問わず、柱と横架材の仕口には「長ホゾ差し込み栓打ち」を使用し、金物がなくても一定の接合性能が得られるよう配慮している。

耐力壁の両端柱の柱頭柱脚接合部には地震時の引抜力に耐えるためのホールダウン金物を使うことになるが、可能な範囲で使用耐力壁の壁倍率を抑えるとともに、壁側に取り付けることで真壁内に金物を収めている。

DATA

吉祥寺東町の家
(Studio PRANA　林美樹)

敷地面積　194.33㎡
建築面積　77.34㎡
延床面積　136.40㎡
規　　模　地上2階
竣　　工　2013年12月

5

上下階でずれた壁を生かして開放的な空間をつくる方法

事例：白い洞窟の家／山本卓郎建築設計事務所

木構造の壁は、鉛直力や水平力を負担する重要な構造要素だ。だから本来は、上下階で位置がそろっていることが望ましい。だが実際には、住宅に限らずどんな建物でも、階ごとの機能が異なるため、上下階の壁位置がずれることは多い。特に戸建住宅では、比較的大きな空間が必要となるリビングや車庫と、小さな空間となる個室や水廻りがそれぞれ異なる階に配置されることが多いため、さらに壁位置のずれが発生しやすい。壁位置がずれると鉛直力・水平力を下階に伝達しにくくなるので、構造計画上の工夫が必要だ。

ここでは、「白い洞窟の家」を事例に、上下階でずれた壁位置を解決していくための構造計画について解説する。

1階に大空間を設けたプラン

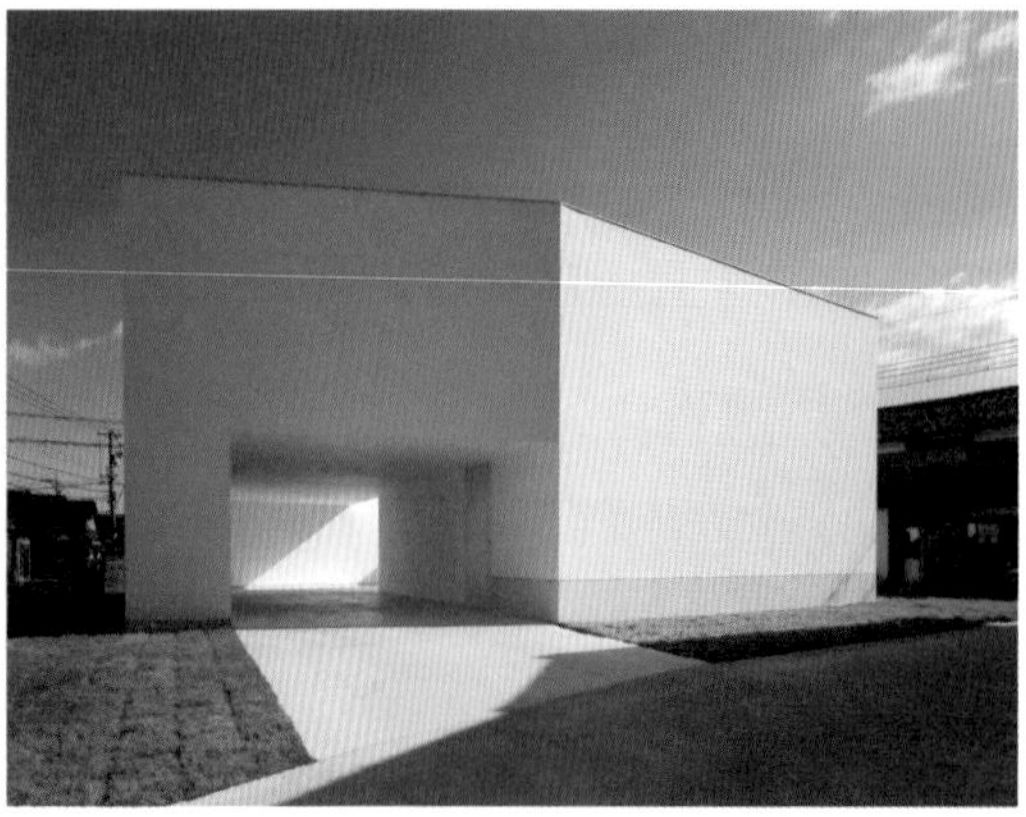

建物外観。孔はガレージ入口で、中庭とつながっている

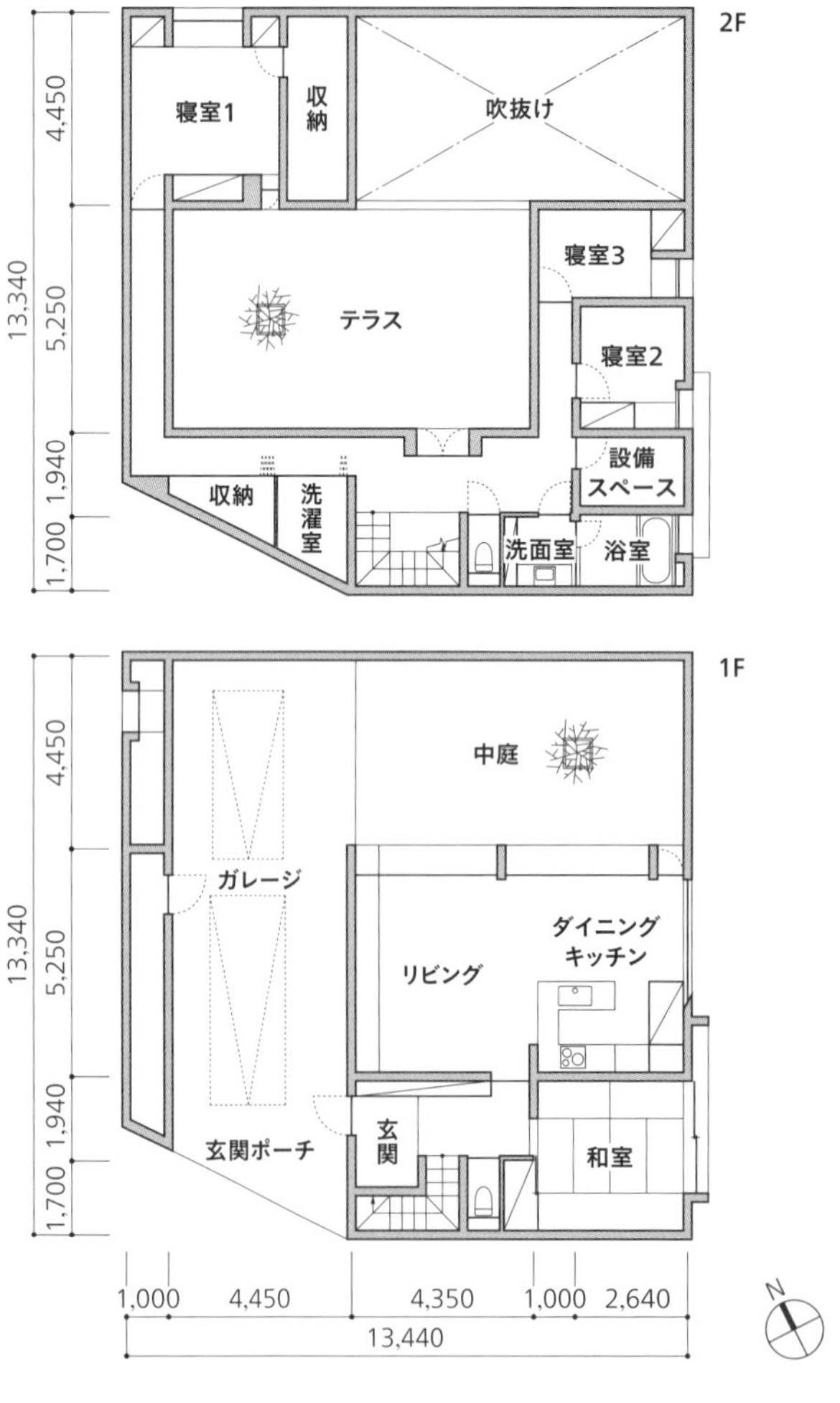

1階には大空間となるLDKやガレージ、2階には小さな空間である個室を配置しているため、上下階の壁位置がずれやすい

平面図[S=1：200]

「白い洞窟の家」は、多雪区域（設計垂直積雪高さ100㎝）である石川県金沢市に建てられた木造2階建ての住宅。名前のとおり、真っ白な箱に矩形の孔があいたようなユニークなデザインが施されている。

建築主からは、屋根付きの玄関ポーチ・2台分の車庫・中庭・テラスという4つの屋外空間を設けてほしいという要望があったという。設計者はこの要望に対し、4つの屋外空間を個別に配置するのではなく、有機的につなげることで、敷地内のスペースを有効的に使うとともに、屋内空間との連続性や開放性を生み出そうというコンセプトを設定した。

一方、多雪区域の大きな積雪荷重を支えるという厳しい荷重条件や、本住宅の北東隅部に配置された2層吹き抜けの中庭によって、次のような構造的課題を生むことになった。

❶壁位置の異なる2階から1階への応力伝達をどうするか
❷柱配置が疎《まば》らなことによる、2階床梁にかかる過大な荷重負担をどうするか
❸中庭を囲む壁を、面外風圧力に対してどう安定させるか

これらを解決する方法を以下に解説する。

❶壁位置の異なる2階から1階への応力伝達をどうするか

壁は応力伝達上、1・2階で位置がそろっていることが望ましい[図1]。それがずれる場合には、常時や地震時における柱軸力および、壁せん断力の伝達が問題になる。

1・2階の壁のずれ方にはさまざまなケースが考えられ、それぞれで伝達しにくい応力が異なる[図2]。例えば、2階壁が1階壁と重なるか交わっている〈A・2〉〈B・2〉のケースでは、その位置に柱を入れることで軸力を伝達しやすくなる。一方、1・2階の壁がまったく交わらない〈A・1〉〈B・1〉のケースでは、2階柱の軸力を1階柱に伝えるには2階床梁を介することになるため、2階床梁に大きな曲げとせん断力が生じる。これに対処するには梁を太くする、鉄骨部材で補強するなどの方法が考えられる。また、1・2階の壁が同じ通り上にある〈B・1〉〈B・2〉のケースでは、2階壁のせん断力は2階床梁の軸力によって1階壁に直接伝達できるので問題ないが、〈A・1〉〈A・2〉のケースでは、隣接する耐力壁の通りまで2階床のせん断力によって伝達させなければならず、2階床の水平構面の性能を十分確保する必要がある。以上のことから本事例では、なるべく〈A・2〉あるいは〈B・2〉のような壁配置になるよう計画した。

❷2階床梁にかかる過大な荷重負担をどうするか

正方形平面に近い大空間をつくる場合、小梁は、柱で細かく支持されるスパンの短い大梁にかけ渡し、大梁の応力が過大にならないようにするのが一般的である。だが、配置できる柱が疎らで大梁スパンがXY両方向とも長くなる場合、小梁の方向をどのように設定しても、負担範囲が大きく、かつ長スパンとなる大梁が発生してしまう場合がある[24頁図3]。本事例では、リビングやガレージの上にかけ渡す2階床組がそれに該当し、多雪区域であることと、2階壁の下に1階壁がないという条件が相まって、さらに厳しい荷重負担が強いられた。

これに対し、❶で述べたように梁を太くする方法や鉄骨で補強するなどの解決が考えられる。また、小梁を卍組にするなどして小梁の荷重を2方向に分散する方法もあり得る。ここでは発想を転換し、2階壁で2階床を吊るという方法を採用した。つまり、2階壁に構造用合板やラチス材を入れることで、階高分の梁成をもつ壁梁（ウォールガーダー）にし、荷重負担の大きくなる大梁を強固にしている。2階壁に出入口などを設ける必要がある場合は、その両側に逆ハの字状にラチス材を入れることで台形トラスをつくり、開口を確保しつつ長スパンを支持でき

図1｜2階壁から1階壁への応力伝達

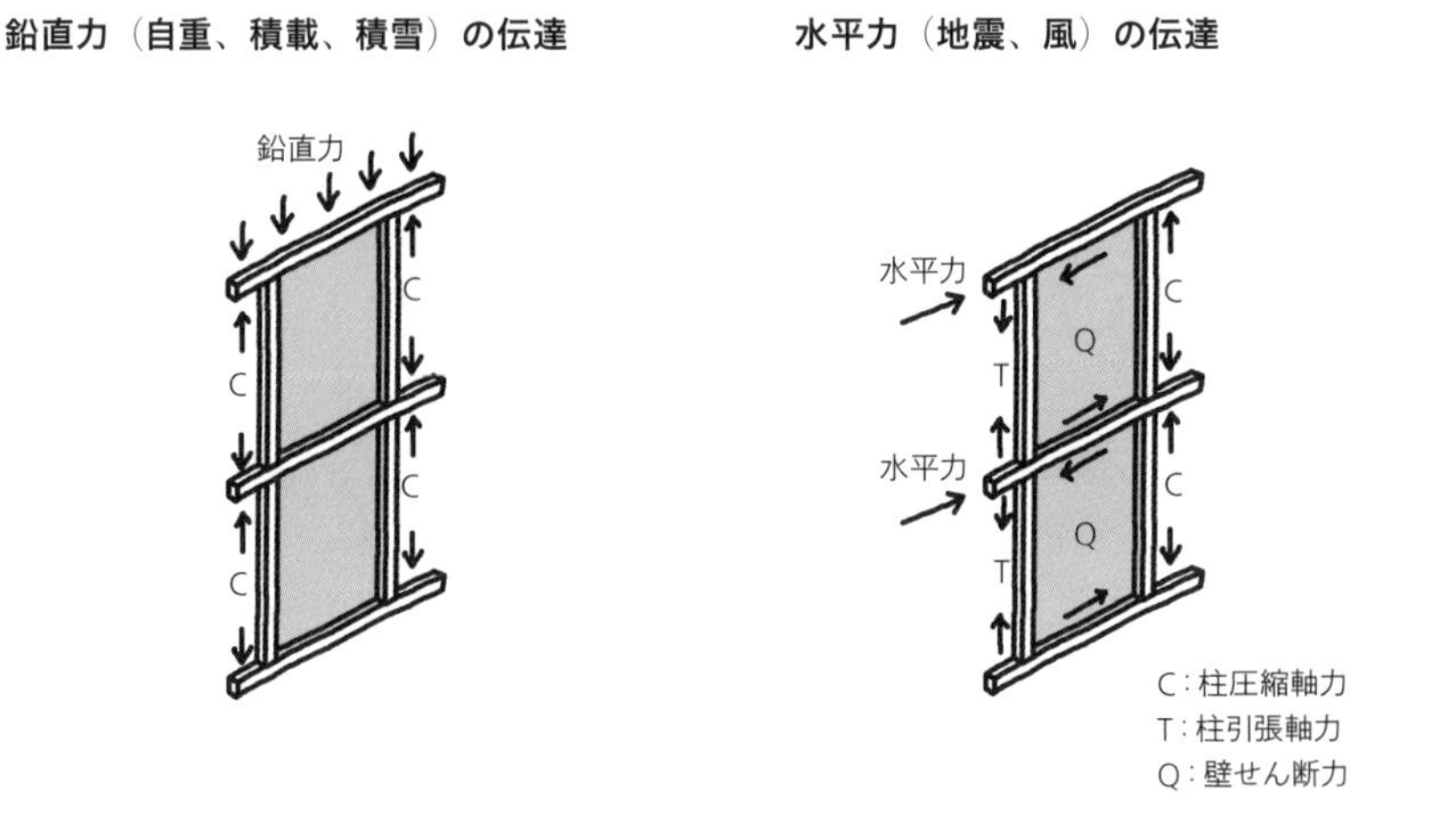
鉛直力（自重、積載、積雪）の伝達
鉛直力
C
C
C
C
水平力（地震、風）の伝達
水平力
水平力
Q
Q
T
T
C
C
C：柱圧縮軸力
T：柱引張軸力
Q：壁せん断力

図2｜上下階の壁のずれ方と応力伝達

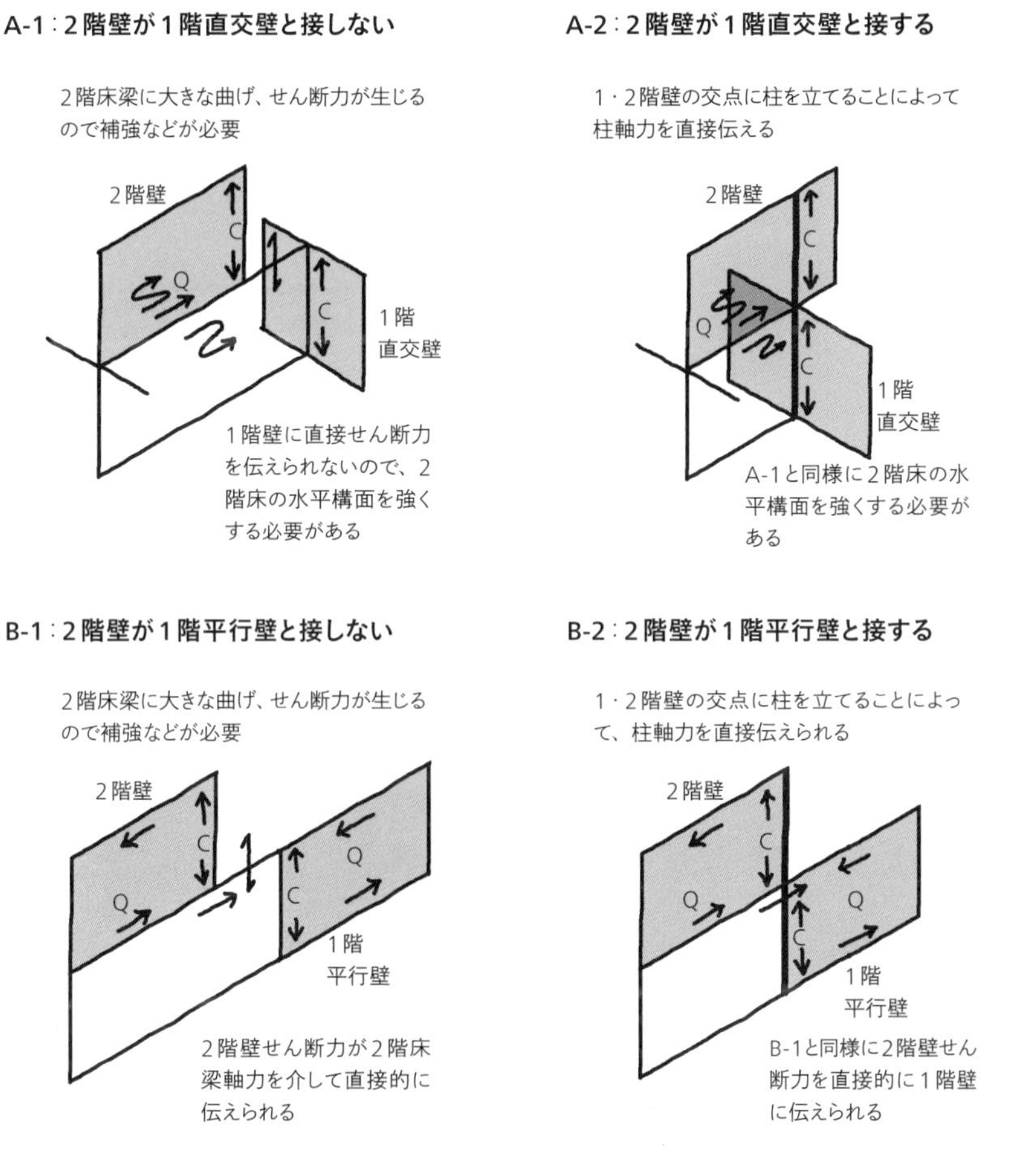
A-1：2階壁が1階直交壁と接しない
2階床梁に大きな曲げ、せん断力が生じるので補強などが必要
2階壁
Q
C
C
1階
直交壁
1階壁に直接せん断力を伝えられないので、2階床の水平構面を強くする必要がある
A-2：2階壁が1階直交壁と接する
1・2階壁の交点に柱を立てることによって柱軸力を直接伝える
2階壁
C
Q
C
1階
直交壁
A-1と同様に2階床の水平構面を強くする必要がある
B-1：2階壁が1階平行壁と接しない
2階床梁に大きな曲げ、せん断力が生じるので補強などが必要
2階壁
C
Q
Q
C
1階
平行壁
2階壁せん断力が2階床梁軸力を介して直接的に伝えられる
B-2：2階壁が1階平行壁と接する
1・2階壁の交点に柱を立てることによって、柱軸力を直接伝えられる
2階壁
C
Q
Q
C
1階
平行壁
B-1と同様に2階壁せん断力を直接的に1階壁に伝えられる

図3｜荷重負担範囲の大きい長スパン大梁が発生する場合

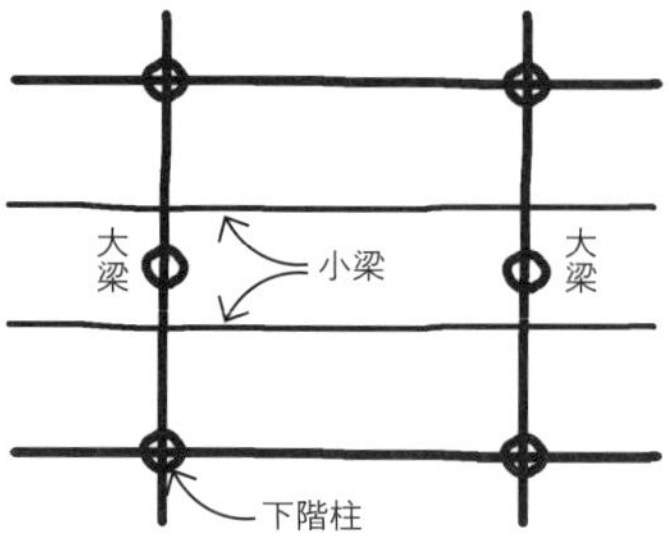
大梁
小梁
大梁
下階柱

〈一方の大梁スパンが短い場合〉
大梁の負担が小さい

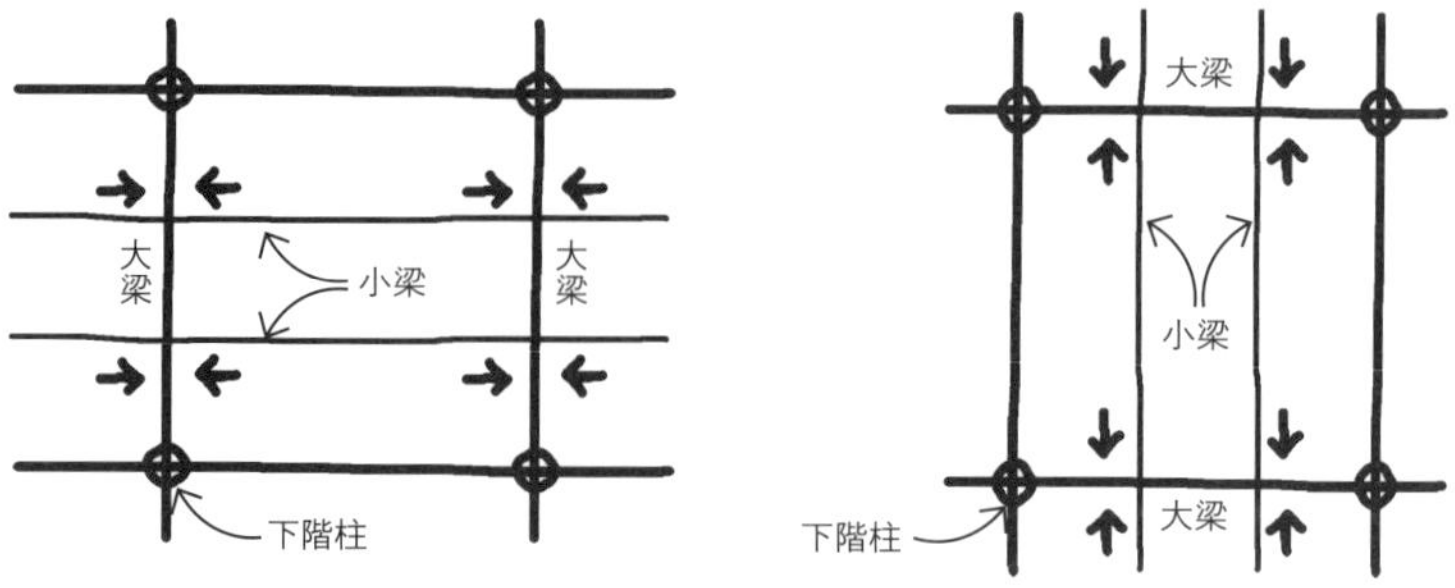
大梁
小梁
大梁
下階柱
大梁
小梁
大梁
下階柱

〈XY方向どちらの大梁スパンも長い場合〉
小梁をどの方向にかけても、負担範囲の大きい長スパン梁が発生してしまう

図4｜2階壁を利用した壁梁

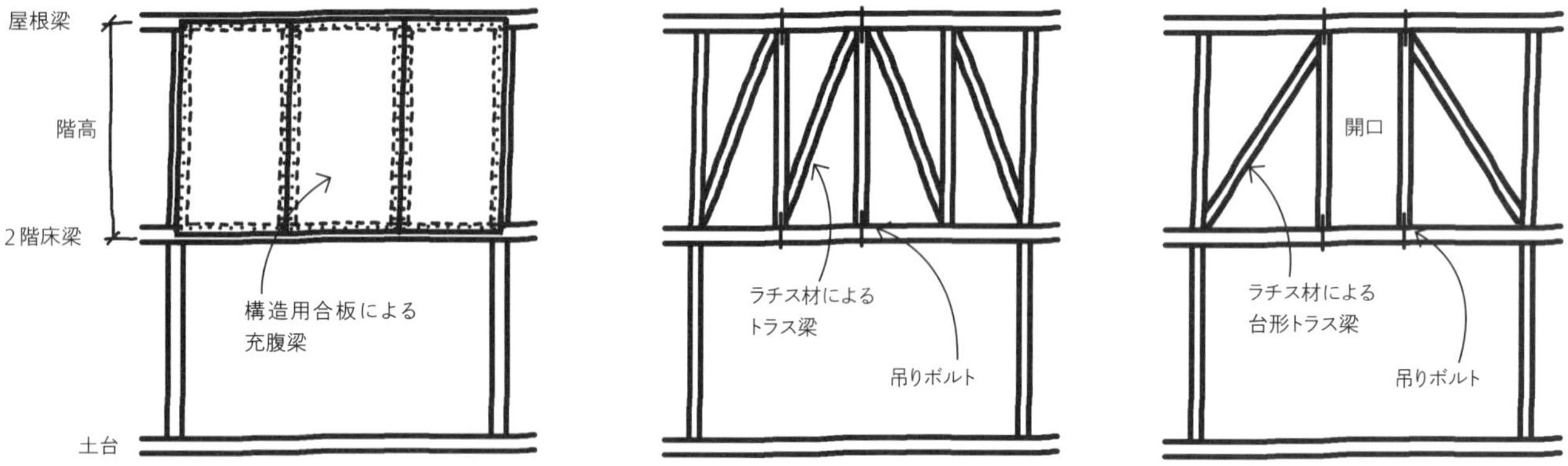
屋根梁
階高
2階床梁
土台
構造用合板による
充腹梁
ラチス材による
トラス梁
吊りボルト
開口
ラチス材による
台形トラス梁
吊りボルト

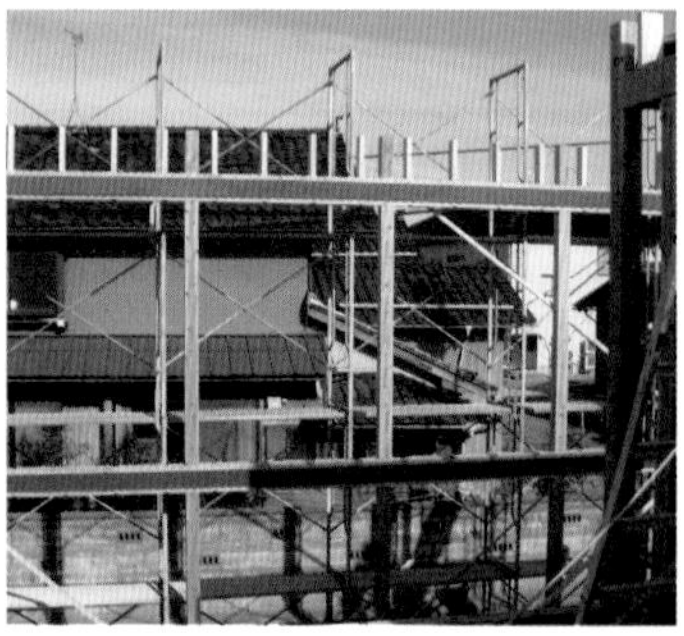

囲い壁施工時の様子。H形鋼の上下に木梁を設けている

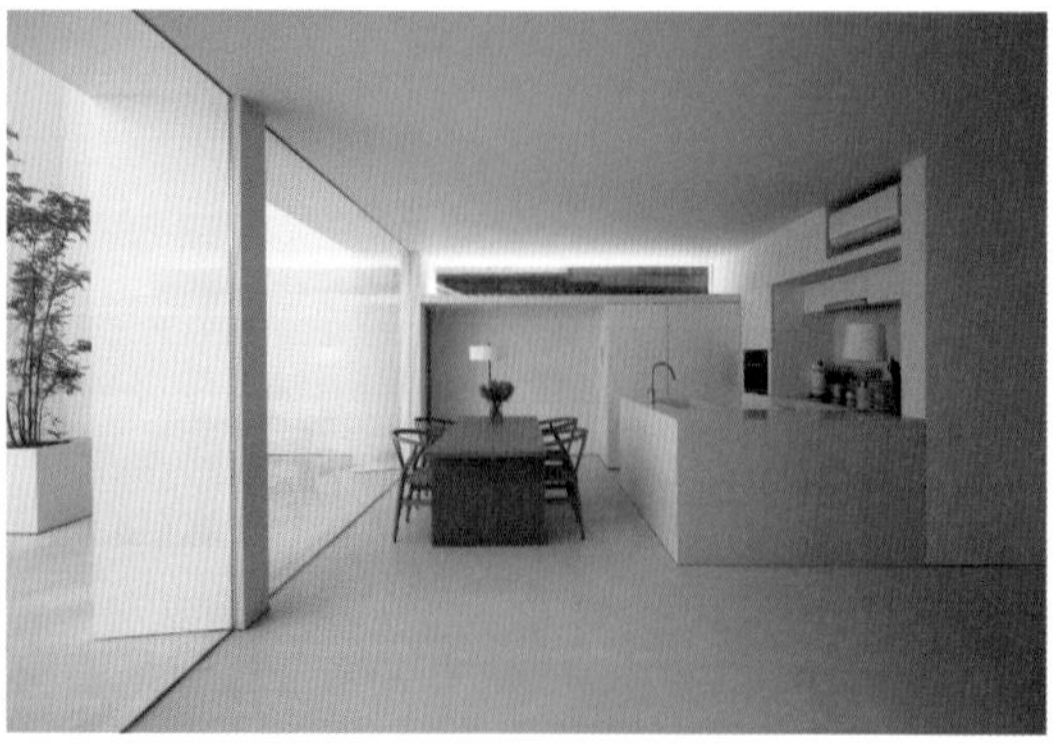

1階リビングからダイニング方向を見る。内外共に白くミニマルな空間が特徴

る強固な梁をつくっている［図4］。

❸中庭を囲む壁を、面外圧力に対してどう安定させるか

外壁は風圧力を受けるが、通常は2階床面や屋根面によって面外方向に支持されており、外壁の変形や強度について特に考慮する必要はない。ところが、階段やホールなどによって2階床が吹き抜けていると、中間高さに面外変形を拘束するものがないために、面外変形を抑えるのに苦慮することがある。本事例の中庭の囲い壁は、2階床だけでなく屋根レベルでの拘束もないため、さらに設計条件が厳しい。また、室内やガレージの壁面を中庭と連続するようにそろえたいため、中庭だけ壁厚を大きくすることもできない。

そこで、囲い壁の頂部と2階床レベルにH形鋼を、面外方向が強軸になるよう横使いにして入れ、風圧力を直交囲壁と建物本体側に流せるようにした。柱や間柱と鉄骨梁のジョイントが複雑にならないよう、H形鋼のウェブの上下に木梁を縫い付け、これに柱と間柱をホゾや釘で接合している。［囲い壁断面詳細図］

DATA

白い洞窟の家
（山本卓郎建築設計事務所）

敷地面積　493.88㎡
建築面積　132.68㎡
延床面積　160.76㎡
規　　模　地上2階
竣　　工　2013年6月

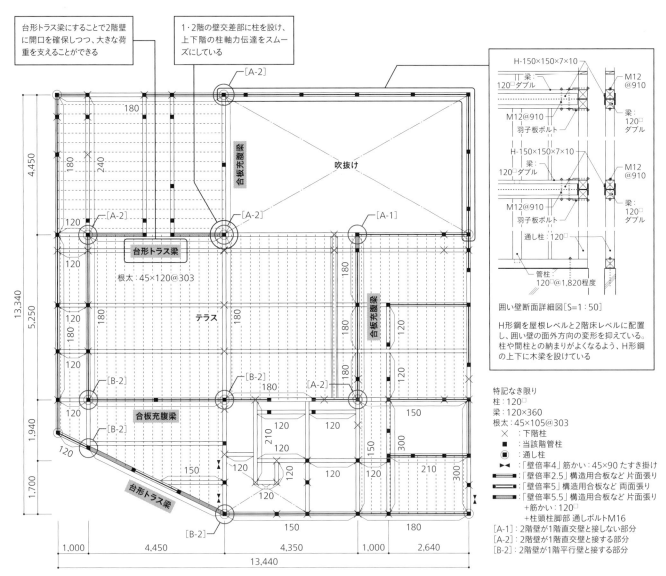

2階床梁の工夫で大きな荷重負担に耐える

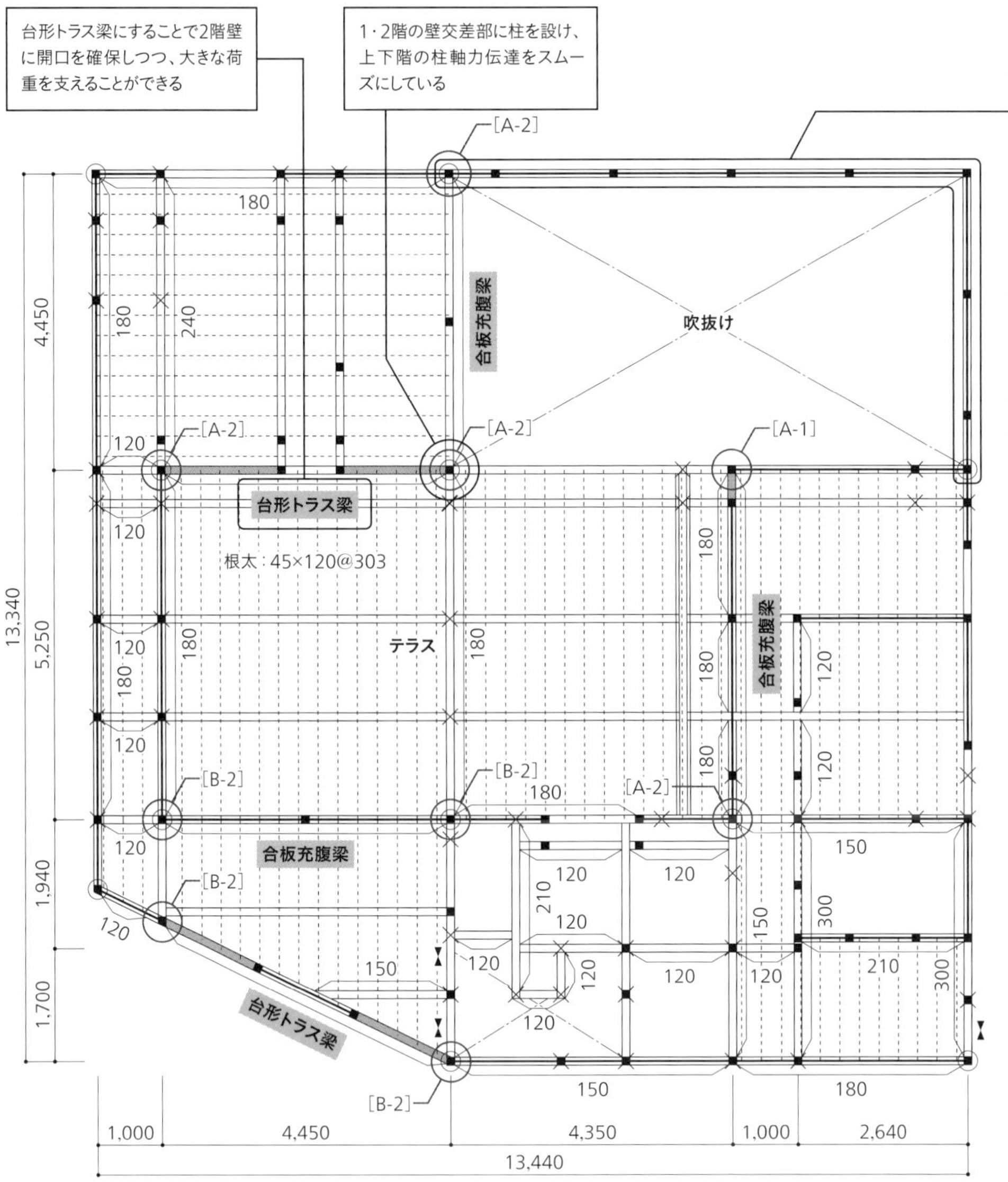

台形トラス梁にすることで2階壁に開口を確保しつつ、大きな荷重を支えることができる
1・2階の壁交差部に柱を設け、上下階の柱軸力伝達をスムーズにしている
[A-2]
[A-1]
[B-2]
吹抜け
テラス
合板充腹梁
台形トラス梁
根太：45×120@303
180
240
120
150
210
300
4,450
5,250
1,940
1,700
13,340
1,000
4,350
2,640
13,440

2階床伏図[S=1:120]

特記なき限り
柱：120□
梁：120×360
根太：45×105@303
× ：下階柱
■ ：当該階管柱
◉ ：通し柱
▶◀ ：「壁倍率4」筋かい：45×90 たすき掛け
：「壁倍率2.5」構造用合板など 片面張り
：「壁倍率5」構造用合板など 両面張り
：「壁倍率5.5」構造用合板など 片面張り
+筋かい：120□
+柱頭柱脚部 通しボルトM16
[A-1]：2階壁が1階直交壁と接しない部分
[A-2]：2階壁が1階直交壁と接する部分
[B-2]：2階壁が1階平行壁と接する部分

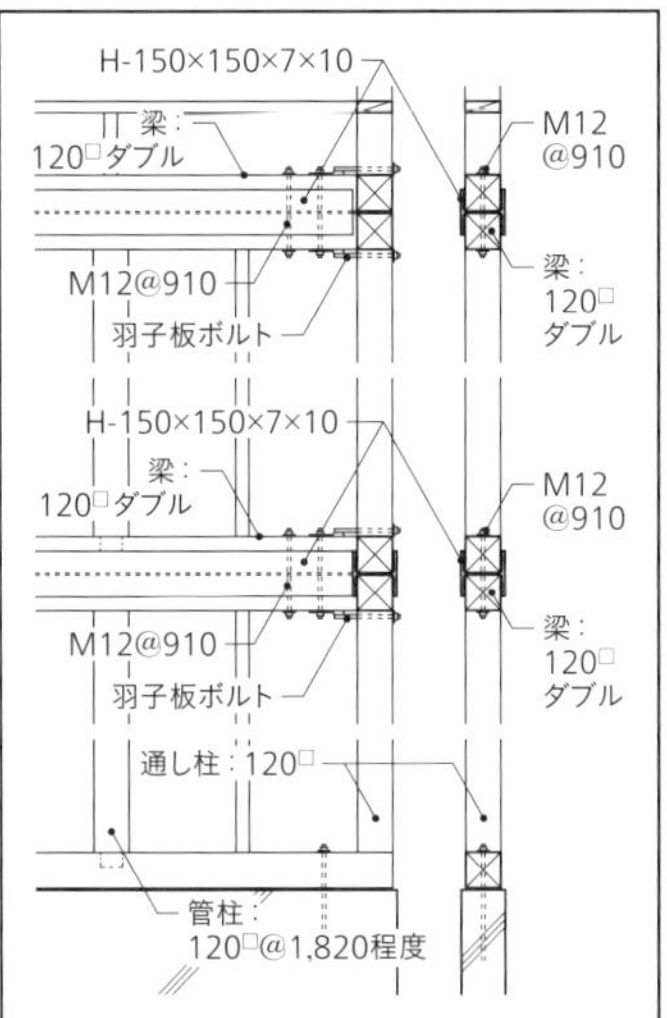

H-150×150×7×10
梁：120□ダブル
M12@910
羽子板ボルト
M12 @910
梁：120□ ダブル
通し柱：120□
管柱：120□@1,820程度

囲い壁断面詳細図[S=1：50]

H形鋼を屋根レベルと2階床レベルに配置し、囲い壁の面外方向の変形を抑えている。柱や間柱との納まりがよくなるよう、H形鋼の上下に木梁を設けている

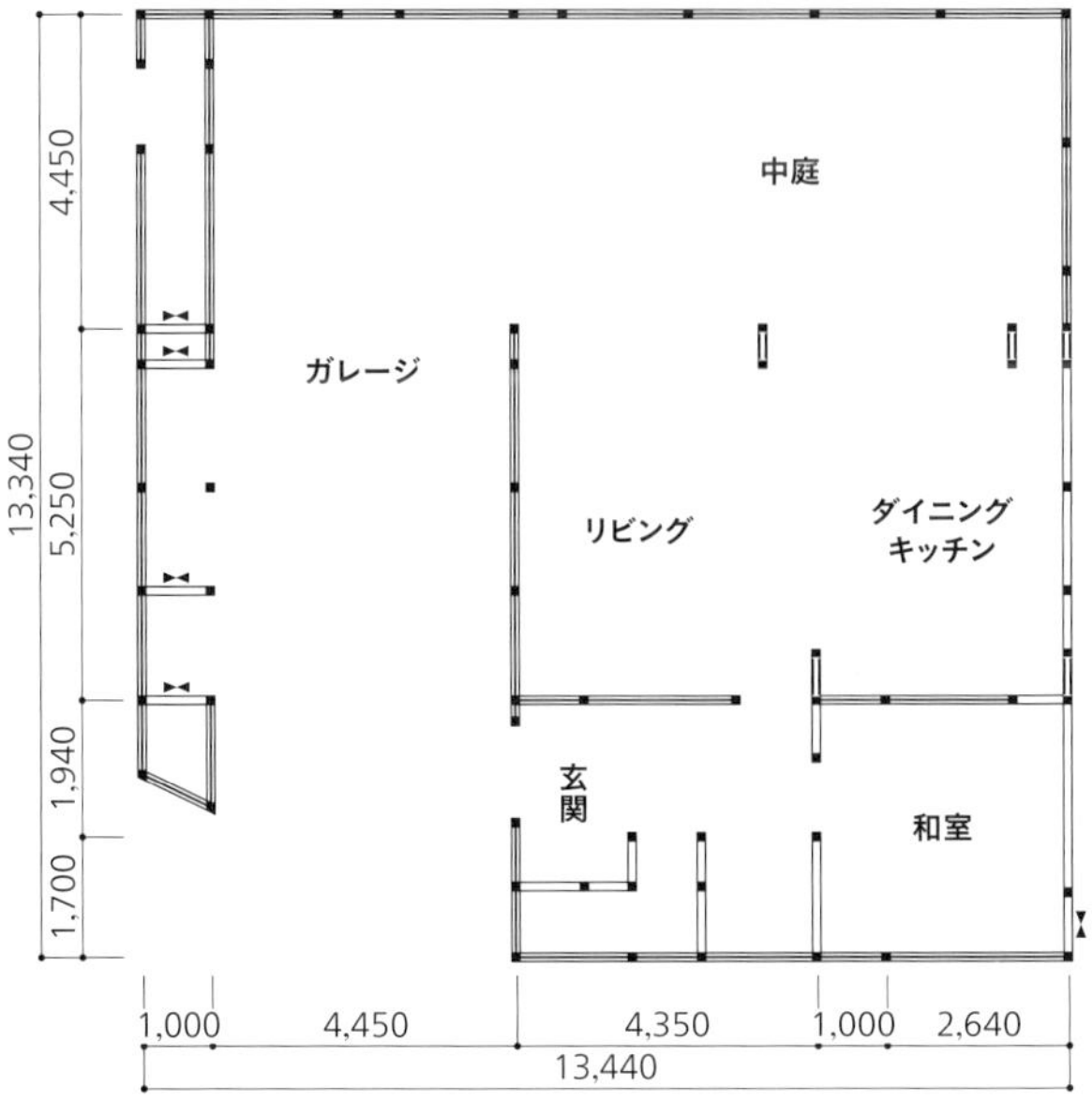

中庭
ガレージ
リビング
ダイニング キッチン
玄関
和室
4,450
5,250
1,940
1,700
13,340
1,000
4,450
4,350
1,000
2,640
13,440

土台伏図[S=1:200]

中庭からガレージ方向を見る。冬には、陸屋根部分へ大きな積雪荷重かかかる。ガレージと中庭の境にある2階外壁に合板充腹梁を入れ、陸屋根や2階屋根を支えている

6

傾斜地で開放的な木造住宅をつくる方法

事例：DIVE／リオタデザイン

傾斜地は、住宅の計画地としては敬遠されることも多い。地盤の滑動や崩落への対策、接道のレベル調整、片土圧に対する建物の安定性確保、既存擁壁への配慮など、検討すべき課題が平地に比べてあまりに多い。また、1層部分は土圧への対処や駐車場荷重の支持などの理由から、木造ではなくRC造になることが多く、コストアップしがちだ。だがその一方で、傾斜地には平地では決して得られない開放的な眺望を手に入れられるという大きなメリットがあり、建築主や設計者が傾斜地での住宅建設を希望するケースも、もちろんある。

ここでは、「DIVE」を事例に、傾斜地において開放的な眺望を確保しつつ、木造を実現するための構造計画について解説する。

図1｜敷地断面

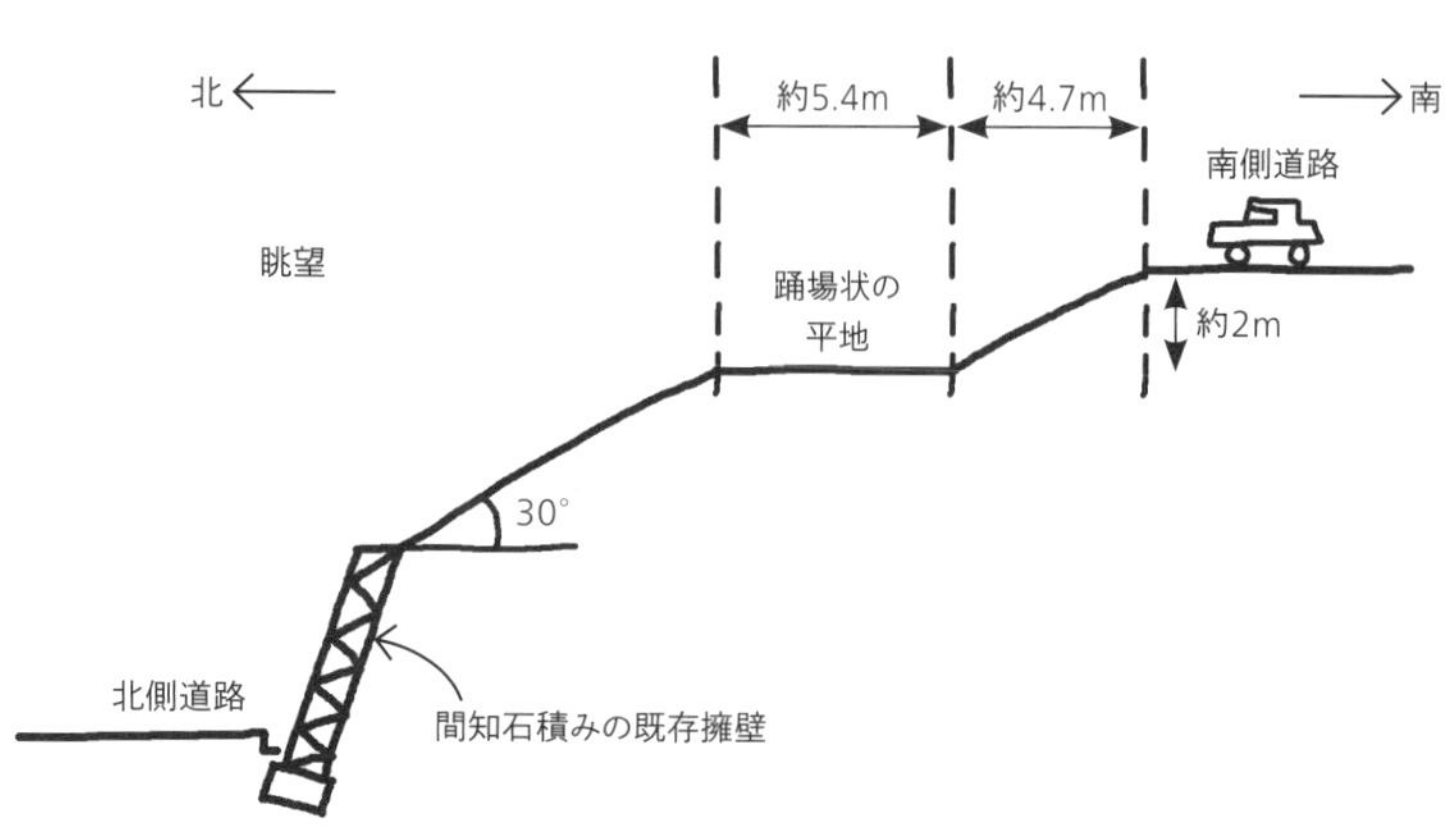
北
南
約5.4m
約4.7m
南側道路
眺望
踊場状の
平地
約2m
30°
北側道路
間知石積みの既存擁壁

図2｜敷地と建物配置

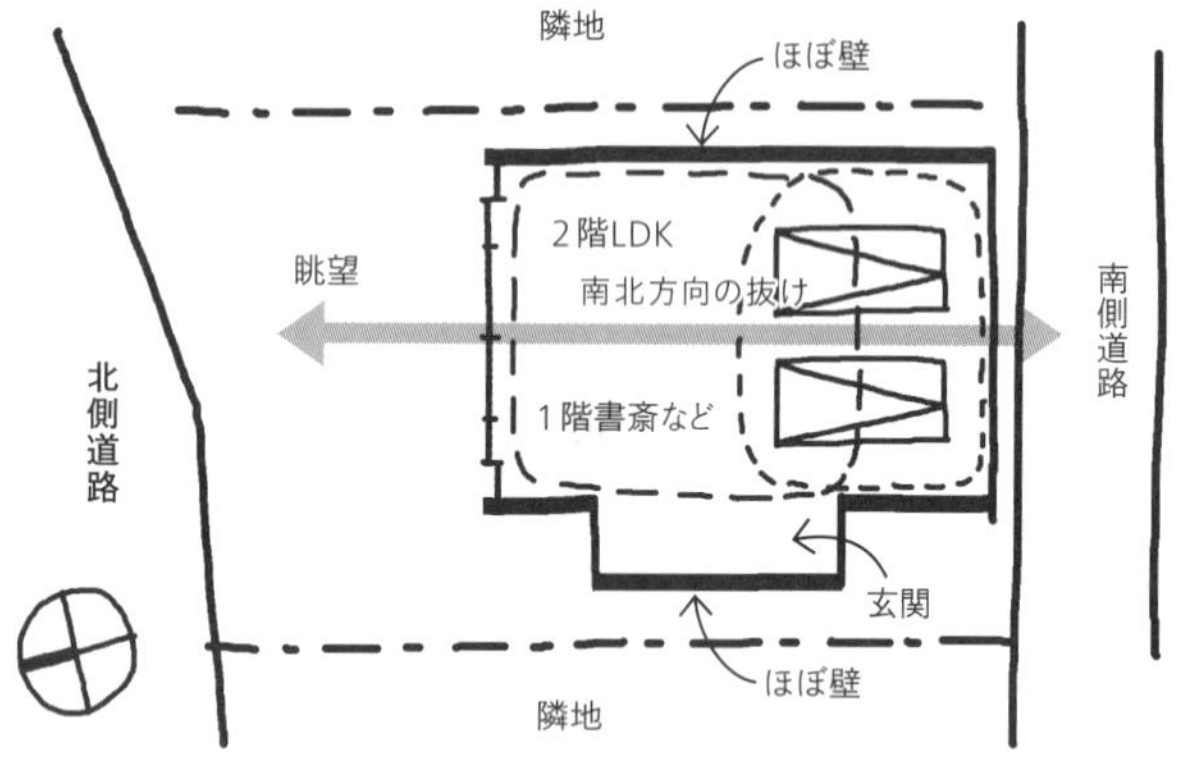
隣地
ほぼ壁
2階LDK
眺望
南北方向の抜け
南側道路
北側道路
1階書斎など
玄関
ほぼ壁
隣地

南側外観。駐車場上の2階部分が3,600㎜程跳ね出している。2階床組を、H形鋼梁を用いたハイブリッド構造とすることで実現　［写真：繁田諭］

「DIVE」は、造成宅地の傾斜地に建てられた木造2階建ての住宅である。敷地は盛土ではなく切土により造成されており、表層付近から地山のロームが出る比較的安定した地盤条件である。南北側で接道する敷地は、南側道路から北へ向かって約30°の急勾配をくだる傾斜地だ。ただし、敷地のほぼ中央部、南側道路レベルから約2m低い位置には、奥行き5.4mほどの踊場状の平地がある。敷地北端は既存の間知石の擁壁によって土留めがされており、新築建物による既存擁壁への側圧増加がないような計画が求められた［図1］。建物は、南側にエントランスと駐車場を配置、大開口がほしい部屋を北側に設け、南北方向に視線が抜けるようにプランニングされている。特に、傾斜地ならではの北側の眺望を2階のLDKになるべく取り入れるために、北側外壁面は全面開口になっている。一方、隣接建物がある東西面はほぼ壁で閉じられている［図2］。

南北に跳ね出す2階LDKプラン

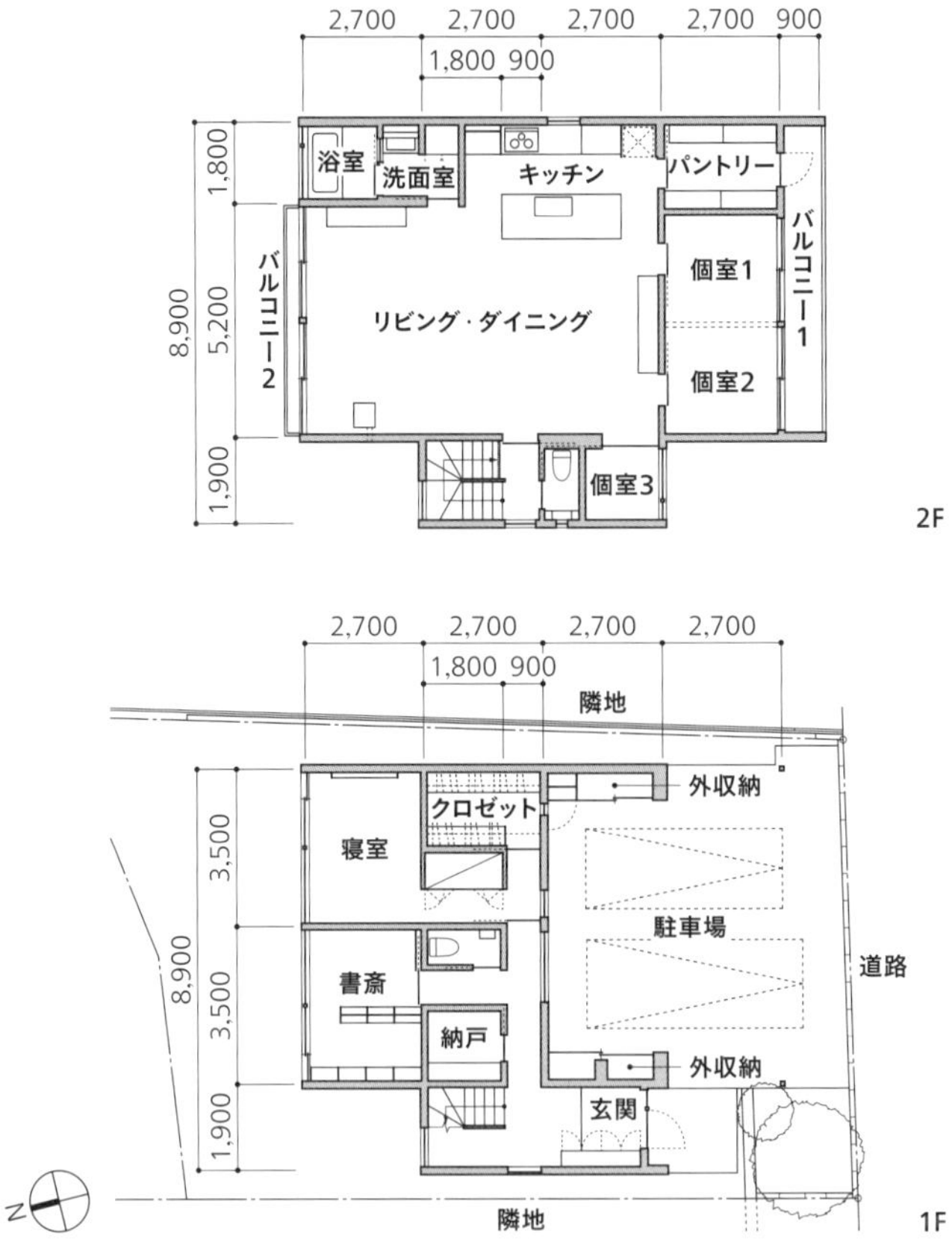

平面図［S=1:250］

高台に位置しており、2階北側の開口からは絶景が得られる

リビング南側。天井高が3,950㎜あり、南北に開口を設けたリビングは開放感抜群の空間　［写真上下：繁田諭］

図3｜建物の構成

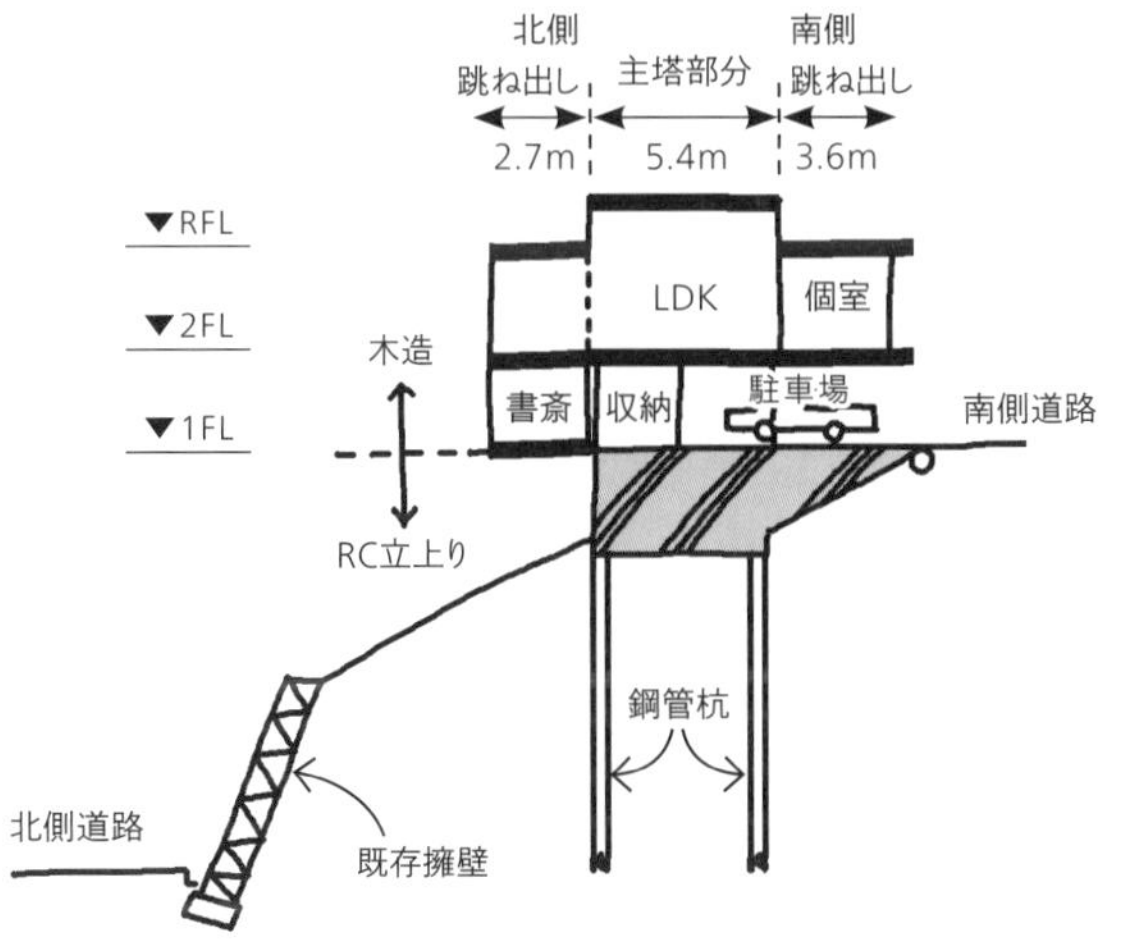

図4｜初期の構造案

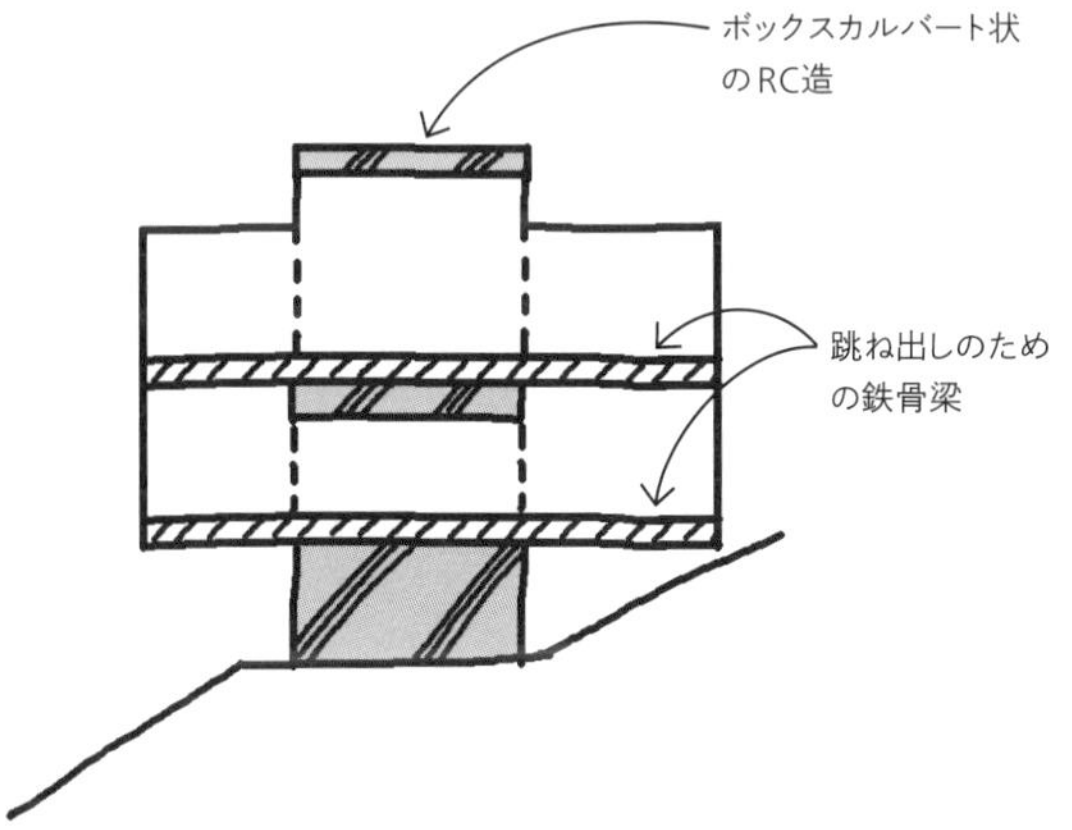

以上のような敷地条件と建物構成において構造計画上のポイントは、次の3つであった。

❶基礎構造をいかにコンパクトにするか
❷南北側の部屋をどう跳ね出すか
❸南北面の大開口をどう実現するか

❶基礎構造をいかにコンパクトにするか

傾斜地の構造計画で最も難しいのが基礎部分である。地震力や土圧に対し、地盤や建物の安定性、十分な居住スペースを確保しながら、基礎工事が過大にならないよう、接地部分（特に傾斜方向の幅）を抑えられる建物構成にすることがポイントだ。そこで、掘削土量を減らすべく、敷地のほぼ中央にあるわずかな踊場部分に鉛直・水平力を支える要となる幅5.4mの建物コア部分を建て、そこから2層分の部屋を北側に2.7m、南側に3.6m跳ね出す構成としている［図3］。このような構成の場合、建物全体の安定性や開放性の確保、跳ね出しやすさのために、コア部分をボックスカルバート状のRC造として、そこから鉄骨梁で跳ね出すのが［図4］つくりやすいのだが、建物重量が増えることによって基礎工事費がかさんでしまう。そこで、踊場のレベルから道路レベルまでをRCの立上りとし、そこから上を木造主体でつくることにした。これによって、法6条4号建物の構造規模とすることもできる。ただし、大きな跳ね出しを実現するために、後述のような工夫が必要に

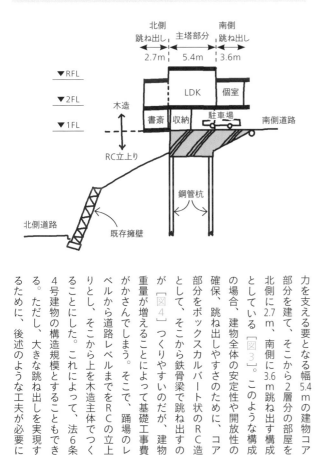

大きな跳ね出しを実現する吊り構造とハイブリッド構造

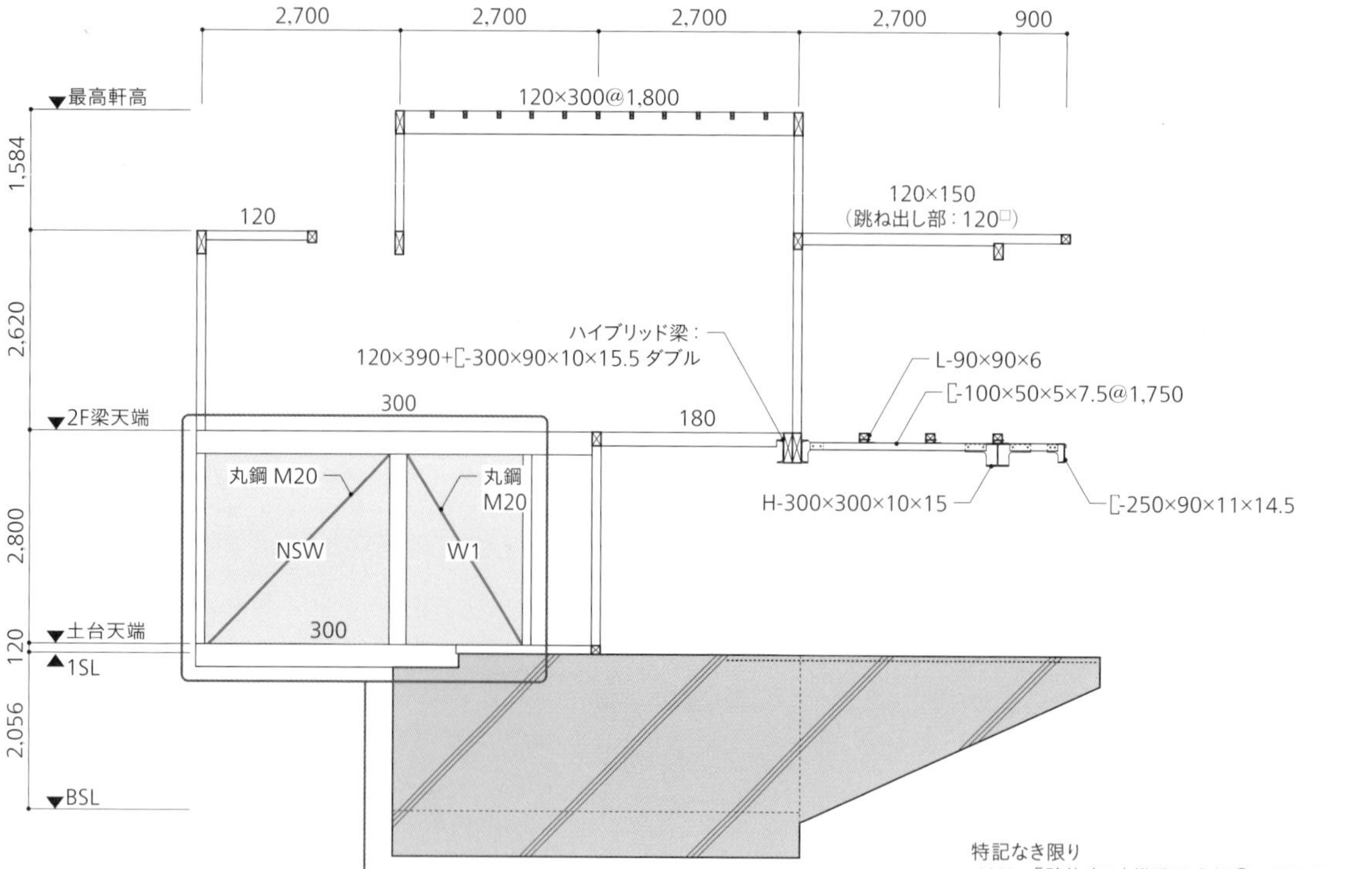
2,700
2,700
2,700
2,700
900
最高軒高
120×300@1,800
1,584
120
120×150
（跳ね出し部：120□）
2,620
ハイブリッド梁：
120×390+[-300×90×10×15.5 ダブル
L-90×90×6
[-100×50×5×7.5@1,750
2F梁天端
300
180
丸鋼 M20
丸鋼
M20
H-300×300×10×15
[-250×90×11×14.5
2,800
NSW
W1
土台天端
300
120
1SL
2,056
BSL
特記なき限り
W1：「壁倍率5」構造用合板⑦9 両面張り
NSW：「振動抑制用」構造用合板⑦9 両面張り

軸組図［S=1：120］

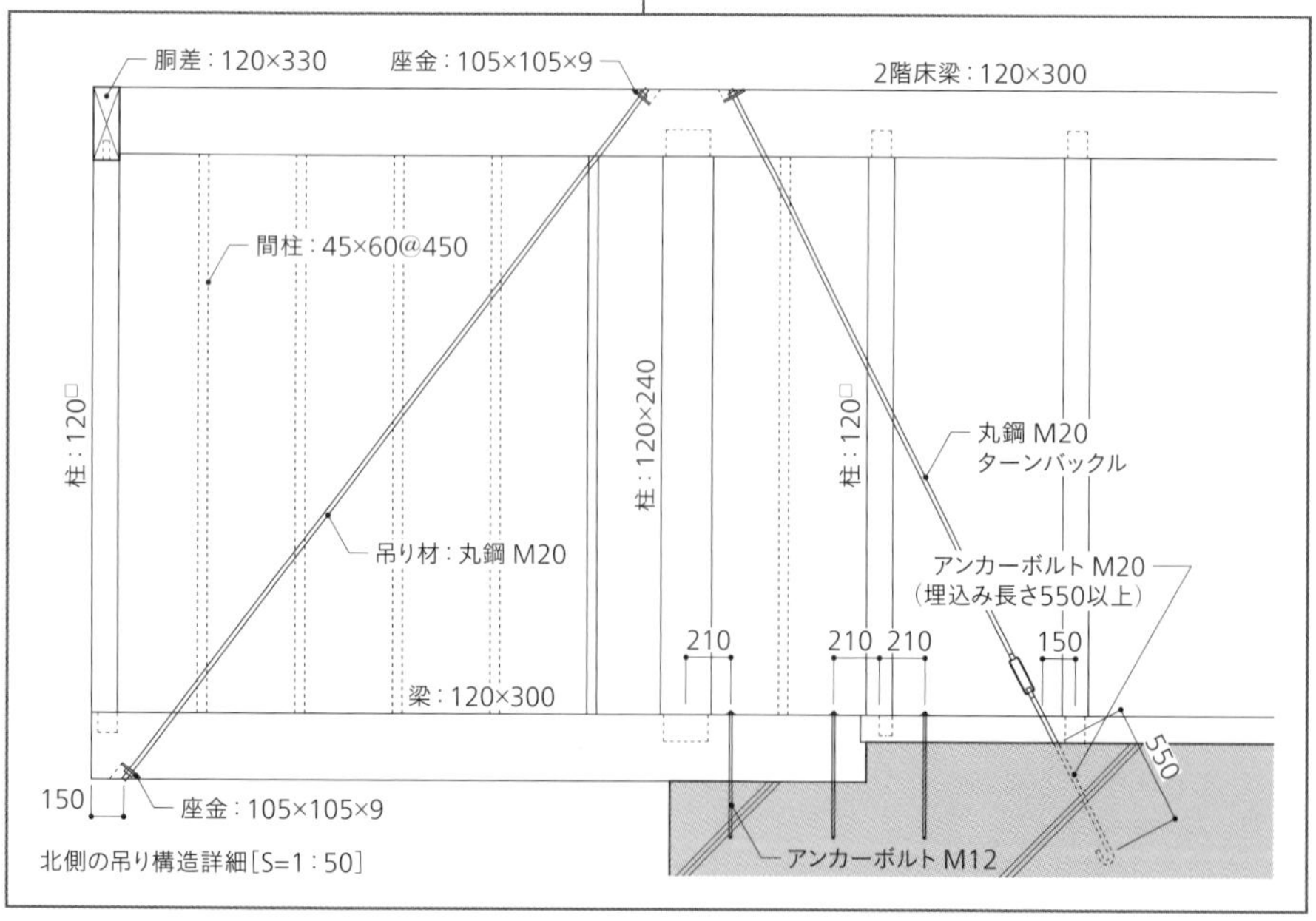
胴差：120×330
座金：105×105×9
2階床梁：120×300
間柱：45×60@450
柱：120□
柱：120×240
柱：120□
丸鋼 M20
ターンバックル
吊り材：丸鋼 M20
アンカーボルト M20
（埋込み長さ550以上）
210
210
210
150
梁：120×300
550
150
座金：105×105×9
アンカーボルト M12

北側の吊り構造詳細［S=1：50］

施工中の丸鋼吊り材。この後、もう片面からも構造用合板が張られ、完全に隠れる

なった。

基礎は、地盤が比較的良好なので、建物重量だけを支えるのであれば直接基礎も可能だった。しかし地盤の滑動や崩落への対策、建物の安定性の確保、既存擁壁への側圧の配慮から、長さ7.5mの鋼管杭を打っている。計画当初は、建物に片土圧がかからないための工夫として、南側の駐車場下を埋め戻さず駐車場の床を浮かす予定だったが、浄化槽を埋設する関係で土を埋め戻し、片土圧に耐えられる設計としている。

❷南北側の部屋をどう跳ね出すか

2層分×2.7mもの跳ね出しを単一の木梁で実現するのは大変だが、トラスや充腹梁などの組立て梁を用いれば、断然、跳ね出しやすくなる。幸いにも東西外壁面や間仕切の存在によって、南北方向の壁を随所に設けられるプランであったため、北側の跳ね出しでは、壁のスペースを使った吊り構造にしている［軸組図］。つまり、コア北端の柱を主塔として丸鋼の吊り材を斜張橋のケーブルのように入れ、跳ね出し部分の先端を吊るのだ。床振動抑制のために、吊り材を設けた壁には構造用合板を両面張りにしている［北側の吊り構造詳細］。

南側の跳ね出し部分については、駐車場や2階室内に吊り材を入れるスペースが確保できないことから、木梁を溝形鋼で挟んだハイブリッド梁やH形鋼梁を東西方向に7mスパンでかけ渡し、これ

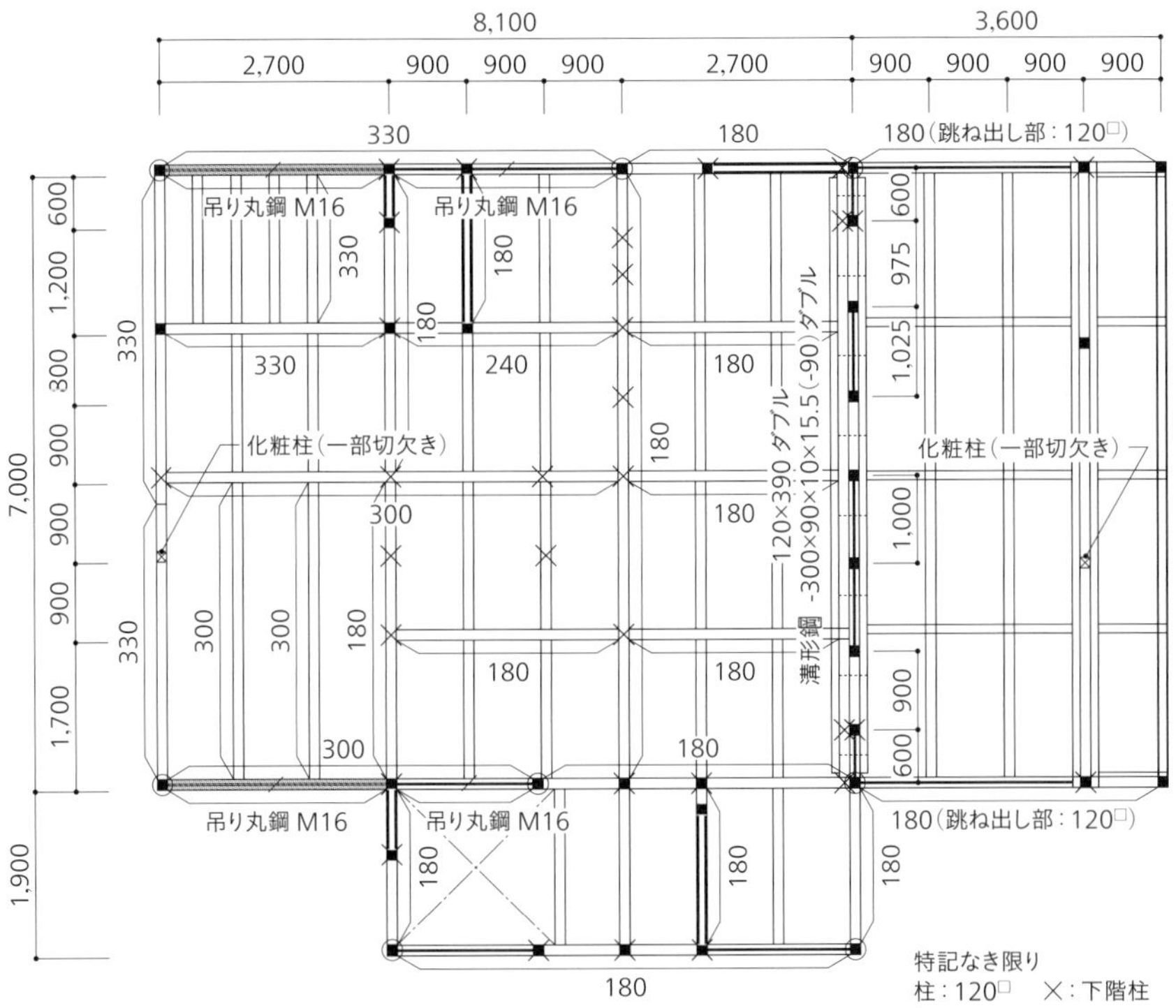
8,100
3,600
2,700 900 900 900 2,700
900 900 900 900
330
180
180（跳ね出し部：120□）
吊り丸鋼 M16
吊り丸鋼 M16
化粧柱（一部切欠き）
化粧柱（一部切欠き）
120×390 ダブル
-300×90×10×15.5（-90）ダブル
溝形鋼
7,000
1,900
180（跳ね出し部：120□）
特記なき限り
柱：120□
梁：120□
×：下階柱
■：当該階管柱
◙：通し柱
：「壁倍率2.5」 構造用合板⑦9 片面張り
：「壁倍率5」 構造用合板⑦9 両面張り（W1）
：「振動抑制用」構造用合板⑦9 両面張り（NSW）

2階床伏図［S=1:120］

崖下から大開口をもつ2層分の跳ね出しを見上げる
［写真：繁田諭］

DATA

DIVE（リオタデザイン）

敷地面積　196.53㎡
建築面積　92.16㎡
延床面積　143.03㎡
規　　模　地上2階
竣　　工　2014年8月

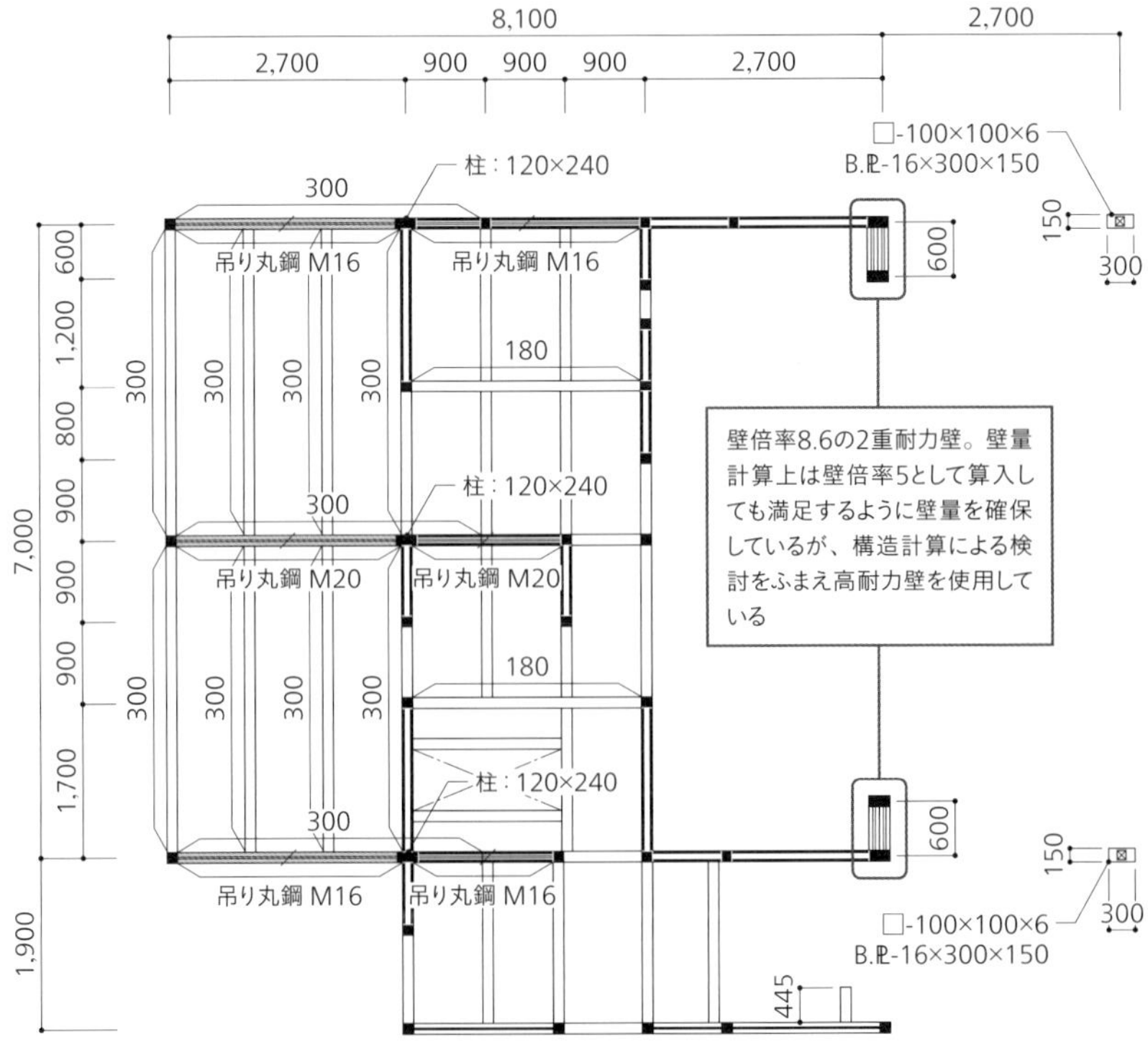
8,100
2,700
2,700 900 900 900 2,700
□-100×100×6
B.PL-16×300×150
柱：120×240
吊り丸鋼 M16
吊り丸鋼 M16
壁倍率8.6の2重耐力壁。壁量計算上は壁倍率5として算入しても満足するように壁量を確保しているが、構造計算による検討をふまえ高耐力壁を使用している
柱：120×240
吊り丸鋼 M20
吊り丸鋼 M20
柱：120×240
吊り丸鋼 M16
吊り丸鋼 M16
□-100×100×6
B.PL-16×300×150
7,000
1,900

駐車場の袖壁（壁倍率相当で8.6倍の2重耐力壁）。2重耐力壁をつくるには、真壁とする、面材をパネル化して建て込む、などの工夫が必要

土台伏図［S=1:120］

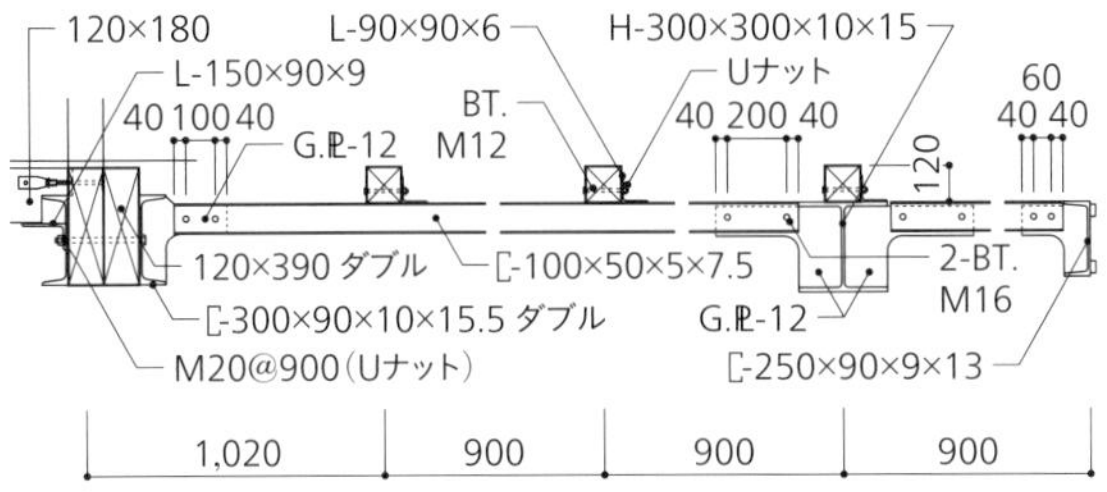
120×180
L-150×90×9
40 100 40
G.PL-12
L-90×90×6
BT. M12
H-300×300×10×15
Uナット
40 200 40
120
60
40 40
120×390 ダブル
[-100×50×5×7.5
[-300×90×10×15.5 ダブル
M20@900（Uナット）
2-BT. M16
G.PL-12
[-250×90×9×13
1,020 900 900 900

南側2階床のハイブリッド梁の詳細［S=1:50］

を鉄骨ポストで支持している［南側2階床のハイブリッド梁の詳細］。

❸南北面の大開口をどう実現するか

1・2階ともコア部分で壁量を確保することで、跳ね出し先端部分に耐力壁を設けない全面大開口を実現している。各部屋の間仕切壁のほか、西側に張り出した階段室部分には耐力壁を集中的に配置し、壁量を確保。特にコア南端部の1階は駐車場のど真ん中にあたるため、外収納の600㎜幅の袖壁を利用し、壁倍率8.6相当の高耐力（構造用合板12㎜厚両面張り、CN65@75㎜釘打ち）の耐力壁を2重に設けて水平耐力を確保している。

7

ひな壇状宅地で高床式の木造住宅をつくる方法

事例：高床の段／塚田修大建築設計事務所

高床の形式は、日本では社寺や倉庫建築に限らず、古くから住宅でも採用されてきた。しかしながら現代ではバリアフリーや断熱などの観点から、高床式の建物はほとんどつくられなくなっている。だが高床は、通気性やメンテナンススペースの確保、床レベルのフレキシビリティ、床下スペースの有効利用、浸水防止など利点も多く、見直されてよい形式といえる。

一方、ひな壇状に造成された宅地は日本に多く存在するが、隣接建物とのレベル関係や宅地全体の景観に配慮した建築計画の試みは決して多くない。

ここでは、「君津の家」を事例に、ひな壇状の宅地において高床式の木造住宅を開放的につくるための構造計画について解説する。

床レベルの差で空間を区切る開放的な内観

キッチンからダイニング方向を見る。写真左側の主寝室からリビング、ダイニング、中庭テラスへと床レベルが400㎜ずつ下がりながらつづく ［写真：坂下智広］

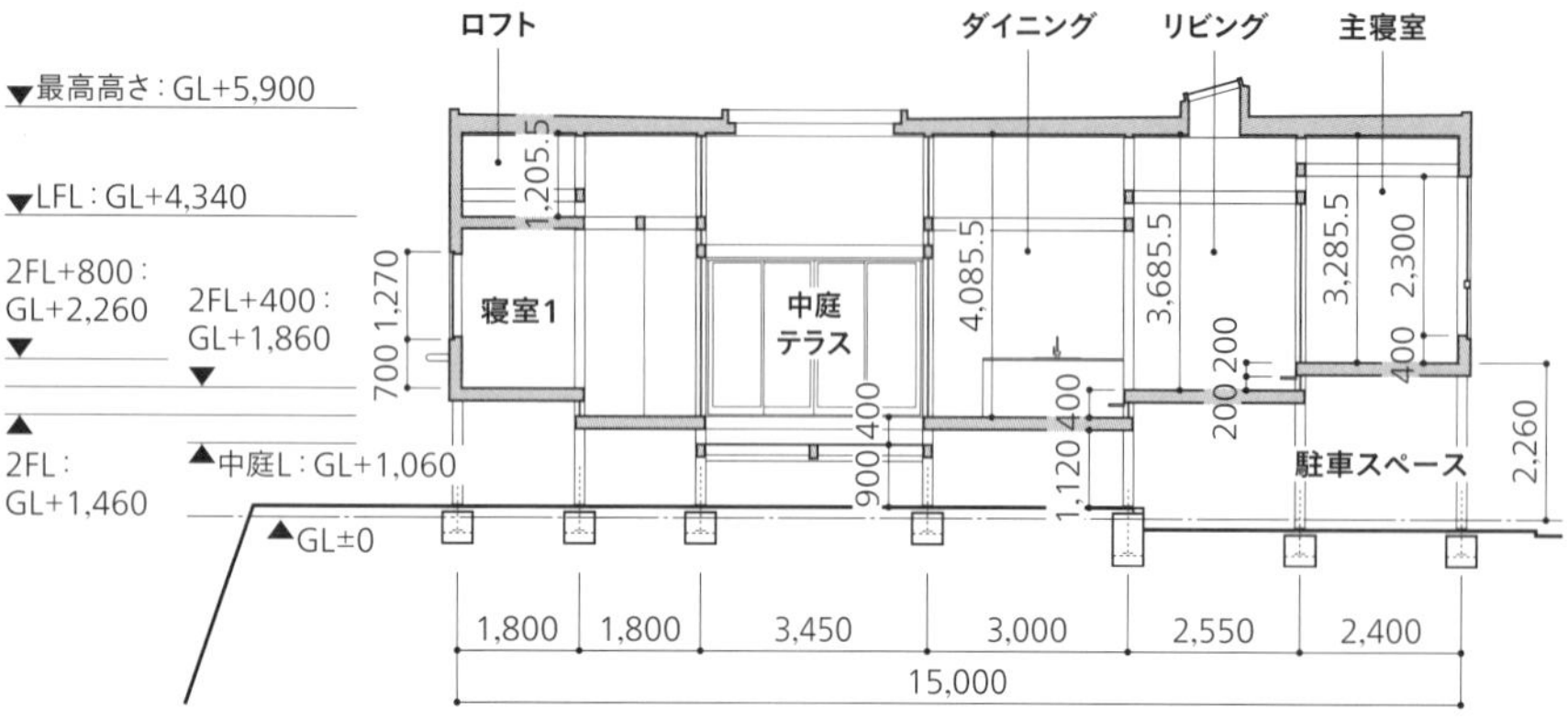

ロフト
ダイニング
リビング
主寝室
最高高さ：GL+5,900
LFL：GL+4,340
2FL+800：GL+2,260
2FL+400：GL+1,860
2FL：GL+1,460
中庭L：GL+1,060
GL±0
寝室1
中庭テラス
駐車スペース
1,205.5
4,085.5
3,685.5
3,285.5
2,300
700 1,270
900 400
1,120 400
200 200
400
2,260
1,800
1,800
3,450
3,000
2,550
2,400
15,000

断面図［S=1：200］

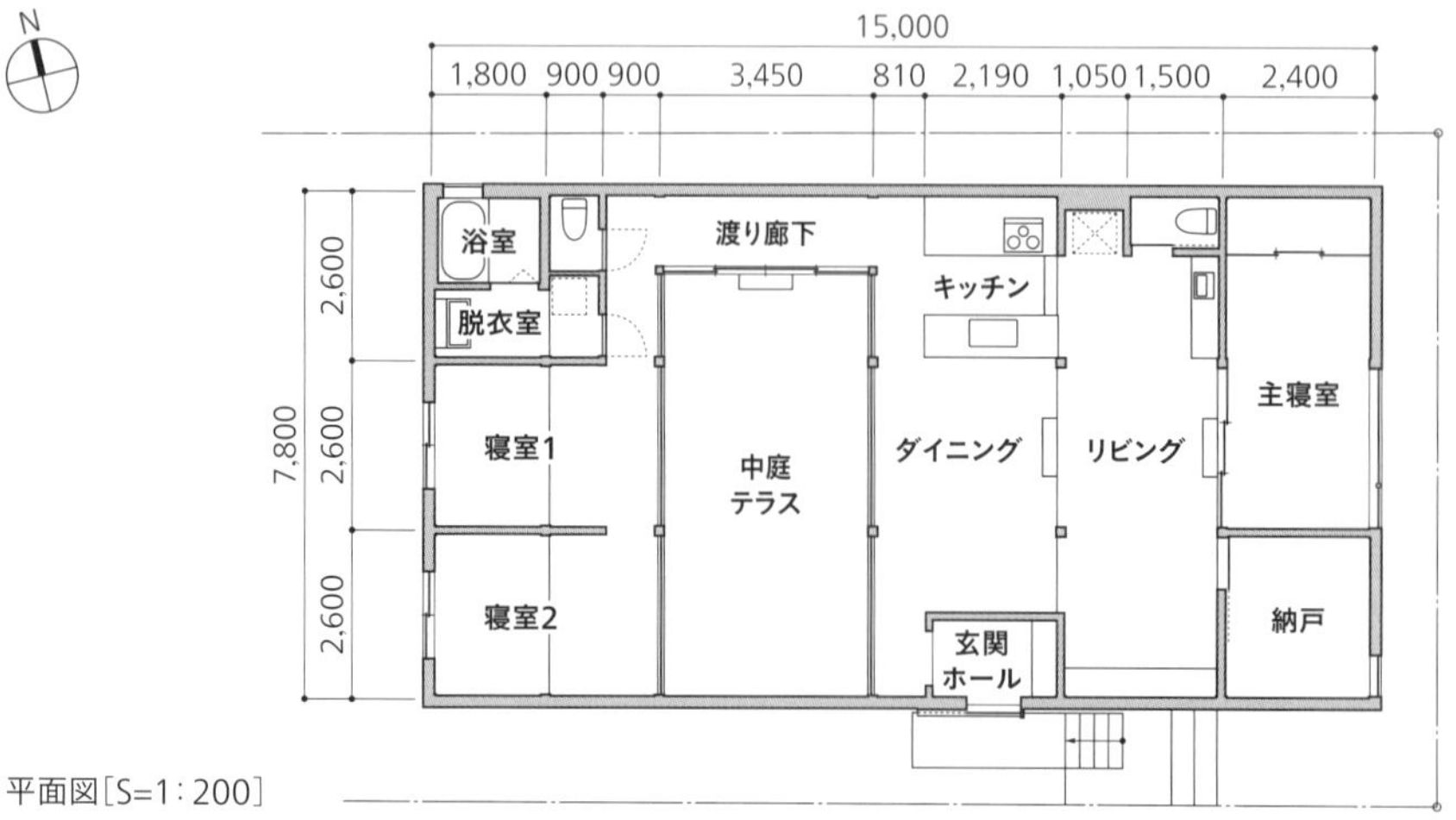

N
15,000
1,800
900 900
3,450
810
2,190
1,050
1,500
2,400
7,800
2,600
2,600
2,600
浴室
脱衣室
渡り廊下
キッチン
主寝室
寝室1
中庭テラス
ダイニング
リビング
寝室2
玄関ホール
納戸

平面図［S=1：200］

「君津の家」は、ひな壇状に造成された宅地に建つ木造2階建ての住宅である。敷地の南・北・西側隣地は宅地、東側のみで接道している。

そのようなひな壇状の宅地に対し、本事例では居住者のプライバシーを保ちつつ外部とのつながりをもたせるために、2つの工夫がなされている［図1］。1つは、外周をほとんど壁にして閉じる代わりに、ほぼ中央の位置に中庭を設け、中庭に向いた各部屋の東西方向を開放していることである。プライバシーや採光を確保しながら開放的な空間を実現するプランだが、構造計画上は南北方向の壁量を確保しにくくなるという問題が発生する。2つ目は、1階床を段状の高床形式にし、段差部分に低い水平連続窓を設けている点である。さまざまなレベルで外部への視線を通し、閉塞感のない空間をつくっている。最も低いレベルの中庭テラス（GL＋1．06m）から東西方向に40㎝ずつだんだん高くなっていき、接

図1｜ひな壇状の宅地における2つの工夫

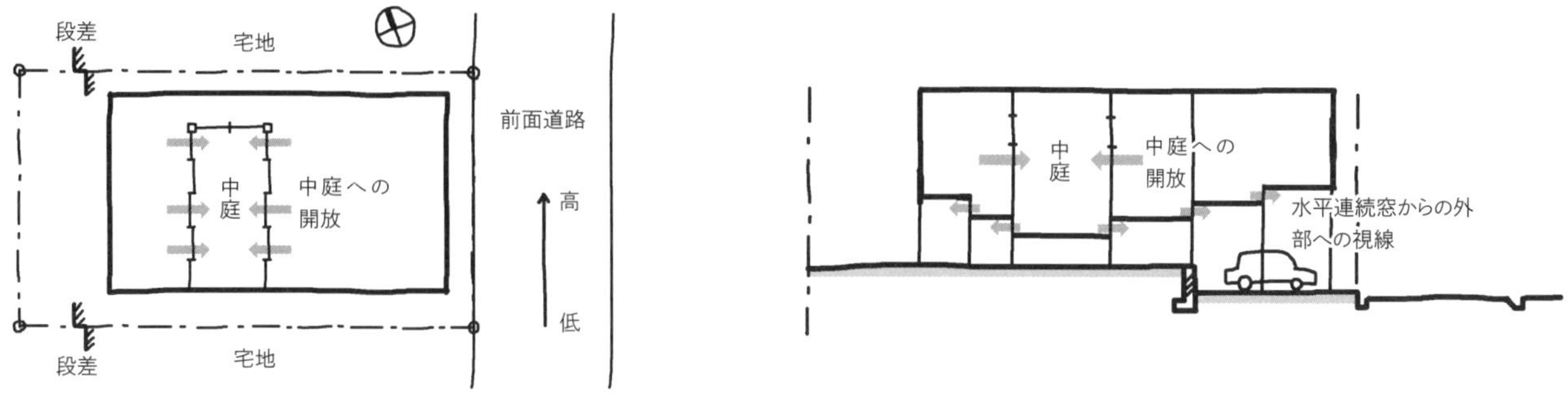
段差
宅地
中庭
中庭への開放
前面道路
高
低
段差
宅地
中庭
中庭への開放
水平連続窓からの外部への視線

図2｜柱脚部の固定度を高める工夫

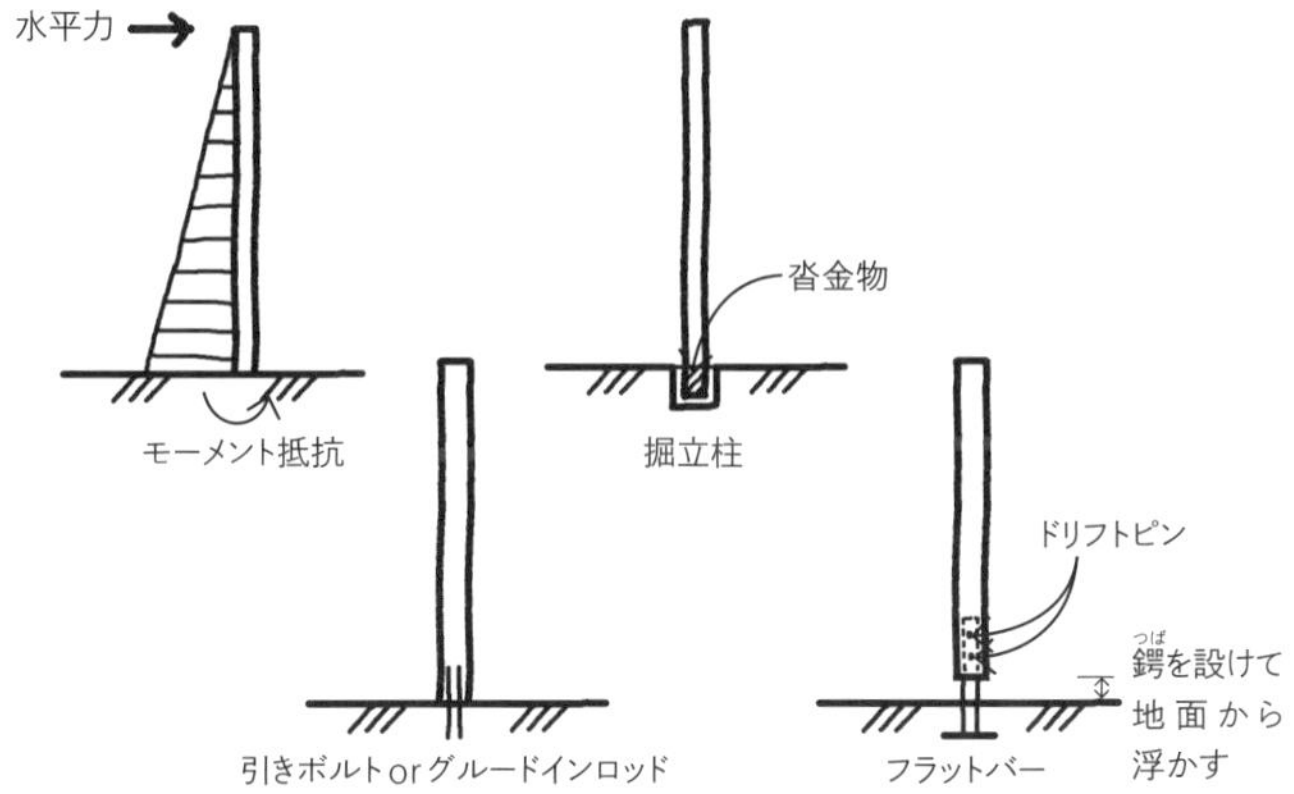
水平力
モーメント抵抗
沓金物
掘立柱
引きボルトorグルードインロッド
ドリフトピン
鍔《つば》を設けて地面から浮かす
フラットバー

図3｜床が高い両端部分の構造的課題

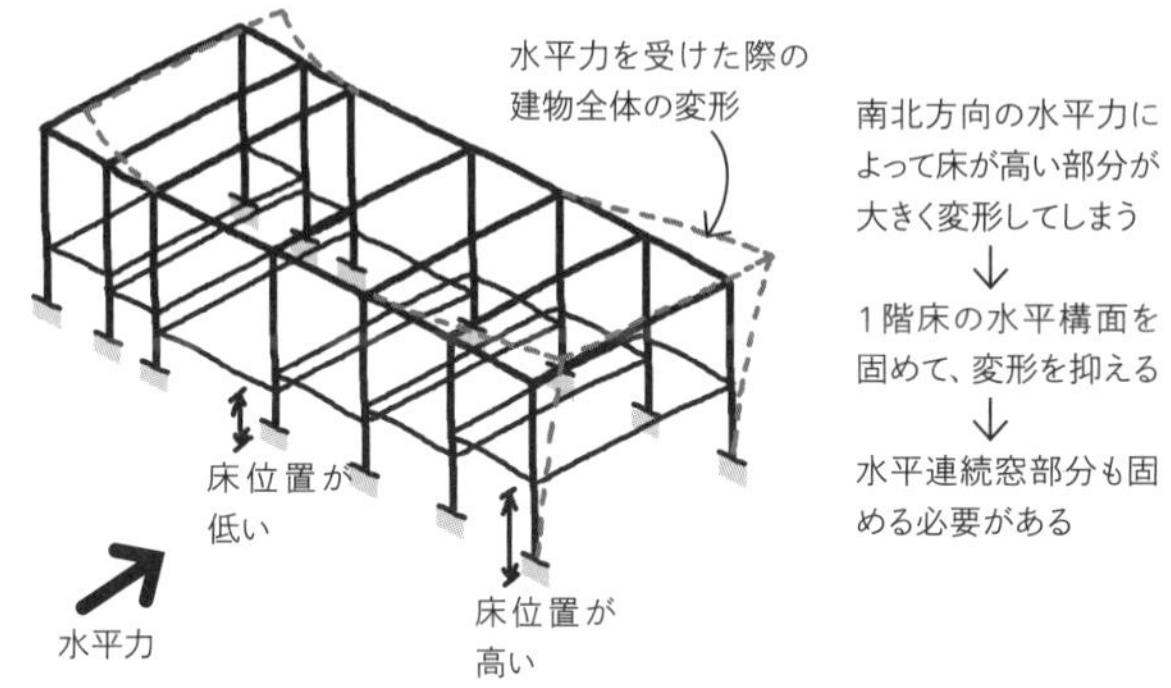
水平力を受けた際の建物全体の変形
南北方向の水平力によって床が高い部分が大きく変形してしまう
1階床の水平構面を固めて、変形を抑える
水平連続窓部分も固める必要がある
床位置が低い
床位置が高い
水平力

前面道路からみた建物外観 ［写真：坂下智広］

道する東側の部屋（主寝室と納戸）では最も高いレベル（GL＋2・26ｍ）となる。最高レベルとなる東側の床下は駐車スペースとして利用している。

以上のような敷地条件と建物構成における構造計画上のポイントは、次の4つであった。

❶段状の高床をどうつくるか
❷床レベルが高い東西両側端部の水平耐力をどう確保するか
❸中庭を含めた東西方向の開放性をどう実現するか
❹床段差部の水平連続窓をどう実現するか

❶段状の高床をどうつくるか

❷床レベルが高い東西両側端部の水平耐力をどう確保するか

段状の高床をつくる際に課題になるのが、床下部分の水平耐力の確保である。壁がなくても水平力に耐えられるような仕組みが必要である。床下の透過性と水平耐力確保を両立させる方法としてブレースがあるが、東側には駐車スペースの入口があるために設けにくいことに加え、建築計画上重要な東西方向の視線の抜けを妨害してしまうことになる。鉄骨造のラーメンフレームを入れることも考えられるが、コストアップになる。

そこで、柱脚部を工夫し、回転に対する固定度を上げ、独立柱として水平力に抵抗する方法を考えた。柱脚部の固定度を高める方法はいくつかあり、掘立柱形式が代表的なものであるが、木柱が外部に露出し雨掛かりとなることから、別の方法を採用した［図2］。

本事例では、基礎に埋込んだ平鋼を木柱に挿入し、4本のドリフトピンで接合している［32頁柱脚部詳細図］。柱の軸力を直接支持できるよう平鋼の中間高さに鍔《つば》を設け、柱を地面から浮かせることで雨に対する止水と見た目の軽快さを実現しながらも、柱脚部の固定度を確保している。平鋼は強軸方向にしか効かないため、東西と南北どちらの方向からの地震力にもバランスよく抵抗できるよう、各柱脚部の平鋼の強軸の向きを決定している［32頁柱脚伏図］。この平鋼の基礎への埋込みについては据え付けの精度が要求されるため、平鋼を基礎に打ち込むのではなく、基礎コンクリート打設時には埋込み部分を箱抜きしておいて、上部木軸部と平鋼の位置を決めてから無収縮モルタルで後打ちする方法をとった。

以上の工夫により、床レベルが比較

高床式を支える柱脚部の仕組み

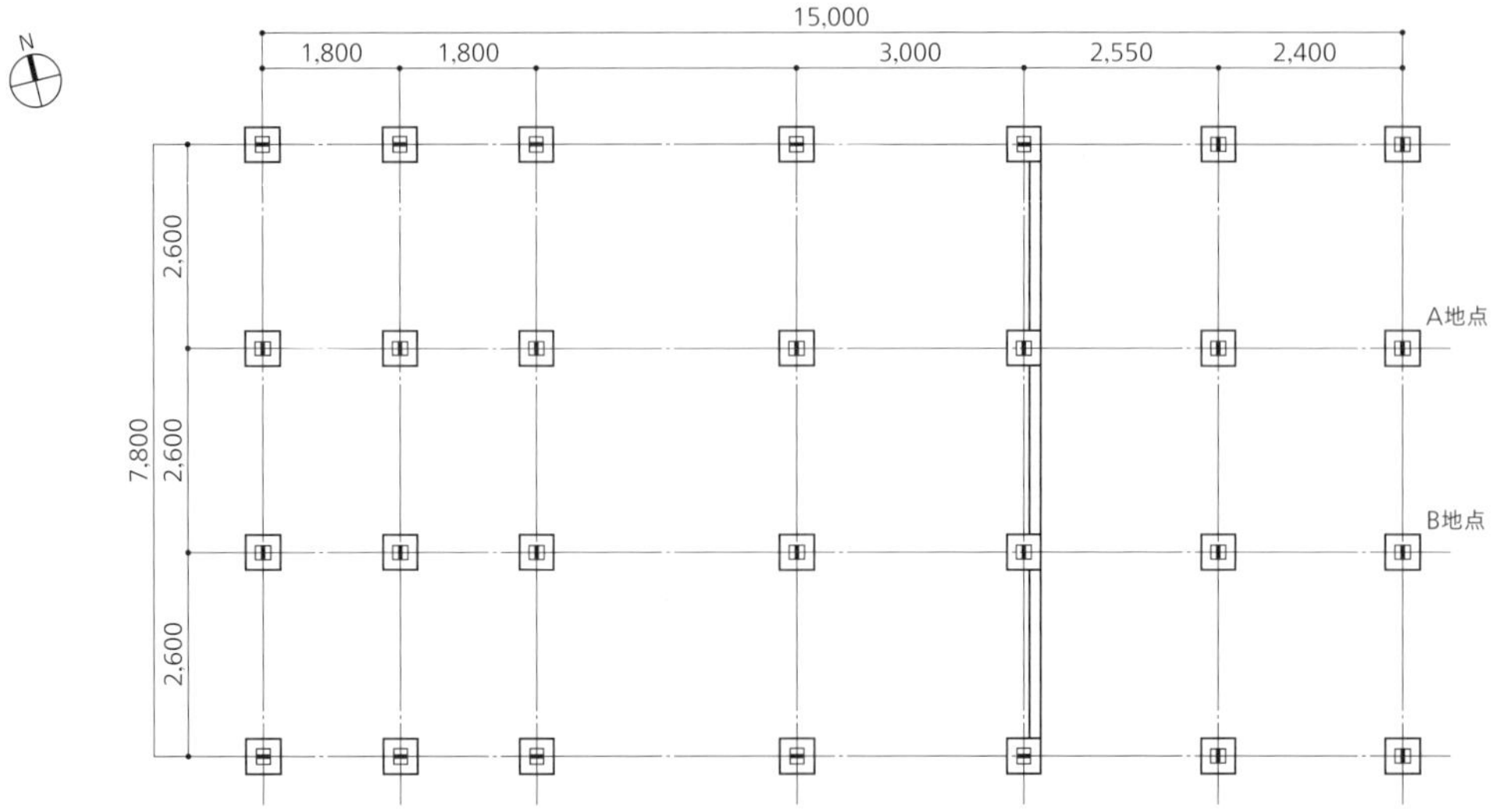

N
15,000
1,800
1,800
3,000
2,550
2,400
2,600
2,600
2,600
7,800
A地点
B地点

柱脚伏図［S=1：150］

駐車スペースとなる東側端部の床下。上裏の天井は梁を化粧露しとしている

開放的な床下スペースに林立する木柱群の上に、量感のある閉じられた箱が載る

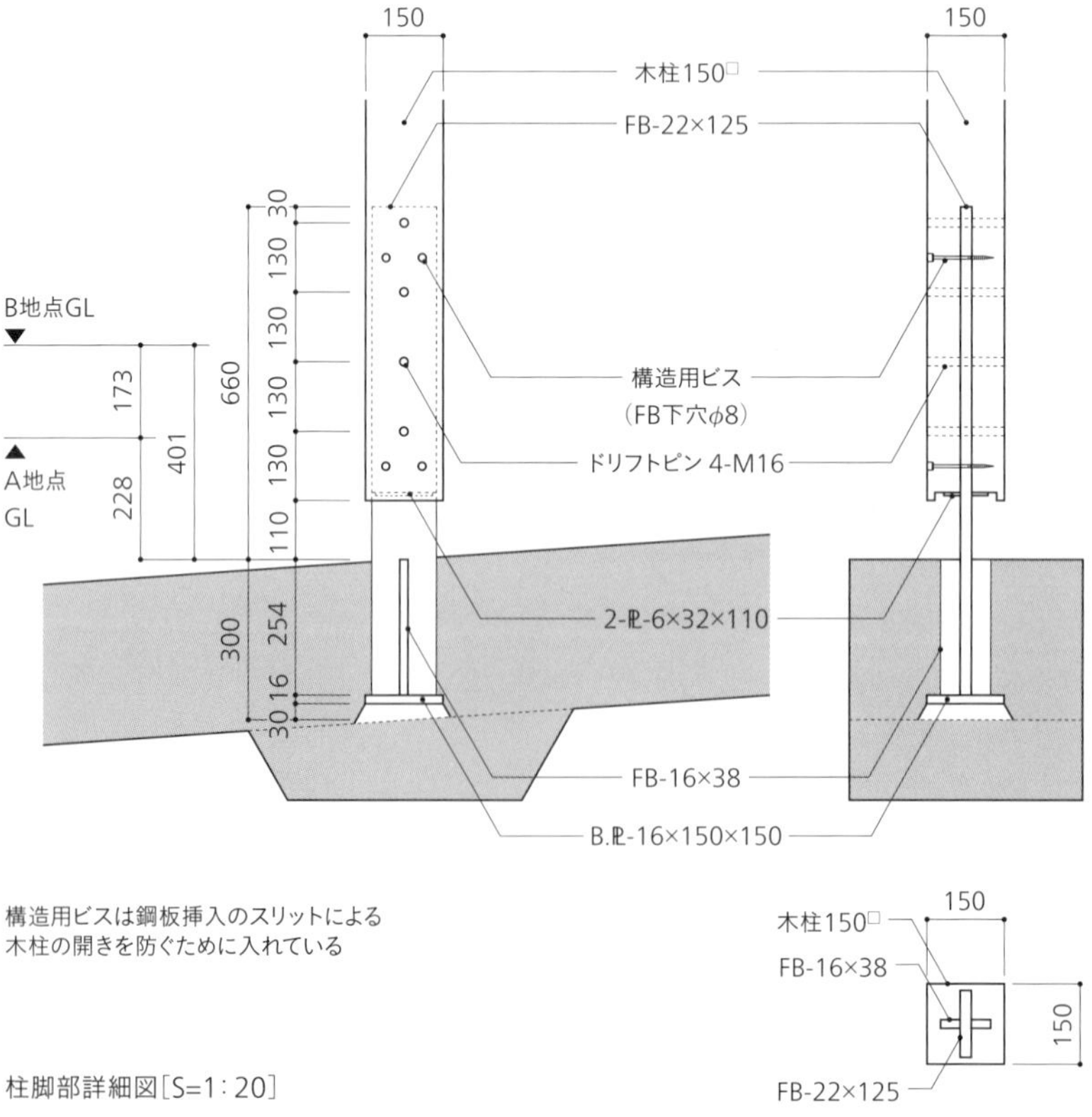

150
150
木柱150□
FB-22×125
30
130
130
130
130
110
254
16
30
660
300
B地点GL
A地点
GL
173
228
401
構造用ビス
（FB下穴φ8）
ドリフトピン 4-M16
2-PL-6×32×110
FB-16×38
B.PL-16×150×150
木柱150□
FB-16×38
FB-22×125
150
150

構造用ビスは鋼板挿入のスリットによる木柱の開きを防ぐために入れている

柱脚部詳細図［S=1：20］

的低い中庭付近の床下水平耐力はおおむね確保できたが、床レベルが高い東西両側端部については、柱脚固定度を高めるだけでは十分な水平剛性の確保が難しい。そこで、床が段状になっていることを生かし、構造用合板24㎜厚を張って固めた1階床の面内耐力で、床レベルが高い部分から低い部分へ水平力を伝達させることを考えた。ただし、❸で後述する床段差部の水平連続窓における水平力の伝達の問題を解決しなければならない［31頁図3］。

❸中庭を含めた東西方向の開放性をどう実現するか

❹床段差部の水平連続窓をどう実現するか

前述のとおり、プラン中央に中庭を配置し、各部屋は中庭へ向けて開放する構成であるため、南北方向の壁量を確保しにくくなっている。また、床段差部には視線を通すための水平連続窓が計画されており、地震による水平力の伝達が課題となる。

これらの課題を同時に解決するべく、高床を支えている通し柱と、床段差部に必然的に設けられる2段梁、そして室内中間高さに設けた2段梁を使った組み立てラーメンフレームを構成することで、南北方向の水平耐力を確保することにした。2段梁の端部に飼木を入れて重ね透かし梁を構成し、これを床と室内中間高さの2段で通し柱に差すことでラーメンフレームをつくる方法である。飼木は2段梁を一体化させる役割を持っており、地震時に

図4｜2段梁を使った組み立てラーメンフレーム

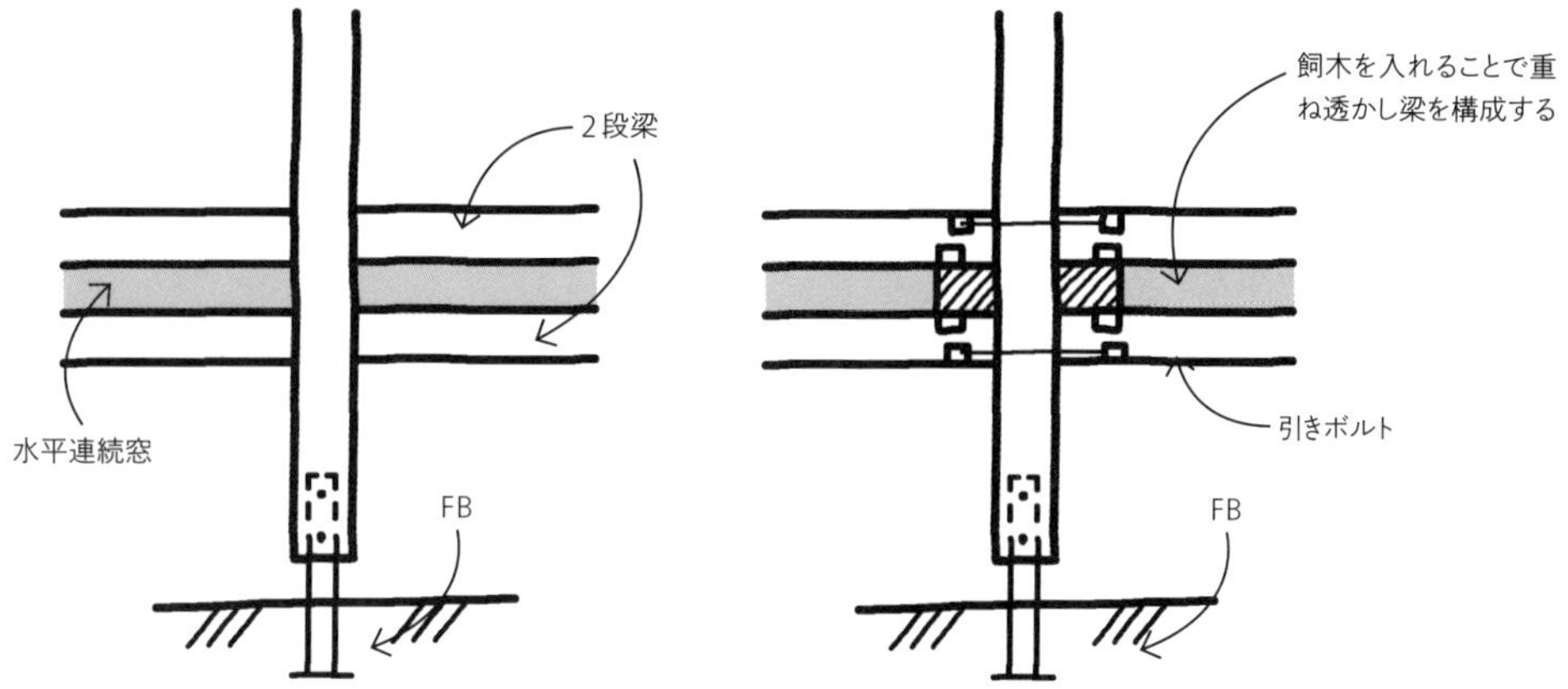
2段梁
水平連続窓
FB
飼木を入れることで重
ね透かし梁を構成する
引きボルト
FB

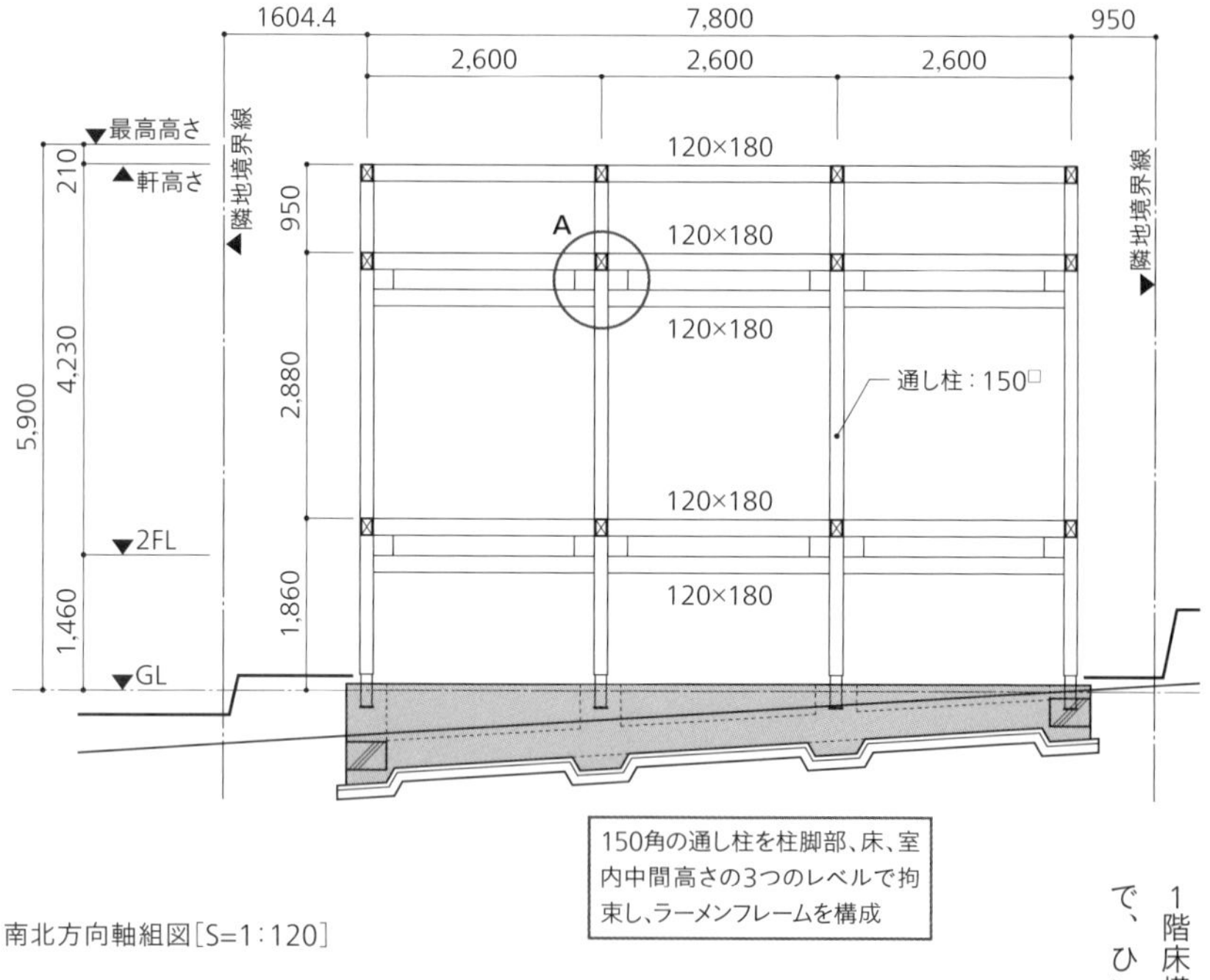
1604.4
7,800
950
2,600
2,600
2,600
最高高さ
軒高さ
隣地境界線
210
950
120×180
A
120×180
120×180
4,230
5,900
2,880
通し柱：150□
隣地境界線
120×180
2FL
120×180
1,460
1,860
GL
150角の通し柱を柱脚部、床、室
内中間高さの3つのレベルで拘
束し、ラーメンフレームを構成

南北方向軸組図［S=1：120］

室内は柱梁フレームを強調するために真壁、朝鮮張り床、化粧梁天井の仕上げとしている ［写真：坂下智広］

2段梁との間に生じる大きなせん断力を伝達させる必要がある。そのため、飼木の繊維方向を2段梁とそろえ、飼木と2段梁をお互いに欠き込んではめ合わせることで支圧により応力伝達をさせている。また、2段梁に生じる大きな軸力を負担させるために、一方の梁から通し柱を介して他方の梁まで伸びる引きボルトを入れている［図4］。

以上により、東西方向の開放性と床段差部の水平力伝達を可能にした。組み立てラーメンフレームを使うことで、❷の東西両側端部分の水平力を、1階床構面を通じて低いレベルの床まで、ひいては基礎まで伝達させることも可能にしている。また、この組み立てラーメンフレームは、床下の柱の柱頭部で回転に対する固定度をさらに上げる役割も兼ねており、床下の水平耐力向上に寄与している。

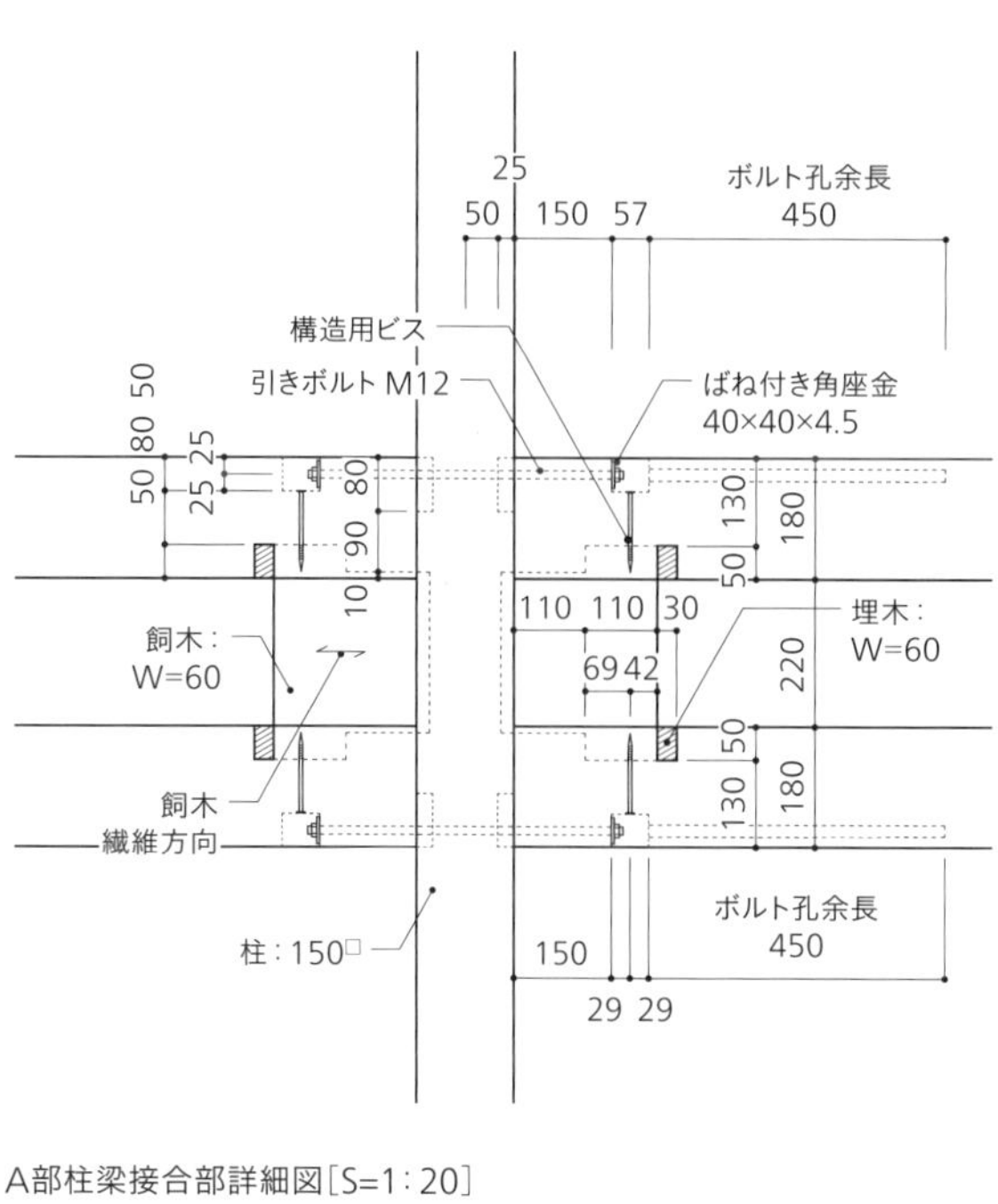
25
50 150 57
ボルト孔余長
450
構造用ビス
引きボルト M12
ばね付き角座金
40×40×4.5
50 80 50
50 25 25
80
90
10
130
50
180
110 110 30
69 42
埋木：
W=60
飼木：
W=60
220
飼木
繊維方向
50
130
180
柱：150□
150
29 29
ボルト孔余長
450

A部柱梁接合部詳細図［S=1：20］

DATA

高床の段
（塚田修大建築設計事務所）

敷地面積　208.06㎡
建築面積　94.23㎡
延床面積　106.28㎡
規　　模　地上2階
竣　　工　2014年9月

8

採光に適した無柱の切妻屋根を実現する方法

事例：伊部の家／手嶋保建築事務所

豊かな空間づくりにおいて屋外からの採光は、室内の明るさを確保するためだけのものではなく、室内の空間につながりを持たせたり、室内に季節の移ろいを映し出したり、重要な役割を持つ。窓や吹抜けなどさまざまな採光方法があるが、構造の観点からは、窓・吹抜けを配置することは、壁・屋根・床に開口を設けることになるため、弱点になりやすい。窓・吹抜けの大きさや配置は、構造計画に密接にかかわるため、採光計画と構造計画は同時に進められるべきものである。

ここでは、巧みな採光によって奥深い内部空間が実現された「伊部の家」を事例に、採光計画と構造計画の関係性について解説する。

図1｜採光の考え方

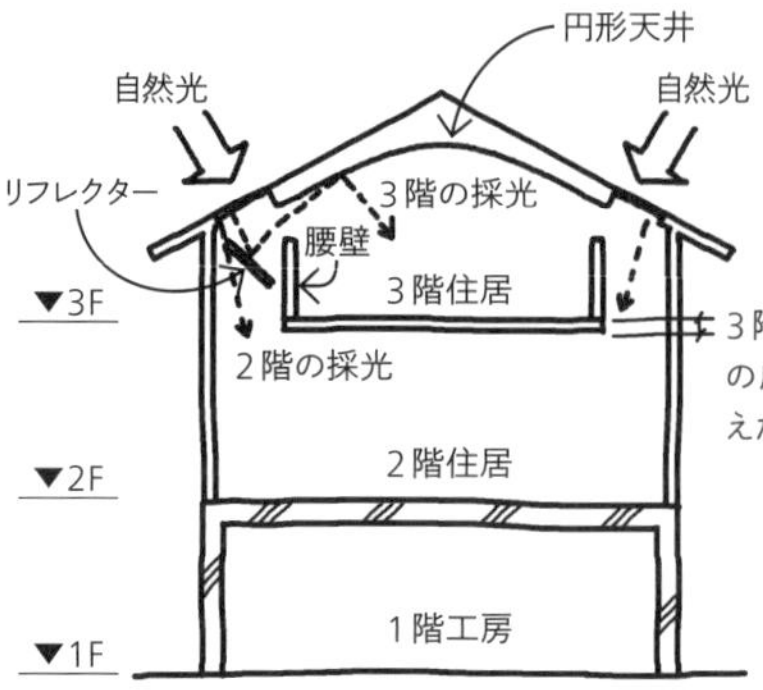
3階床梁の成は抑えたい

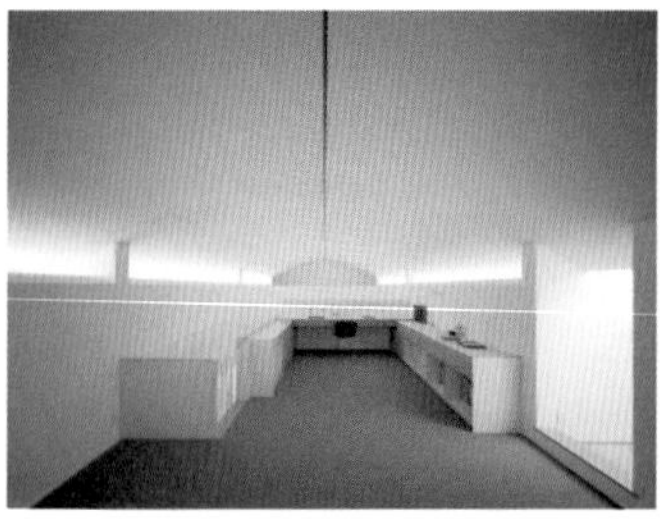

3階子供室側からワークスペースの方向を見る。アール状の天井両脇にあるトップライトから光が差す明るい空間。3階の最高天井高は2,250mm　［写真：西川公朗］

図2｜屋根架構のスタディ

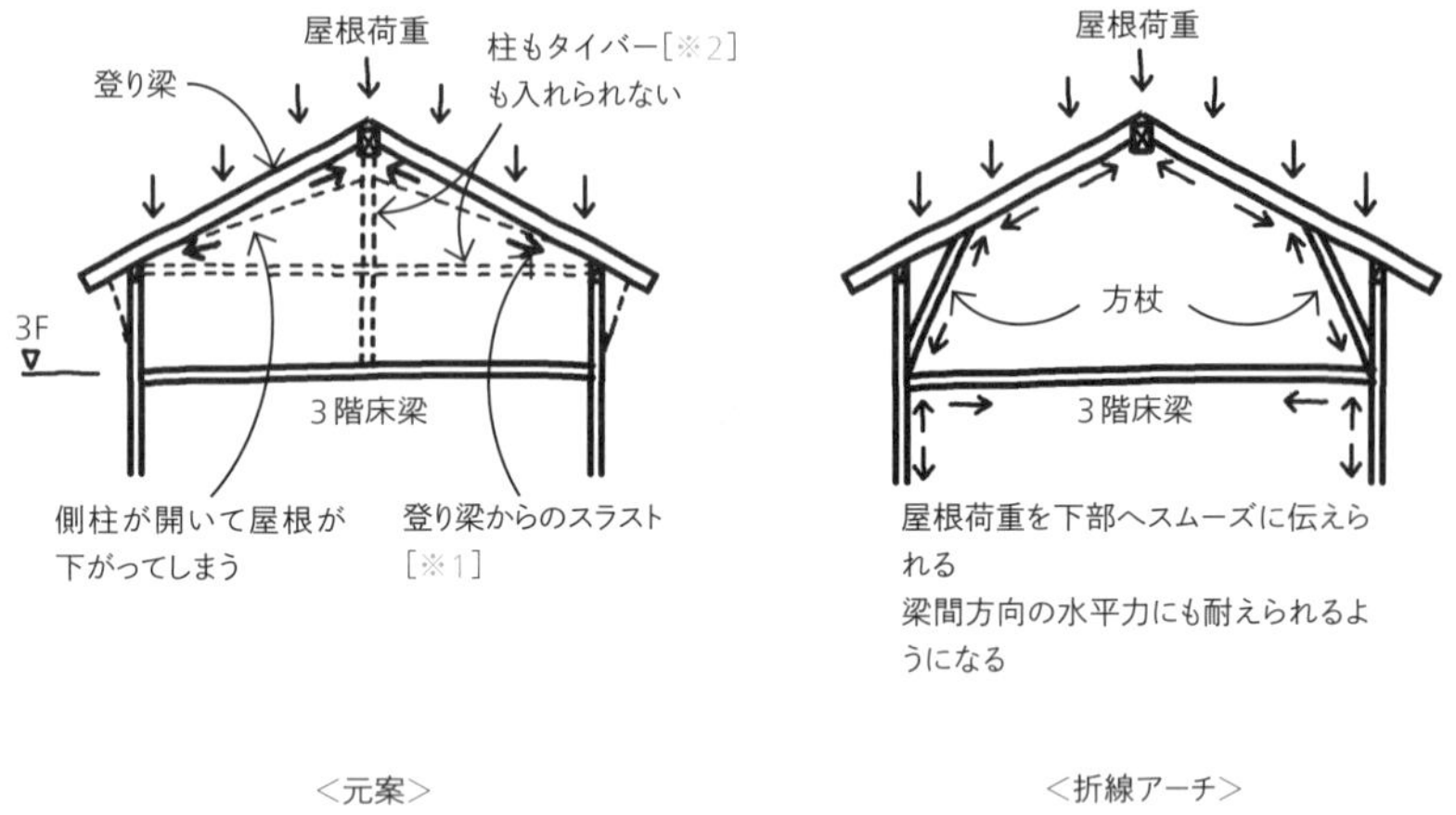

「伊部の家」は陶芸家の工房兼住宅である。工房のある1階はRC造、住宅のある2・3階は木造という混構造の3階建てとなっている。整形の長方形平面と切妻屋根とで構成されていて、窓の少ない質素な外観が周囲の風景によく馴染んでいる。一方、内部では、各所に設けられた吹抜け、スリット状の開口、円形天井といった建築要素が採光計画とかかわりながら配置され、外観からは想像できないほど各部屋が有機的につながり、光に満ちた静謐な空間をつくりだしている。

2階と3階では、外壁際の屋根面に細長く設けられたトップライトから入ってくる光を各部屋へ導くことで、居住者のプライバシーを確保しつつ、明るさと開放性を実現している［図1］。

トップライトからの光を各部屋に導くために、3階ではトップライトの直下に設けたリフレクター（反射板）を介して白い円形天井を照らしている。2階では3階床の外壁際に吹抜けをつくり、光を採り入れている。また、2階と3階の天井高を確保しつつ、下階へ光を効果的に落とせるよう3階床梁の成は極力抑えて、建物の高さも抑えることとなった。

以上のような建築計画を実現するために、次のような構造計画上の課題を解決することが必要になった。

❶3階の円形天井を無柱でどうつくるか
❷外周が吹き抜けた3階床部分の水平力を耐力壁までどう伝えるか
❸3階の床梁成をどう抑えるか

❶3階の円形天井を無柱でどうつくるか

3階の天井は、5.5寸勾配の切妻屋根の棟付近をアールにした円形状になっている。梁間スパンは5.82mである。このような屋根を、内部に柱を立てずに支える方法としては、登り梁（合掌）と3階床梁（陸梁）で三角形構面を構

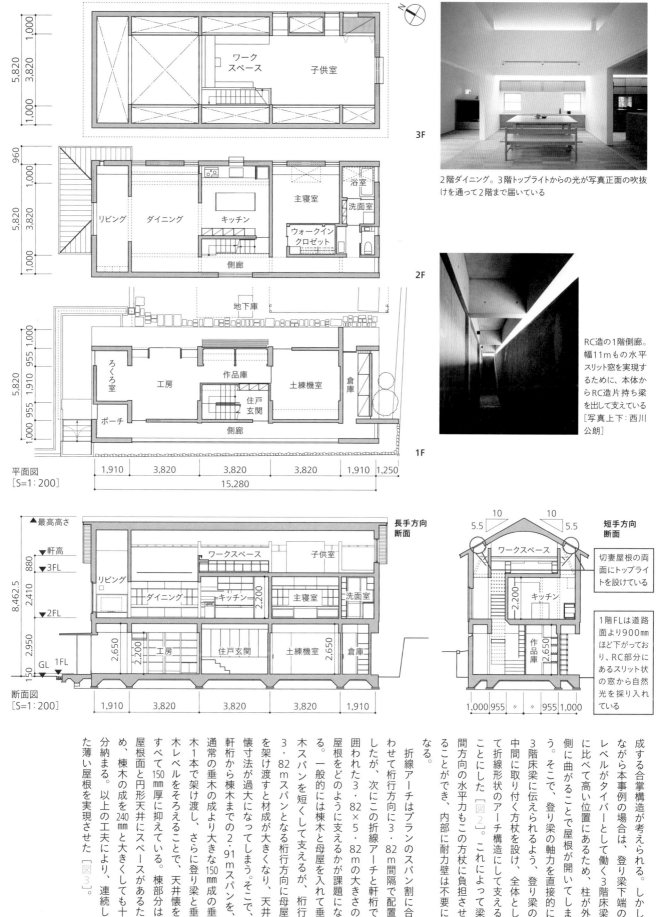

細長い吹抜けで光を下階へ導く

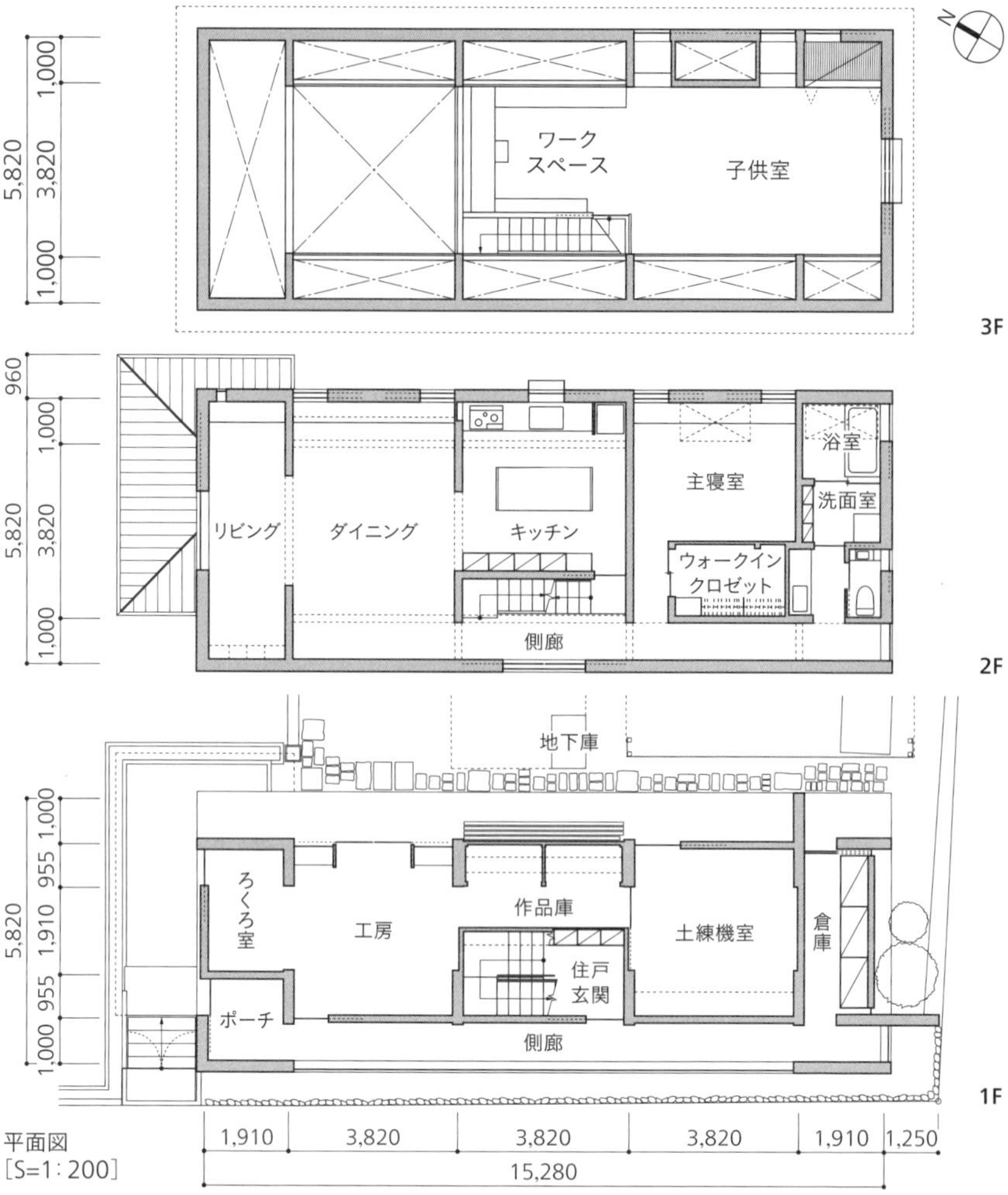

3F
ワークスペース
子供室
2F
リビング
ダイニング
キッチン
主寝室
浴室
洗面室
ウォークインクロゼット
側廊
1F
地下庫
ろくろ室
工房
作品庫
住戸玄関
土練機室
倉庫
ポーチ
側廊
5,820
1,000
3,820
960
1,910
955
1,910
3,820
1,250
15,280
平面図
[S=1:200]

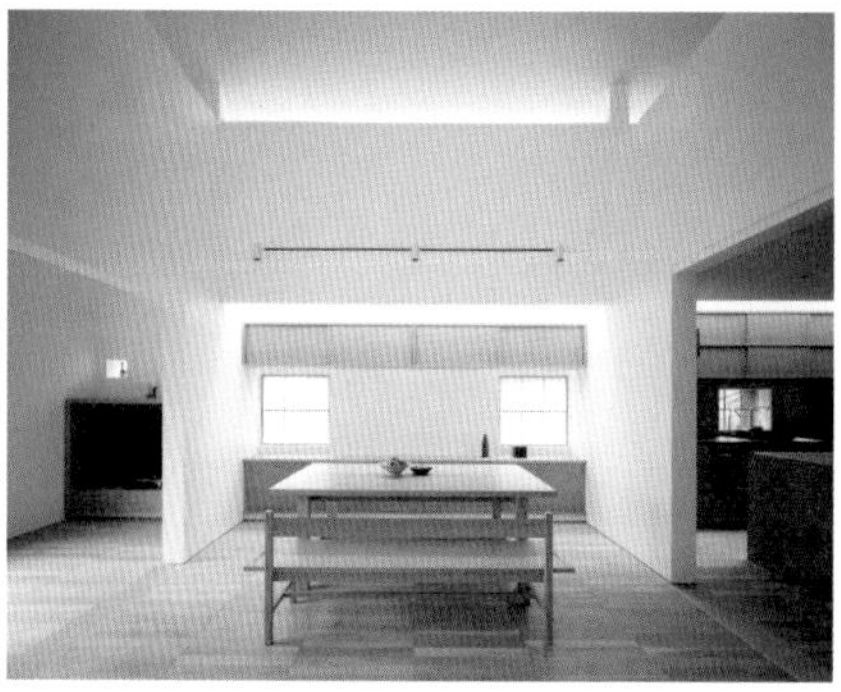

2階ダイニング。3階トップライトからの光が写真正面の吹抜けを通って2階まで届いている

RC造の1階側廊。幅11mもの水平スリット窓を実現するために、本体からRC造片持ち梁を出して支えている［写真上下：西川公朗］

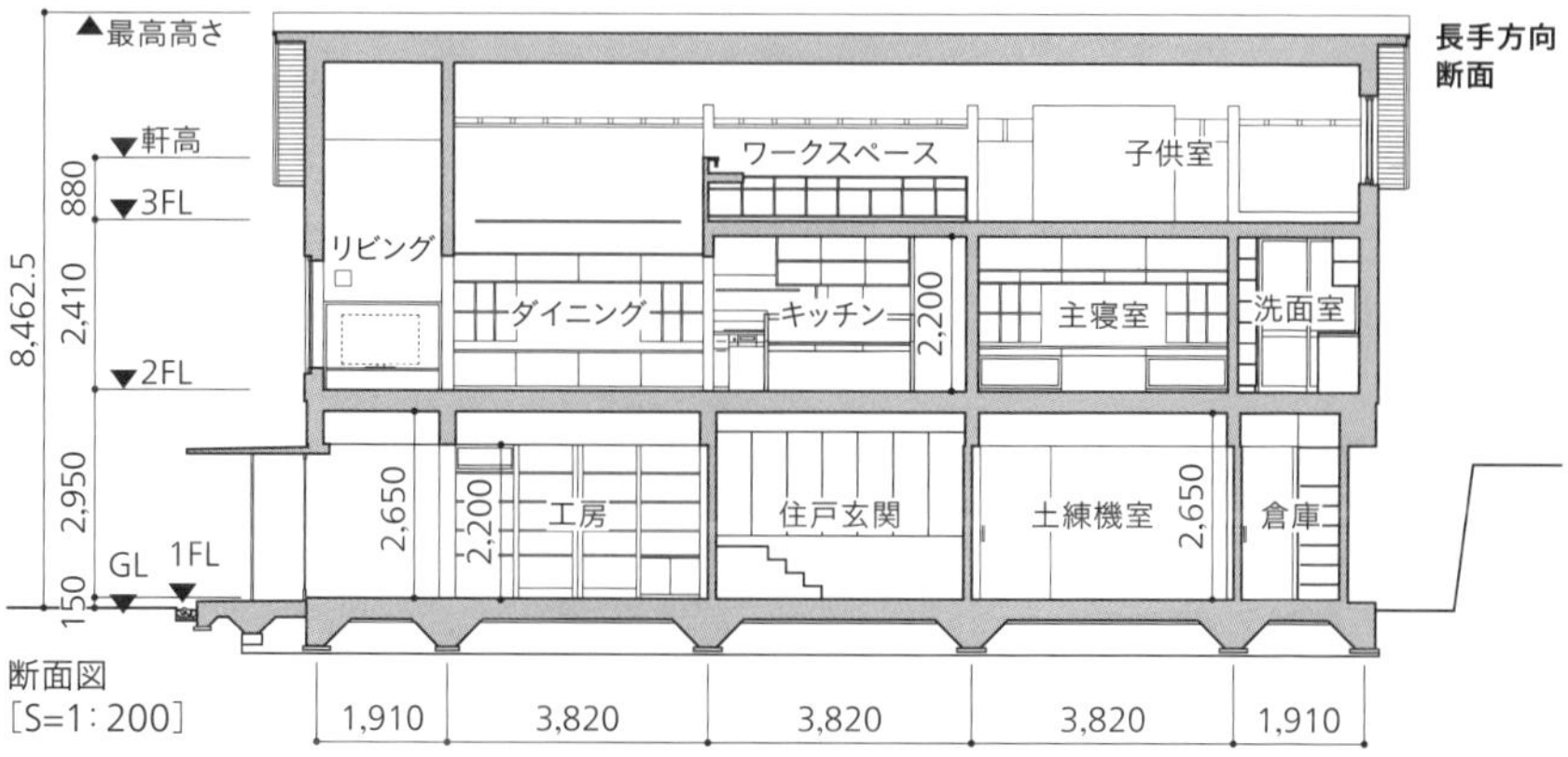

長手方向断面
最高高さ
軒高
3FL
2FL
GL
1FL
8,462.5
880
2,410
2,950
150
ワークスペース
子供室
リビング
ダイニング
キッチン
主寝室
洗面室
工房
住戸玄関
土練機室
倉庫
2,200
2,650
1,910
3,820
断面図
[S=1:200]

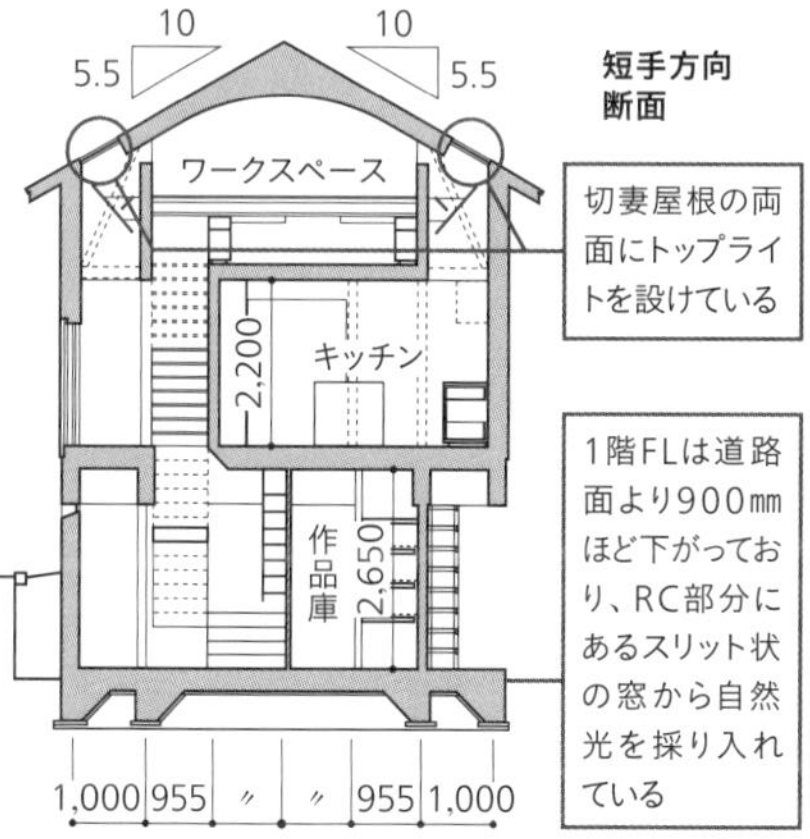

短手方向断面
10
5.5
ワークスペース
キッチン
作品庫
2,200
2,650
1,000
955
切妻屋根の両面にトップライトを設けている
1階FLは道路面より900㎜ほど下がっており、RC部分にあるスリット状の窓から自然光を採り入れている

成する合掌構造が考えられる。しかしながら本事例の場合は、登り梁下端のレベルがタイバーとして働く3階床梁に比べて高い位置にあるため、柱が外側に曲がることで屋根が開いてしまう。そこで、登り梁の軸力を直接的に3階床梁に伝えられるよう、登り梁の中間に取り付く方杖を設け、全体として折線形状のアーチ構造にして支えることにした［図2］。これによって梁間方向の水平力もこの方杖に負担させることができ、内部に耐力壁は不要になる。

折線アーチはプランのスパン割に合わせて桁行方向に3・82m間隔で配置したが、次にこの折線アーチと軒桁で囲われた3・82×5・82mの大きさの屋根をどのように支えるかが課題になる。一般的には棟木と母屋を入れて垂木スパンを短くして支えるが、桁行3・82mスパンとなる桁行方向に母屋を架け渡すと材成が大きくなり、天井懐寸法が過大になってしまう。そこで、軒桁から棟木までの2・91mスパンを、通常の垂木の成より大きな150㎜成の垂木1本で架け渡し、さらに登り梁と垂木レベルをそろえることで、天井懐をすべて150㎜厚に抑えている。棟部分は屋根面と円形天井にスペースがあるため、棟木の成を240㎜と大きくしても十分納まる。以上の工夫により、連続した薄い屋根を実現させた［図3］。

図3｜天井懐寸法を抑える方法

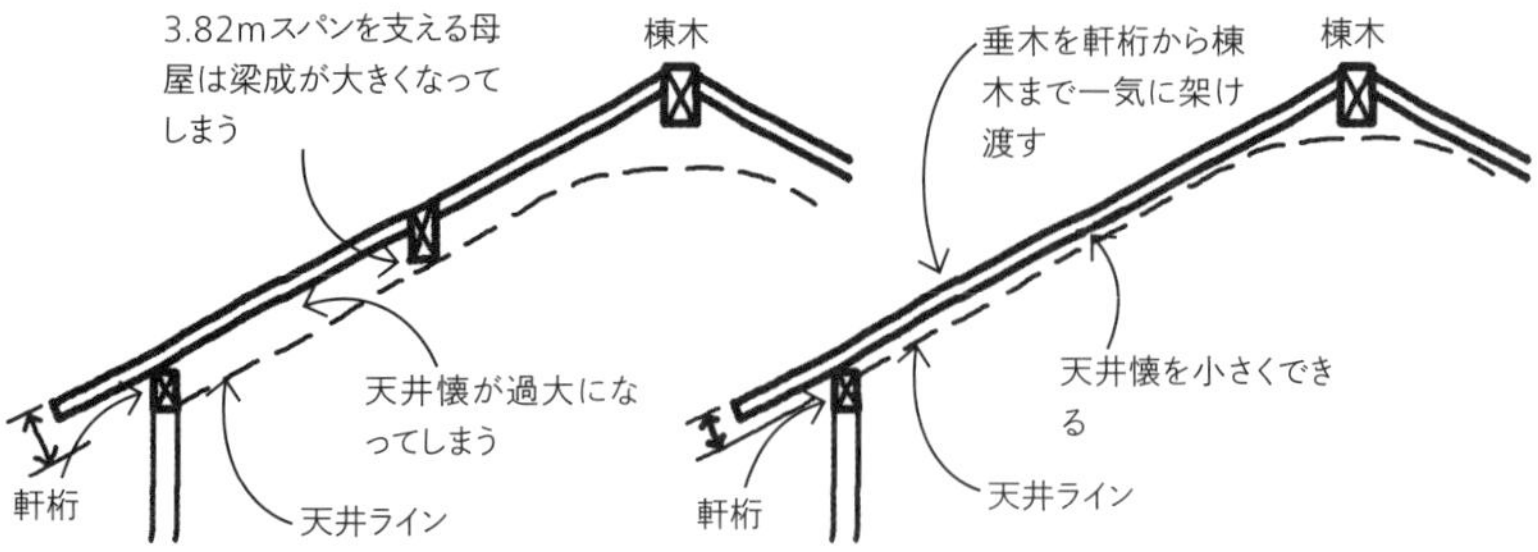

3.82mスパンを支える母屋は梁成が大きくなってしまう
棟木
天井懐が過大になってしまう
軒桁
天井ライン
垂木を軒桁から棟木まで一気に架け渡す
棟木
天井懐を小さくできる
軒桁
天井ライン

屋根架構と3階床組の軸部が露われた施工中の写真。屋根を支える方杖や、3階床の逆梁が確認できる

図5｜3階構造ダイアグラム

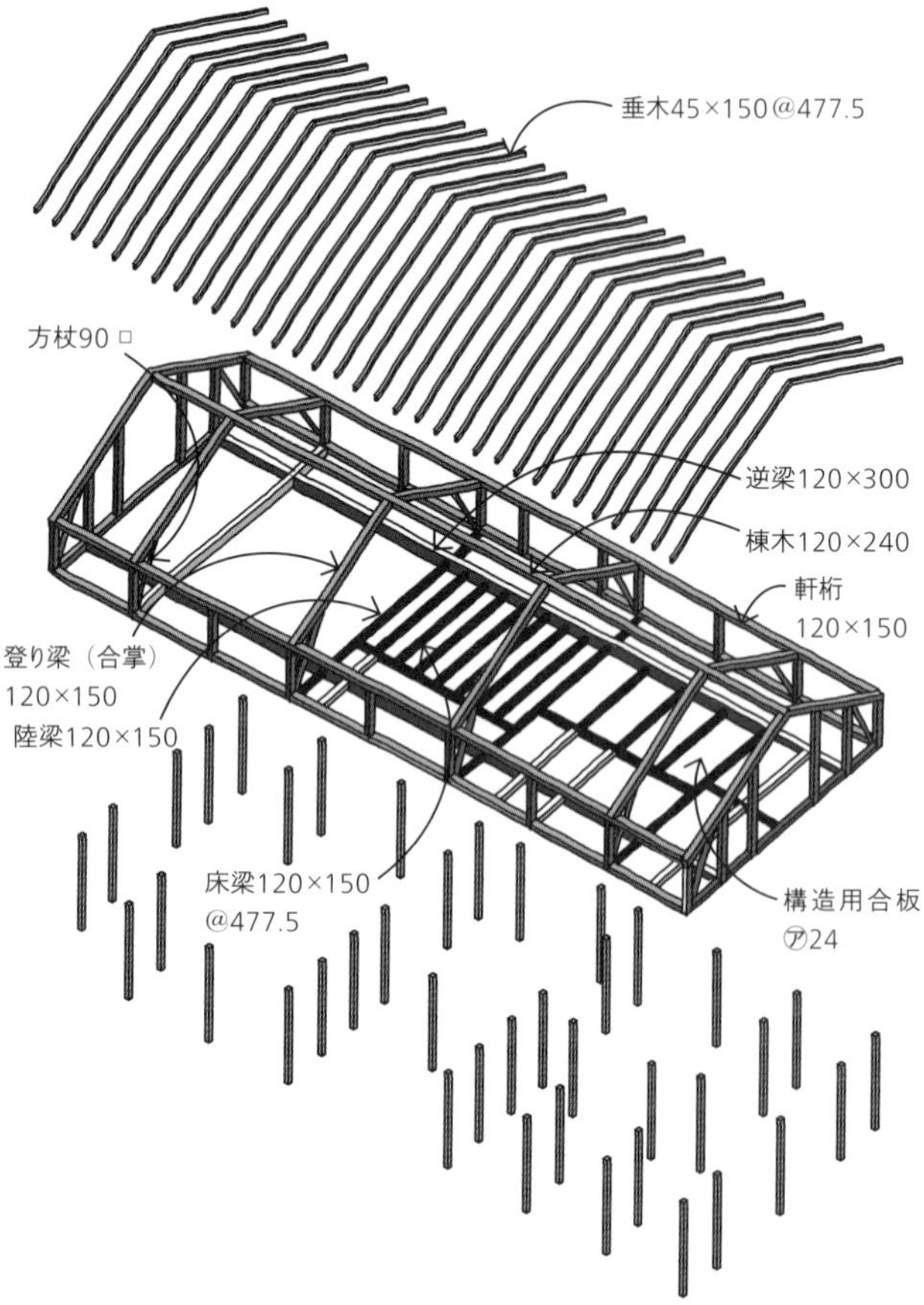

垂木45×150@477.5
方杖90□
逆梁120×300
棟木120×240
軒桁
120×150
登り梁（合掌）
120×150
陸梁120×150
床梁120×150
@477.5
構造用合板
㋐24

図4｜3階床部分の水平力を耐力壁へ伝える方法

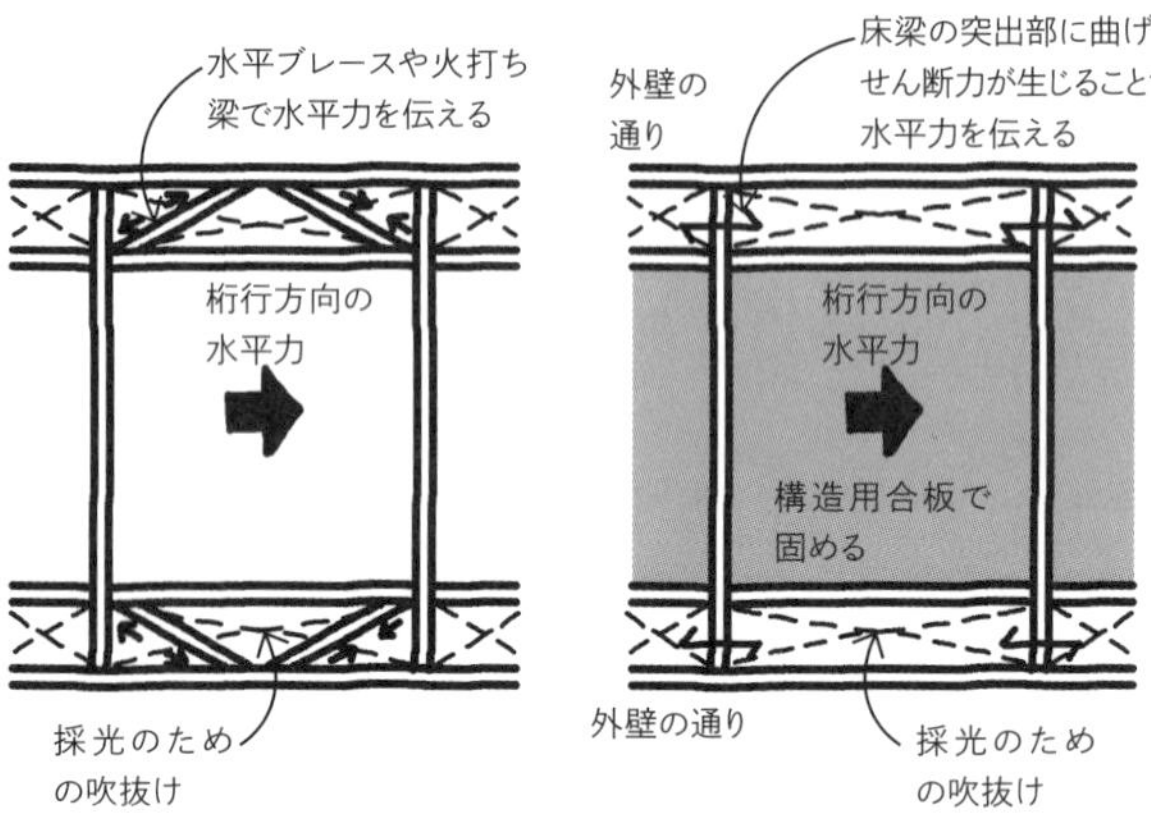

水平ブレースや火打ち梁で水平力を伝える
桁行方向の水平力
採光のための吹抜け
外壁の通り
床梁の突出部に曲げとせん断力が生じることで水平力を伝える
桁行方向の水平力
構造用合板で固める
外壁の通り
採光のための吹抜け

❷外周が吹き抜けた3階床部分の水平力を耐力壁までどう伝えるか

屋根面のトップライトから入ってくる光が2階に届くよう、3階床は外壁際の1ｍ幅を吹抜けとしている。このため、3階床部分の桁行方向の水平力を外壁通りの耐力壁まで伝達しにくい状態になっている。床開口部に水平ブレースや火打ち梁を入れても一定の透過性は確保できるが、2階から見上げた際にそれらの部材が見えてしまい、美観に影響する。そこで、梁間5・82ｍのうち、床のあるスパン中央の3・82ｍの部分に構造用合板24㎜（N75、@150以下）を張って固め、外壁際1ｍ幅の部分は、突出させた床梁のみで水平力を伝達させるようにした[図4]。床梁には弱軸方向[※3]に曲げモーメント[※4]とせん断力[※5]が生じるが、これらの応力に耐えられるように設計してある。また、梁間方向の水平は、3・82ｍピッチで配置される屋根の折線アーチ架構と、1階のRC造壁の通りに合わせて配置した2階の耐力壁により、RC造躯体まで円滑に伝えている。

❸3階の床梁成をどう抑えるか

3階床は最大で桁行3・82ｍ、梁間2・86ｍのスパンを架け渡すことが必要になる。3階床梁の成が大きくなると、2階床レベルに対して屋根レベルが相対的に高くなってしまい、トップライトの光が届きにくくなってしまう。3階床梁の成を極力抑えるために、まず3階床から立ち上がる腰壁のスペースを利用して300㎜成の梁を逆梁状に入れることでこの部分を固め、梁の下端が出っ張らないようにした[図5]。

次に、150㎜成の梁を逆梁と直交する梁間方向に、逆梁と下端をそろえて細かい間隔で架け渡し、床梁に必要な構造の厚みを150㎜に抑えた。特に2・86ｍスパンとなるワークスペースでは、床梁を477・5㎜間隔に配置して、梁成の不足を本数で補っている。

薄い円形屋根と、吹抜けで囲まれた空間を実現する架構

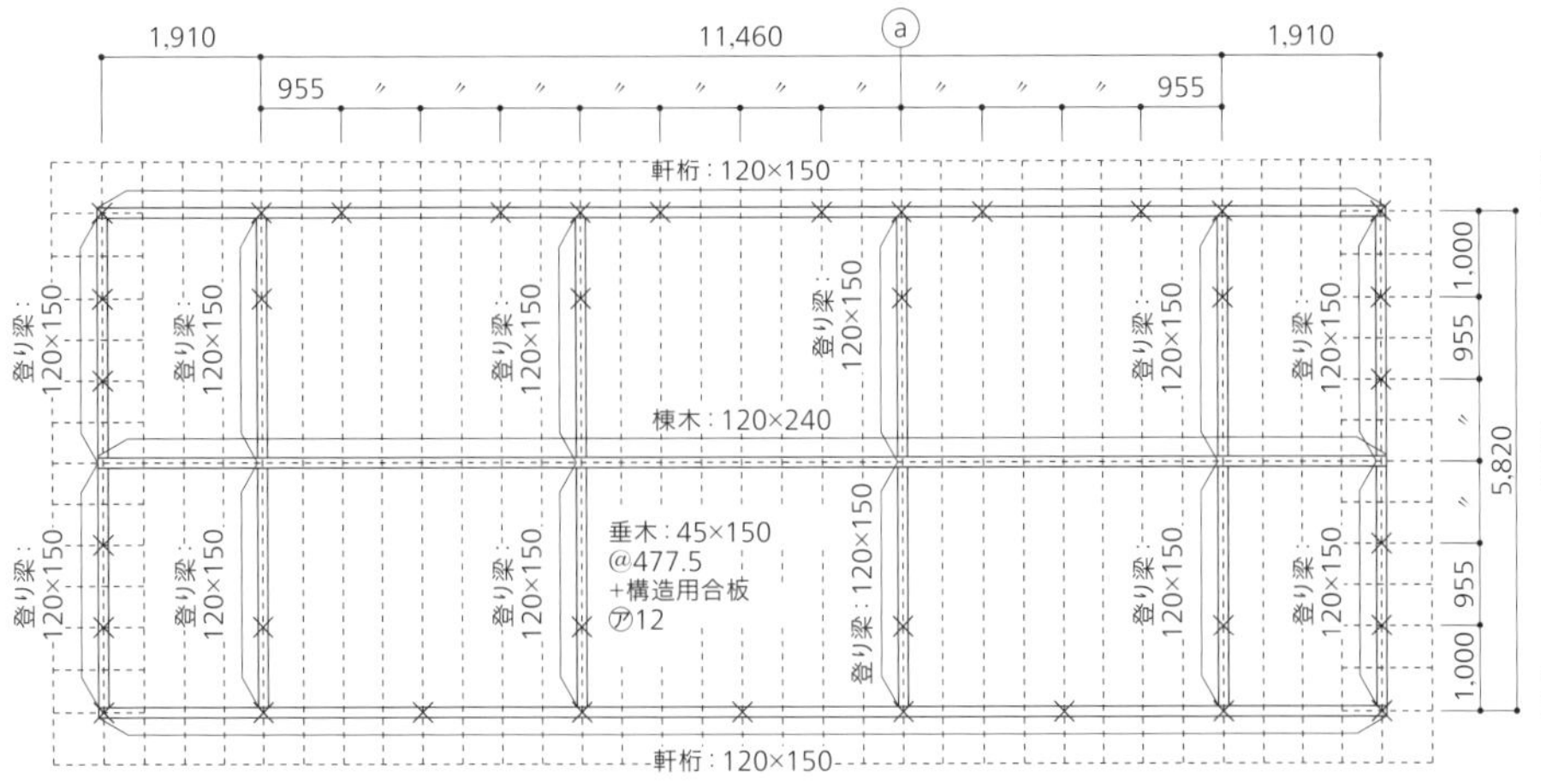

1,910
11,460
1,910
955
955
ⓐ
軒桁：120×150
棟木：120×240
登り梁：120×150
垂木：45×150
@477.5
+構造用合板
㋐12
1,000
955
5,820

小屋伏図[S=1：150]

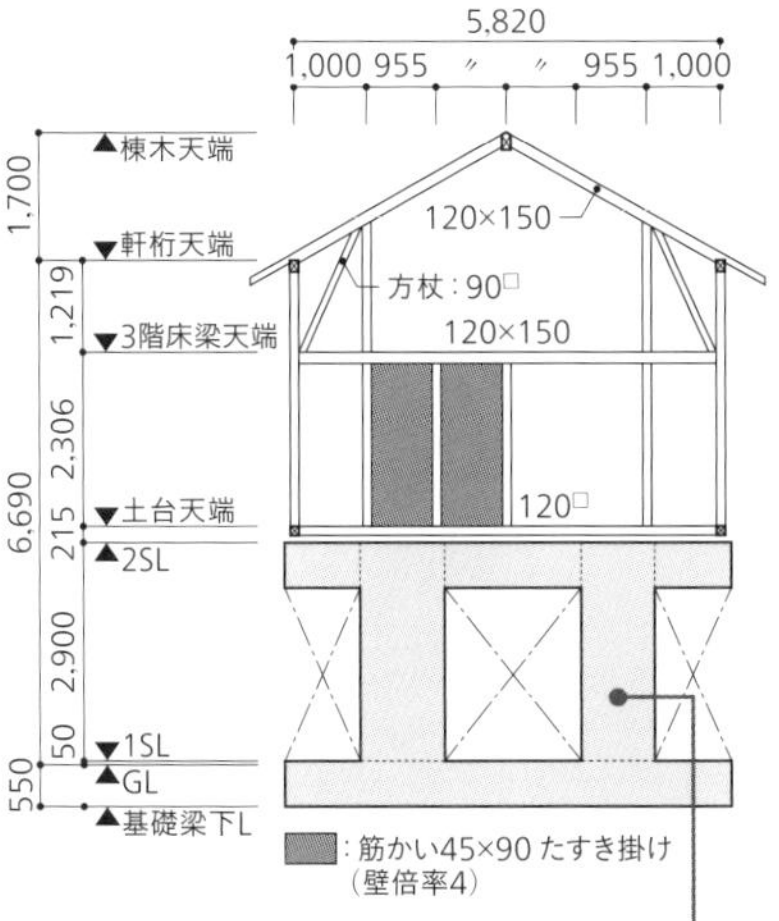

5,820
1,000 955
955 1,000
棟木天端
軒桁天端
3階床梁天端
土台天端
2SL
1SL
GL
基礎梁下L
120×150
方杖：90□
120×150
120□
1,700
1,219
2,306
6,690
215
2,900
50
550
：筋かい45×90 たすき掛け
(壁倍率4)
1層RC造部分は、1対の壁柱から両側を片持ち梁で跳ね出すことによって、側面の開放性を実現している

a通り軸組図[S=1：200]

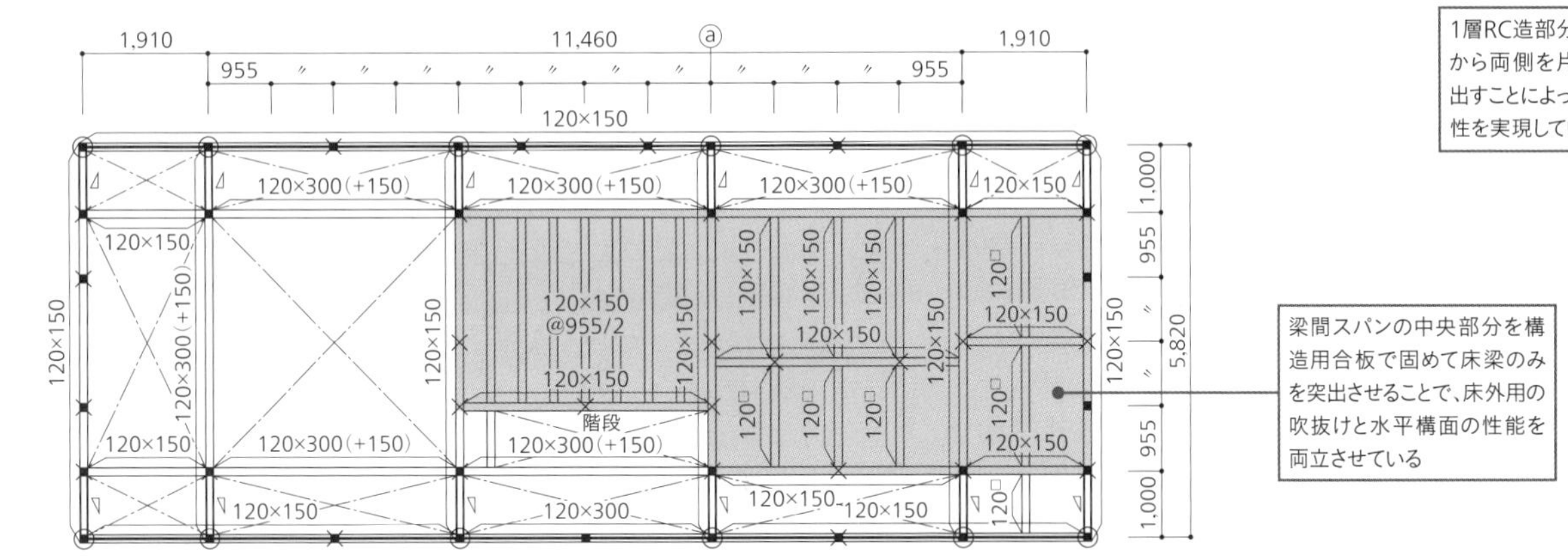

1,910
11,460
1,910
955
955
ⓐ
120×150
120×300(+150)
120×150
120×300(+150)
120×150
@955/2
階段
120×300
120□
1,000
955
5,820
梁間スパンの中央部分を構造用合板で固めて床梁のみを突出させることで、床外用の吹抜けと水平構面の性能を両立させている

3階床伏図[S=1：150]

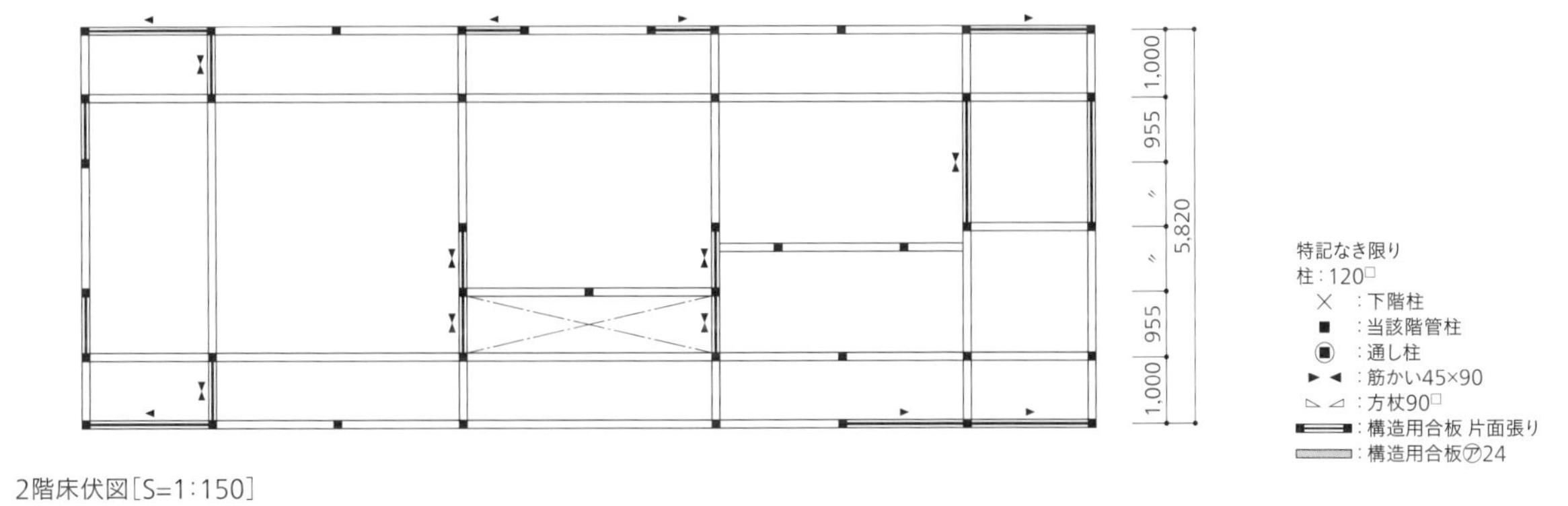

1,000
955
5,820
955
1,000
特記なき限り
柱：120□
：下階柱
：当該階管柱
：通し柱
：筋かい45×90
：方杖90□
：構造用合板 片面張り
：構造用合板㋐24

2階床伏図[S=1：150]

DATA

伊部の家（手嶋保建築事務所）

敷地面積　183.92㎡
建築面積　94.56㎡
延床面積　197.91㎡
規　　模　地上3階
竣　　工　2012年4月

北側からみた建物外観　［写真：西川公朗］

※1　トラスやアーチ構造などの場合に、鉛直荷重によって発生する、スパン両端部が水平方向に広がろうとする力

※2　スラストを抑えるために入れる、引張り力を負担させる水平部材

※3　部材のたわみにくさを表す値である断面二次モーメントが最小となる方向。120（幅）×150㎜（成）の梁では、120㎜の方向に水平力が作用することになる

※4　部材を折り曲げようとする力。梁のように細長い形状のものは曲げモーメントが支配的になる一方、耐力壁のようにずんぐりしている場合はせん断力が支配的になる

※5　部材を断面に沿って切断しようとする力。地震や風が耐力壁に作用すると、その平行方向に耐力壁が矩形から平行四辺形状に変形する。これをせん断変形という

9

道産カラマツ無垢材で住宅をつくる方法

事例：東川のカラマツの家／トピカ　竹内隆介

森林資源が豊かな北海道だが、道内で使う構造材のうち、道産材が占める割合は、集成材を含めても約20％にとどまり、ほとんどのケースで外材や本州材が使われている。と言うのも、主要な道産材であるカラマツとトドマツは、無垢で使うと前者は「捻じれや割れ」、後者は「やせ」などのリスクがある。したがって、木肌を活かした無垢の道産材を使うことはとても難しく、集成材としての利用に留まることが多い。

それでも、道産の無垢材で木造建築をつくりたいという要望は根強くあった。そこで、研究者・生産者・設計者らは木材乾燥に関する研究と実践を重ね、道産カラマツ芯持ち乾燥材「コアドライ」を開発。無垢材を生かす道を開いた。

ここでは、このコアドライを構造材全てに使った初の建物「東川のカラマツの家」を例に、道産無垢材で住宅をつくる構造計画について解説する。

梁間4.55m×桁行11.83mの細長い長方形平面

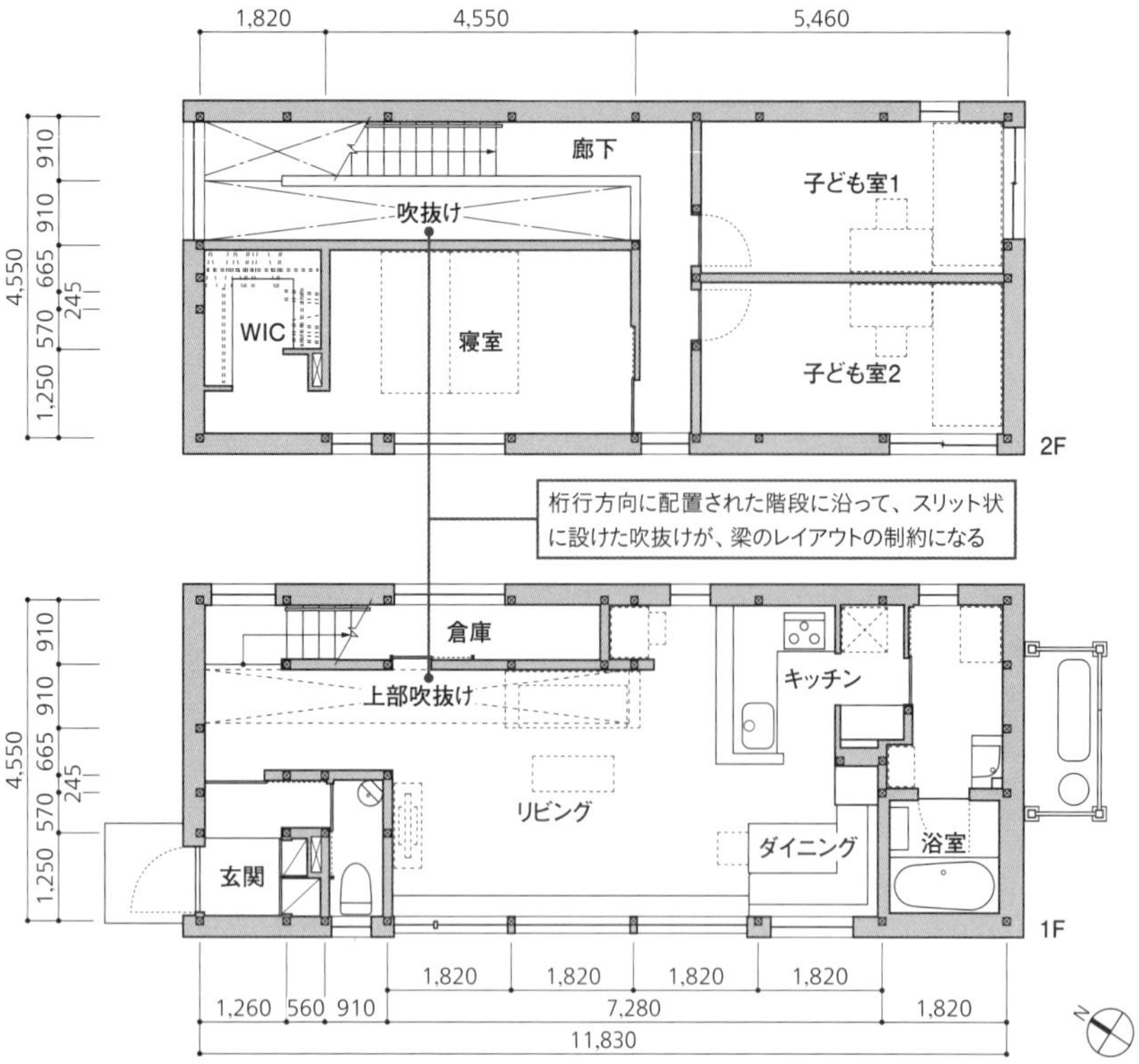
1,820
4,550
5,460
廊下
吹抜け
子ども室1
WIC
寝室
子ども室2
2F
桁行方向に配置された階段に沿って、スリット状に設けた吹抜けが、梁のレイアウトの制約になる
倉庫
上部吹抜け
キッチン
リビング
ダイニング
浴室
玄関
1F
910
665
245
570
1,250
1,260
560
7,280
11,830

平面図[S=1:150]

左から表面割れをおこした木材、コアドライ、内部割れをおこした木材。コアドライは、新しい乾燥技術により、ねじれや割れを低減し、木材の含水率を建材用として使用可能な数値まで抑えている　（写真提供：道総研林産試験場）

「東川のカラマツの家」は、北海道のほぼ中心にある東川町に建てられた木造2階建ての戸建て住宅である。梁間4・55m×桁行11・83mの細長い長方形平面と、金属板葺きの切妻屋根を持っている。1階にLDK、2階に個室が配置されるため、柱と壁が2階に多く1階に少ないプランになっており、1階の耐震性と2階床の支持が課題であった。また、2階床は階段周りが桁行方向に細長くスリット状に吹き抜けており、吹き抜け内に床梁が架け渡されていないため、上下階の空間的なつながりを持たせることで開放性が生まれる一方、水平構面の性質を確保しにくいうえ、床梁のレイアウトが難しい状況であった。

東川町の設計積雪深さは1.3mで、北海道の他地域の例に漏れず冬季は気温も湿度の低下が著しく、大きな積雪荷重の支持と木材の乾燥による寸法変化に特に配慮すべき地域だ。このような木造建築にとって厳しい条件のもと、北海道立総合研究機構が開発した道産カラマツ心持ち乾燥材「コアドライ」がすべての構造の軸組材に使われている。

北海道の木材といえば、トドマツとカラマツで、この2種類の木で広大な北海道における人口林面積の約8割を占める。トドマツは乾燥などによる「やせ」が大きく、カラマツは「捻じれや割れ」が生じやすい。これらを建材として使用するのであれば、冬の北海道特有の乾燥した室内環境下でも、建材用木材の含水率を10％程度に抑えなければならない。しかし、現在の乾燥技術による製材では、含水率20％程度が一般的であり、乾燥させやすい挽板や単板にして積層接着した集成材や合板としての利用となることが多い。この道産材の特性と土地の気候の結果、建築用木材としては外材や本州材が多く使われることになり、豊富な木材資源があるにも関わらず、道内の建材自給率は2割にとどまっている。

図1｜オーソドックスな床梁(左)と本事例の床梁(右)

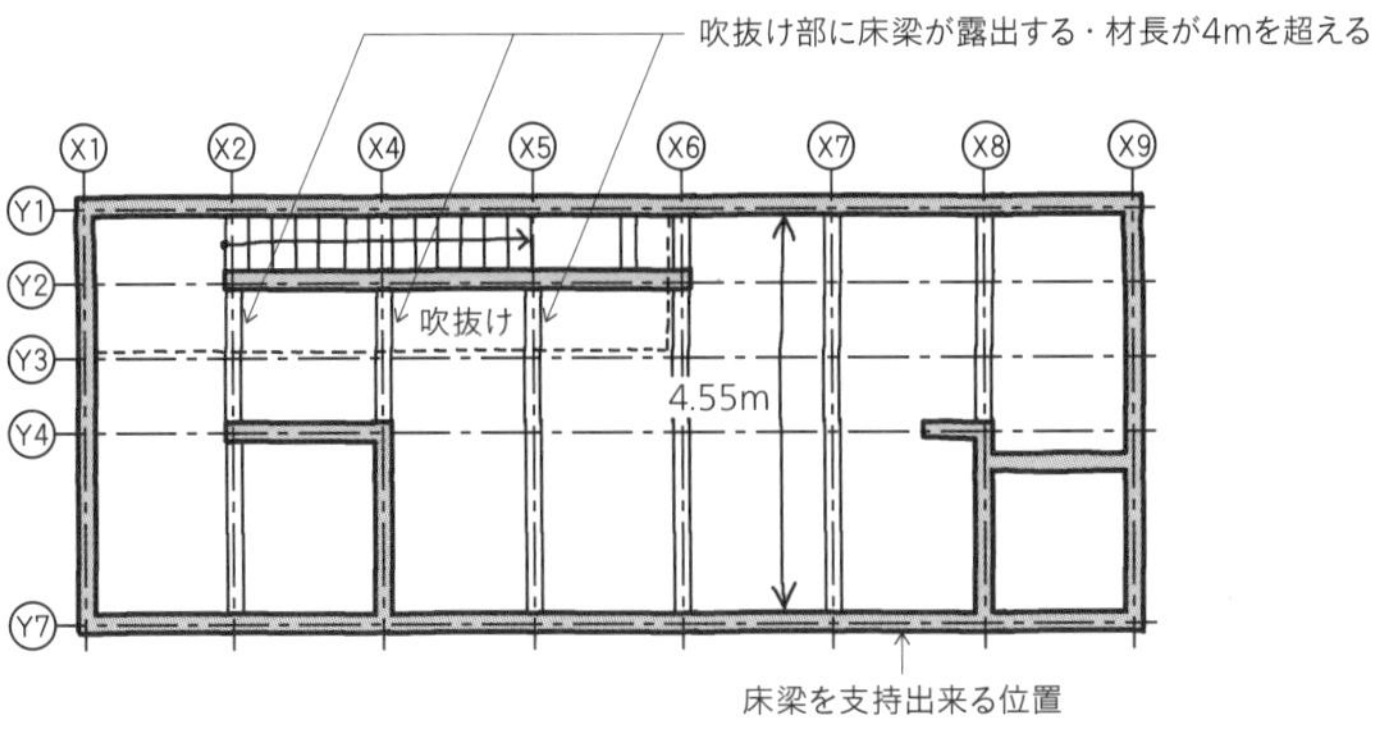
吹抜け部に床梁が露出する・材長が4mを超える
X1
X2
X4
X5
X6
X7
X8
X9
Y1
Y2
Y3
Y4
Y7
吹抜け
4.55m
床梁を支持出来る位置

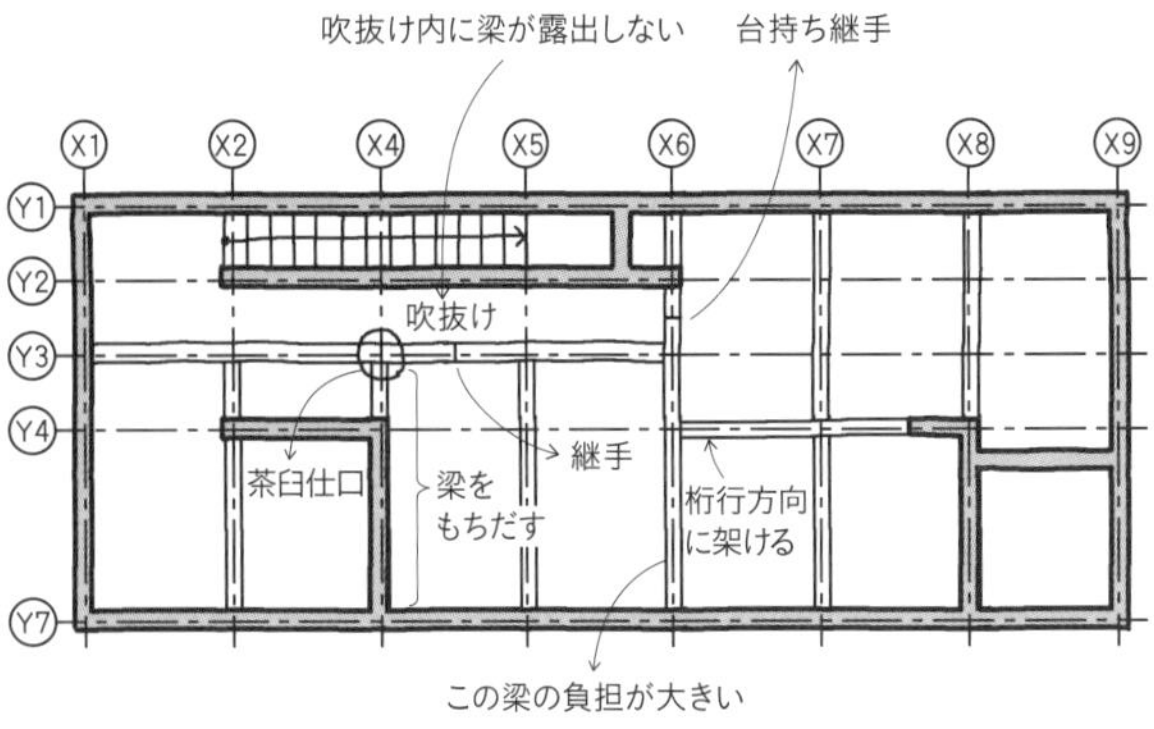
吹抜け内に梁が露出しない
台持ち継手
X1
X2
X4
X5
X6
X7
X8
X9
Y1
Y2
Y3
Y4
Y7
吹抜け
継手
茶臼仕口
梁を
もちだす
桁行方向
に架ける
この梁の負担が大きい

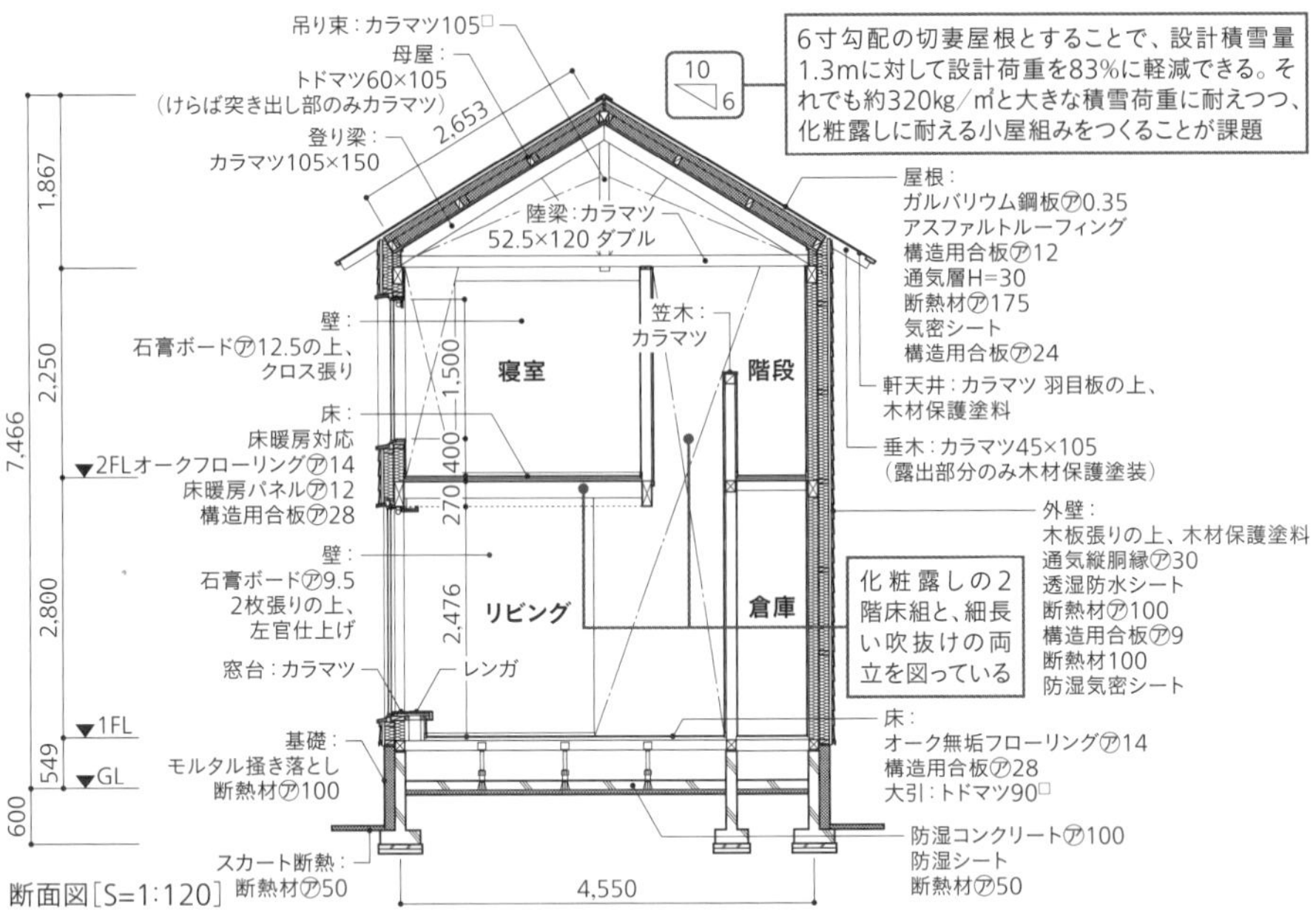
吊り束：カラマツ105□
母屋：
トドマツ60×105
(けらば突き出し部のみカラマツ)
登り梁：
カラマツ105×150
2,653
10
6
6寸勾配の切妻屋根とすることで、設計積雪量1.3mに対して設計荷重を83%に軽減できる。それでも約320kg/㎡と大きな積雪荷重に耐えつつ、化粧露しに耐える小屋組みをつくることが課題
陸梁：カラマツ
52.5×120 ダブル
屋根：
ガルバリウム鋼板㋐0.35
アスファルトルーフィング
構造用合板㋐12
通気層H=30
断熱材㋐175
気密シート
構造用合板㋐24
1,867
2,250
7,466
2,800
549
600
1,500
400
270
2,476
壁：
石膏ボード㋐12.5の上、
クロス張り
寝室
笠木：
カラマツ
階段
軒天井：カラマツ 羽目板の上、
木材保護塗料
床：
床暖房対応
2FLオークフローリング㋐14
床暖房パネル㋐12
構造用合板㋐28
垂木：カラマツ45×105
(露出部分のみ木材保護塗装)
外壁：
木板張りの上、木材保護塗料
通気縦胴縁㋐30
透湿防水シート
断熱材㋐100
構造用合板㋐9
断熱材100
防湿気密シート
壁：
石膏ボード㋐9.5
2枚張りの上、
左官仕上げ
リビング
倉庫
化粧露しの2階床組と、細長い吹抜けの両立を図っている
窓台：カラマツ
レンガ
1FL
GL
床：
オーク無垢フローリング㋐14
構造用合板㋐28
大引：トドマツ90□
基礎：
モルタル掻き落とし
断熱材㋐100
防湿コンクリート㋐100
防湿シート
断熱材㋐50
スカート断熱：
断熱材㋐50
4,550
断面図[S=1:120]

2階個室

1階LDK

建物外観夕景

建物外観

このような背景から、道産無垢材が普遍的な建材として利用拡大されることを目指し、「コアドライ」が開発された。コアドライは待望の道産無垢材で、高い強度であるが、木材乾燥の難しさゆえに製造サイズが限られる。現在は柱用の105㎜正角材のみが流通しており、今回特注された平角材でも幅105㎜、成270〜300㎜、長さ3千650㎜が限界である。これらの限られたサイズの木材を用いて大きな積雪荷重に耐えられる開放的な住宅をつくるために、次の項目が構造計画上の課題となった。

❶LDK上部の2階床の支え方
❷屋根の支え方

❶LDK上部の2階床の支え方

本住宅は建物幅が4・55mであること、2階床組が化粧露しになることから、床梁を梁間方向にシンプルに架けるのが一般的であるが、単純梁として架け渡すと、成300㎜超、長さ3千650㎜超の木材が必要となるためコアドライが使えない。更に、桁行方向に配置された階段に沿って設けられた、スリット状の吹抜けにより、梁のレイアウトが大きな制約を受ける。例えば、Y2通りの階段脇間仕切り壁とY7通りの外壁ラインを支持辺とし、X5・6通りにスパン3・64mを支える梁を架ければ簡単に床を支えられるが、吹き抜けに梁が露出してくるため採用できない。そこで、各所で梁の持ち出しを利用して床組を構成することを考えた。

まずY3通りの吹き抜けに入れた梁

各所で梁の持ち出しを利用して、吹抜けと隣接した化粧露しの2階床組を構成

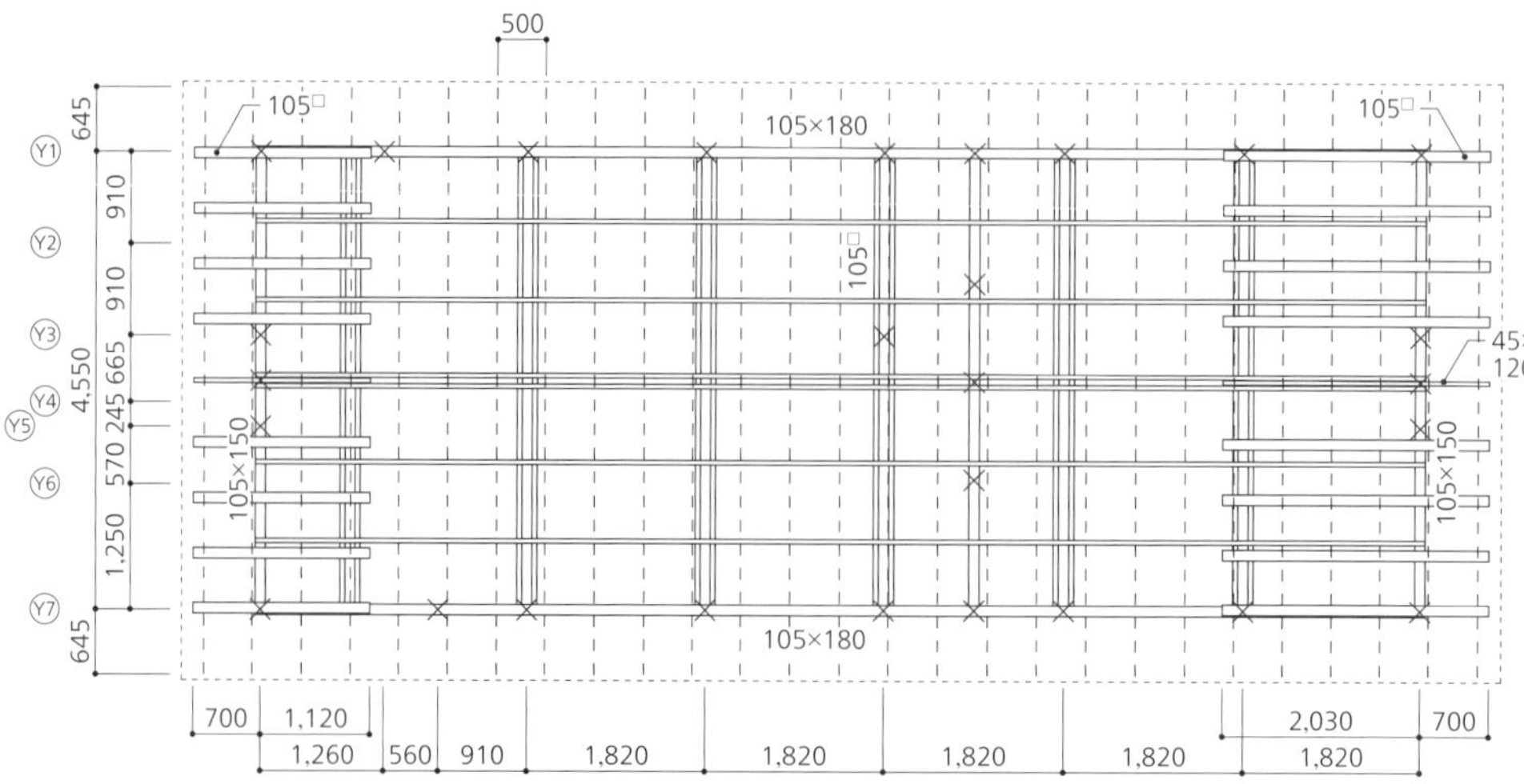
使用材長と応力を抑えるための梁継手。せん断耐力の大きい台持ち継手を用いている

小屋伏図[S=1:120]

持ち出した梁に直交する材を載せ掛ける茶臼仕口で梁を支えている

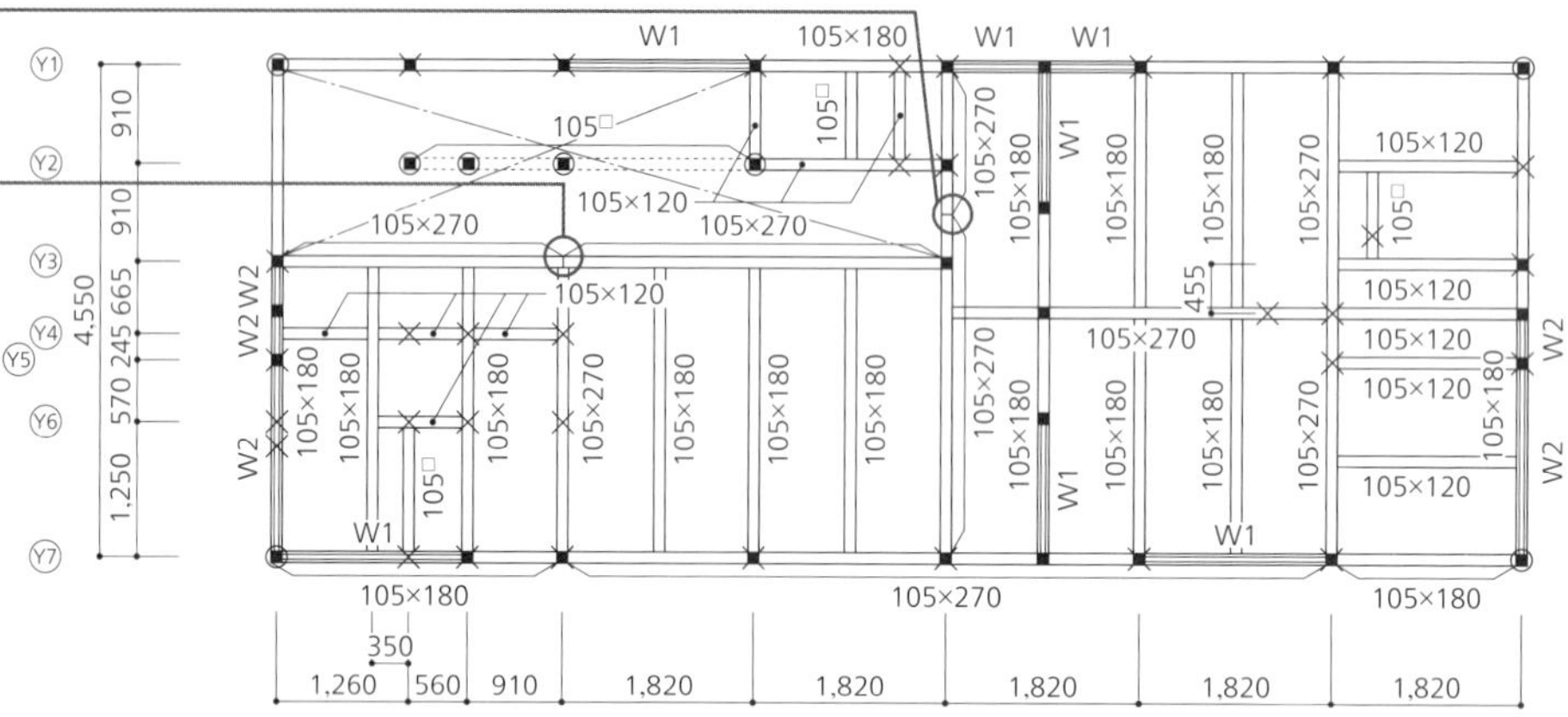

2階床伏図[S=1:120]

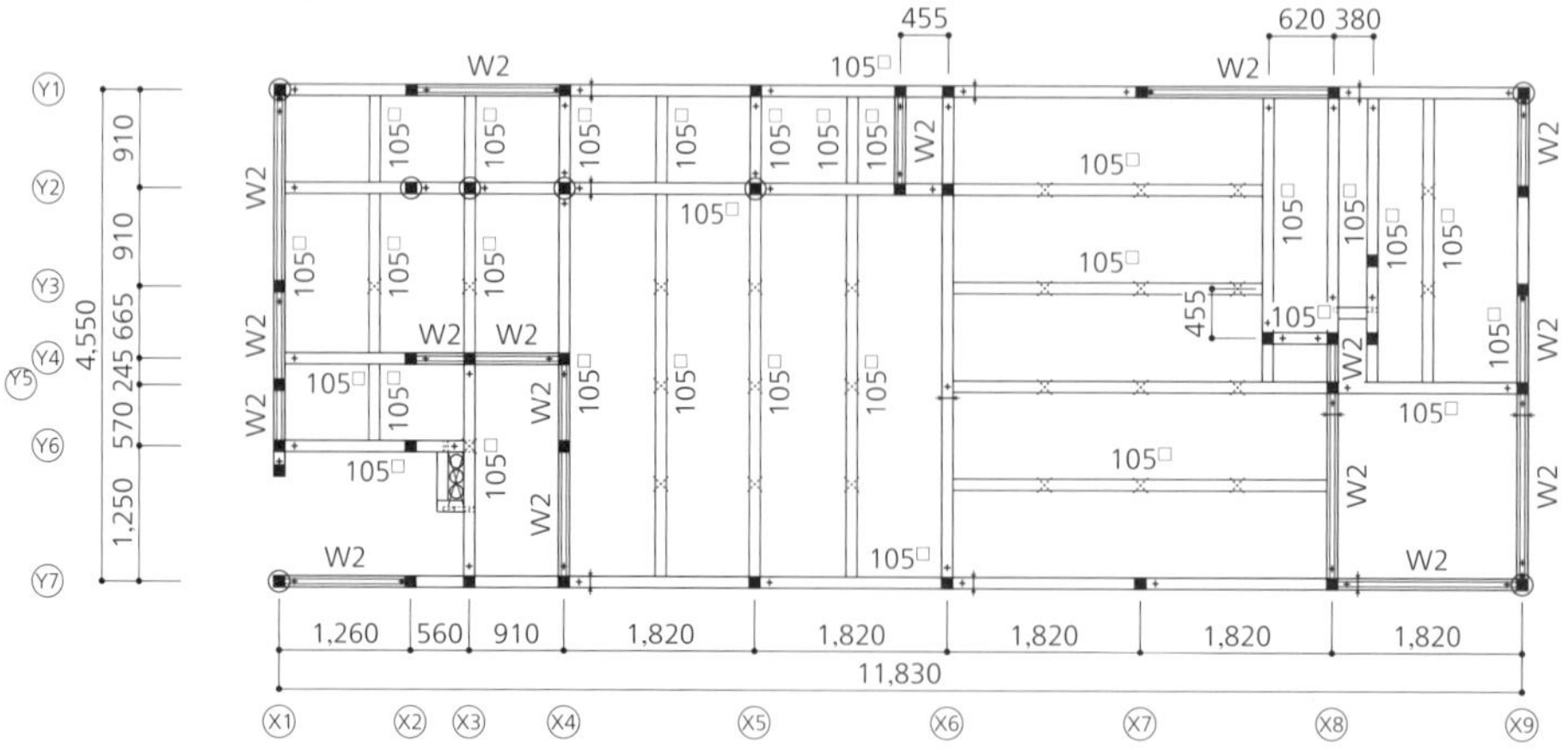

- ◉ 通し柱：カラマツ105□
- ■ 管柱：カラマツ105□（上部にあり）
- ╳ 管柱：カラマツ105□（下部にあり）
- ⊠ 管柱：カラマツ105□（上下にあり）
- × 鋼製床束
- ✦ ホールダウン用アンカーボルトM16
- ＋ アンカーボルトM12
- ╪ 継手
- ═ 母屋：トドマツ60×105
- ═ 母屋（けらば片持ち部）：カラマツ105□
- - - 垂木：カラマツ45×105
- W1：構造用合板⑦9 片面 真壁張り
- W2：構造用合板⑦9 両面張り（片面[室内側]を真壁張り）

1階床伏図[S=1:120]

を、X4通りのトイレ脇の壁と、X6通りの階段踊り場下の壁から持ち出した梁で支持した。X4・Y3通りのT字型に交わる仕口は通常の力のかかり方と逆になるため、「茶臼」という仕口を用いてY3通りの梁を支持している。

ダイニングとキッチン上部は、X7通りに梁を入れるのが一般的だが、前述のようにスパン4・55mがコアドライの適用範囲を超えてしまう。そこで、直交方向のY4通りに梁を設けることとし、一端を先述のX6通りの持ち出し梁をY7通りまで延ばして支え、もう一端をキッチン棚背面の壁で支持した。

以上の方法で床組のほとんどの部分の問題を解決できたが、X6通りの梁の負担が過大になるうえ、1本ものにすると3千650㎜を超えてしまうことが最終的な課題として残った。そこで、Y2通りの柱から少し持ち出した位置に意図的に継手を設けることで、曲げモーメントと変形を小さく抑えるともに、使用材の長さを小さくした。継手はせん断耐力の高い台持ち継手を採用した。以上により最大の使用サイズは105㎜×270㎜×3千650㎜におさまり、コアドライの製品サイズ内で床梁組を実現している。

❷屋根の支え方

積雪荷重は、設計積雪量1.3mに対して6寸勾配の切妻屋根にすることで約83%に軽減できるが、それでも約320kg/㎡にもなる。これの大きな積雪荷重に耐えつつ、化粧露しに耐える小屋組

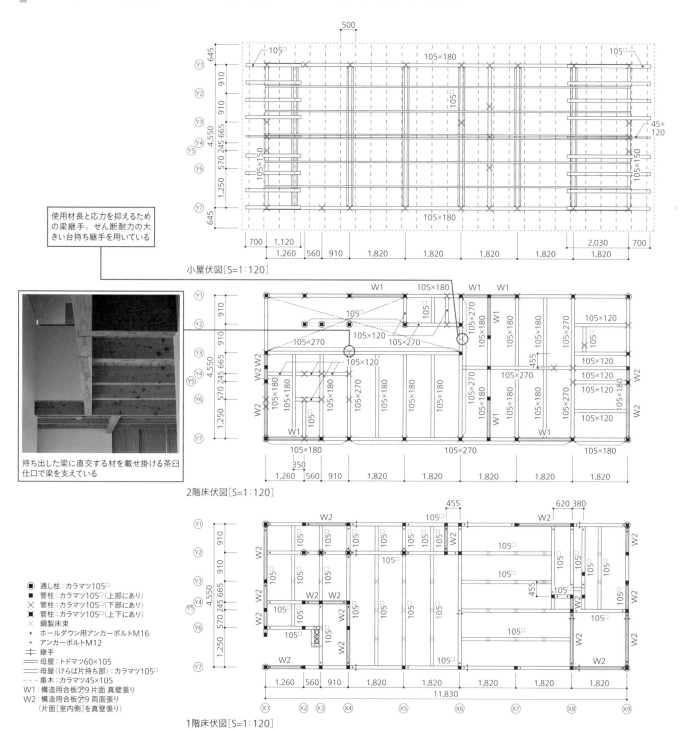

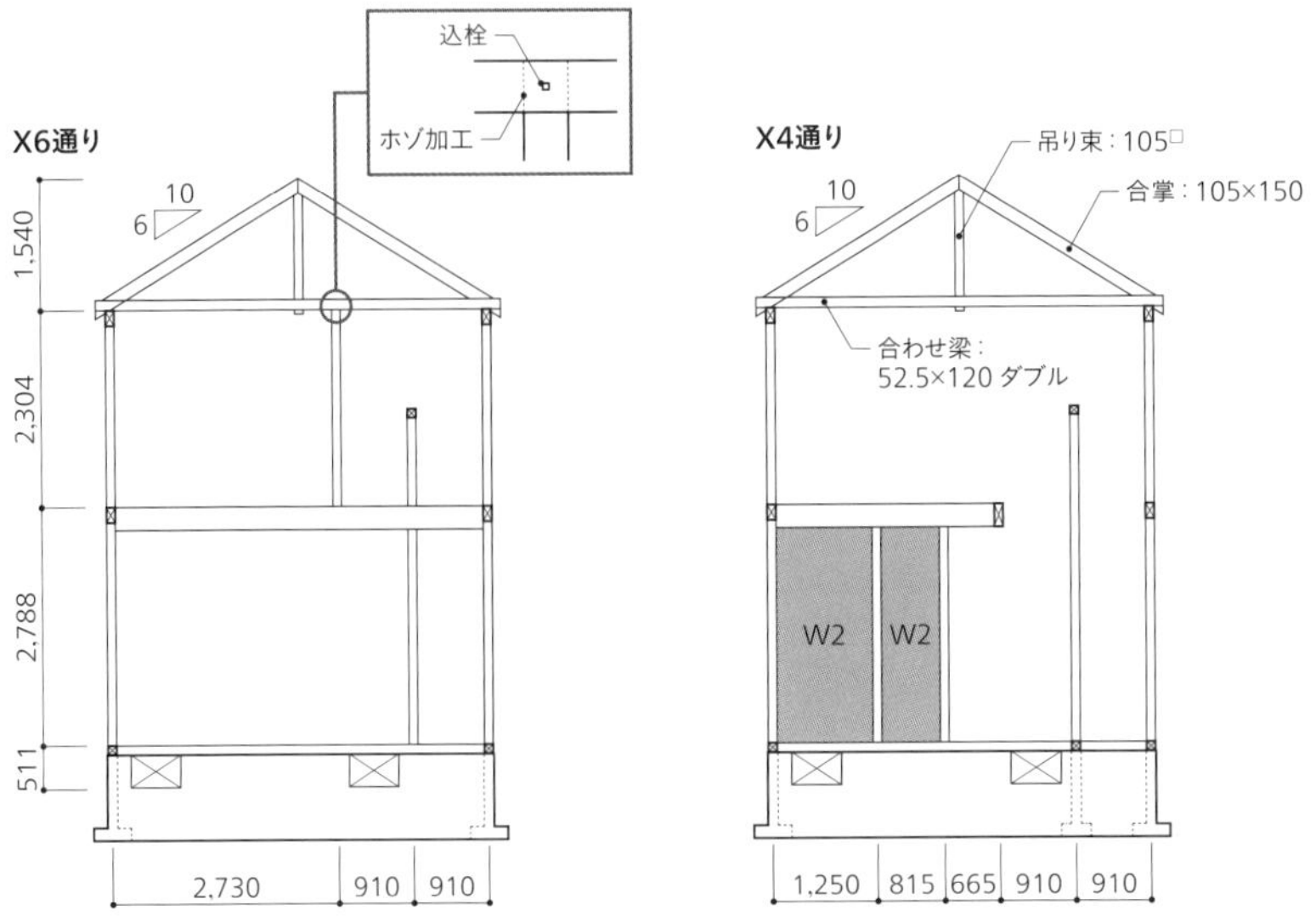
X6通り
X4通り
込栓
ホゾ加工
吊り束：105□
合掌：105×150
合わせ梁：52.5×120 ダブル
W2
W2
1,540
2,304
2,788
511
2,730
910
910
1,250
815
665
910
910
軸組図[S=1：150]

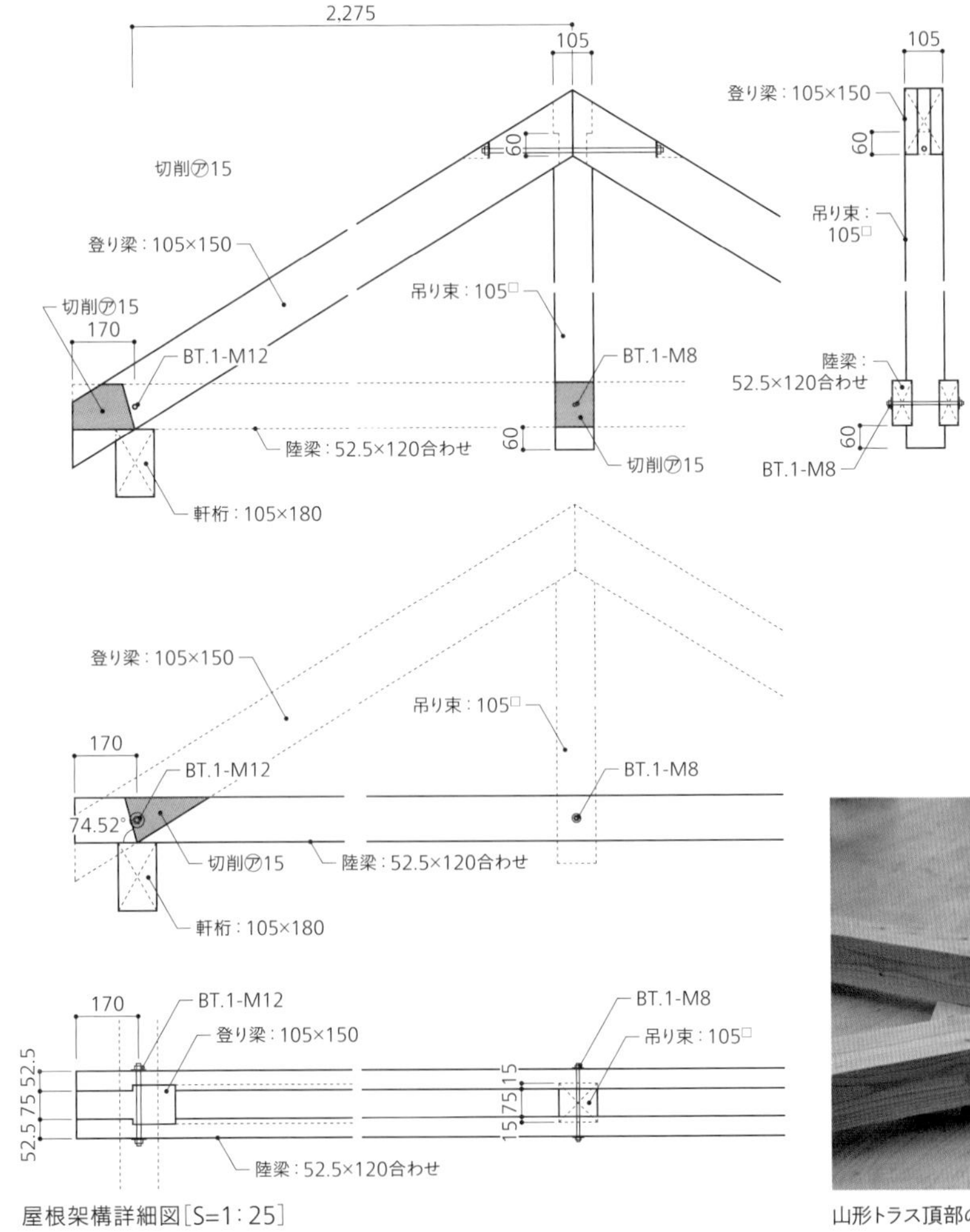
2,275
105
切削㋐15
登り梁：105×150
吊り束：105□
BT.1-M12
BT.1-M8
170
60
陸梁：52.5×120合わせ
軒桁：105×180
陸梁：52.5×120合わせ
BT.1-M8
74.52°
52.5 75 52.5
15 75 15
屋根架構詳細図[S=1：25]

積雪荷重を支えるシンプルな三角トラス

2階軸組の建方

三角トラスの地組

山形トラス頂部の登梁と吊束の接合部

トラス端部の嵌合接合

をつくることが課題であった。

最も一般的な方法は、梁間方向に水平な小屋梁をシンプルに架ける和小屋形式であるが、2階床の構造計画と同様にコアドライの製品サイズを超えるために採用しにくい。一方、2階は個室の間仕切壁が梁間寸法の概ね中央に計画されているため、ここに柱を入れて小屋梁を中間で支持することで小屋梁自体のサイズを小さくする方法も考えられるが、この柱を支える2階床梁の負担荷重が大幅に増えて、❶で計画した梁成より大きなものが必要になってしまう。

これらのことから、6寸勾配の切妻にすることによって生まれた軒桁レベルより上の山形形状のスペースを生かし、ここに山形トラスを入れて屋根を支えることを考えた。屋根面に上弦材として登梁、下弦材として軒桁直上レベルにタイバーを入れて三角トラスをつくり、更に屋根頂部から降ろした吊束でタイバーの垂れを防止する仕組みである。登梁と吊束をシングル材で組み、これをダブル材としたタイバーで挟む構成に、各部の接合部の力を木材同士の面タッチで伝達させることで、製作金物を使わないすっきりとした小屋組を実現している。

DATA

東川のカラマツの家（トピカ）

敷地面積　374.27㎡
建築面積　53.82㎡
延床面積　100.19㎡
規　　模　木造2階
竣　　工　2016年2月

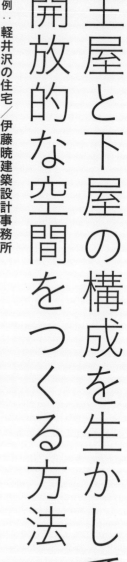

10

主屋《おもや》と下屋の構成を生かして開放的な空間をつくる方法

事例：軽井沢の住宅／伊藤暁建築設計事務所

木造では一般的に壁式構造が採用されるが、壁が多く必要になるため、開放的な大空間をつくることは難しい。ラーメン構造が採用されることの多いS造やRC造と比較すると、木造の空間構成の自由度は低いといえる。ここでは下屋が主屋に取りつく構造を生かし、ラーメン構造のような仕組みを実現した事例として、「軽井沢の住宅」を紹介する。ラーメン構造で通常必要になる剛接合を採用せず、木造において主流なピン接合のみでラーメン構造のような仕組みをつくり、開放的な空間を実現した。

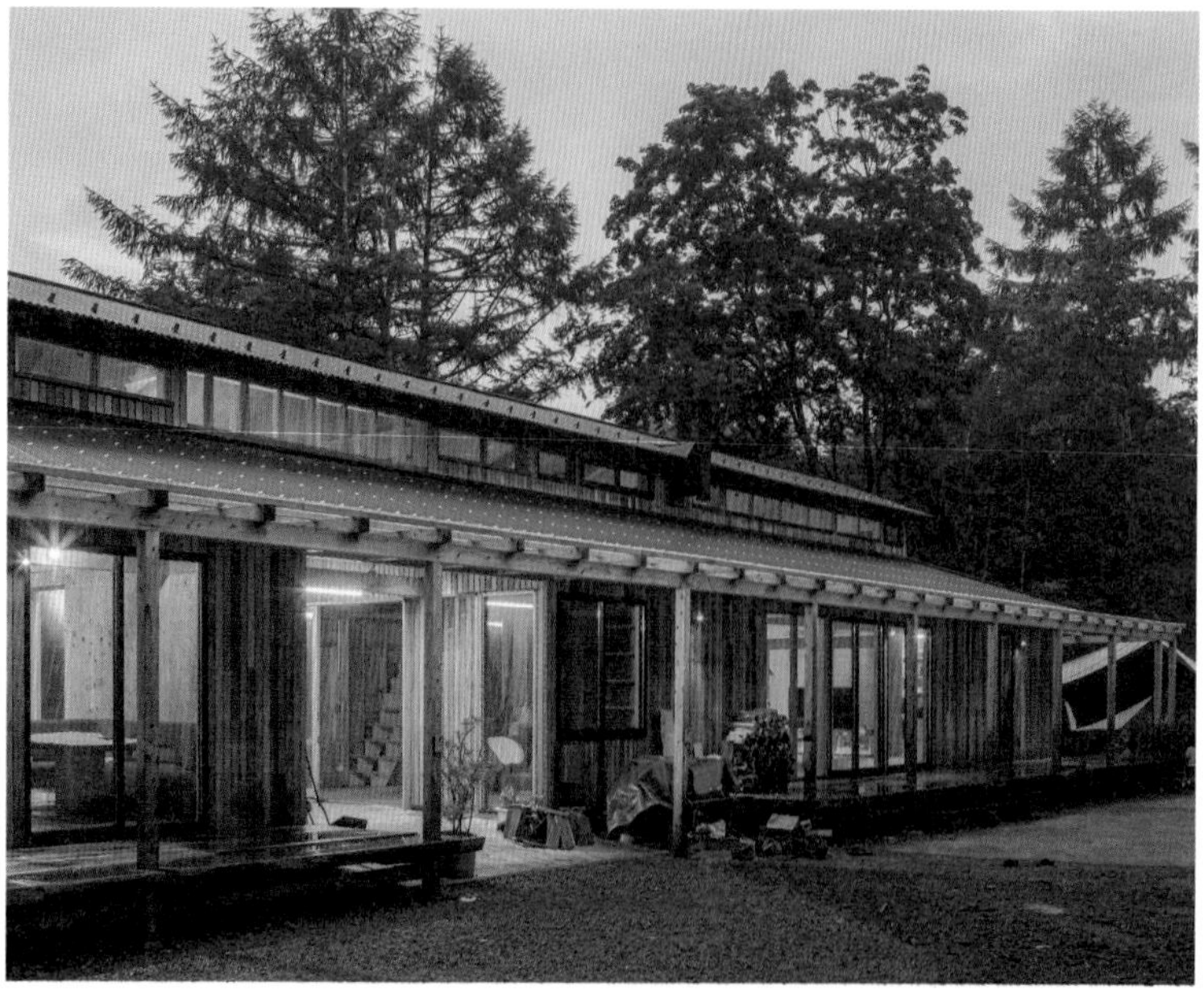

外観

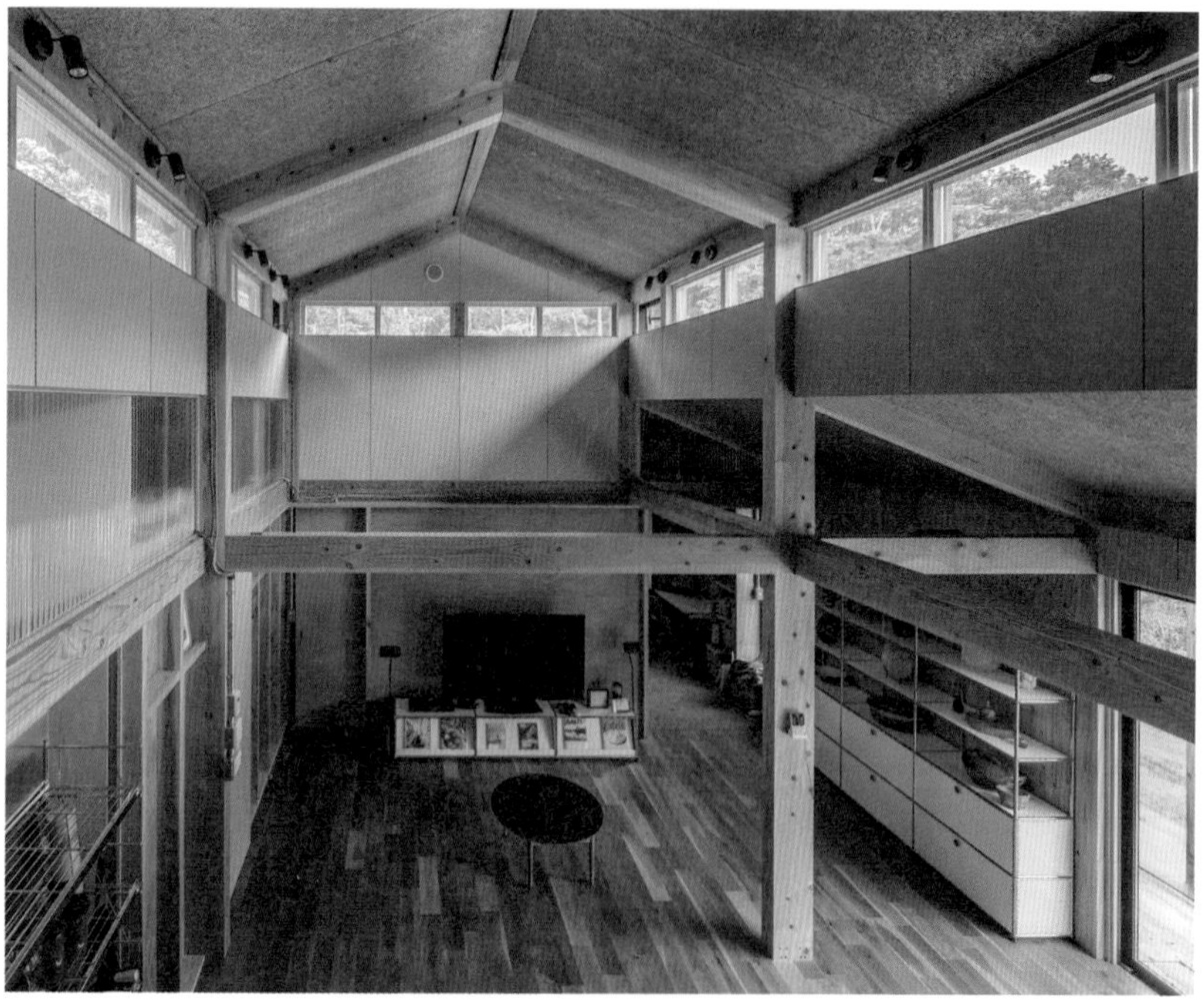

内観。2階の外壁には高窓がハチマキ状に連なる　［写真上下：新建築社写真部］

図1｜断面図

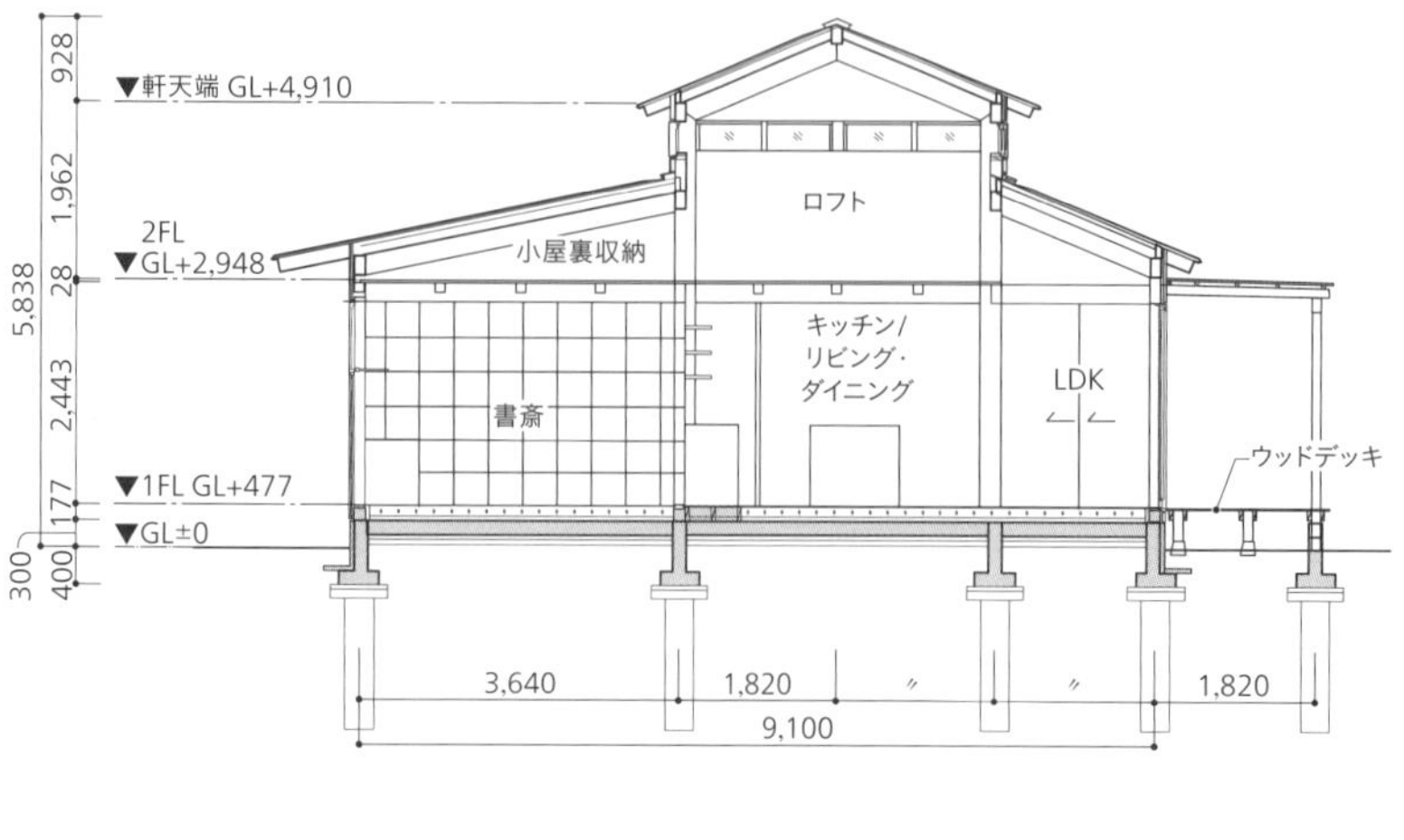
▼軒天端 GL+4,910
2FL
▼GL+2,948
▼1FL GL+477
▼GL±0
928
1,962
28
2,443
177
400
300
5,838
ロフト
小屋裏収納
書斎
キッチン/リビング・ダイニング
LDK
ウッドデッキ
3,640
1,820
1,820
9,100

全面耐力壁をなくした開放的な空間

図2｜平面図

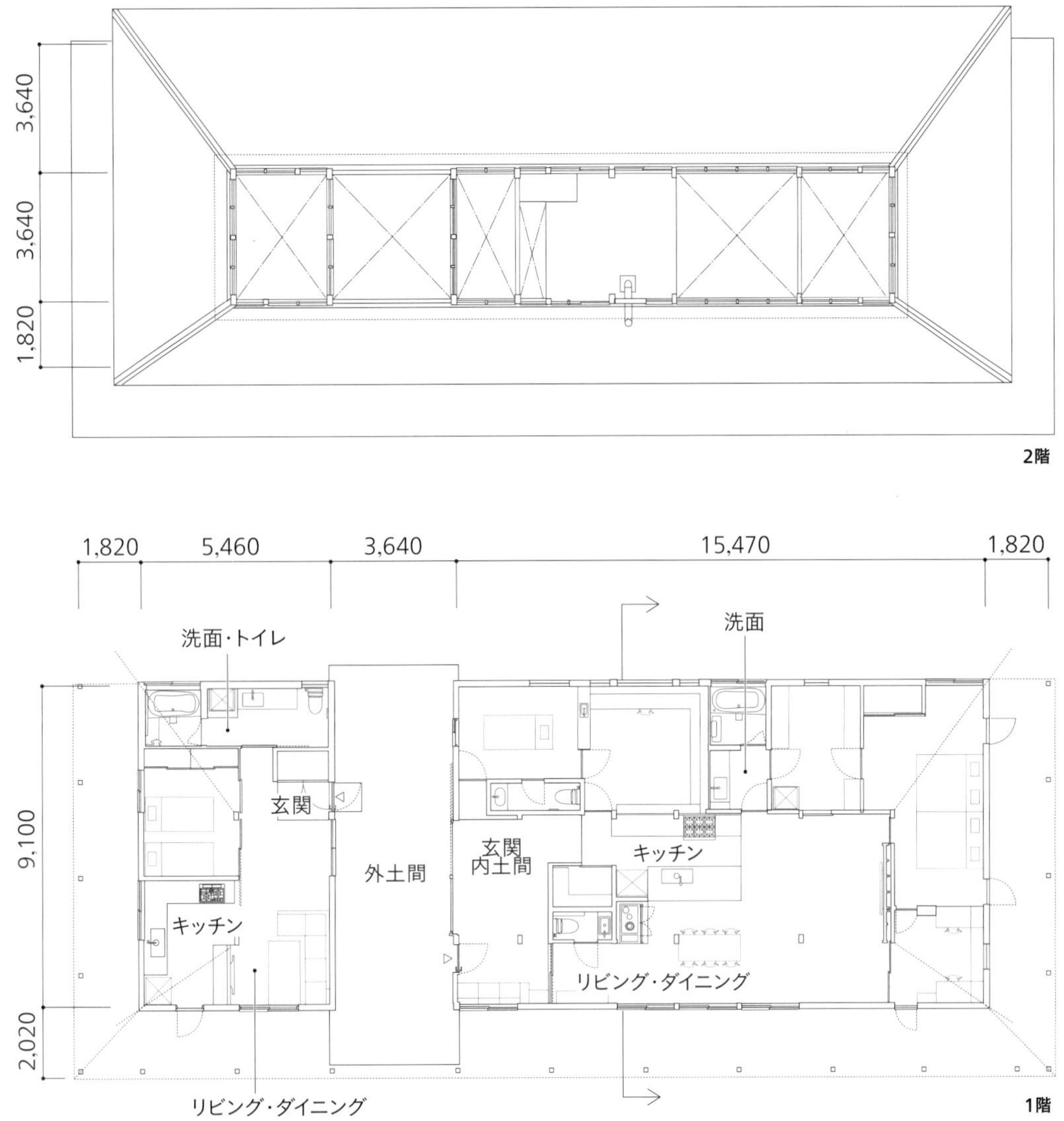
3,640
3,640
1,820
2階
1,820
5,460
3,640
15,470
1,820
洗面・トイレ
洗面
玄関
外土間
玄関
内土間
キッチン
キッチン
リビング・ダイニング
9,100
2,020
リビング・ダイニング
1階

DATA

軽井沢の住宅
（伊藤暁建築設計事務所）

敷地面積：1136.5㎡
建築面積：223.58㎡
延床面積：223.58㎡
規　　模：地上1階（構造上は2階）
竣　　工：2020年4月

「軽井沢の住宅」は、梁間2間（3・64ｍ）×桁行10・5間（19・11ｍ）の主屋の周囲に、幅1〜2間の下屋が取り付く平屋の木造住宅である［図1］。主屋部分は構造的には2階建てになっており［図2］、2階にはロフトの床が張られている。2階外壁の全周には水平連続窓がハチマキ状に周っていて、1階まで自然光が降り注ぐ。2階は桁行方向に細長いプランであり、特に梁間方向の水平耐力要素を配置しにくい。このため、2階には外周にも室内にも全面耐力壁はまったく存在せず、水平耐力をいかに確保するかが構造計画の最大の課題であった。1階は2階ほどではないが、耐力壁を設けられるスペースが限定されており、耐力壁の負担を減らすことにも留意する必要があった。以上より、次の2つが本建物の構造計画上のポイントとなった。

❶2階梁間方向の水平耐力と開放性をいかに確保するか
❷2階桁行方向の水平耐力と開放性をいかに確保するか

❶2階梁間方向の水平耐力と開放性をいかに確保するか

2階の両妻面は建物幅いっぱいに高窓があり、外壁に全面耐力壁を設けることができない。また2階は桁行方向に細長いプランであるため、梁間方向に耐力壁やブレースを入れるスペースがない。そこで主屋の周りに取り付く下屋を構造に生かすことを発想した。

合掌
下屋の登り梁
胴差
下屋の繋梁
主屋柱（通し柱）

各部位の名称

［写真：新建築社写真部］

図3｜梁間方向の水平力に独立柱で抵抗させる仕組み

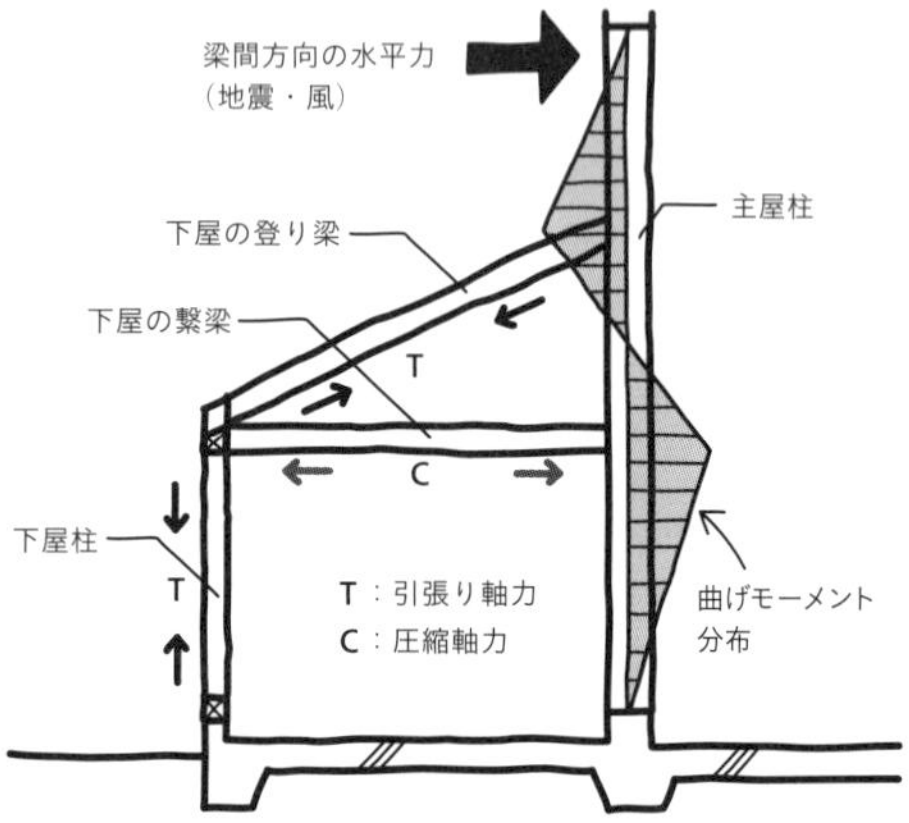
梁間方向の水平力
（地震・風）
主屋柱
下屋の登り梁
下屋の繋梁
T
C
下屋柱
T
T：引張り軸力
C：圧縮軸力
曲げモーメント
分布

図4｜梁間方向の水平力に下屋で抵抗させる仕組み

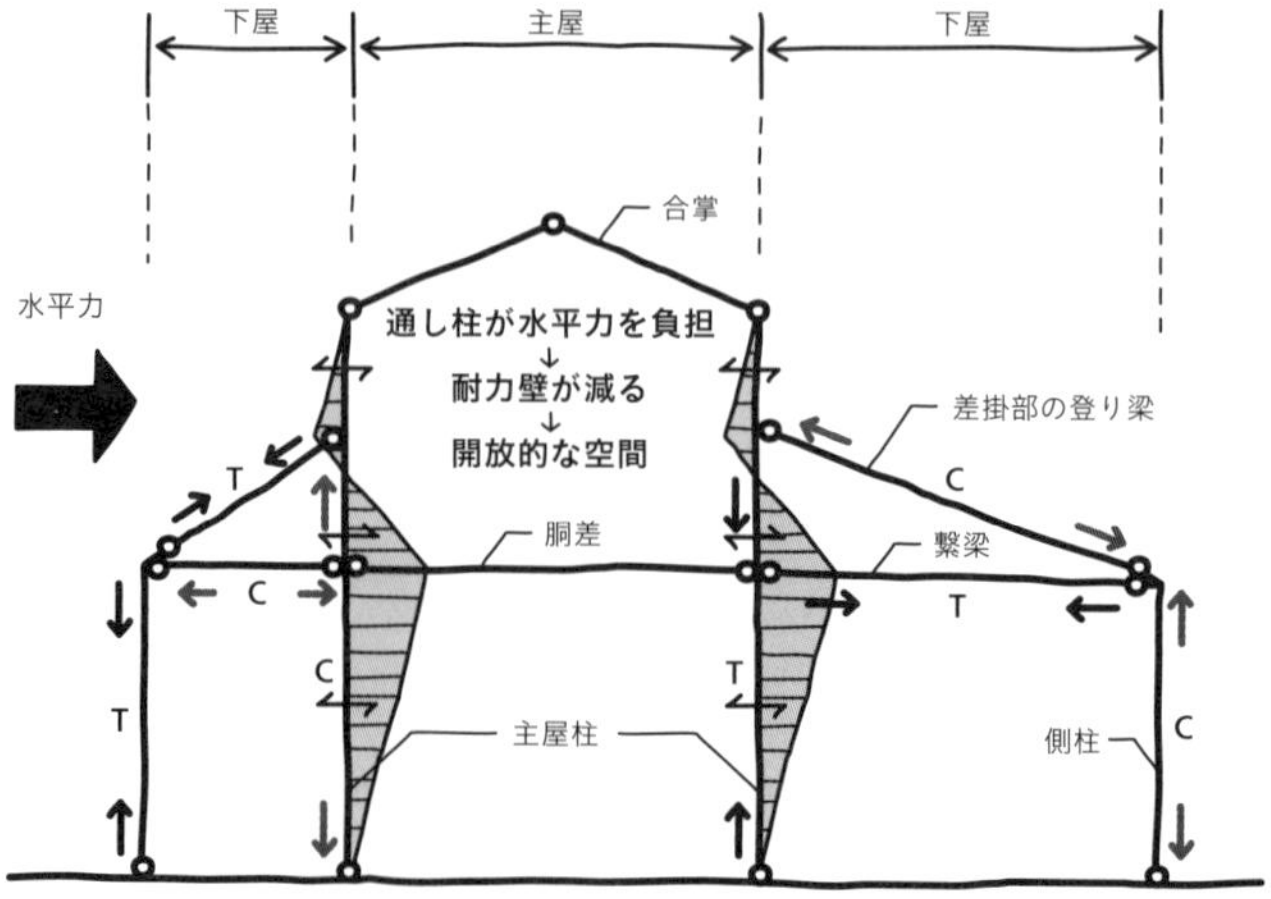
下屋
主屋
下屋
合掌
水平力
通し柱が水平力を負担
耐力壁が減る
開放的な空間
差掛部の登り梁
T
C
胴差
繋梁
C
T
C
C
T
T
C
主屋柱
側柱

たとえば、独立柱を角度の異なる2本の梁と1本のピン柱によって、高さの異なる2点で拘束すれば、独立柱が水平力に抵抗できるようになる［図3］。この仕組みを使って、あたかもラーメン構造のように主屋の柱が梁間方向水平力に抵抗できる構造にした［図4］。このような構造で特に注意すべき点が2つある。1点目は、大きな曲げモーメントを負担する柱が折れないように、柱を太くすること。2点目は、下屋の梁が柱から抜け出さないように、強固に接合することである。これらを踏まえて、次のように構造を計画していった。まず、主屋の両側に2層の主屋柱（通し柱）（120×240㎜）を立て、屋根位置に合掌（120×240㎜）を、2階床位置に胴差《どうさし》（120×210㎜）を設けて、主屋の主構造をつくる。次に、下屋の側柱の柱頭部から屋根と2階床位置にそれぞれ登り梁と繋梁《つなぎばり》（120×210㎜）を通し柱に差し、抜けないように引きボルトや全ネジのビスで強固に接合する［図5］。これによって、2階は梁間方向の水平力に対して、このフレームだけで耐えられるようになった。このフレームを1〜2間間隔に立てて建物全体の骨組を構成した。さらに、このフレームは1階の水平力も負担できるため、1階の壁量を少なくできた。

❷2階桁行方向の水平耐力と開放性をいかに確保するか

❶の構造によって2階梁間方向の水平力は確保できたが、次に2階桁行方向の水平耐力をいかに確保するかを

図5｜軸組詳細図

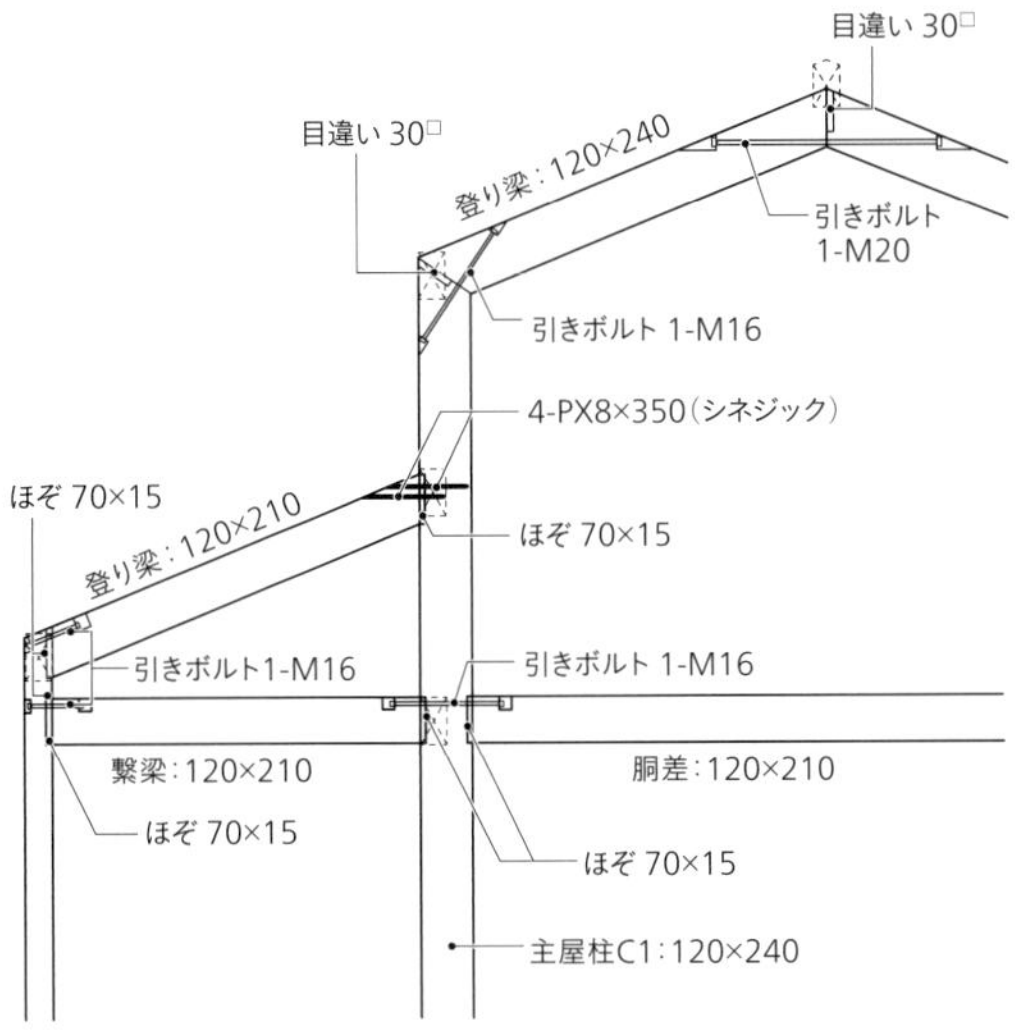
目違い 30□
目違い 30□
登り梁：120×240
引きボルト
1-M20
引きボルト 1-M16
4-PX8×350（シネジック）
ほぞ 70×15
登り梁：120×210
ほぞ 70×15
引きボルト1-M16
引きボルト 1-M16
繋梁：120×210
胴差：120×210
ほぞ 70×15
ほぞ 70×15
主屋柱C1：120×240

図6｜下屋を生かして桁行方向の水平力に抵抗させる仕組み

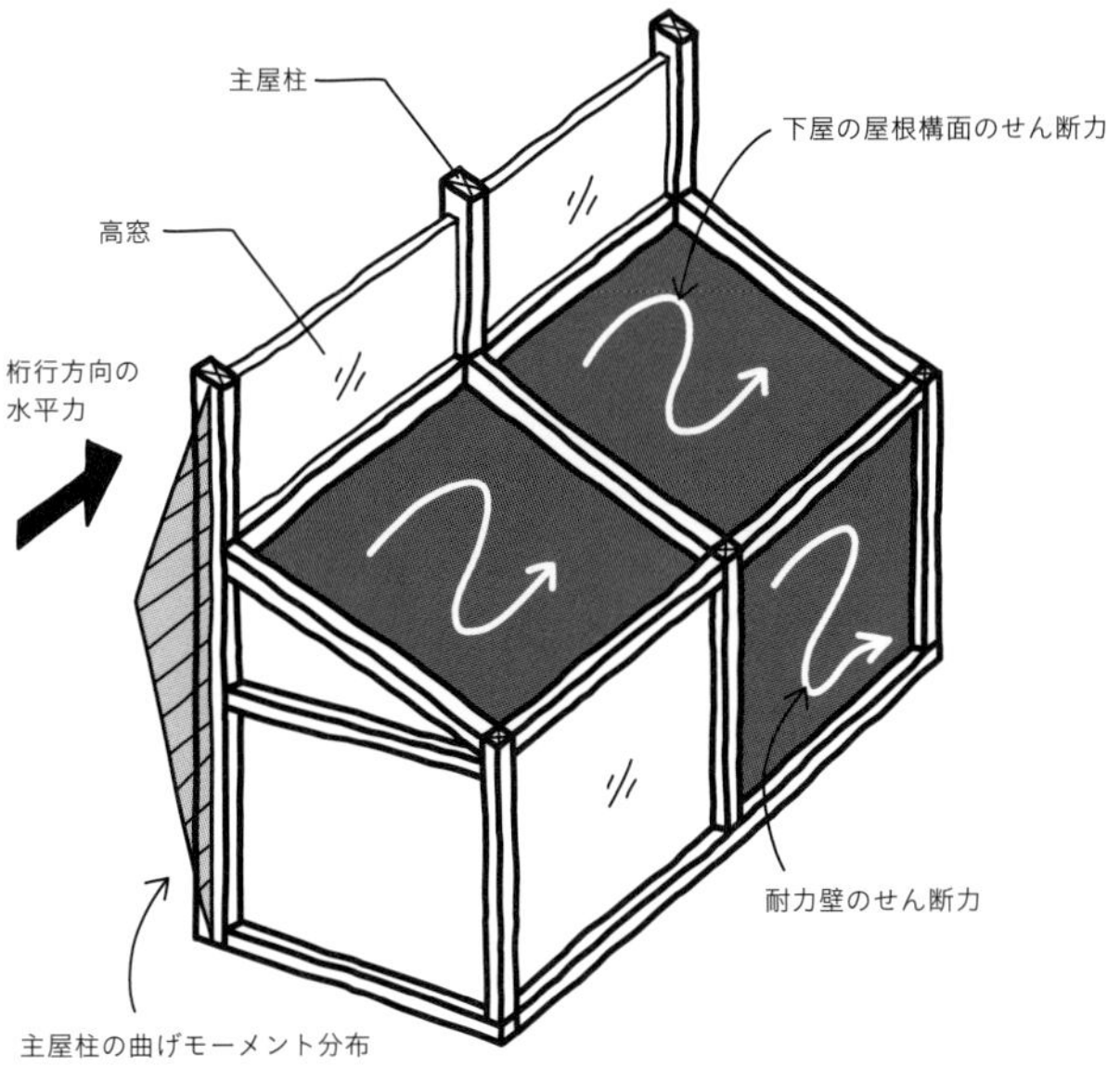
主屋柱
下屋の屋根構面のせん断力
高窓
桁行方向の
水平力
耐力壁のせん断力
主屋柱の曲げモーメント分布

考えた。2階両側面は妻面と同様に、桁行全長に渡って高窓が計画されていた。このため、2階桁行方向に全面耐力壁を確保することはできない。最初は高窓下の腰壁部分を合板で固めて腰壁付き独立柱をつくろうと考えたが、窓下を壁で埋めてしまうと開放性が失われることから、別の方法を採ることにした。

下屋の屋根が、主屋柱の中間高さに相当する高窓の開口下レベルにまで達していることに着目した。そこで、下屋の屋根面と側面の壁を合板水平構面と合板耐力壁で固め、主屋の柱が下屋の屋根面に取り付く部分で桁行方向の動きを止めた。これによって主屋柱の中間高さでの変形が拘束されることとなり、水平力に対して独立柱の曲げモーメントによって抵抗できるようになった［図6］。主屋柱の断面は桁行方向に対して弱軸方向を向くことになるが、下屋の屋根が高い位置に取り付くため、柱の独立高さ部分は短くなる。これにより柱の曲げモーメントはやや小さく抑えられ、弱軸方向の断面性能でも構造をもたせられた。

以上のように、2階の梁間・桁行方向とも、下屋を積極的に構造に生かすことで、空間に開放性をもたらすとともに水平耐力を確保できるようになった。

ポイント

主屋と下屋を一体化する方法

古来、日本家屋では、建物本体である高い主屋に、付属的な低い下屋が取り付く構成が多用されてきた。下屋には、プランの自由度を高めるとともに、日射遮蔽や雨水からの外壁保護といった役割があり、また下屋より上の主屋の外壁に高窓を設けることで直射光を遮りながら明るい自然光を採り入れることもできる。その一方、地震時は下屋が主屋との一体性を確保しにくいなど、構造上有利に働くとは必ずしも考えられていない。一般的に下屋をつくる際は、主屋の2階床と下屋の屋根を垂壁や腰壁で一体化したり、下屋と主屋の境界面に耐力壁を設けて構造的な一体性を高めたりする。しかし、今回は下屋が主屋の中間高さに取り付くことを生かし、下屋のデメリットをむしろ逆手に取った。地震時に壁で抵抗するのではなく、ラーメン構造のような仕組みでバランスを取り、水平力によって主屋が倒れるのを下屋が抑える仕組みをつくることで、下屋によるプランの自由度と壁の少ない開放的な空間を両立した。

〈一般的な主屋と下屋の構成〉

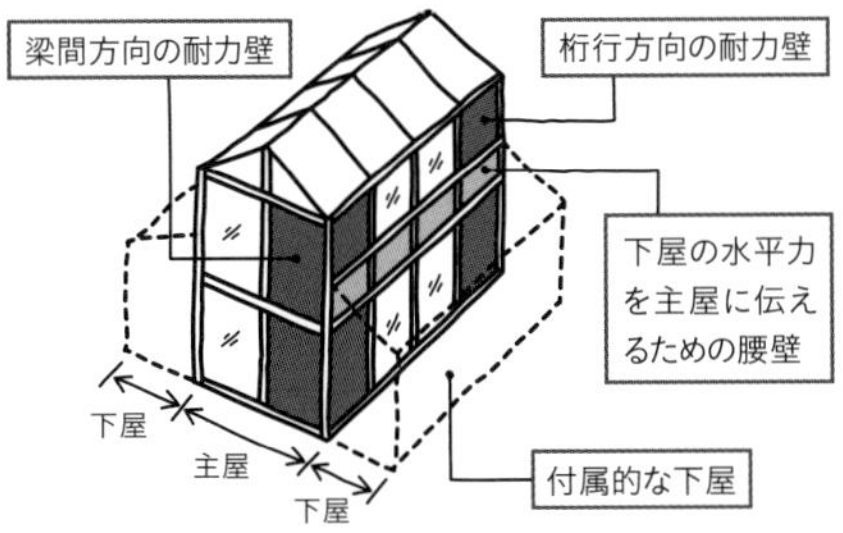
梁間方向の耐力壁
桁行方向の耐力壁
下屋の水平力
を主屋に伝え
るための腰壁
下屋
主屋
下屋
付属的な下屋

〈主屋と下屋を一体化してラーメン的なフレームを構成〉

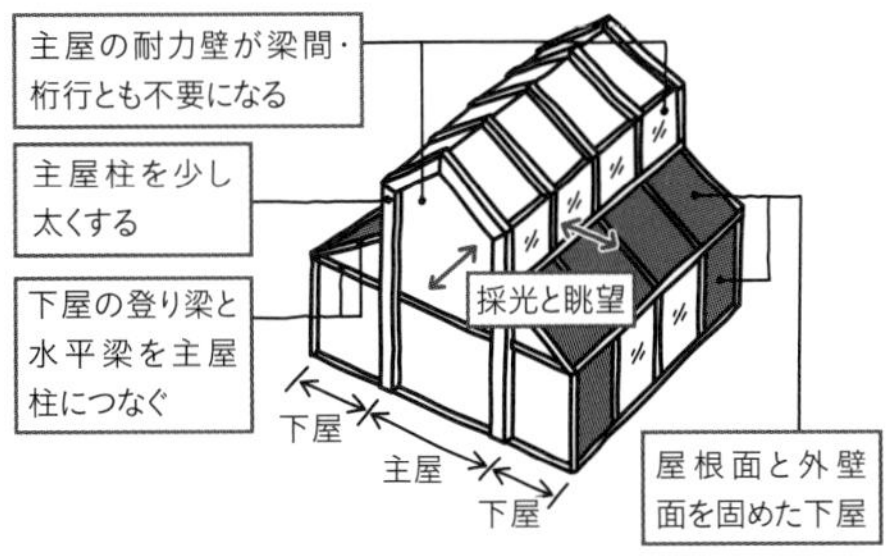
主屋の耐力壁が梁間・
桁行とも不要になる
主屋柱を少し
太くする
下屋の登り梁と
水平梁を主屋
柱につなぐ
採光と眺望
下屋
主屋
下屋
屋根面と外壁
面を固めた下屋

11 切妻屋根を生かして梁のない空間をつくる方法

事例：WOODEN PLATE ROOF HOUSE／topica 竹内隆介

切妻屋根は最も多く採用される屋根形式の1つであるが、慣例的に屋根を和小屋や棟持ち柱形式で支えることが多い。しかし切妻屋根は力学的に強い折板のような形状になっていて、この形を生かして折板構造をつくれば、室内に柱や梁が露出しないスッキリとした山形空間を実現できる。折板構造のポイントは、切妻屋根の頂点にある棟木を支える仕組みを、立体的にいかにつくるかである。ここでは「WOODEN PLATE ROOF HOUSE」を例に、切妻屋根を生かして梁のない空間をつくる方法を紹介する。

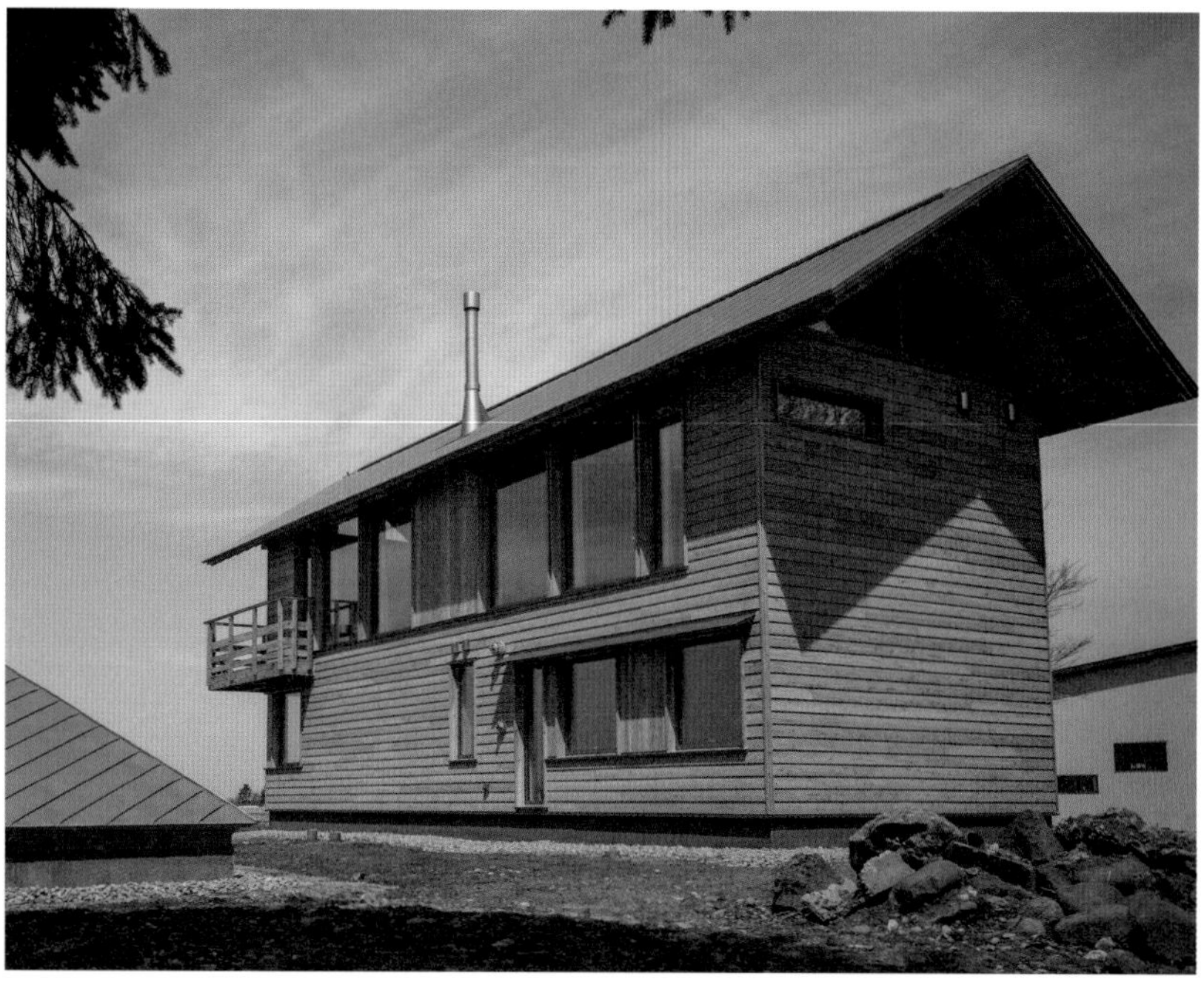
外観

内観

「WOODEN PLATE ROOF HOUSE」は、梁間2間半（4・55m）×桁行7間（12・74m）、長方形平面をもつ総2階建ての木造住宅［図1］。建設地は北海道東川町で、設計積雪高さは130㎝の多雪区域である。1階が個室や水廻り、2階がLDKとなっている。屋根は6寸5分勾配の切妻形状になっており、軒が側壁から960㎜、けらばが妻壁から1千820㎜跳ね出している［図2］。2階のLDKは室内に柱が立たない無柱空間となっている。そのうえ、屋根勾配なりに天井を張った山形空間となっていて、水平な小屋梁が露出していない。

切妻屋根の構造では棟木の支え方がポイントだが、小屋束と小屋梁で構成した和小屋形式にしたり、登り梁とタイバーで構成した山形トラスにしたりすると、軒高の低いレベルに梁が露出してしまう。プラン上、棟持ち柱を配置することもできないうえ、桁行方向のスパンが大きいため、棟木を大きくして両妻壁間を1本の棟木で架け渡すこともできない。130㎝の積雪荷重に対して、室内に柱を立てたり梁を露出したりせず、いかにして切妻屋根を支えるかが課題であった。これに加えて、けらばを1千820㎜も跳ね出す必要があった。

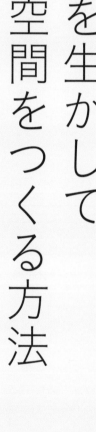

以上より、次の2つが本建物の構造計画上のポイントとなった。

❶室内に柱を立てたり梁を露出したりせずに切妻屋根を支えるには
❷けらばを大きく跳ね出すには

❶室内に柱を立てたり梁を露出したりせずに切妻屋根を支えるには

梁は成が大きいほど、より大きな荷重を支えられたりスパンを飛ばせたりできる。梁断面は必ずしも矩形である必要はなく、S造で用いられる形鋼のように、円形・H形・溝形など高さ方向に一定の成が確保されるような形

2階のLDKは室内に柱や梁が露出しない大空間を実現

図1｜平面図

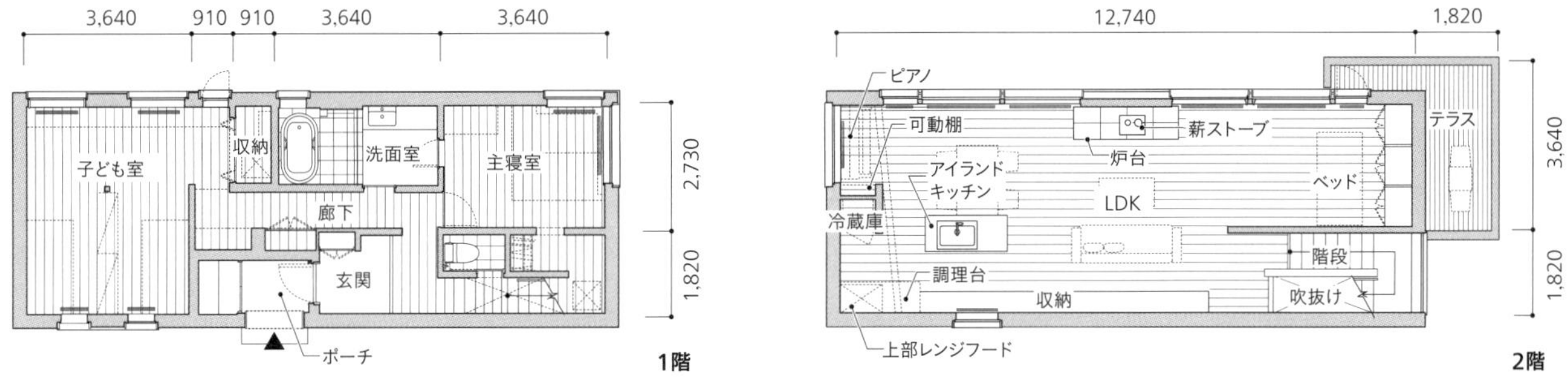
3,640
910
910
3,640
3,640
子ども室
収納
洗面室
主寝室
廊下
玄関
ポーチ
2,730
1,820
1階
12,740
1,820
ピアノ
可動棚
薪ストーブ
テラス
炉台
アイランドキッチン
LDK
ベッド
冷蔵庫
階段
調理台
収納
吹抜け
上部レンジフード
3,640
1,820
2階

図2｜断面図

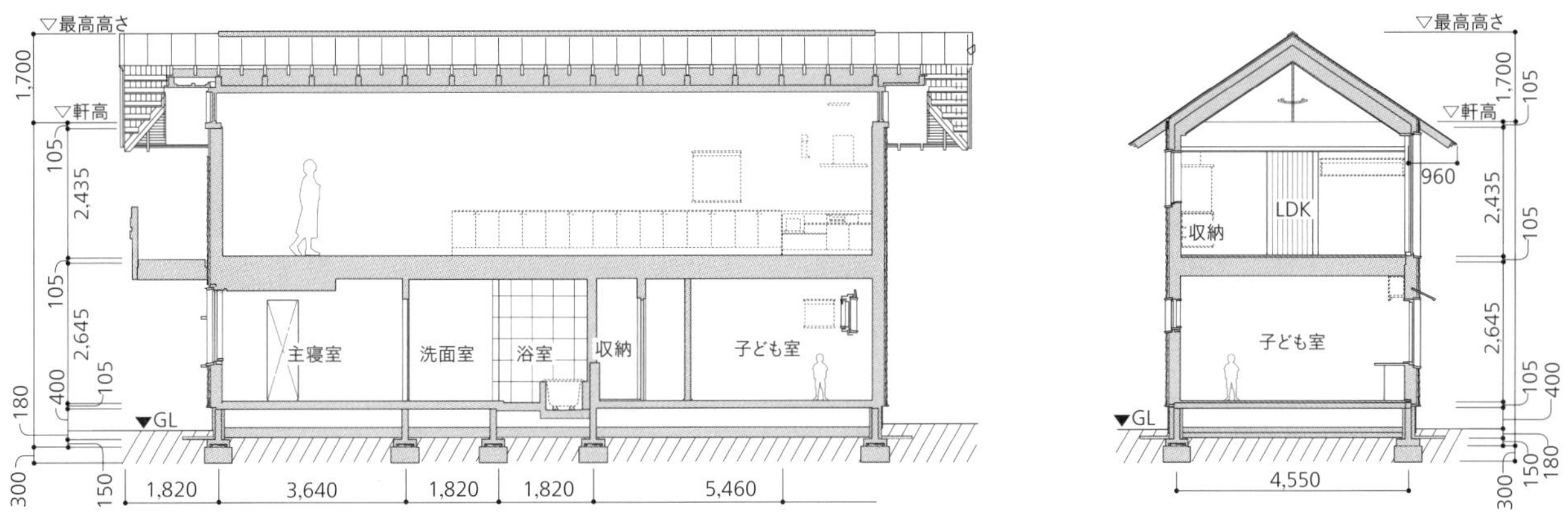
▽最高高さ
▽軒高
1,700
105
2,435
105
2,645
400
105
180
300
150
▼GL
主寝室
洗面室
浴室
収納
子ども室
1,820
3,640
1,820
1,820
5,460
960
LDK
収納
4,550

図3｜各梁断面の成

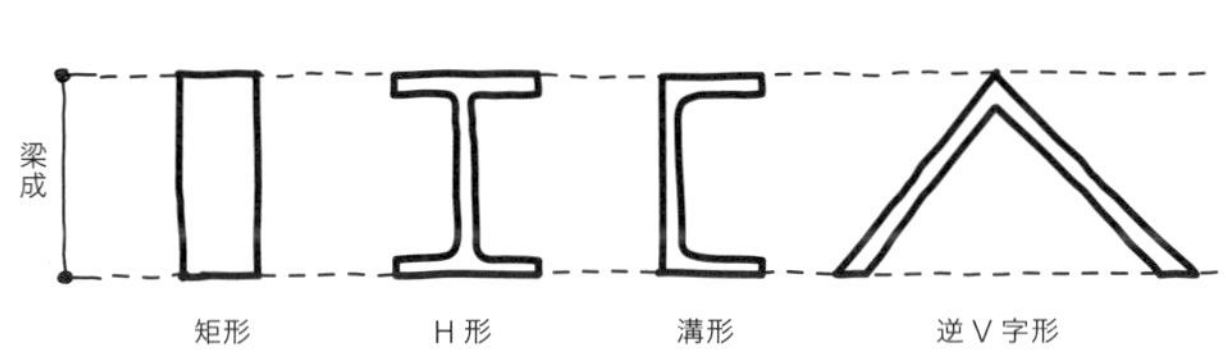
梁成
矩形
H形
溝形
逆V字形

図4｜紙で理解する折板構造の効果

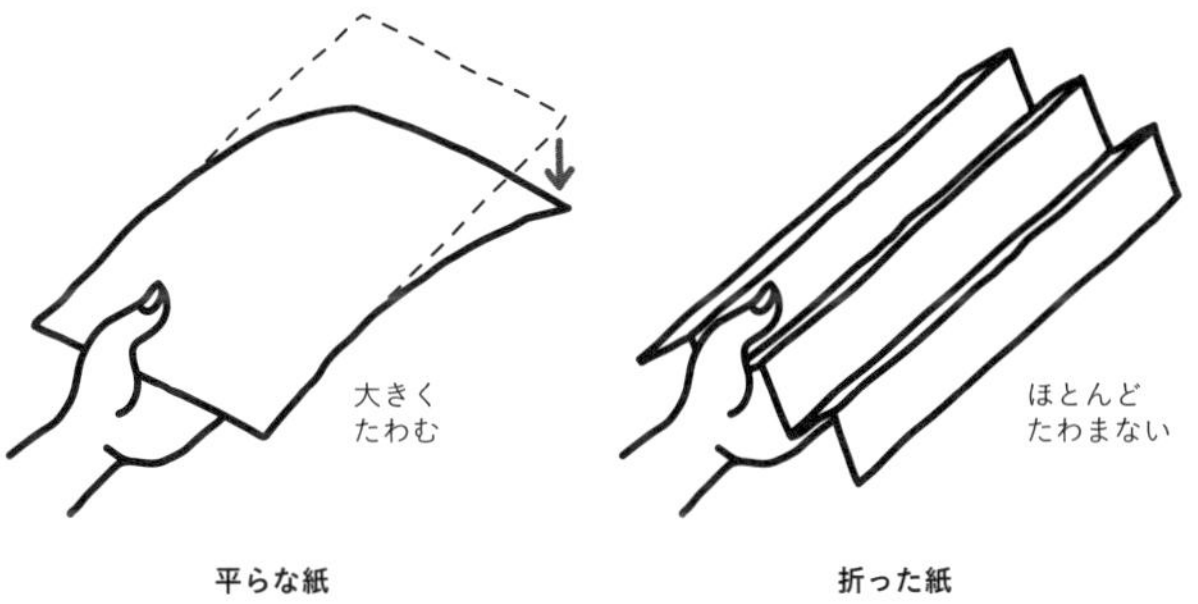
大きく
たわむ
平らな紙
ほとんど
たわまない
折った紙

状であれば、性能を高めるのに有効である［図3］。

ところで切妻屋根を梁間方向の断面で切ってみると、逆V字形の断面をしている。つまり、この逆V字形の切妻屋根全体を、軒から棟レベルまでの大きな成をもつ梁断面として見ることができる。このようにV字や逆V字といった屋根や壁の形を生かして、成の大きな梁のように見立てて、より大きな荷重を支えたりスパンを飛ばせるようにした構造を「折板《せっぱん》構造」と呼ぶ。折板構造は、紙で考えると構造の専門家でなくても感覚的にとらえやすい。紙を単に水平にしただけでは大きくたわんでしまうが、紙をジグザグに折って水平にすると途端にたわまなくなる［図4］。折板構造では面内の剛性と強度が確保されることが重要である。近代以降、面内性能が得やすいRC造、S造などで多用されるようになった。

では、この折板構造を木造でつくるにはどのようにすればよいだろうか。さまざまな方法が考えられるが、一般的な屋根の構成部材を用いても簡単につくれる。つまり、棟木と軒桁の間に登り梁を細かく入れて、上から構造用合板を張ればよい［図5］。

折板構造には性能を高めるための4つの重要なポイントがある。1つめは先述のように、逆V字形の梁としての成を確保するために、屋根勾配をきつくすることである。本建物では意匠性を踏まえ、6寸5分勾配としている。屋根勾配をきつくすると落雪の効果も期待でき、設計積雪高さを低減して設

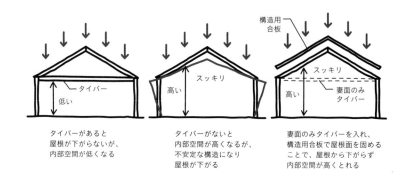

図5｜簡易な折板構造のつくり方

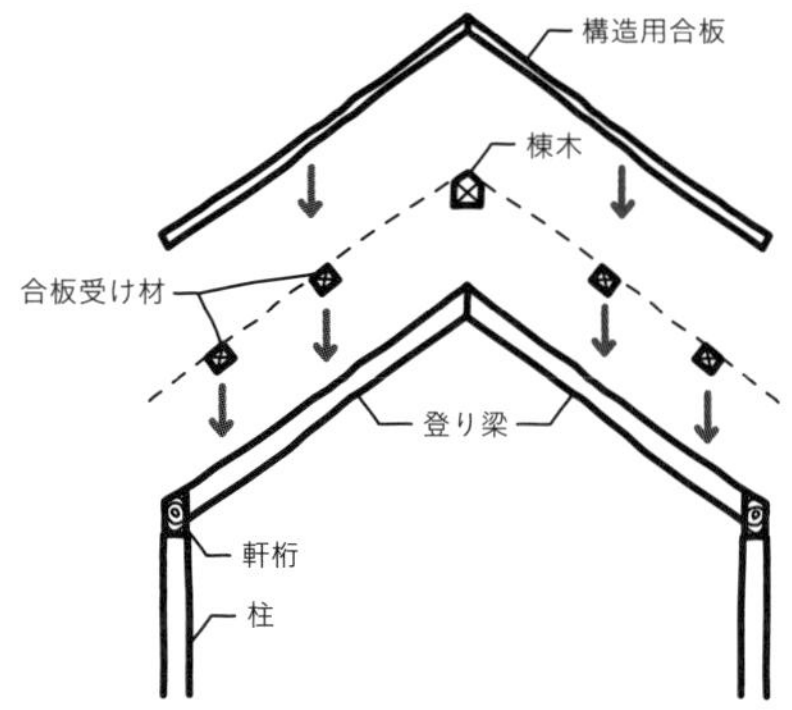
構造用合板
棟木
合板受け材
登り梁
軒桁
柱

図6｜すっきりとした山形空間をつくるためのスタディ

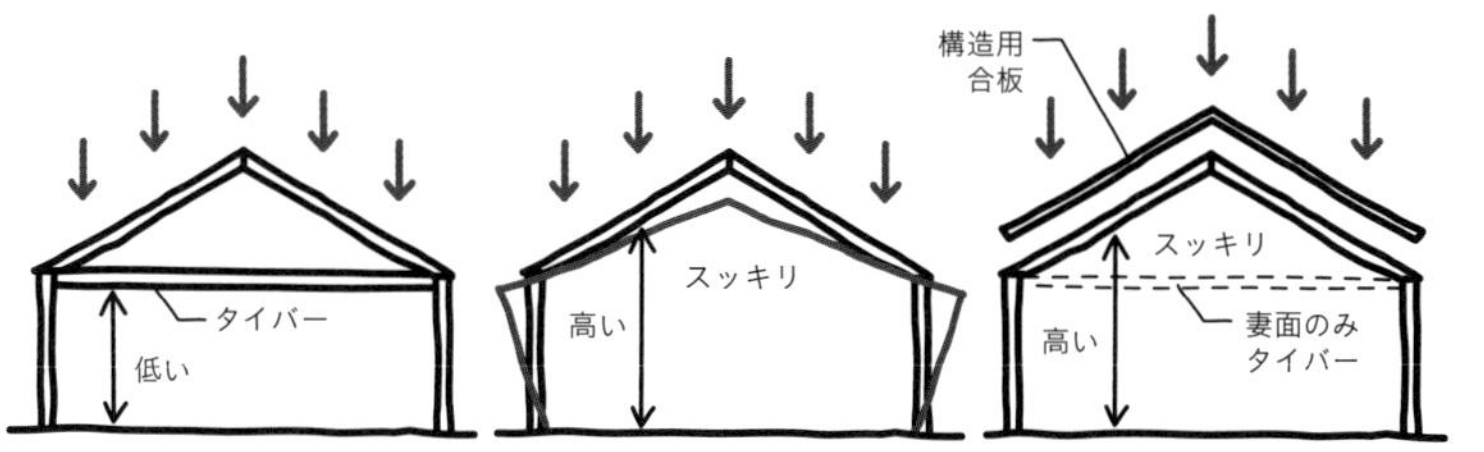
タイバー
低い
スッキリ
高い
構造用
合板
スッキリ
高い
妻面のみ
タイバー

タイバーがあると
屋根が下がらないが、
内部空間が低くなる

タイバーがないと
内部空間が高くなるが、
不安定な構造になり
屋根が下がる

妻面のみタイバーを入れ、
構造用合板で屋根面を固める
ことで、屋根から下がらず
内部空間が高くとれる

図7｜折板構造のシステム

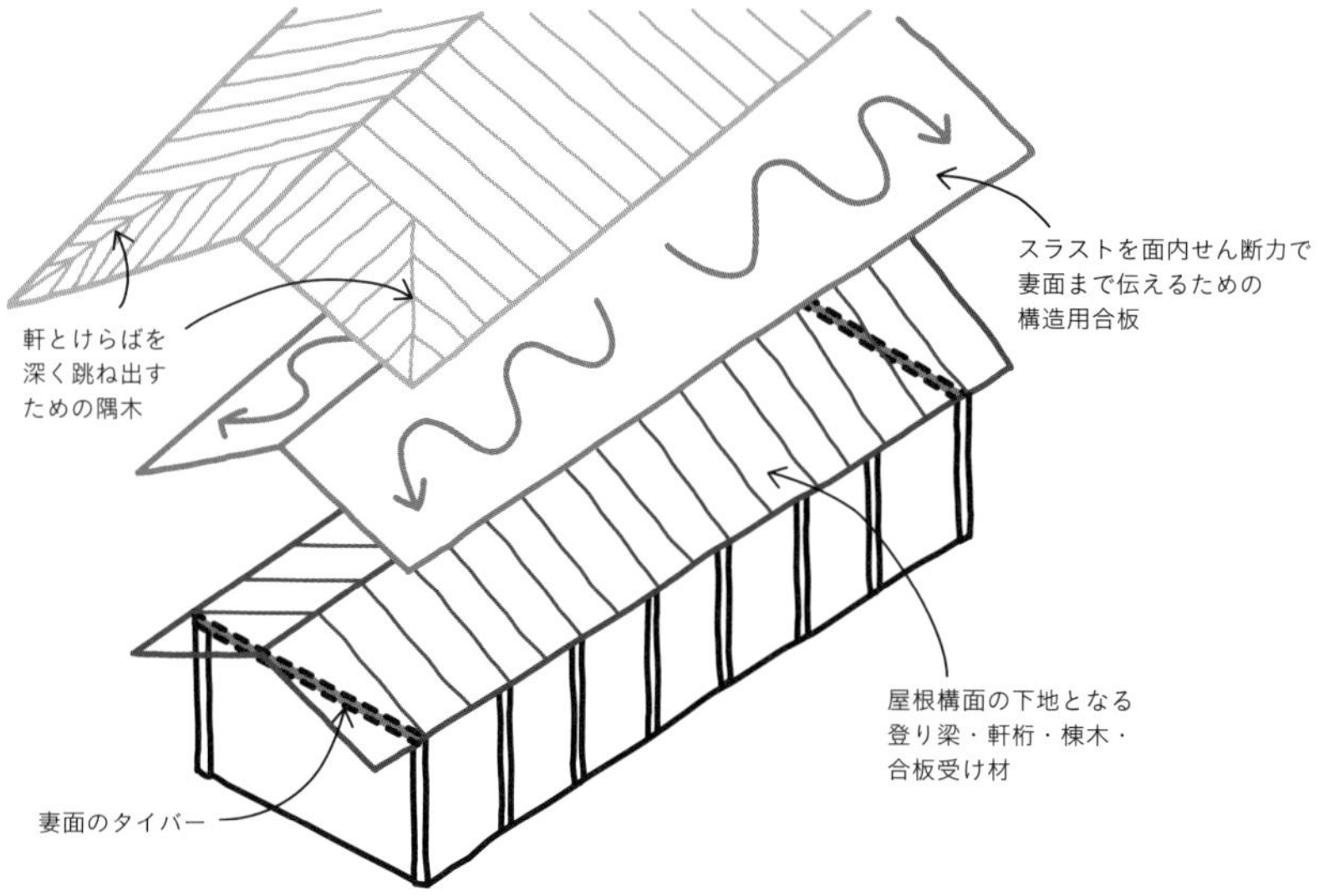
スラストを面内せん断力で
妻面まで伝えるための
構造用合板
軒とけらばを
深く跳ね出す
ための隅木
屋根構面の下地となる
登り梁・軒桁・棟木・
合板受け材
妻面のタイバー

ポイント

屋根の頂点の棟木を支える方法

切妻屋根の構造は、屋根の頂点の棟木をどのように支持するかがポイントである。棟木が支えられていないと棟木が下がり、軒桁が外側に開いてしまうからである。これは水平方向に広げようとするスラストと呼ばれる力で、合掌構造やアーチ構造特有の挙動である。棟木の支え方にはさまざまな方法があるが、一般的な方法は次の4つである。①棟木を柱（棟持ち柱という）で直接支える方法、②棟木を大きくして妻壁位置の柱で支える方法、③棟木を小屋梁と小屋束で構成した和小屋形式で支える方法、④棟木を登り梁とタイバー［※］で構成した山形トラスで支える方法。だが、建物によっては①～④を採用できない場合もある。たとえば①と②は、室内に柱を立てられない場合や、桁行方向のスパンが大きい場合には採用できない。③と④は室内の軒レベルに水平な梁が必要になるが、軒高が低い場合や梁が露出しない山形の空間をつくりたい場合には採用しにくい。

①柱で直接支える方法

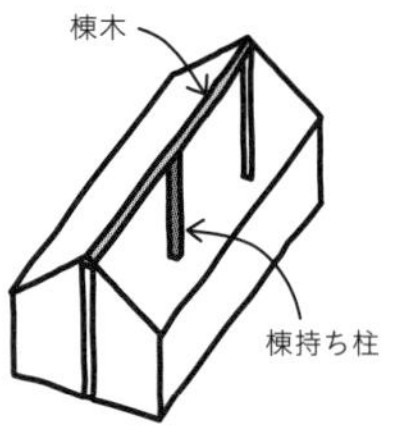
棟木
棟持ち柱

②棟木を大きくする方法

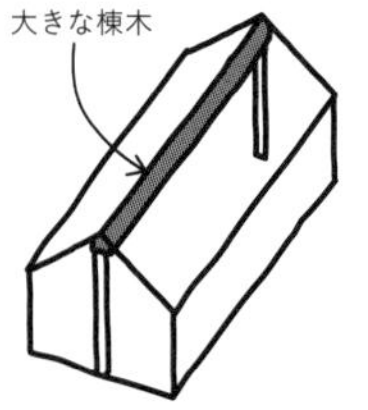
大きな棟木

③小屋梁と小屋束で構成した和小屋形式で支える方法

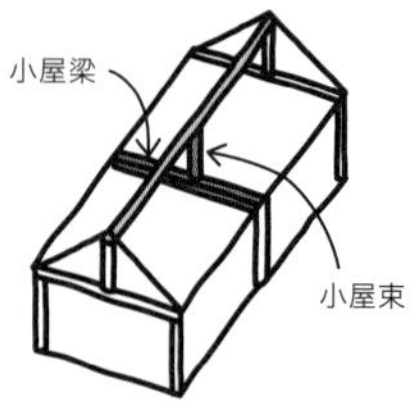
小屋梁
小屋束

④登り梁とタイバーで構成した山形トラスで支える方法

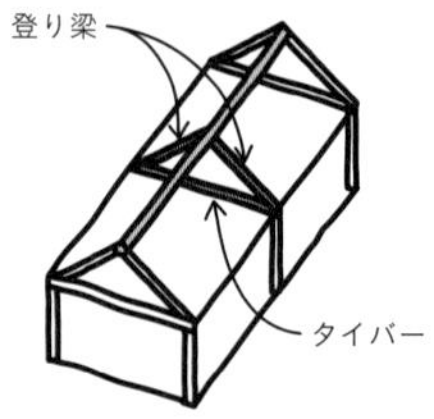
登り梁
タイバー

※ スラストを抑えるために配置する、引張軸力を負担させる細い水平部材

図8｜けらば、軒部分詳細図

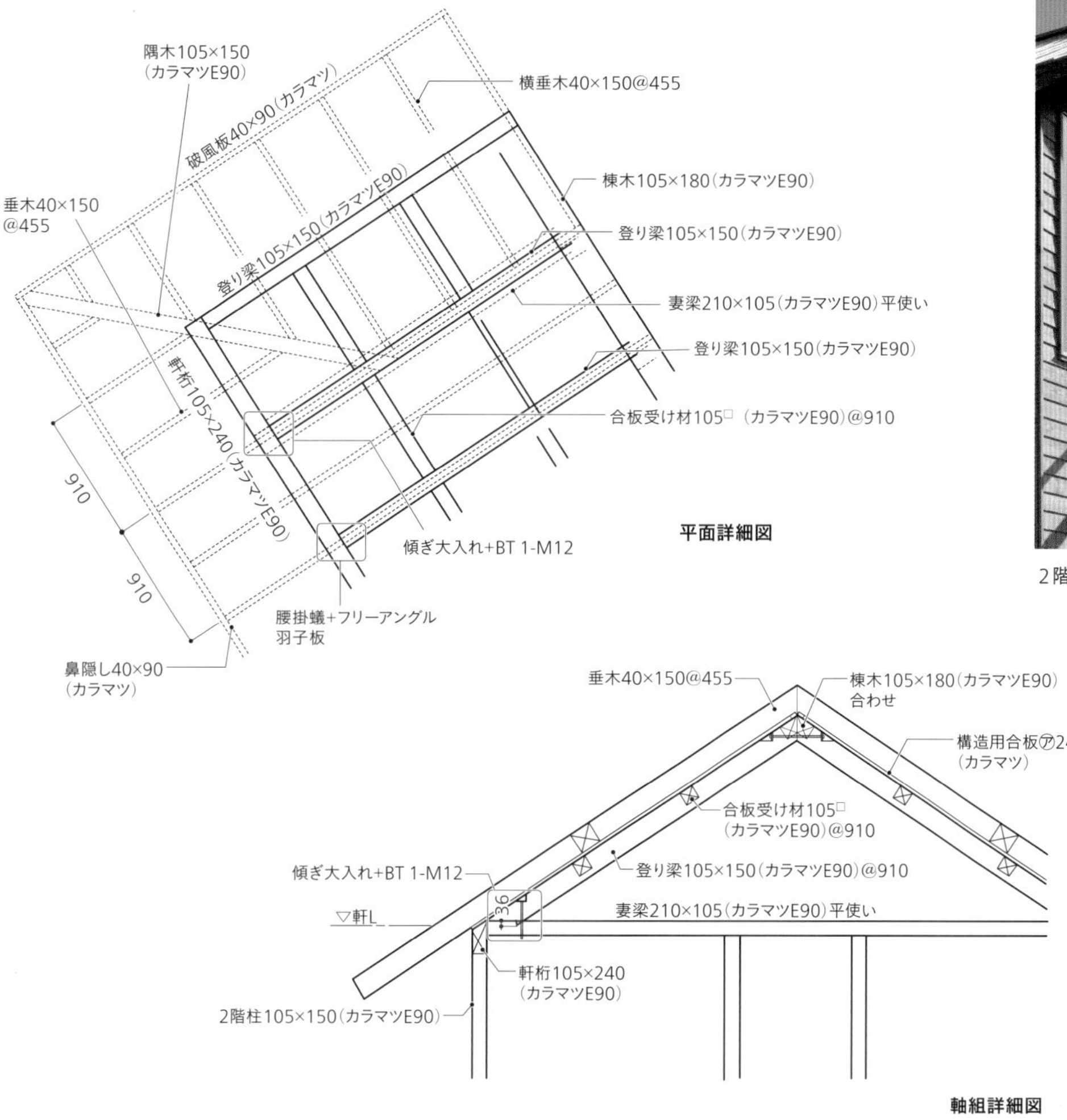

隅木105×150
（カラマツE90）
横垂木40×150@455
破風板40×90（カラマツ）
棟木105×180（カラマツE90）
垂木40×150
@455
登り梁105×150（カラマツE90）
登り梁105×150（カラマツE90）
妻梁210×105（カラマツE90）平使い
登り梁105×150（カラマツE90）
軒桁105×240（カラマツE90）
合板受け材105□（カラマツE90）@910
910
910
傾ぎ大入れ+BT 1-M12
平面詳細図
腰掛蟻+フリーアングル
羽子板
鼻隠し40×90
（カラマツ）
垂木40×150@455
棟木105×180（カラマツE90）
合わせ
構造用合板㋐24
（カラマツ）
合板受け材105□
（カラマツE90）@910
傾ぎ大入れ+BT 1-M12
登り梁105×150（カラマツE90）@910
36
▽軒L
妻梁210×105（カラマツE90）平使い
軒桁105×240
（カラマツE90）
2階柱105×150（カラマツE90）
軸組詳細図

2階妻側

計できるメリットもある。２つめは、折板を構成する２つの平板の面内性能を高めることである。本建物では、面内性能を高めるために、登り梁を910㎜間隔で入れ、さらに直交方向に合板受け材を910㎜間隔に設け、その上から厚さ24㎜の構造用合板を非常に細かいピッチで釘留めしている。３つめは、折板の頂点と両縁部分を強くすることである。切妻屋根では、頂点部分に大きな圧縮軸力、両縁部分には大きな引張り軸力が生じるため、棟木と軒桁にその力を負担させている。４つめは、折板の水平方向の開きを止めることである。折板構造は、合掌構造やアーチ構造と同様、水平方向に広げようとするスラストと呼ばれる力が生じる。このスラストを抑えるのに有効なのがタイバーであるが、折板構造では、屋根面の面内性能を高くしているため、合掌構造やアーチ構造に比べ、細かいピッチでタイバーを設ける必要はない。本建物では、両妻壁位置だけに木造の水平梁を設け、これをタイバーとしている［図6・7］。

❷けらばを大きく跳ね出すには

けらばを大きく跳ね出すのは、妻壁を雨風から保護するのに有効だからである。本建物では2階妻部分にはテラスが張り出していて、この雨除けのためにけらばが妻壁から1千820㎜跳ね出している。けらばだけでなく、軒も910㎜跳ね出していて、屋根の四隅をいかに支えるかも課題であった。当然、130㎝の積雪荷重にも耐えなければならない。

けらばを支持するには一般的に棟木と軒桁を大きくすればよいが、棟木と軒桁をけらば先端まで跳ね出すと、雨掛かり上好ましくない。また外観のデザインとしてスッキリさせたいという要望もあった。そこで、断熱層を構造に使うこととした。

本建物の計画地は寒冷地にあり、断熱層は200㎜程度必要であったため、断熱層が2層構成で計画されていた。そこで断熱層を構造のスペースとして利用することを考えた。つまり下層は折板構造のスペースとして使い、上層をけらばと軒を跳ね出すのに使うこととした。けらばは、室内空間を支える折板構造を910㎜外側に延長し、その先の910㎜は、上層に横垂木を設けて跳ね出すという、2段の跳ね出し構造となっている。軒は、上層の垂木をそのまま用いて跳ね出し、前述の屋根四隅は、対角方向に隅木を設けて支持している［図8］。

DATA

WOODEN PLATE ROOF HOUSE
（topica 竹内隆介）

敷地面積：593.55㎡
建築面積：77.26㎡
延床面積：122.62㎡
規　　模：地上2階
竣　　工：2019年3月

12

深い庇をきれいに跳ね出す方法

事例：鹿嶋の住宅／伊藤暁建築設計事務所

屋根をそのまま延ばして跳ね出す軒とは異なり、庇は外壁の中間高さに取り付けるもの。そのため、雨掛かりへの配慮や、高さを確保しながら安定した構造とするための工夫が必要である。先端を柱で支えずに深い庇をつくるなら、なおさらのこと。庇は建築の外観を印象づける要素であり、人間の眼から近い位置に配置されるため、デザインもすっきりとさせたい。ここでは「鹿嶋の住宅」を事例として、深い庇をきれいに跳ね出す方法を紹介する。

外観　［写真：新建築社写真部］

図1｜平面図

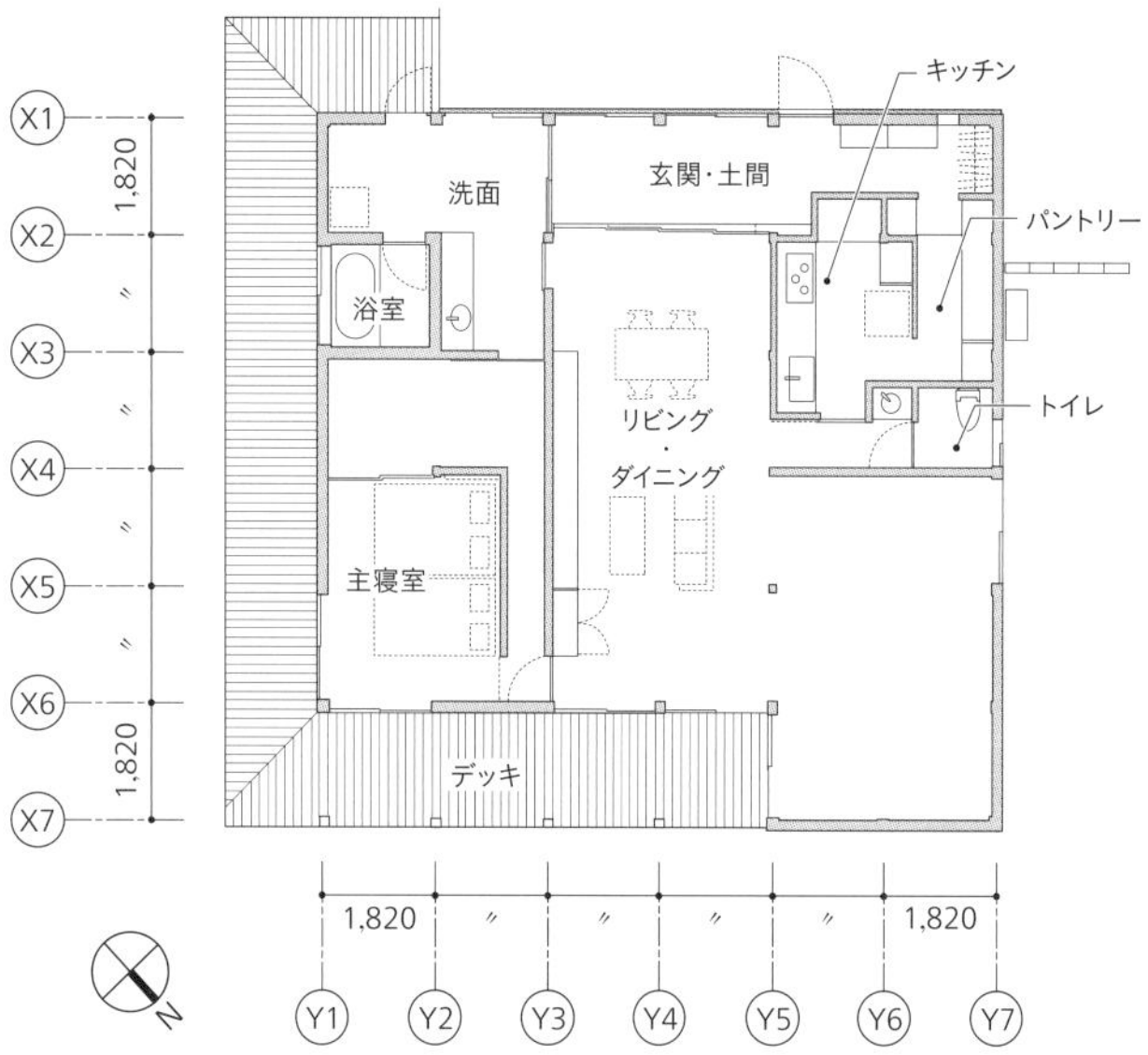

キッチン
玄関・土間
洗面
パントリー
浴室
リビング・ダイニング
トイレ
主寝室
デッキ
X1
X2
X3
X4
X5
X6
X7
Y1
Y2
Y3
Y4
Y5
Y6
Y7
1,820
1,820
1,820
1,820

「鹿嶋の住宅」は、6間角（10・92×10・92m）の正方形平面をした木造平屋の住宅である［図1・2］。北・東・南側に幅1間（1・82m）のデッキや土間が張り出し、室内外の空間がシームレスにつながるように計画されている。本体の屋根は3寸勾配の方形屋根で、四周に出幅1間（1・82m）、5分勾配の深い庇が取り付いている。庇の先端付近に桁や柱はなく、建物本体の中間高さから大きく跳ね出しているのが外観デザイン上のポイントである。屋根や庇の上裏は木造の梁組が化粧露しになっている。特に、庇出隅では高度な大工技能を要する扇垂木《おおぎだるき》を採用している［図3・4］。

通常、建物の外周に大きな屋根を跳ね出す場合は、屋根をそのまま跳ね出して軒をつくるが、本建物では軒高さから少し下がった位置から庇を跳ね出さなければならず、庇根元の回転をいかに拘束するかが最大の課題であった。また、庇が四周に取り付くため、出隅部分の庇の支え方に工夫が必要であった。

以上より、次の2つが本建物の構造計画上のポイントとなった。

❶庇を大きく跳ね出すには

❷出隅をきれいに跳ね出すには

❶庇を大きく跳ね出すには

庇を支持するには先端付近に桁と柱を設けるのが最も簡単だが、それらが外周に存在すると外観がやや重たい印象になってしまう。外周に柱を受けるためだけの基礎も必要になり、基礎工事のコスト増大も懸念された。庇の下部に方杖を設けて支える方法もあるが、庇の取り付け位置が低いため、方杖を入れると通行の邪魔になってしまう。庇を上から吊る方法もあるが、防水や外観上の問題がある。

このような検討を経て、庇の支持梁を屋内に差し込む方法を採用することにした。その下準備とし

挿肘木を屋内に差し込んで庇を大きく跳ね出す

図2｜断面図

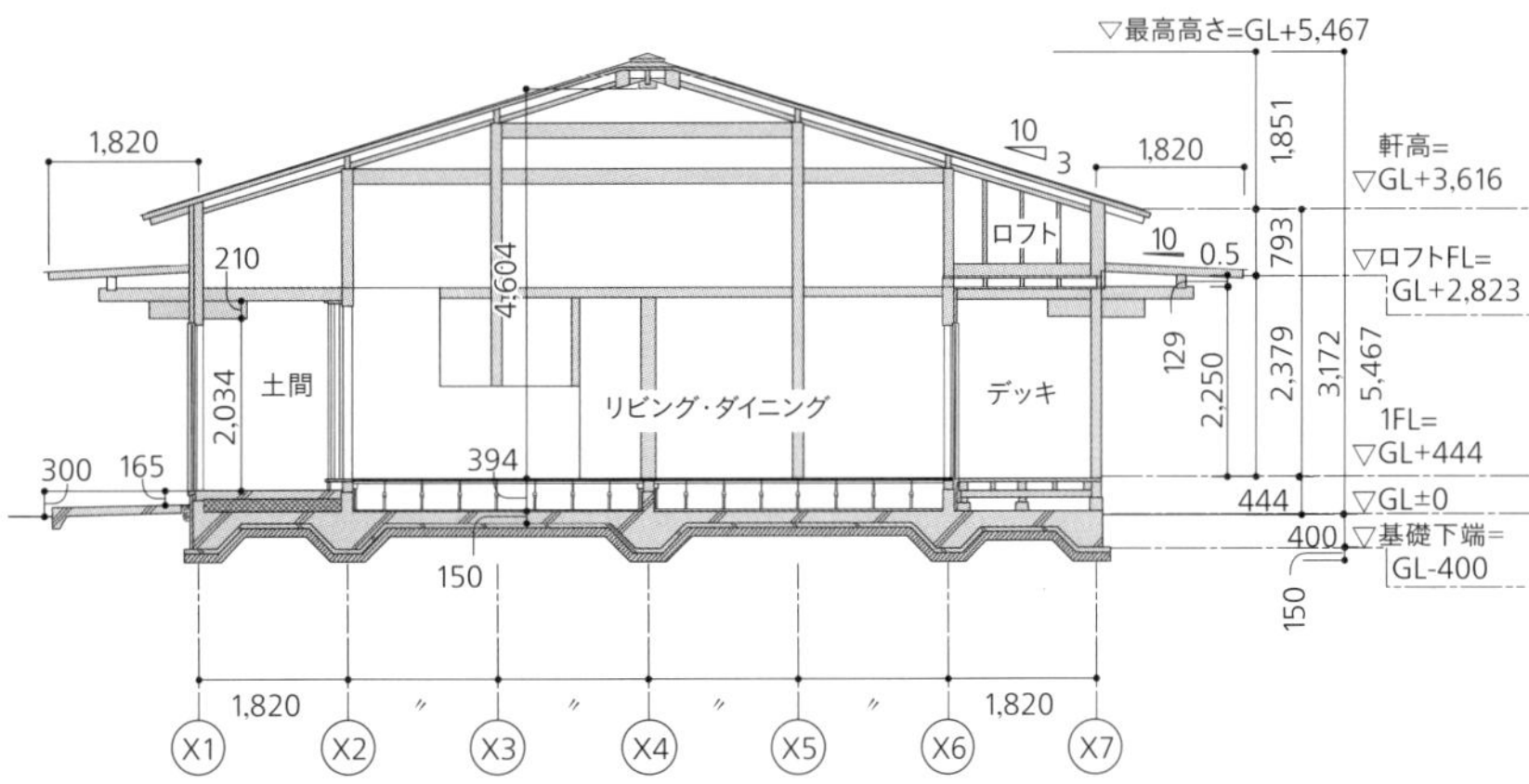
▽最高高さ=GL+5,467
軒高=
▽GL+3,616
▽ロフトFL=
GL+2,823
1FL=
▽GL+444
▽GL±0
▽基礎下端=
GL-400
ロフト
土間
リビング・ダイニング
デッキ
X1
X2
X3
X4
X5
X6
X7

図3｜庇レベル伏図

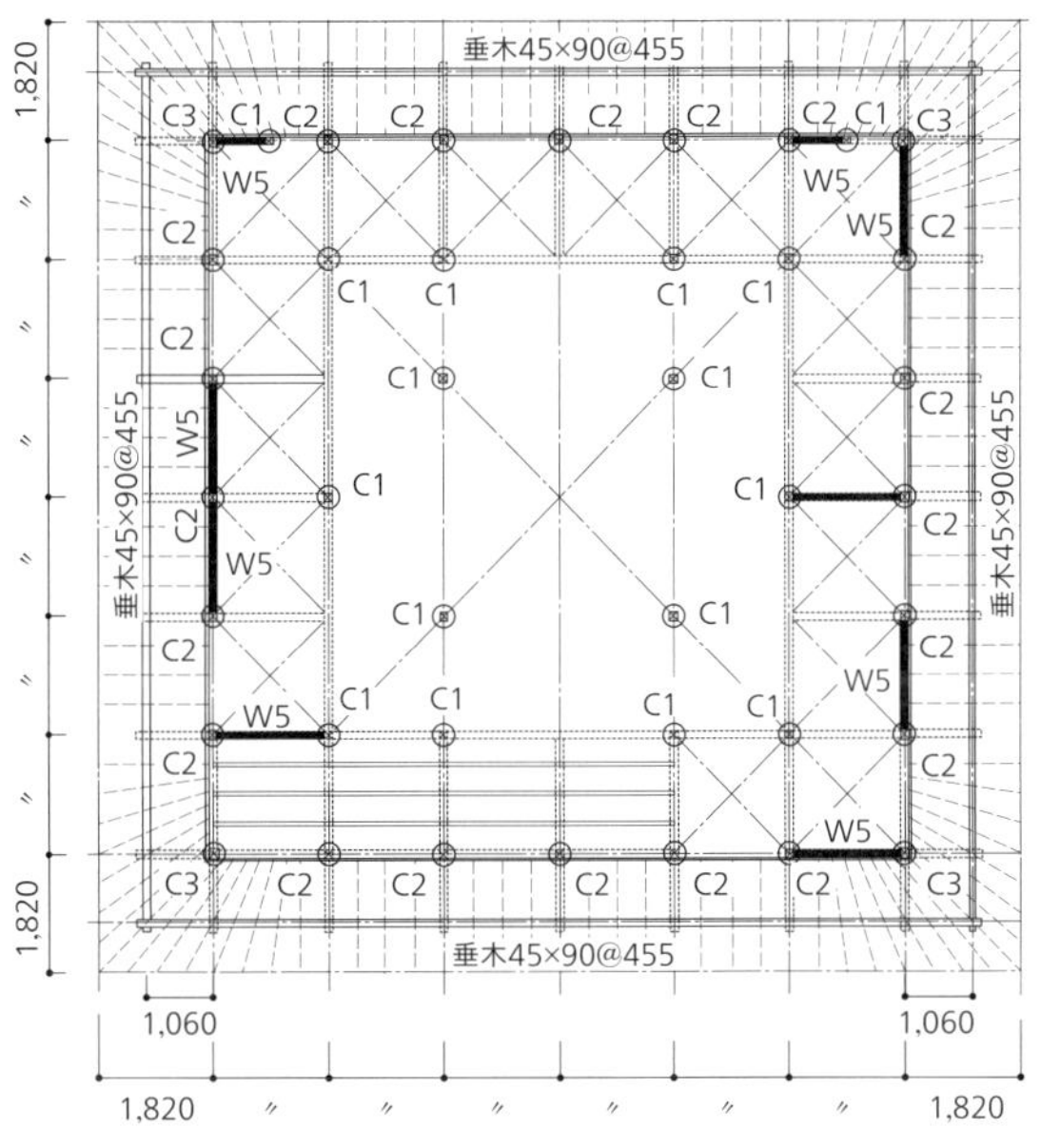
垂木45×90@455

C1：120×120
C2：120×150
C3：150×150

図4｜肘木レベル伏図

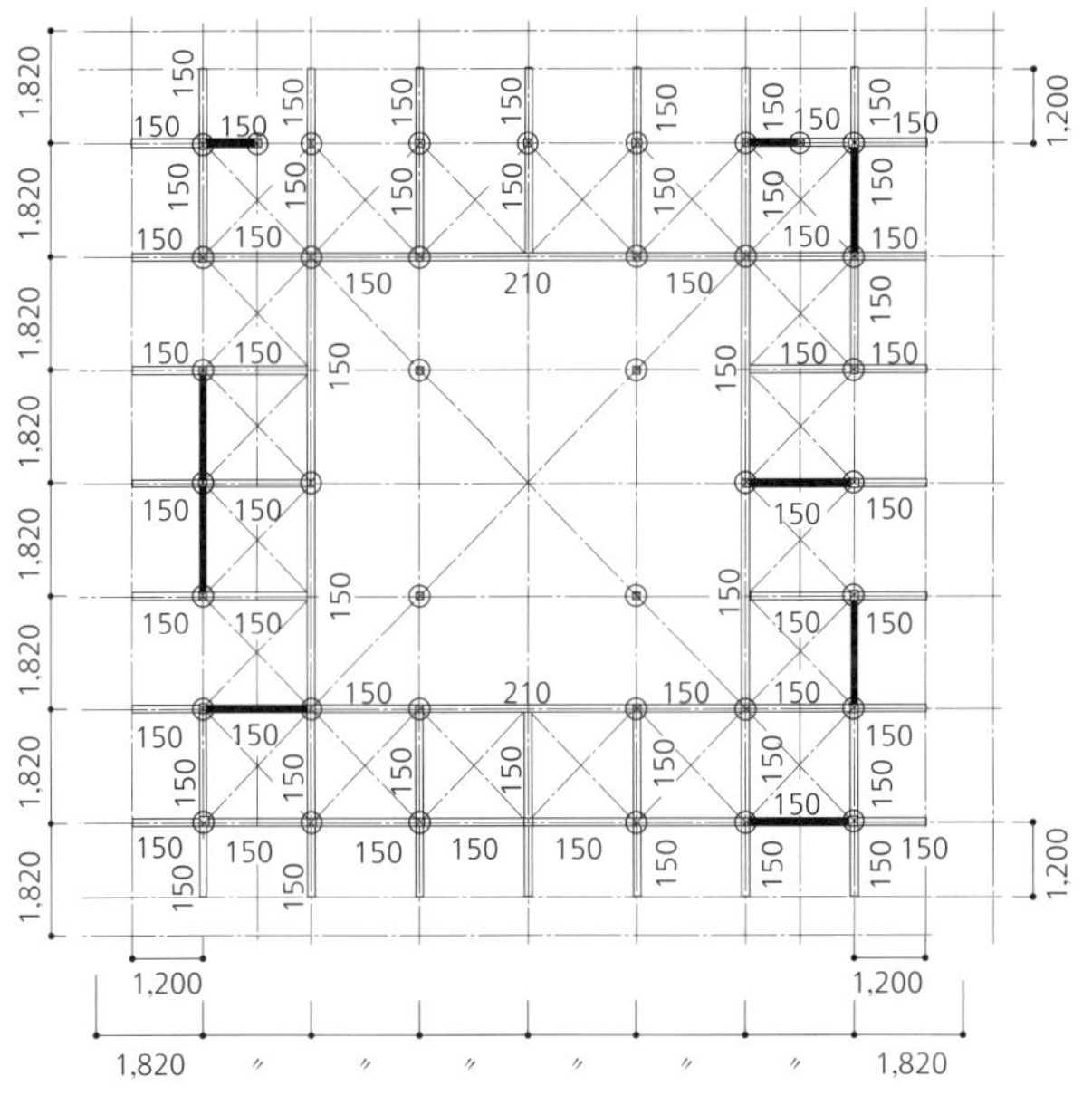

て、プランが1間×1間グリッドで計画されていたため、基本的にその交点に柱を立てることとした。2間角の部屋が必要な箇所のみ柱を抜き、必要な空間を確保した。外周は庇を跳ね出すための支点として重要なため、側柱を抜かずに1間間隔に立てている。

屋内に差し込むために支持梁を勝たせると、側柱を中間の高さで切断することになり、建物が不安定になりやすいという問題があった。そこで、側柱と支持梁の両方を通せるように、支持梁の材幅を36㎜に抑えて、通し貫のように側柱を貫通させ、天秤の役割をもたせた。この材を古建築の呼称に倣《なら》って挿肘木《さしひじき》と呼ぶ。挿肘木の貫通による断面欠損を補うために、外周柱は120㎜角ではなく、120×150㎜の断面とした。

挿肘木を屋内から庇先端まで引き通すことも考えられるが、36㎜の薄さで長い材をつくると反りが生じたり、横座屈したりすることが懸念された。そこで、側柱を境として、屋外側は腕木《うでぎ》（120×150㎜）に、屋内側は繋ぎ梁（120×150㎜）と必要な長さを重ね合わせ、ビスなどで連結した［図5］。これによって屋内から屋外まで、あたかも1本材のように曲げモーメントを連続して伝達できるようになった［図6］。腕木の先端には直交方向に出桁《だしげた》（105×150㎜）を流し、これを支点として垂木（45×90㎜@455㎜）で跳ね出している。このような挿肘木・腕木・垂木を用いた3段階での跳ね出しは、短い木材による簡易な組み立てを可能にするとともに、主要構造から化粧材へのシームレ

図5｜側柱における庇の構造詳細

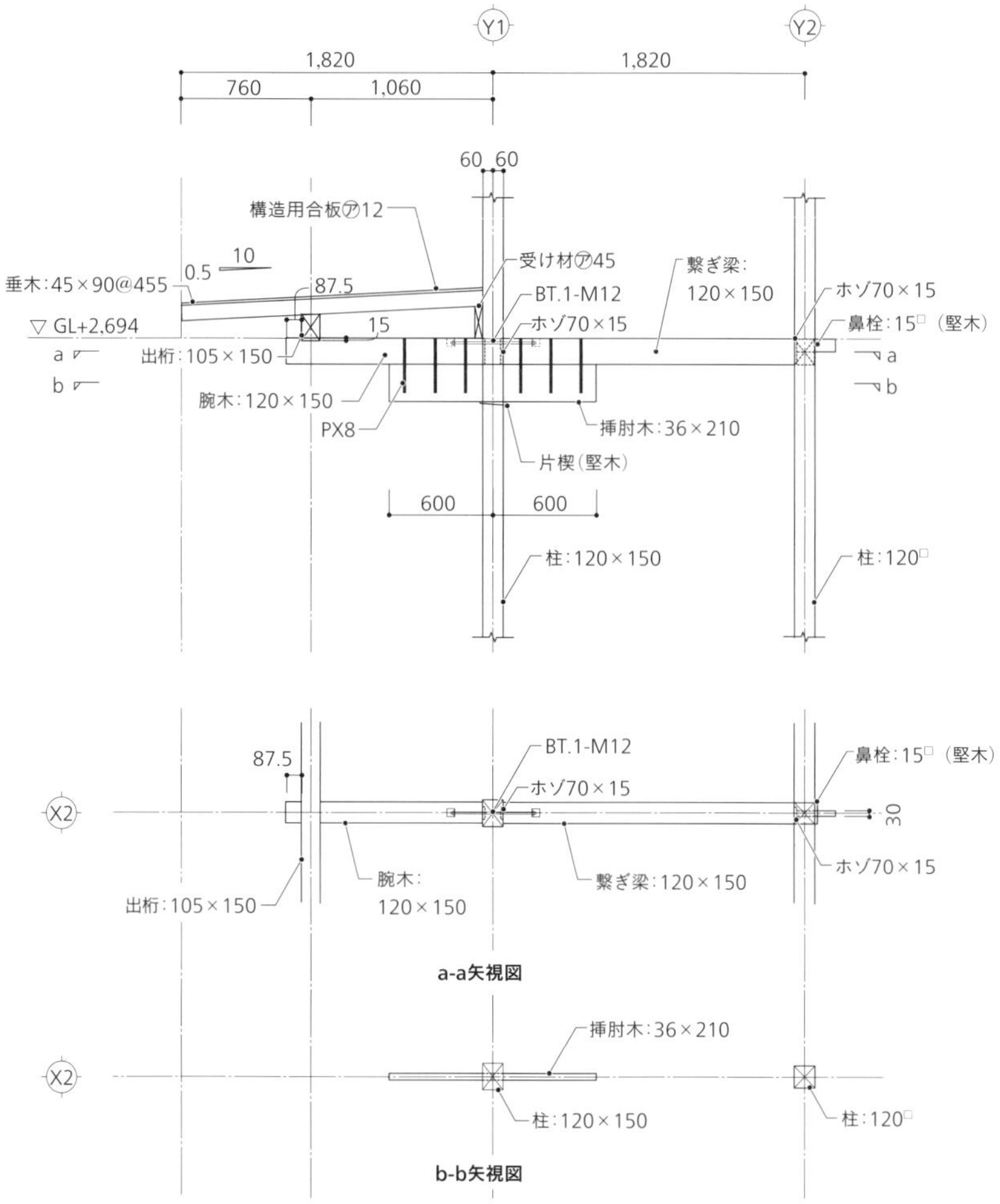

側柱における庇の跳ね出し　［写真：伊藤暁］

ポイント

庇を支持する方法

庇は、雨避け、日射遮蔽、外壁の保護などの目的で建物外部に設けられる。軒は屋根をそのまま延ばせば簡単に跳ね出せるが、庇は外壁の中間高さに取り付ける場合が多く、支持方法には工夫が必要だ。力学的には庇の根元部分の回転をいかに抑えるかがポイント。庇を支持する方法としては一般的に、①先端付近に柱を立てる、②方杖で支える、③上から吊る、④梁を室内に差し込む、などが考えられる。だが、建物によっては①～④を採用できない場合もある。たとえば、①は柱自体が雨掛かりになったり、動線の邪魔になる場合があるうえ、柱を受ける基礎も必要になる。②は、庇がその役割から低い位置に設けられることが多いため、方杖を設ける高さを確保できない場合が多い。また、反対側にも方杖を設けられない場合は、柱に曲げモーメントを負担させることになるため、柱を太くしなければならないこともある。③は、屋根葺き材の上に構造材（吊り材）が露出するので接合部の防水処理に注意が必要であるとともに、②と同様に柱に曲げモーメントが生じる。④は、庇支持梁の位置を支点となる柱位置とそろえたいが、梁を勝たせると柱が中間で分断されるため、不安定な構造になりやすい。

①先端付近に柱を立てる

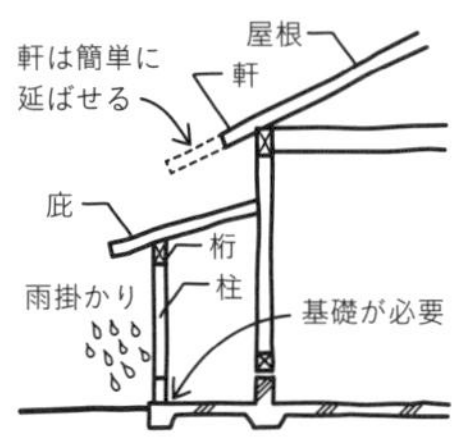

②方杖で支える

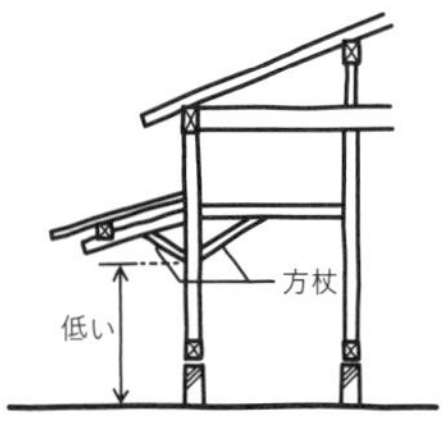

③上から吊る

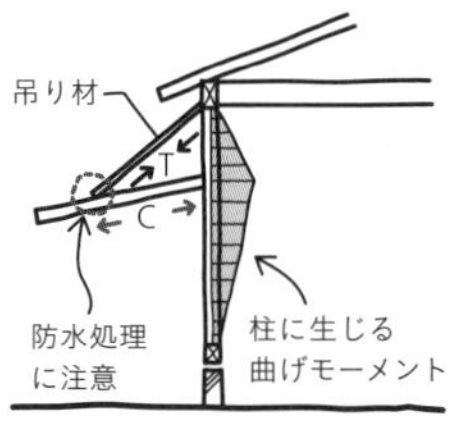

④梁を室内に差し込む

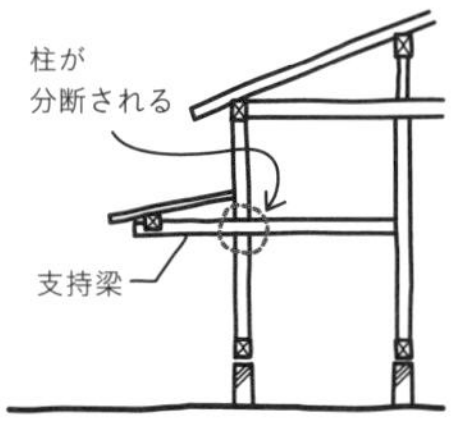

図6｜3段階の跳ね出し構造の仕組み

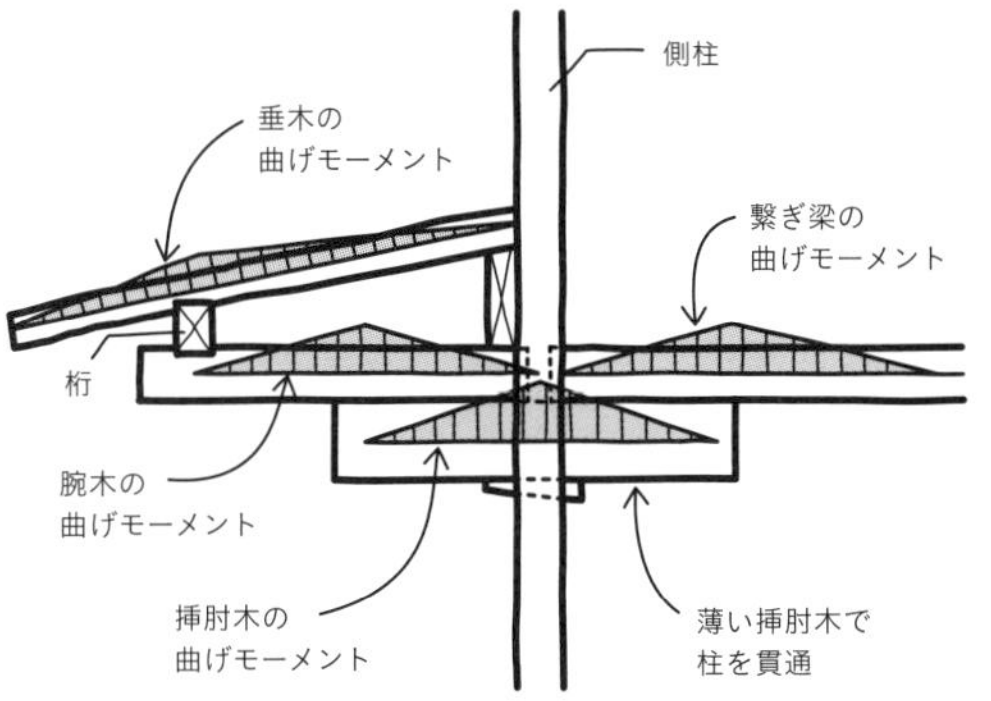
側柱
垂木の
曲げモーメント
繋ぎ梁の
曲げモーメント
桁
腕木の
曲げモーメント
挿肘木の
曲げモーメント
薄い挿肘木で
柱を貫通

図7｜出隅部での庇の支え方

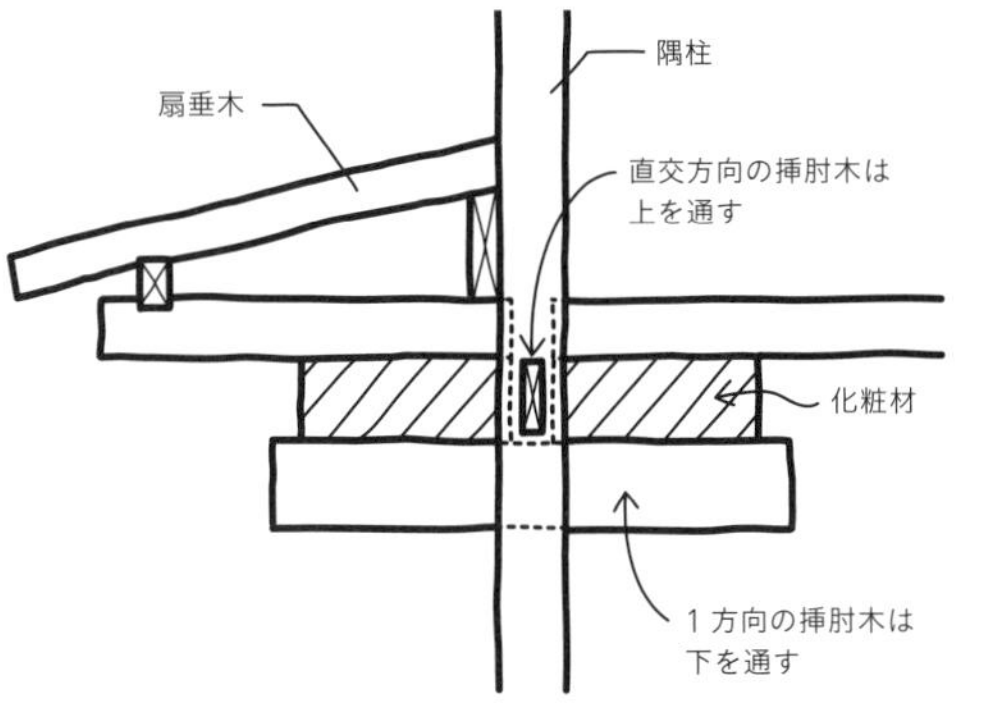
隅柱
扇垂木
直交方向の挿肘木は
上を通す
化粧材
1方向の挿肘木は
下を通す

図8｜隅柱における庇の構造詳細

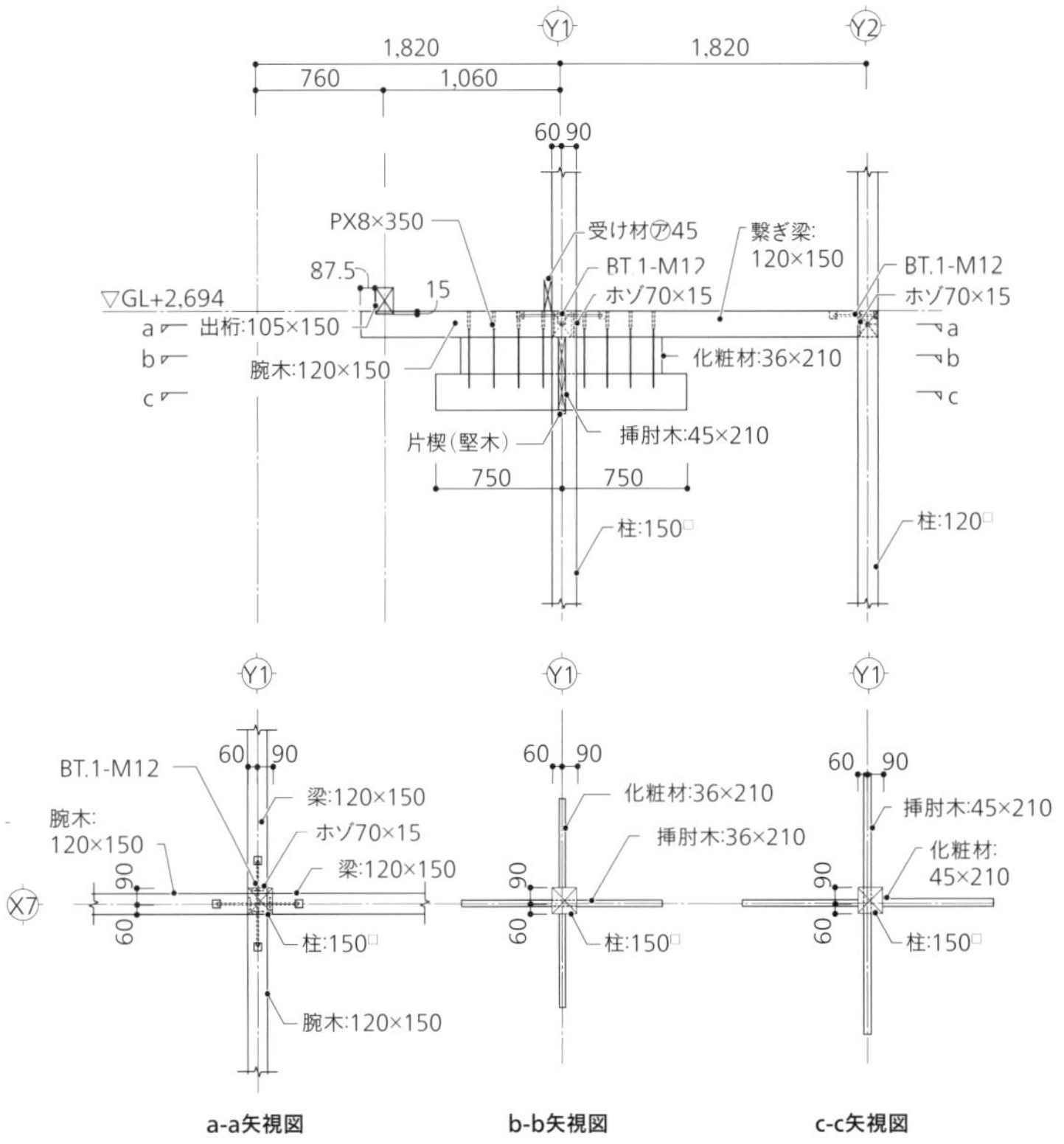
Y1
Y2
1,820
1,820
760
1,060
60 90
PX8×350
受け材㋐45
繋ぎ梁:
120×150
87.5
15
BT.1-M12
ホゾ70×15
▽GL+2,694
出桁:105×150
腕木:120×150
化粧材:36×210
片楔(堅木)
挿肘木:45×210
750
750
柱:150□
柱:120□
a
b
c
X7
60
90
梁:120×150
腕木:
120×150
化粧材:36×210
挿肘木:36×210
挿肘木:45×210
化粧材:
45×210
腕木:120×150
a-a矢視図
b-b矢視図
c-c矢視図

隅柱における庇の跳ね出し　［写真：伊藤暁］

図9｜出隅における垂木の架け方

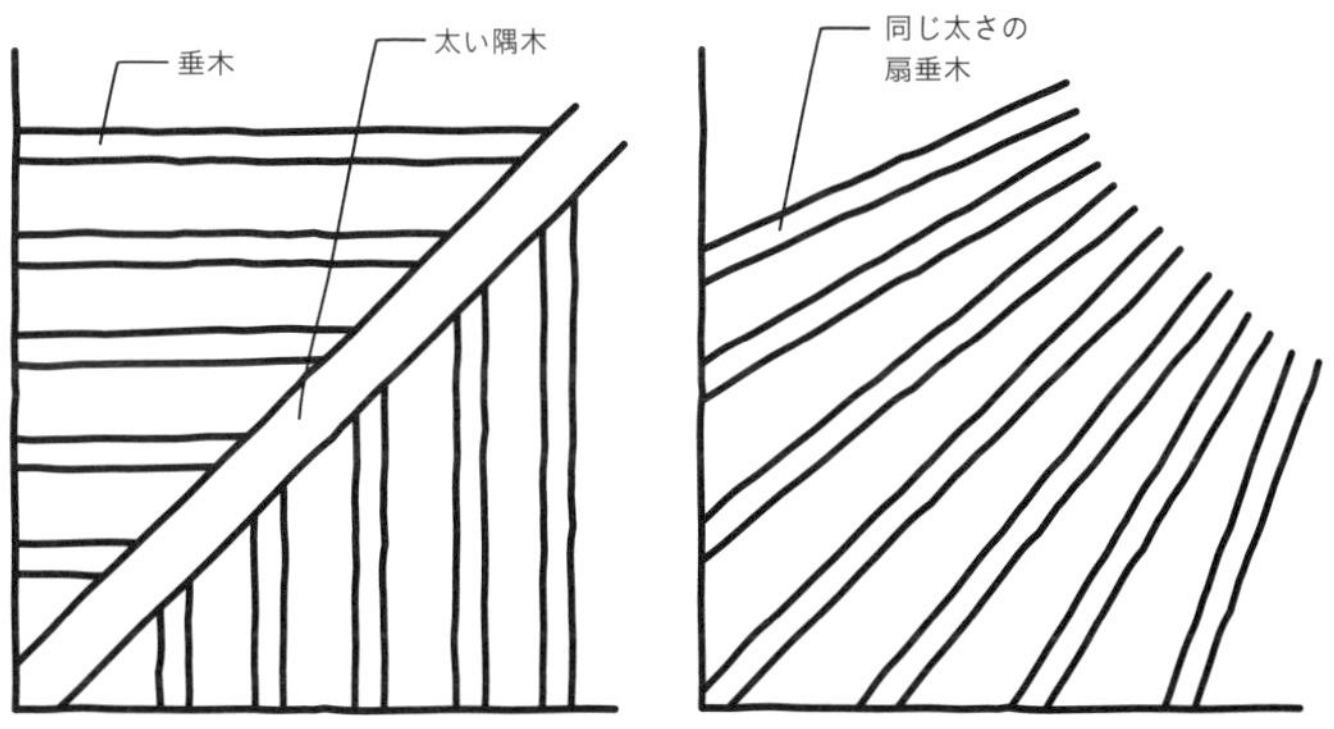
垂木
太い隅木
同じ太さの
扇垂木

スな切り替えを可能にしている。

❷出隅をきれいに跳ね出すには

建物の出隅で屋根や床を跳ね出すには、工夫が必要である。たとえば、切妻屋根の出隅では軒桁をけらば方向に延ばし垂木で軒を跳ね出したり、方形屋根の出隅では隅木を延ばして対応したりするのが普通である。

本建物の庇出隅の設計でまず問題になったのは、挿肘木を隅柱から2方向にいかに跳ね出すかである。同じレベルに挿肘木を設けようとすると、一方は通すことができない。そこで、直交方向で取り合う挿肘木のレベルをずらすことで干渉をなくし、2方向とも挿肘木を跳ね出せるようにした［図7・8］。側柱部分と同様に、この挿肘木に腕木を延長し、さらに先端に出桁を架け渡し、垂木の支点をつくった。

次に課題になったのが出隅における垂木の架け方である。既述のとおり、下がり棟の位置に隅木を設けて跳ね出してもよいが、隅木は垂木材に比べて太い材が必要になってしまう。庇の上裏が化粧露しになることから、垂木を扇状に配置する扇垂木を採用し、隅木のない均質な表現としている［図9］。

DATA

鹿嶋の住宅
（伊藤暁
建築設計事務所）

敷地面積：661.25㎡
建築面積：254.90㎡
延床面積：117.64㎡
規　　模：地上1階
竣　　工：2021年4月

13

大径木材＋筋かいで、ピロティと四周オーバーハングをつくる方法

事例：高床の家／福島加津也＋中谷礼仁　千年村計画、福島加津也＋冨永祥子建築設計事務所

ピロティとオーバーハングはそれぞれ難易度の高い構造形式であるが、これらが組み合わさった構造を実現するにはさまざまな配慮や工夫が必要である。一方、日本の在来軸組構法などで長らく多用されてきた筋かいや方杖といった斜材は、構造用面材の普及や現代のデザイン的な志向から採用されるケースが減っているものの、大きな可能性をもつ構造方法である。ここでは「高床の家」を事例とし、この斜材を生かしてピロティとオーバーハングの両方を実現する方法を紹介する。

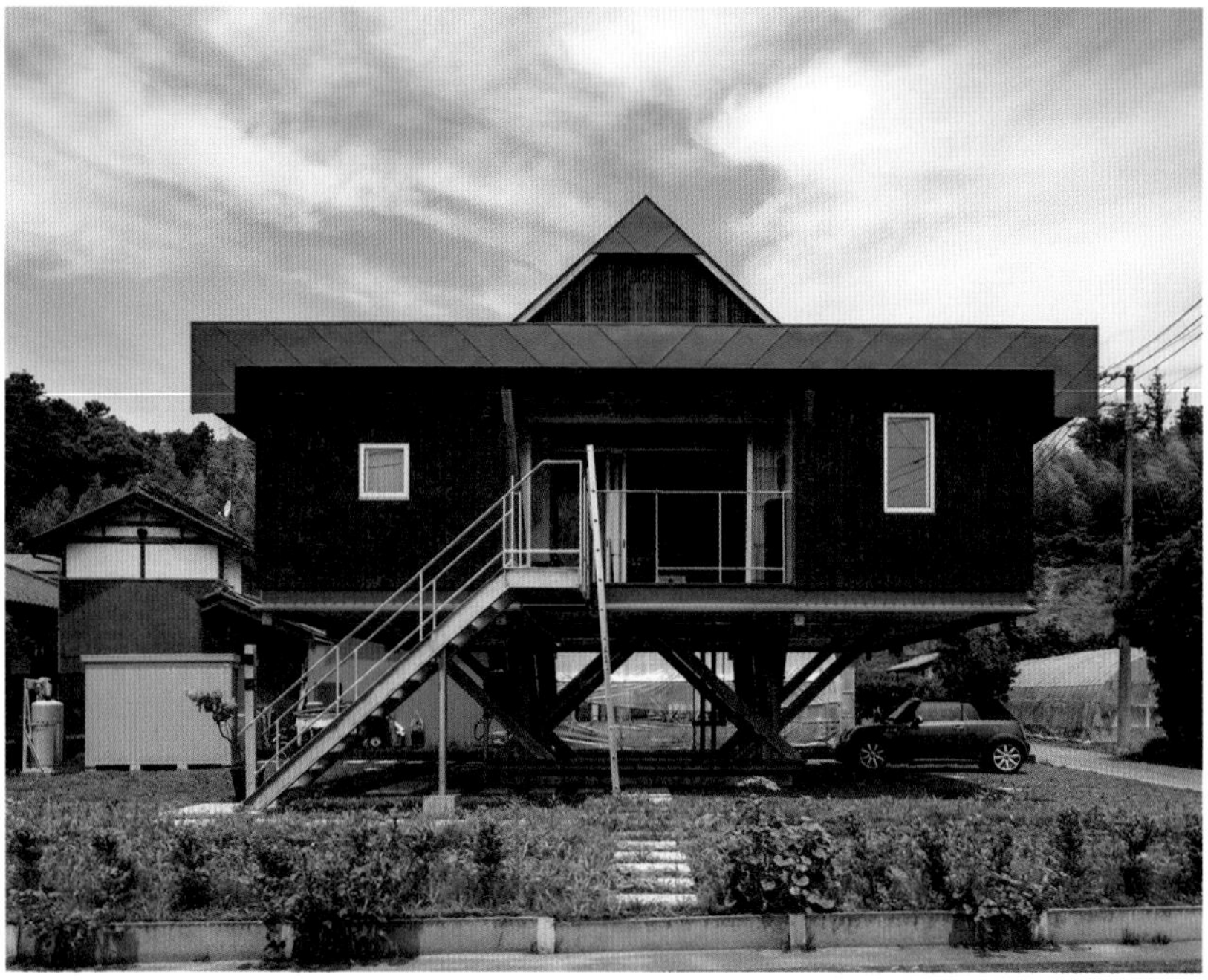

外観

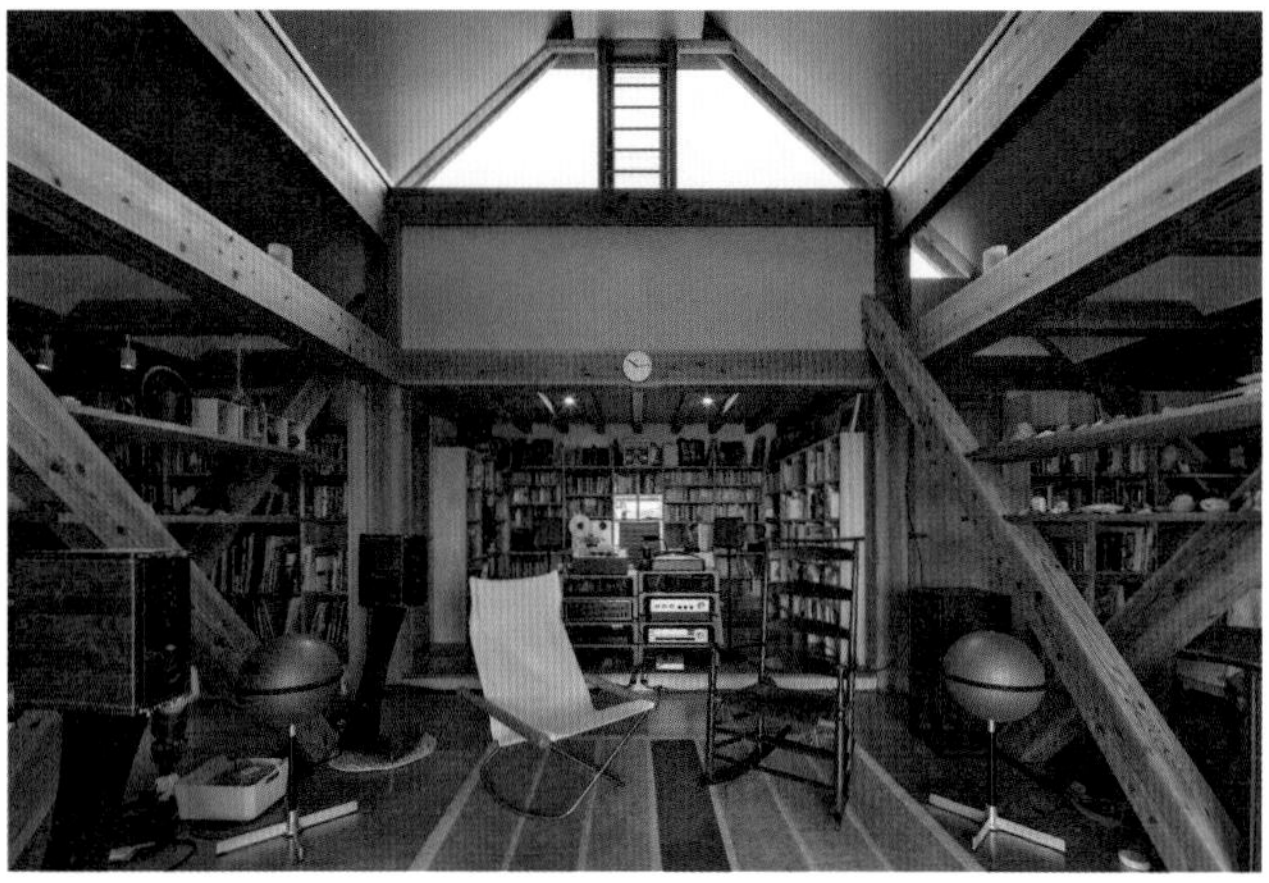

内観
［写真上下：小川重雄］

「高床の家」は、5間角（9.1×9.1m）の正方形平面を持つ2階建ての木造住宅である［図1・2］。背面には古墳、前面には田園が広がり、悠久の時の流れが感じられる土地に建つ。この雄大な眺望を室内に取り入れるために、居住空間はすべて2階に持ち上げられた。1階は雨掛かりに配慮して、中心部に4本の大断面製材の柱が立つ壁のない屋外空間となっている。2階は、中心部に配置された2間角（364×3.64m）の広間の周りに幅2・73mの居室が取り付く、計9間から成る井桁プランになっている。このため、1階のピロティから2階のオーバーハングが張り出す構成となっており、あたかも2階のボリュームが宙に浮いたような特徴的な外観である。

1階・2階とも耐力壁はなく、鉛直力と水平力に対しては立体的な格子フレームの随所に斜材を設けた架構のみで耐える構造となっている。日本において斜材は、筋かいや方杖として軸組の水平耐力を高めるために用いられてきたが、近年は構造用合板などの面材が普及したことによって採用される機会は減り続けている。そもそも斜材は軸組を固める目的のためだけに設けられるものであり、現代の建築家の多くは、デザインの観点から斜材が露しになるデザインを嫌がる。ところが本住宅では、インドネシアの高床民家のように斜材をさりげなく使った大らかな木造建築をつくるというコンセプトを建築主と建築家が提案した。そこで斜材を生かしてピロティと四周オーバーハングを実現することとなった。

ピロティと四周オーバーハングは、そのいずれかを実現するだけでも構造的に高度な工夫が必要に。今回のように両方を木造で実現させようとすると、構造計画の難易度は極めて高くなる。特に次の2つがポイントとなった。

❶フレームをどうつくるか？
❷接合部をどうつくるか？

建物中央に全荷重を支える4本の通し柱を設ける

図1｜平面図

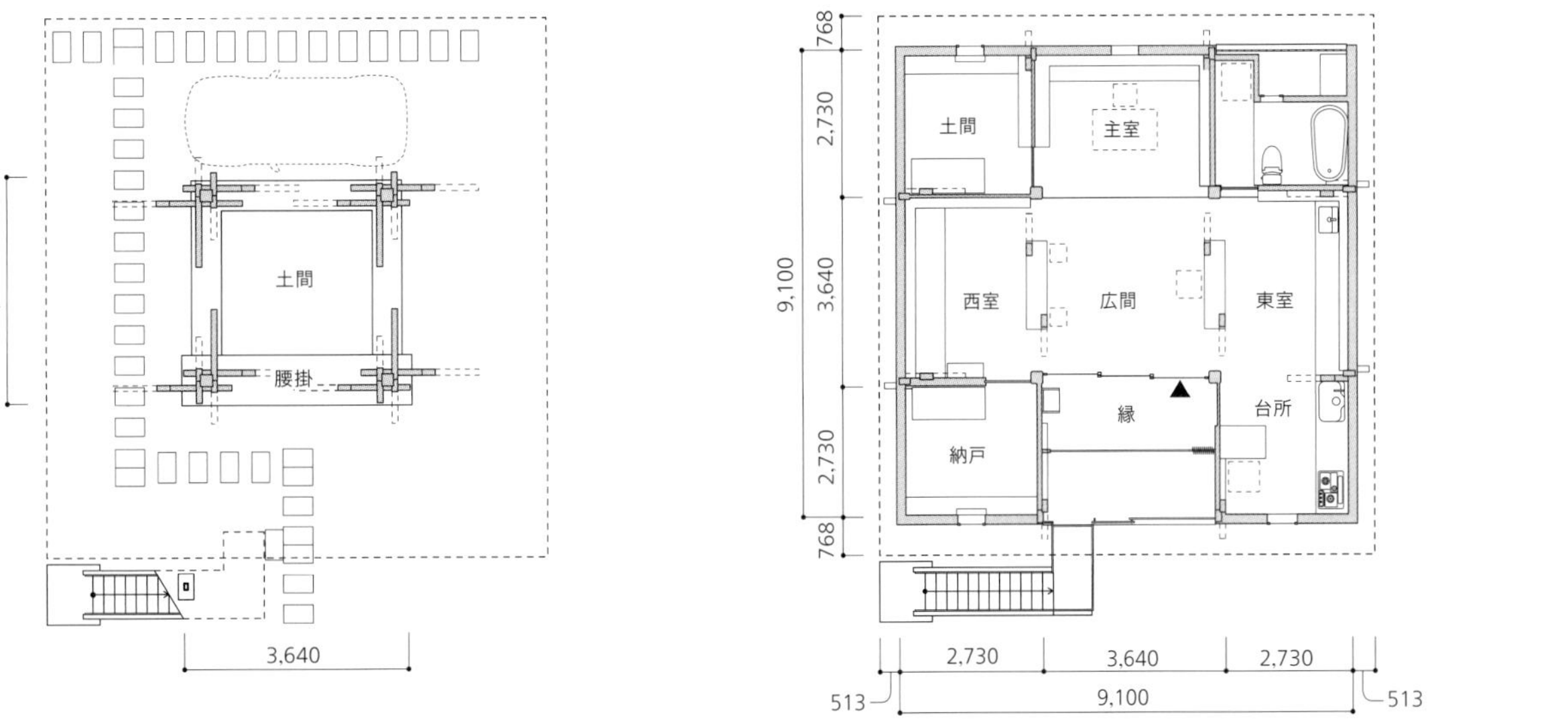

土間
腰掛
3,640
3,640
768
2,730
3,640
2,730
768
9,100
土間
主室
西室
広間
東室
縁
台所
納戸
2,730
3,640
2,730
513
9,100
513

1階　　2階

図2｜断面図

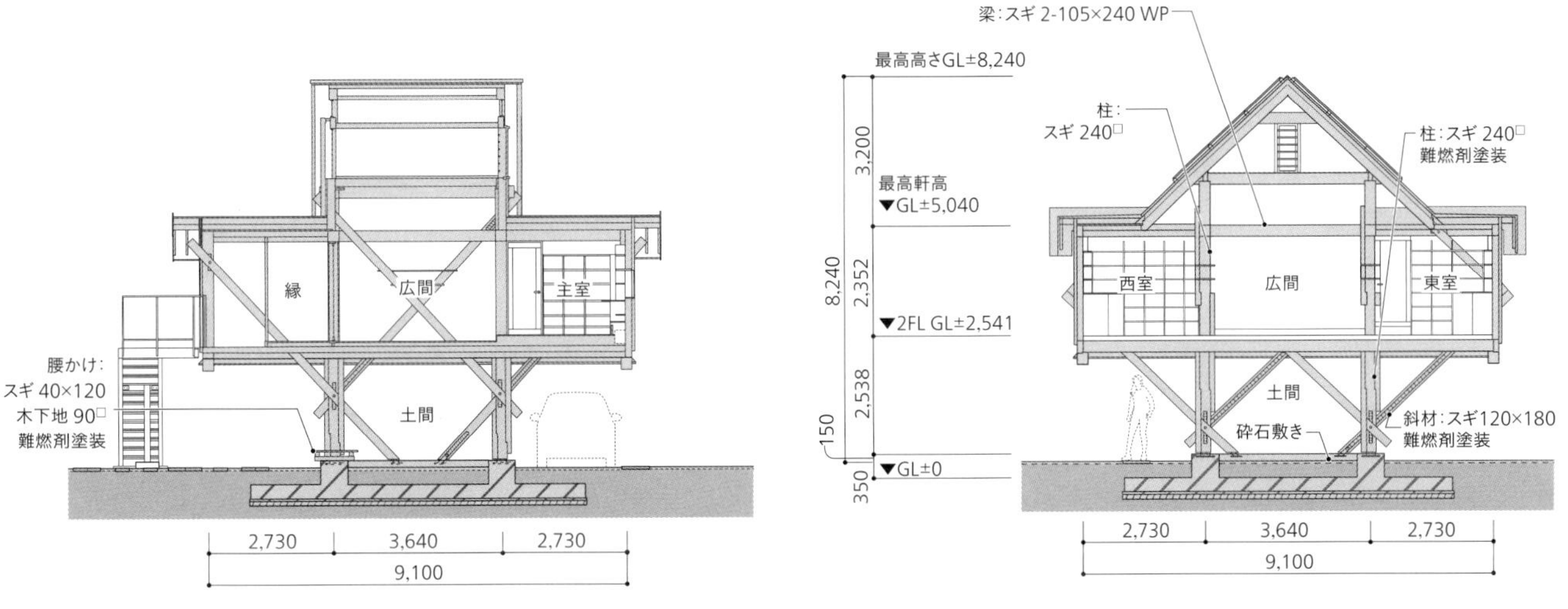

縁
広間
主室
土間
腰かけ：
スギ 40×120
木下地 90□
難燃剤塗装
2,730
3,640
2,730
9,100
梁：スギ 2-105×240 WP
最高高さGL±8,240
柱：
スギ 240□
柱：スギ 240□
難燃剤塗装
最高軒高
▼GL±5,040
▼2FL GL±2,541
▼GL±0
3,200
2,352
2,538
8,240
150
350
西室
広間
東室
土間
砕石敷き
斜材：スギ120×180
難燃剤塗装
2,730
3,640
2,730
9,100

❶フレームをどうつくるか?

ピロティと四周オーバーハングを同時に実現できる、鉛直力にも水平力にも抵抗しやすい合理的な架構をつくりたい。そこで、木材を縦横に組んだ格子フレームを基本構成とし、そこに斜材の入れ方を工夫することで、鉛直力と水平力の両方に強いかたちをつくることにした。その際、斜材をブレースのように柱梁の節点どうしをつなぐのではなく、少しずらして設けることで、部材がたくさん集まる接合部の混雑を解消するとともに、居住スペースを確保した［図3］。具体的な架構は次のように決めていった［図4］。

①中央部に建物の全荷重を支える4本の太い通し柱（240㎜角）を立てる。4本柱は雨掛かりや居住スペースを考慮し、中心2間間の四隅に配置する。

②4本柱を拠り所として、2階と屋根レベルに井桁状の格子梁を、2階の外壁面に柱を配置して、格子フレームを構成する。

③格子フレームが鉛直力と水平力を受けた際の曲げモーメント図［図5］に近くなるよう、斜材を配置する。斜材は力の流れが直線的に連続するよう、柱や梁位置でブツ切れにせず通す。斜材が取り付く2階外周の側柱は曲げモーメントを負担するので、斜材方向の断面を太くし、120×240㎜とする。

④2階の出隅を支えるために、外壁面の一部に斜材を入れる。

図3｜格子フレームと斜材のレイアウト

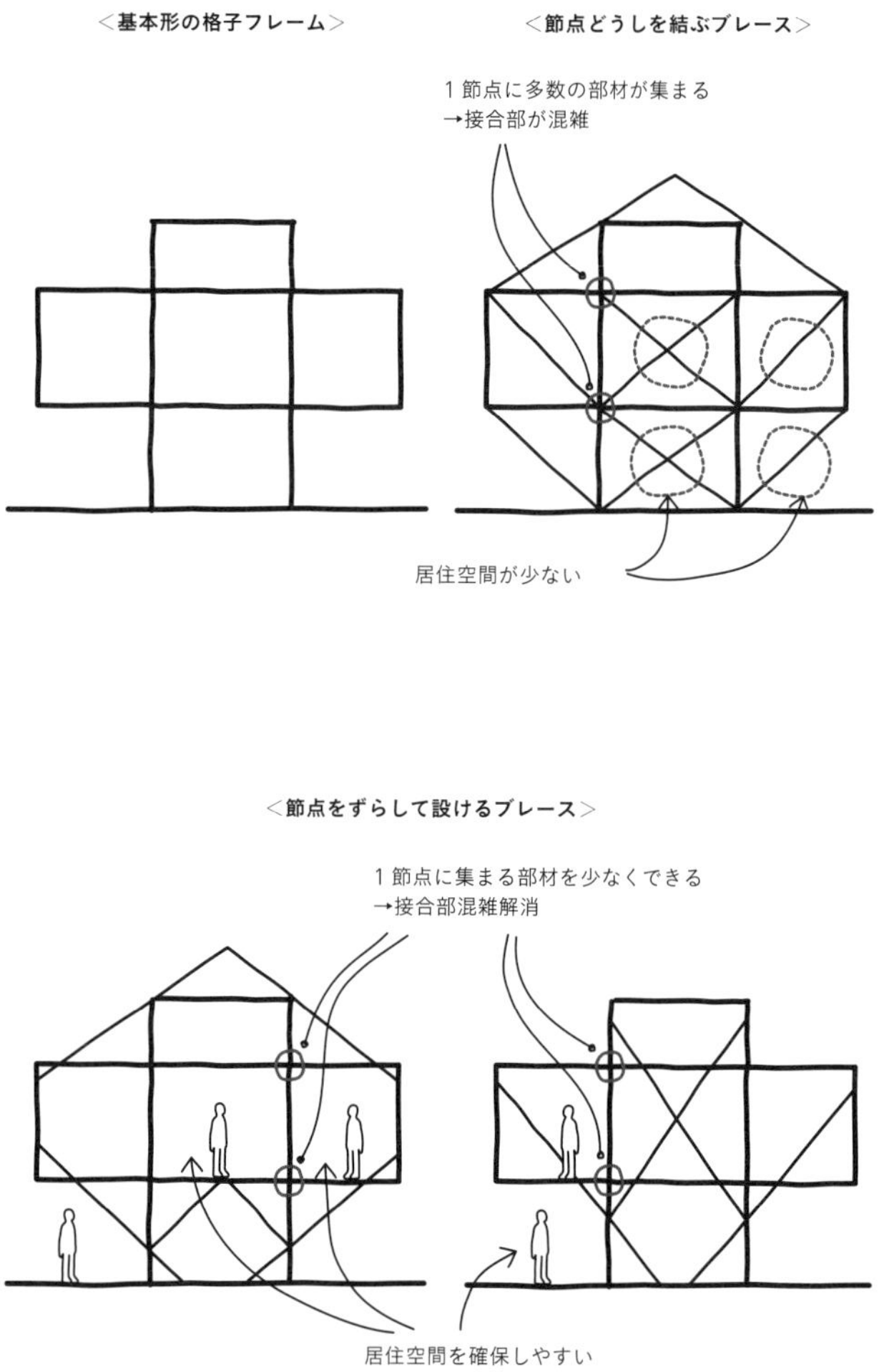
<基本形の格子フレーム>
<節点どうしを結ぶブレース>
1節点に多数の部材が集まる
→接合部が混雑
居住空間が少ない
<節点をずらして設けるブレース>
1節点に集まる部材を少なくできる
→接合部混雑解消
居住空間を確保しやすい

図4｜架構の決め方

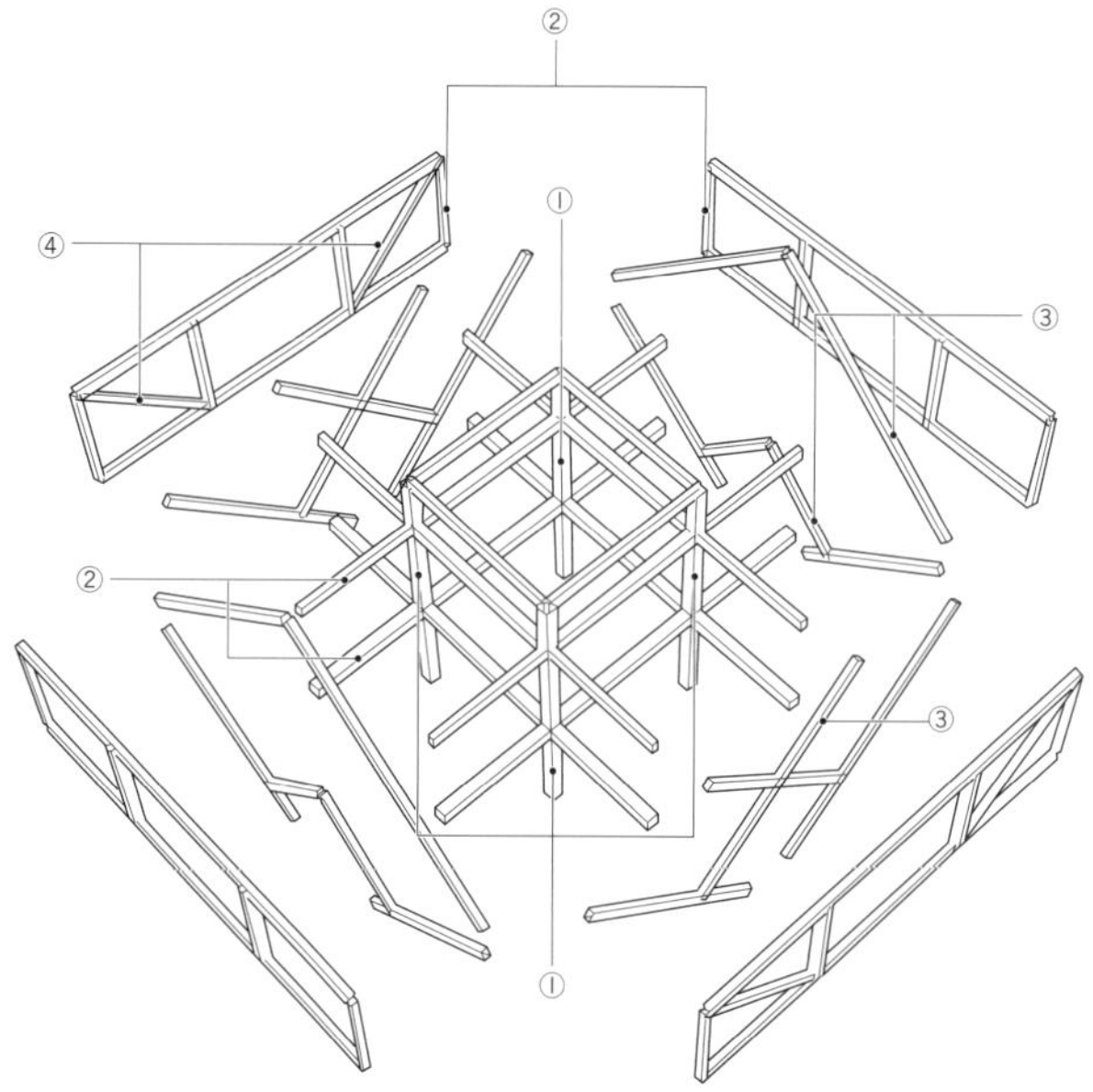
①
②
③
④

図5｜水平力·鉛直力時の曲げモーメント図

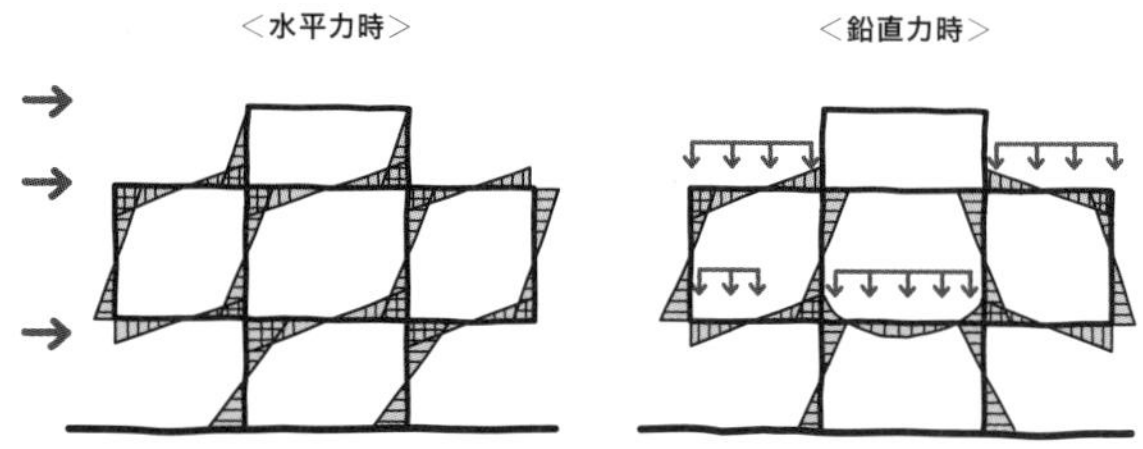
<水平力時>
<鉛直力時>

構造模型

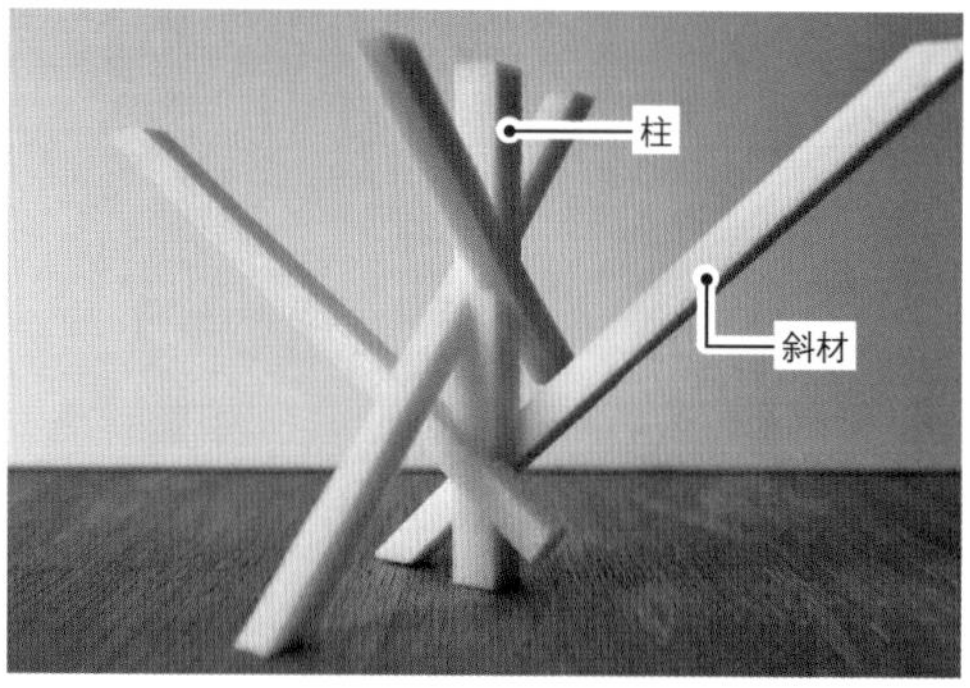
柱
斜材

ピロティ柱の構造模型

❷接合部をどうつくるか？

木造の接合部は、溶接で鋼材を拡張できるS造や、柱を太くして配筋を納まりやすくできるRC造と違い、基本的には木を削って接合部をつくる「引き算」の考え方になる。そのため、部材が多方向から集まる接合部をつくることは難しい。特に1階のピロティ部の柱には、4方向の斜材が取り付くため、接合部の工夫が必要である。そこで、次のように接合ディテールを工夫した［図6］。

1）相対する2本の斜材を1組とし、直交する組の斜材が柱に取り付く高さ位置をずらすことによって、柱の断面欠損を大幅に抑える。

2）相対する斜材どうしが柱に取り付く通りをずらすことによって、柱の対面にそれぞれの斜材を取り付けられるようにし、接合耐力を確保しやすくする。

3）斜材を柱位置で止めずに少し突き出すことにより、接合耐力を確保しやすくする。

4）斜材と柱とにそれぞれ長い平鋼をビス留めしておき、これらを1本のボルトで接合することで、応力伝達範囲を分散させる。

以上によって特殊な金物や方法を使うことなく、性能の高い接合ディテールをコンパクトに実現できた。これらは柱に大断面製材（スギ240㎜角）を採用したことで、柱の耐力とスペースが大きく確保できるようになったことが大きい。

図6｜ピロティ柱と斜材の接合ディティールの工夫

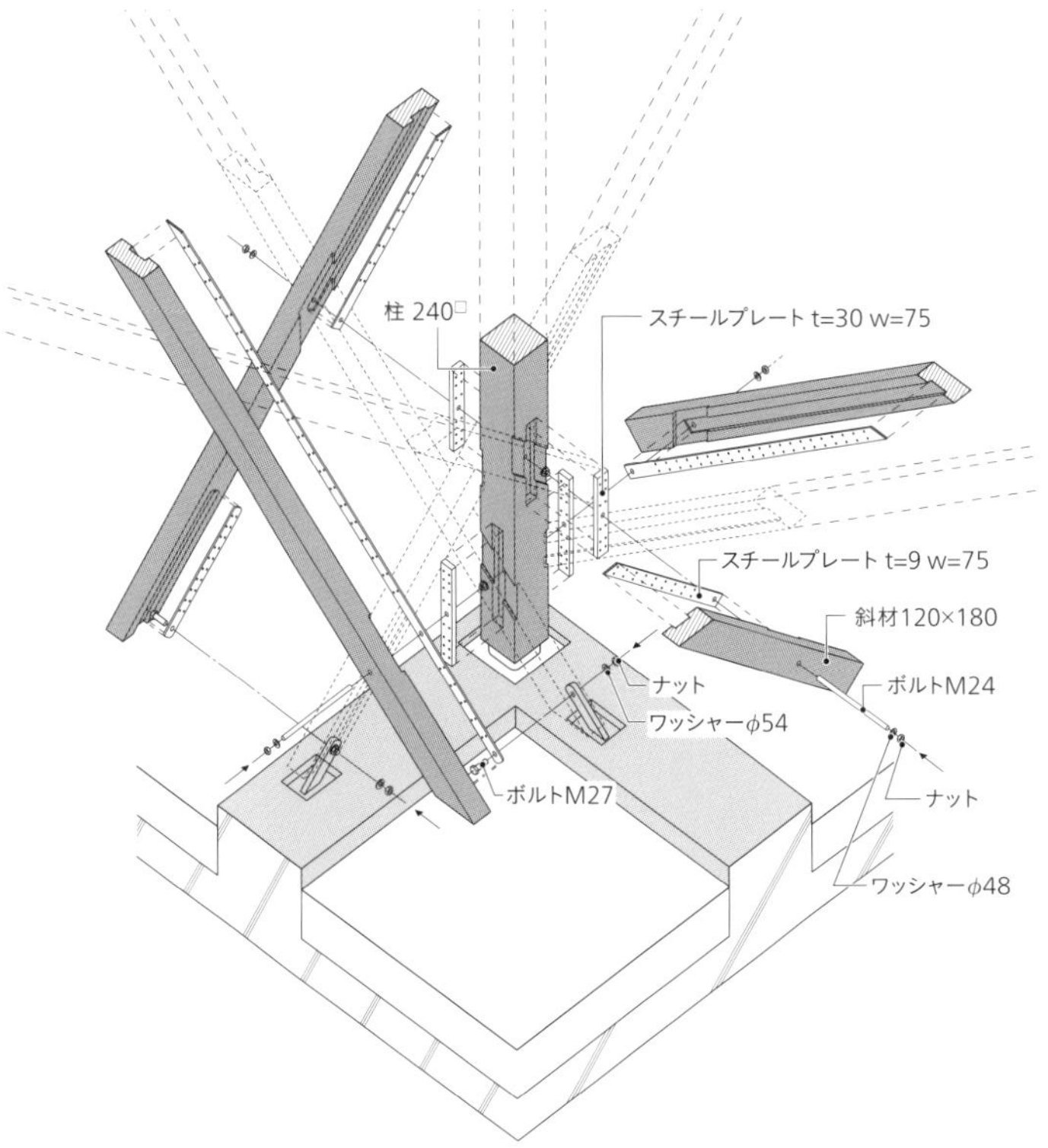
柱 240□
スチールプレート t=30 w=75
スチールプレート t=9 w=75
斜材120×180
ナット
ボルトM24
ワッシャーφ54
ボルトM27
ナット
ワッシャーφ48

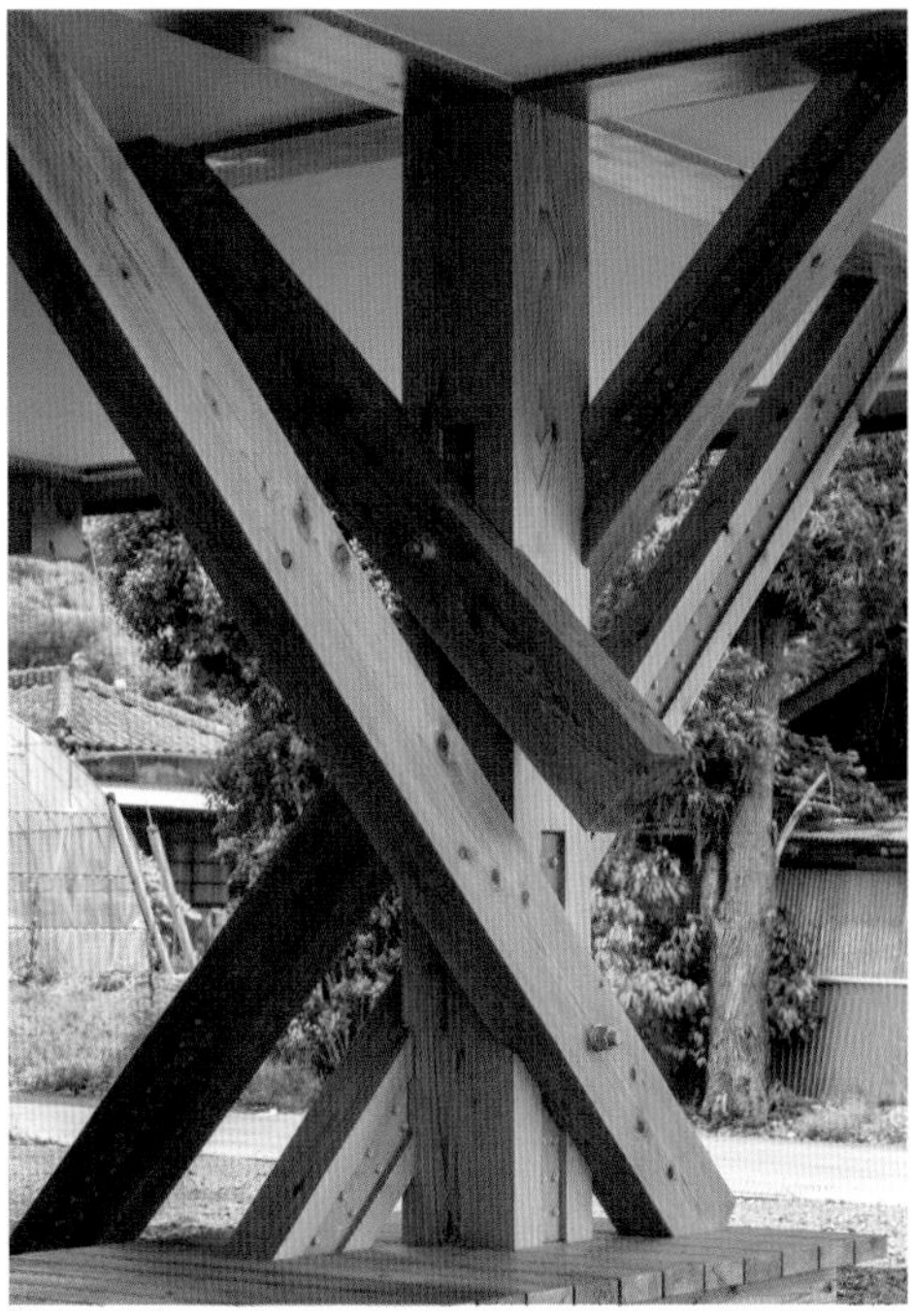

ピロティ柱と斜材の接合部

ピロティ柱

［写真上下：小川重雄］

DATA

高床の家
（福島加津也+中谷礼仁／
千年村計画、福島加津也+冨永祥子建築設計事務所）

敷地面積：342.17㎡
建築面積：82.81㎡
延床面積：82.81㎡
規　　模：地上2階
竣　　工：2021年3月

ポイント

ピロティとオーバーハングの構造的課題

ピロティとは、低層階を開放的なパブリック空間とするために、柱だけで構成した壁のない屋外空間のこと。集合住宅や小・中規模程度のオフィスビルといった都市部の多層建築によく見られる。1995年の兵庫県南部地震で、ピロティ階の剛性と耐力の低いRC造建物が大きな被害を受け、耐震設計の配慮が特に重要な形式として位置付けられた。

オーバーハングは、下階よりも上階が張り出す形式で、上階に居住空間を大きく確保できたり、基礎面積を少なくできたりするメリットがある。その一方で、トップヘヴィになることで上下階の重量バランスが崩れたり、外壁の位置が上下階でそろわないために耐力要素の位置がずれてバランスがとりにくいといったデメリットもある。

ピロティとオーバーハングが組み合わさると、構造計画の難易度はさらに上がる。ピロティだけでもピロティ階柱の地震時の水平荷重負担が大きいが、さらにオーバーハングが組み合わさることで、ピロティ階柱にかかる地震時の水平荷重負担だけでなく、鉛直荷重の負担が過大になる。これに加えて、オーバーハングの張り出しにも工夫が必要になる。

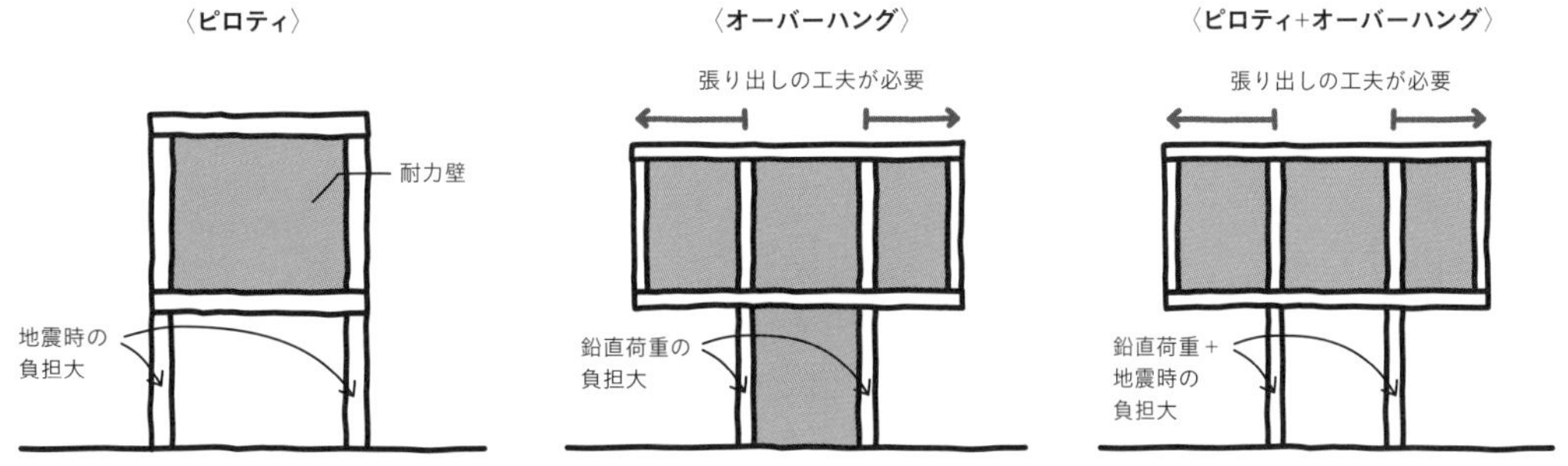
〈ピロティ〉
耐力壁
地震時の
負担大
〈オーバーハング〉
張り出しの工夫が必要
鉛直荷重の
負担大
〈ピロティ+オーバーハング〉
張り出しの工夫が必要
鉛直荷重＋
地震時の
負担大

14

耐力壁のない開放的な建築家の仕事場をつくる方法

事例：多田善昭の新しい仕事場／多田善昭建築設計事務所

一般に、木造建築の水平耐力は、筋交いや構造用面材を用いた耐力壁で確保する。しかし、採光や眺望を目的として大開口を設けるなど、事務所建築で多くみられる開放的な計画では、耐震上有効な耐力壁が確保しにくい。この場合、木造でも水平耐力を耐力壁ではなくフレームに持たせるとよい。この代表的なものに、柱と横架材を剛に接合することで耐力を発現するラーメン構造ある。RC造や鉄骨造のラーメン構造のように完全な剛接合は難しいが、現代ではLSBやGIR等によるモーメント抵抗接合を用いた性能の高い木質ラーメン構造が多数開発されている[※]。

ここでは平屋の木造事務所「多田善昭の新しい仕事場」を例に、耐力壁のない開放的な事務所をつくるための構造計画について解説する。

梁間7.2m×桁行19.2mの長方形平面の木造平屋

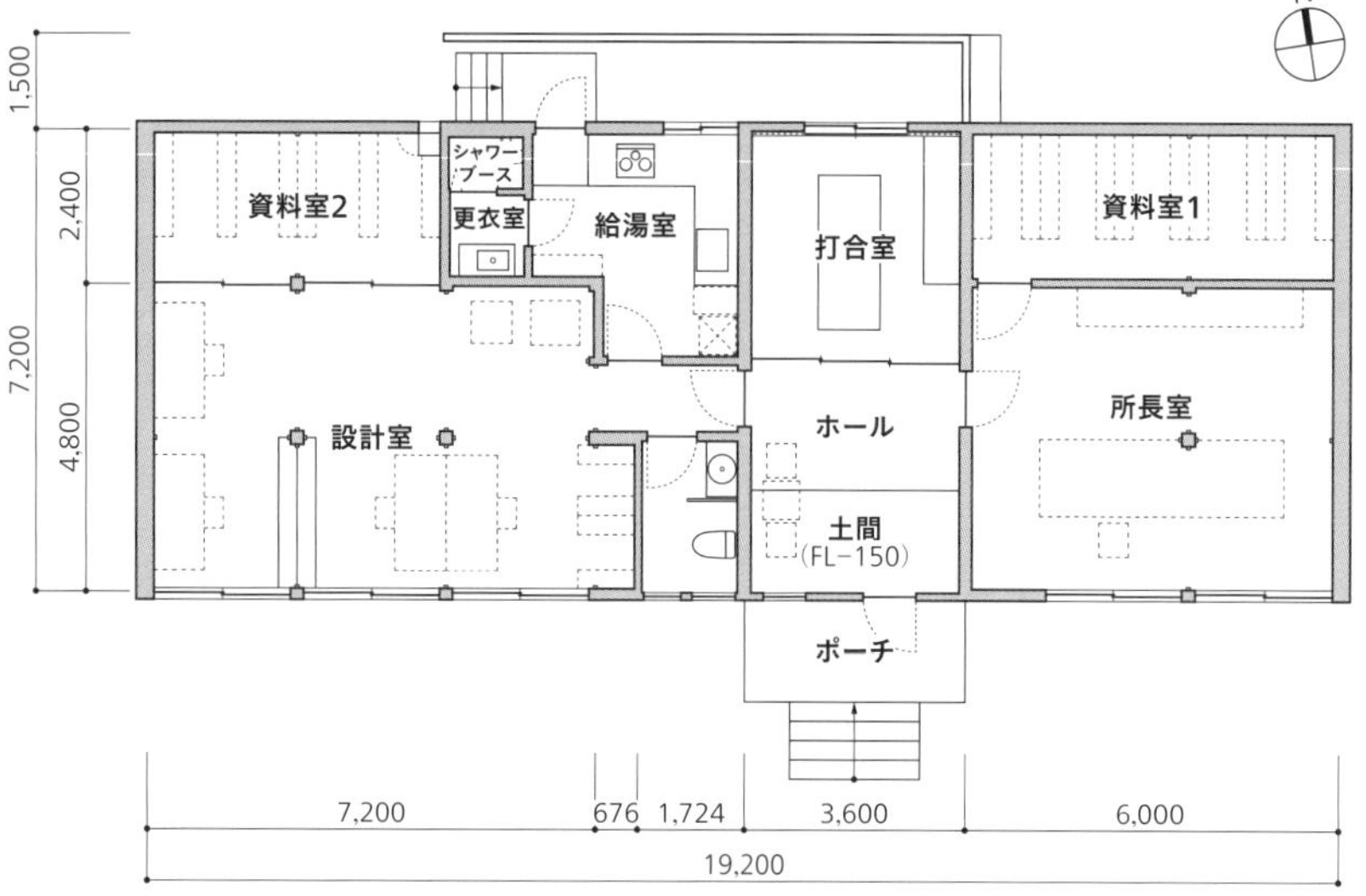
N
シャワーブース
更衣室
資料室2
給湯室
打合室
資料室1
設計室
ホール
所長室
土間
(FL−150)
ポーチ
1,500
2,400
7,200
4,800
7,200
676
1,724
3,600
6,000
19,200

平面図[S=1:200]

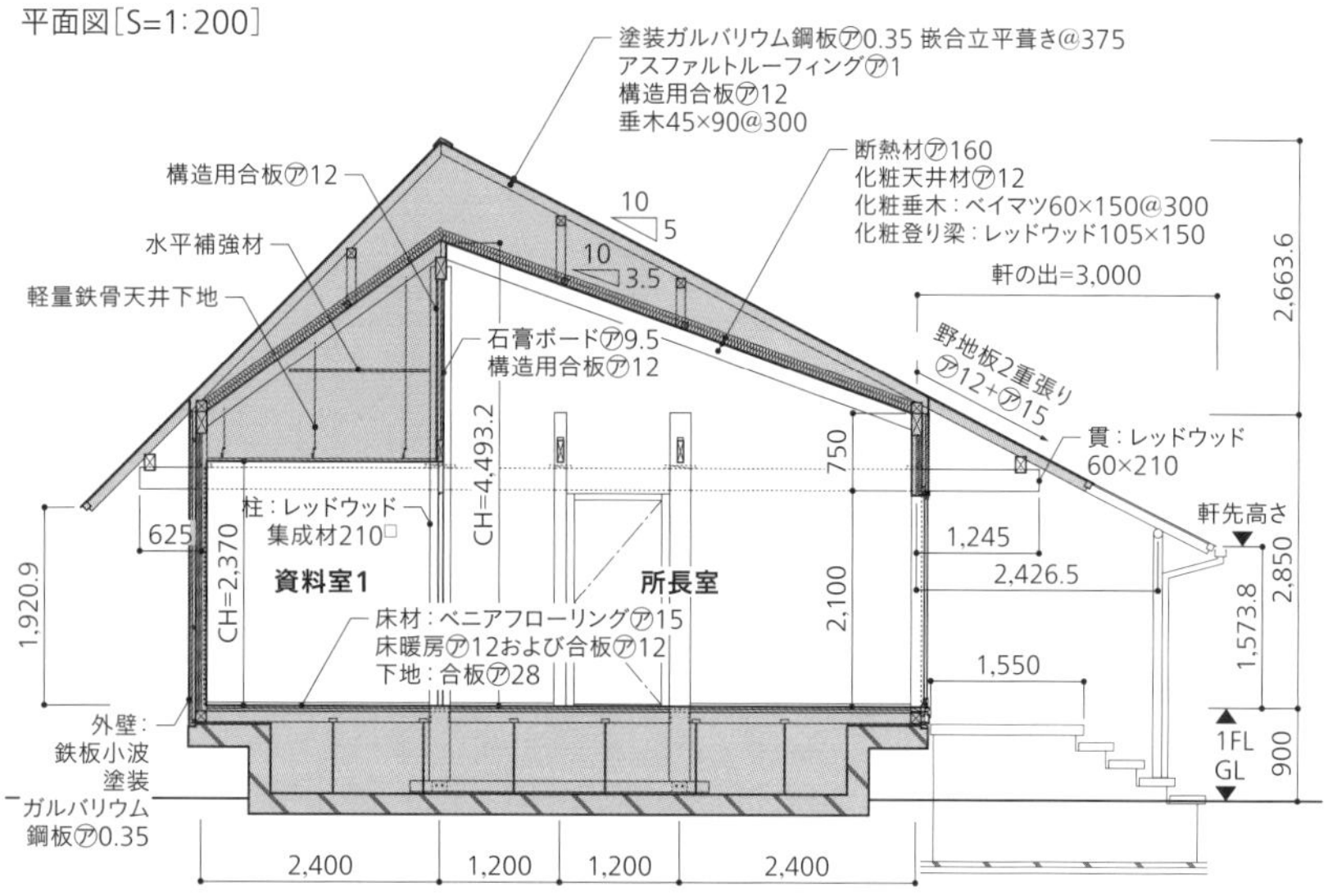
塗装ガルバリウム鋼板㋐0.35 嵌合立平葺き@375
アスファルトルーフィング㋐1
構造用合板㋐12
垂木45×90@300
構造用合板㋐12
水平補強材
軽量鉄骨天井下地
断熱材㋐160
化粧天井材㋐12
化粧垂木：ベイマツ60×150@300
化粧登り梁：レッドウッド105×150
10
5
10
3.5
軒の出=3,000
石膏ボード㋐9.5
構造用合板㋐12
野地板2重張り
㋐12+㋐15
貫：レッドウッド
60×210
軒先高さ
2,663.6
625
柱：レッドウッド
集成材210□
CH=4,493.2
750
1,245
2,426.5
2,850
資料室1
所長室
CH=2,370
2,100
1,573.8
1,920.9
床材：ベニアフローリング㋐15
床暖房㋐12および合板㋐12
下地：合板㋐28
1,550
1FL
GL
900
外壁：
鉄板小波
塗装
ガルバリウム
鋼板㋐0.35
2,400
1,200
1,200
2,400

断面図[S=1:120]

建物外観。深い軒・けらば、南側5寸・北側10寸と急勾配の切妻屋根が印象的。外装は屋根・外壁ともにガルバリウム鋼板としている　[写真：淺川敏]

「多田善昭の新しい仕事場」は、香川県丸亀市のほぼ中央を北流する土器川沿いに建てられた建築家の仕事場である。梁間7.2m×桁行19.2mの長方形平面の木造平屋で、軒・けらばの出が大きく、急勾配（南側5寸、北側10寸）の切妻屋根が外観を特徴づけている。土器川の氾濫による浸水に備え、1階床レベルが地盤面から90cm上がった高床となっていて、建物上部の外壁は基礎立ち上がりから60cmオーバーハングしている。

2.4m×2.4～3.6mの矩形グリッドをベースにプランニングされ、グリッド交点に中柱が建つ。北側に資料室や給湯室などの開口部の少ない空間をまとめ、南側はエントランス・所長室・設計室などの開放的な仕事場空間を配置。そのため、南面には耐力壁を設けられる全面壁がほとんどなく、仕事場空間の水平耐力をどう確保するかが課題となった。急勾配の屋根と比べると勾配の緩やかな天井には、連続した化

図1｜中柱を通し貫と足固めで拘束したラーメン構造

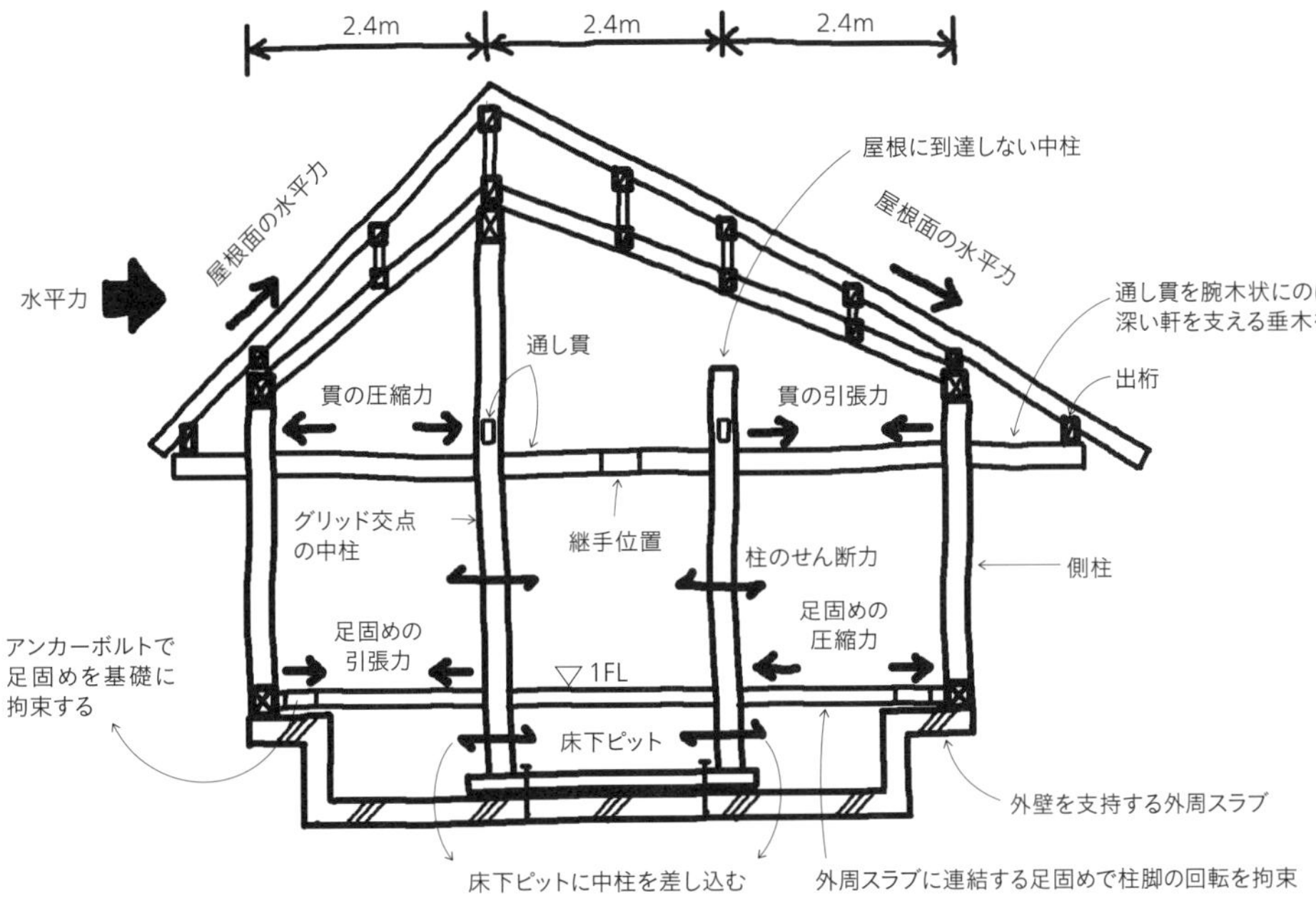

図2｜一面のみの大開口を実現する方法

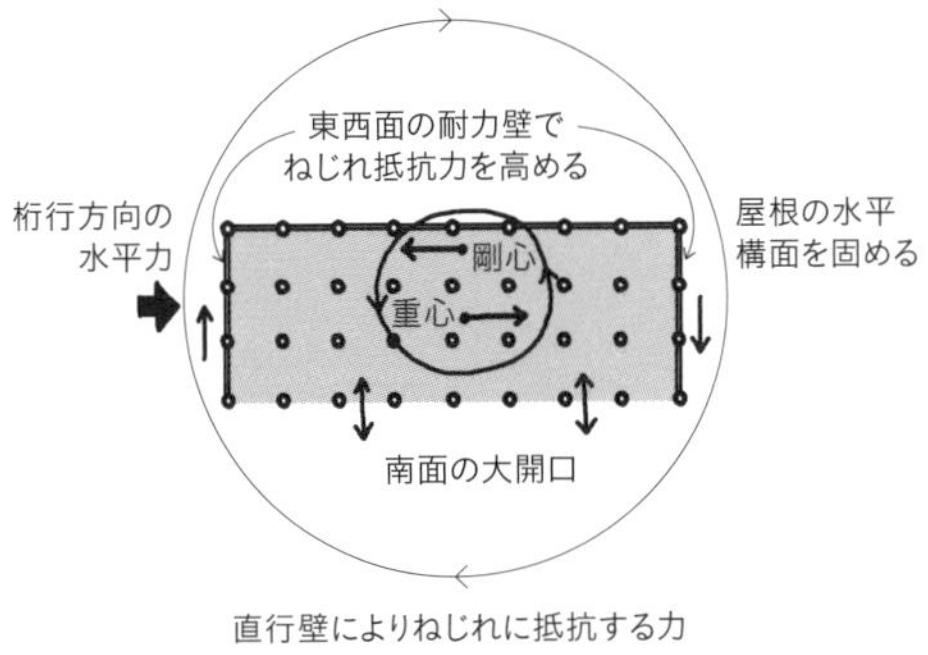

図3｜外壁と基礎立上がり位置のズレ

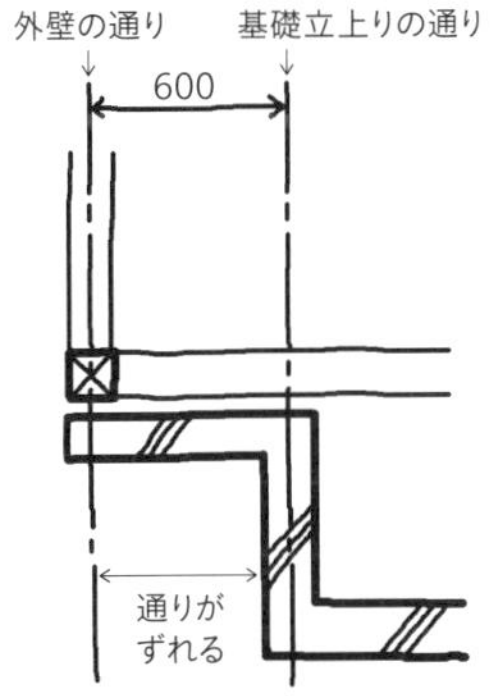

開放的な所長室　［写真：淺川敏］

ピット空間を利用した足固めで柱脚部の回転を拘束する

柱頭の回転を拘束する通し貫　［写真左右：淺川敏］
通し貫は梁間と桁行方向でレベルをずらして柱位置での干渉をなくしている

スパン中央に設けられた軸力とせん断を伝達する通し貫の継手

粧垂木が整然と並べられている。グリッド交点の中柱のうち、所長室と設計室の3本の中柱は天井まで到達しておらず、化粧垂木が内部空間の連続性を演出している。この建物の構造計画におけるポイントは次の3つであった。

❶南側の開放的な仕事場空間のつくり方
❷天井に到達しない柱の効かせ方
❸深い軒の出し方

❶南側の開放的な仕事場空間のつくり方

外壁に開口が少ない東・西・北の3面は耐力壁を配置できるが、南面は仕事場空間の採光と眺望を確保するため大開口が設けられていて、耐力壁を入れられるスペースがほとんどない。桁行（東西）方向の水平力に抵抗できるようにするには工夫が必要だ。

このような開口部の配置の場合、例えば、長辺と短辺の辺長比が大きいことを利用して東西2面と屋根面を固めることでねじれ抵抗を高めた上で、北1面のみの耐力壁で水平力に抵抗させる方法がある。だが、前述のように、外壁位置が基礎梁の役目をする基礎立ち上がり位置とずれるので、外壁位置に強い耐力壁を入れても性能が得にくく、本建物では採用しにくい。

一方、開放的な空間をつくる一般的な方法としてラーメン構造がある。幸いにもグリッド交点に2列の中柱が計画されていたため、この柱の頂部と脚

耐力壁に頼らずに桁行方向の水平力に抵抗したラーメン構造

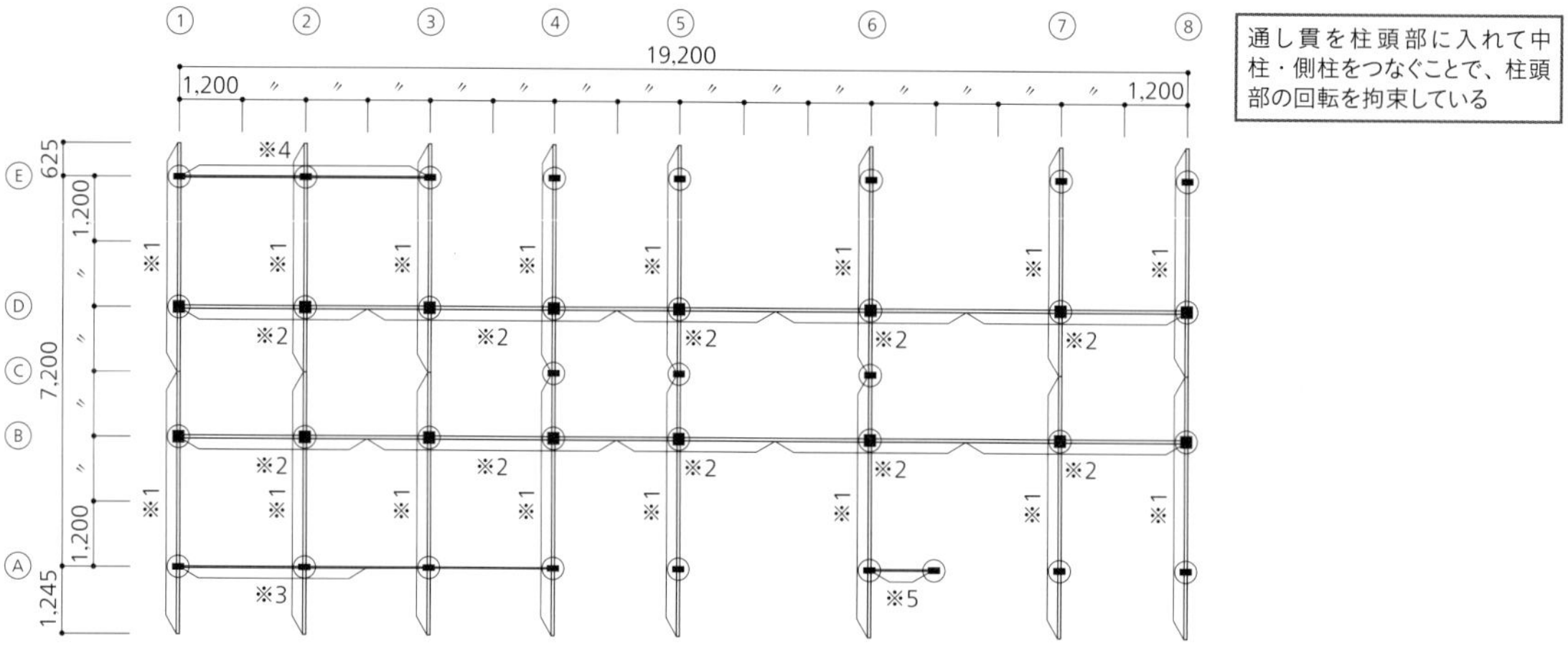
通し貫を柱頭部に入れて中柱・側柱をつなぐことで、柱頭部の回転を拘束している
19,200
1,200
※1
※2
※3
※4
※5
貫伏図[S=1:200]

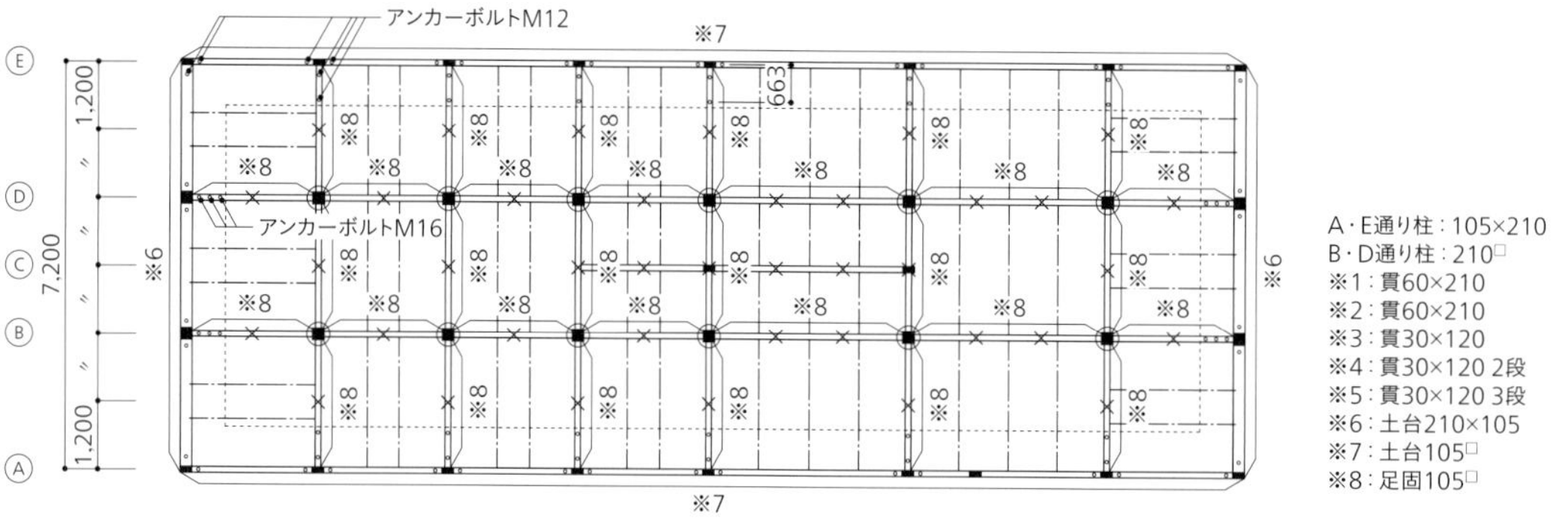
アンカーボルトM12
アンカーボルトM16
※6
※7
※8
A・E通り柱：105×210
B・D通り柱：210□
※1：貫60×210
※2：貫60×210
※3：貫30×120
※4：貫30×120 2段
※5：貫30×120 3段
※6：土台210×105
※7：土台105□
※8：足固105□
1階床伏図[S=1:200]

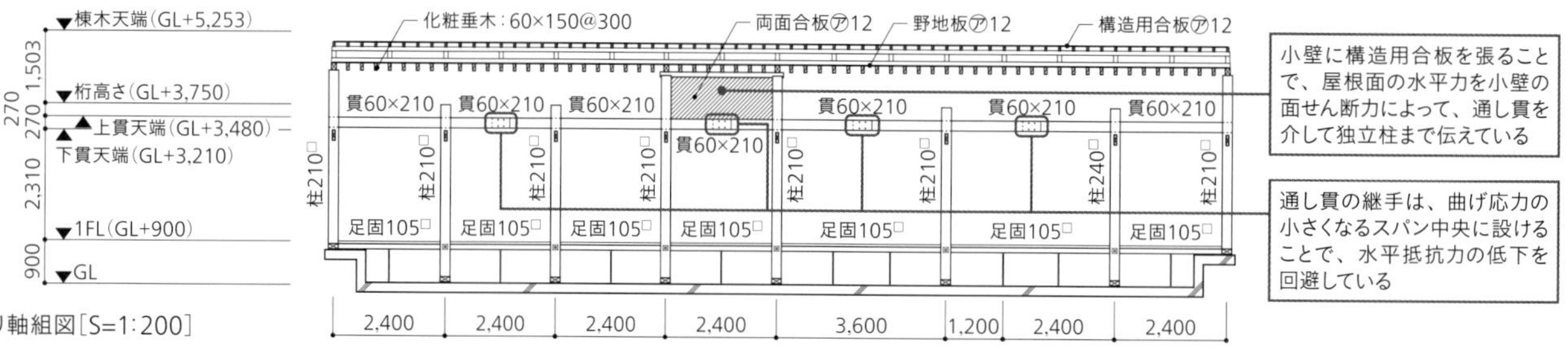
棟木天端(GL+5,253)
桁高さ(GL+3,750)
上貫天端(GL+3,480)
下貫天端(GL+3,210)
1FL(GL+900)
GL
化粧垂木：60×150@300
両面合板⑦12
野地板⑦12
構造用合板⑦12
小壁に構造用合板を張ることで、屋根面の水平力を小壁の面せん断力によって、通し貫を介して独立柱まで伝えている
通し貫の継手は、曲げ応力の小さくなるスパン中央に設けることで、水平抵抗力の低下を回避している
貫60×210
柱210□
柱240□
足固105□
2,400
3,600
1,200
Ⓑ通り軸組図[S=1:200]

部の回転を拘束することで梁間・桁行の両方向にラーメンフレームをつくり、耐力壁に頼らない構造にすることにした。

まず、高床を生かして床下ピットにまで中柱を差し込むことで、柱脚部の回転も拘束することにした。即ち、ピット底部と1階床の2つのレベルで柱の回転を拘束することで、水平力に対して独立柱構造で抵抗する仕組みをつくった。

2方向に通すためにレベルをずらした通し貫を柱頭部に入れて中柱・側柱をつなぎ、柱頂部の回転を拘束した。通し貫に必要な継手は、柱内に設けると水平抵抗力が低下するので、応力が小さくなるスパン中央に設けることにした。急勾配の切妻屋根で棟レベルが高いので、面外風圧による妻壁の変形が懸念されたが、通し貫が妻壁内の柱のたわみを抑える効果も生んだ。

❷天井に到達しない中柱の効かせ方

仕事場空間の3本の中柱は、化粧垂木による内部空間の連続性を失わないよう、天井まで到達させず軒レベル付近で止めている。そのため、屋根面の水平力を❶のラーメンフレームまで伝達させるのに工夫が必要である。

梁間方向は、切妻屋根であるため、軒部分では屋根が下がってきているため自ずと三角形の構面ができている。これを利用し屋根面―軒桁―柱―貫の接合を緊結して、屋根面の水平力は通し貫を介して独立柱に伝達させるようにした。

一方、桁行方向は、貫上の小壁を利用して屋根面の水平力を小壁の面内せん断力によって貫レベルまで伝達させることにした。具体的には、トイレ北壁面の上部に小壁が取りつくので、ここに構造用合板を張ることで、屋根面の水平力を、通し貫を介して独立柱まで伝えている。

このような経路で応力伝達する場合、せん断力だけでなく通し貫には大きな軸力が生じるため、貫継手を圧縮、引張に耐える仕様にするとともに、柱との接合部で込栓を打って通し貫の軸力が確実に柱に伝わるようにしている。

❸深い軒の出し方

1.8mほど大きく跳ね出した南側の深い庇は、風雨や日射からの保護だけでなく、建物外観を強く特徴づける役割も持っている。軒を深く出す構造としてよく使われるのは、大きな断面の垂木や登梁を棟から軒先まで1本通して支える方法である。この場合、木材の長さも断面も過大になるのでコストアップの原因になりやすい。

ここでは水平耐力を持たせる通し貫を生かした出《だ》し桁造《げたづく》りを用いることにした。側柱を貫通させて軒下まで伸ばした先端に出し桁を入れ、これを支点にして垂木を跳ね出している。この方法によって軒先の垂木は本体側に深く差し込む必要がなくなるので、垂木に使う木材の長さを短くでき、更に垂木成を小さく抑えることもできる。

※古建築に使われている貫構造も、これらに比べると剛性は小さいがラーメン構造の一種である。

●貫
・樹種は集成材E95-F270とする
・①〜⑧通りおよび©・Ⓓ通りは60×210、Ⓐ・Ⓔ通りは30×120とする

●木柱
・特記なきは210□、集成材E95-F270とする
・化粧材については等級を別途指定

●土台、足固、大引、垂木
土台：105×210（①〜⑧通り）、105□（Ⓐ・Ⓔ通り）
足固：105□
大引：105□
垂木：60×150（内側Ⓐ〜Ⓓ）、60×120（内側Ⓓ〜Ⓔ）、45×90（外側）

●水平構面
屋根（内側）：
・野地板（スギ）㋐12、釘N75@300以下で直打ち（川の字打ち）
屋根（外側）：
・構造用合板㋐12、釘N75@300以下で垂木直打ち（川の字打ち）
・面材は桁から外側は化粧（野地板）とする
・垂木間には見付け幅45以上の面戸材を設け、横架材に対しN75@150以下で斜め釘打ち

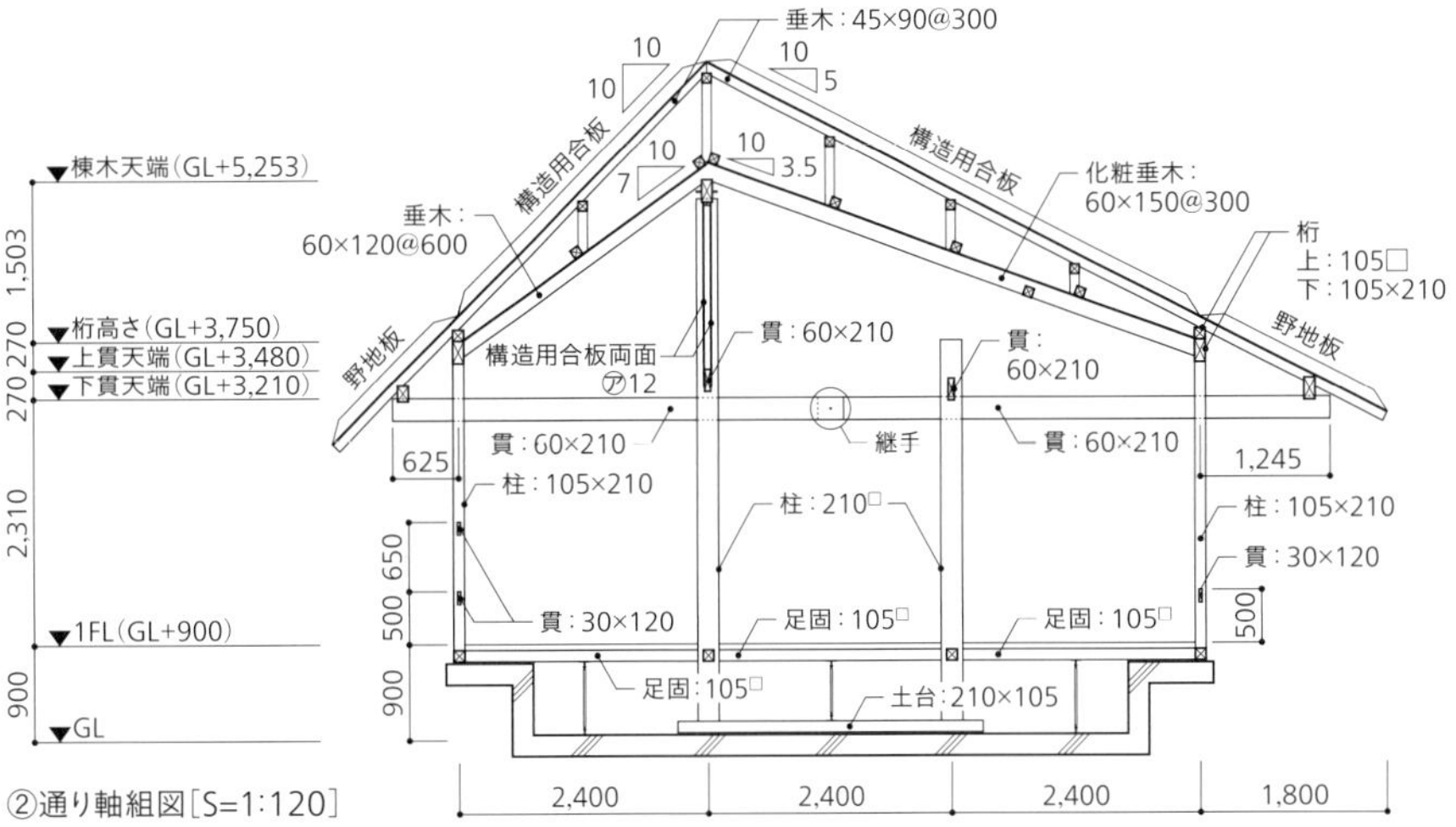

②通り軸組図［S=1:120］

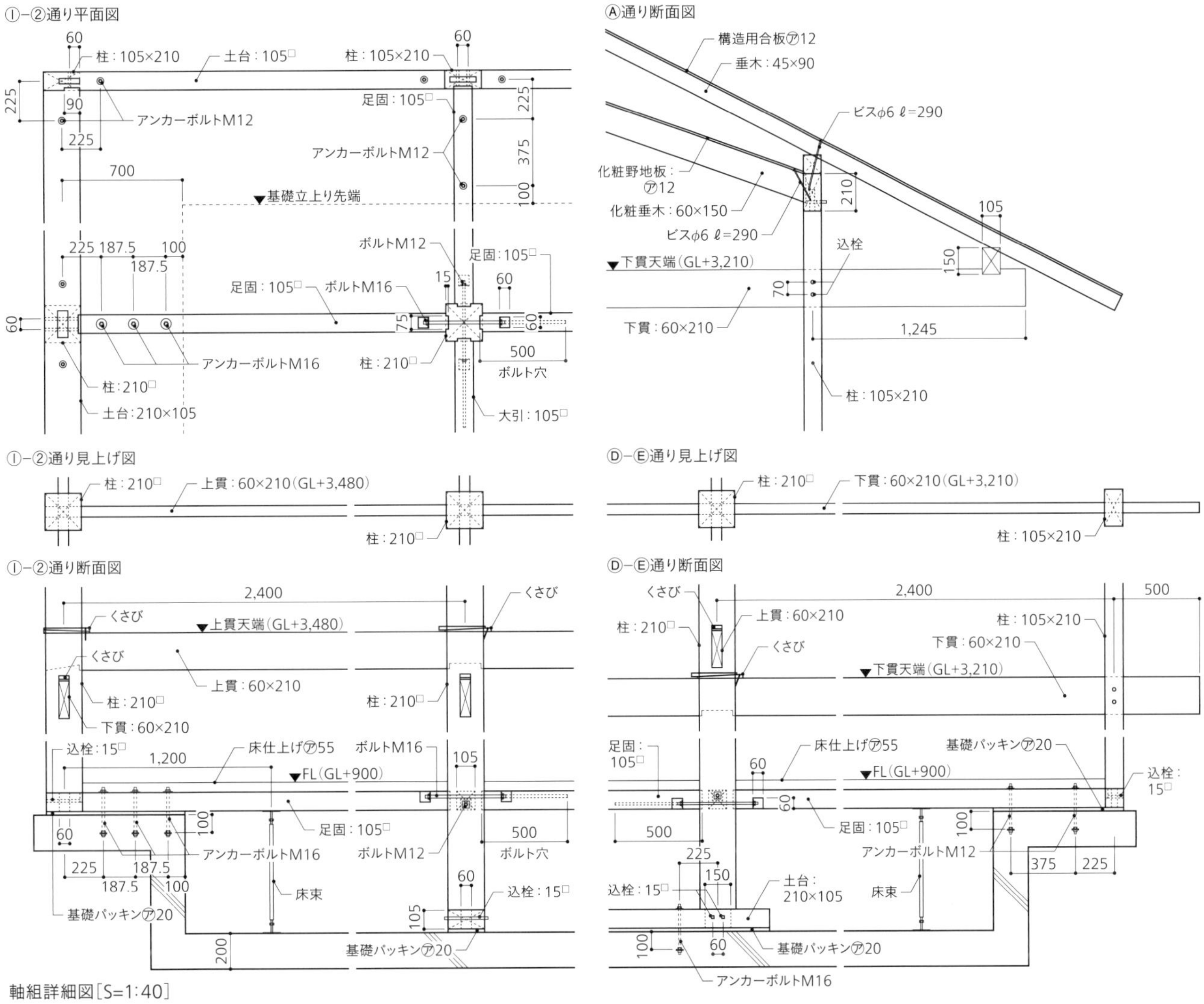

軸組詳細図［S=1:40］

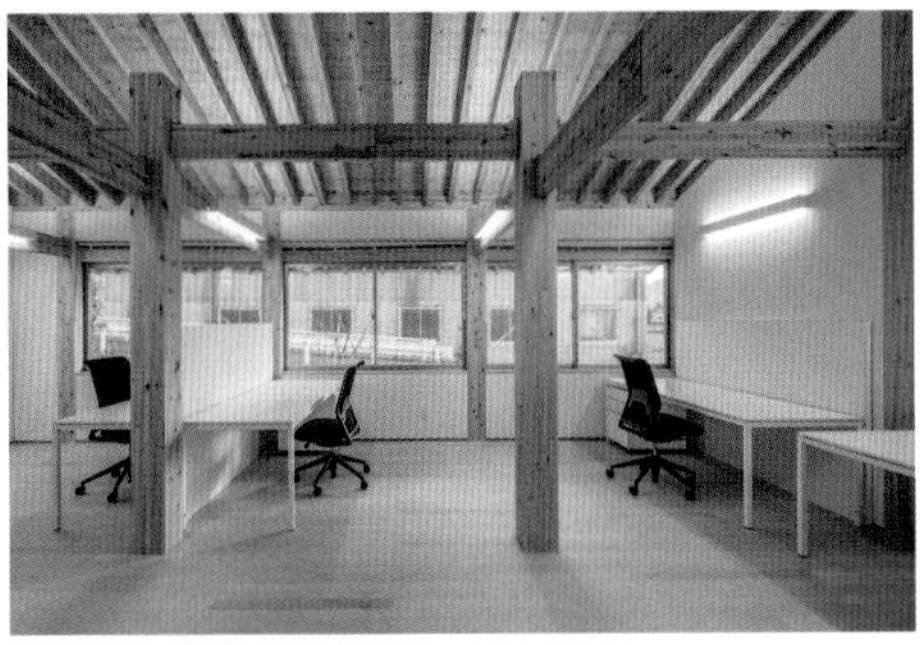
屋根まで到達しない中柱が天井の連続性を演出

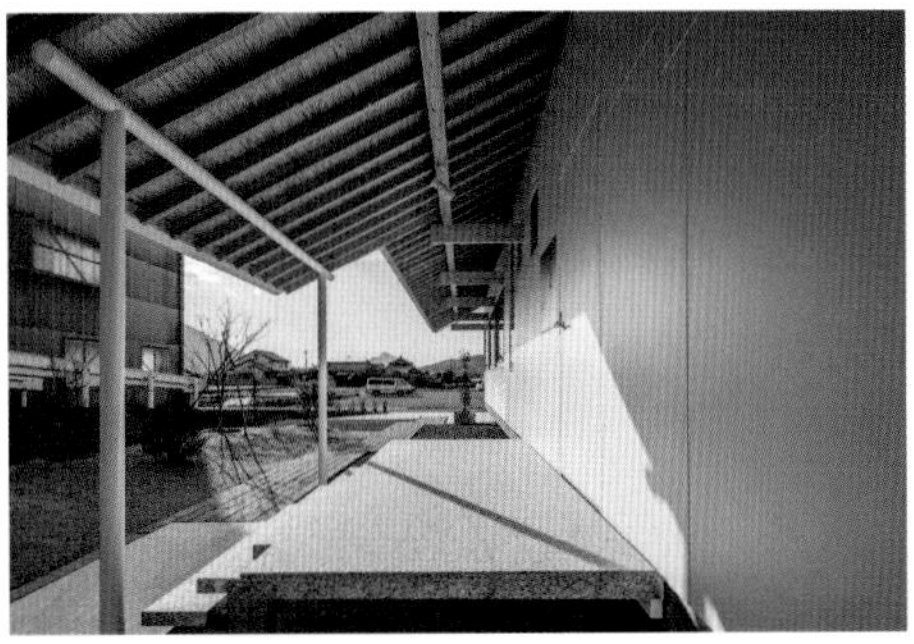
通し貫を腕木に使った出桁造りで深い軒を支える

［写真左右：淺川敏］

DATA

多田善昭の新しい仕事場（多田善昭建築設計事務所）

敷地面積	495.99㎡
建築面積	169.73㎡
延床面積	138.24㎡
規　　模	木造平屋建て
竣　　工	2017年2月

15

地元産の大径スギ無垢材を生かして庁舎をつくる方法

事例：南小国町役場／仙田満＋環境デザイン研究所

一般的に流通している木材は、単価も供給量も安定しているが、その一方で太さや長さには制約があり、流通木材だけで大空間をつくる場合は設計にも施工にも苦労が伴う。

ところが、林業の盛んな地域では、太くて長い立派な木材が豊富にありながら、大径・長材の無垢材に使い道がなく、多くが細かくスライスされたり砕かれて合板やチップになっている。大径の無垢材は乾燥も難しい。この価値のある地元産材をなんとか素材に近いかたちで使えないものか―生産地の大規模木造施設に使うことができれば最高だろう。ここでは「南小国町役場」を事例として、地元産の大径杉丸太を生かして庁舎の構造をつくる方法を解説する。

執務棟と議場棟からなる開放的な庁舎

個人所有の山から調達された木材の保管状況

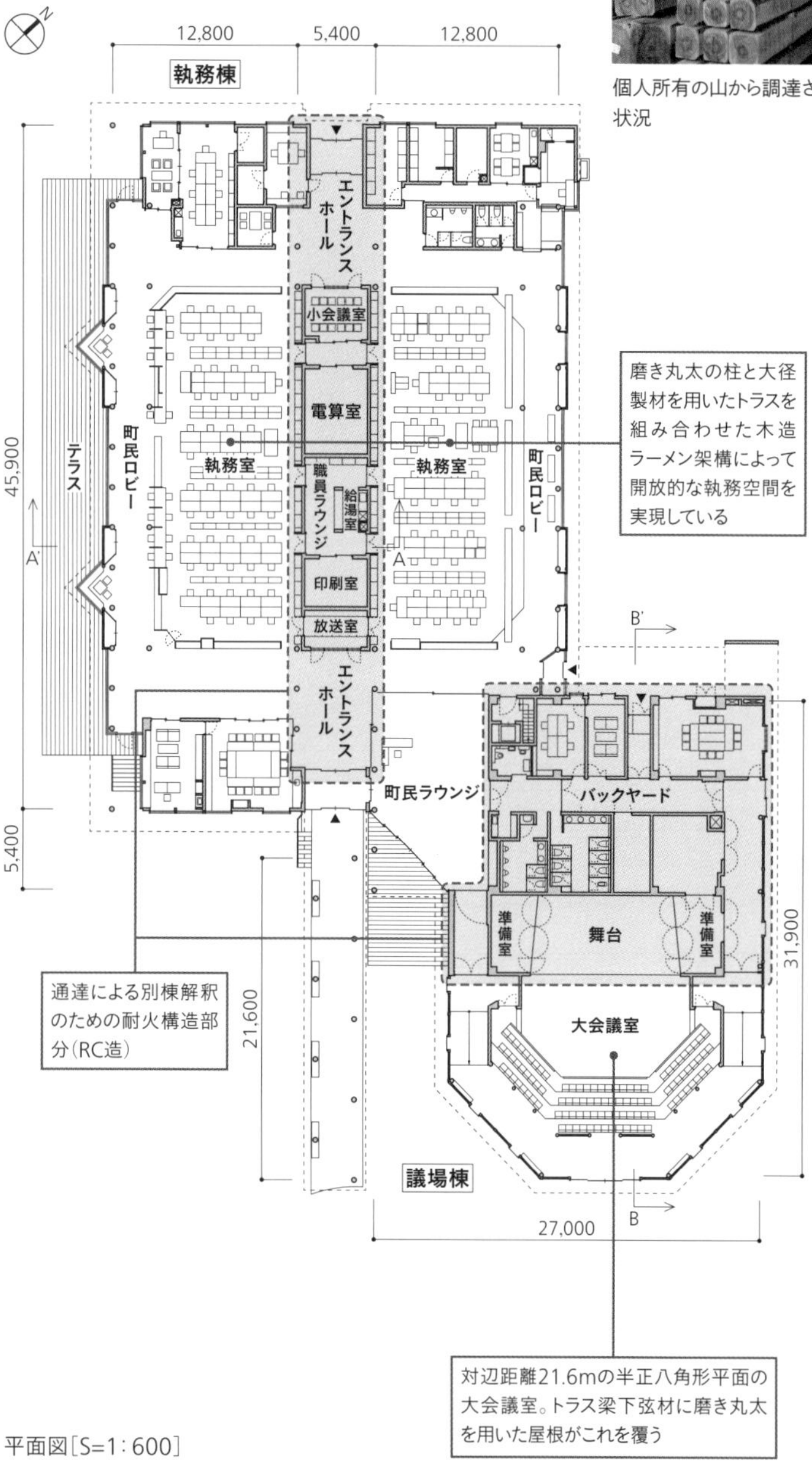

12,800
5,400
12,800
執務棟
エントランスホール
小会議室
電算室
職員ラウンジ
給湯室
印刷室
放送室
執務室
執務室
町民ロビー
町民ロビー
テラス
45,900
5,400
町民ラウンジ
バックヤード
準備室
舞台
準備室
大会議室
議場棟
21,600
31,900
27,000
磨き丸太の柱と大径製材を用いたトラスを組み合わせた木造ラーメン架構によって開放的な執務空間を実現している
通達による別棟解釈のための耐火構造部分（RC造）
対辺距離21.6mの半正八角形平面の大会議室。トラス梁下弦材に磨き丸太を用いた屋根がこれを覆う

平面図［S=1：600］

熊本県の南小国町役場は、地元資源である町内産の小国杉を使ってつくられた、延床面積約2千400㎡の2階建て庁舎である。南小国町は同県北部の山間に位置し、小国杉と呼ばれる良質で大径の杉材を産出する県内屈指の林業林産地域だ。地元では林道が整備されており、長さ10mを超える原木も調達できる。隣の小国町では、1980年代から'90年代にかけて、葉祥栄氏と故松井源吾氏の設計により、小国杉の間伐材などを用いた小国ドームや交通センターなどの大規模木造建築が建てられた。南小国町でも、町内産材で物産館や町営住宅などが過去につくられている。またこの地域には、丸太を皮剥ぎした後、細かい砂などで丹念に磨き上げて仕上げる「磨き丸太」の技術が伝承されている。木造建築への意識と経験値が高い地域なのだ。南小国町庁舎は、太くて長く良質な小国杉と、地元の加工技術を生かした構造でつくられた。

小国杉の「磨き丸太」と地元の加工技術を生かした構造

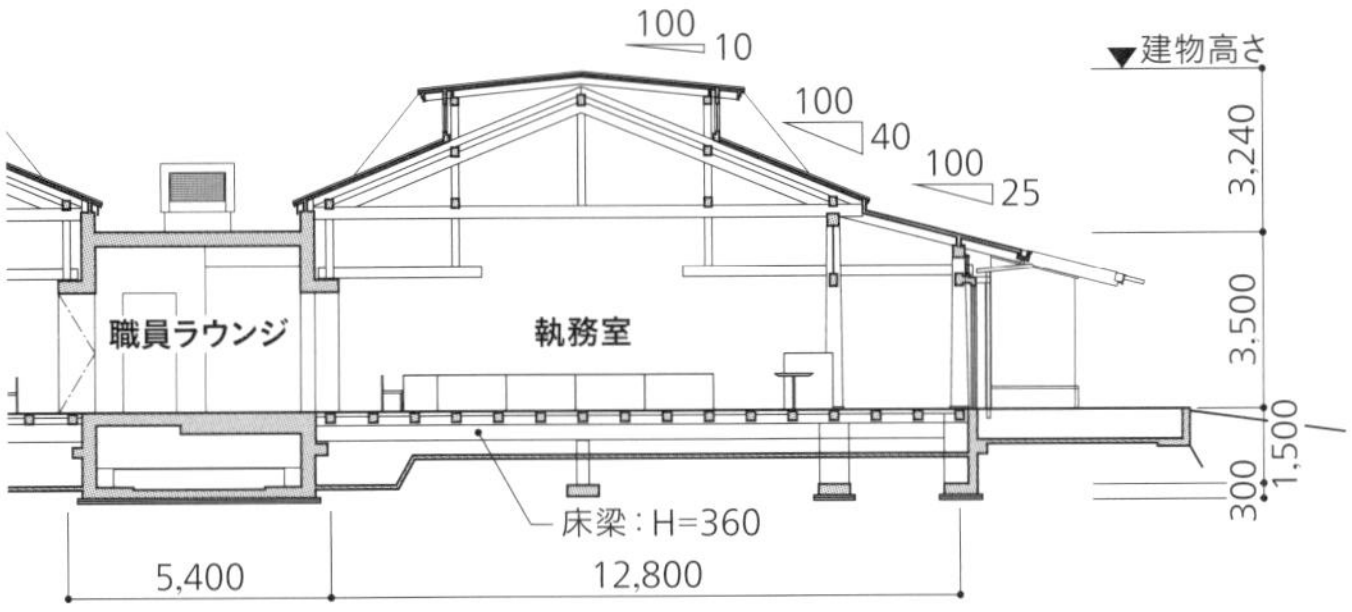
100
10
100
40
100
25
建物高さ
3,240
3,500
1,500
300
職員ラウンジ
執務室
床梁：H=360
5,400
12,800

A−A断面図[S=1：300]

執務室内観。大径製材を用いた三角トラスを磨き丸太による堀立柱で支える構成にすることで、木造の開放的な空間を実現

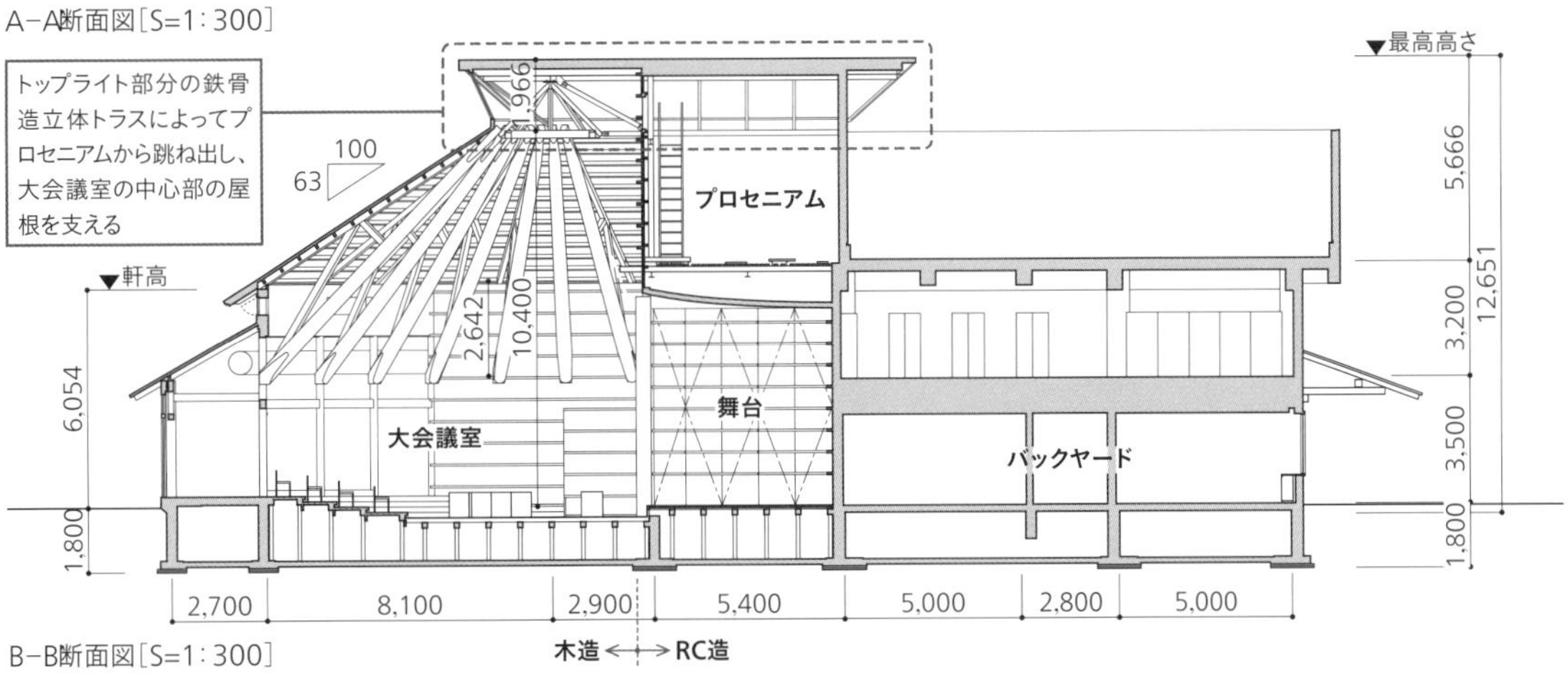
トップライト部分の鉄骨造立体トラスによってプロセニアムから跳ね出し、大会議室の中心部の屋根を支える
100
63
1,966
最高高さ
5,666
プロセニアム
12,651
3,200
軒高
6,054
2,642
10,400
舞台
大会議室
バックヤード
3,500
1,800
1,800
2,700
8,100
2,900
5,400
5,000
2,800
5,000
木造←→RC造

B−B断面図[S=1：300]

議場棟側からみた庁舎外観

大会議室内観　[写真上左右：環境デザイン研究所]

建物は、主に事務室機能を担う執務棟と大会議室の機能を担う議場棟とで構成される。敷地の西側を北流する志賀瀬川と建物の関係が保たれるように川とおおむね並行にプランニングされている。

執務棟は、梁間（東西）方向31・0m×桁行（南北）方向45・9m。中央の幅4.5m部分には陸屋根のある給湯室や電算室などのコア諸室が配され、その両側の幅12・8m部分には4寸勾配の切妻屋根のある執務室が、さらに外側には回遊性のある町民ロビーがそれぞれ配置されている。中央コア部分は耐震壁付きラーメンRC造でつくられており、別棟扱いによる防耐火規定の緩和（昭和26年住防発第14号建設省通達）を受けるための耐火構造の役割と、切妻屋根から雨を処理する大きな樋としての役割を兼ねている。その両側にある2連の執務室は、磨き丸太の柱と大径製材を用いたトラスを組み合わせた木造ラーメン架構によって、開放的な執務空間を実現している。

執務棟の東側に配置された議場棟は、北側にRC造の舞台・便所などのバックヤード、南側に木造の大会議室がレイアウトされている。2層になるバックヤード部分は、執務棟の中央部分と同様な別棟扱いのための耐火構造と大会議室部分の水平力を負担する耐震コアの役割を担っている。平屋の大会議室と舞台の屋根高さをそろえることで、大会議室の天井高と舞台上のプロセニアムのスペースを確保している。大会議室は対辺距離21・6mの半正八角形平面を有しており、これを覆う屋根構造のトラス梁下弦材に磨き丸太を用いている。

地元産の大径スギ無垢材を生かすことが前提とされた本施設の構造計画のポイントは、次の3つである。

❶大径スギ無垢材の調達と乾燥
❷開放的な執務空間の架構
❸大会議室の大きな無柱空間の架構

❶大径スギ無垢材の調達と乾燥

木材の品質管理では乾燥が特に重要である。薄い板にして乾燥させる集成材に比べ、大径無垢材は内部まで乾燥させるために多くの時間と高い技術が必要になる。そこで、2つの対策がとられた。

1つは、木材の調達と乾燥に十分な時間を確保するための木材の先行分離発注である。まず想定木材量約400㎥のうち半分の200㎥を、基本設計終了時での大まかな木拾いによって発注。個人山主から提供者を募り、乾燥に時間のかかる大径・長材を確保した。残り半分の200㎥は、実施設計完了後の精度の高い木拾いにより、町有林と木材市場から調達。この2段階で調達を行った。

2つめは、木材品質管理の専門家の協力である。長年に渡って、県内のほとんどの大規模木造建築の建設に携わり、木材・木造に関する研究・指導実績をもつ熊本県林業指導所の池田元吉氏に全面的に協力してもらった。製材については蒸煮減圧処理を、人工乾燥が困難な磨き丸太については背割りによる天然乾燥を採用。ヤング率は全数

大径柱を生かした木造ラーメン構造で耐力壁をなくす

梁間方向

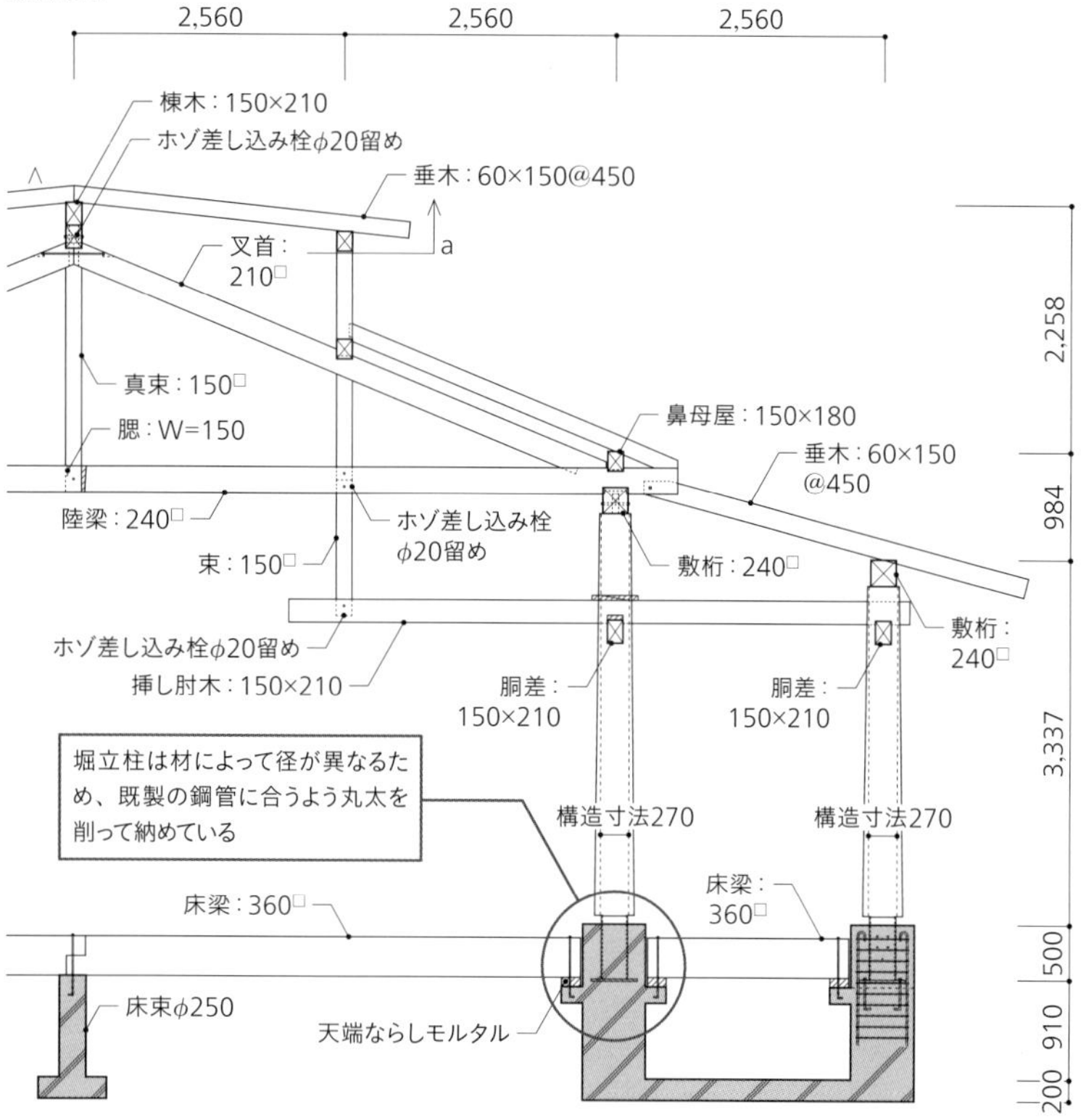

2,560
2,560
2,560
棟木：150×210
ホゾ差し込み栓φ20留め
垂木：60×150@450
a
叉首：210□
真束：150□
腮：W=150
鼻母屋：150×180
垂木：60×150 @450
陸梁：240□
ホゾ差し込み栓 φ20留め
束：150□
敷桁：240□
敷桁：240□
ホゾ差し込み栓φ20留め
挿し肘木：150×210
胴差：150×210
胴差：150×210
掘立柱は材によって径が異なるため、既製の鋼管に合うよう丸太を削って納めている
構造寸法270
構造寸法270
床梁：360□
床梁：360□
床束φ250
天端ならしモルタル
2,258
984
3,337
500
910
200

桁行方向

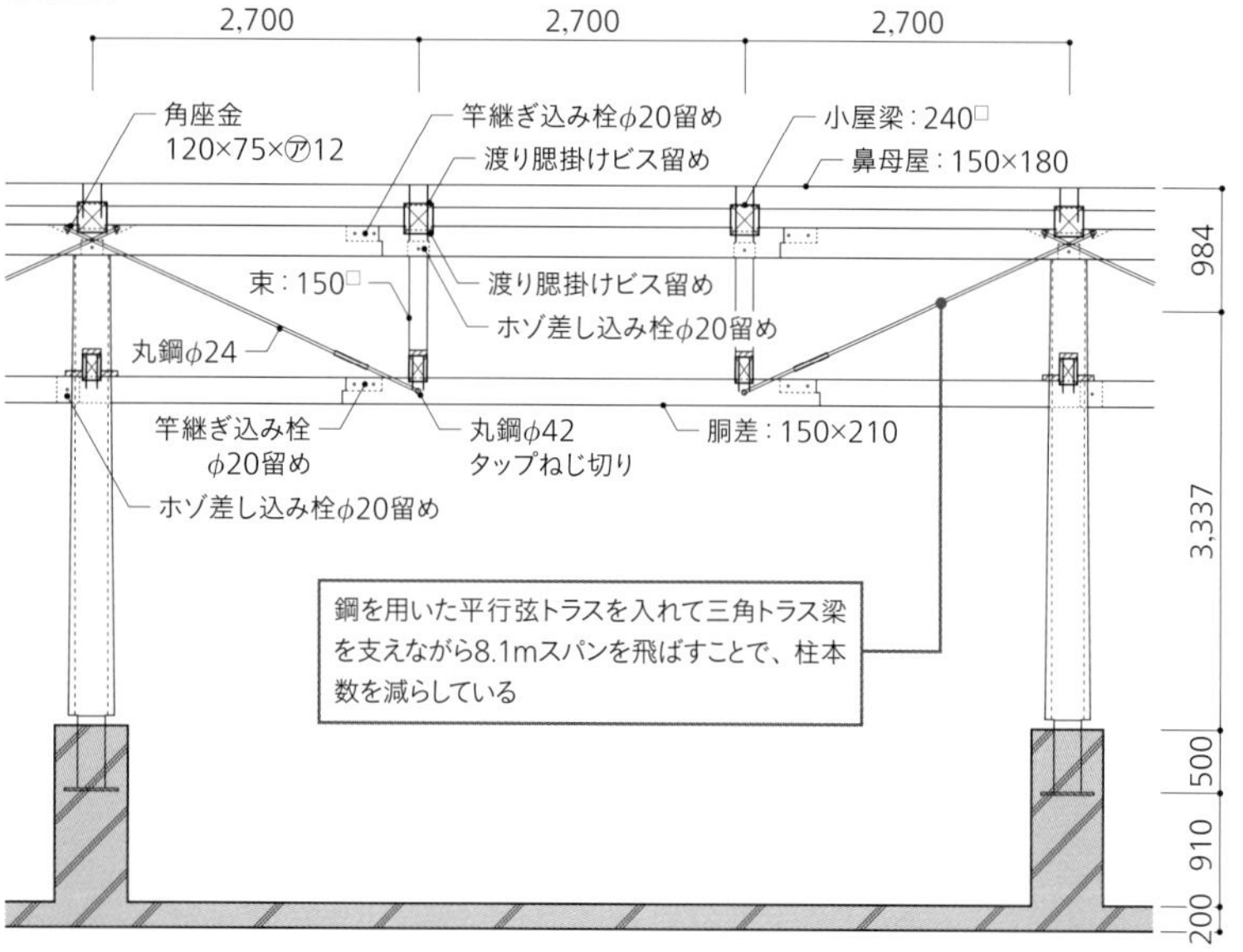

2,700
2,700
2,700
角座金 120×75×㋣12
竿継ぎ込み栓φ20留め
渡り腮掛けビス留め
小屋梁：240□
鼻母屋：150×180
束：150□
渡り腮掛けビス留め
ホゾ差し込み栓φ20留め
丸鋼φ24
竿継ぎ込み栓 φ20留め
丸鋼φ42 タップねじ切り
胴差：150×210
ホゾ差し込み栓φ20留め
鋼を用いた平行弦トラスを入れて三角トラス梁を支えながら8.1mスパンを飛ばすことで、柱本数を減らしている
984
3,337
500
910
200

架構詳細図［S=1：100］

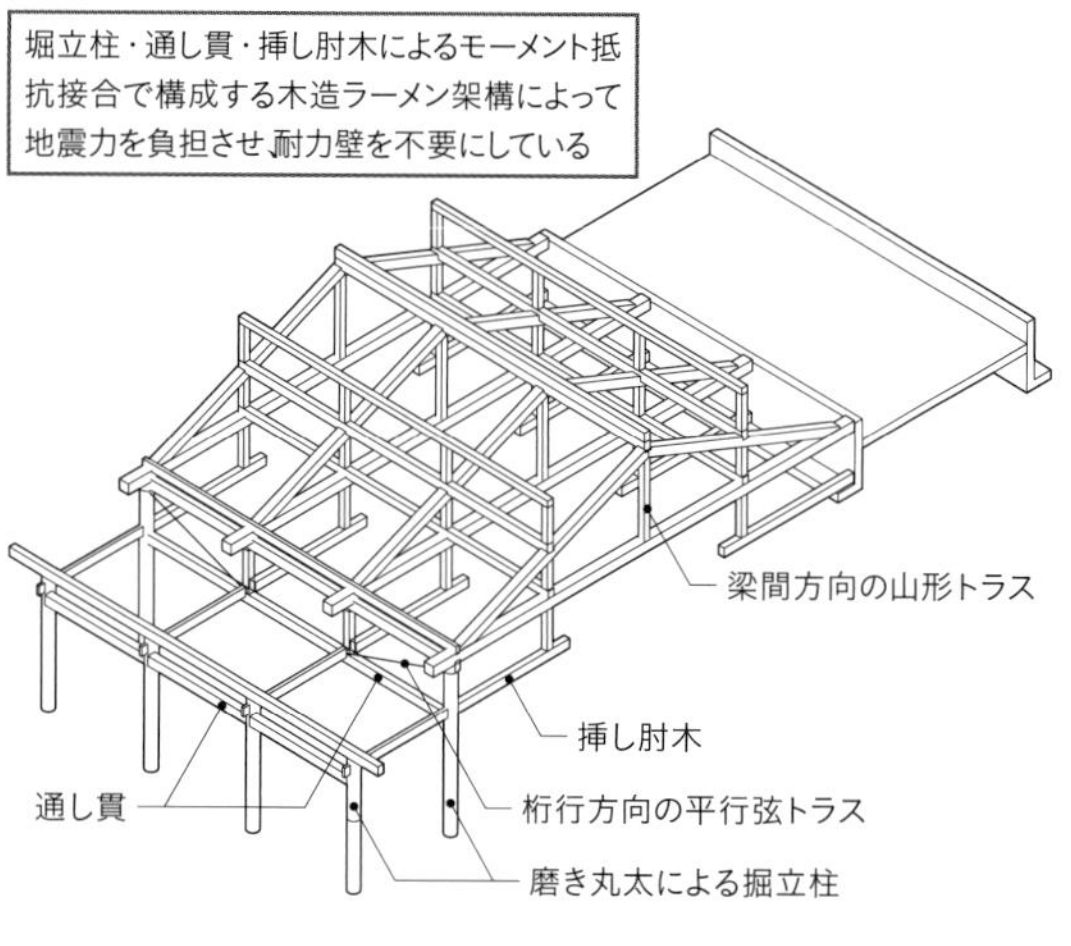

堀立柱・通し貫・挿し肘木によるモーメント抵抗接合で構成する木造ラーメン架構によって地震力を負担させ 耐力壁を不要にしている
梁間方向の山形トラス
挿し肘木
通し貫
桁行方向の平行弦トラス
磨き丸太による掘立柱

執務棟構造システム

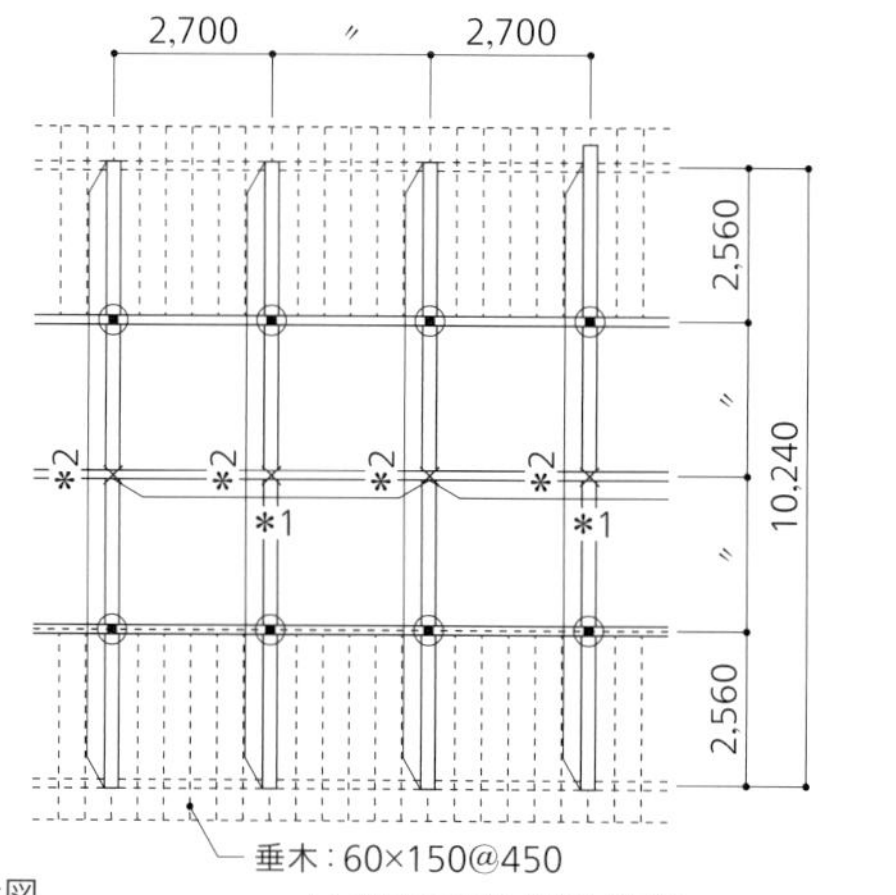

2,700
2,700
2,560
10,240
2,560
*2
*2
*2
*2
*1
*1
垂木：60×150@450

a小屋伏図
［S=1：250］

*1 棟木：150×210 ダブル
*2 山形トラス 叉首：210□、陸梁：240□

打音により計測した。

❷開放的な執務空間の架構

役場の執務空間は、来庁者や職員の動きや視線を阻害しないよう、間仕切壁や柱の少ない開放的な空間が望ましい。また志賀瀬川への眺望を確保するためには、外壁の開口も大きくとりたいところだ。間仕切壁や柱を少なくするには、スパンを飛ばすことと、耐力壁を少なくすることの2つの工夫が必要である。

まずスパンを飛ばす工夫として、切妻屋根の形状を生かし、和小屋と洋小屋を複合させた梁間方向の山形トラスを2.7m間隔で配置した。陸梁は、通常の洋小屋などのトラスでは引張り軸力しか負担させないが、束を介して登り梁の荷重を負担させることで、240㎜角、長さ10m以上もある立派な陸梁に曲げ抵抗させている。これによって方杖のないシンプルなトラスで10・24mスパンを実現し、陸梁を空間内の主要な要素として位置づけている。これと直交する桁行方向では、引張り材に丸鋼を用いた平行弦トラスを主屋と下屋の境に入れ、三角トラス梁を支えながら8.1mスパンを飛ばすことで柱の本数を減らし、執務空間のレイアウトにフレキシビリティを確保した。

耐力壁をなくす工夫としては、地元産の大径柱を生かした木造ラーメン構造を採用することにした。柱に直径30〜40㎝のスギ磨き丸太を使い、これを基礎に埋め込んで掘立柱とし、柱の中間高さには通し貫と挿し肘木を設け

登りトラスを放射状に架け渡した無柱の大空間

大会議室トラス下弦材用の12m長の磨き丸太

びん太《た》胴付《どうづき》の仕口

磨き丸太を下弦材に使った大会議室の屋根架構

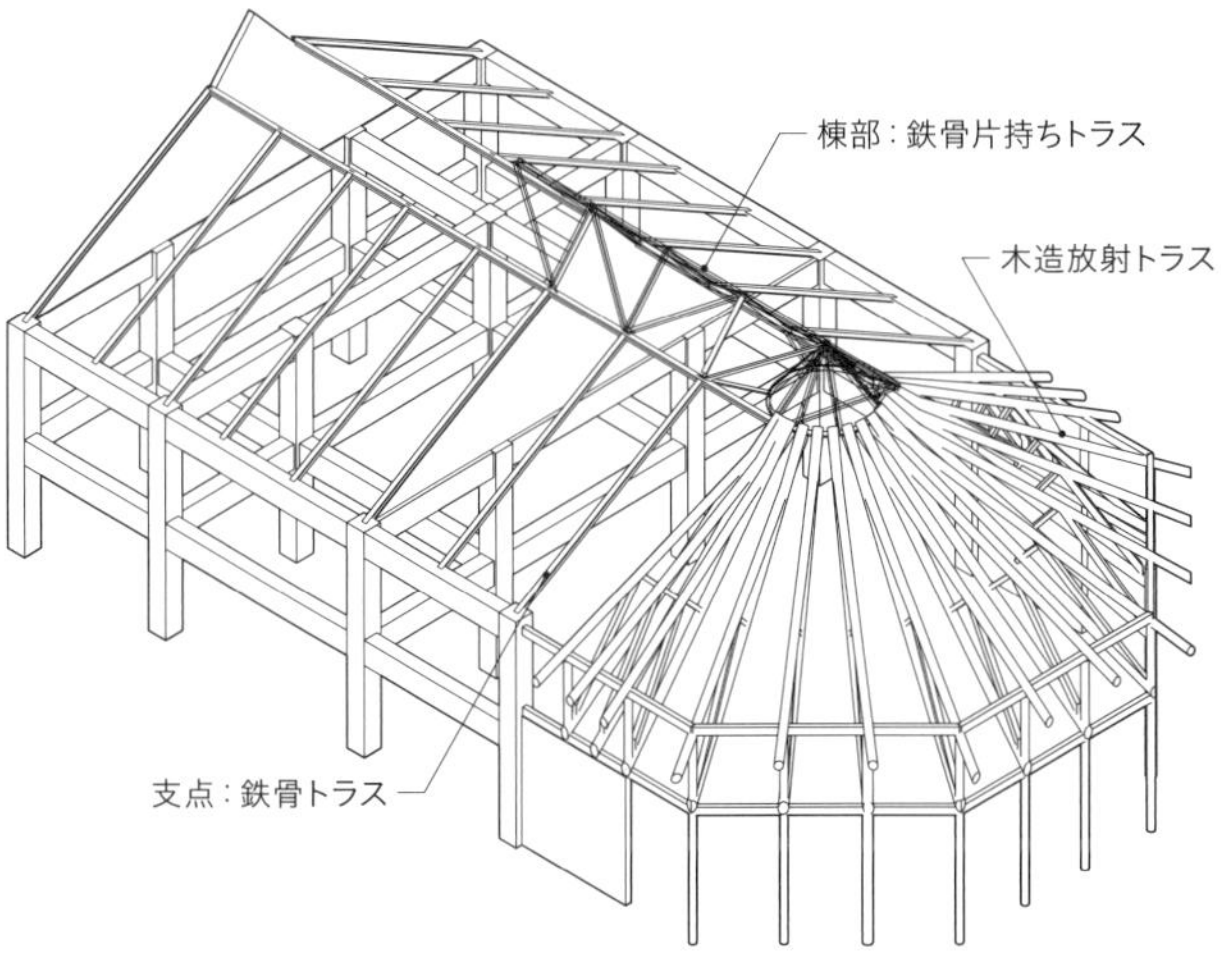

棟部：鉄骨片持ちトラス
木造放射トラス
支点：鉄骨トラス

大会議室構造システム

大会議室の建方

トラス下弦材に大径長材スギ磨き丸太を用いた大会議室の架構

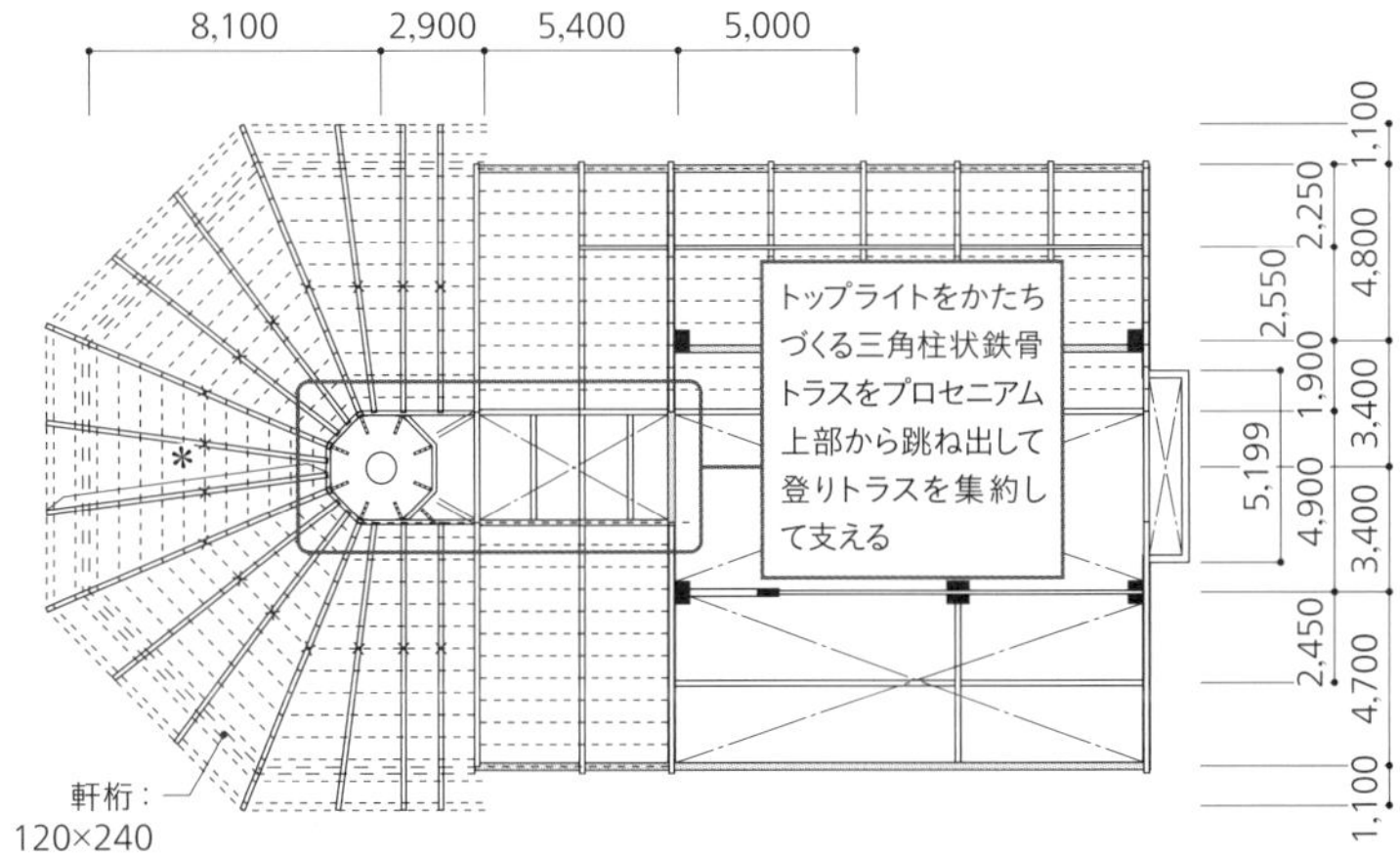

8,100
2,900
5,400
5,000
1,100
2,250
4,800
2,550
1,900
3,400
5,199
4,900
3,400
2,450
4,700
1,100
トップライトをかたちづくる三角柱状鉄骨トラスをプロセニアム上部から跳ね出して登りトラスを集約して支える
*
軒桁：120×240

＊木造放射トラス 上弦梁：135×180、下弦材：磨き丸太 元口φ400

大会議室小屋伏図［S=1：400］

DATA

南小国町役場［仙田満+環境デザイン研究所］

敷地面積　7,898.51㎡
建築面積　2,250.39㎡
延床面積　2,404.12㎡
規　　模　地上2階　木造・一部RC造
竣　　工　2015年2月

た。このモーメント抵抗接合で構成する木造ラーメン架構が地震力を負担し、耐力壁を不要にしている。掘立柱の柱脚ディテールでは、RC造基礎に埋め込むために木材を沓金物によって保護している。材によって径がまちまちな丸太に合う沓金物［※］をすべて製作することは困難なので、逆に既製の鋼管に合うよう丸太を削って納めている。

❸大会議室の大きな無柱空間の架構

大会議室は、直径16・2mの半正八角形平面の無柱空間である。元口径40cm、長さ10mもの磨き丸太を下弦材に使った登りトラスを、放射状に架け渡す。その中心部分は、トップライトを形づくる三角柱状鉄骨立体トラスをプロセニアムから跳ね出して支えることで、採光計画と融合した構造計画を実現できた。登りトラス梁を受ける外周部の柱には、等径の円形断面加工を施すことで、放射状に取り付く下弦材との仕口を統一している。この仕口には、びん太《た》胴付《どうづき》（輪薙込《わなぎこみ》）を用い、強度と美観を両立させた。大会議室部分の水平力の大部分は、屋根構面を介してバックヤードのRC造部分に伝達することで、議場空間の開放性を確保している。

※　木柱の端部の保護や腐朽防止の目的で、柱脚部に被せる金物

16

105㎜正角定尺材で強烈な風に耐える構造をつくる方法

事例：竹林寺納骨堂／堀部安嗣建築設計事務所

105㎜正角の定尺材は、木造住宅の柱として最も一般的なサイズの木材であり、流通量も多い。この材を使うと材料費を安く抑えられるうえ、良質な木材を集めやすいというメリットも得られる。ただし、部材断面は小さく、一般の定尺材の長さは2～4mと決まっているので、定尺材だけを用いて建築物全体の構造を設計するには工夫が求められる。台風が直撃するような風の強い場所に建てる場合はなおさらだが、ここでは高知県・五台山［※1］の頂上付近、竹林寺の境内に建つ「竹林寺納骨堂」を例に、105㎜正角定尺材で強烈な風に耐えられる木構造について解説する。

図1｜寸法体系の整理と木材配置の考え方

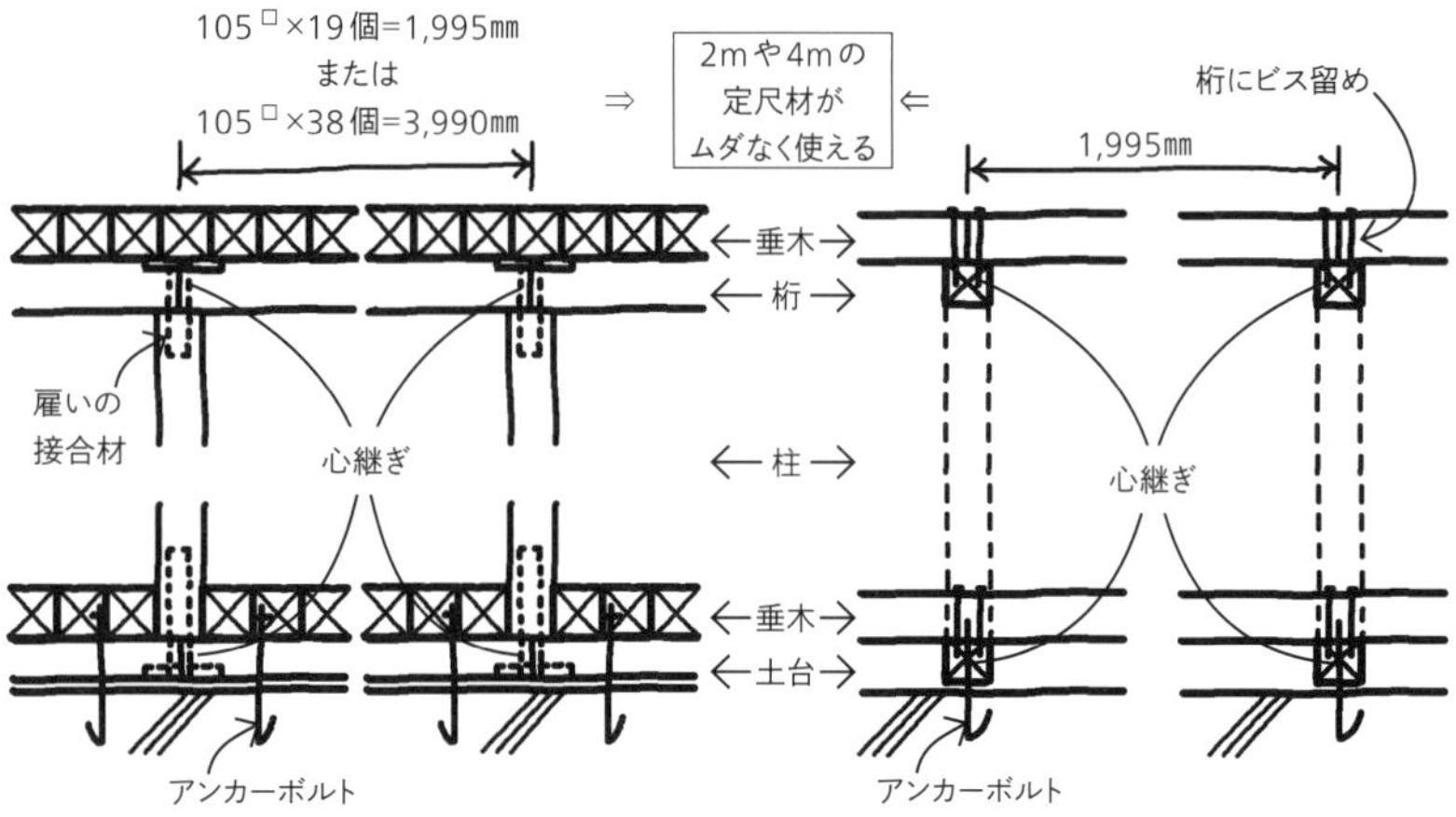
105□×19個=1,995㎜
または
105□×38個=3,990㎜
⇒
2mや4mの定尺材がムダなく使える
⇐
桁にビス留め
1,995㎜
垂木
桁
雇いの接合材
心継ぎ
柱
心継ぎ
垂木
土台
アンカーボルト
アンカーボルト

図2｜継手の間隔・渡り長さと、必要木材長さの関係

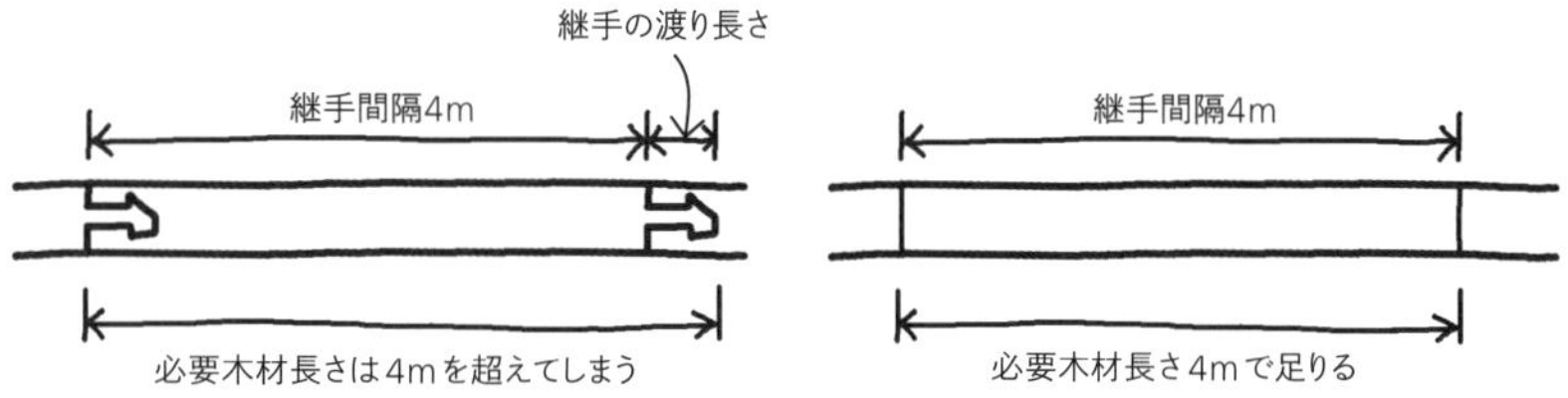
継手の渡り長さ
継手間隔4m
継手間隔4m
必要木材長さは4mを超えてしまう
必要木材長さ4mで足りる

「竹林寺納骨堂」は、耐火性・耐水性・防犯性などが要求されるため、納骨室はRC造の箱形で、通路・納骨室を覆う越屋根・東端のポーチなど、そのほかの部分は木造でつくられている。木造部分は、土台・柱・桁から野地板に至るまですべて高知県産のスギ105㎜正角2～4m定尺材でつくられ、それらが化粧露しになっているのが大きな特徴だ。

風が極端に強い本事例のある地域において105㎜正角定尺材だけで木構造をつくる際のポイントは次の3つである。

❶105㎜正角定尺材による構成方法
❷東端ポーチの風や地震対策
❸越屋根の風や地震対策

❶105㎜正角定尺材による構成方法

流通量の最も多いサイズの木材を使うことで、良質な木材をローコストで入手でき、寸法体系が統一されて建物に秩序を与えることができる。性能や美観に配慮しながら、105㎜正角定尺材だけで建物全体の構造をつくるには、

A 平面計画における寸法体系の整理
B 細く短い木材の組み立て方

が重要だ。Aの課題に対しては、定尺材長2mよりわずかに短く、105㎜の倍数長である1千995㎜グリッドで平面計画が行われている。Bに対しては、部材と接合個所の数が増えることから加工コストを考えて簡易な接合にする必要があるため、単に切断した木材を載せたり並べたりして接合具で留め付ける程度の方法を採ることにした。具体的には、土台や土間の上に立てた柱や束に桁を載せ、さらに桁上に垂木と化粧野地板を兼ねた木スラブ（105㎜正角材を敷き並べたもの）を載せ、これらをビスやラグスクリューで留めるだけのものである。

これらは「心継ぎ」と「雇い」という2つの考え方を基本にし、Aの1千995㎜グリッドと組み合わせること

強風地域に建つ納骨堂は、東西に細長い幅6m×全長36m

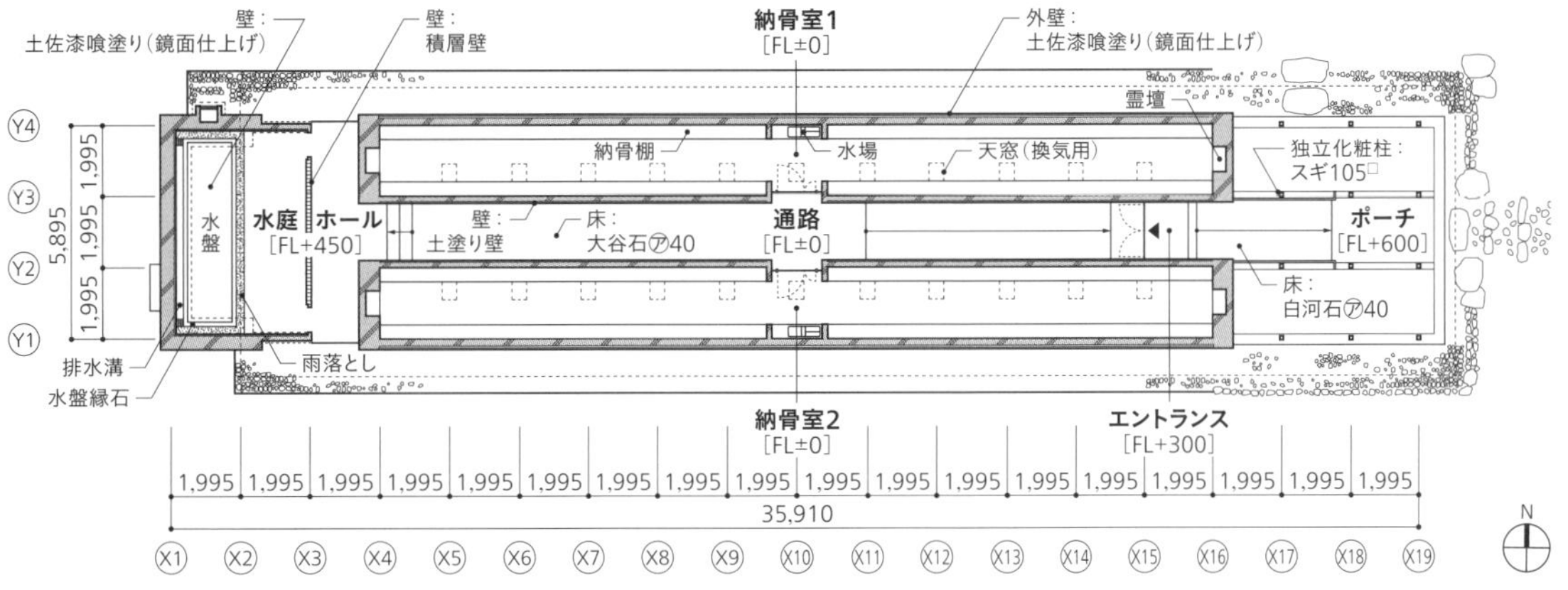

壁：
土佐漆喰塗り（鏡面仕上げ）
壁：
積層壁
納骨室1
［FL±0］
外壁：
土佐漆喰塗り（鏡面仕上げ）
霊壇
納骨棚
水場
天窓（換気用）
独立化粧柱：
スギ105□
水盤
水庭
ホール
［FL+450］
壁：
土塗り壁
床：
大谷石㋐40
通路
［FL±0］
ポーチ
［FL+600］
床：
白河石㋐40
排水溝
水盤縁石
雨落とし
納骨室2
［FL±0］
エントランス
［FL+300］
5,895
1,995
1,995
1,995
Y1
Y2
Y3
Y4
1,995
35,910
X1
X2
X3
X4
X5
X6
X7
X8
X9
X10
X11
X12
X13
X14
X15
X16
X17
X18
X19
N

平面図［S=1：300］

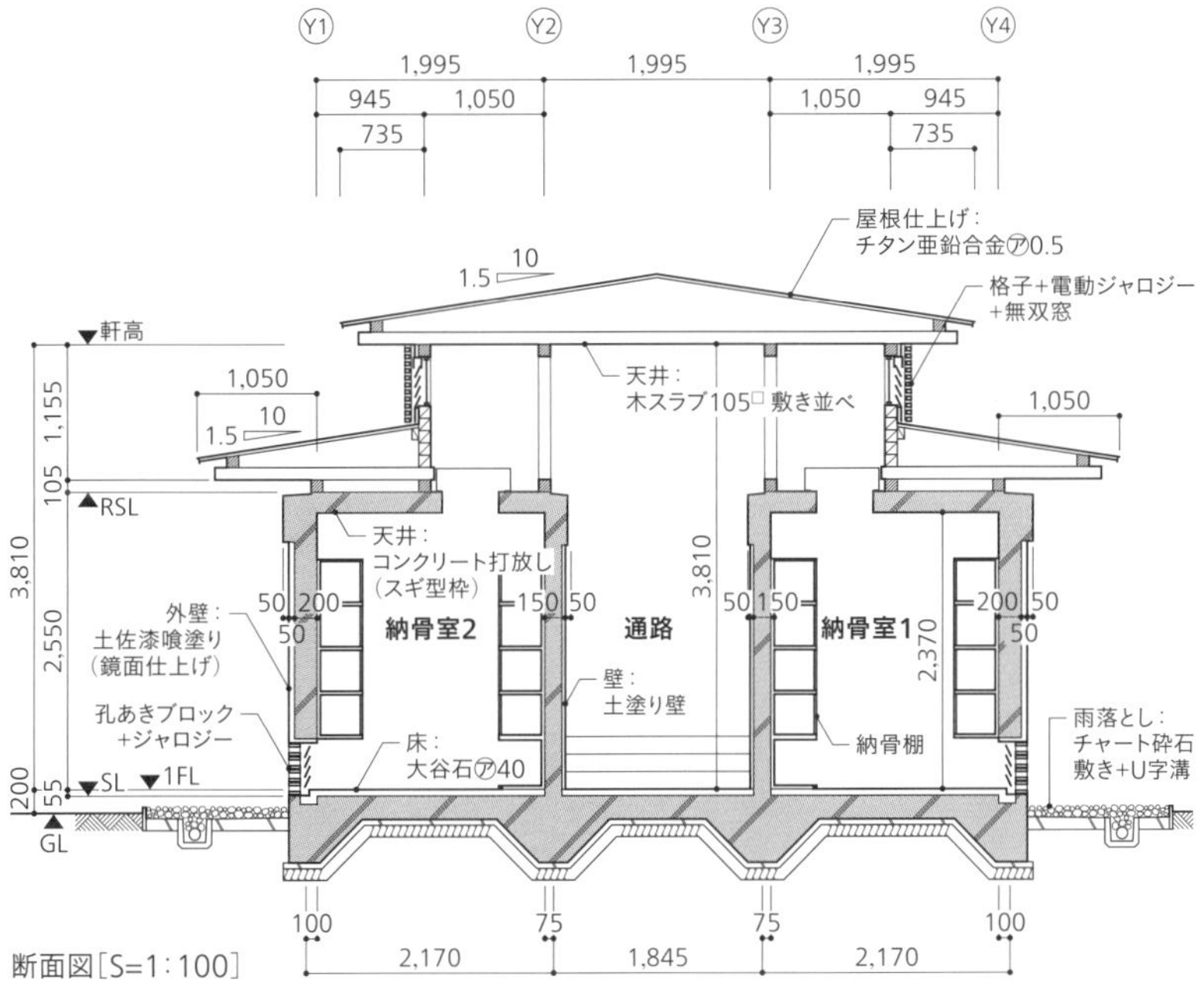

Y1
Y2
Y3
Y4
1,995
945
1,050
735
屋根仕上げ：
チタン亜鉛合金㋐0.5
格子＋電動ジャロジー
＋無双窓
1.5
10
軒高
天井：
木スラブ105□敷き並べ
1,050
1,155
105
RSL
3,810
2,550
200
55
SL
1FL
GL
天井：
コンクリート打放し
（スギ型枠）
外壁：
土佐漆喰塗り
（鏡面仕上げ）
50
200
150
納骨室2
通路
納骨室1
2,370
壁：
土塗り壁
納骨棚
孔あきブロック
＋ジャロジー
床：
大谷石㋐40
雨落とし：
チャート砕石
敷き＋U字溝
100
75
2,170
1,845

断面図［S=1：100］

（上）12本の105㎜角スギ柱が林立するポーチ。右手のエントランスの先には、2連のRC造打放しの細長い納骨堂とその間の細い通路が続く

（左）越屋根の水平連続窓から淡い自然光が差す通路

建物外観

静謐な通路を歩いていくと、終端の美しい水庭に辿り着く

によって2mや4mの定尺材の切り無駄が出ないようにしている［図1］。通常は柱から少し持ち出した位置で腰掛け鎌継ぎなどの方法で継ぐことが多いが、仮に継手間隔が4mであったとしても継手の渡り長さが出てしまうと、必要な木材長さは4mを超えてしまう。1千995㎜×2＝3千990㎜（105㎜の38個分）ごとに柱や束の心位置で雇いの接合材を介して桁を継げば、4m定尺材が無駄なく使えるようになる［図2］。また、1千995㎜ごとに桁で支持される木スラブは、1千995㎜長さに切断した正角材を桁上でビス留めし、2m定尺材の切り無駄をほぼなくしている。

❷東端ポーチの風や地震対策

暴風によって建物は上下左右さまざまな方向に圧力を受ける。特に水平方向と吹上げ（鉛直上向き）方向の風圧力に対しては特に注意が必要だ。木造建築物はRC造などにくらべてはるかに軽いため、暴風への対策としては、屋根を重くするか、風の影響を受けにくい形状にするか、あるいは重量のある構造物に連結するかしかない。本事例では、RC造の剛強な納骨室と基礎に木造部分を連結することで、屋根部分が吹き飛ばないようにしている［68頁図3］。

東端ポーチは、壁のない開放的なエントランス空間をつくりながらも、屋根が風で鉛直にも水平にも飛ばない工夫が必要である。そこで、1千995㎜グリッドに合わせて立てた正角柱によっ

図3｜木造部分が風で飛ばないようにする仕組み

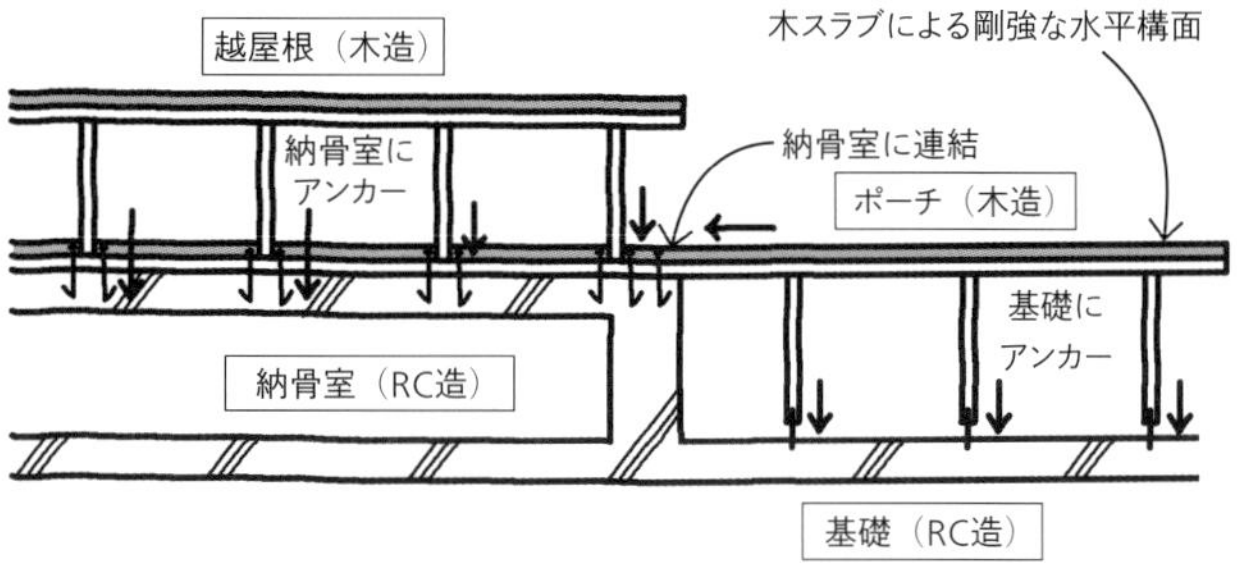
越屋根（木造）
木スラブによる剛強な水平構面
納骨室にアンカー
納骨室に連結
ポーチ（木造）
基礎にアンカー
納骨室（RC造）
基礎（RC造）

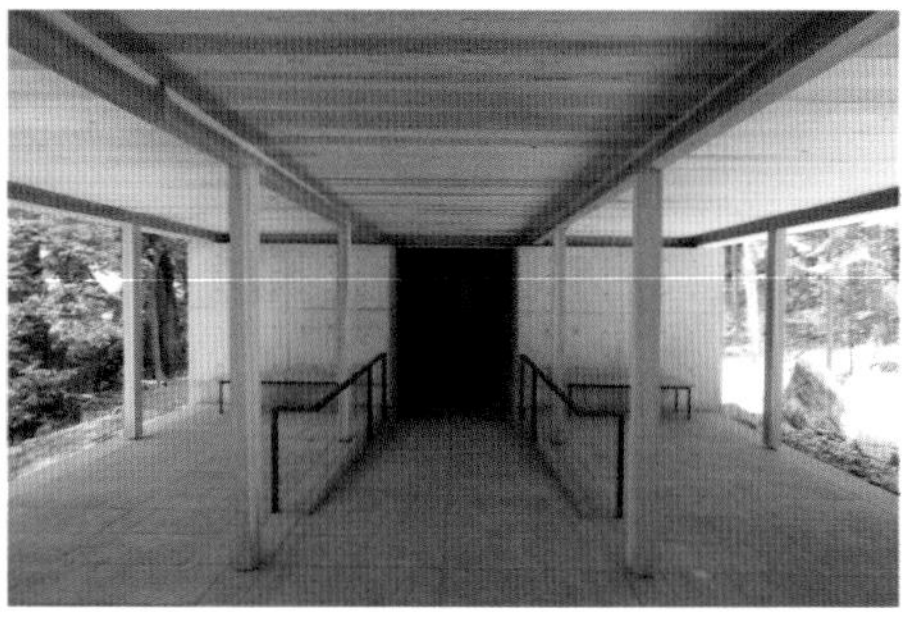
1,995㎜グリッドで正角柱が配置されたポーチ

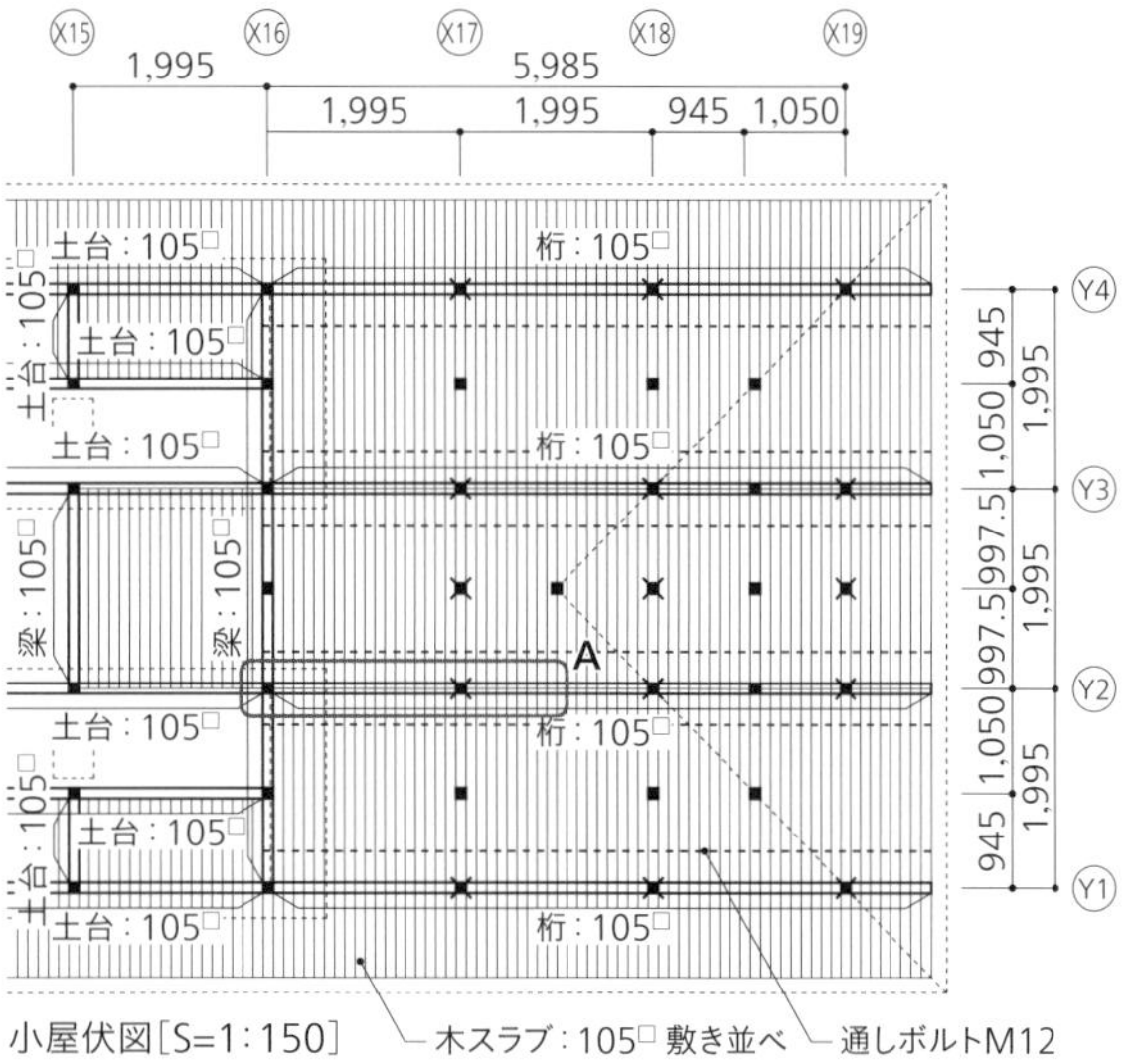
X15
X16
X17
X18
X19
1,995
5,985
1,995
1,995
945
1,050
土台：105□
桁：105□
土台：105□
土台：105□
桁：105□
梁：105□
梁：105□
A
土台：105□
桁：105□
土台：105□
土台：105□
桁：105□
Y4
Y3
Y2
Y1
945
1,050
997.5
997.5
1,050
945
1,995
1,995
1,995
木スラブ：105□ 敷き並べ
通しボルトM12
小屋伏図［S=1：150］

丸鋼製の雇いホゾにより、美観と接合耐力を両立させている

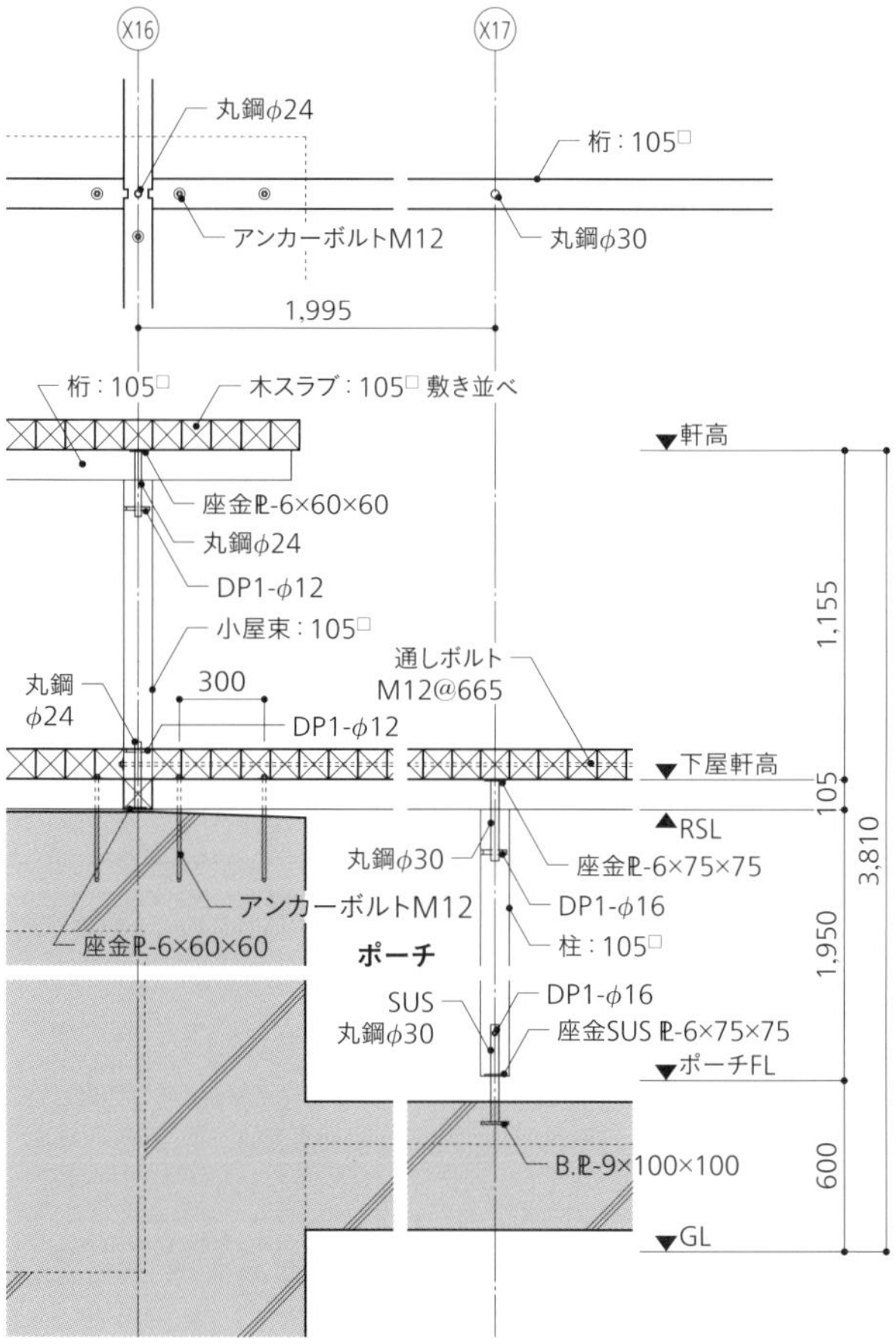
X16
X17
丸鋼φ24
桁：105□
アンカーボルトM12
丸鋼φ30
1,995
桁：105□
木スラブ：105□ 敷き並べ
軒高
座金PL-6×60×60
丸鋼φ24
DP1-φ12
小屋束：105□
通しボルト M12@665
丸鋼 φ24
300
DP1-φ12
下屋軒高
RSL
丸鋼φ30
座金PL-6×75×75
アンカーボルトM12
DP1-φ16
座金PL-6×60×60
柱：105□
ポーチ
SUS 丸鋼φ30
DP1-φ16
座金SUS PL-6×75×75
ポーチFL
B.PL-9×100×100
GL
1,155
105
3,810
1,950
600
A部Y2通り軸組詳細図［S=1：40］

てRC造基礎と連結することで鉛直方向の動きを拘束している。さらに、敷き並べた正角材をビスや通しボルトで一体化して剛強な水平構面としての木スラブをつくり、納骨室のRC躯体に連結することで水平方向の動きを拘束している。

風に耐えるには、さらに部材どうしの接合耐力が重要だ。横架材と鉛直材（柱や束など）との接合は、接合部が露しになる場合、ホゾ差込み栓や引きボルトが使われることが多いが、接合耐力が不足したり、あるいは大きな座彫が出たりしてしまう。そこで、座金付の丸鋼を上述の雇いほぞとして用い、これを横架材側から柱木口に差し込んで、柱側面からドリフトピンで留めるという方法を採っている。

❸越屋根の風や地震対策

越屋根は下部のRC造の納骨室に連結されていて風で鉛直方向に飛ばされることはないが、地震や風によって梁間にも桁行にも水平方向に変形しようとするため、水平耐力を確保する仕組みが必要だ。

桁行方向は水平連続窓があるため、全面壁は設けられない［※2］。そこで、腰壁を生かしてこの部分を板倉壁とし、足元を固めた独立柱構造とすることで水平連続窓を実現している［図4］。梁間方向も通路と納骨室の上部が吹き抜けているため全面壁が入るスペースはない。そこで、下屋の小屋裏のわずかなスペースを利用して方杖を入れて足元を固め、桁行方向と同様に

越屋根の独立柱構造が、水平耐力確保と連続窓を両立させる

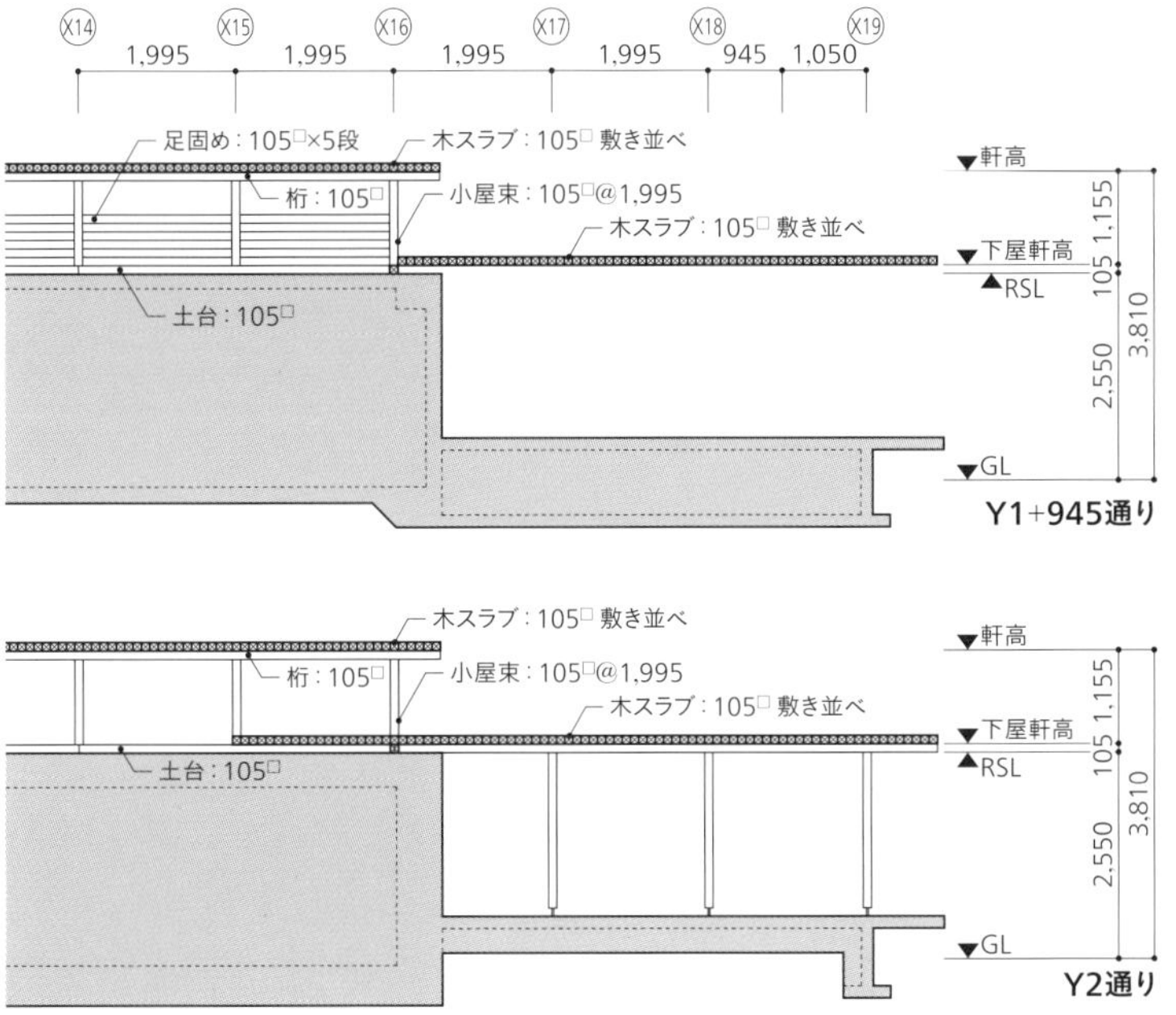

X14 X15 X16 X17 X18 X19
1,995 1,995 1,995 1,995 945 1,050
足固め：105□×5段
木スラブ：105□ 敷き並べ
桁：105□
小屋束：105□@1,995
木スラブ：105□ 敷き並べ
土台：105□
軒高
下屋軒高
RSL
GL
1,155
105
2,550
3,810
Y1+945通り
木スラブ：105□ 敷き並べ
桁：105□
小屋束：105□@1,995
木スラブ：105□ 敷き並べ
土台：105□
Y2通り

軸組図[S=1：150]

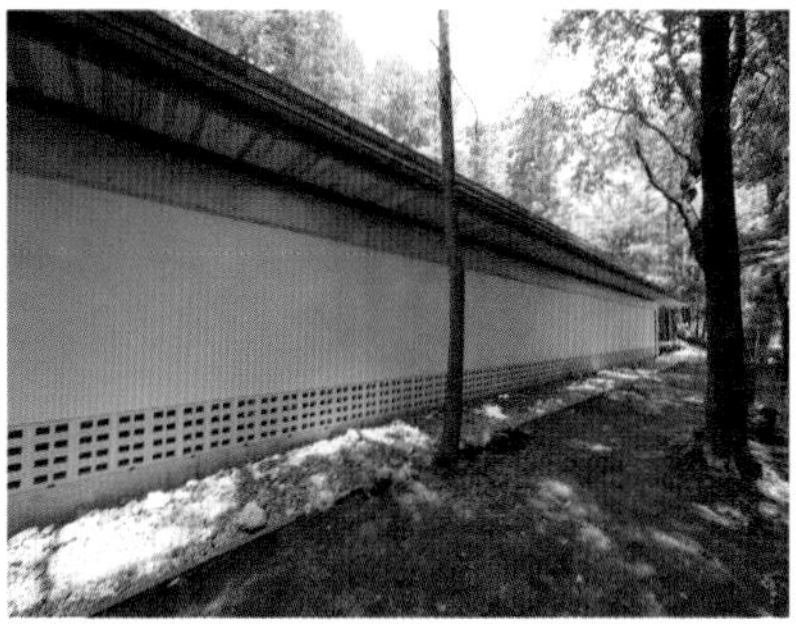

水平に連続する外壁下部の地窓を実現するために、FB-19×100の薄い柱で壁を支えている

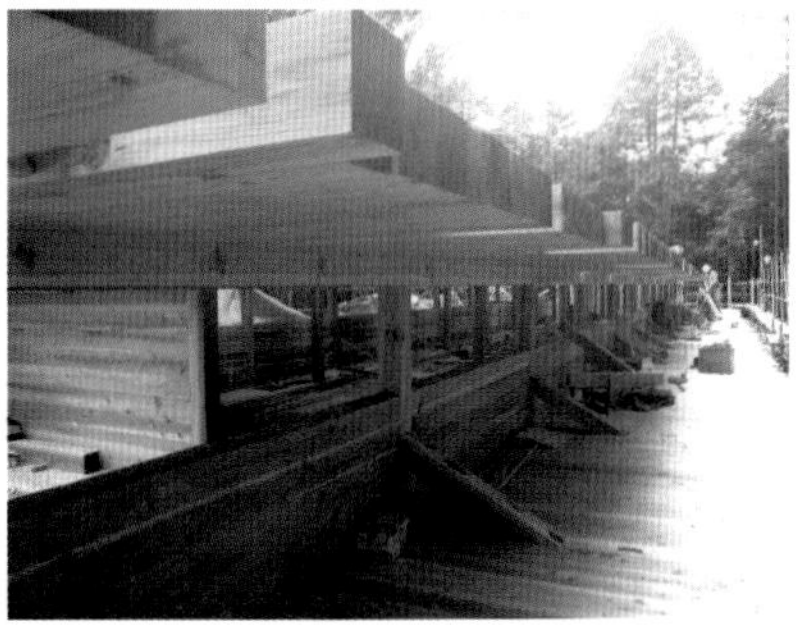

水平力に耐える板倉腰壁と方杖による越屋根部の独立柱

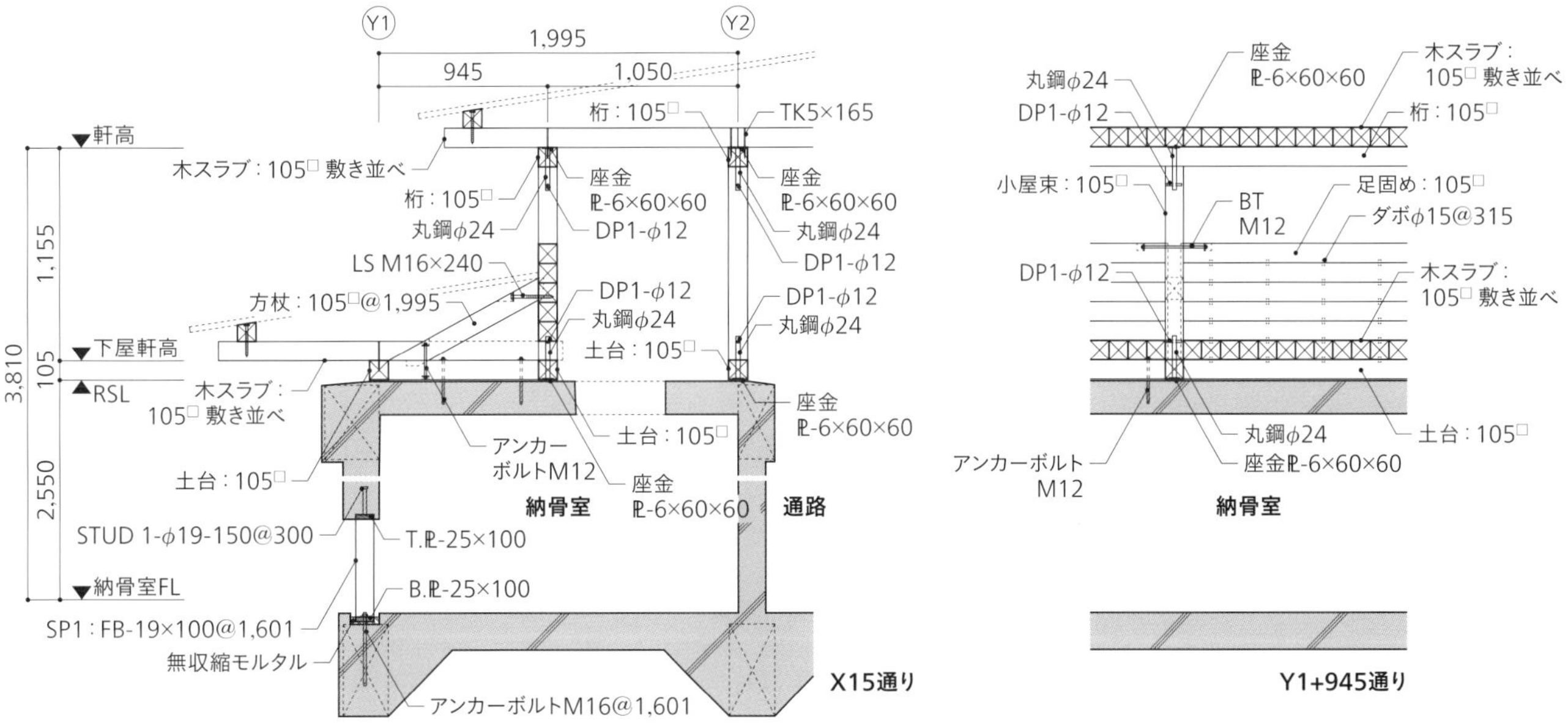

Y1 Y2
1,995
945 1,050
桁：105□
TK5×165
軒高
木スラブ：105□ 敷き並べ
座金 Ⓟ-6×60×60
桁：105□
丸鋼φ24
DP1-φ12
LS M16×240
方杖：105□@1,995
DP1-φ12
丸鋼φ24
土台：105□
下屋軒高
RSL
木スラブ：105□ 敷き並べ
アンカーボルトM12
土台：105□
座金 Ⓟ-6×60×60
納骨室
通路
STUD 1-φ19-150@300
T.Ⓟ-25×100
納骨室FL
B.Ⓟ-25×100
SP1：FB-19×100@1,601
無収縮モルタル
アンカーボルトM16@1,601
X15通り
丸鋼φ24
DP1-φ12
座金 Ⓟ-6×60×60
木スラブ：105□ 敷き並べ
桁：105□
小屋束：105□
BT M12
足固め：105□
ダボφ15@315
DP1-φ12
木スラブ：105□ 敷き並べ
丸鋼φ24
座金Ⓟ-6×60×60
土台：105□
アンカーボルト M12
納骨室
Y1+945通り

軸組詳細図[S=1：50]

図4｜越屋根の水平耐力の確保

〈桁行方向〉　〈梁間方向〉

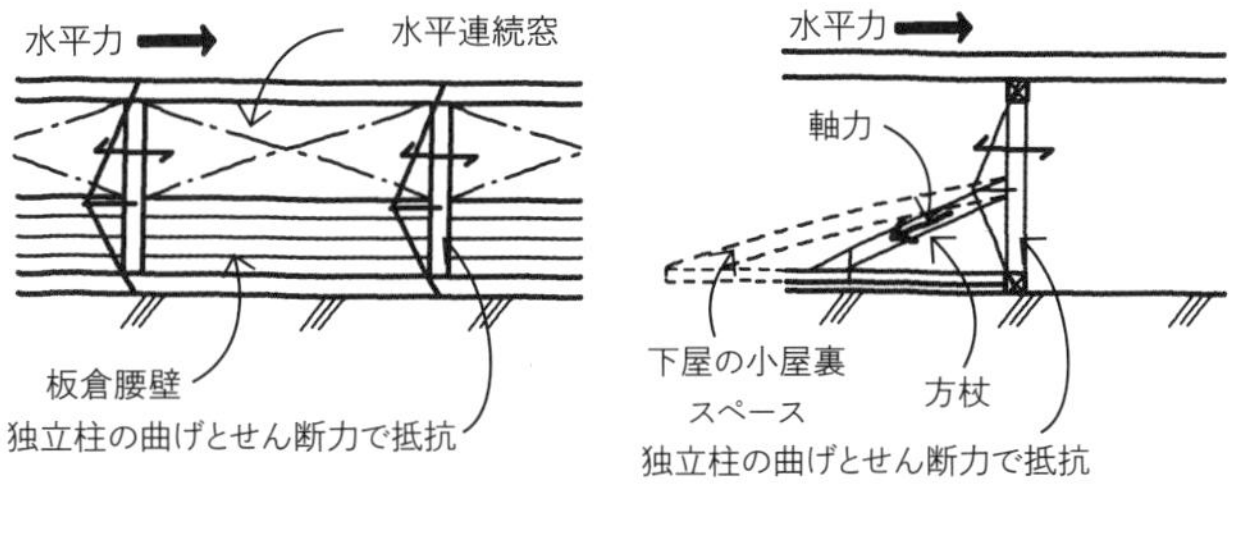

水平力
水平連続窓
板倉腰壁
独立柱の曲げとせん断力で抵抗
水平力
軸力
下屋の小屋裏スペース
方杖
独立柱の曲げとせん断力で抵抗

独立柱構造にすることによって水平方向の耐力を確保している。

※1　五台山は強く発達した台風の通り道として知られており、竹林寺の近くに建つ「牧野富太郎記念館」（建築設計：内藤廣氏、構造設計：渡辺邦夫氏）も、耐風設計に苦慮した話が有名

※2　一般的にはブレースなどの水平耐力要素を入れることが考えられるが、美観に影響してしまう

DATA

竹林寺納骨堂
（堀部安嗣建築設計事務所）

敷地面積	4,650.92㎡
建築面積	209.53㎡
延床面積	195.84㎡
規　模	1階建て（RC造・小屋組木造）
竣　工	2013年4月

17

極小断面木材を生かしてレストランをつくる方法

事例：ベラビスタ スパ&マリーナ尾道　メインダイニング エレテギア／中村拓志&NAP建築設計事務所

一般的に、建築の構造材として使われる木材は、「小断面」と言われるものでも105㎜角か120㎜角である。これより小さい、いわゆる「極小断面木材」は、羽柄材として根太、垂木、間柱などの下地材か、良質なものならば廻り縁、敷居、鴨居などの造作材に使われる。では、主構造材として使われる可能性はあるのだろうか。小空間建築をつくる際には、大がかりな架構が求められる場面は少ないものの、部材断面の設定やディテールに㎜単位の配慮が求められ、大空間とは別の難しさがつきものだ。建築によっては、一般的な105㎜角を用いて構造をつくったとしても、スケールオーバーになってしまうケースもある。

そこでここでは、極小断面木材を生かして小空間の構造をつくる方法を、「ベラビスタ スパ&マリーナ尾道　メインダイニング エレテギア（以下、メインダイニング　エレテギア）」を事例に解説する。

海岸線に平行して配置された細長い平屋

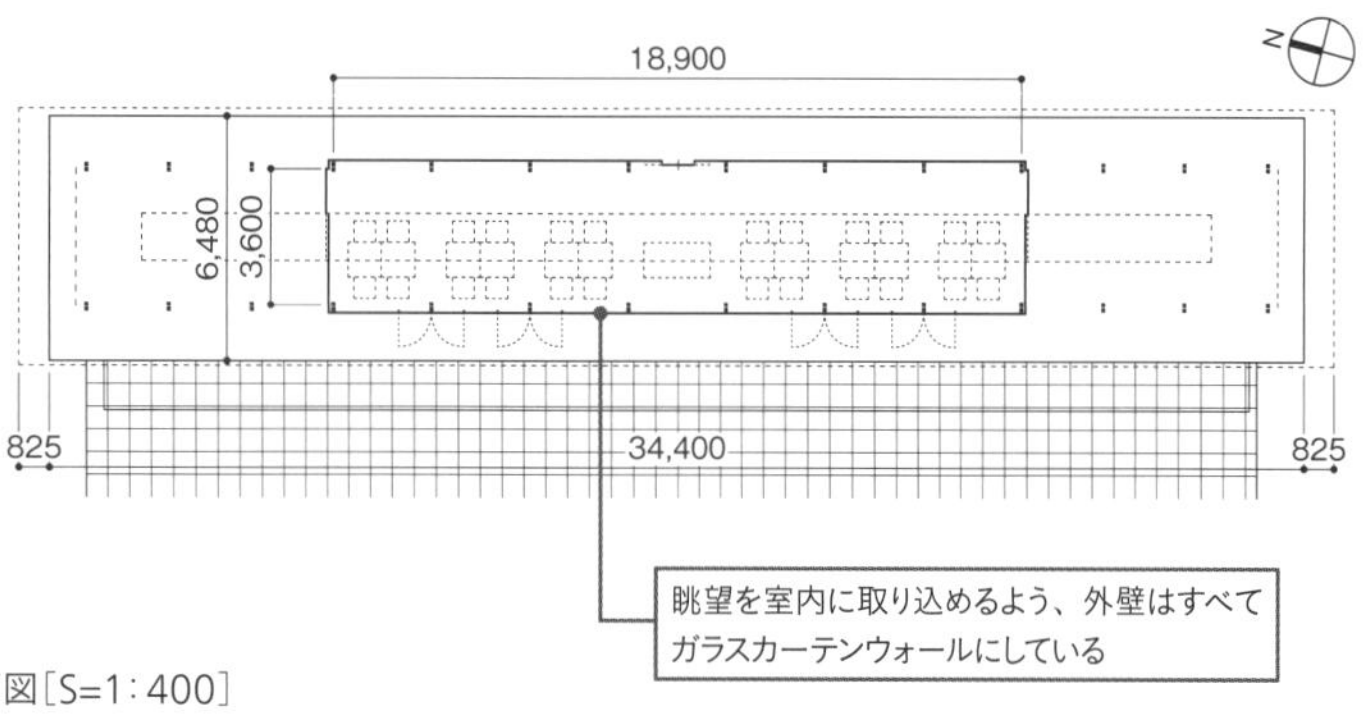

平面図［S=1：400］

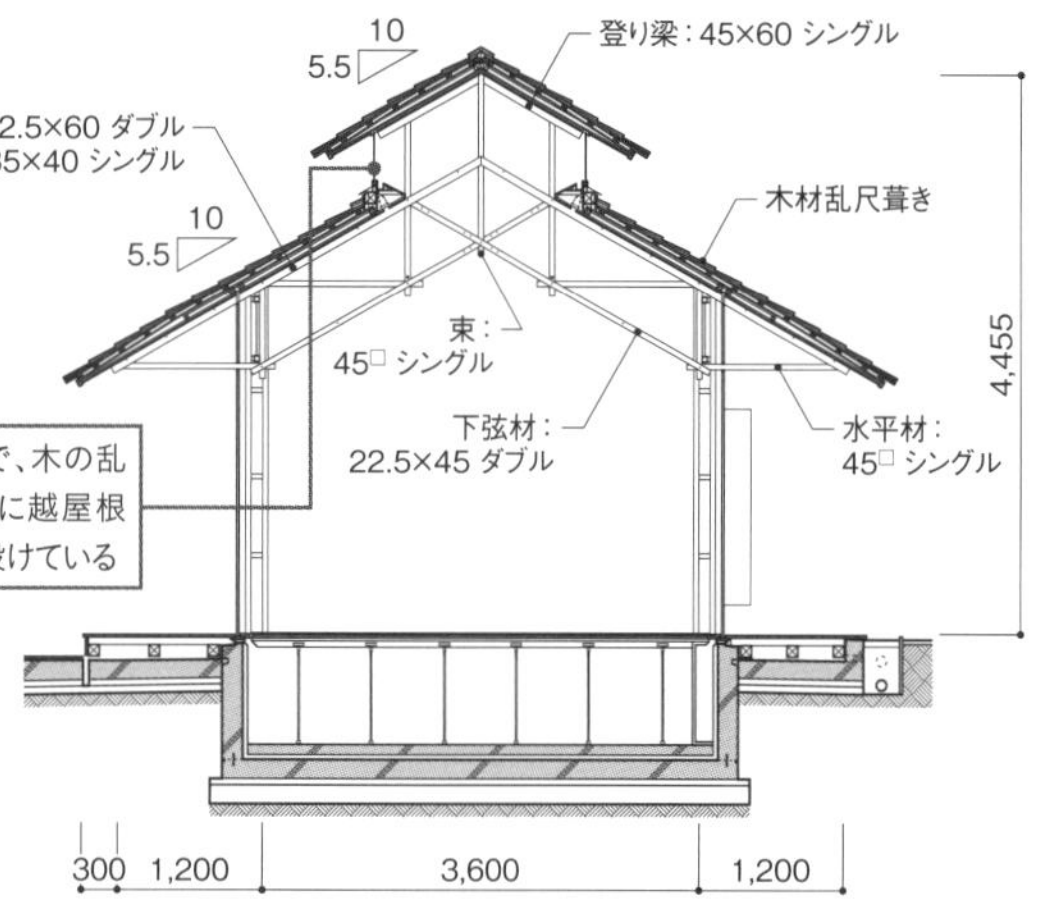
登り梁：22.5×60 ダブル
＋つづり材：35×40 シングル
屋根は入母屋形式で、木の乱尺葺き。採光のために越屋根にハイサイドライトを設けている

断面図［S=1：120］

屋根を支える下部構造は、なるべく眺望を妨げないよう極力細い部材で構成するために無垢鋼材を採用　［写真：ナカサアンドパートナーズ］

「メインダイニング　エレテギア」は、西側に瀬戸内海の美しい島々を見渡せる高台に建つ、尾道市のリゾートホテルに付属したレストランである。建物の大きさは東西方向3.6m×南北方向32・4mの平屋で、海岸線と平行に細長く配置されている。木の乱尺葺きの屋根は5.5寸勾配の入母屋形式で、採光のために越屋根が付いている。この美しい眺望を室内になるべく取り込めるよう、外壁はすべてガラスのカーテンウォールにしている。

室内外には構造壁が一切なく、鉛直材として存在するのは、カーテンウォール内側に立つ、サッシ方立と見紛うほど細い鋼材柱である。この鋼材柱が支える屋根構造は極小断面木材で組まれた繊細なトラスで、細かいピッチで架け渡されている。本レストランの構造計画のポイントは、次の2つであった。

❶眺望を妨げない下部構造のつくり方
❷下部構造に見合った繊細な屋根構造

木造トラスとフィーレンディール桁の接合の様子

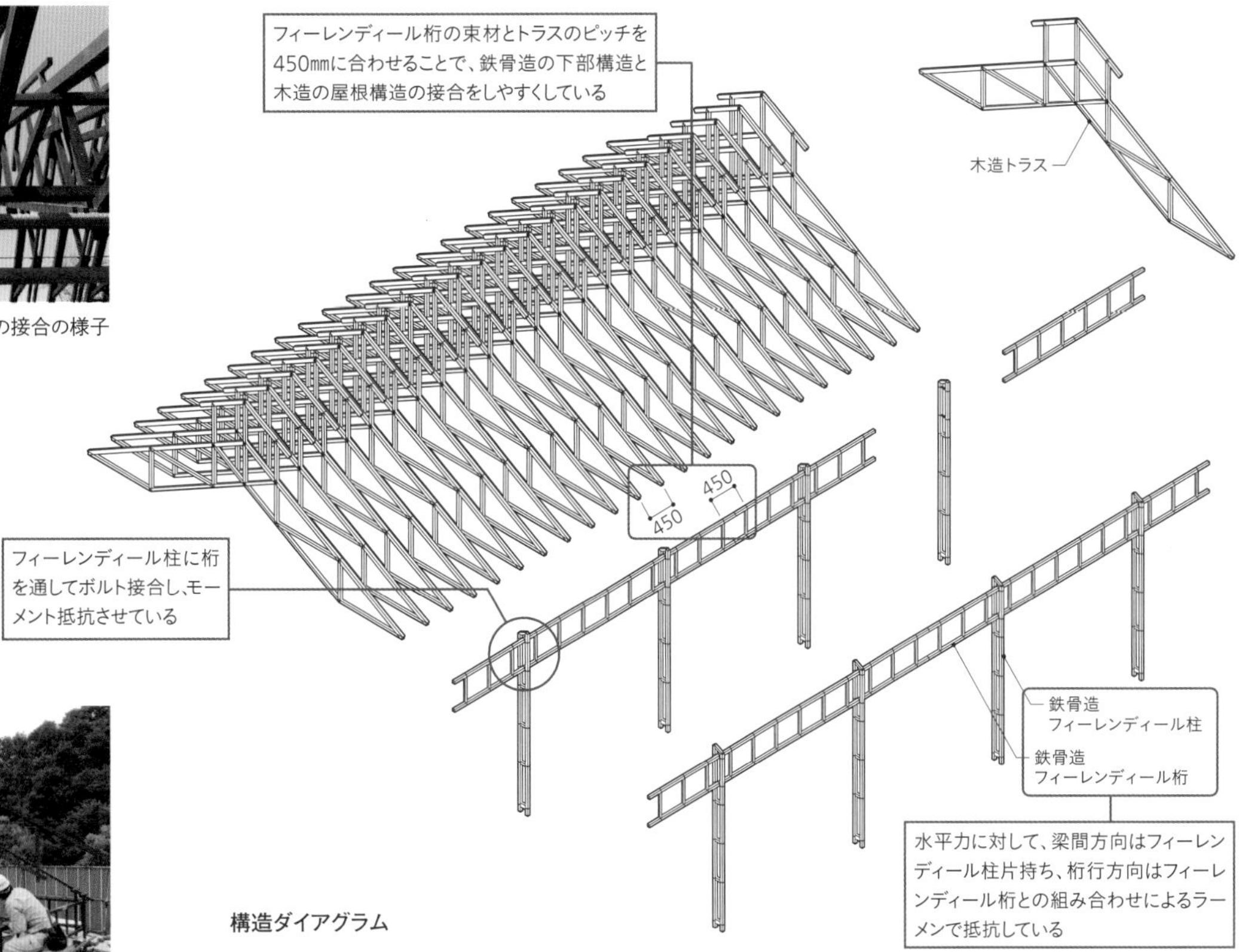

フィーレンディール桁の束材とトラスのピッチを450㎜に合わせることで、鉄骨造の下部構造と木造の屋根構造の接合をしやすくしている
木造トラス
450
450
フィーレンディール柱に桁を通してボルト接合し、モーメント抵抗させている
鉄骨造
フィーレンディール柱
鉄骨造
フィーレンディール桁
水平力に対して、梁間方向はフィーレンディール柱片持ち、桁行方向はフィーレンディール桁との組み合わせによるラーメンで抵抗している

構造ダイアグラム

木造トラス吊り込みの様子

東側からみる外観夕景

西側から建物をみる

［写真左右：ナカサアンドパートナーズ］

北側から建物をみる。ブレースを入れず、鉛直・水平の部材構成とすることで、30m以上先までも視線が抜ける

架構見上げ。下部構造の部材スケールとのバランスを考慮し、極小断面の木材を組み合わせた繊細なトランスとした
［写真左右：ナカサアンドパートナーズ］

のつくり方

❶眺望を妨げない下部構造のつくり方

屋根を支える下部構造は、ガラス越しの眺望を構造体が邪魔しないよう、極力細い部材でつくる必要があった。そこで無垢の角鋼を組み合わせたシステムを考えることにした。このシステムを決定するにあたり支配的な条件となったのは、梁間方向は暴風時、桁行方向は地震時の水平力である。部材断面をなるべく細くするにはブレースを入れるのが有効だが、斜めの構造要素が入ってくると、部材自体は細くてもかえって目立つので、鉛直・水平の部材構成で検討を進めることにした。

梁間方向の風圧力に対しては、曲げ戻しを期待できるような横架材を柱頭部に設けると、後述の木造トラスに異質なものが混在し内観に影響してくるため、固定柱脚による片持ち柱構造とした。片持ち柱は、構成部材を細くするために単材でなく、心々で140㎜離した2本の44㎜角鋼の弦材とフラットバー38×44〜65を完全溶け込みと部分溶け込み溶接を併用して多段につないだフィーレンディール柱［※］である。このフィーレンディール柱を2・25〜2.7mピッチに配置することで梁間方向の耐風性能は確保した。だが桁行方向の地震力に対しては、44㎜角鋼の単独の性能で抵抗することとなるため、片持ち柱での抵抗は難しい。そこでフィーレンディール柱頭部の弦材間の桁行方向に、フィーレンディール桁（心々で469㎜離した2本の44㎜角鋼の弦材

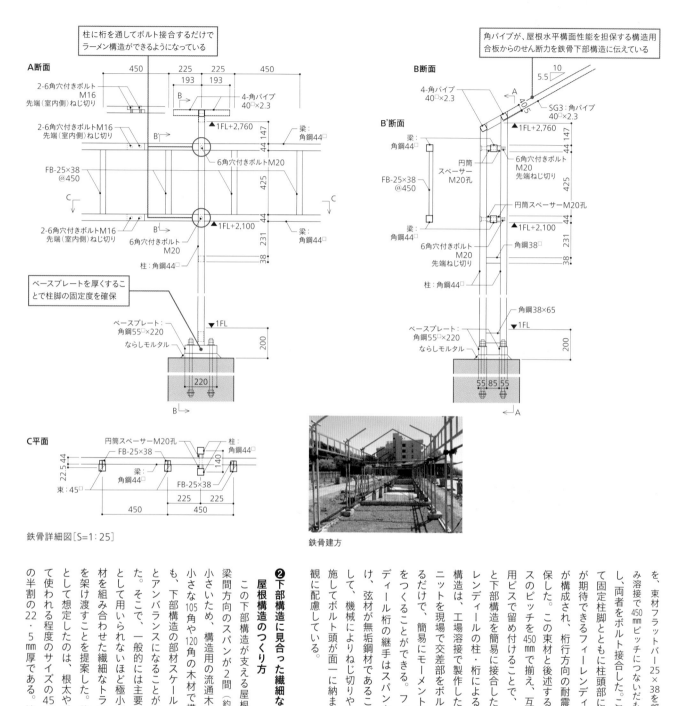

2本の弦材を溶接して多段につないだフィーレンディール柱

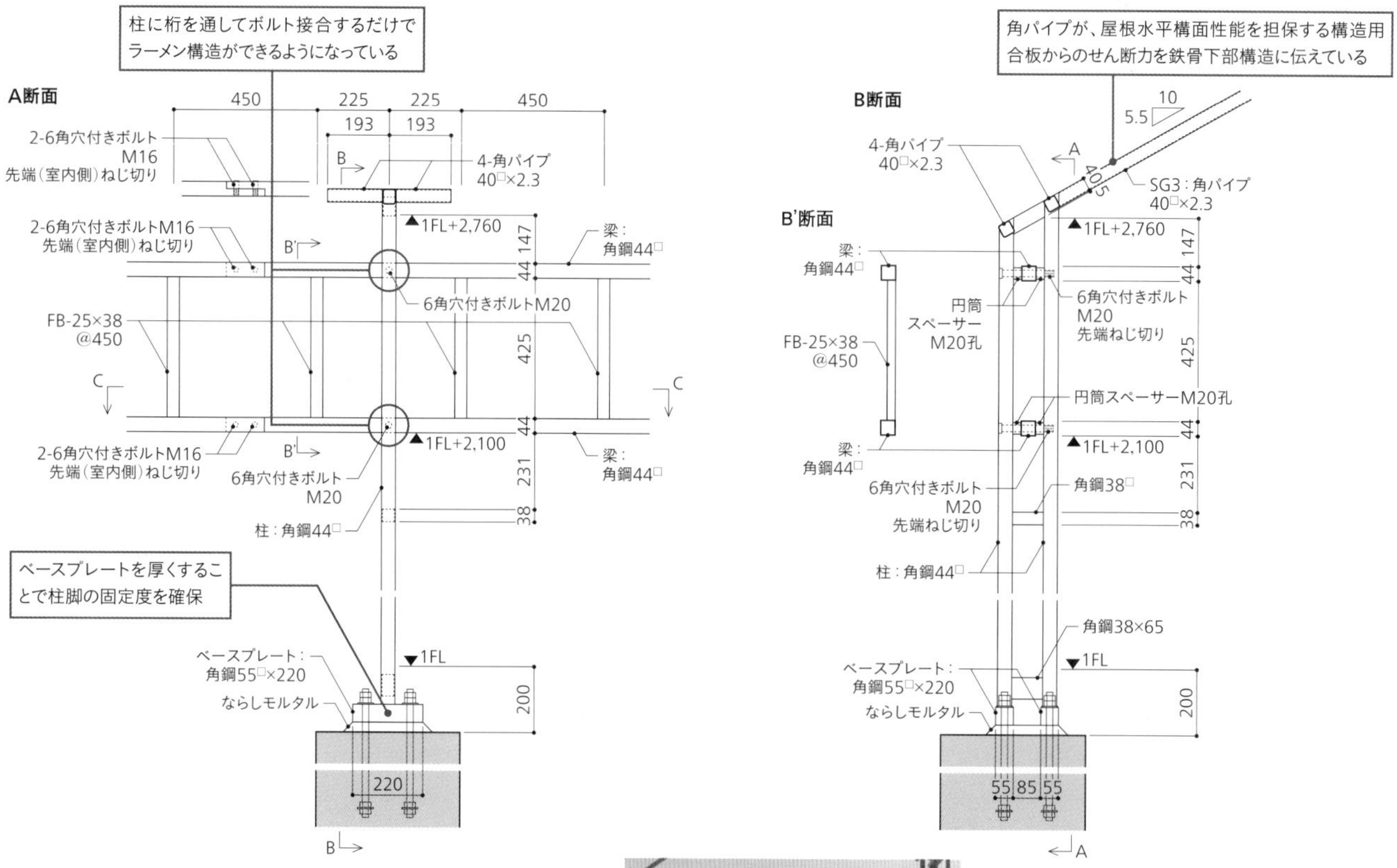
柱に桁を通してボルト接合するだけでラーメン構造ができるようになっている
A断面
450
225
225
450
193
193
2-6角穴付きボルトM16
先端（室内側）ねじ切り
4-角パイプ40□×2.3
1FL+2,760
147
44
425
44
231
38
200
梁：角鋼44□
2-6角穴付きボルトM16
先端（室内側）ねじ切り
6角穴付きボルトM20
FB-25×38
@450
2-6角穴付きボルトM16
先端（室内側）ねじ切り
1FL+2,100
6角穴付きボルト
M20
柱：角鋼44□
ベースプレートを厚くすることで柱脚の固定度を確保
ベースプレート：角鋼55□×220
ならしモルタル
1FL
220
角パイプが、屋根水平構面性能を担保する構造用合板からのせん断力を鉄骨下部構造に伝えている
B断面
10
5.5
4-角パイプ40□×2.3
405
SG3：角パイプ40□×2.3
B'断面
梁：角鋼44□
FB-25×38
@450
梁：角鋼44□
円筒スペーサーM20孔
6角穴付きボルトM20
先端ねじ切り
円筒スペーサーM20孔
1FL+2,760
1FL+2,100
6角穴付きボルト
M20
先端ねじ切り
角鋼38□
柱：角鋼44□
角鋼38×65
ベースプレート：角鋼55□×220
ならしモルタル
1FL
55 85 55
C平面
円筒スペーサーM20孔
FB-25×38
柱：角鋼44□
梁：角鋼44□
束：45□
FB-25×38
22.5 44
140
225
225
450
450

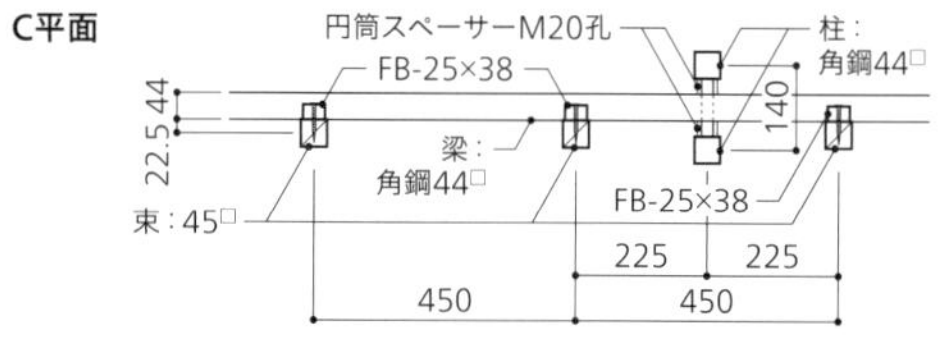

鉄骨詳細図[S=1：25]

鉄骨建方

を、束材フラットバー25×38を部分溶け込み溶接で450㎜ピッチにつないだもの）を通し、両者をボルト接合した。これによって固定柱脚とともに柱頭部に曲げ戻しが期待できるフィーレンディール構造が構成され、桁行方向の耐震性能を確保した。この束材と後述する木造トラスのピッチを450㎜で揃え、互いを構造用ビスで留め付けることで、上部構造と下部構造を簡易に接合した。フィーレンディールの柱・桁によるラーメン構造は、工場溶接で製作した梯子状ユニットを現場で交差部をボルト接合するだけで、簡易にモーメント抵抗接合をつくることができる。フィーレンディール桁の継手はスパン中間に設け、弦材が無垢鋼材であることを生かして、機械によりねじ切りや孔加工を施してボルト頭が面一に納まるよう美観に配慮している。

❷下部構造に見合った繊細な屋根構造のつくり方

この下部構造が支える屋根構造は、梁間方向のスパンが2間（約3.6ｍ）と小さいため、構造用の流通木材で最も小さな105角や120角の木材で構成しても、下部構造の部材スケールからするとアンバランスになることが懸念された。そこで、一般的には主要な構造材として用いられないほど極小断面の木材を組み合わせた繊細なトラスで屋根を架け渡すことを提案した。使用木材として想定したのは、根太や垂木として使われる程度のサイズの45㎜厚、その半割の22・5㎜厚である。流通量の多い木材断面を選択することで、大量の木材から節の少ない良質な木材を安価に調達しやすくしたいという狙いもあった。また、上部構造の木材の部材断面寸法を下部構造の鋼材とそろえることで、寸法体系を統一し、接合部ディテールの簡素化と構造空間の均質化を目指した。

トラス形状は、越屋根の位置や屋根勾配との整合に配慮しながら、部材配置が美しくなるよう何度もスタディして決定した。

トラスの主な構成部材は、束と水平材45㎜角、下弦材22・5×45㎜ダブル、上弦材22・5×60㎜ダブルである。トラスは力学的に効率のよい構造である一方、1点で多数の部材が交差するため接合部の混雑が懸念される。このような極小断面木材を美しく組むには、部材構成と接合ディテールが要である。そこで、シングルの鉛直・水平材を相欠きやホゾで組み、交差部で5㎜切削したダブルの上下弦材で挟む構成を基本として、支圧により応力伝達させ、飼木や構造用ビスも補助的に用いることとした。加工精度が確保されるよう、家具用のNCプレカット機により加工している。この極小断面木材を組み合わせた繊細なトラスをフィーレンディール桁の束材と同じ450㎜ピッチで並べている。

水平構面は、構造用合板によって確保している。下部構造は鉄骨であるため、水平構面から鋼材への応力伝達が円滑になされる必要がある。そこで、鉄骨柱の上部に2.3㎜厚の角パイプを溶

支圧による応力伝達で極小断面材を美しく組む

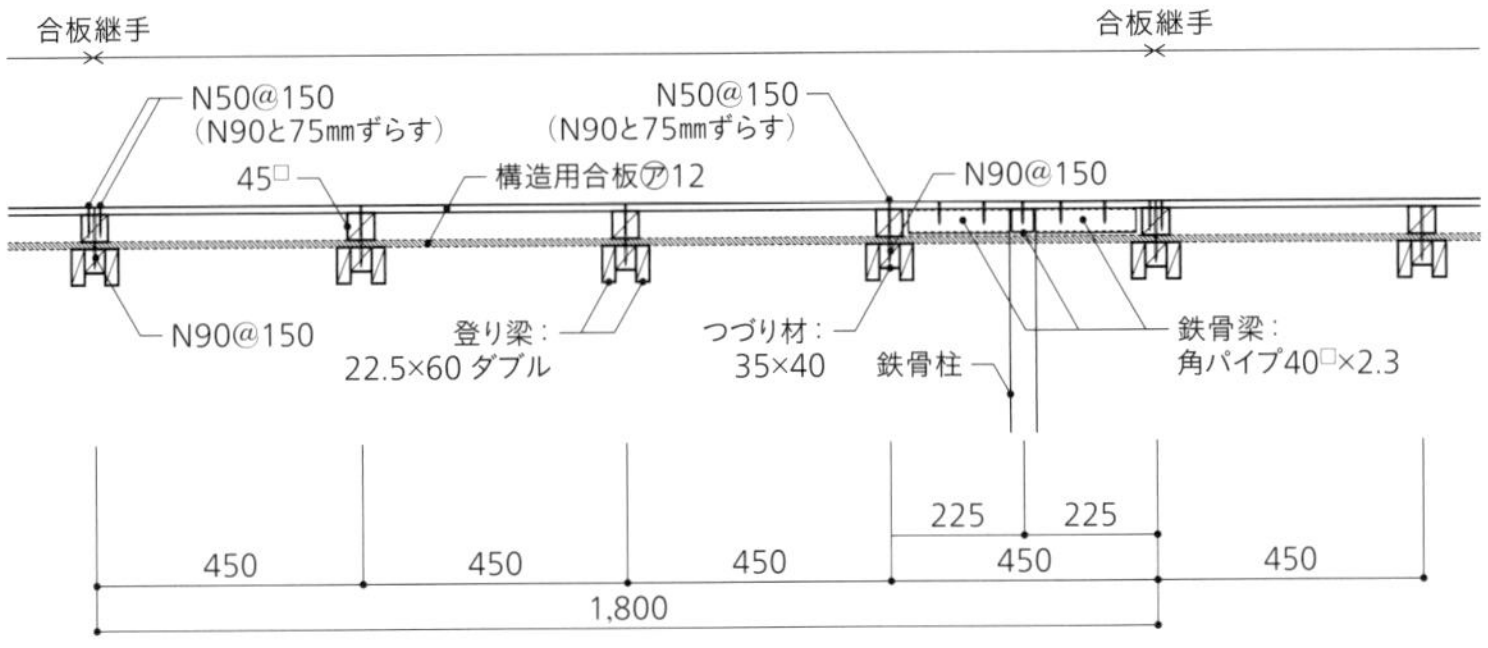

合板継手
合板継手
N50@150
(N90と75mmずらす)
N50@150
(N90と75mmずらす)
45□
構造用合板⑦12
N90@150
N90@150
登り梁:
22.5×60 ダブル
つづり材:
35×40
鉄骨柱
鉄骨梁:
角パイプ40□×2.3
225
225
450
450
450
450
450
1,800

屋根合板断面詳細図[S=1:25]

高精度に加工された嵌合接合部

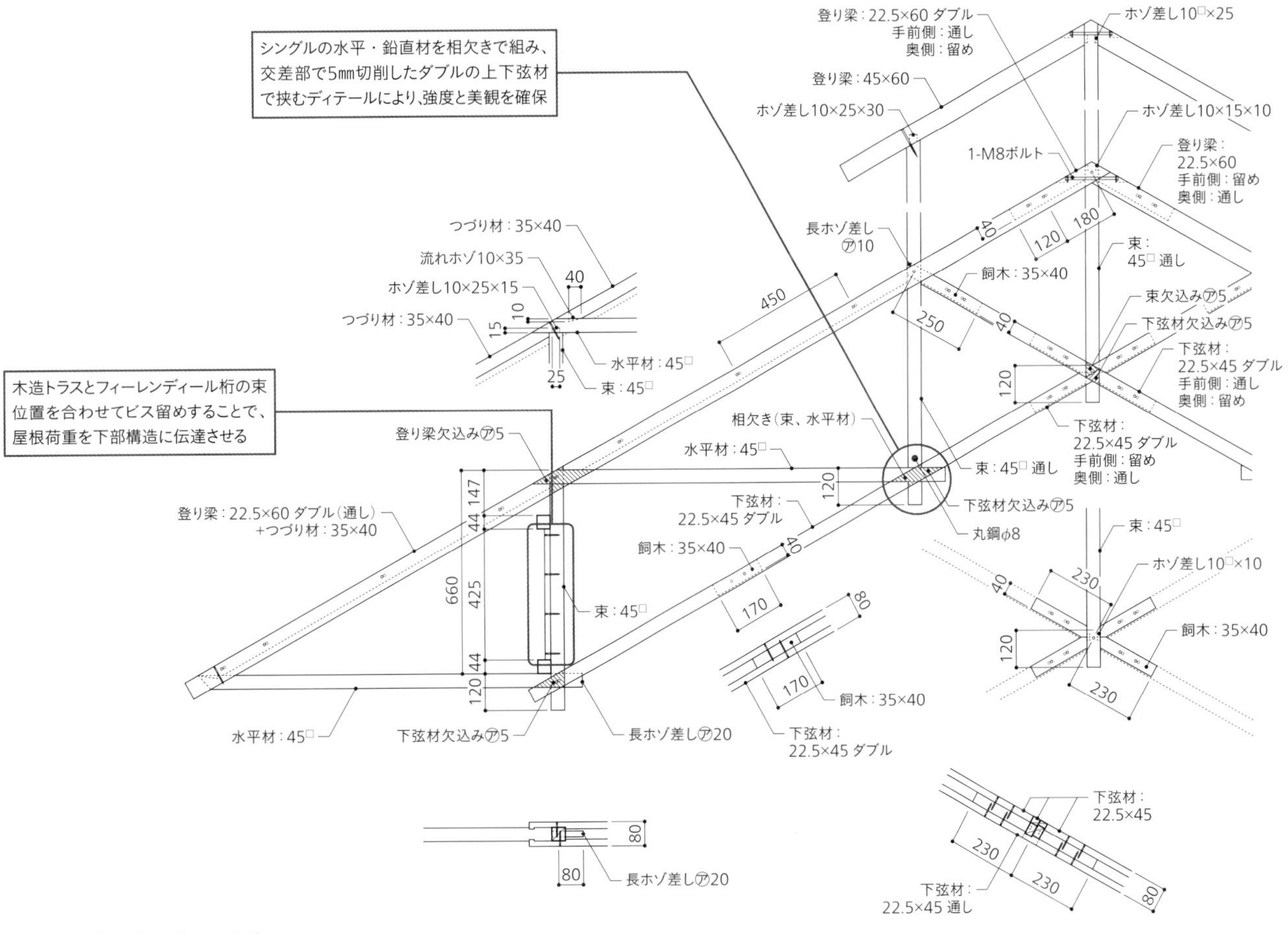

シングルの水平・鉛直材を相欠きで組み、交差部で5㎜切削したダブルの上下弦材で挟むディテールにより、強度と美観を確保
木造トラスとフィーレンディール桁の束位置を合わせてビス留めすることで、屋根荷重を下部構造に伝達させる
登り梁:22.5×60 ダブル
手前側:通し
奥側:留め
ホゾ差し10□×25
登り梁:45×60
ホゾ差し10×25×30
ホゾ差し10×15×10
1-M8ボルト
登り梁:
22.5×60
手前側:留め
奥側:通し
つづり材:35×40
流れホゾ10×35
ホゾ差し10×25×15
つづり材:35×40
水平材:45□
束:45□
長ホゾ差し
⑦10
飼木:35×40
束:
45□ 通し
束欠込み⑦5
下弦材欠込み⑦5
下弦材:
22.5×45 ダブル
手前側:通し
奥側:留め
下弦材:
22.5×45 ダブル
手前側:留め
奥側:通し
相欠き(束、水平材)
登り梁欠込み⑦5
水平材:45□
束:45□ 通し
下弦材:
22.5×45 ダブル
下弦材欠込み⑦5
丸鋼φ8
登り梁:22.5×60 ダブル(通し)
+つづり材:35×40
飼木:35×40
束:45□
束:45□
ホゾ差し10□×10
飼木:35×40
飼木:35×40
水平材:45□
下弦材欠込み⑦5
長ホゾ差し⑦20
下弦材:
22.5×45 ダブル
下弦材:
22.5×45
下弦材:
22.5×45 通し
長ホゾ差し⑦20

屋根構造断面詳細図[S=1:25]

接しておき、これに水平構面を構成する構造用合板をビス留めすることとした。2.3㎜厚の鋼材であれば下孔なしでのビス打ちが可能なので施工性がよい。構造用合板の水平構面から鉄骨架構へ荷重を伝達する際には有効な手法である。角パイプおよび構造用合板の下地材は、架構上部の断熱層内に配置したため、見えがかりにはならない。

トラス屋根に使われた木材は、地場産のアカマツ製材を使用した。設計段階から地元の木材流通事情に詳しい専門業者にヒアリングを行い、コストや意匠性を比較しながら入手可能な木材を選定していった。

※ 斜材を使わずに部材を梯子状に組むことで弦材の曲げ応力を低減させ、構成材の断面を小さくすることができる組立材

DATA

ベラビスタ スパ&マリーナ尾道
メインダイニング エレテギア
[中村拓志&NAP建築設計事務所]

敷地面積 5,447㎡(2,447㎡+3,000㎡)
建築面積 513.17㎡(513.17㎡+163.50㎡)
延床面積 368.21㎡(291.91㎡+76.30㎡)
階　数 鉄骨造 一部木造、地上1階
竣　工 2015年7月

18

耐力と透光性を両立する大きな外壁面をつくる方法

事例：RISE & WIN Brewing Co. BBQ & General Store／中村拓志 & NAP建築設計事務所

透光性と水平耐力を併せもち、採光や眺望を確保しながら耐力要素として機能する壁—。「ガラスの耐力壁がもしあれば…」と考える設計者は少なくないことだろう。実際にガラスの耐力壁は研究されている。だが、ガラスは脆性的な破壊を起こす材料であり、破壊を防ぐコントロールが難しいことや、軸組とガラスとの取合いが複雑になることなどの理由から実用化へのハードルはまだまだ高い。

一方、ガラスと同様に透光性が高く、脆性破壊しにくい面材として、ポリカーボネートがある。まだ研究段階ではあるが、ポリカーボネートを軸組にビスや釘で留め付ける比較的簡易なディテールを用いて、耐力壁としての性能を発現させることができる。ここでは「RISE & WIN Brewing Co. BBQ & General Store」を例に、ポリカーボネートを用いた耐力壁により、透光性のある外壁面をつくる方法を解説する。

高さ8mの妻壁をもつ細長い平面

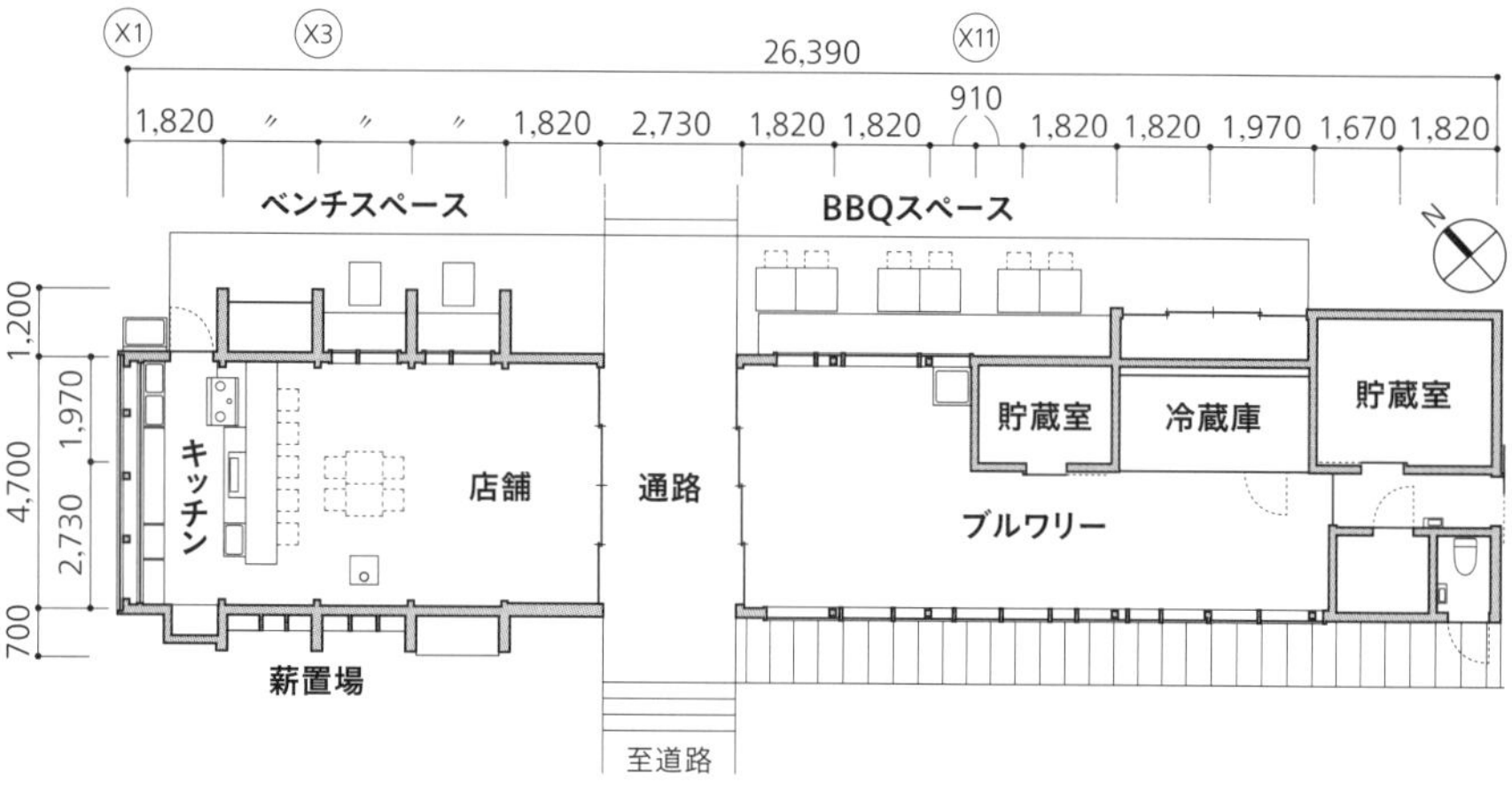

X1
X3
X11
26,390
910
1,820
1,820
2,730
1,820 1,820
1,820 1,820 1,970 1,670 1,820
ベンチスペース
BBQスペース
1,200
1,970
4,700
2,730
700
キッチン
店舗
通路
貯蔵室
冷蔵庫
貯蔵室
ブルワリー
薪置場
至道路

平面図［S=1：250］

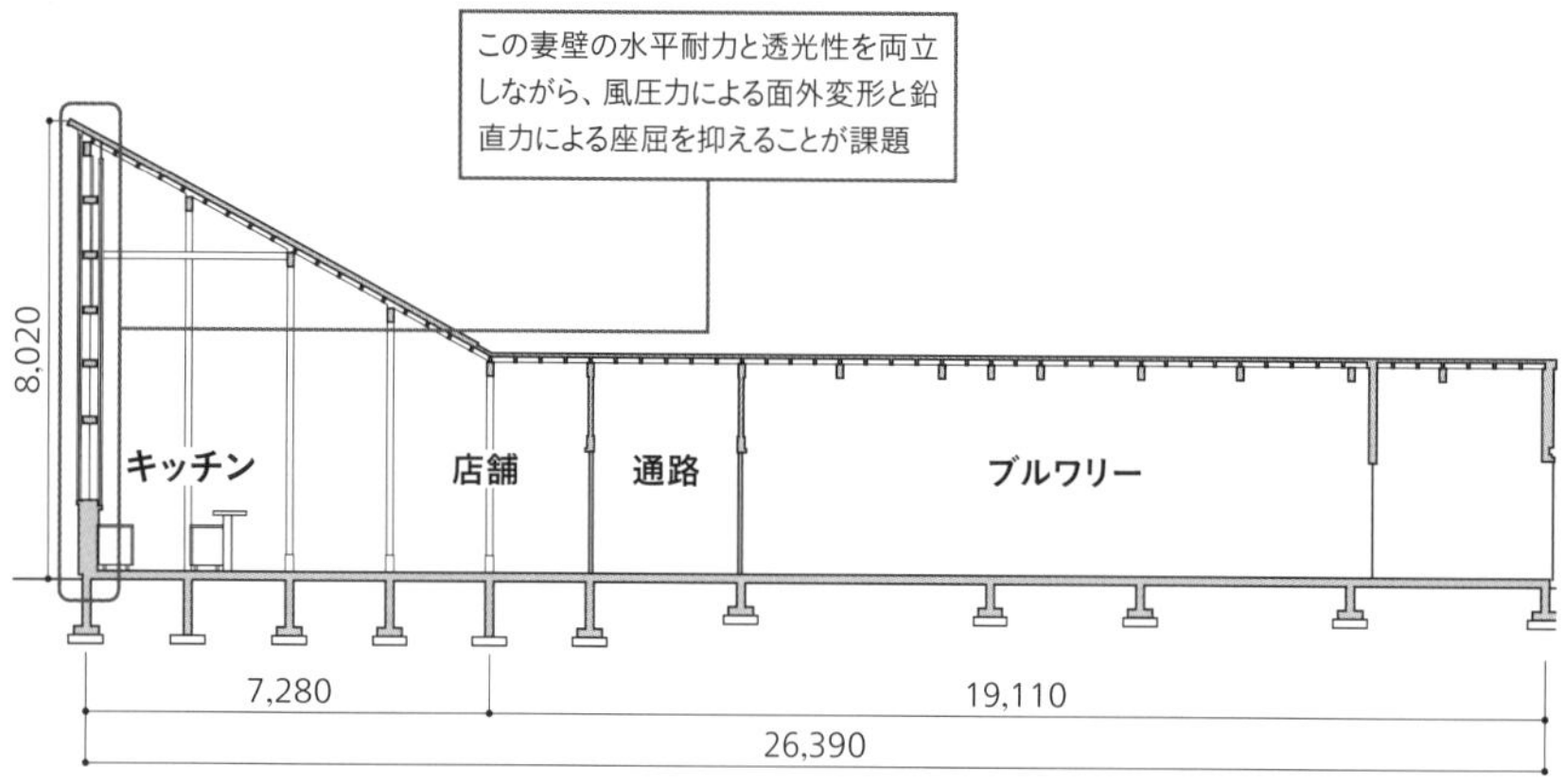

この妻壁の水平耐力と透光性を両立しながら、風圧力による面外変形と鉛直力による座屈を抑えることが課題
8,020
キッチン
店舗
通路
ブルワリー
7,280
19,110
26,390

断面図［S=1：250］

RISE & WIN Brewing Co. BBQ & General Storeは、徳島県上勝町に建てられた平屋のブルワリー兼店舗である。上勝町は、45種類ものごみ分別と徹底的なリサイクルによる「ゴミゼロ運動の町」として有名で、空気も水もきれいな場所だ。建物の大きさは東西方向4.7×南北方向26・4mで、敷地の西側で接する県道と平行に細長く配置されている。建物を横断する通路がプランのほぼ中央にあり、これを境として北側に店舗、南側にブルワリーや貯蔵庫などがある。店舗側の外部には薪置場やBBQスペースが設けられ、各スペースが袖壁でゆるやかに仕切られている。屋根は全体として低く抑えられた片流れであるが、店舗部分では北にいくにしたがって急勾配で高さを増し、北面妻壁では最高高8mにも達する。北面妻壁は幅約4.7×高さ約8.0mで、人目を引く広大な1枚のスクリーンとなっている。ごみ集積所から集めてきた建具をランダムにはめ込んだこの妻壁は、障子のようにもステンドグラスのようにも見える鉛直・水平のデザインで、3R（リサイクル、リデュース、リユース）が日本で最も進んだこの町を象徴している。

本施設の構造計画で大きなポイントになったのはこの北面妻壁のつくり方で、主な課題は2つあった。1つは、建具が美しく浮かび上がるよう極めて高い透光性をもたせつつ、水平力を負担する耐力要素をどのように設けるかである。細長いプランにおいて、短手方向の水平力（地震と風圧）に対抗して安定を得るには、建物の両端部にあたる妻壁やその付近に耐力要素を入れることが有効だ。しかし、壁面に耐力要素を入れることと、壁面の透光性を確保することは相反するうえ、建物の北エリアにあたる店舗の室内には耐力壁を設けにくいというジレンマがあった。

もう1つは、高さのある壁面を、風圧力による面外変形と鉛直力による座

プランに合わせて設けた袖壁付き独立柱で水平力を負担

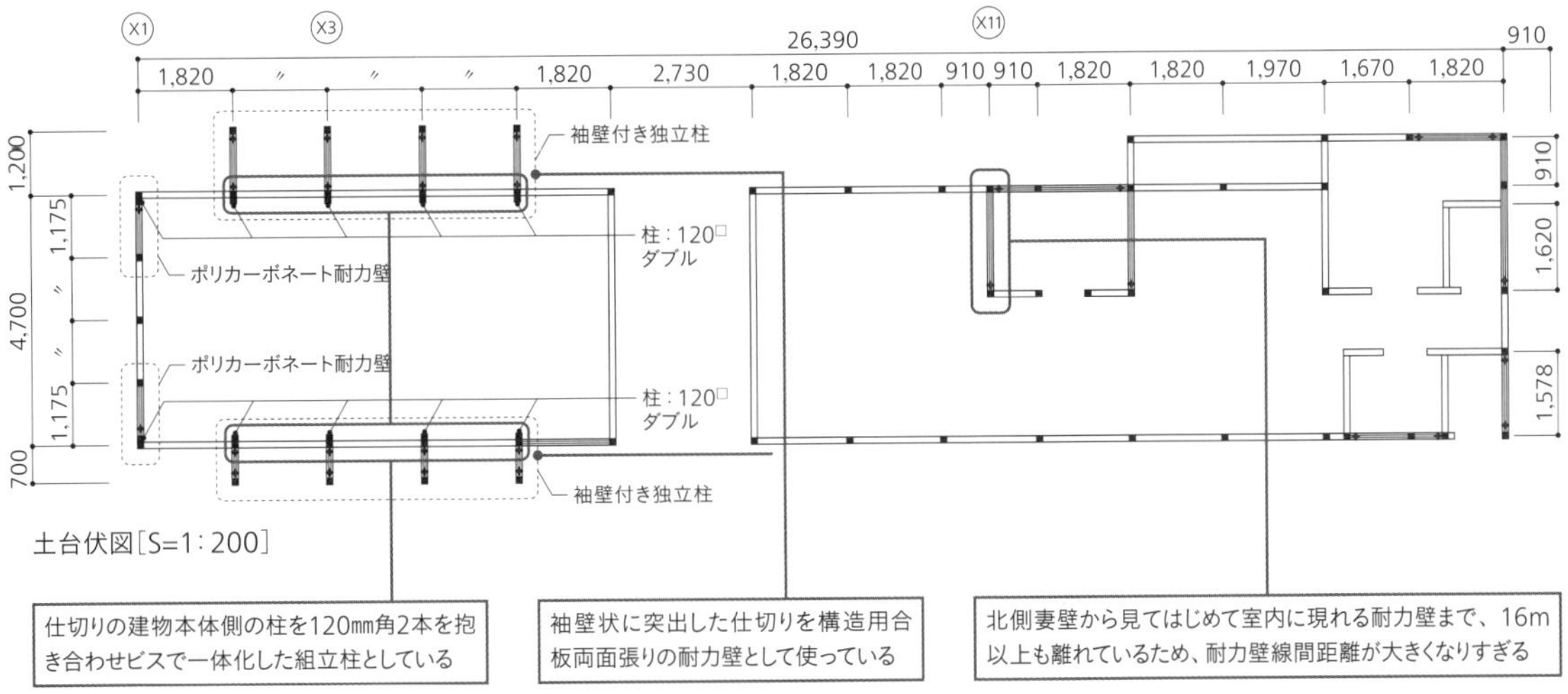
X1
X3
X11
26,390
910
1,820
1,820
2,730
1,820
1,820
910
910
1,820
1,820
1,970
1,670
1,820
1,200
1,175
4,700
1,175
700
910
1,620
1,578
袖壁付き独立柱
柱：120□
ダブル
ポリカーボネート耐力壁
ポリカーボネート耐力壁
柱：120□
ダブル
袖壁付き独立柱
仕切りの建物本体側の柱を120㎜角2本を抱き合わせビスで一体化した組立柱としている
袖壁状に突出した仕切りを構造用合板両面張りの耐力壁として使っている
北側妻壁から見てはじめて室内に現れる耐力壁まで、16m以上も離れているため、耐力壁線間距離が大きくなりすぎる

土台伏図[S=1：200]

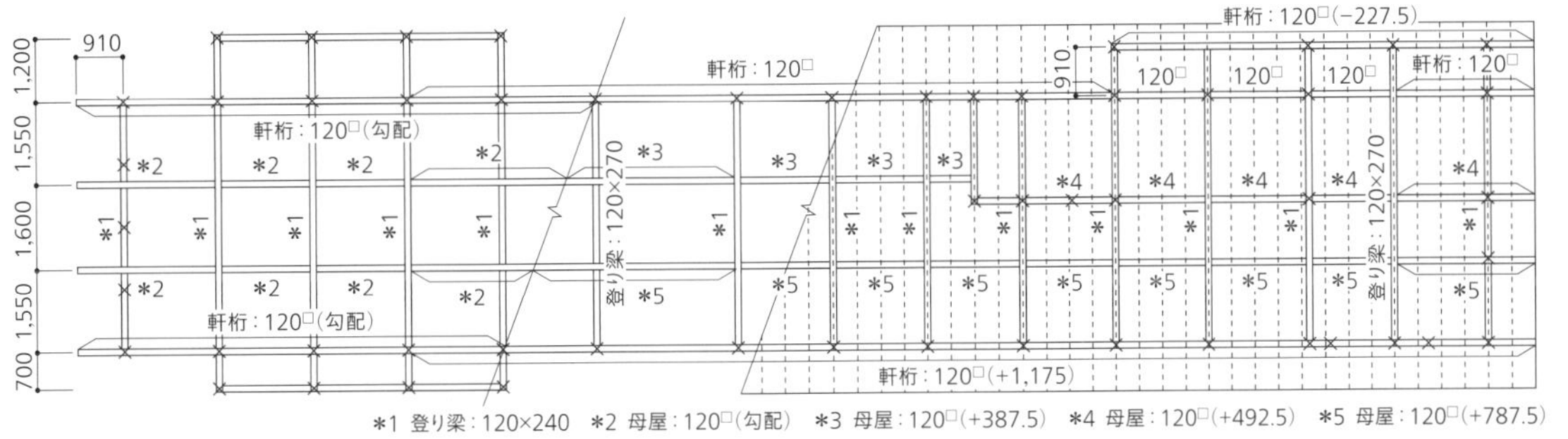
910
1,200
1,550
1,600
1,550
700
軒桁：120□(−227.5)
軒桁：120□
120□
120□
120□
軒桁：120□
軒桁：120□(勾配)
軒桁：120□(勾配)
登り梁：120×270
登り梁：120×270
軒桁：120□(+1,175)
*1 登り梁：120×240　*2 母屋：120□(勾配)　*3 母屋：120□(+387.5)　*4 母屋：120□(+492.5)　*5 母屋：120□(+787.5)

小屋伏図[S=1：200]

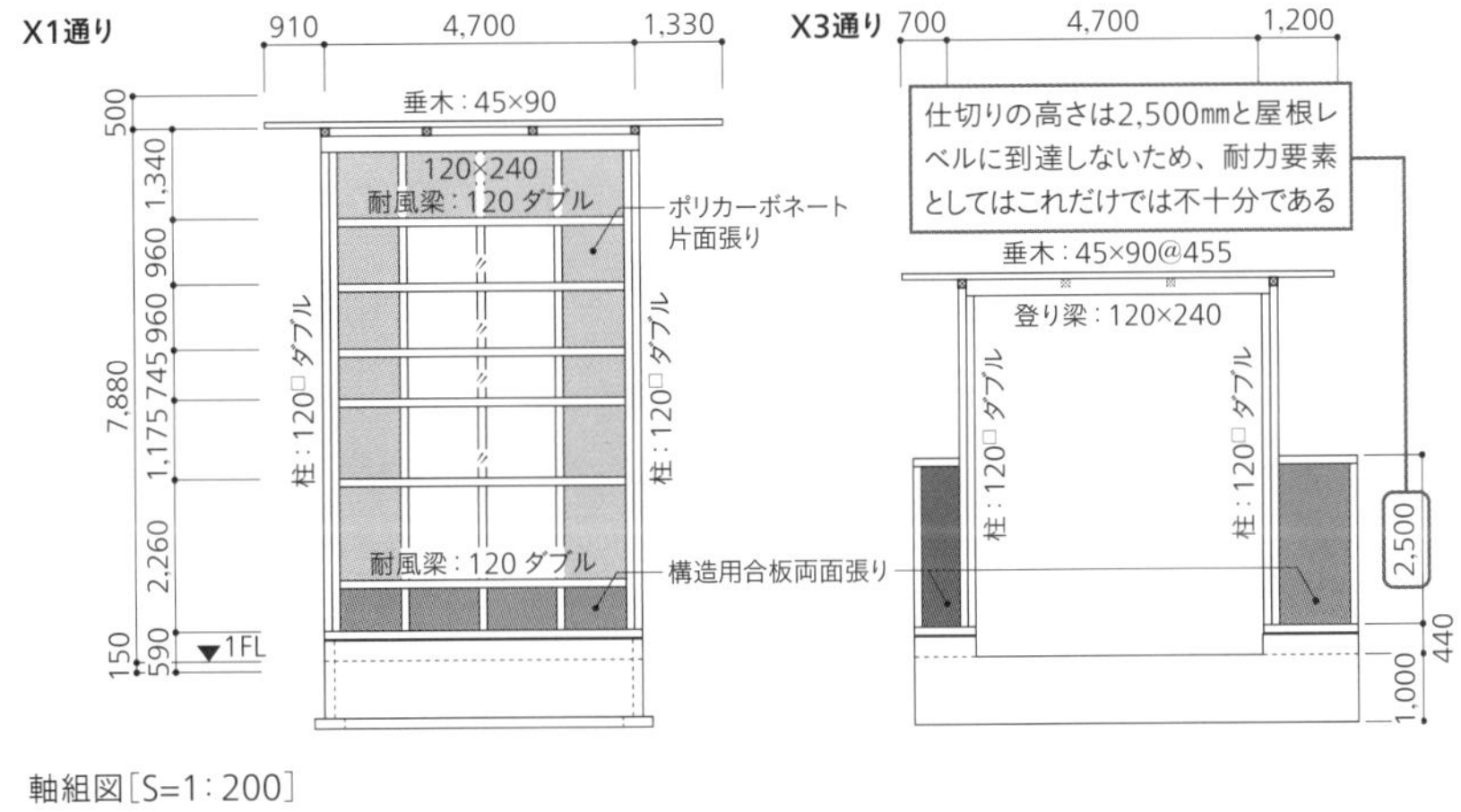
X1通り
910
4,700
1,330
垂木：45×90
120×240
耐風梁：120 ダブル
ポリカーボネート片面張り
柱：120□ダブル
柱：120□ダブル
耐風梁：120 ダブル
構造用合板両面張り
500
1,340
960
960
745
1,175
2,260
590
150
7,880
1FL
X3通り
700
4,700
1,200
仕切りの高さは2,500㎜と屋根レベルに到達しないため、耐力要素としてはこれだけでは不十分である
垂木：45×90@455
登り梁：120×240
柱：120□ダブル
柱：120□ダブル
2,500
440
1,000

軸組図[S=1：200]

透光性の極めて高い妻壁は、ごみ集積所にあった建具をランダムにはめ込んで構成している

［写真：ナカサアンドパートナーズ］

屈にどのように耐えさせるか、である。実はこれは、吹抜けに面する外壁で生じる問題と同じである。加えて、ファブが所有するプレカット機では平角材の柱加工ができないため、柱と耐風梁は正角材を組み合わせて部材の必要性能を確保しなければならないという条件もあった。

以上のように本施設の構造計画上の課題は建物北側の店舗エリアに集中しており、これらを整理すると次のようになる。

❶北面妻壁の透光性を確保しつつ、北エリアの水平耐力をどう確保するか

❷北面妻壁と東西側壁の面外変形と座屈をどう抑えるか

❶北面妻壁の透光性を確保しつつ、北エリアの水平耐力をどう確保するか

本事例の平面では北面妻壁に耐力要素を設けにくいだけでなく、北側半分の室内には梁間方向の耐力壁を設けるスペースがまったくない。はじめて室内にあらわれるのは、妻壁から16m以上も離れたX11通りのブルワリー・貯蔵室廻りの間仕切である。そのため、仮にX1通り全面に高倍率の耐力壁を設けたとしても、耐力壁線間距離が大きくなりすぎ、屋根の水平構面性能が不足しやすい。そこで、妻壁部分だけで北エリアの水平耐力を確保するのではなく、まずはほかの部分に水平力を負担させられないか検討した。幸い、北エリアの東西側の外部にはバーベキューのためのベンチスペースや薪置場が計画されており、各スペース間の

ポリカ耐力壁をつかった合成ラーメンフレーム

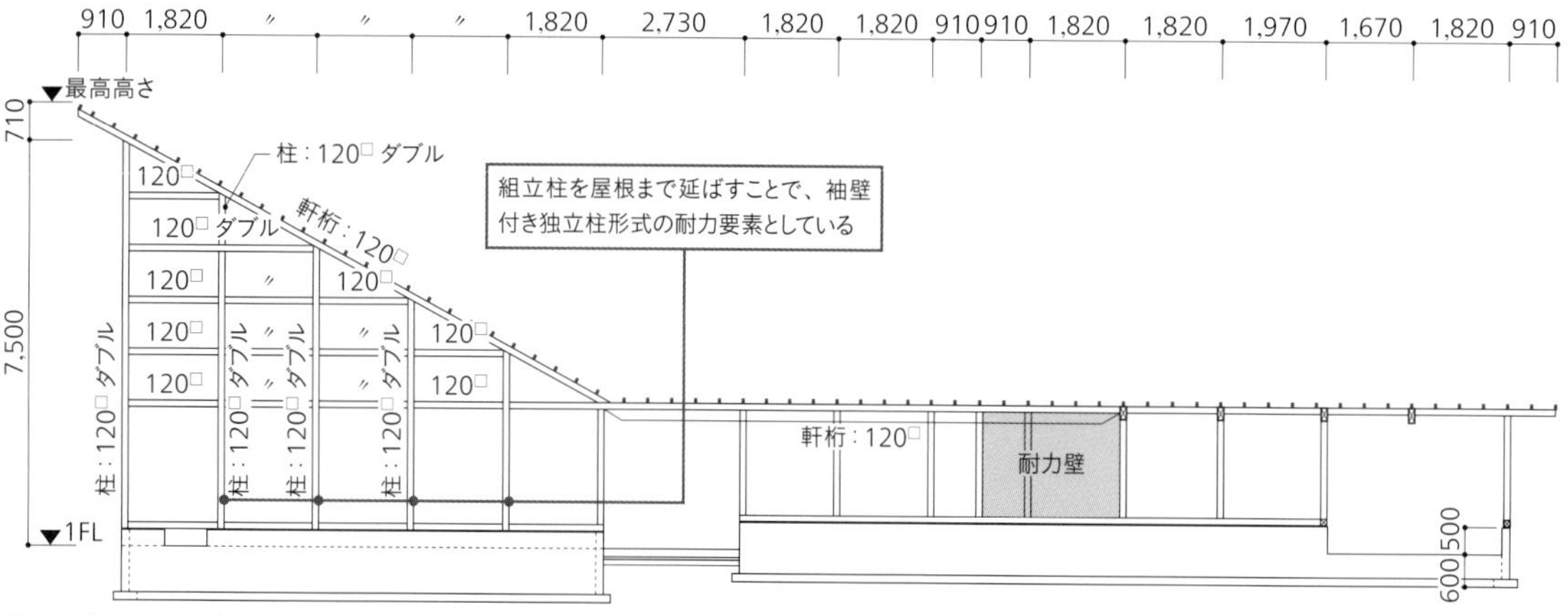
910 1,820 〃 〃 〃 1,820 2,730 1,820 1,820 910 910 1,820 1,820 1,970 1,670 1,820 910
最高高さ
710
7,500
1FL
柱：120□ダブル
120□
120□ダブル
軒桁：120□
組立柱を屋根まで延ばすことで、袖壁付き独立柱形式の耐力要素としている
柱：120□ダブル
軒桁：120□
耐力壁
500
600
軸組図［S=1：200］

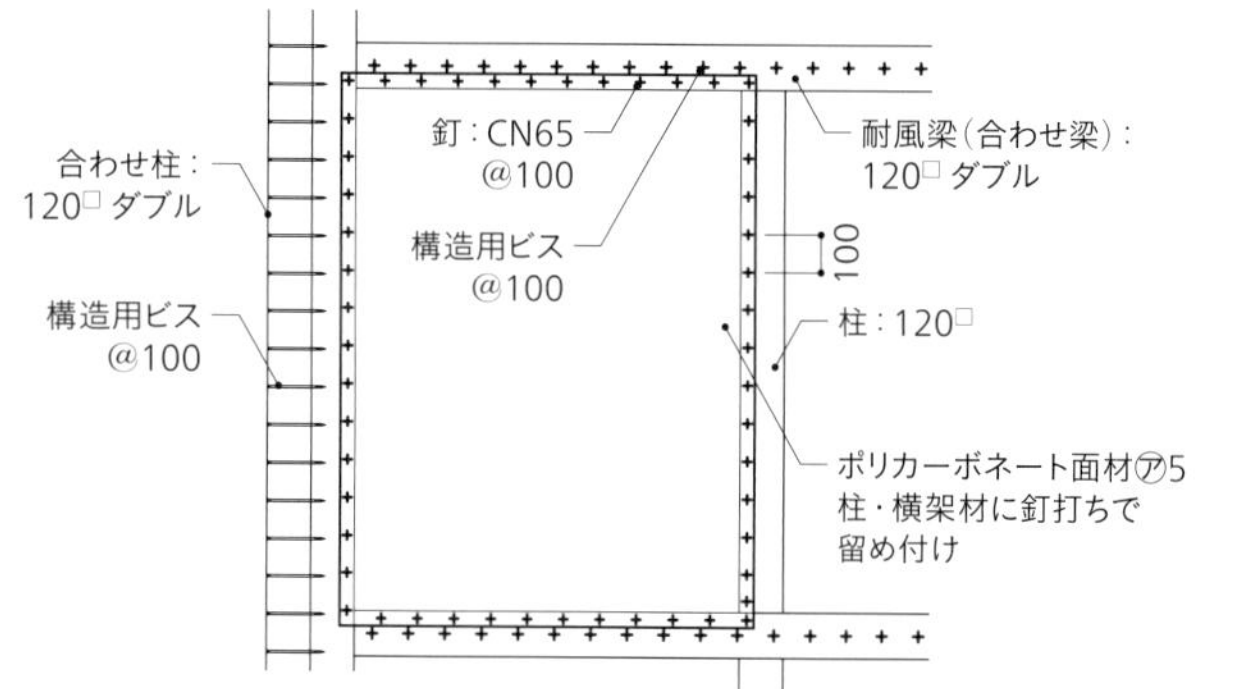
合わせ柱：120□ダブル
構造用ビス@100
釘：CN65@100
構造用ビス@100
耐風梁（合わせ梁）：120□ダブル
100
柱：120□
ポリカーボネート面材㋐5
柱・横架材に釘打ちで留め付け
ポリカーボネート耐力壁［S=1：40］

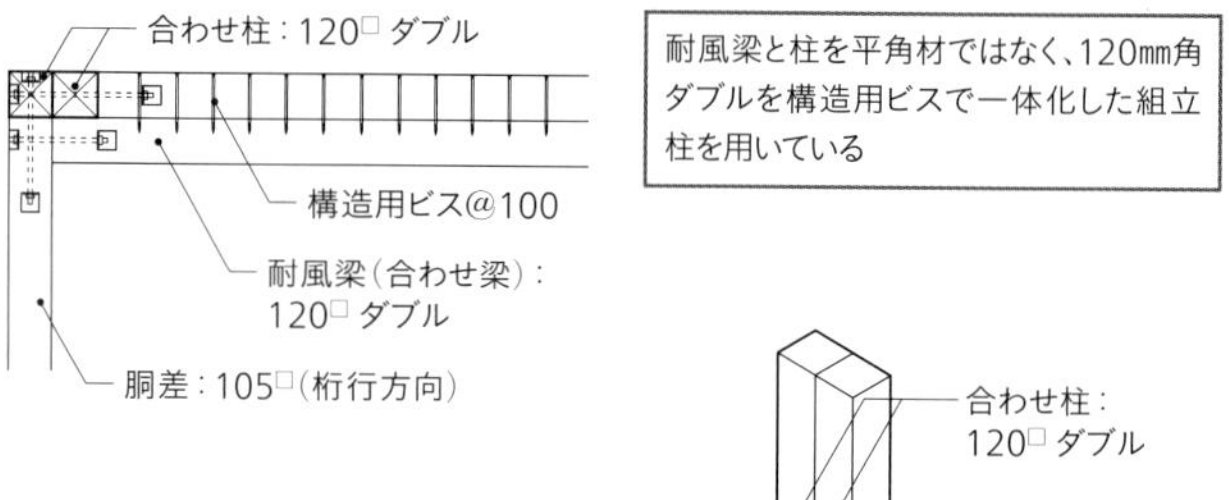
合わせ柱：120□ダブル
耐風梁と柱を平角材ではなく、120㎜角ダブルを構造用ビスで一体化した組立柱を用いている
構造用ビス@100
耐風梁（合わせ梁）：120□ダブル
胴差：105□（桁行方向）
接合部ディテール［S=1：40］

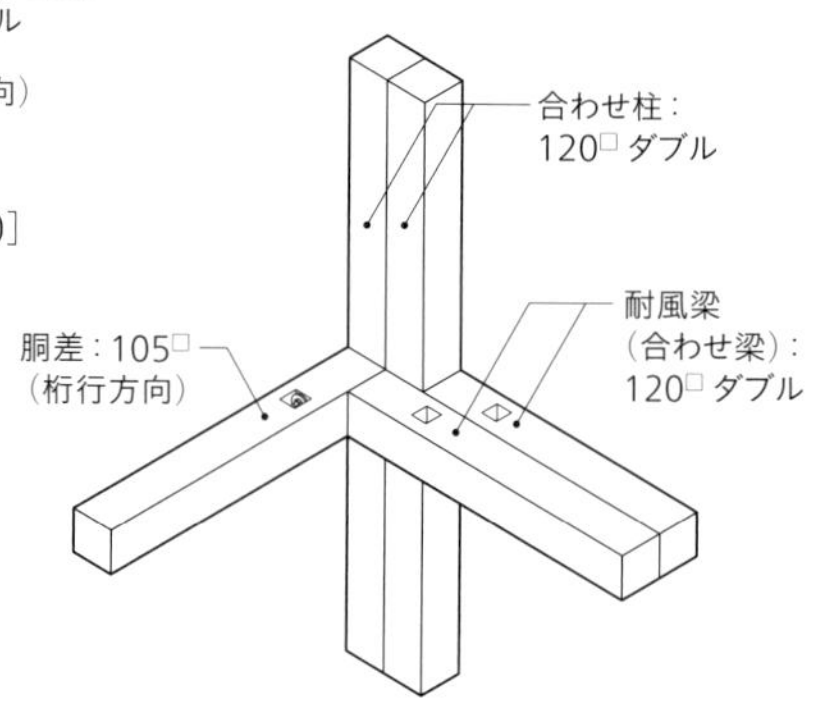
合わせ柱：120□ダブル
耐風梁（合わせ梁）：120□ダブル
胴差：105□（桁行方向）
接合部3Dディテール

仕切りが袖壁状に建物本体から突出するので、この仕切りを構造用合板両面張りの耐力壁として使うことにした。ただし、仕切りの高さは2.5m程度しかなく、屋根レベルまで到達しない。そこで建物本体側の柱を、120角2本抱き合わせてビスで一体化した組立柱とし、これを屋根まで延ばすことで、袖壁付き独立柱形式の耐力要素とした［図1］（組立柱については後述）。この袖壁付き独立柱をプランに合わせて東西側に4つずつ、合計8つ設けた。

この独立壁で風圧力の大半を負担することができるようになったが、風圧力による水平変形が最北端の妻壁ではまだ過大になっていたため、この通りにも何らかの耐力要素を入れることとした。一定の透光性をもつ耐力壁として、面格子壁や丸鋼ブレースがあるが［※1］、ここでは、高い透光性をもち、斜材などがなくても一定の耐力をもつ面材として、ポリカーボネート（以下、ポリカ）耐力壁を採用した。5㎜厚のポリカを釘やビスで軸組に留め付けて性能を発現させるものである。令46条4項や昭56建告1100号での壁倍率を取得しているものではないが、実験的研究によって性能確認がされており、壁倍率相当で2程度を見込むことができる［※2］。この壁倍率に相当する耐力を見込み、妻壁の軸組幅4.7mのうち両端幅約1.2m分にポリカを張って耐力壁とした。ただ、高さ8mもの耐力壁を独立壁として設けると水平剛性が低下するため、2つのポリカ耐力壁の頂部と脚部をポリカと構造用合板の充腹梁でつないで合成ラーメンフレームをつくり、面的に抵抗するようにしている［図2］。

以上のように、屋外の袖壁付き独立柱とポリカ耐力壁の組み合わせにより、北面妻壁の透光性を妨げることなく梁間方向の水平耐力を確保した。

❷北面妻壁と東西側壁の面外変形と座屈をどう抑えるか

風圧力による北側外壁面の面外変形を抑える方法としては、耐風柱によって8mスパンとなる鉛直方向に力を流す方法や、中間に火打ち梁を入れて外壁面を抑える方法などがあるが、長さや断面の過大な柱が必要になることや、火打ち梁が室内に現れることになり、望ましくない。ここでは梁間スパンが4.7mと比較的小さいので、耐風梁を設けて水平方向に力を流すこととした［図3］。この場合、柱は各耐風梁を挟んで不連続となる管柱となるが、圧縮軸力による柱の座屈を耐風梁が抑えてくれる。風圧力による東西側外壁面の面外変形は、❶で説明した袖壁付き独立柱によって自ずと抑えられる。

これらの耐風梁や柱では、風圧力による面外方向変形や圧縮軸力による座屈を抑えるため、曲げ性能を高めたいところだ。平角材を使えればよいのだが、先述のような事情で正角材しか使えない。そこで120㎜角の正角材を重ね、細かいピッチでビスで留め、一体化することで曲げ性能を高めた。

図1｜袖壁付き独立柱による耐力要素

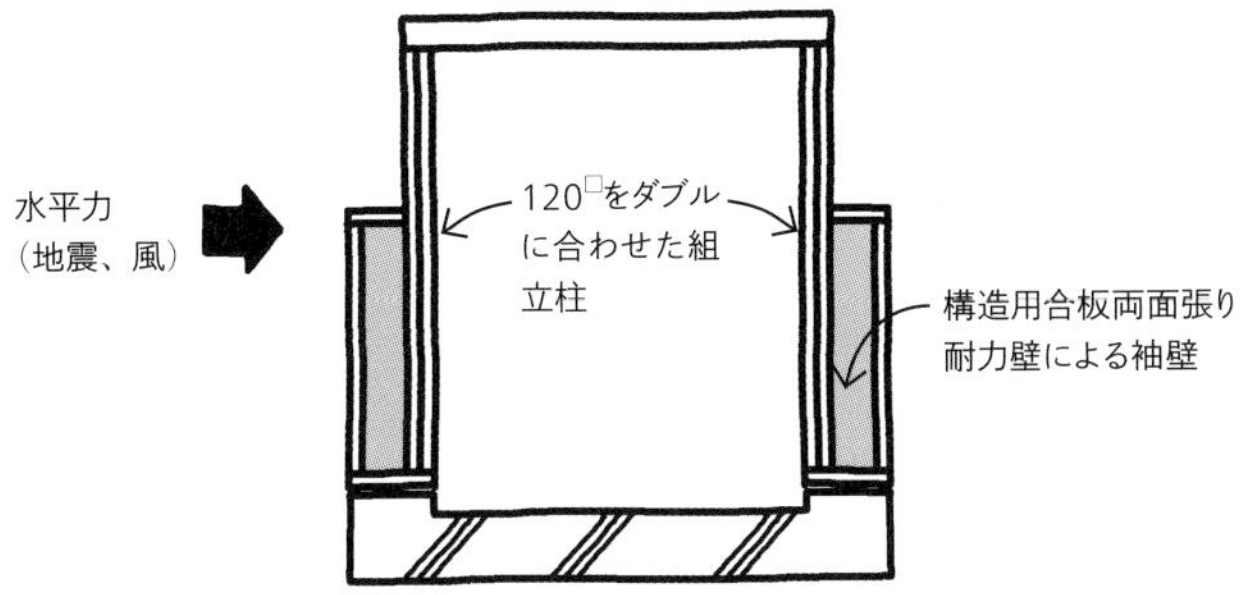

水平力
（地震、風）
120□をダブルに合わせた組立柱
構造用合板両面張り耐力壁による袖壁

図2｜ポリカ耐力壁と面材充腹梁による合成ラーメン

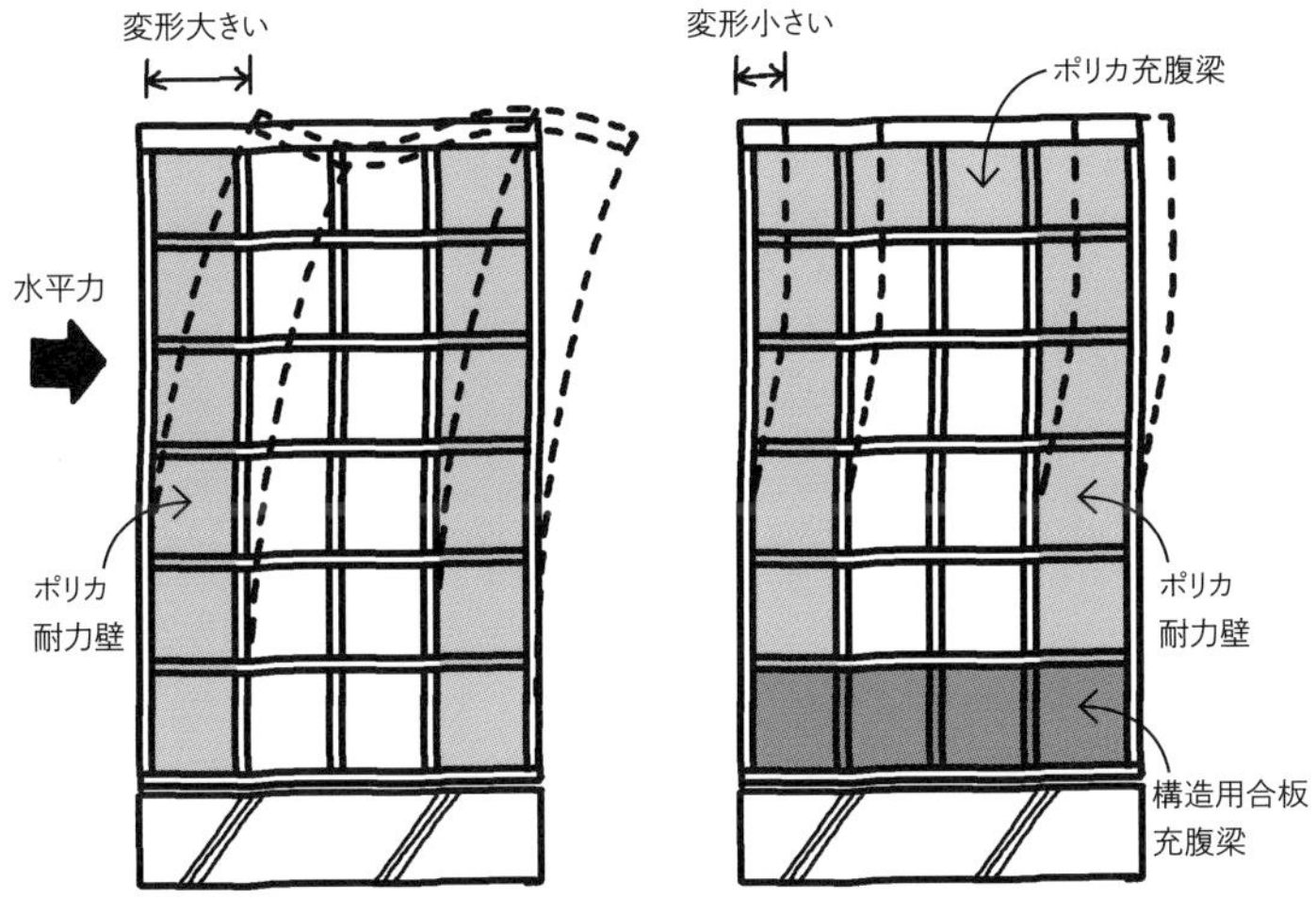

変形大きい
水平力
ポリカ耐力壁
変形小さい
ポリカ充腹梁
ポリカ耐力壁
構造用合板充腹梁

図3｜大壁面の座屈と面外風圧を抑える方法

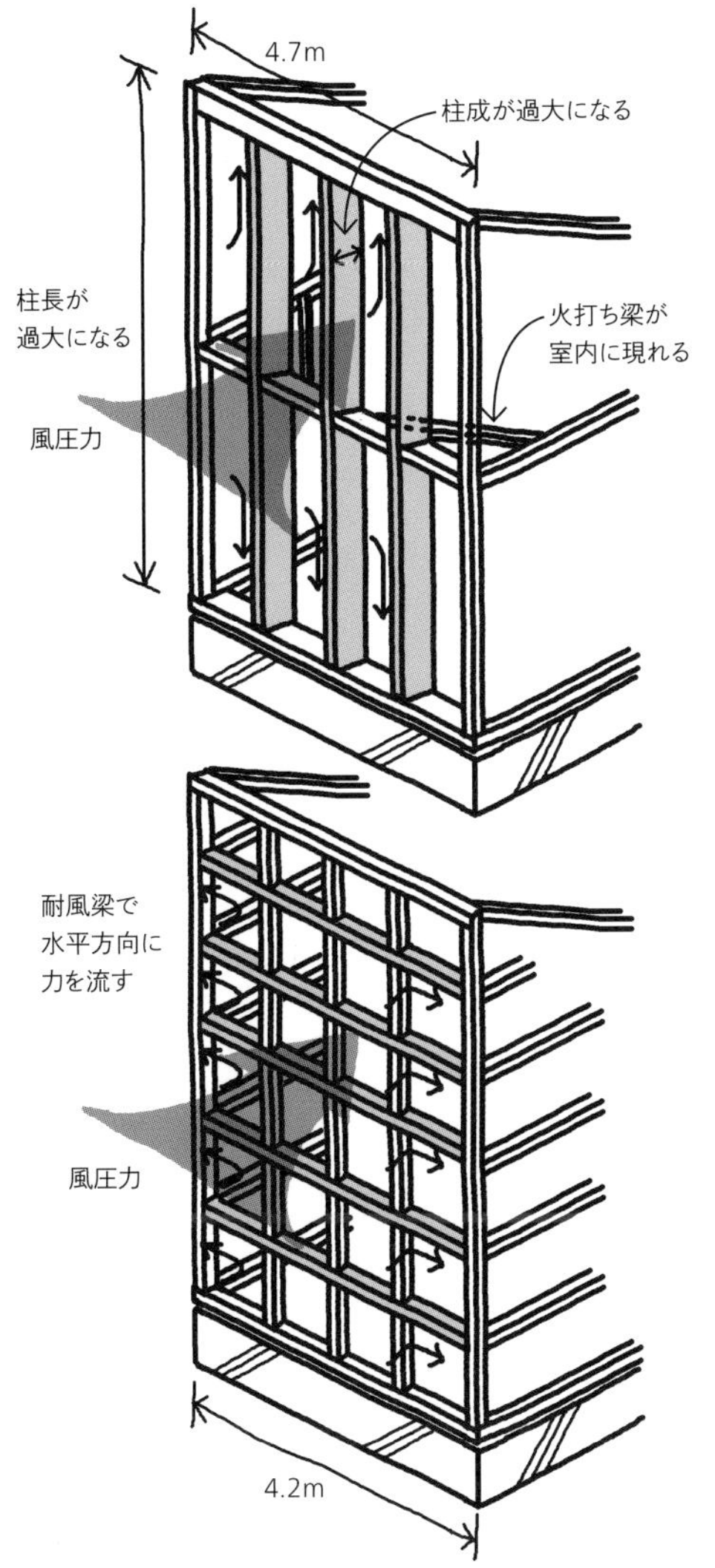

4.7m
柱成が過大になる
柱長が過大になる
火打ち梁が室内に現れる
風圧力
耐風梁で水平方向に力を流す
風圧力
4.2m

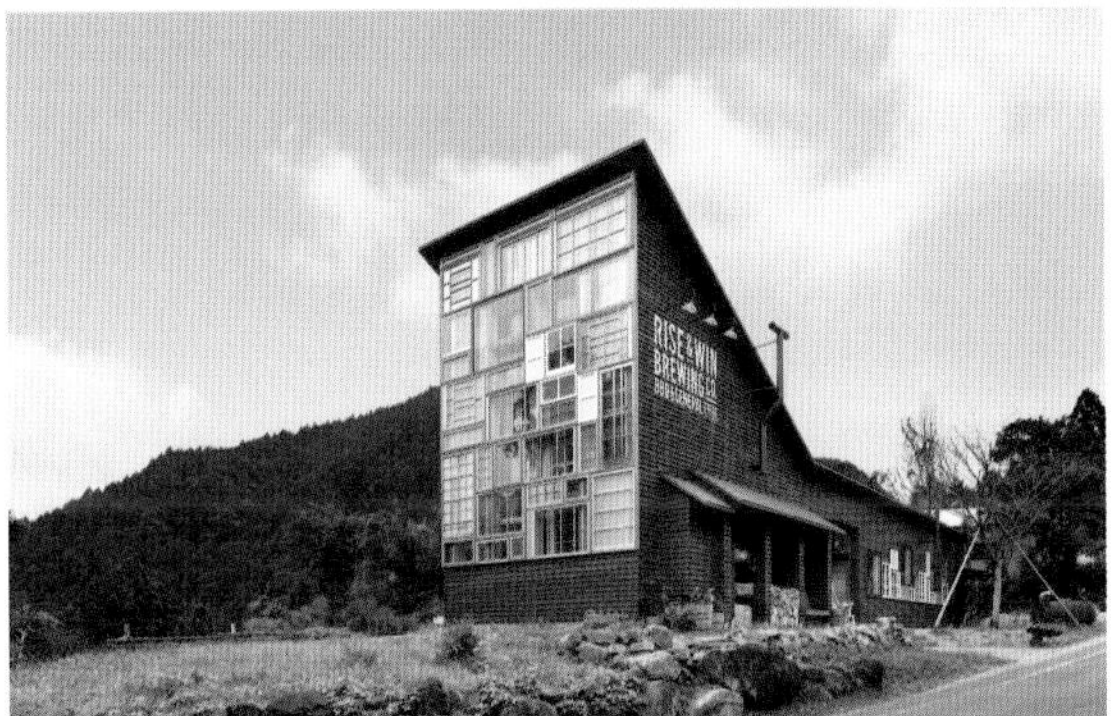

RISE&WIN BREWING CO.

建物外観

北エリア店舗から北面妻壁を見る

ブルワリーから北エリア店舗を見る。室内に視界を遮る壁がないため、明るく開放的な内部空間となっている

［写真左右下：ナカサアンドパートナーズ］

DATA

RISE & WIN Brewing Co. BBQ & General Store
［中村拓志&NAP建築設計事務所］

敷地面積	760㎡
建築面積	141.03㎡
延床面積	141.03㎡
規　　模	地上1階
竣　　工	2015年5月

※1　丸鋼ブレースは、斜材が細いため透過性が高く、倍率の高い製品も市販されているが、鉛直・水平方向のデザイン性を斜材が邪魔する。面格子壁は鉛直・水平のデザインには合うが、壁倍率が低い

※2　文献：学位論文「木質構造における透光性を有する耐力要素の開発研究」宋昌錫 2009

19

地元産木材を化粧露しにした保育園をつくる方法

事例：わかたけ保育園／篠計画工房（意匠設計協力：アトリエB's ateliererratio）

地元産の木材を構造材に用い施設をつくることの意義が見直され、各地で盛んに試みられている。だが、木造保育園ではほとんどの場合内装制限がかかるため、せっかく構造材に木材を使っても、化粧露しにすることが難しい。石膏ボードの天井に、疎らに梁が現われるような設計にせざるを得ず、趣のある木造空間をつくるのに苦心した設計者も多いことだろう。防耐火計画と構造計画の工夫によって解決する方法はないだろうか。

ここでは「わかたけ保育園」を事例として、地域木材を化粧露しにした保育園をつくる方法を解説する。

架構を化粧露しとした木の空間

❶建物外観全景［写真：畑亮］
❷遊戯室内観。機能上なるべく柱を立てない空間としている［写真：畑亮］
❸保育室内観。板張りの真壁と化粧野地板張りの天井で木に包まれた空間としている
❹西側のテラス。耐火木造部分は油漆喰仕上げとして、外観の調和を図っている

「わかたけ保育園」は、広大な田畑のなかに建つ延床面積700㎡弱の木造保育園である。敷地は鰻の寝床のように細長く、北側のアプローチから半島状に南に伸びている。建物はこの敷地に合わせて南北に細長く、への字状に配置している。後述のように防耐火計画上の理由で建物を5棟に分けており、中央部に事務室・調理室などがある2階建ての管理棟、その北翼に平屋の保育棟、南翼に遊戯棟が配置され、その間が平屋の相談室とトイレによって連結されている。

法令上、延べ面積200㎡以上の木造保育園には内装制限がかかり、天井や壁の仕上げに木材を使いにくい。ここでは保育棟・遊戯棟の内部の柱や梁、垂木といった木造架構を化粧露しとし、それらの軸部間の壁を漆喰壁と板張りによる真壁、天井をスギの化粧野地板で仕上げ、木の空間を創り出している。主な構造材には水俣・芦北地域の天然乾燥させたスギ材を用いている。本保育園の構造計画のポイントは、次の3つであった。

❶木造架構を化粧露しにする方法
❷保育棟の構造のつくり方
❸遊戯室の構造のつくり方

❶木造架構を化粧露しにする方法

地元産木材を構造に生かし、これを化粧露しにすることを基本コンセプトとしたため、木造架構に意匠性が求められた。また、内装制限が適用されると、木部の見付け面積は壁面や天井面の1／10以内に抑えることが法的に求められ、架構を露しにくくなる。そこで、桜設計集団の安井昇氏に相談し、昭和26年建設省住宅局建築防災課長通達（住防発14号、通称、別棟通達）により2棟の耐火構造のコアを間に入れることで建物を計5棟に分割することになった。特に木質化したい保育棟と遊戯棟の面積を、内装制限が適用されない200㎡以下に抑えることにした。耐火

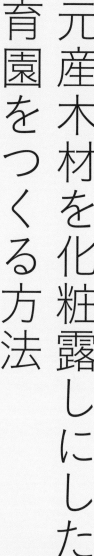

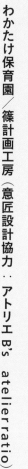

5棟からなる耐火構造の保育園

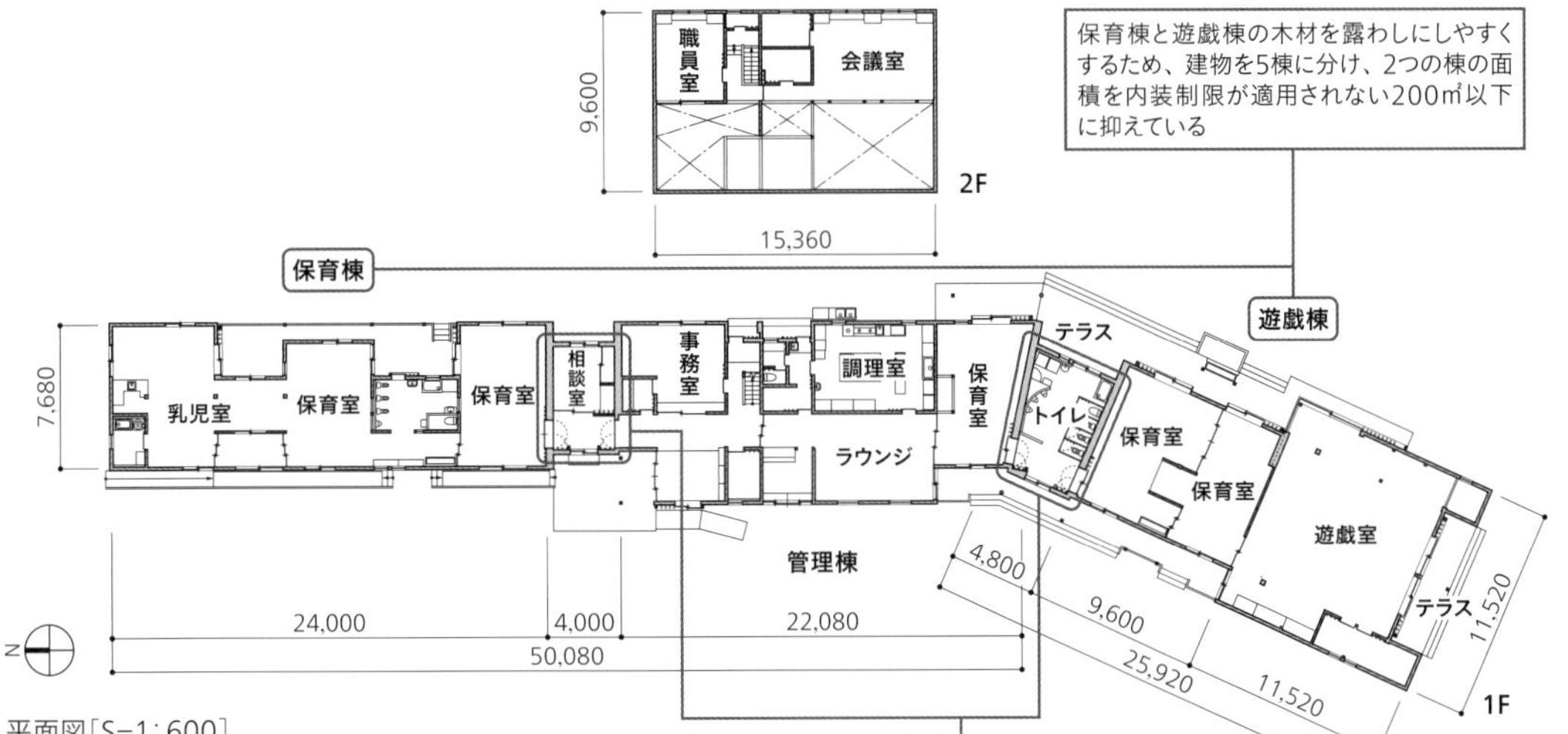

平面図[S=1:600]

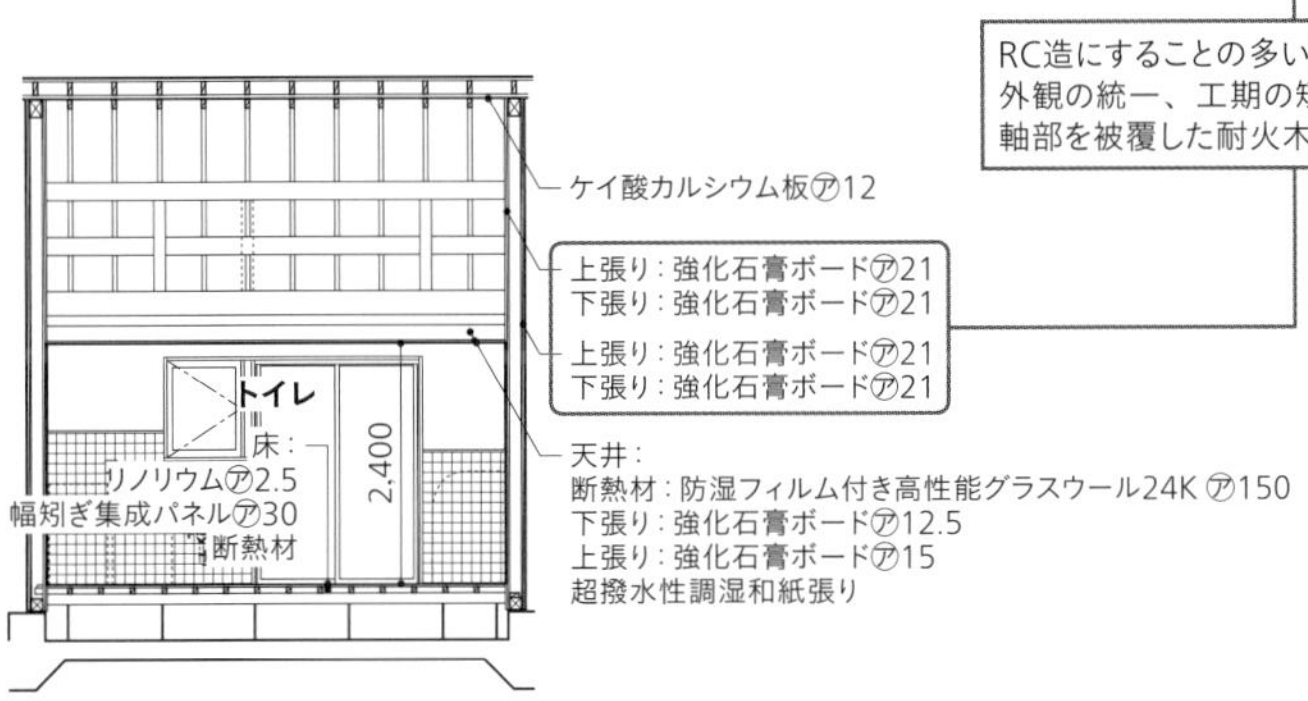
RC造にすることの多い耐火構造部分だが、外観の統一、工期の短縮などの理由から、軸部を被覆した耐火木造としている

遊戯棟トイレ断面図[S=1:150]

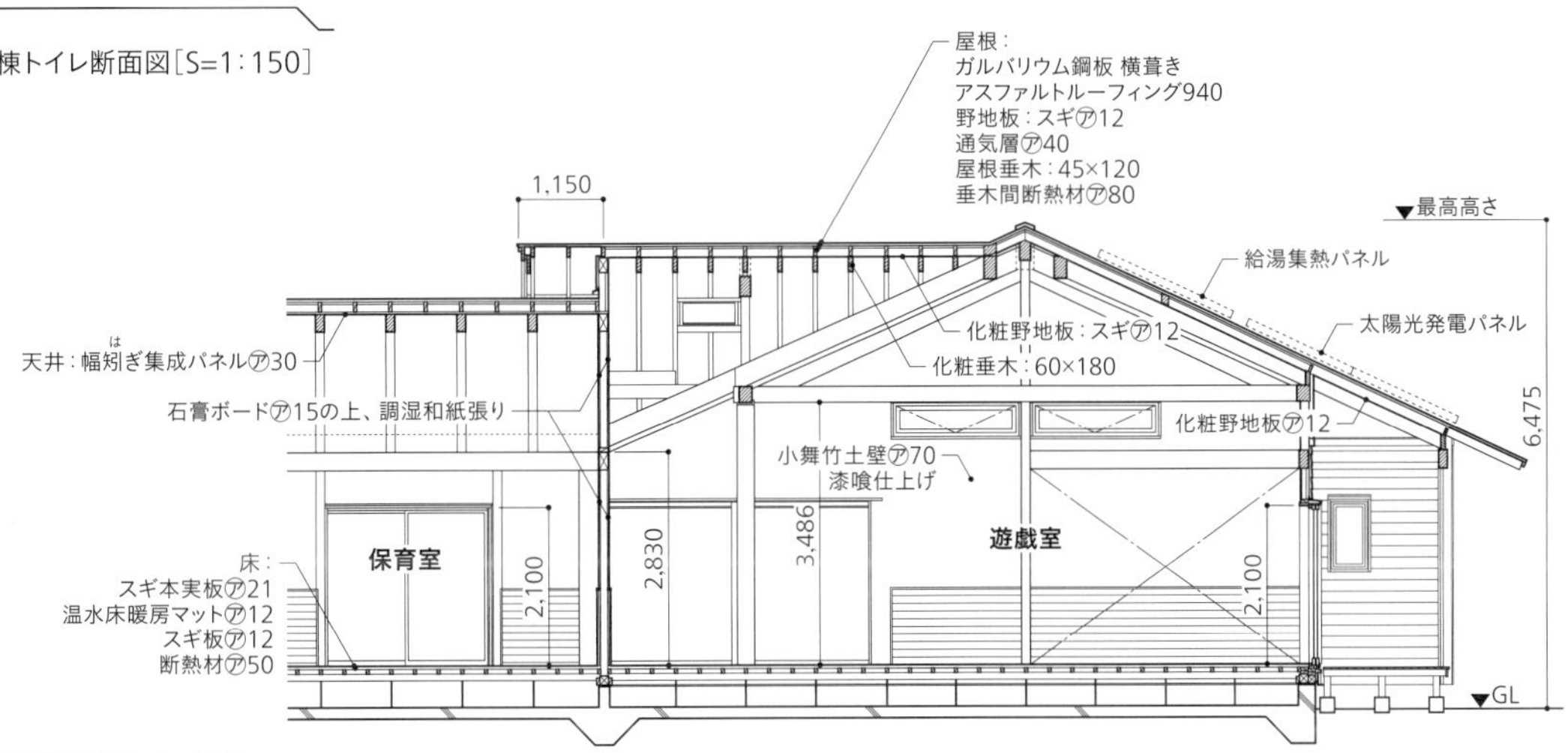

遊戯棟断面図[S=1:150]

構造部分は通常RC造にすることが多いが、外観の統一、工期の短縮、基礎の負担軽減などを考え、強化石膏ボード2重張りなどで軸部を被覆したメンブレン型の耐火木造とした。

❷保育棟の構造のつくり方

保育棟は7・68×24・00mの長方形平面、4.5寸勾配の切妻屋根である。棟を支え、短冊状に配置された諸室の空間を緩やかに仕切るために、まず棟通り上に桁行方向に3・84mまたは4・80m間隔で棟持ち柱（180㎜角）、側通りに側柱（120㎜角）を建て、それぞれを棟木と軒桁でつないだ。次に軒レベルに構面をつくるために、棟持ち柱を起点にして陸梁・桁を十字状に出して、棟持ち柱同士や側柱と連結した。さらに梁間方向の耐力壁を棟持ち柱が立つ通りに合わせて設けるため、棟持ち柱頂部と桁行方向の側柱を登り梁（120×210㎜）でつなぎ、基本骨組を構成した。登り梁と陸梁を緊結するために、材どうしが交わる入隅部に力板をはめ込み、ビス留めしている。普通ならば、この骨組みに母屋と垂木を架けていくのだが、登り梁と垂木の区別がない均質な架構にするために、登り梁と同サイズの材を化粧垂木として960㎜ピッチで配置している。

化粧垂木上の屋根水平構面は、湿気が多い地域性と、野地板を化粧にすることを考慮し、構造用合板ではなく面内性能の高いスギ幅矧《は》ぎパネルを使った。化粧野地板の上には断熱・通気層を確保するために野垂木45×120を480

4.5寸勾配の切妻屋根をもつ7.68m×24.00mの長方形の保育棟

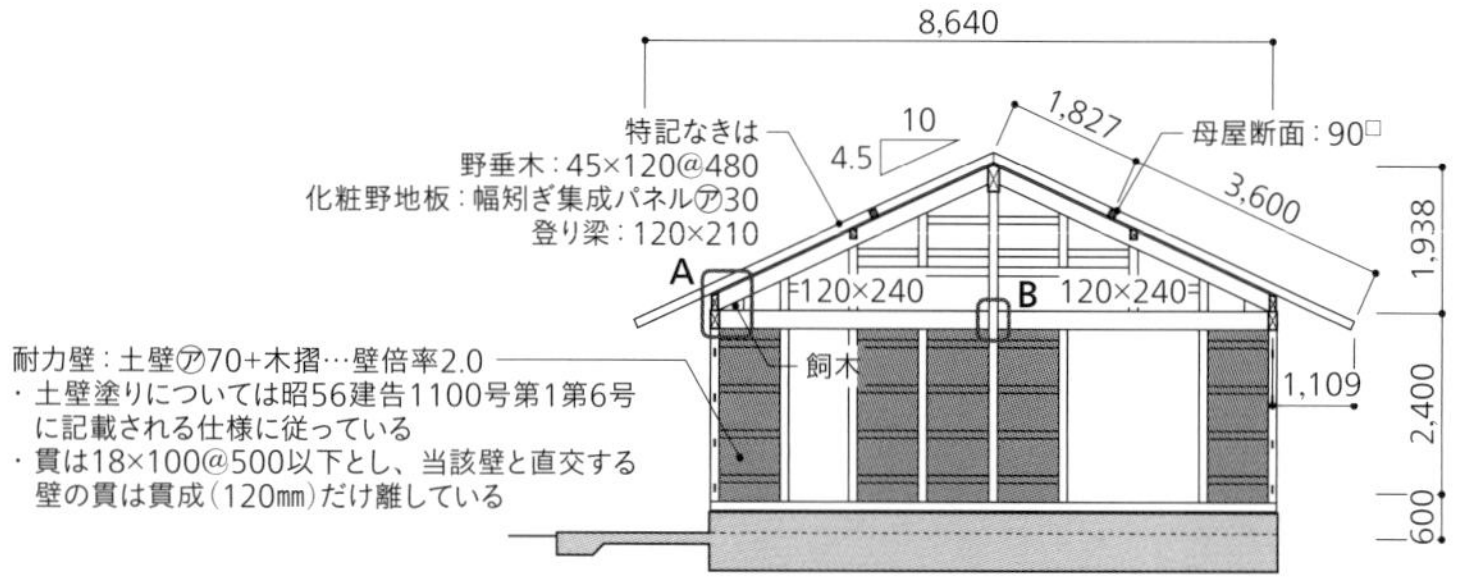

8,640
特記なきは
野垂木：45×120@480
化粧野地板：幅矧ぎ集成パネル㋐30
登り梁：120×210
10
4.5
1,827
3,600
母屋断面：90□
A
B
120×240
120×240
飼木
1,938
2,400
1,109
600
耐力壁：土壁㋐70+木摺…壁倍率2.0
・土壁塗りについては昭56建告1100号第1第6号に記載される仕様に従っている
・貫は18×100@500以下とし、当該壁と直交する壁の貫は貫成（120㎜）だけ離している

軸組図［S=1：200］

外壁は、調湿性と蓄熱性を期待して土塗り壁にしている。写真は、竹小舞下地に荒壁を塗っているところ

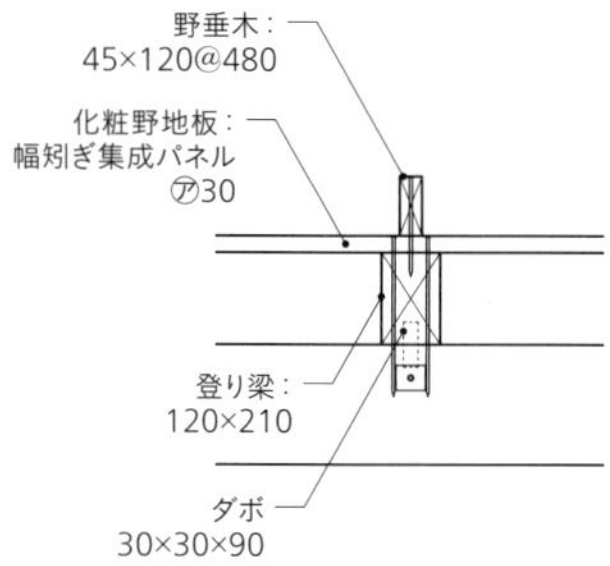

野垂木：45×120@480
化粧野地板：幅矧ぎ集成パネル㋐30
登り梁：120×210
ダボ 30×30×90

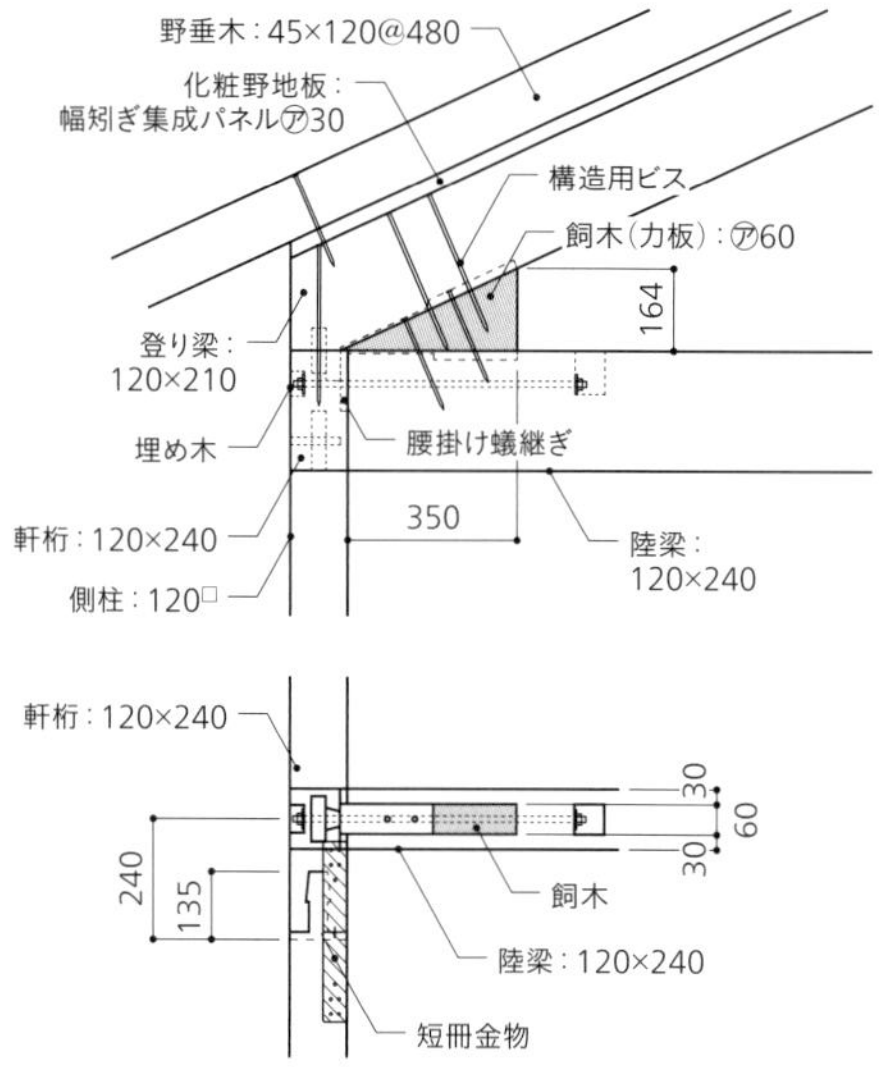

野垂木：45×120@480
化粧野地板：幅矧ぎ集成パネル㋐30
構造用ビス
飼木（力板）：㋐60
164
登り梁：120×210
埋め木
腰掛け鎌継ぎ
軒桁：120×240
350
陸梁：120×240
側柱：120□
軒桁：120×240
30
60
30
240
135
飼木
陸梁：120×240
短冊金物

A部詳細図［S=1：30］

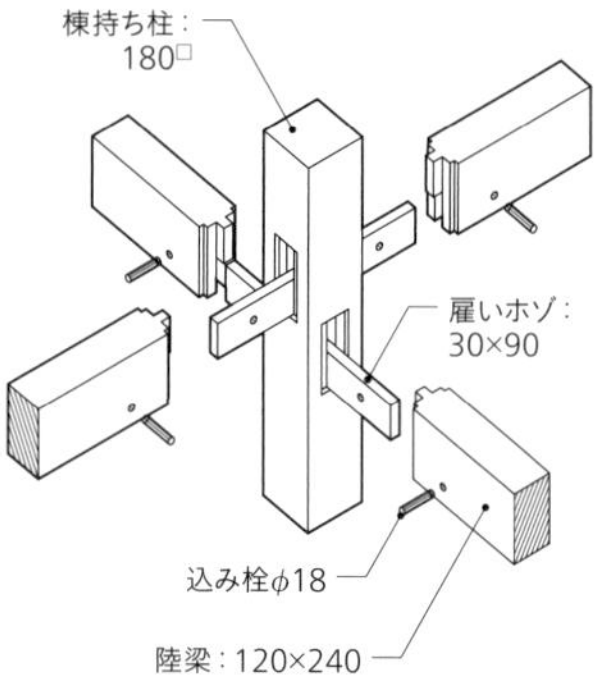

棟持ち柱：180□
雇いホゾ：30×90
込み栓φ18
陸梁：120×240

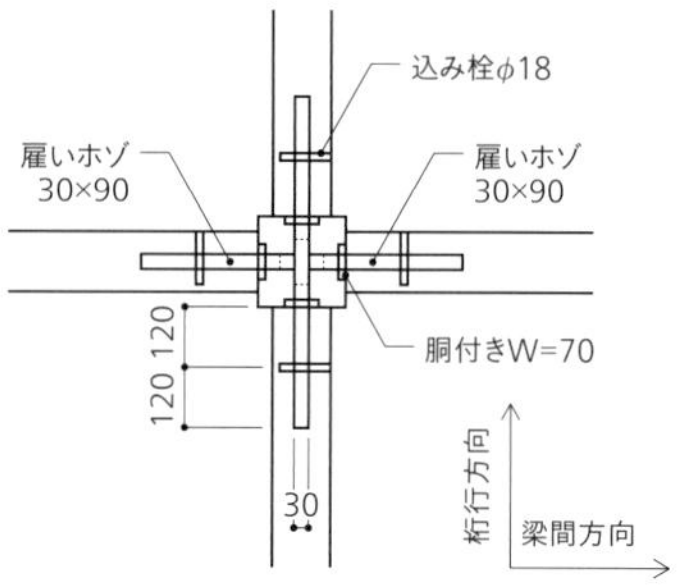

込み栓φ18
雇いホゾ 30×90
雇いホゾ 30×90
胴付きW=70
120 120
30
桁行方向
梁間方向

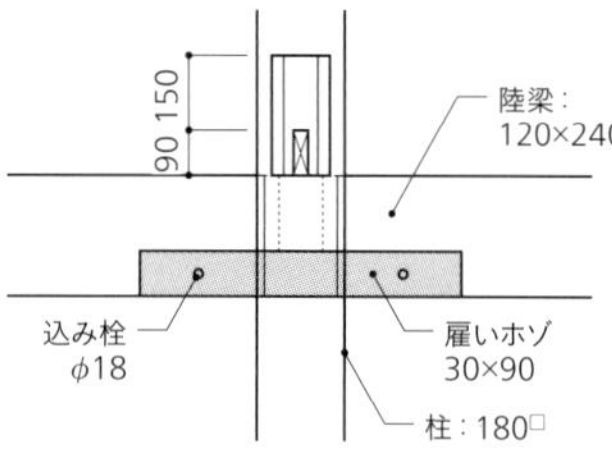

90 150
陸梁：120×240
込み栓 φ18
雇いホゾ 30×90
柱：180□

B部詳細図［S=1：30］

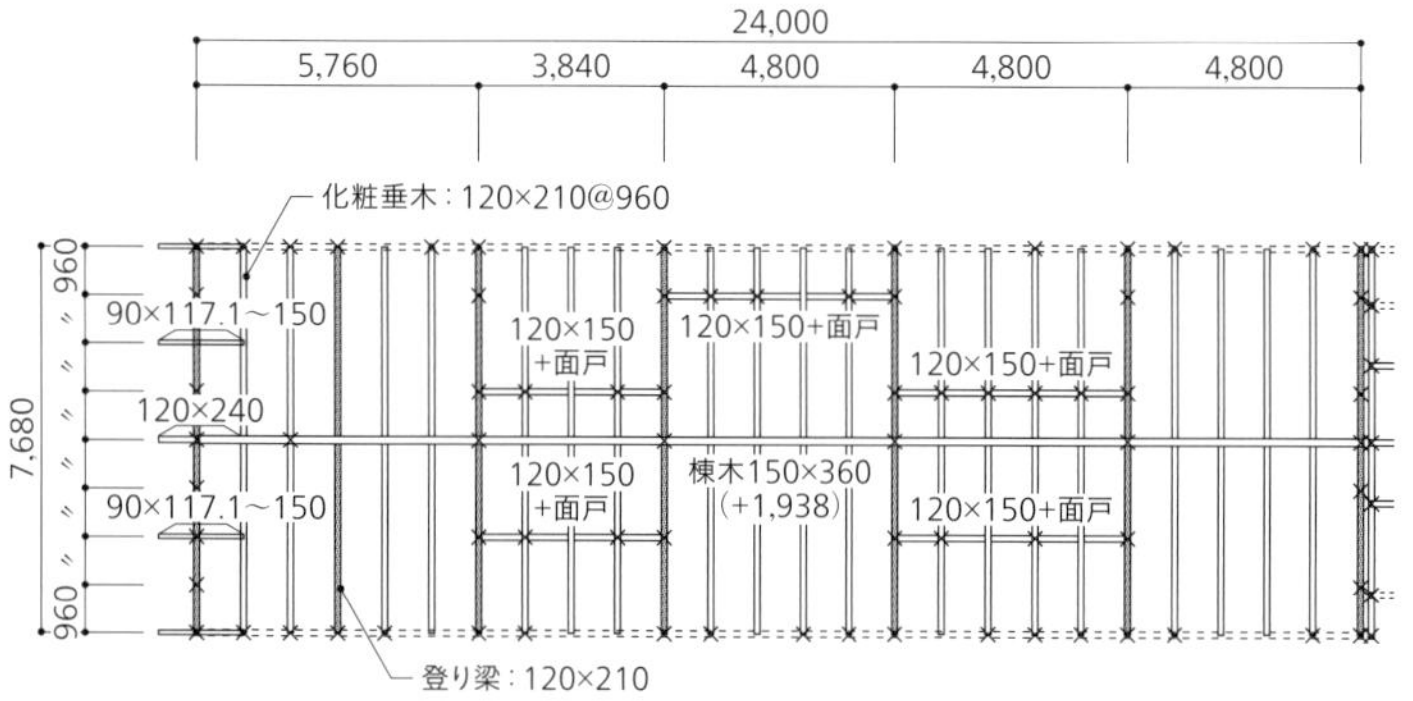

24,000
5,760
3,840
4,800
4,800
4,800
化粧垂木：120×210@960
960
90×117.1～150
120×150 +面戸
120×150+面戸
120×150+面戸
7,680
120×240
120×150 +面戸
棟木150×360 (+1,938)
120×150+面戸
90×117.1～150
960
登り梁：120×210

小屋伏図［S=1：300］

㎜ピッチで入れ、そのまま軒に跳ね出して軒の支持材にするとともに、化粧露しで落ち着いた木質の軒下空間をつくっている。耐力壁は、外壁を調質性と蓄熱性のある土塗り壁＋木摺（壁倍率2.0）、間仕切壁は筋かい30×90たすき掛け（壁倍率3.0）としている。

❸遊戯室の構造のつくり方

遊戯室はおおむね11・52×11・52mの正方形平面で、空間の機能上柱はなるべく立てたくないところだ。屋根形状は、北側の各棟の切妻屋根との連続性と、南側屋根に載せる太陽光パネルの向きに配慮し、4.5寸勾配の切妻屋根がT字形に取りつくような形になっている。この屋根形状を生かした屋根構造にしてスパンを飛ばすことを考えた。

まず、屋根頂点を中心にした7・68×7・68m正方形エリアの4隅に柱（四つ柱、240×240㎜）を立てて陸梁（180×210㎜）で井桁につなぎ、櫓をつくる。次に、井桁の交点から棟と頂部に向けて直交・対角方向に合掌（150×240㎜）と隅木（120×300㎜）を組んで基本構造をつくる。これに化粧垂木を架け渡して内部空間を構成する構造が出来上がる。棟木・合掌材が合計7本集まる頂部は蕪束《かぶらづか》で納めている。また大開口のある南側の陸梁は、自重でたわまないよう合掌頂部から降ろした吊り束で支持しているが、屋根が長期的にクリープなどで下がってくると、陸梁も押されて下がってしまうので、楔《くさび》を打ち込むと陸梁が持ち上がるようなディテー

1辺11.52ｍの正方形平面で可能な限り柱を少なくした遊戯室

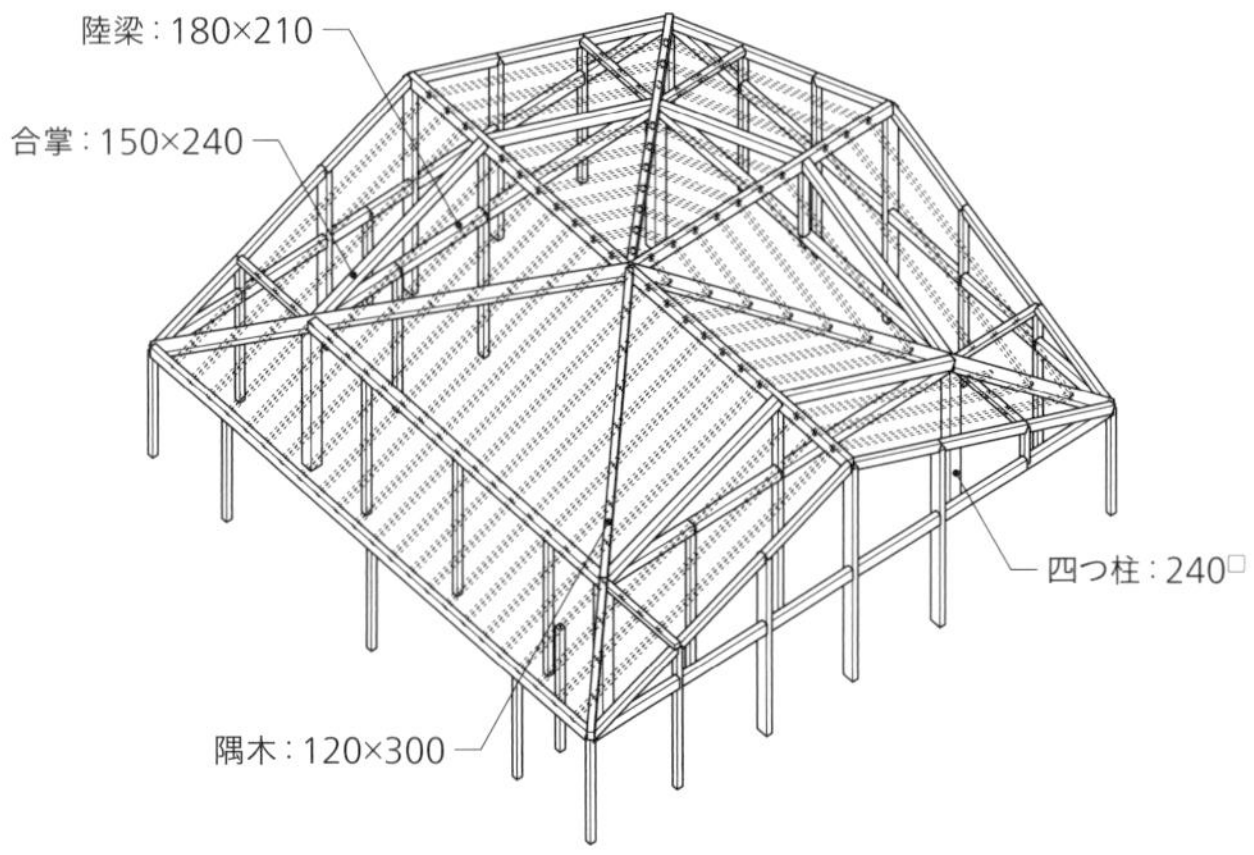

陸梁：180×210
合掌：150×240
四つ柱：240□
隅木：120×300

遊戯室の架構を見上げる。4.5寸勾配の切妻屋根がT字形に取り付くような屋根形状

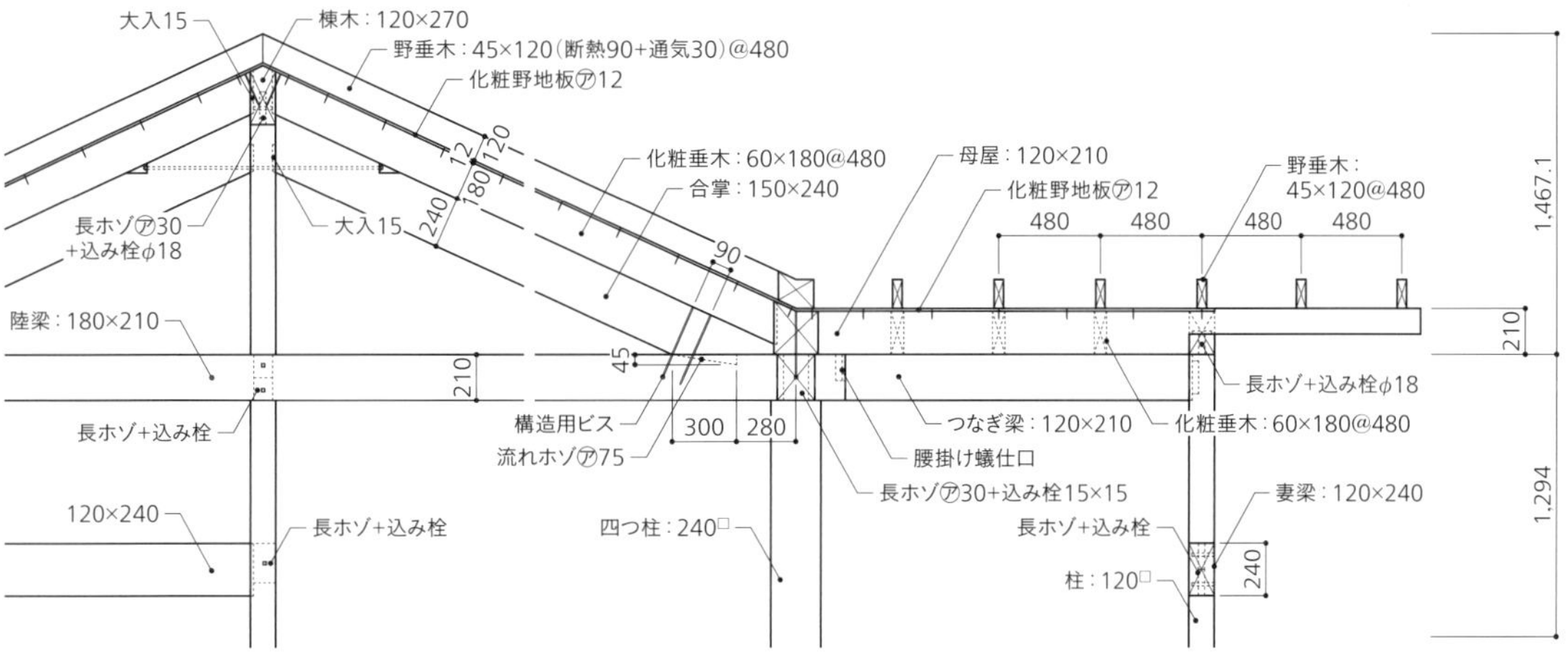

大入15
棟木：120×270
野垂木：45×120（断熱90+通気30）@480
化粧野地板㋐12
120
180
12
240
化粧垂木：60×180@480
合掌：150×240
母屋：120×210
化粧野地板㋐12
野垂木：
45×120@480
480
480
480
480
1,467.1
長ホゾ㋐30
+込み栓φ18
大入15
90
陸梁：180×210
45
210
210
長ホゾ+込み栓φ18
長ホゾ+込み栓
構造用ビス
流れホゾ㋐75
300
280
つなぎ梁：120×210
化粧垂木：60×180@480
腰掛け蟻仕口
長ホゾ㋐30+込み栓15×15
120×240
長ホゾ+込み栓
四つ柱：240□
妻梁：120×240
長ホゾ+込み栓
240
柱：120□
1,294

架構詳細図［S=1：50］

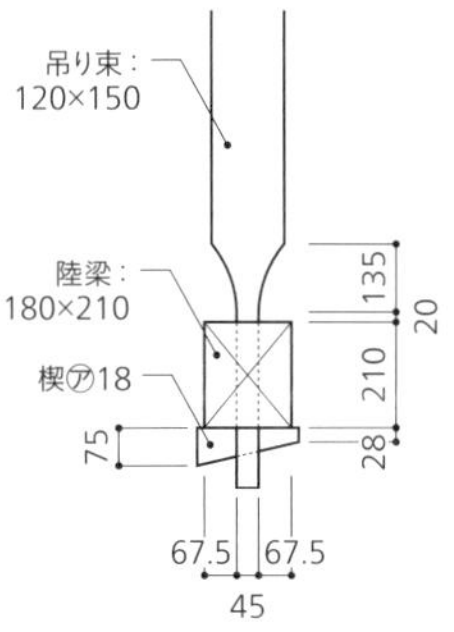

吊り束：
120×150
陸梁：
180×210
楔㋐18
135
20
210
75
28
67.5
67.5
45

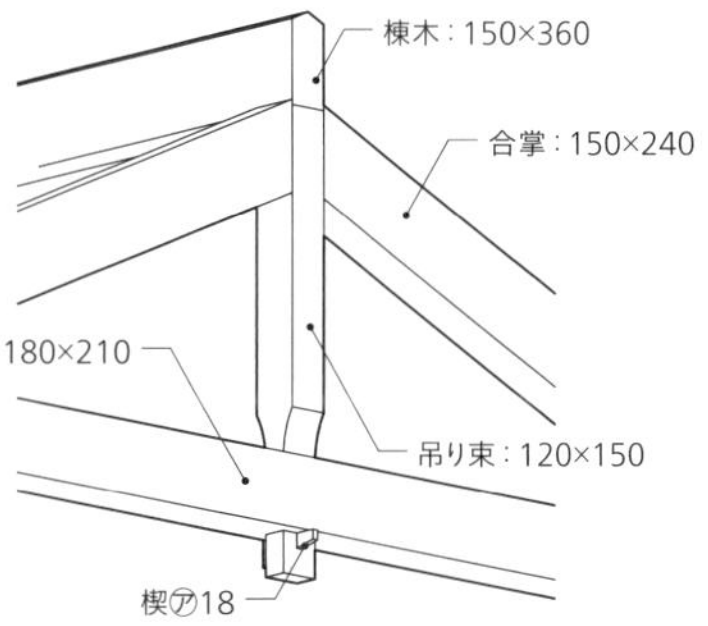

棟木：150×360
合掌：150×240
陸梁：180×210
吊り束：120×150
楔㋐18

吊り束と陸梁の接合詳細［S=1：40］

背割りを入れて乾燥している柱用の木材。遊戯室の四つ柱・陸梁・合掌・棟木などに使っている

ルとしている。

遊戯室の四つ柱・陸梁・合掌・棟木などには、水俣の個人林業家である山口保彦氏から提供された100年生のスギや75年生のヒノキから製材された6ｍを超える長材が使われている。ご自身で木を育て、伐採・乾燥・含水率管理までおひとりでこなされるのを見て、敬服した。特に、渇きにくい大径材を乾燥させるために、ビニールハウスと送風機で独自の乾燥室までつくられた知恵と熱意には脱帽である。

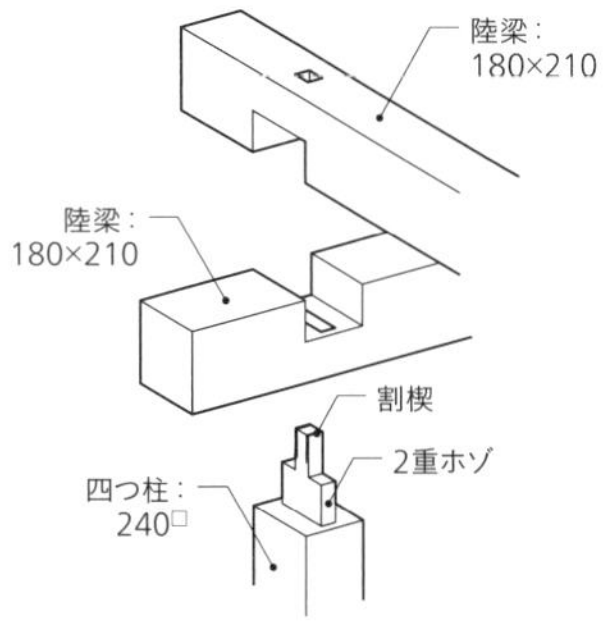

陸梁：
180×210
陸梁：
180×210
割楔
2重ホゾ
四つ柱：
240□

陸梁と四つ柱の接合詳細

DATA

わかたけ保育園
［篠計画工房
（意匠設計協力：アトリエB's、atelier ratio）］

敷地面積　2,347.38㎡
建築面積　730.19㎡
延床面積　685.69㎡
規　　模（地上2階など）　地上2階
竣　　工　平成28年5月27日

20

幼稚園の広く高い無柱空間を定尺材でつくる方法

事例：港北幼稚園遊戯棟／仙田満＋環境デザイン研究所

２０１０年に「公共建築物等木材利用促進法（木促法）」が制定され、学校や庁舎といった公共建築だけでなく、民間の幼稚園・保育園なども木造を採用することが多くなってきた。

中大規模木造建築の構造計画では、戸建住宅のようにミリ単位の寸法を詰める場面は少ないが、空間の開放性が要求される場合が多いことから、支えるべきスパン・高さ・荷重が大きいという力学的条件が生じる。鉄骨造やＲＣ造に比べて大断面や長材が得にくい木造では、これらの要求に対する構想やデザインが、構造設計に求められることになる。

そこでここでは、「港北幼稚園遊戯棟」の事例をもとに、広く高い空間の構造計画を解説する。

細く・短く・安い木材で遊戯室を支える

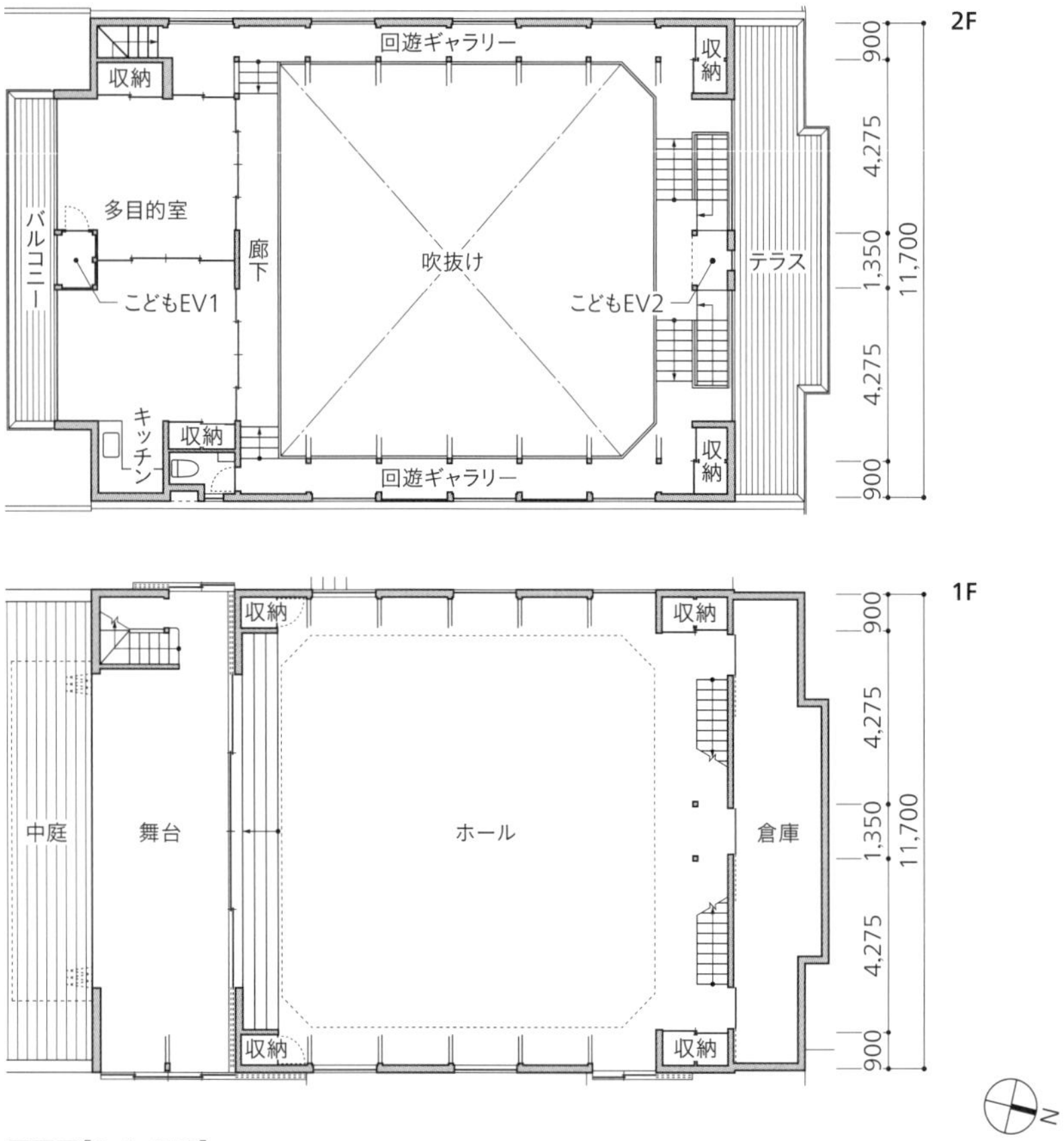

2F
回遊ギャラリー
収納
多目的室
バルコニー
こどもEV1
廊下
吹抜け
こどもEV2
テラス
キッチン
900
4,275
1,350
11,700
1F
中庭
舞台
ホール
倉庫
N

平面図［S=1：250］

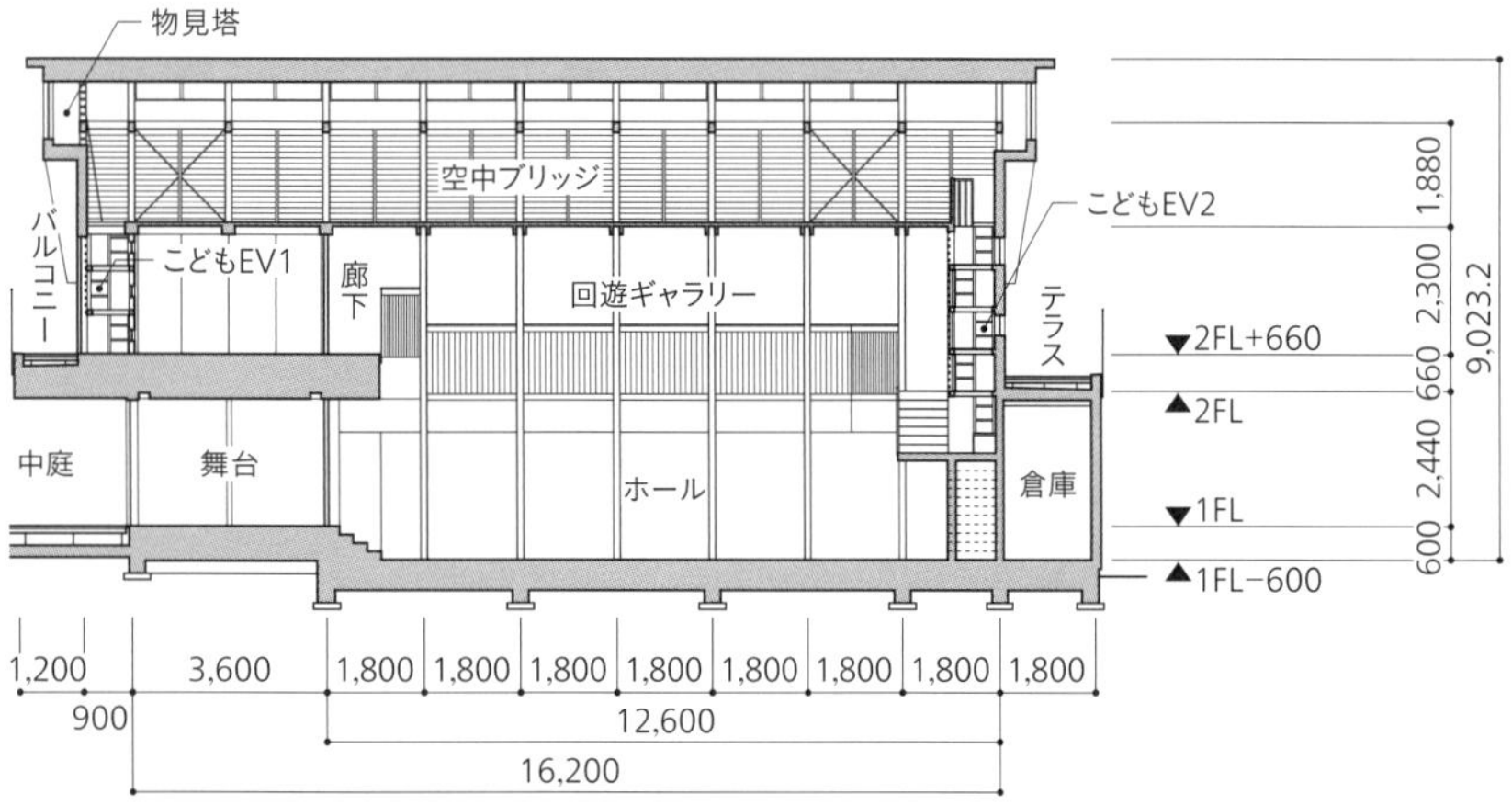

物見塔
空中ブリッジ
バルコニー
こどもEV1
廊下
回遊ギャラリー
こどもEV2
テラス
中庭
舞台
ホール
倉庫
2FL+660
2FL
1FL
1FL−600
1,880
2,300
660
2,440
600
9,023.2
1,200
3,600
1,800
900
12,600
16,200

断面図［S=1：250］

「港北幼稚園遊戯棟」は延床面積996㎡の木造2階建てである。1階は、中央部に2層吹抜けのホール、南側に発表会用の舞台、北側に倉庫が配置されている。2階は、南側に多目的室、北側に階段やテラス、東西両側に園児が自由に遊びまわれるキャットウォーク状の回遊ギャラリーが配置されている。さらに特徴的なのが、ホール上方に設けられた空中ブリッジである。このように遊戯空間特有の建築要素が散りばめられており、各要素の力学的支持とともにスペースの確保が必要となる。これらの建築要素を内包できるよう、建物内部は梁間11・7×桁行18・0×最高高さ8.9ｍの大きさを有する、ほぼ無柱の「広く、高い」空間となっている。屋根形状は大きくは切妻であるが、2段に設けた越屋根の高窓から自然光を採り入れており、中央部が暗くなりがちな大空間でも十分な明るさを確保している。

主構造に使用している木材はすべ

図1｜跳ね出した回遊ギャラリーの支持方法

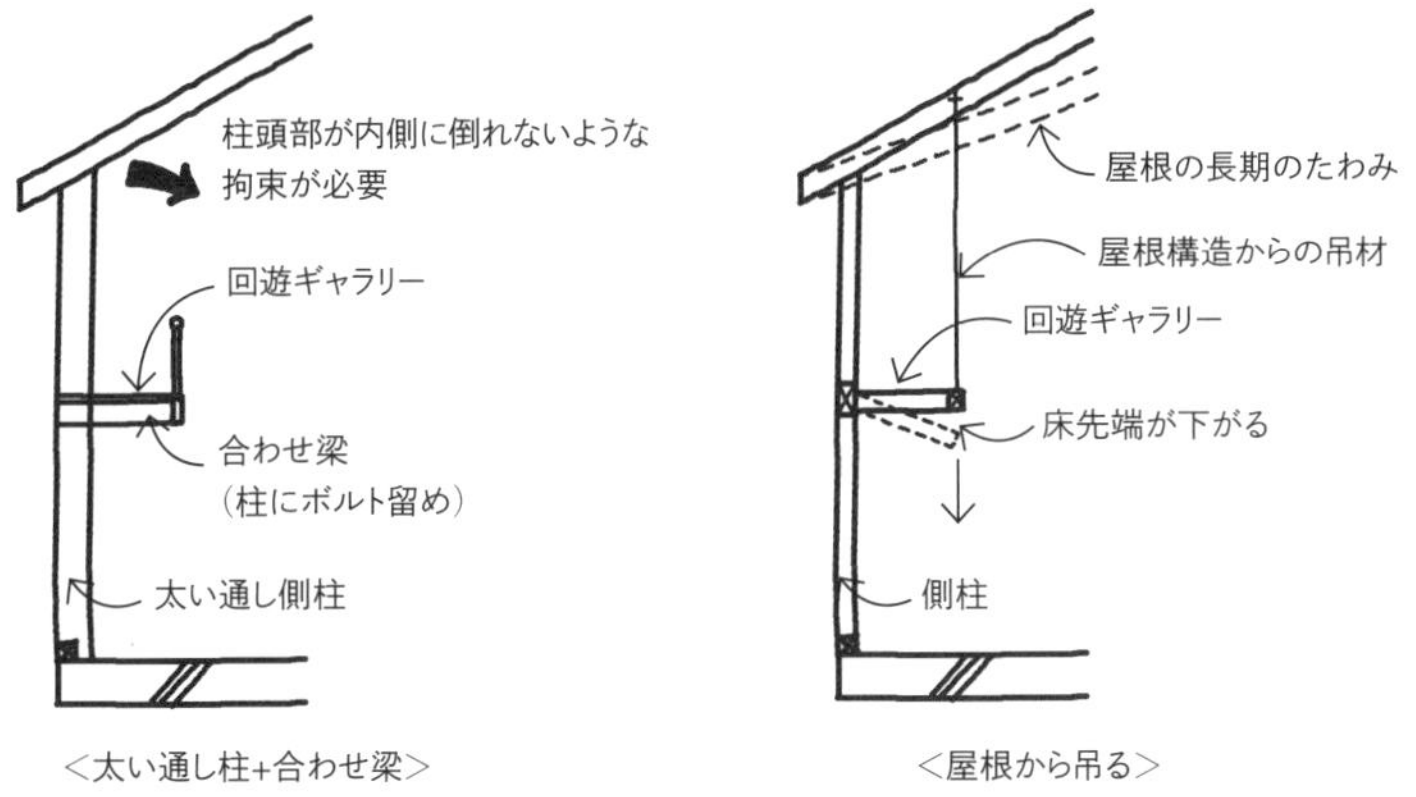
柱頭部が内側に倒れないような
拘束が必要
回遊ギャラリー
合わせ梁
（柱にボルト留め）
太い通し側柱
＜太い通し柱+合わせ梁＞
屋根の長期のたわみ
屋根構造からの吊材
回遊ギャラリー
床先端が下がる
側柱
＜屋根から吊る＞

南側の渡り廊下からみた建物外観

図2｜ホールの架構の考え方

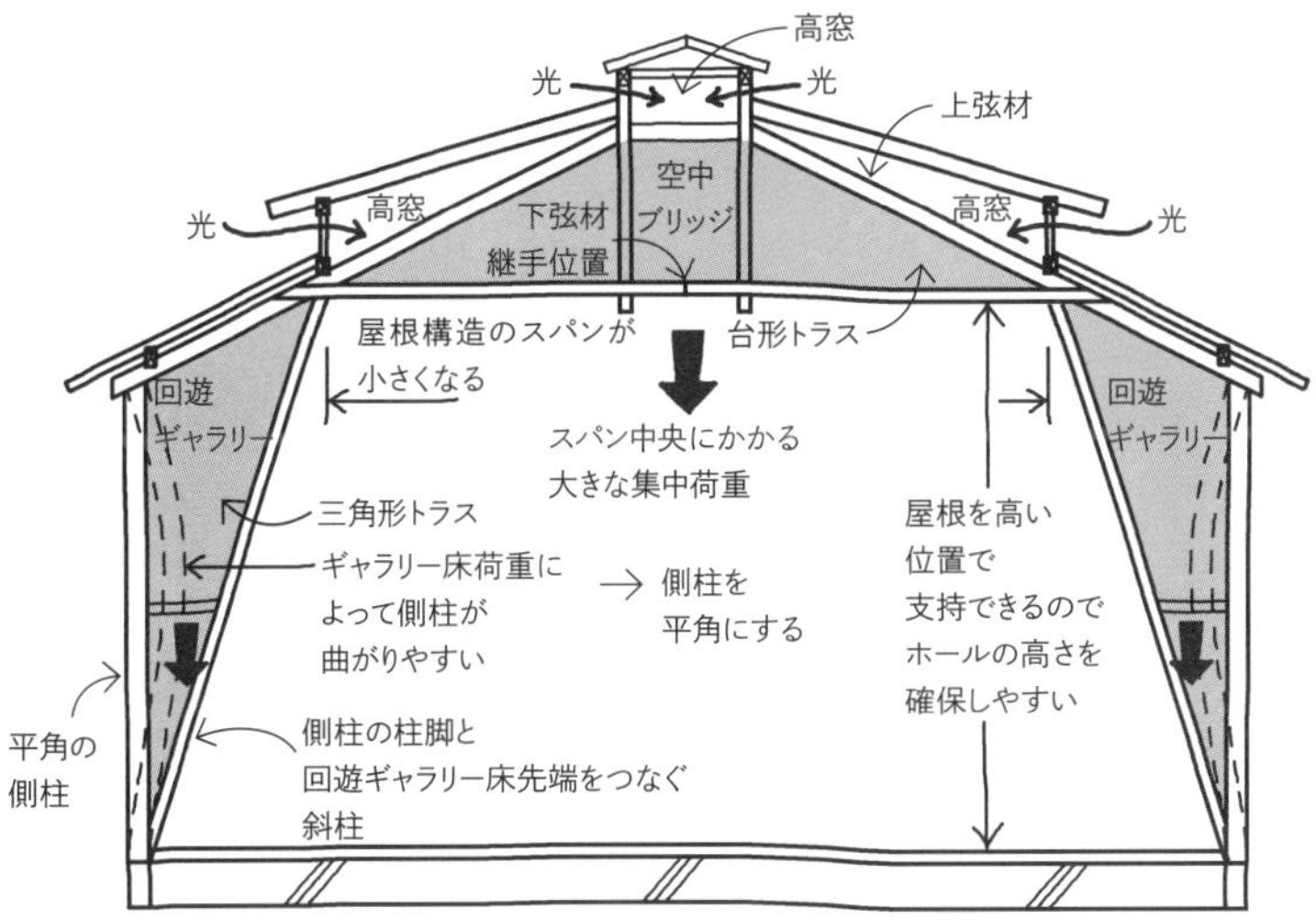
高窓
光
光
上弦材
空中
ブリッジ
光
高窓
下弦材
継手位置
高窓
光
屋根構造のスパンが
小さくなる
台形トラス
回遊
ギャラリー
回遊
ギャラリー
スパン中央にかかる
大きな集中荷重
三角形トラス
ギャラリー床荷重に
よって側柱が
曲がりやすい
側柱を
平角にする
屋根を高い
位置で
支持できるので
ホールの高さを
確保しやすい
平角の
側柱
側柱の柱脚と
回遊ギャラリー床先端をつなぐ
斜柱

トラス柱は、屋根構造の負担を減らすだけでなく、ホール空間の高さを確保しやすくする ［写真上下：浅井淳］

て、一般に流通している規格寸法の安価なスギ製材である。戸建住宅でごく普通に用いるのと同様、最大でも断面120×180㎜の4〜6m定尺材を用いて、「広く、高い」無柱空間を実現するために、次の課題をクリアする必要があった。

❶空中ブリッジと回遊ギャラリーのスペースを確保しつつ、定尺材だけで無柱空間をどう実現するか
❷屋根水平構面が不連続になる高窓部分で、水平力をどう伝達するか
❸スパン8.1mの舞台上の2階床構造をどうつくるか

❶空中ブリッジと回遊ギャラリーのスペースを確保しつつ、定尺材だけで無柱空間をどう実現するか

回遊ギャラリーはホールの吹抜け空間を囲むように配置され、外壁から約90㎝室内側に跳ね出している。1階床に柱を立てずにギャラリーを支えるには、外壁の通し側柱を太くして合わせ梁で挟んで跳ね出す方法や、屋根から下ろした吊り材で床先端を吊る方法などが考えられるが、通し柱の柱頭が内側に倒れないための拘束や、屋根の長期たわみへの検討など、課題が多い［図1］。そこで、側柱の柱脚とギャラリー床先端をつなぐ位置に斜め柱を入れて、屋根の登り梁まで延ばすことでトラス柱を構成した。トラス柱は、ギャラリーのスペースを確保しながらギャラリー床先端を簡易に支え、同時に屋根スパンの短縮と高い位置での支持も可能にする。これにより、屋根構造の負担が減り、ホール空間の高さを確保しやすくなる。また、ギャラリー床に荷重がかかった際に曲がらないよう、側柱には120×180㎜の平角材を用いている［図2］。

梁間スパン中央の上方に配置される空中ブリッジは、屋根構造に大きな負担を強いる集中荷重となる。ブリッジ空間を確保しながら屋根とブリッジを支えられるよう、台形トラス梁を採用した。下弦材に載せたブリッジは、上弦材の角から垂らした吊り束によって吊られている。

以上のように、台形トラス梁を両側の三角形トラス柱で支持する構成とすることにより、ほとんどの部材は規格寸法の定尺材を用いることができるようになった。ただし引張軸力を負担する下弦材だけは、8mもの部材長になってしまう。使用木材の短縮化とトラス構造特有の接合部の混雑を解消する2つの目的で、単材の架構を2材で挟み込む「合わせ梁」を用いたスパン中央1か所のみに設けた継手部分では、H形の飼木を顎加工した合わせ梁で挟み、引張耐力を持つ接合方法としている。

❷屋根水平構面が不連続になる高窓部分で、水平力をどう伝達するか

中央部分のホールが吹抜け空間となっているため、梁間・桁行方向の水平力に抵抗する構造用合板耐力壁を外周部に集中的に配置している。この耐力壁まで水平力が確実に伝達できるようにするには、屋根の水平構面性能が

合わせ梁を使ってトラスの接合部をすっきり納める

下弦材の継手を中央1ヵ所のみに設け、H形の飼木を腮《あご》加工した合わせ梁で挟み、引張耐力を持つ接合方法としている

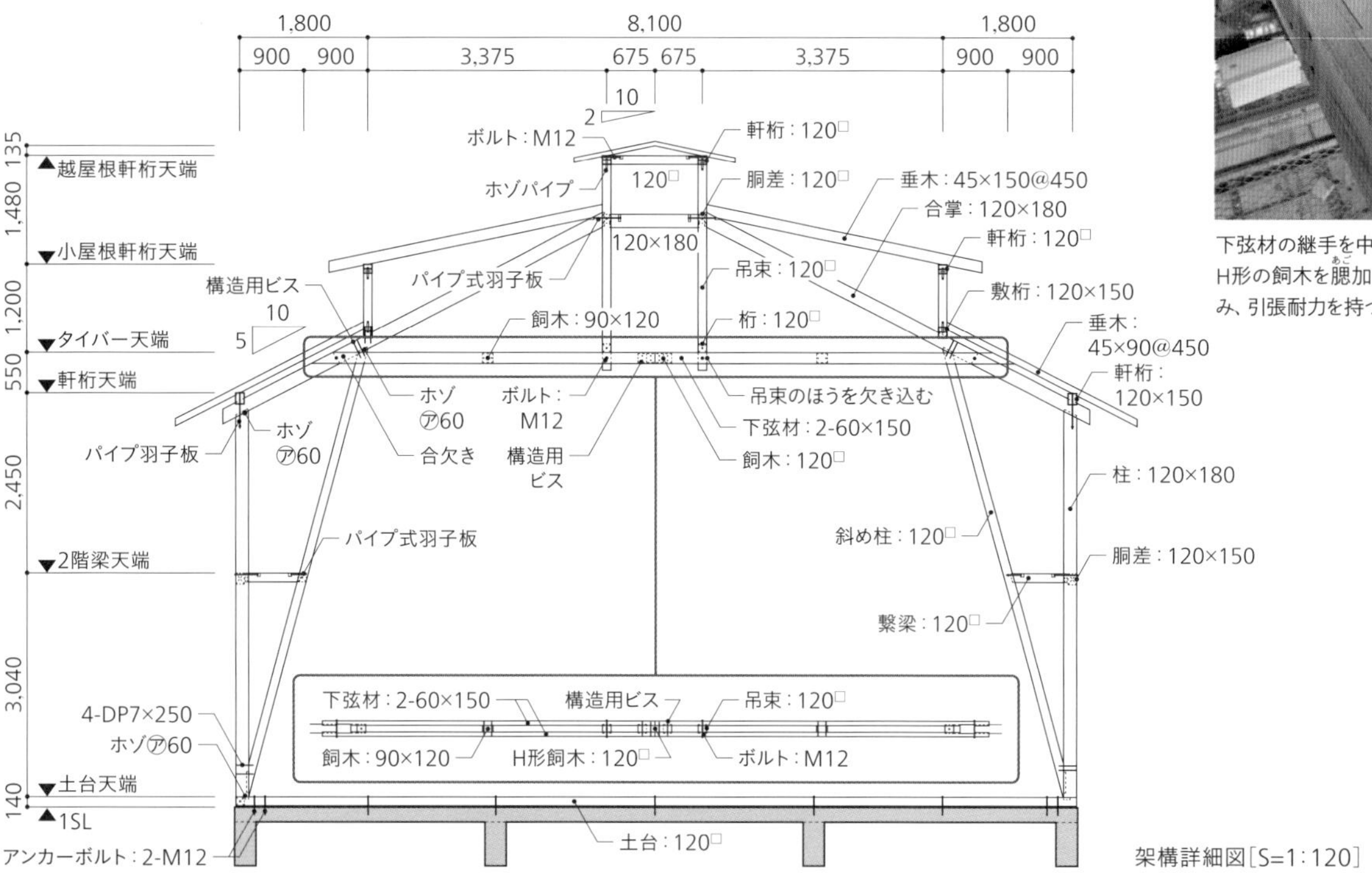

1,800
8,100
900
3,375
675
10
2
ボルト：M12
軒桁：120□
120□
ホゾパイプ
胴差：120□
垂木：45×150@450
合掌：120×180
120×180
軒桁：120□
パイプ式羽子板
吊束：120□
敷桁：120×150
構造用ビス
飼木：90×120
桁：120□
垂木：
45×90@450
軒桁：
120×150
ホゾ
㋐60
ボルト：
M12
吊束のほうを欠き込む
下弦材：2-60×150
飼木：120□
パイプ羽子板
合欠き
構造用
ビス
柱：120×180
斜め柱：120□
胴差：120×150
繋梁：120□
4-DP7×250
ホゾ㋐60
下弦材：2-60×150
構造用ビス
吊束：120□
飼木：90×120
H形飼木：120□
ボルト：M12
土台：120□
アンカーボルト：2-M12
135
1,480
1,200
550
2,450
3,040
140
越屋根軒桁天端
小屋根軒桁天端
タイバー天端
軒桁天端
2階梁天端
土台天端
1SL

架構詳細図［S=1：120］

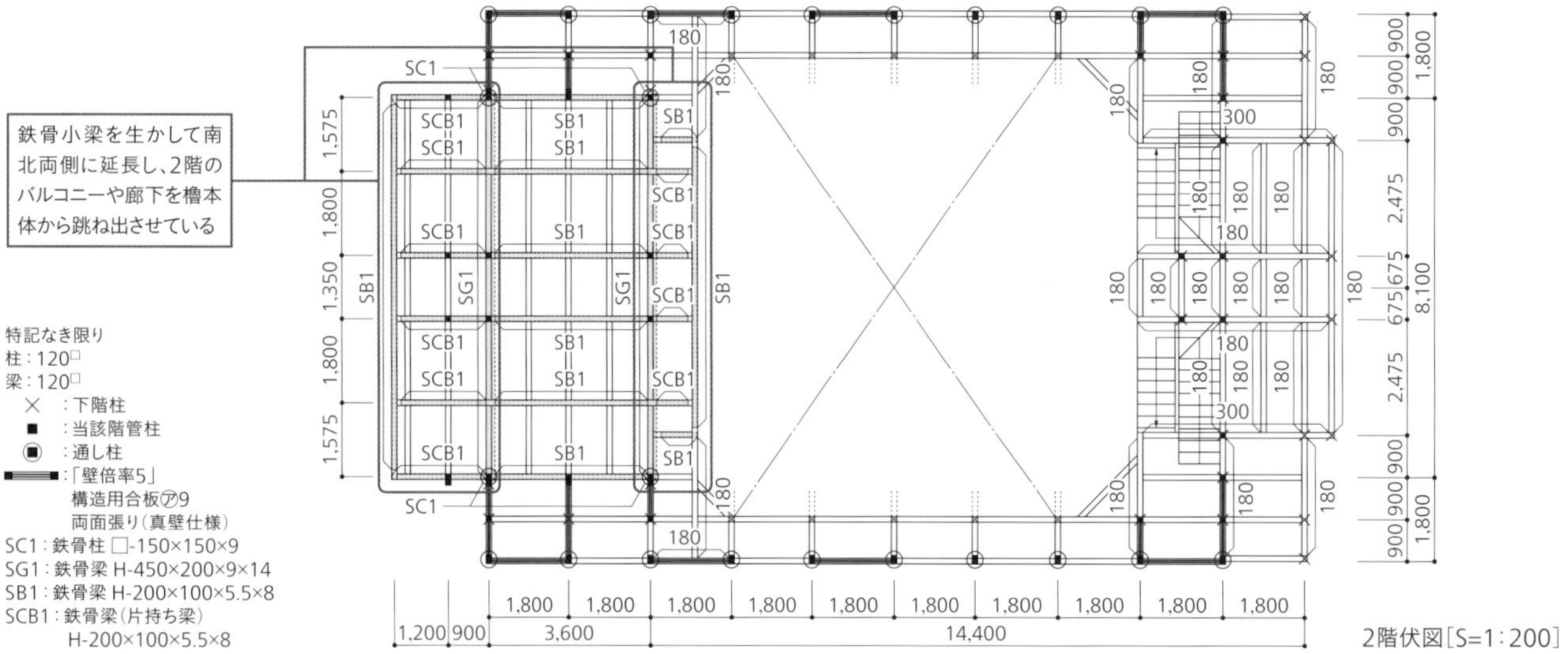

鉄骨小梁を生かして南北両側に延長し、2階のバルコニーや廊下を櫓本体から跳ね出させている
特記なき限り
柱：120□
梁：120□
×　：下階柱
■　：当該階管柱
◉　：通し柱
：「壁倍率5」
構造用合板㋐9
両面張り（真壁仕様）
SC1：鉄骨柱 □-150×150×9
SG1：鉄骨梁 H-450×200×9×14
SB1：鉄骨梁 H-200×100×5.5×8
SCB1：鉄骨梁（片持ち梁）
H-200×100×5.5×8
SC1
SCB1
SB1
SG1
180
300
1,575
1,800
1,350
900
2,475
675
8,100
1,200
3,600
14,400

2階伏図［S=1：200］

重要になる。ところが、越屋根部に採光のための高窓が水平に連続して設けられており、屋根面の水平力、特に桁行方向の力を伝達しにくい状態になっている。そこで、屋根面に構造用合板を張って水平構面を固め、1段目の高窓部には丸鋼ブレース、2段目は高窓下の空中ブリッジ腰部分に丸鋼ブレースを入れることで独立柱形式とし、水平力の伝達を可能にした［図3］。丸鋼ブレースと桁との接合は、ねじ切りした無垢棒鋼φ30を桁材の軸と直交するよう差し込み、丸鋼ブレースを棒鋼にねじ込むことで、簡素なディテールを実現している。

❸スパン8.1mの舞台上の2階床構造をどうつくるか

1階の南側に配置された舞台は8.1×3.6mの広さで、その直上となる2階は多目的室である。舞台、北側のホール、南側の中庭は南北方向に連続した一体空間を目指しており、それぞれの境界部に柱を建てることはできず、8.1mのスパンとなる東西方向に梁を架け渡さなければならない。このスパンは成600～700㎜の大断面集成材ならば可能だが、梁成が大きくなるため、舞台の天井高の確保が難しくなってしまう。そこで、この舞台を覆う部分を鉄骨造の櫓《やぐら》でつくり、建物内部に入れ子状に配置することにした。櫓は、角形鋼管（150㎜角）の柱とH形鋼（H-450×200）で構成する門型フレームを2建て、これらを鉄骨小梁で連結したものである。この鉄骨小梁を生かして南北両側

図3｜高窓部の水平力伝達

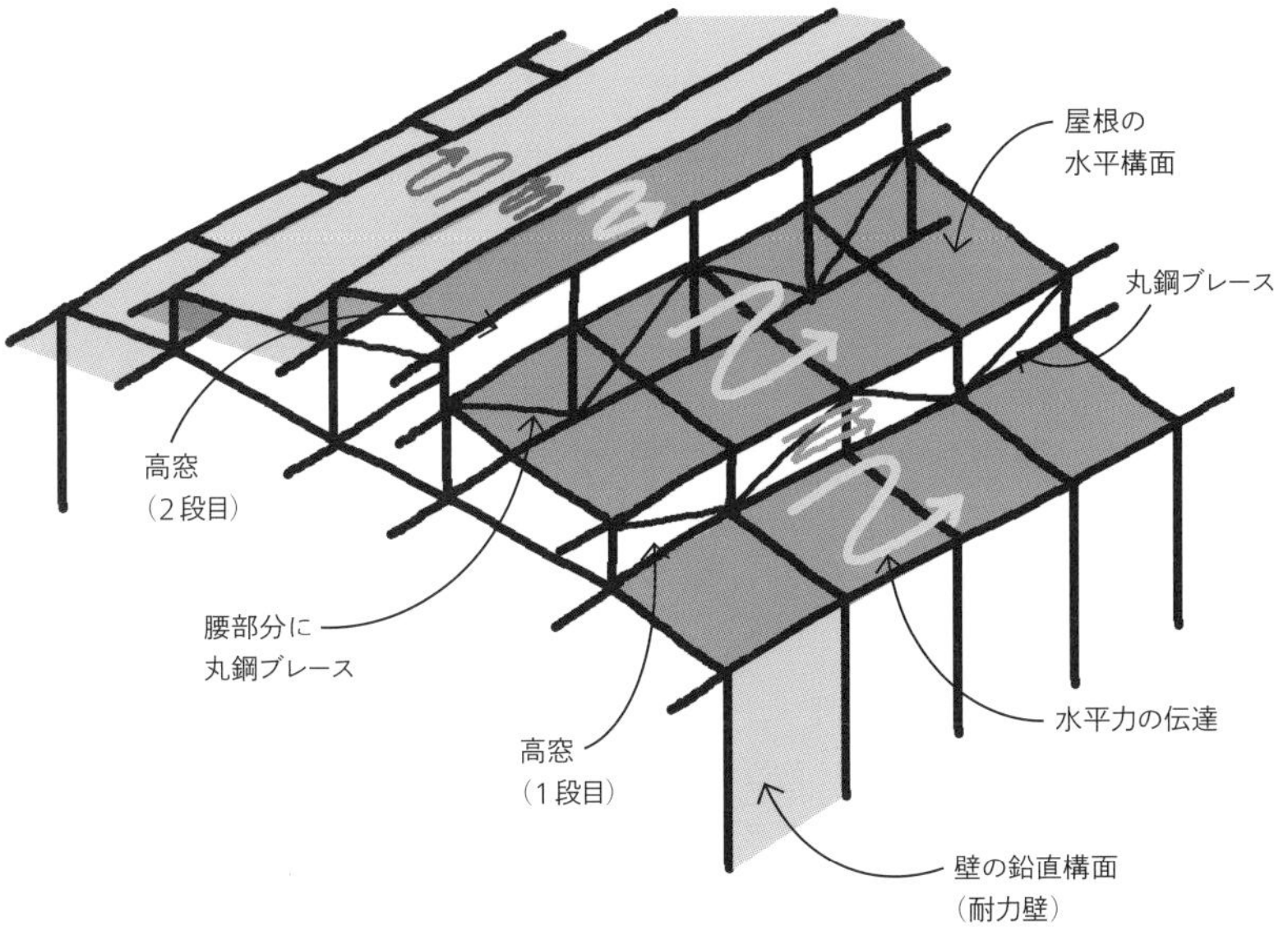
屋根の
水平構面
丸鋼ブレース
高窓
（2段目）
腰部分に
丸鋼ブレース
高窓
（1段目）
水平力の伝達
壁の鉛直構面
（耐力壁）

図4｜舞台空間を覆う鉄骨造の櫓

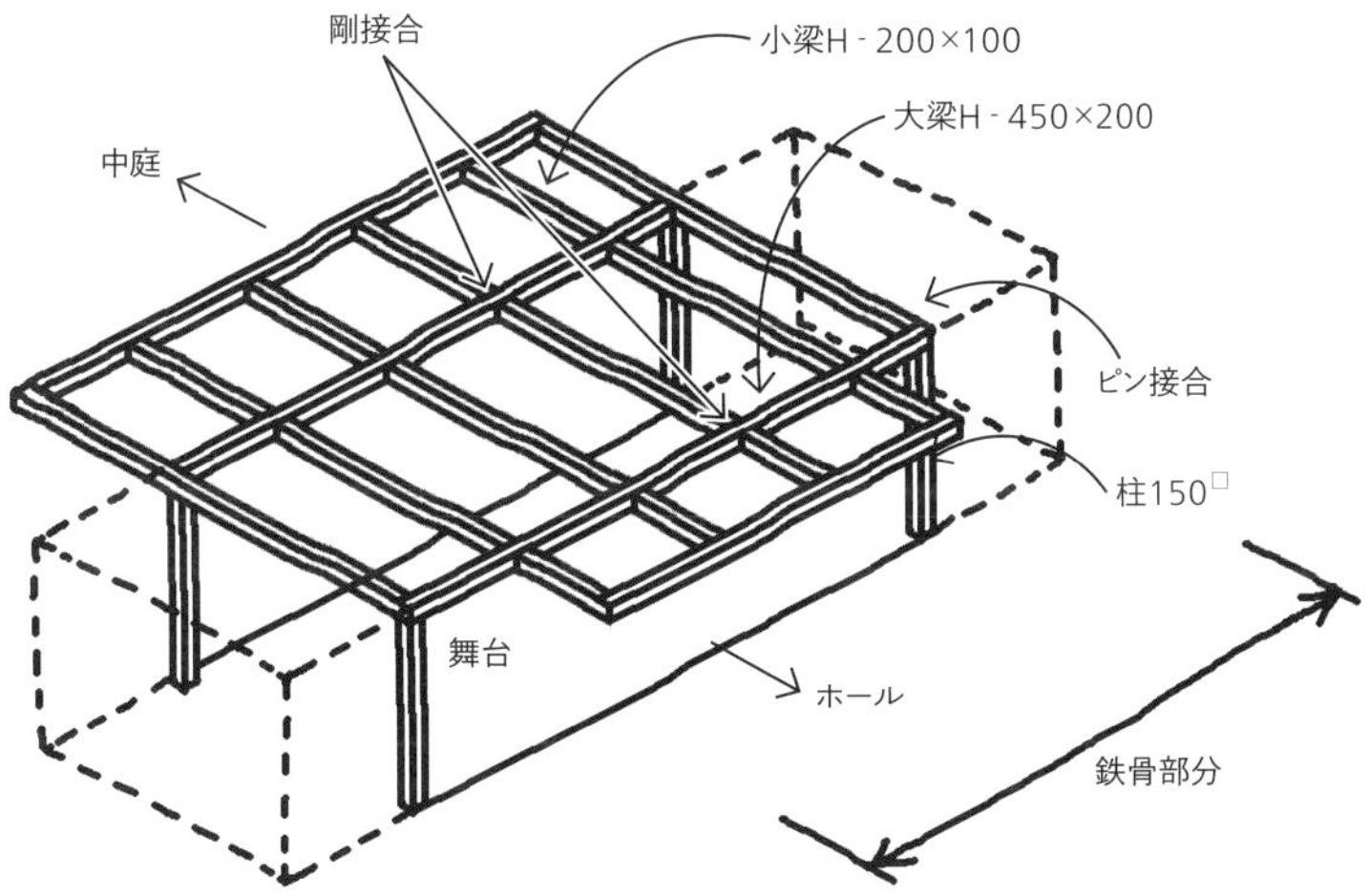
剛接合
小梁H-200×100
大梁H-450×200
中庭
ピン接合
柱150□
舞台
ホール
鉄骨部分

ホールから北側方向に空中ブリッジを見上げる

空中ブリッジ内を子供たちが歩く様子。床面には透過性のあるポリカーボネート板を使用

ホールから舞台につながる階段から中庭方向を見る

［写真上中下：浅井淳］

DATA

港北幼稚園遊戯棟
（仙田満+環境デザイン研究所）

敷地面積	3,681.53㎡
建築面積	983.02㎡
延床面積	996.64㎡
規　模	地上2階
竣　工	2014年3月

回遊ギャラリーからホールを見下ろす

に延長することで、2階のバルコニーやキャットウォークを櫓本体から跳ね出させている。また、櫓部分に水平力を負担させると平面的な混構造となり、耐震設計において剛性や耐力のバランスをとることが難しくなるため、鉄骨の柱と梁はピンとして、水平力を負担しないようにしている［図4］。この部分の水平構面性能は鉄骨梁上に載せた木造床組に構造用合板を張ることで確保している。

21

建物の外形と内形の違いを生かした構造をつくる方法

事例：城山幼稚園／松本直子建築設計事務所

屋根形状は、平面プラン・外観デザイン・採光方法・雨水の流し方など多くの条件を加味して決定される。一方、室内空間のかたちは、平面プラン・部屋の用途・天井高・内観デザインといった条件によって決められる。このように、建物の形状を決めるための条件が外部と内部では完全には一致しないため、それぞれ適した形が乖離するケースも多い。内外の形状がかけ離れたものとなることで自然に生まれるスペースは、構造や設備計画にうまく活用できる可能性がある。

ここでは、「城山幼稚園」を事例に、建物の外形と内形の違いを生かした建築をつくるための構造について解説する。

内形と外形が異なる約100㎡の無柱空間

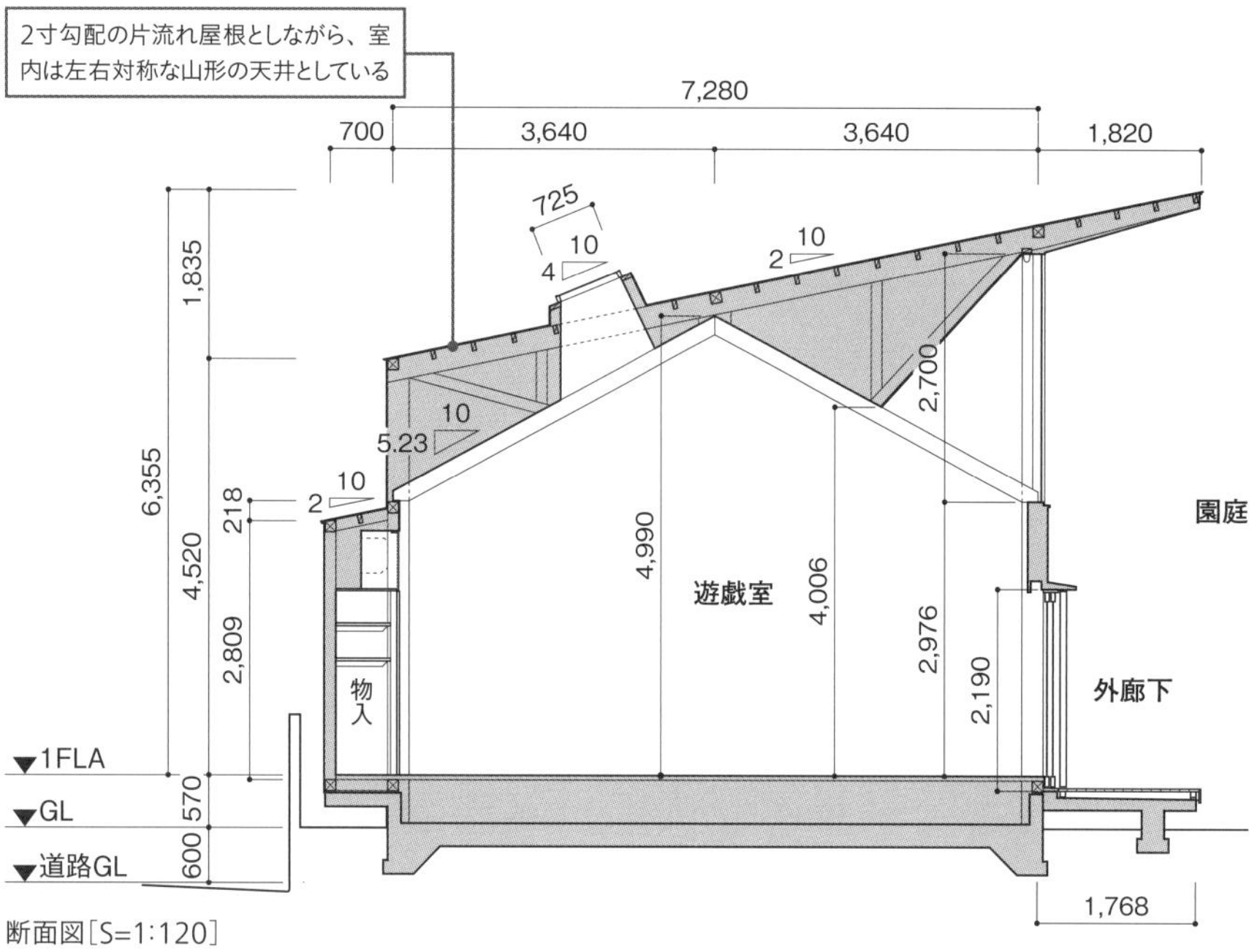

2寸勾配の片流れ屋根としながら、室内は左右対称な山形の天井としている
7,280
700
3,640
3,640
1,820
725
4
10
2
10
5.23
10
2
10
1,835
6,355
218
4,520
2,809
4,990
4,006
2,700
2,976
2,190
遊戯室
物入
園庭
外廊下
1FLA
GL
道路GL
570
600
1,768

断面図［S=1:120］

図1｜遊戯室の計画条件

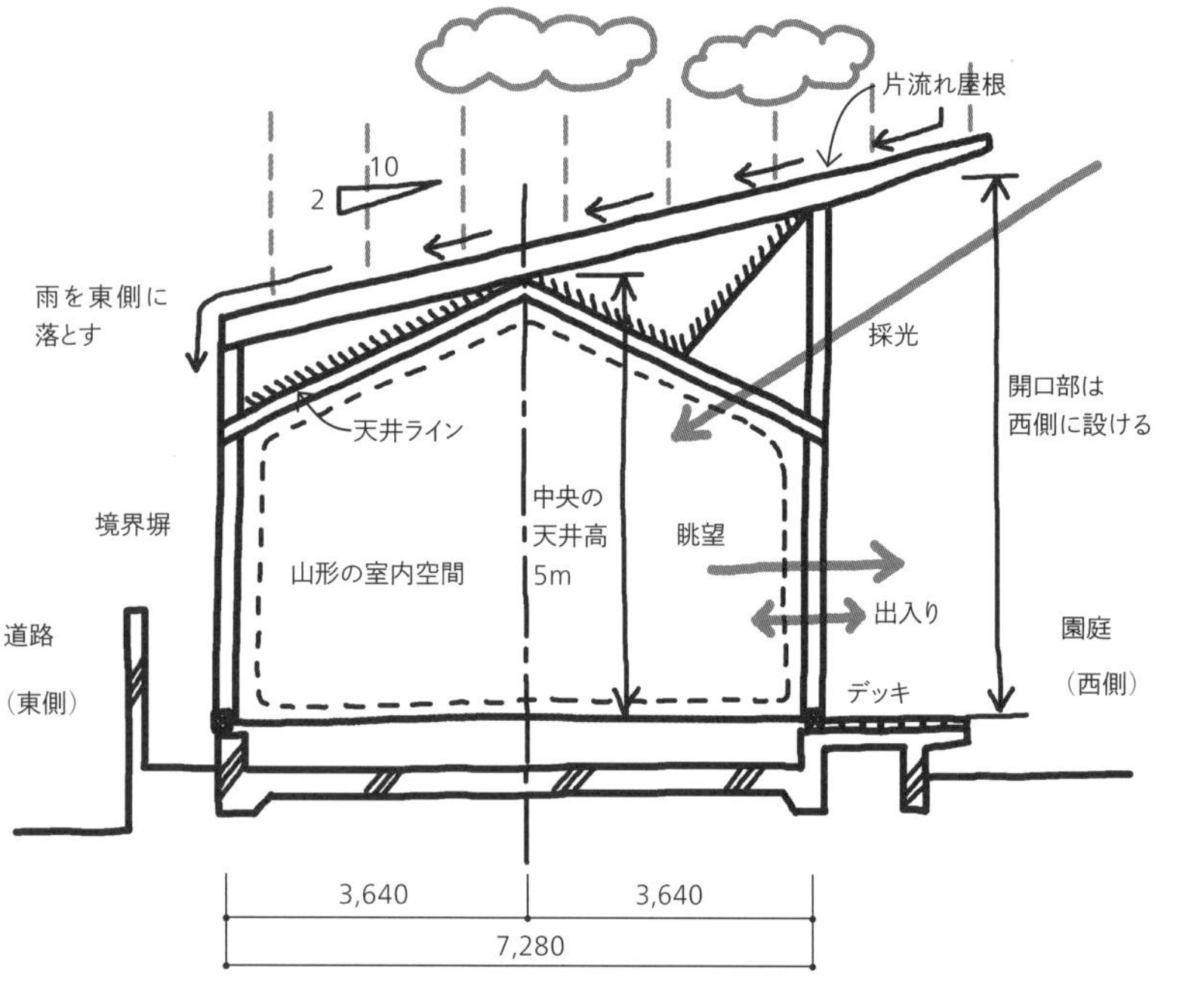

片流れ屋根
2
10
雨を東側に落とす
採光
開口部は西側に設ける
天井ライン
境界塀
中央の天井高5m
眺望
山形の室内空間
出入り
道路（東側）
園庭（西側）
デッキ
3,640
3,640
7,280

「城山幼稚園」は、神社を取り囲む鎮守の森につくられた木造平屋の幼稚園である。敷地は、西側の神社参道と東側の道路に挟まれて南北に細長い形状をしている。そのため、建物は東側の道路境界に目一杯寄せ、保育室と遊戯室を南北方向に直列に配置し、西側にアプローチと園庭のスペースを確保している。

遊戯室は梁間7・28×桁行14・72m、約100㎡の無柱空間で、保育室の2倍ほどの広さがある。園庭側に開口を大きくとるとともに、園庭の反対側に雨を落とすために西側を水上とする2寸勾配の片流れ屋根になっていて、建物の外形断面は台形である。これに対し室内は、中央が高く両端が低い対称形の遊戯空間にするために、梁間スパンの中央線に対して対称な山形の空間になっている［図1］。以上のように、建物の外と室内が著しく異なった形状をしている。

西側壁面は、園庭の眺望・採光・出

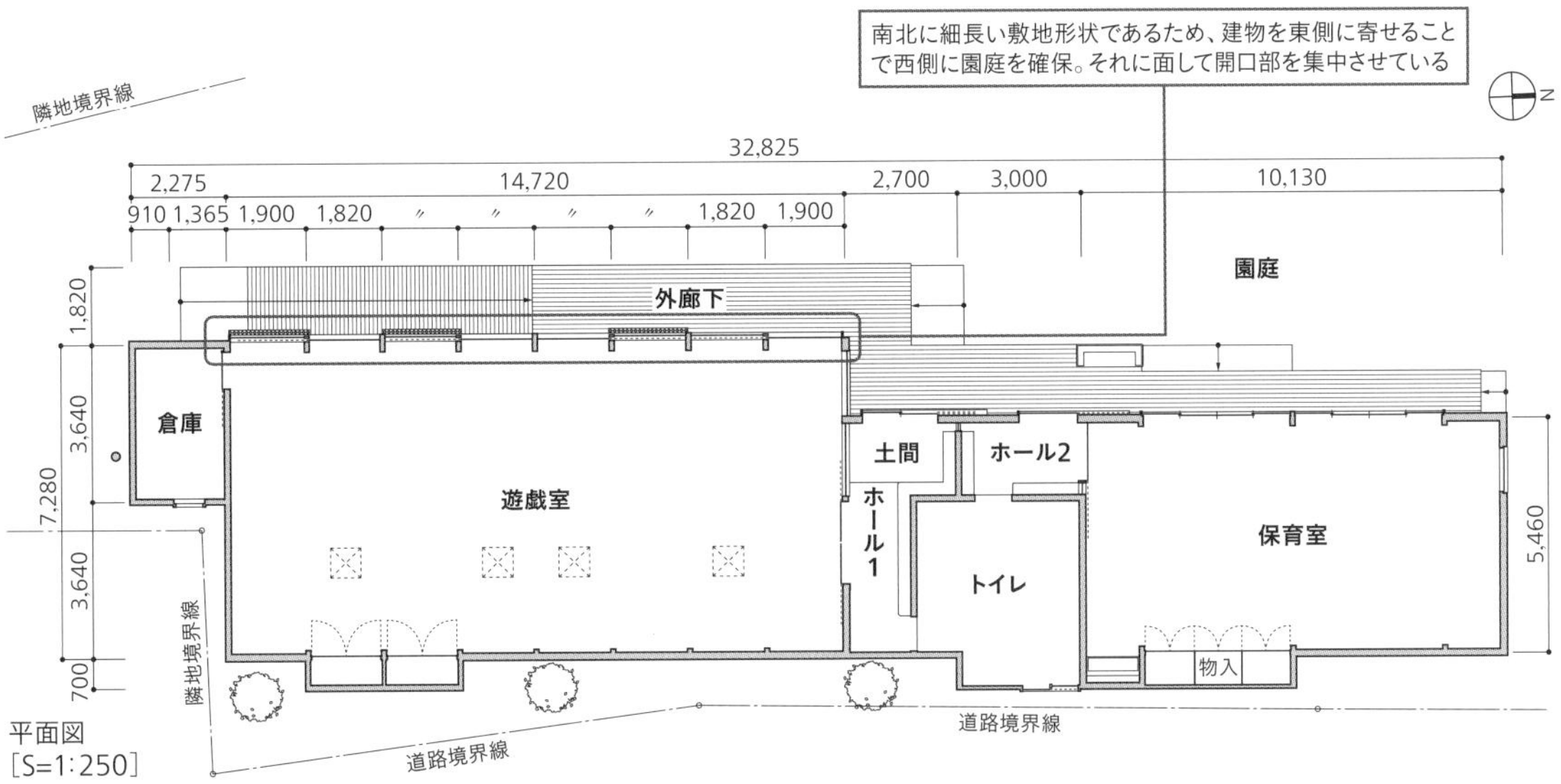
南北に細長い敷地形状であるため、建物を東側に寄せることで西側に園庭を確保。それに面して開口部を集中させている
隣地境界線
32,825
2,275
14,720
2,700
3,000
10,130
910 1,365 1,900 1,820
1,820 1,900
園庭
外廊下
1,820
3,640
7,280
3,640
700
5,460
倉庫
遊戯室
土間
ホール2
ホール1
トイレ
保育室
物入
隣地境界線
道路境界線
道路境界線
平面図
［S=1:250］

建物外観

遊戯室内観。梁間スパンの中央線を軸に左右対称な山形の空間としている

採光・眺望・出入りをすべて西側の開口部で行っている

［写真左中右：小川重雄］

図2｜片流れ形状に従った単純形式の登り梁

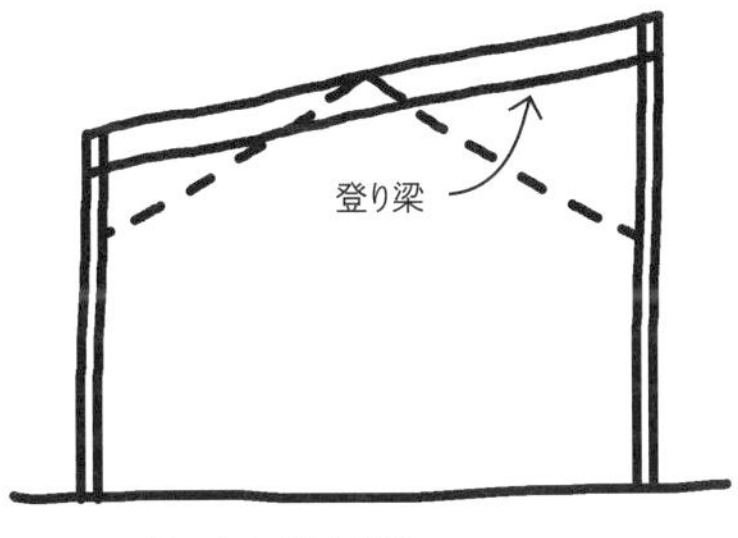
登り梁
・長い1本材が必要
・大断面集成材か鉄骨材になる

図3｜室内形状に従った山形フレーム

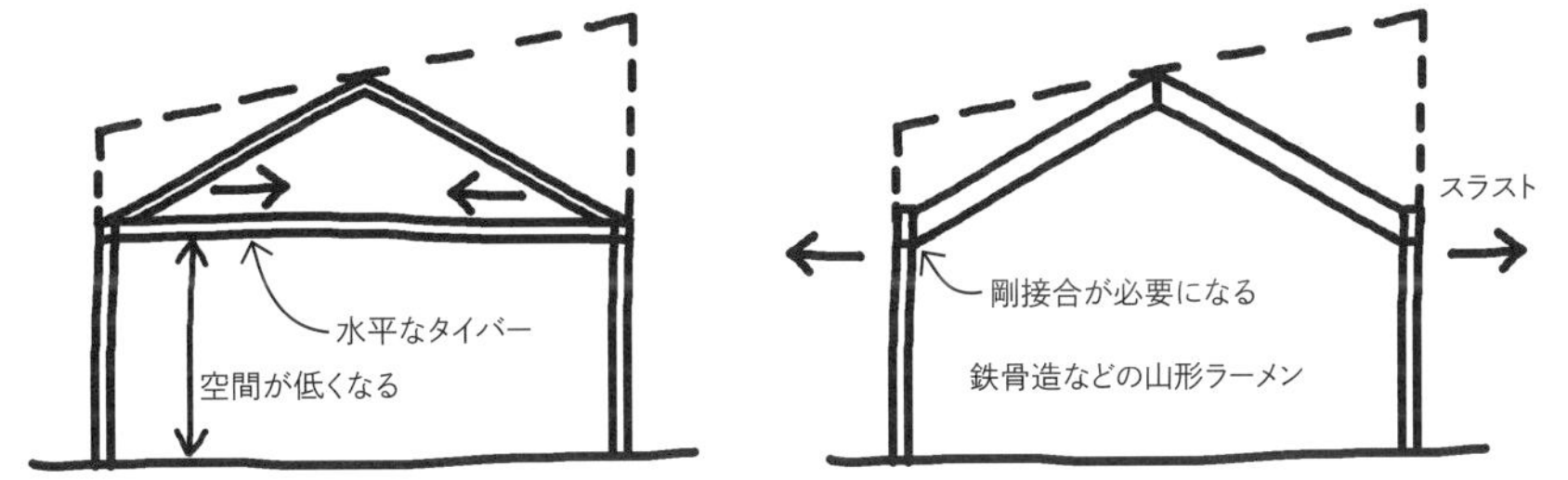
水平なタイバー
空間が低くなる
スラスト
剛接合が必要になる
鉄骨造などの山形ラーメン

入口を確保するために、床から軒レベルまでほとんどすべて開口になるうえ、片流れ屋根の水上になるため平屋であるにもかかわらず6ｍもの柱長さになる。これらのことから、柱の座屈や面外風圧によるたわみの防止、耐力壁の確保などが課題となった。

このような建物の構造計画上のポイントを整理すると次の2つに整理できる。

❶外形と内形が著しく異なる建物形状に対し、どのような架構とするか

❷高く開口の多い西側の壁をどのようにつくるか

❶外形と内形が著しく異なる建物形状に対し、どのような架構とするか

一般に2つの方法が考えられるだろう。1つは、登り梁を片流れ屋根のかたちに従って単純梁形式で架け渡す方法であるが、スパン7・28ｍを1本の長い梁で架け渡すことになるため、長さ8ｍもの特注の大断面集成材または鉄骨材が必要になり、コストがかさんでしまう［図2］。もう1つの方法は、室内の形状に従い山形のフレームを設けて支える方法である。しかしこの場合、鉛直力によって柱頭部が外側に開こうとするスラストが生じてしまい、開き止めのタイバーを水平に入れたり、鉄骨造の工場でよく採用されるように各折点を剛接合にした山形ラーメン構造にしたりするなどの大がかりな対策が必要になる［図3］。

そこで、台形フレームと山形フレームを組み合わせ、これらの間にできる

嵌合接合で接合性能と美観を両立した架台

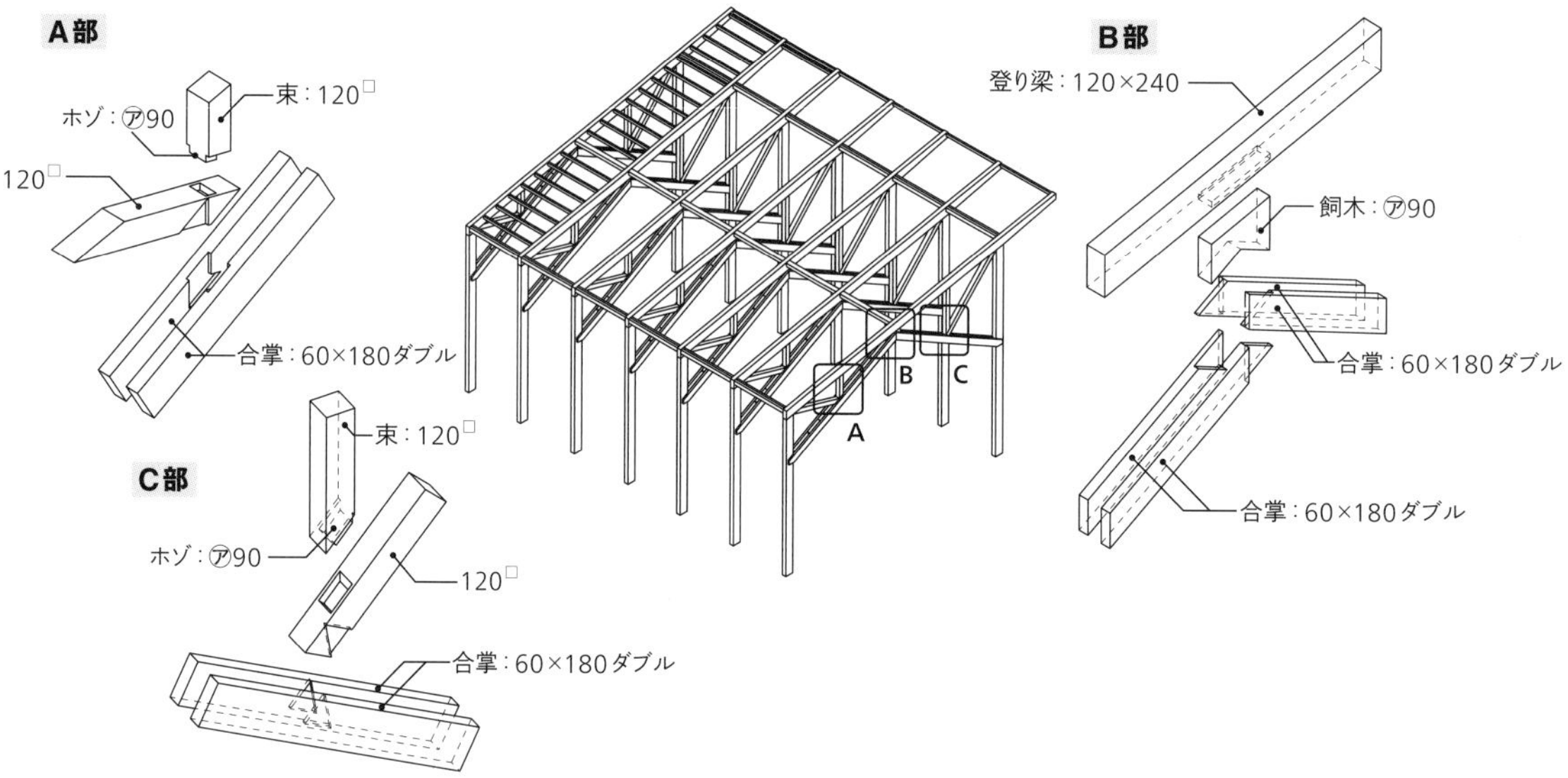
A部
ホゾ：㋐90
束：120□
120□
合掌：60×180ダブル
C部
束：120□
ホゾ：㋐90
120□
合掌：60×180ダブル
A
B
C
B部
登り梁：120×240
飼木：㋐90
合掌：60×180ダブル
合掌：60×180ダブル

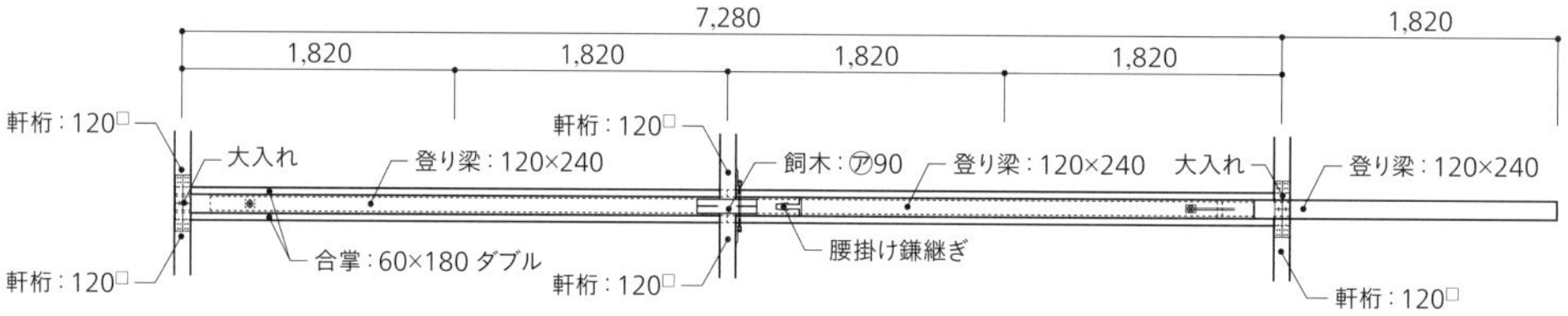
7,280
1,820
1,820
1,820
1,820
1,820
軒桁：120□
大入れ
登り梁：120×240
軒桁：120□
飼木：㋐90
登り梁：120×240
大入れ
登り梁：120×240
軒桁：120□
合掌：60×180 ダブル
軒桁：120□
腰掛け鎌継ぎ
軒桁：120□

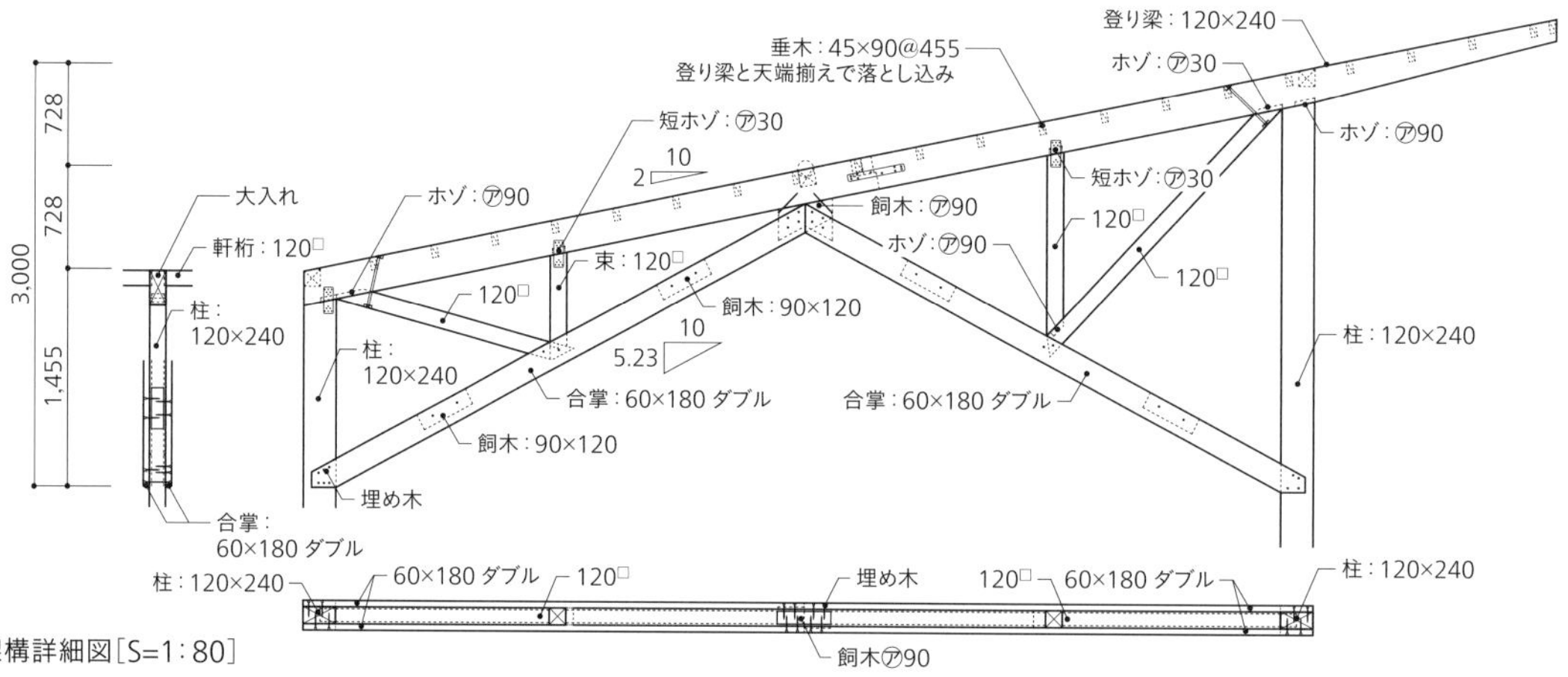
登り梁：120×240
垂木：45×90@455
登り梁と天端揃えで落とし込み
ホゾ：㋐30
ホゾ：㋐90
短ホゾ：㋐30
2
10
短ホゾ：㋐30
飼木：㋐90
120□
ホゾ：㋐90
ホゾ：㋐90
120□
束：120□
120□
飼木：90×120
120□
10
5.23
柱：120×240
合掌：60×180 ダブル
合掌：60×180 ダブル
飼木：90×120
埋め木
728
728
3,000
1,455
大入れ
軒桁：120□
柱：
120×240
合掌：
60×180 ダブル
柱：120×240
60×180 ダブル
120□
埋め木
120□
60×180 ダブル
柱：120×240
飼木㋐90

架構詳細図[S=1：80]

スペースを生かした架構を考えた［図5］。この架構は、片流れの登り梁を上弦材、山形の合掌梁を下弦材として両側の柱で支持するのだが、曲げモーメントが最大になるスパン中央部で逆に上下弦材間距離が最小となってしまうのでトラスにはならない。むしろスパン両端部で上下弦材間距離が最大になるため、外郭の台形フレームに方杖が取り付いた「方杖式ラーメン」の性質をもつ。この架構では、柱には方杖からの大きなスラストがかかるため、柱を通常の正角断面ではなく、梁として使うような断面120×240の平角材を用い、柱脚部にもRC造基礎にアンカーした引きボルトを用いてモーメントに抵抗させている。さらに上下弦材のスパン両端部を束と斜材でつないで固め、弦材を拘束することで、屋根のたわみを抑える工夫をしている。

下弦材は合わせ梁にし、部材が集まってくる接合部の混雑を解消するとともに、合わせ梁どうしの間に照明を入れることで、構造と照明の一体的な計画を行っている。各接合部は、切削加工した木材どうしをはめ合わせて応力伝達させる嵌合《かんごう》接合を採用して金物をなくし、接合性能とすっきりとした美観を両立させている。

この台形フレームと山形フレームを組み合わせたラーメンフレームを桁行方向に1・82m間隔に配置することで遊戯室の無柱空間を実現した。

図5｜台形フレームと山形フレームを組み合わせた

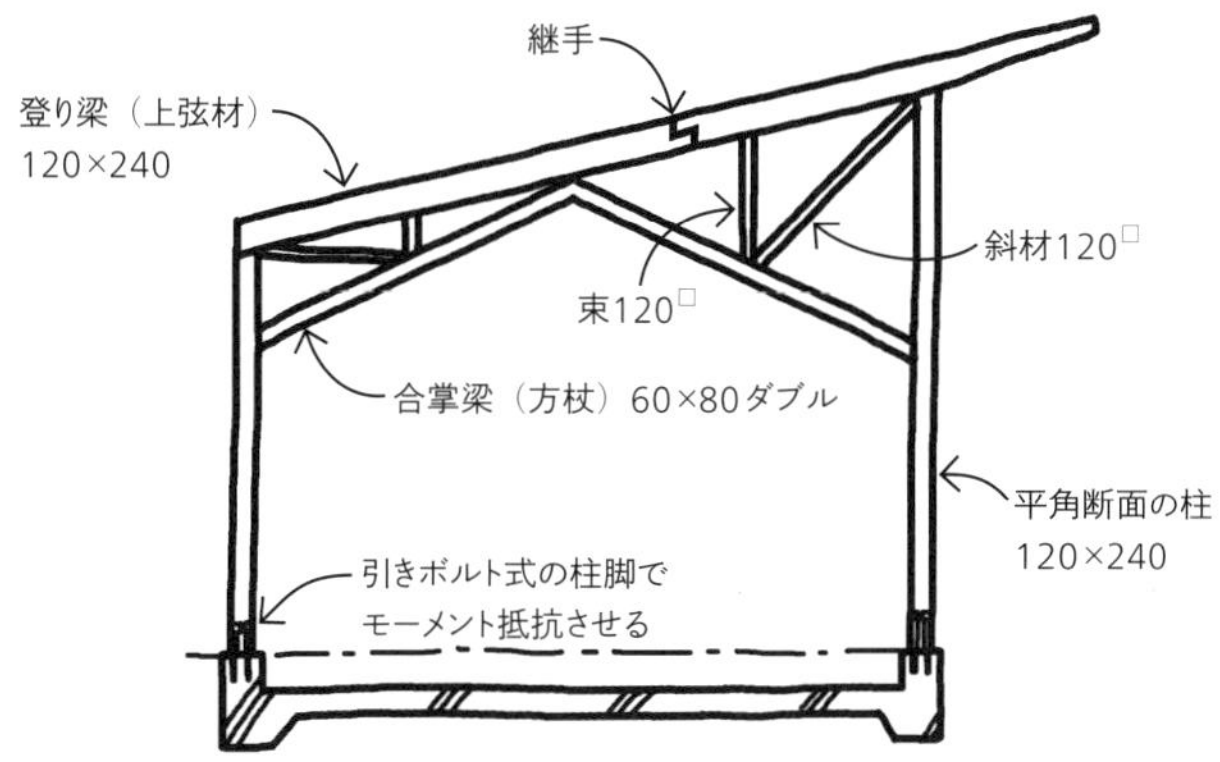
継手
登り梁（上弦材）
120×240
斜材120□
束120□
合掌梁（方杖）60×80ダブル
平角断面の柱
120×240
引きボルト式の柱脚で
モーメント抵抗させる

遊戯室東側から園庭方向を見る。合わせ梁どうしの間に照明を入れることで、構造と照明の一体的な計画を行っている ［写真：小川重雄］

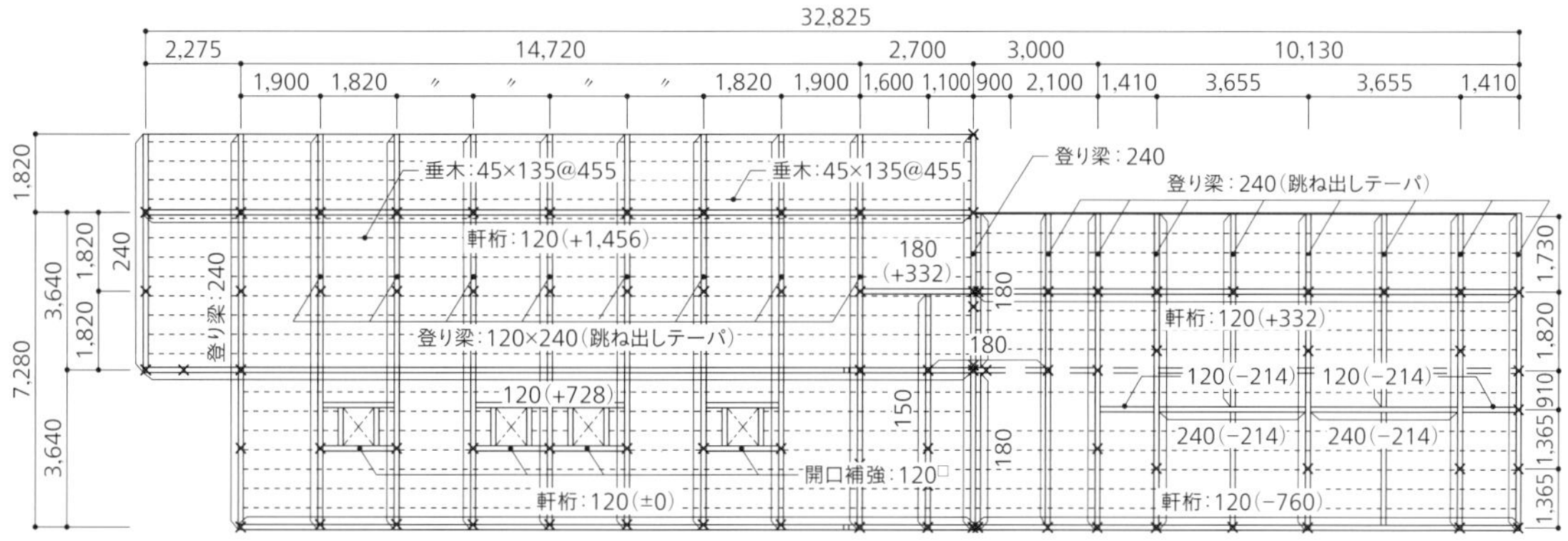
32,825
2,275
14,720
2,700
3,000
10,130
1,900
1,820
1,820
1,900
1,600
1,100
900
2,100
1,410
3,655
3,655
1,410
1,820
3,640
7,280
3,640
1,820
1,820
240
垂木：45×135@455
垂木：45×135@455
登り梁：240
登り梁：240（跳ね出しテーパ）
軒桁：120（+1,456）
180
（+332）
180
登り梁：240
登り梁：120×240（跳ね出しテーパ）
軒桁：120（+332）
180
120（-214）
120（-214）
120（+728）
150
180
240（-214）
240（-214）
開口補強：120□
軒桁：120（±0）
軒桁：120（-760）
1,730
1,820
910
1,365
1,365

屋根伏図［S=1：250］　※特記無き垂木：45×90@455

図6｜耐力壁とつなぎ梁を用いた座屈止め

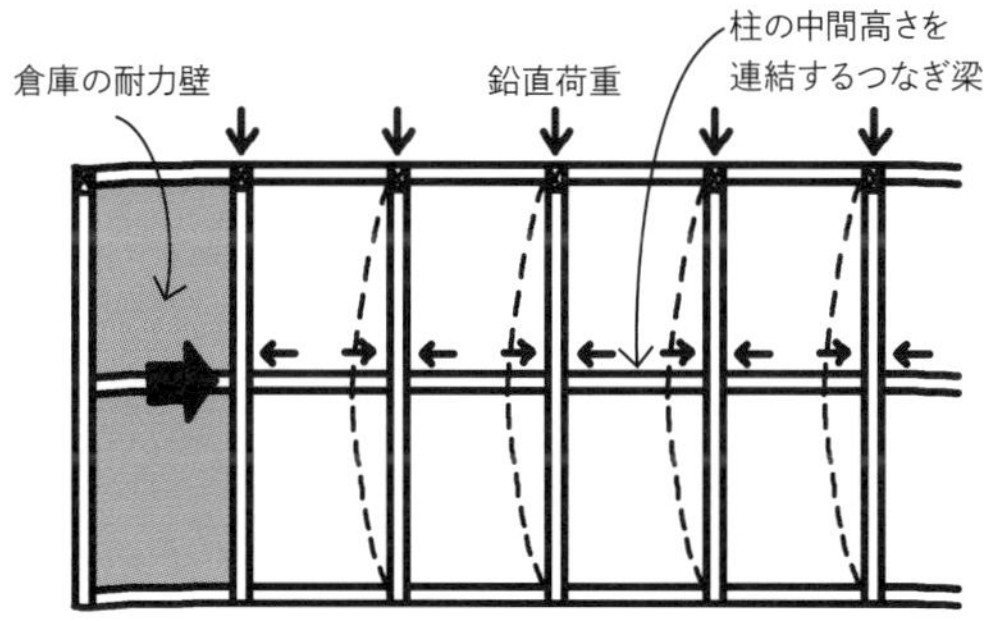
倉庫の耐力壁
鉛直荷重
柱の中間高さを
連結するつなぎ梁

柱が座屈しようとするのを、つなぎ梁を介して耐力壁が抑える

❷高く開口の多い西側の壁をどのようにつくるか

西側の壁のつくり方における課題を整理すると、

㋐西側桁行方向の耐震性能の確保
㋑柱の面外風圧によるたわみと梁間方向の座屈
㋒柱の桁行方向の座屈

㋐は、プランの南端に配置された倉庫の壁に構造用合板両面張りの耐力壁を設け、桁行方向の壁量を確保することで解決した。

㋑は、上述のように平角断面の柱を採用することで柱の梁間方向の剛性が確保できたため、自ずと解決された。

㋒は、2本の部材を組み合わせた合わせ柱やトラス柱といった組立柱にして解決することも考えられるが、柱の見た目が太くなったり複雑になったりする。そこで、平角柱の中間高さにつなぎ梁を設け、これを上述の㋐の耐力壁に連結することで、弱軸方向の座屈を止めた［図5］。

DATA

城山幼稚園
［松本直子建築設計事務所］

敷地面積　2,016.42㎡
建築面積　868.37㎡
延床面積　1,268.02㎡
規　　模　木造、地上1階（遊戯室部分）
竣　　工　2014年8月

22

スギ間伐材で「地産地建」の学校施設をつくる方法

事例：東北大学大学院環境科学研究科エコラボ／ササキ設計

地元産の木材を積極的に使って木造施設をつくる「地産地建」の試みは、供給木材の地域事情に則した構造のつくり方が重要になる。たとえば、その地域では供給困難なサイズの木材を使う設計をしてしまうと、調達に無理が生じる。逆に、流通サイズより大きな木材が供給できるようであれば、それを生かした構造にするほうが理に適っている。

ここでは、「環境省エコハウスプロジェクト」を推進すべく東北大学環境科学研究科のシンボルとして建設された「東北大学大学院環境科学研究科エコラボ」（以下、エコラボ）を事例に、同大学が所有する農林のスギ間伐材を用いて学校施設をつくる方法について解説する。

間伐のスギ材でつくる耐力壁のない開放的な空間

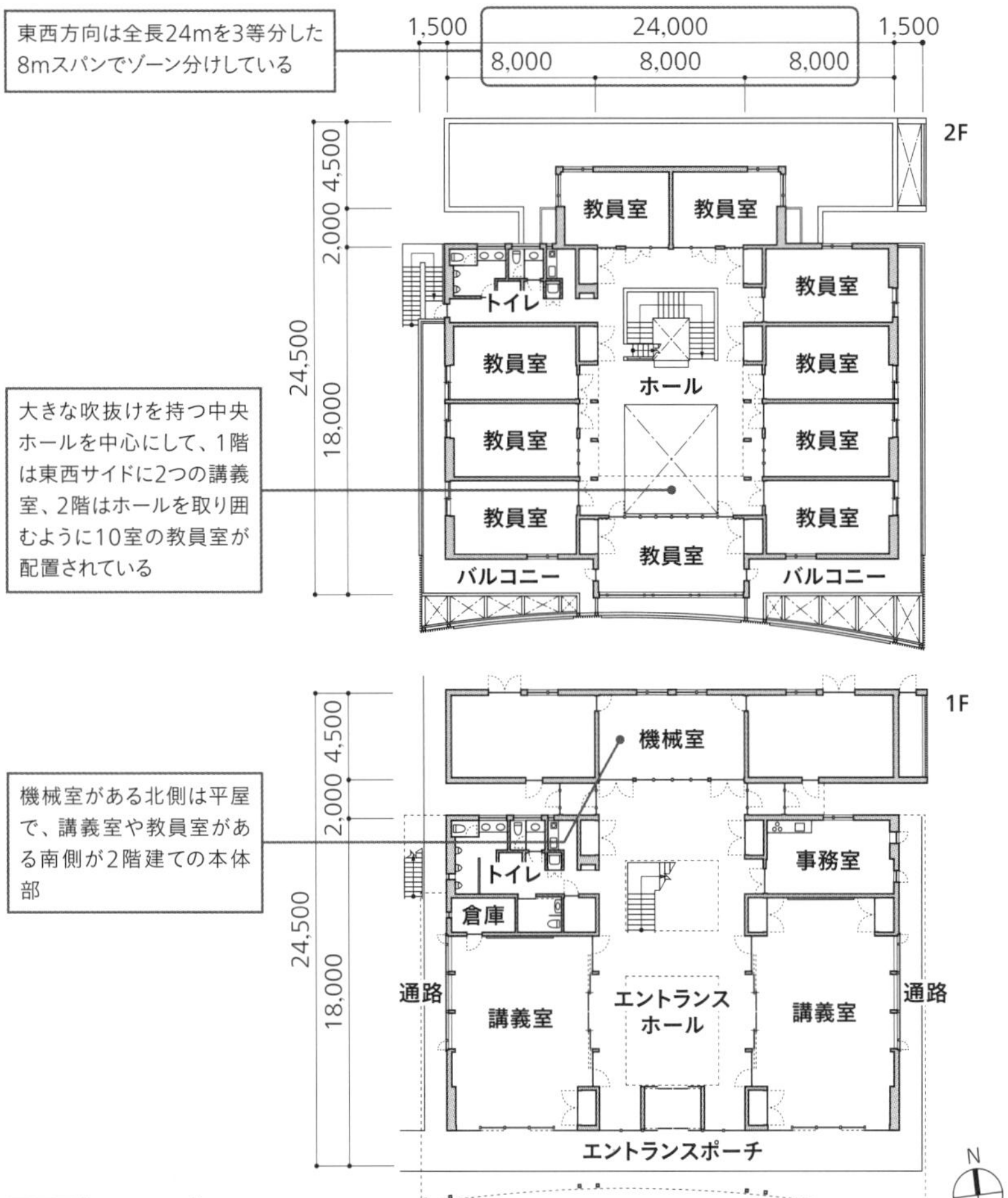

東西方向は全長24mを3等分した8mスパンでゾーン分けしている
1,500
24,000
1,500
8,000
8,000
8,000
2F
4,500
2,000
24,500
18,000
教員室
トイレ
ホール
バルコニー
大きな吹抜けを持つ中央ホールを中心にして、1階は東西サイドに2つの講義室、2階はホールを取り囲むように10室の教員室が配置されている
1F
機械室
機械室がある北側は平屋で、講義室や教員室がある南側が2階建ての本体部
事務室
倉庫
通路
講義室
エントランスホール
エントランスポーチ
N

平面図[S=1：500]

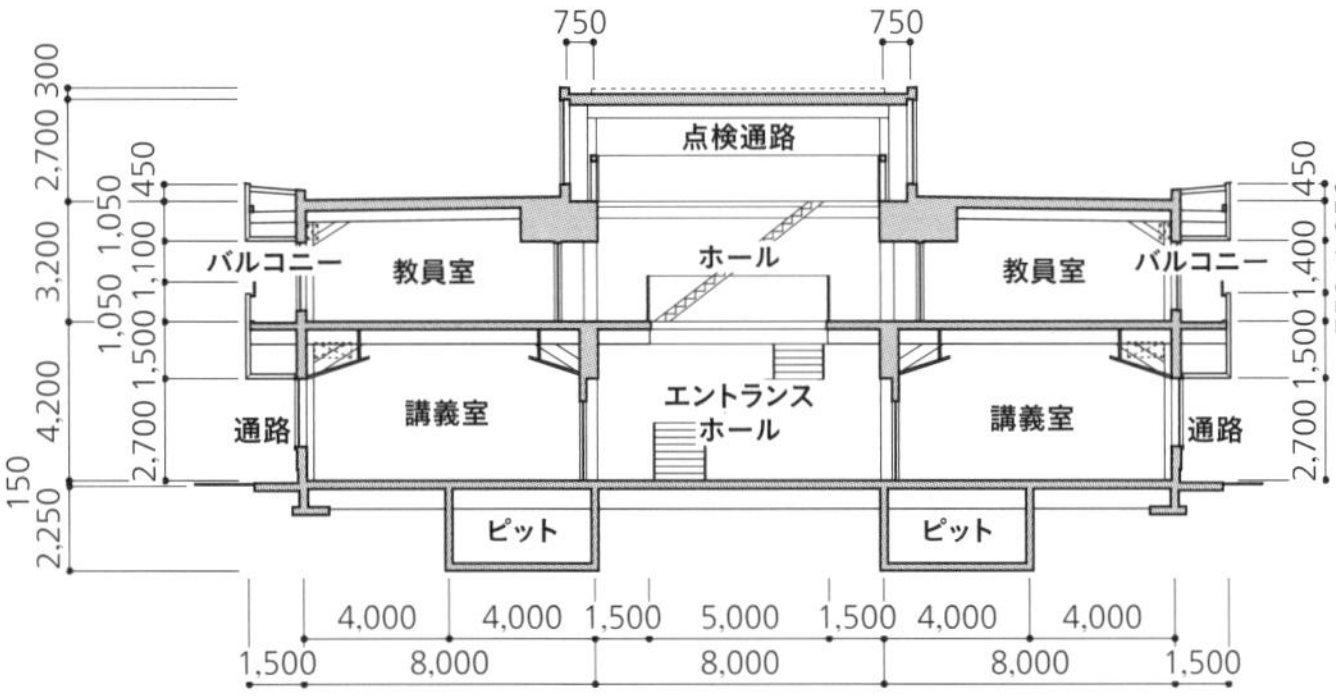

750
750
点検通路
バルコニー
教員室
ホール
講義室
エントランスホール
通路
ピット
300
2,700
3,200
4,200
2,250
150
450
1,050
1,100
1,050
1,500
2,700
1,400
750
4,000
1,500
5,000
8,000

断面図[S=1：400]

「エコラボ」は、延床面積約1千㎡、木造2階建ての研究・教育施設である。究極の「地産地建」として、大学が所有する農林のスギ間伐材を無垢のまま構造材に使い、耐力壁のない開放的な空間を実現している。調達可能な木材のサイズは、住宅用として流通する木材規格サイズ（幅120㎜、成360㎜程、長さ6mまで）よりも少し大きめの幅150㎜、成390㎜、長さは4～6m程度のものまで。さらに、数は少ないものの、最長8m程度までのものも準備できるという状況であった。

これらを無垢材として使うには十分な乾燥期間が必要になるため、設計がある程度固まったところで木材調書を作成、大学側に先行分離発注をしてもらった。

南側の本体部は東西約24m×南北約18mの長方形で、東・西・南側にはバルコニーやポーチが張り出している。階高は1階が4.2m、2階が3.2mで、木造建築としてはかなり高く、さらに中

図1｜組立て式木造ラーメンの構造システム

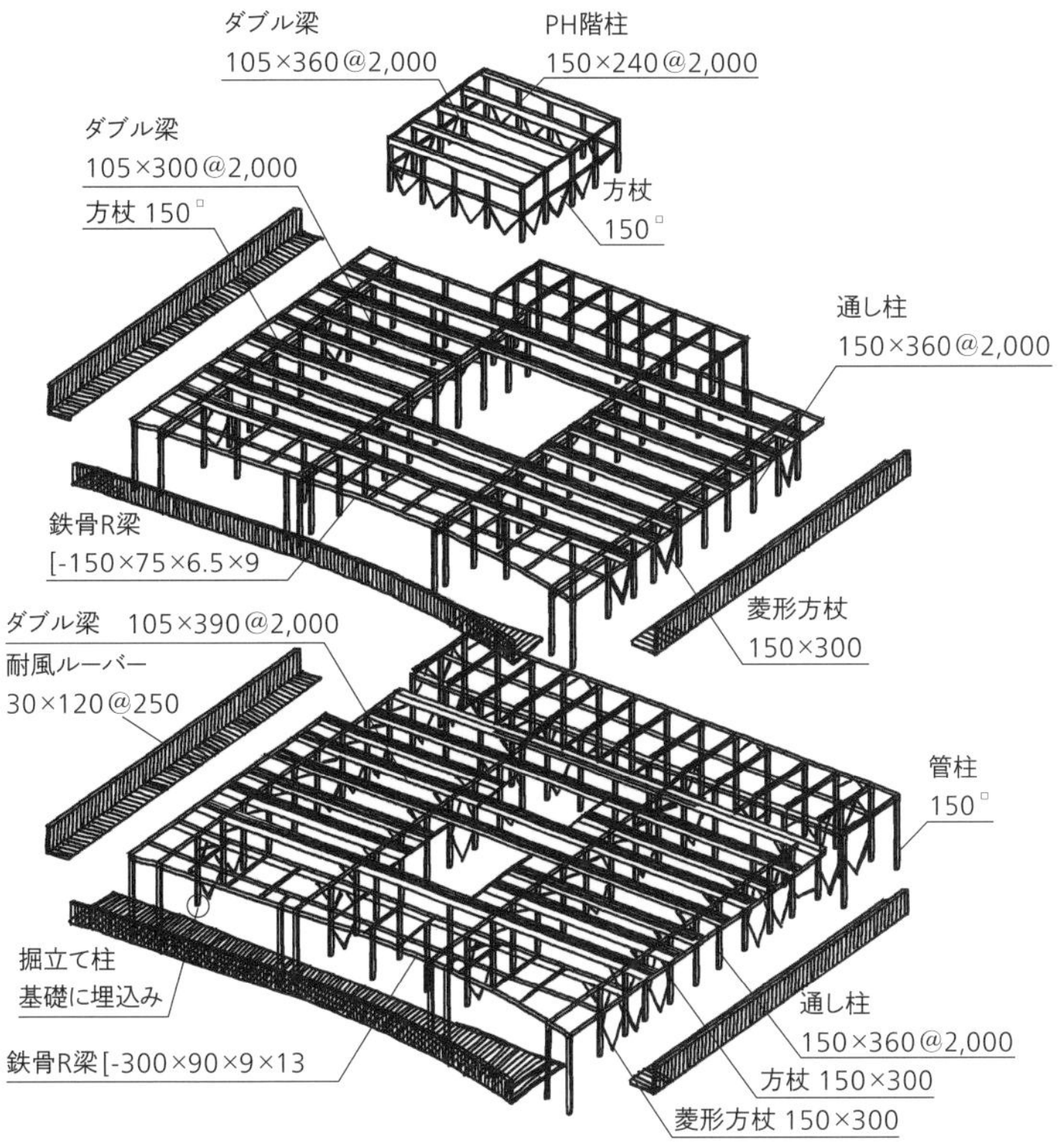
ダブル梁
105×360@2,000
PH階柱
150×240@2,000
ダブル梁
105×300@2,000
方杖 150□
方杖
150□
通し柱
150×360@2,000
鉄骨R梁
[-150×75×6.5×9
菱形方杖
150×300
ダブル梁　105×390@2,000
耐風ルーバー
30×120@250
管柱
150□
掘立て柱
基礎に埋込み
通し柱
150×360@2,000
鉄骨R梁[-300×90×9×13
方杖 150×300
菱形方杖 150×300

エントランスポーチ側建物側外観。長さと太さが限られた大学所有の農林のスギ材を使用

中央ホールの上部のペントハウスはR階レベルから2.7m突出しており、吹抜け部分の高さは10mを超える
[写真上下：フォトスタジオ・モノリス]

図2｜組立て式木造ラーメン化のプロセス

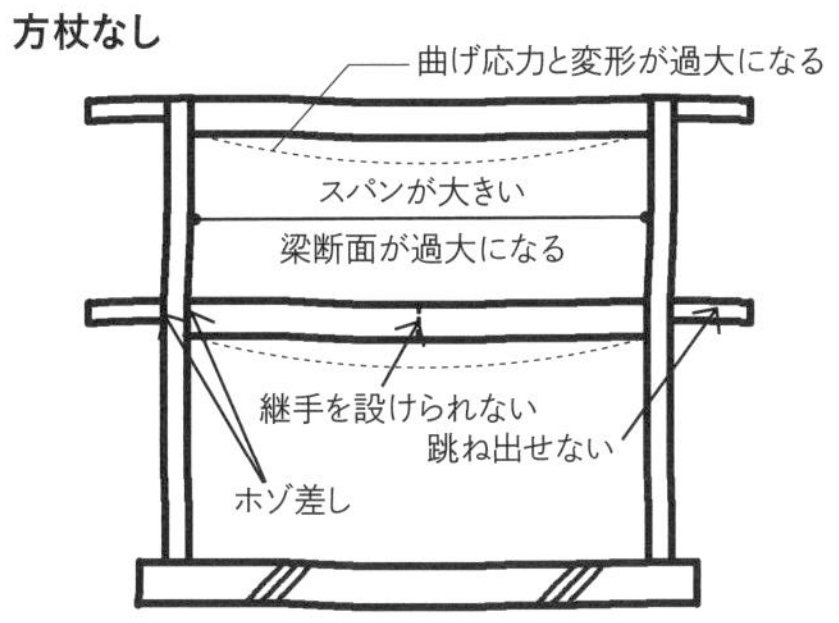
方杖なし
曲げ応力と変形が過大になる
スパンが大きい
梁断面が過大になる
継手を設けられない
跳ね出せない
ホゾ差し

梁に長材が必要となる。また、鉛直力に対しての梁の応力と変形が大きくなるうえに、水平力に対しては抵抗できない

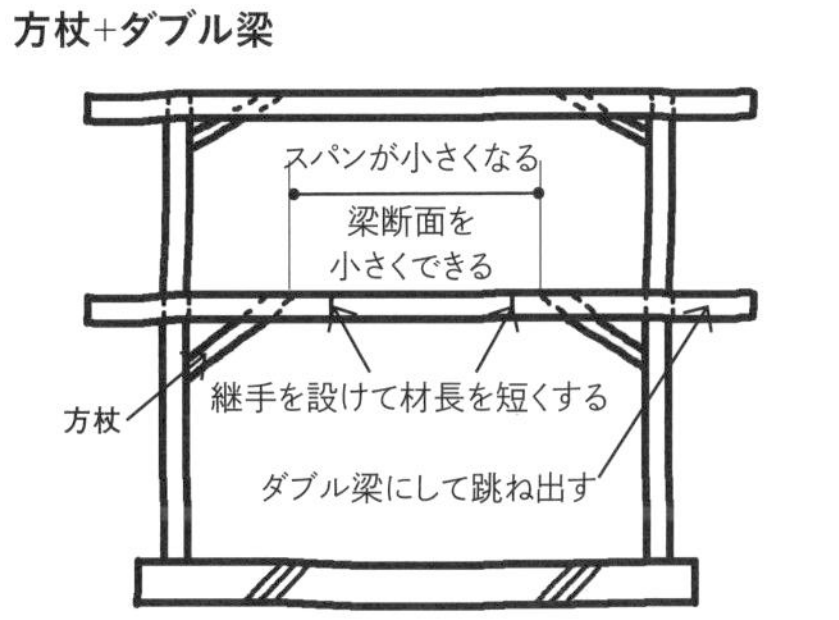
方杖+ダブル梁
スパンが小さくなる
梁断面を
小さくできる
方杖
継手を設けて材長を短くする
ダブル梁にして跳ね出す

方杖により鉛直力に対する応力と変形を減らし、水平力への抵抗力があがる。ダブル梁にすることで柱や方杖との接合を簡素にできる

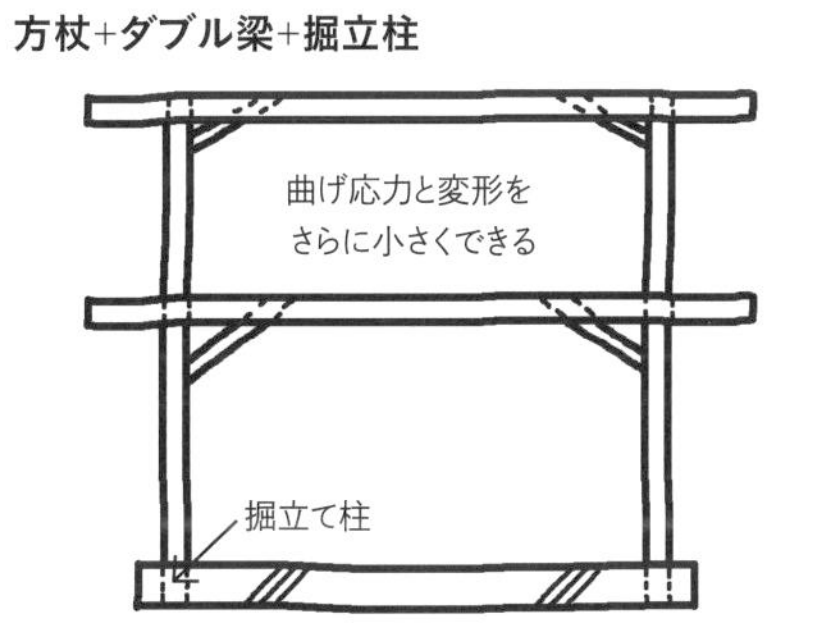
方杖+ダブル梁+掘立柱
曲げ応力と変形を
さらに小さくできる
掘立て柱

方杖ラーメンとの組み合わせにより水平力に対する応力・変形を大幅に低減できるだけでなく、有効座屈長さを小さくできるので座屈しにくくなった

央ホールの上部にはペントハウスがある。以上のような条件に対する構造計画のポイントは、次の3つであった。

❶8mスパンの支持と水平耐力の確保
❷大きな階高への対応
❸剛性のコントロール

❶8mスパンの支持と水平耐力の確保

長さと太さが限られる間伐のスギ材を使って、8mスパンの床と耐力壁のない開放的な空間を実現するには、構造上の工夫が不可欠だ。8mスパンの床を単純梁で架け渡そうとすると特注の長い大断面集成材が必要になる。また、一般的に耐震上、筋かいもしくは構造用合板などの耐力壁が多数必要になる。そこで、平角柱・梁材を重ねたダブル梁・方杖・掘立て柱を駆使し、細かい部材を組み合わせてつくる「組立て式木造ラーメン」を考えた[図1]。

まず東西方向に3等分した3ゾーンの境界線上に立てた通し柱をダブル梁で挟んで門型フレームをつくるのだが、これだけでは梁スパン中間に継手を設けられない。そこで、鉄骨造やRC造のような水平力にも抵抗できるラーメンを木造で簡易につくるために、フレームの入隅部に方杖を入れた[図2]。これによって鉛直力に対する応力と変形を減らし、水平力にも抵抗できるようになり、梁に継手を設けられるようになった。ただし、このような方杖ラーメン構造は柱に大きな曲げモーメントやせん断力が生じるので、これに耐えられるよう柱材に正角材で

方杖ラーメン構造で8mスパンを支持

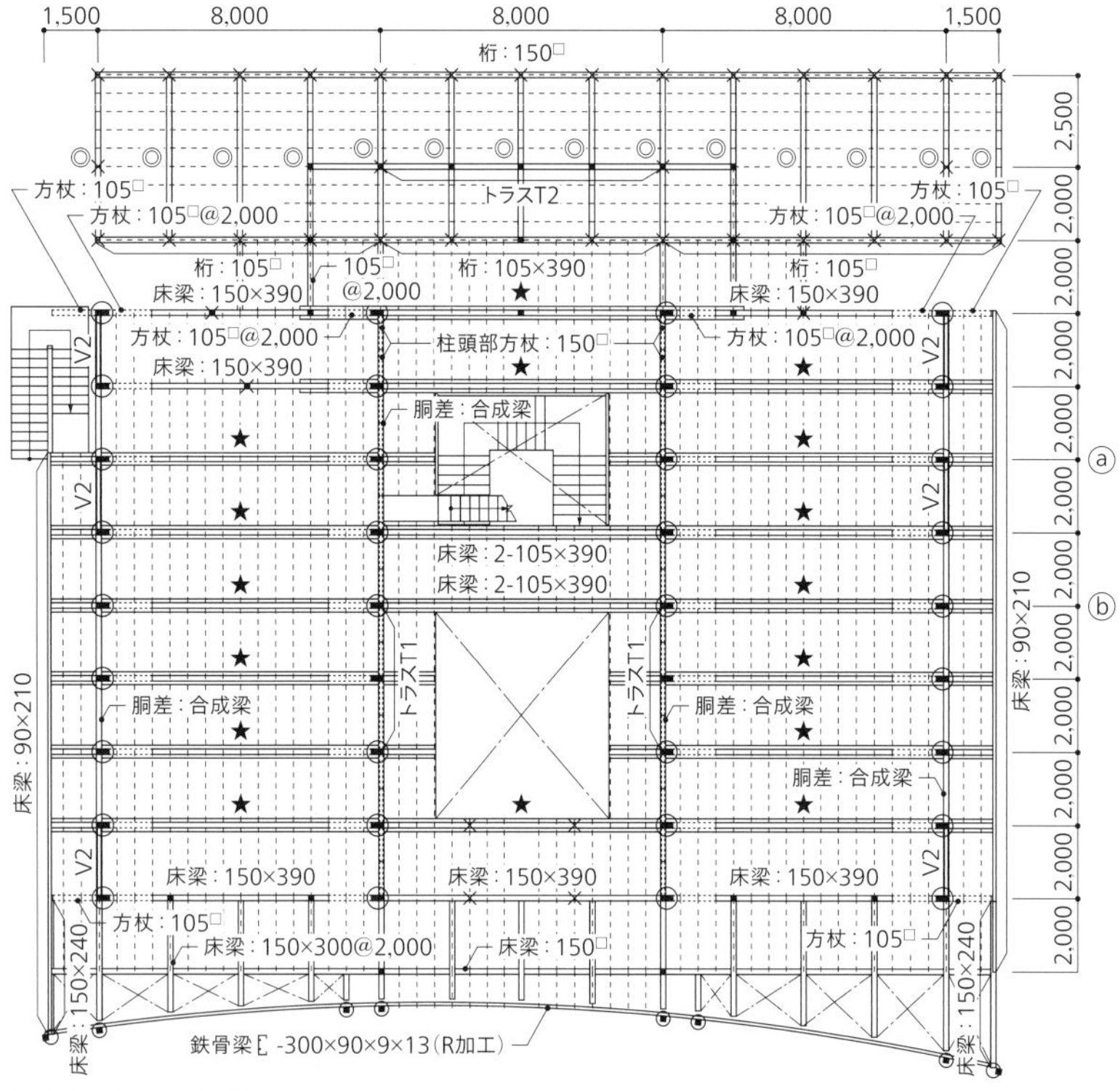

2階伏図［S=1：300］

特記なき限り
×：下階柱
■：2階管柱　150□（乙種3級）
◙：通し柱　150□（乙種3級）
▬：1階管柱　150×360（乙種3級）
⊖：通し柱　150×360（甲種2級）
◎：小屋梁　150×300（甲種2級）
★：床梁　2-105×390（甲種2級）

光と風の道として計画された中央ホールの大きな吹抜け。その上部に、採光・換気を行う天窓の機能を備えたペントハウスがある
［写真：フォトスタジオ・モノリス］

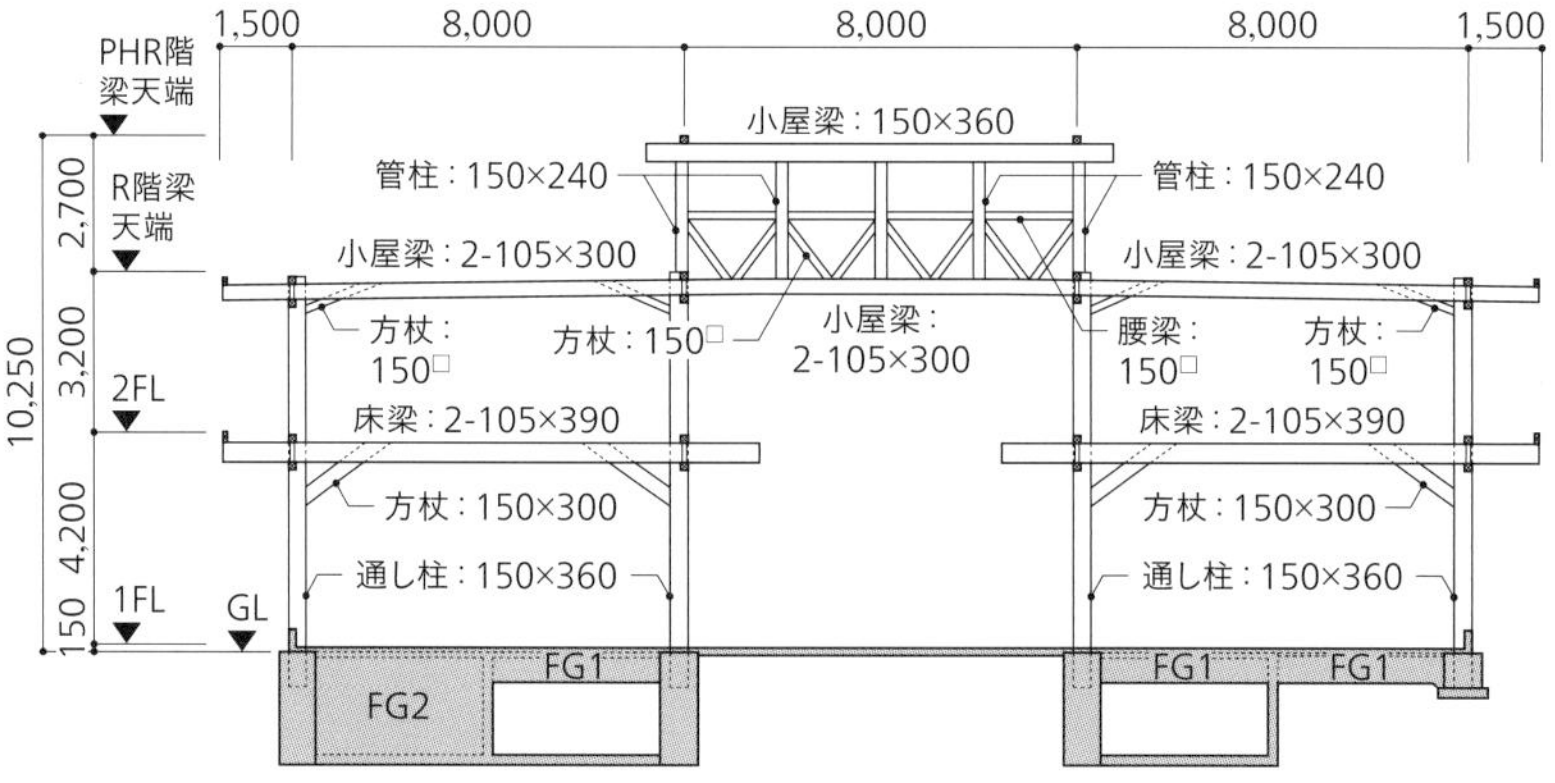

142頁2階伏図a通り軸組図［S=1：300］

はなく平角材を使い、断面の強軸を方杖の方向にそろえて配置した。

❷大きな階高への対応

階高が大きくなると、建物全体の水平力に対する応力と変形が大きくなるとともに、柱が相対的に細長くなることで座屈しやすくもなる。外壁面も、風圧力で面外方向に大きく変形しやすくなり、開放性を高めるための大きな開口を設けにくくなる。本施設では、階高が4.2mにもなる1階部分の水平耐力・柱の座屈・外壁の面外風圧への対応が課題になった。

ラーメンフレームの水平耐力と剛性をアップさせるには、柱脚部の固定度を高めることが大変有効である。そこで木柱に沓金物をはかせてRC基礎に埋め込む「掘立て柱」にすることで、柱脚の固定度を高めようと考えた。

外壁の面外風圧への対応では、建物外周に計画されていた木製ルーバーを利用することを思いついた。ルーバーはもともと、2階や屋根から跳ね出したバルコニーや庇の先端で支持されていたが、このルーバーの下端を外壁側にクランクさせて外壁とつなぐことで、面外方向の変形を抑えるのである。ルーバーは一般的には意匠と環境の目的で設けられるものだが、このように耐風ルーバーを二次構造部材的に発展させ、エントランスのある南外壁を全面開口を実現した。

❸剛性のコントロール

平面計画上、1階では、北側に閉鎖

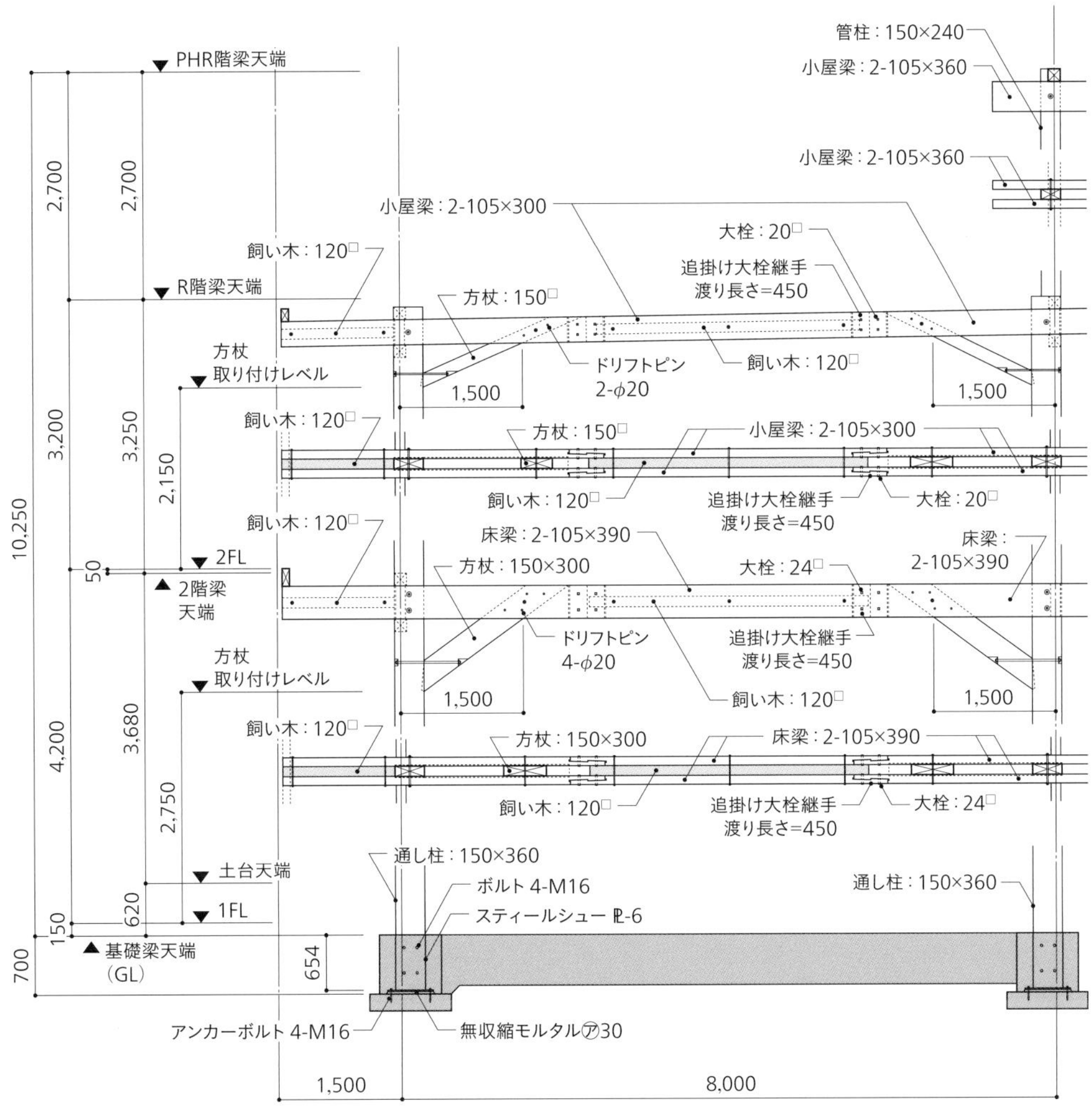
PHR階梁天端
R階梁天端
方杖
取り付けレベル
2FL
2階梁
天端
土台天端
1FL
基礎梁天端
（GL）
2,700
2,700
3,200
3,250
2,150
10,250
50
4,200
3,680
2,750
150
620
700
654
管柱：150×240
小屋梁：2-105×360
小屋梁：2-105×360
小屋梁：2-105×300
飼い木：120□
大栓：20□
追掛け大栓継手
渡り長さ=450
方杖：150□
ドリフトピン
2-φ20
飼い木：120□
1,500
1,500
飼い木：120□
方杖：150□
小屋梁：2-105×300
飼い木：120□
追掛け大栓継手
渡り長さ=450
大栓：20□
飼い木：120□
床梁：2-105×390
床梁：
2-105×390
方杖：150×300
大栓：24□
ドリフトピン
4-φ20
追掛け大栓継手
渡り長さ=450
飼い木：120□
1,500
1,500
飼い木：120□
方杖：150×300
床梁：2-105×390
飼い木：120□
追掛け大栓継手
渡り長さ=450
大栓：24□
通し柱：150×360
ボルト4-M16
スティールシュー PL-6
通し柱：150×360
アンカーボルト4-M16
無収縮モルタル㋐30
1,500
8,000

142頁2階伏図b通り詳細図［S=1：100］

梁をダブルにすることにより柱梁接合部で柱と梁の両方を通すことができるようになる。これによって、隣接スパンと連続梁を構成できるとともにバルコニーの跳ね出しもしやすくなった

建方直後の組立式ラーメン。柱脚は木柱に沓金物をはかせてRC基礎に埋め込み、固定度を高めている

図3｜方杖の剛性コントロール

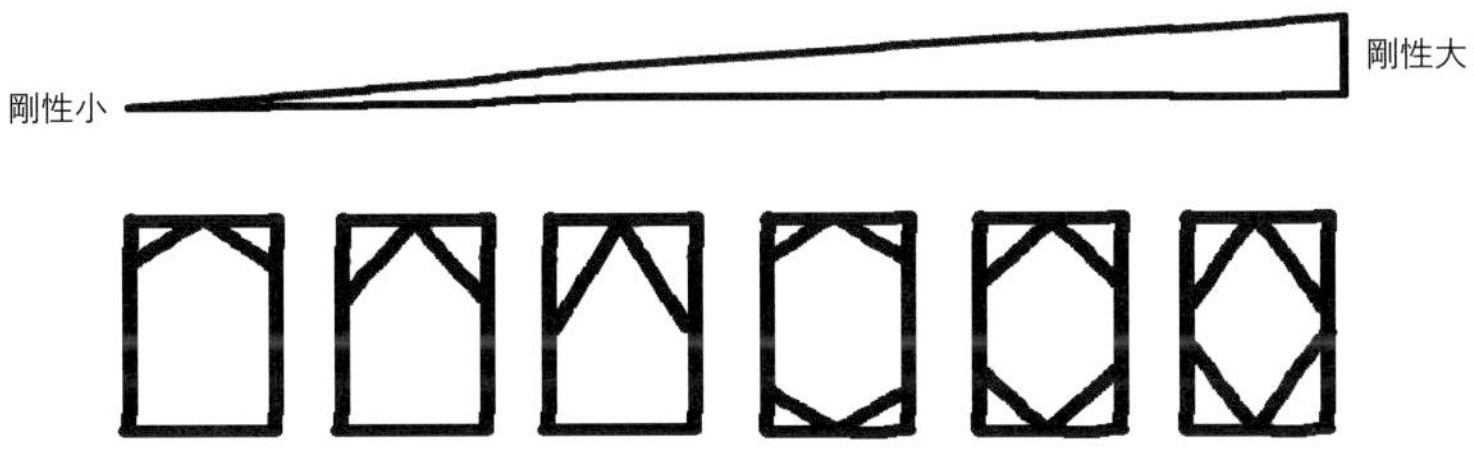
剛性小
剛性大

方杖の高さや本数を変えることにより、剛性をコントロールする。通常、方杖は柱上部に入れるだけだが、方杖の取り付くレベルを下げていくと剛性があがる。方杖を上下に入れると更に剛性があがり、菱形状に配置した場合が最大になる

柱・梁・桁・方杖が交差する接合部

的な付属部が取り付く一方、南側には開放的なエントランスホールや講義室が配置される。このことによる平面的な剛性バランス（偏心率）と立面的な剛性バランス（剛性率）の悪化が懸念された。解決策として、今回の構造の要である方杖の入れ方を工夫し、剛性をコントロールできないかと考えた［図3］。方杖の本数や高さによって、自由に建物の剛性を制御することが可能になり、各階において偏心率0・15以下、剛性率0・60以上のバランスを確保した。

DATA

東北大学大学院環境科学研究科エコラボ（ササキ設計）

敷地面積　781,031.67㎡
建築面積　669.22㎡
延床面積　997.55㎡
規　　模　木造2階建（塔屋1階）
竣　　工　2010年3月

23

多様な空間をもつ地域交流施設を地域材でつくる方法

事例：茂木町まちなか文化交流館ふみの森もてぎ
設計：内田文雄＋龍環境計画

地域交流施設にはさまざまな用途の部屋が複合的に配置される。したがって、大・小、高・低、さまざまな空間が必要となる。これらの空間の骨格となる構造は、単一のシステムだけでつくる考え方もあるが、各部屋の大きさやかたちなどの条件を踏まえて、それぞれが特徴的な空間になるようデザインするのが自然である。

　他方、地域材を無垢材のまま構造材として使う場合には、調達できる木材のサイズや、その性能に配慮した構造計画が求められる。一般的に材長は、調達の都合上、長くても4ｍか6ｍが限度になることが多い。大きな空間をつくるには、力学的な見地に立ち、短い材を細かくつないでスパンを飛ばす工夫が必要だ。

　ここでは「ふみの森もてぎ」を事例に、多様な空間のある地域交流施設を地域材でつくる方法を解説する。

各空間の木架構が異なる文化交流施設

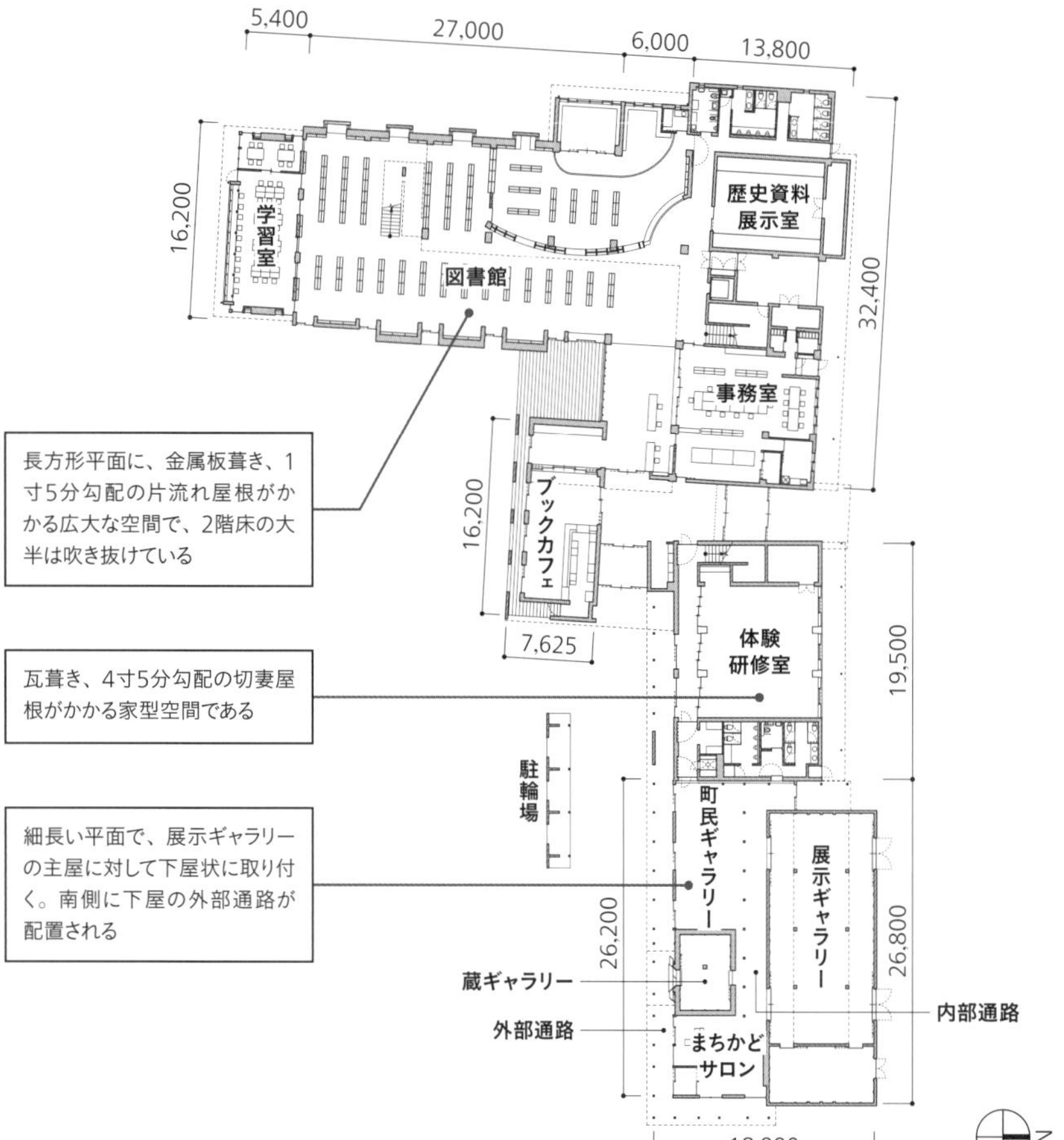

5,400
27,000
6,000
13,800
16,200
32,400
学習室
図書館
歴史資料展示室
事務室
ブックカフェ
16,200
7,625
体験研修室
19,500
駐輪場
町民ギャラリー
展示ギャラリー
26,200
26,800
蔵ギャラリー
外部通路
内部通路
まちかどサロン
18,990
N
長方形平面に、金属板葺き、1寸5分勾配の片流れ屋根がかかる広大な空間で、2階床の大半は吹き抜けている
瓦葺き、4寸5分勾配の切妻屋根がかかる家型空間である
細長い平面で、展示ギャラリーの主屋に対して下屋状に取り付く。南側に下屋の外部通路が配置される

平面図[S=1:800]

「ふみの森もてぎ」は、延床面積2千977㎡、2階建ての図書館を中心とした文化交流施設で、図書館、ギャラリー、交流広場、カフェなどの多様な用途・機能が盛り込まれている。敷地は300年続いた造り酒屋の跡地で、築170年の仕込み蔵と土蔵などを、曳家で移動し、いったん解体した後に、修理と改修を施したうえでギャラリーとして再生した。構造材には分離発注により町有林から調達したスギ材を用いている。防耐火上の要件から別棟通達[※]を使って棟を5つに分け、耐火構造であるRC造のコアを挟んで1千㎡以内に区画することで、一般木造としての設計を可能にした。

　大きな吹抜けをもつ図書館はアーチとサスペンションを組み合わせた架構、2段の片流れ屋根を架けた平屋の町民ギャラリーは垂木を重ねながら持ち出した架構、瓦葺きの切妻屋根の体験研修室は桁行方向に架け渡した平行弦トラスを、それぞれ採用している。

　本施設における構造計画のポイントは、次の3つであった。

❶町民ギャラリーの構造のつくり方
❷体験研修室の構造のつくり方
❸図書室の構造のつくり方

❶町民ギャラリーの構造のつくり方

　町民ギャラリーは敷地東端に位置する平屋部分だ。梁間方向の8.1ｍスパンはトラスや張弦梁などで飛ばすことが考えられるが、片流れ屋根の軒が低く抑えられているだけでなく、勾配が1寸5分と緩いため、天井高が確保できなくなってしまう。そこで、構造高があまりなくてもスパンを飛ばせるような仕組みとして「ゲルバー梁」を採用した。すなわち、通路空間として展示ギャラリーの壁から2.1ｍオフセットした通りに建てた列柱と下屋部分の側柱を2つの支点として、両側からそれぞれ少しずつ梁を跳ね出し、残りのスパン中央部分を短い単純梁で架け渡す。

図1 | 町民ギャラリーの考え方

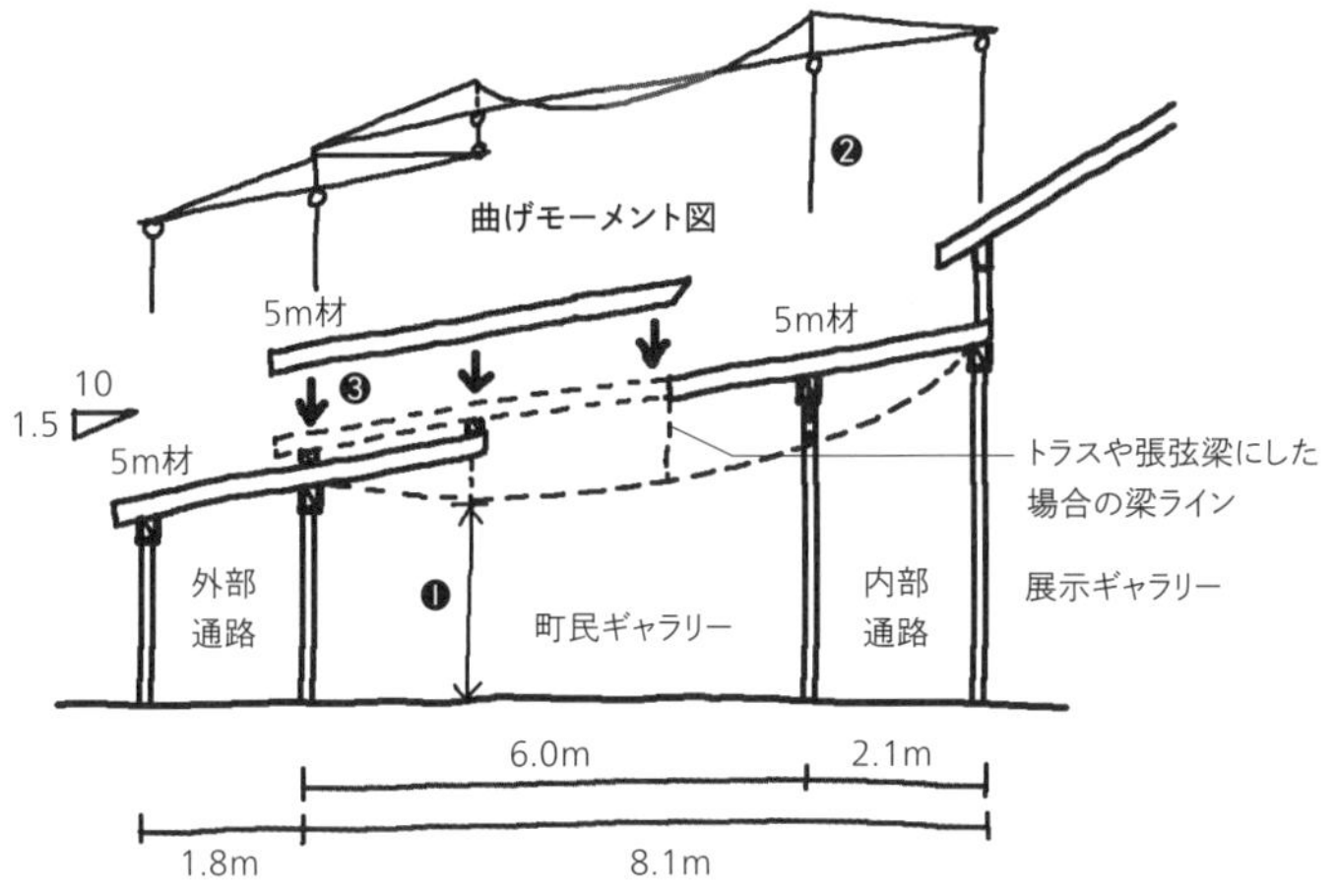
曲げモーメント図
❷
5m材
5m材
❸
10
1.5
5m材
トラスや張弦梁にした
場合の梁ライン
❶
外部
通路
町民ギャラリー
内部
通路
展示ギャラリー
6.0m
2.1m
1.8m
8.1m

❶内部空間が低くなるためトラスや張弦梁は使いにくい
❷曲げモーメントの小さい位置に継手を設ける
❸垂木を縦に重ねることで、偏荷重に対応しつつ接合を簡易にする

町民ギャラリー内観。2段の片流れ屋根とし、軒を低く抑えたまま、天井高を確保している　［写真：佐藤 亘］

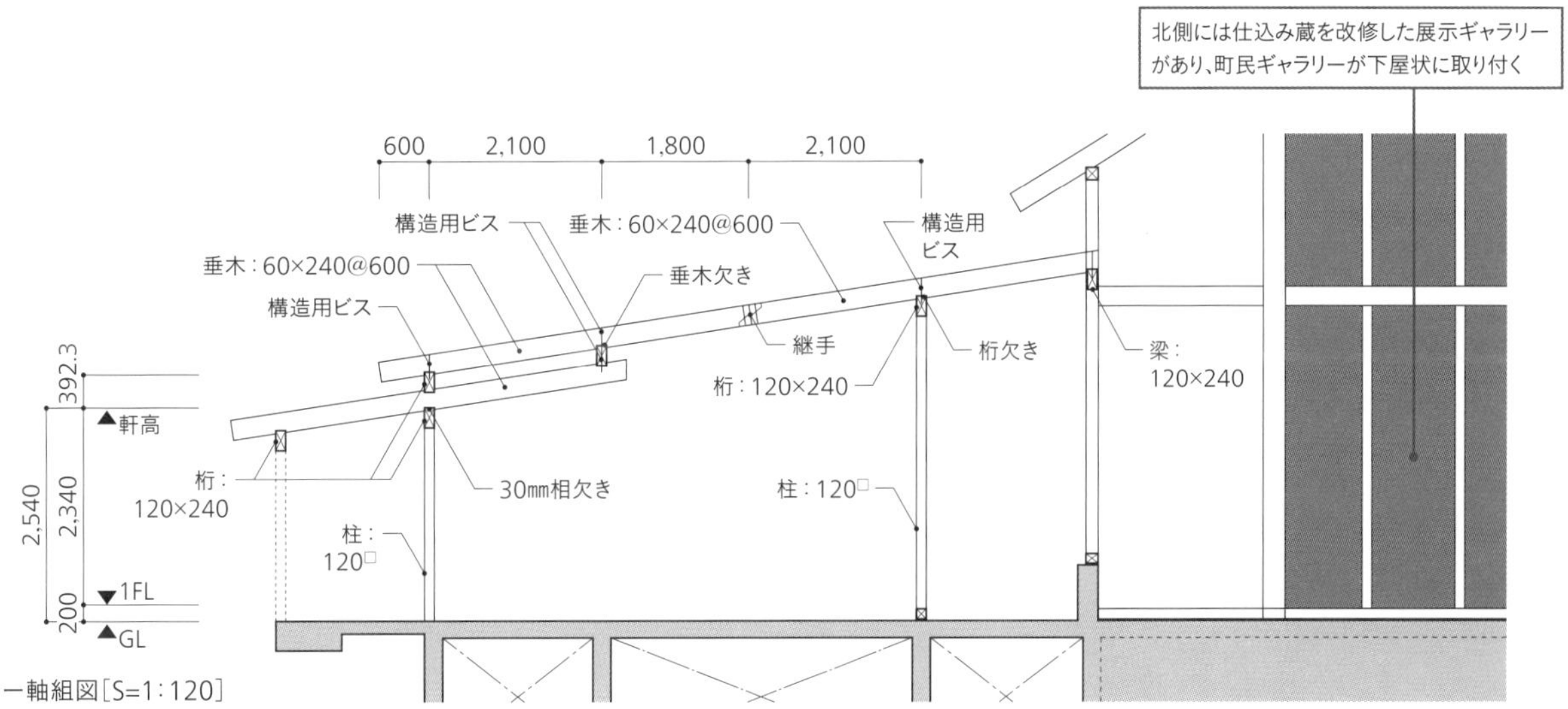
北側には仕込み蔵を改修した展示ギャラリーがあり、町民ギャラリーが下屋状に取り付く
600
2,100
1,800
2,100
構造用ビス
垂木：60×240@600
構造用ビス
垂木：60×240@600
垂木欠き
構造用ビス
継手
桁欠き
梁：120×240
桁：120×240
392.3
軒高
2,540
2,340
桁：120×240
30㎜相欠き
柱：120□
柱：120□
1FL
200
GL

町民ギャラリー軸組図［S=1：120］

これによって、スパン長よりはるかに短い5m定尺長の木材でこの空間を支えることができる。60×240の材幅の小さい材を垂木として600㎜ピッチで並べ、下屋から跳ね出す垂木とスパン中央の桁を介して縦に重ねることで、積雪や風圧による偏荷重に対して変形が抑えられるようにしつつ、接合を簡易にしている。展示ギャラリー側は、曲げモーメントが小さくなる位置に垂木の継手を設けることで、簡易な接合を可能にしている。

❷体験研修室の構造のつくり方

体験研修室は、多目的に使用される用途上、室内に柱を建てられず、スパンを飛ばす工夫が求められた。勾配が大きい切妻屋根では、屋根形状を生かして梁間方向に山形トラスでスパンを飛ばすのが一般的だが、陸梁が軒桁のレベルまで下がってしまい、空間が低くなってしまうのが難点である。そこで、桁行方向に荷重を流す母屋のように、平行弦トラスを勾配に沿って段状に架け渡すことで、重い瓦屋根を支えつつ家型の内部空間を確保することにした。上下弦材は、1本材で設計すると10・8mもの材長になるため途中で継手を設ける必要があるが、大きな引張り軸力がかかる下弦材の継手の強度不足が懸念される。そこで、トラスの組み方を工夫して、下弦材に引張り軸力がかからない部分をつくり、その位置に継手を設けることにした。つまり、上下弦材と束を梯子状に組んだフレームに、丸鋼を逆ハの字状に入れて平行弦トラスを構成した。下弦材の両端に引張り軸力が作用しないため、最も一般的な腰掛鎌継による接合が可能になるとともに、4m以下の定尺木材で10・8mスパンを支えられるようになった。また、上弦材には圧縮軸力が主にかかるので、継手を設けやすく、材長の条件で継手位置を決めている。また、下弦材の振れ止めとして隣接するトラスの束どうしは、通し貫でつないでいる。

❸図書館の構造のつくり方

図書館は、2階の書架を支え、吹抜けに面する大きな外壁面を自立させる目的で、基礎から2階の柱壁までの下部構造をRC造にしている。その下部構造の上にどのような屋根架構を架け渡すかが最大の課題となった。桁行の中央付近には吹抜けの手摺がくるため、この位置に柱を立ててスパンを2分割することも考えられるが、両端下部のRC造から反力が得られることを期待して、桁行方向に16・2mのスパンを一気に飛ばすことを提案した。

屋根面を桁行方向で切った断面は水平線になるので、まず屋根面の水平梁から下凸形の放物線を垂らし、上下弦材を束でつないだサスペンション架構を考えた。このフレームだけでは等分布荷重にしか抵抗できないので、積雪や風圧の偏荷重に耐えるには何らかのブレースが必要になる。だが、上下弦材と束材で区切られる各マス内に単に斜材を入れるのではなく、もうひと組の下弦材を下部構造から上凸の放物線

図2｜体験研修室の考え方

梁間方向の山形トラス

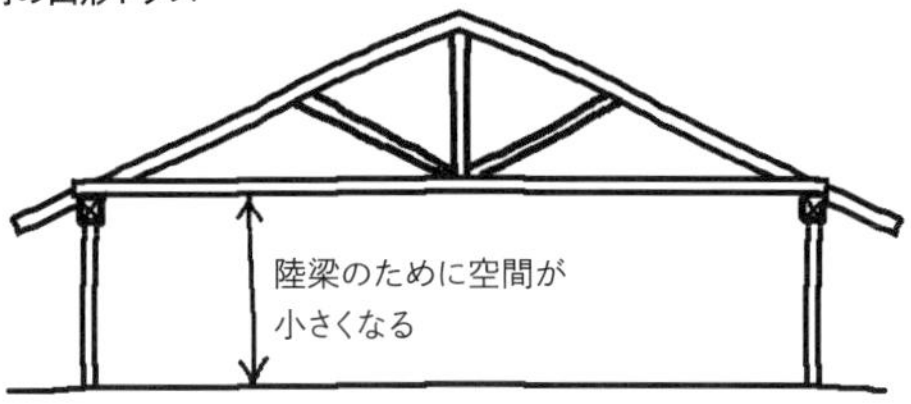
陸梁のために空間が
小さくなる

体験研修室内観。平行弦トラスを勾配に沿って段状に架け渡すことで、重い瓦屋根を支えるとともに、家型の無柱空間を実現している

［写真：佐藤 亘］

桁行方向の平行弦トラス

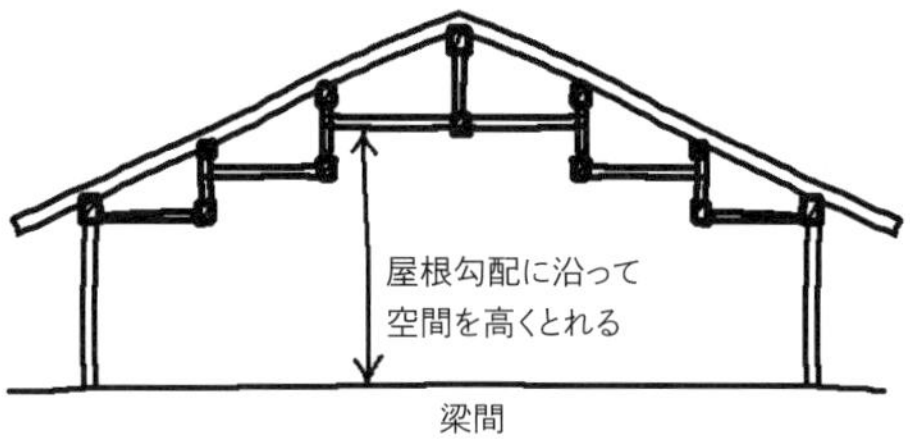
屋根勾配に沿って
空間を高くとれる
梁間

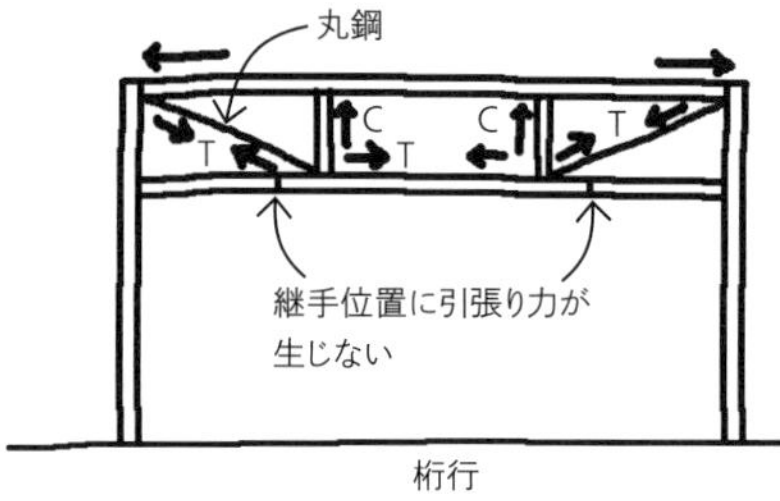
丸鋼
C
T
継手位置に引張り力が
生じない
桁行

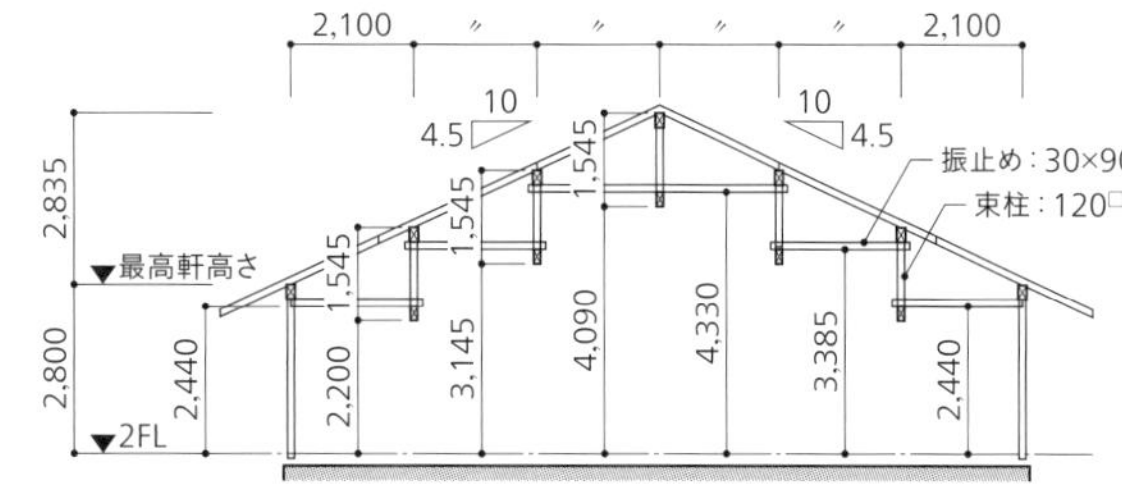
2,100
2,100
10
4.5
10
4.5
振止め：30×90
束柱：120□
2,835
最高軒高さ
2,800
2FL
1,545
1,545
1,545
2,440
2,200
3,145
4,090
4,330
3,385
2,440

体験研修室2階部分軸組図［S=1：250］

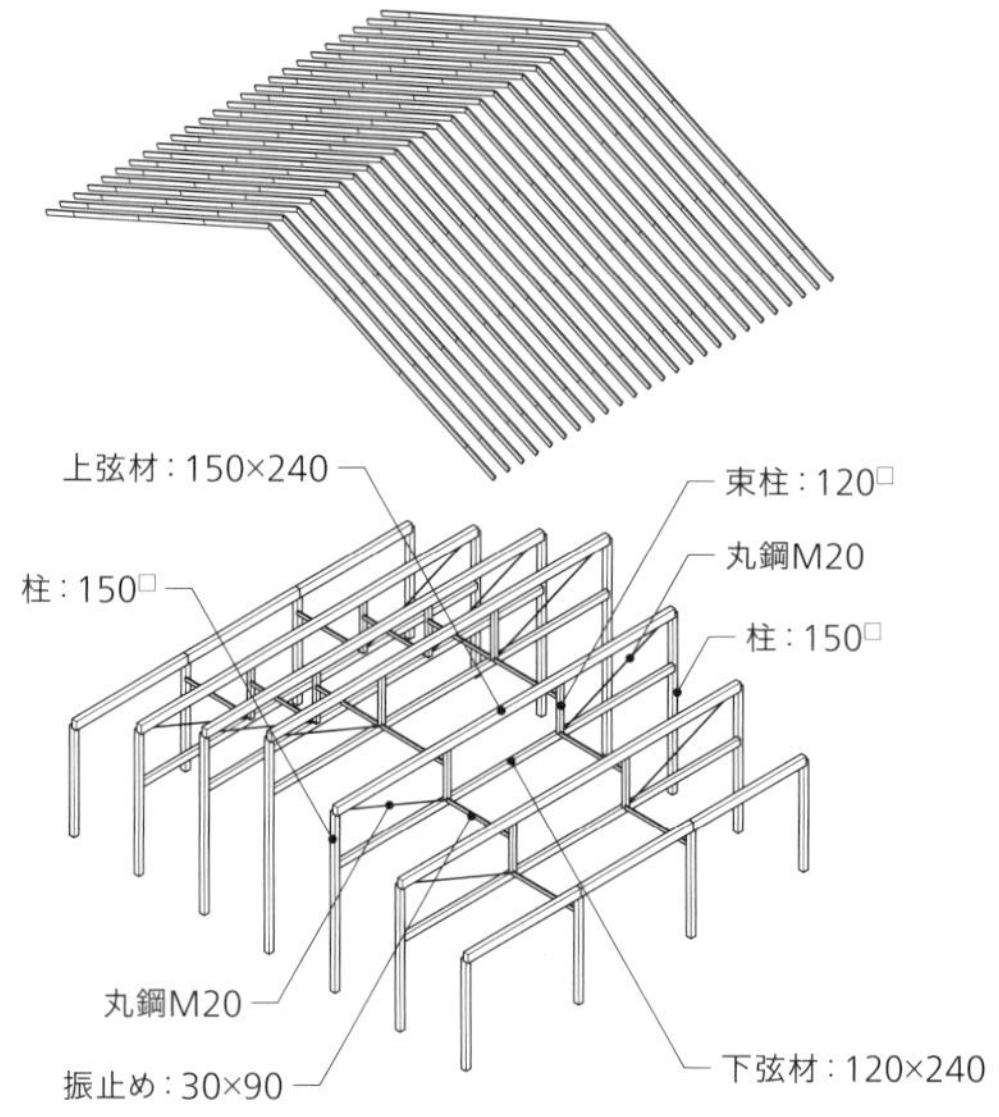
上弦材：150×240
束柱：120□
丸鋼M20
柱：150□
柱：150□
丸鋼M20
振止め：30×90
下弦材：120×240

体験研修室構造ダイアグラム

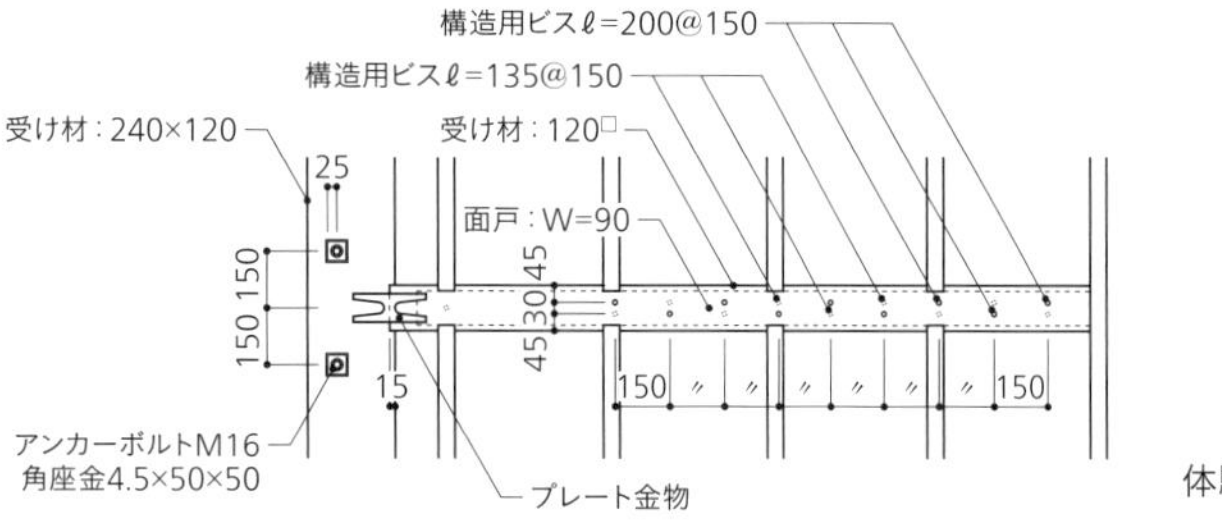
構造用ビスℓ=200@150
構造用ビスℓ=135@150
受け材：240×120
受け材：120□
25
面戸：W=90
150
150
45
30
45
15
150
150
アンカーボルトM16
角座金4.5×50×50
プレート金物

A–A'矢視図

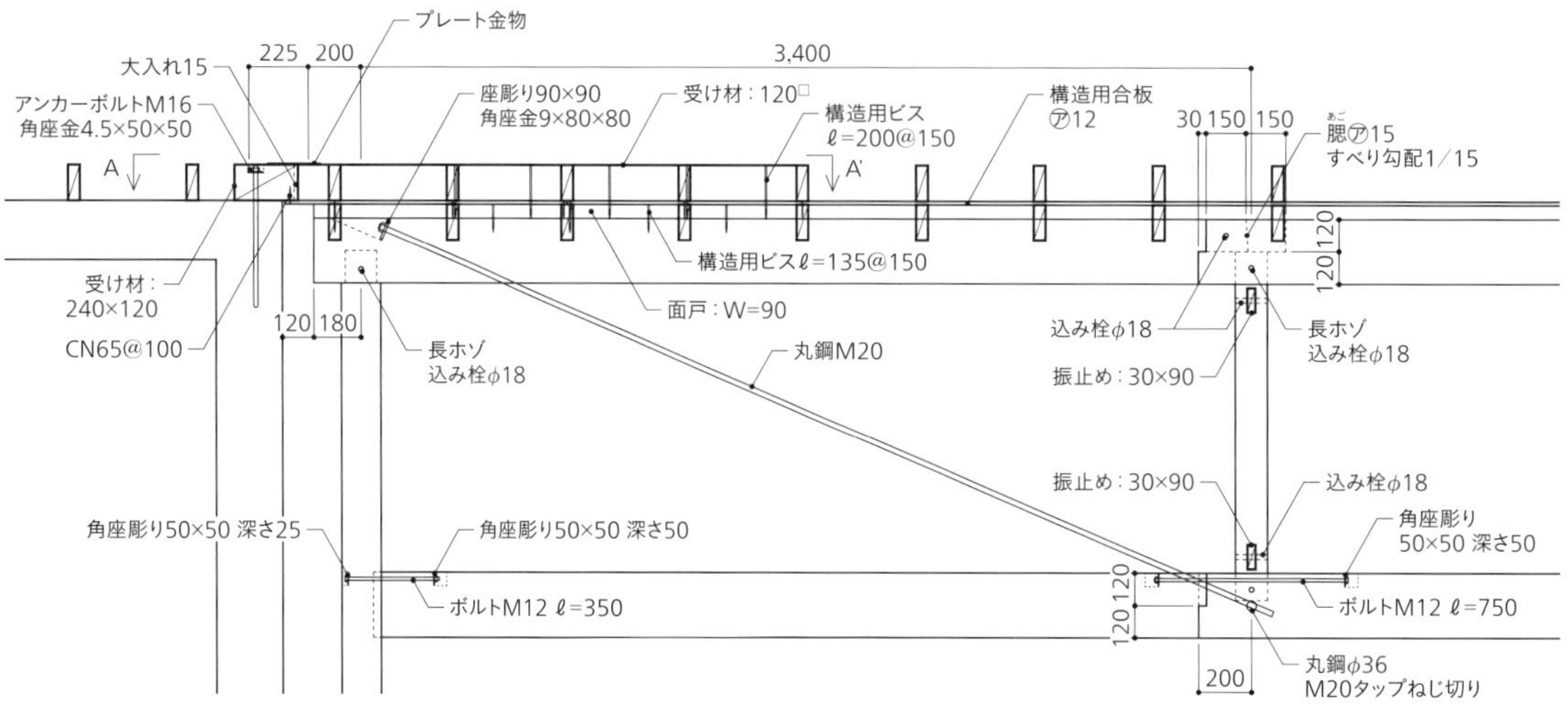
プレート金物
大入れ15
225
200
3,400
アンカーボルトM16
角座金4.5×50×50
座彫り90×90
角座金9×80×80
受け材：120□
構造用ビス
ℓ=200@150
構造用合板
⑦12
30 150 150
腮《あご》⑦15
すべり勾配1/15
A
A'
120
構造用ビスℓ=135@150
受け材：
240×120
面戸：W=90
120 180
CN65@100
長ホゾ
込み栓φ18
丸鋼M20
込み栓φ18
長ホゾ
込み栓φ18
振止め：30×90
振止め：30×90
込み栓φ18
角座彫り50×50 深さ25
角座彫り50×50 深さ50
角座彫り
50×50 深さ50
120
120
ボルトM12 ℓ=350
ボルトM12 ℓ=750
200
丸鋼φ36
M20タップねじ切り

体験研修室架構詳細図［S=1：40］

図3｜図書館の考え方

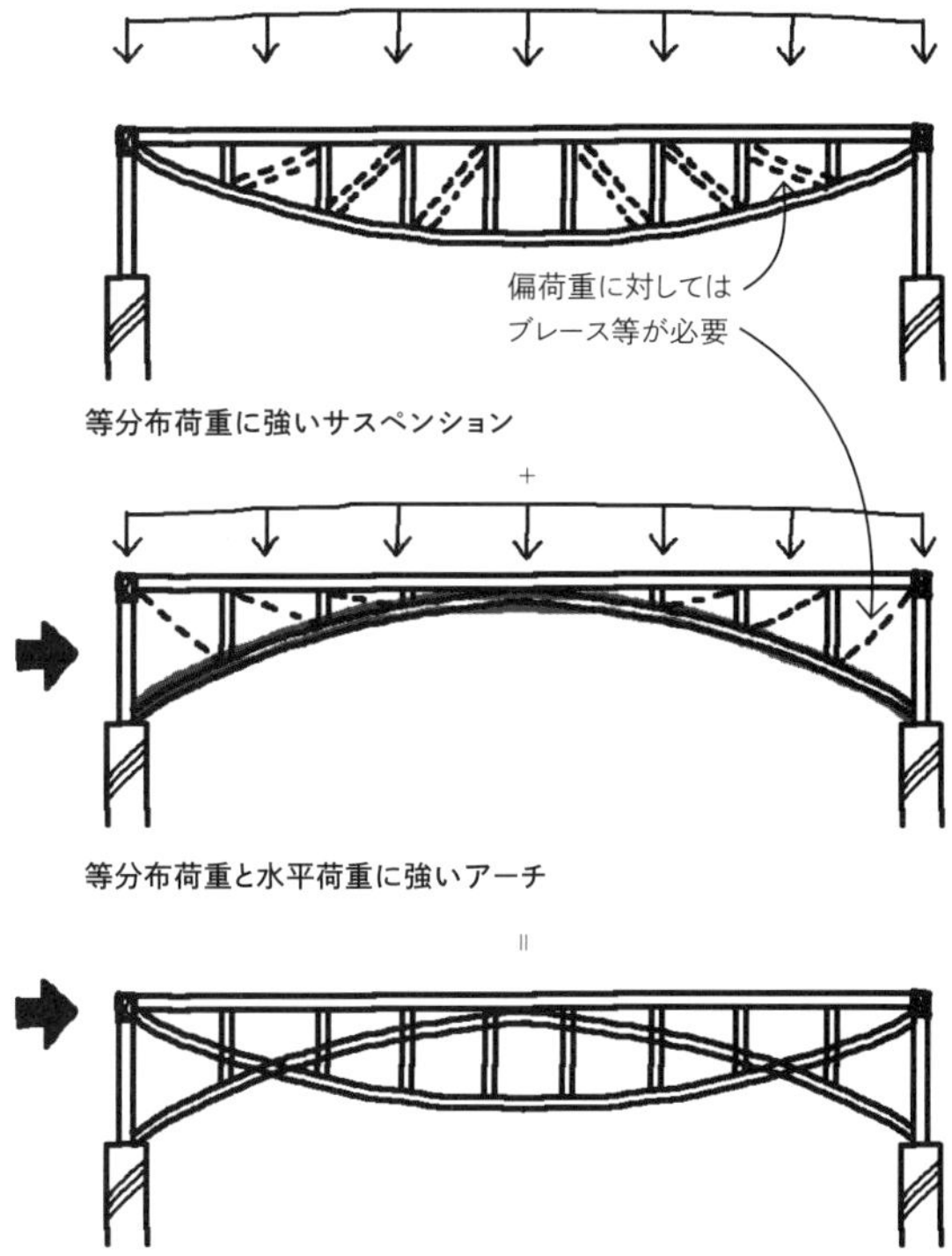
偏荷重に対しては
ブレース等が必要
等分布荷重に強いサスペンション
+
等分布荷重と水平荷重に強いアーチ
=
等分布荷重・偏分布荷重・水平荷力に強いサスペンアーチ

図書館2階書架の内観。大きな吹抜けに面しており、サスペンションとアーチを組み合わせた架構でこの大空間を支える

図書館1階から屋根架構を見上げる［写真上下：佐藤 亘］

地組みしたスパン16.2mのサスペンアーチを、クレーンで一気に吊り込む

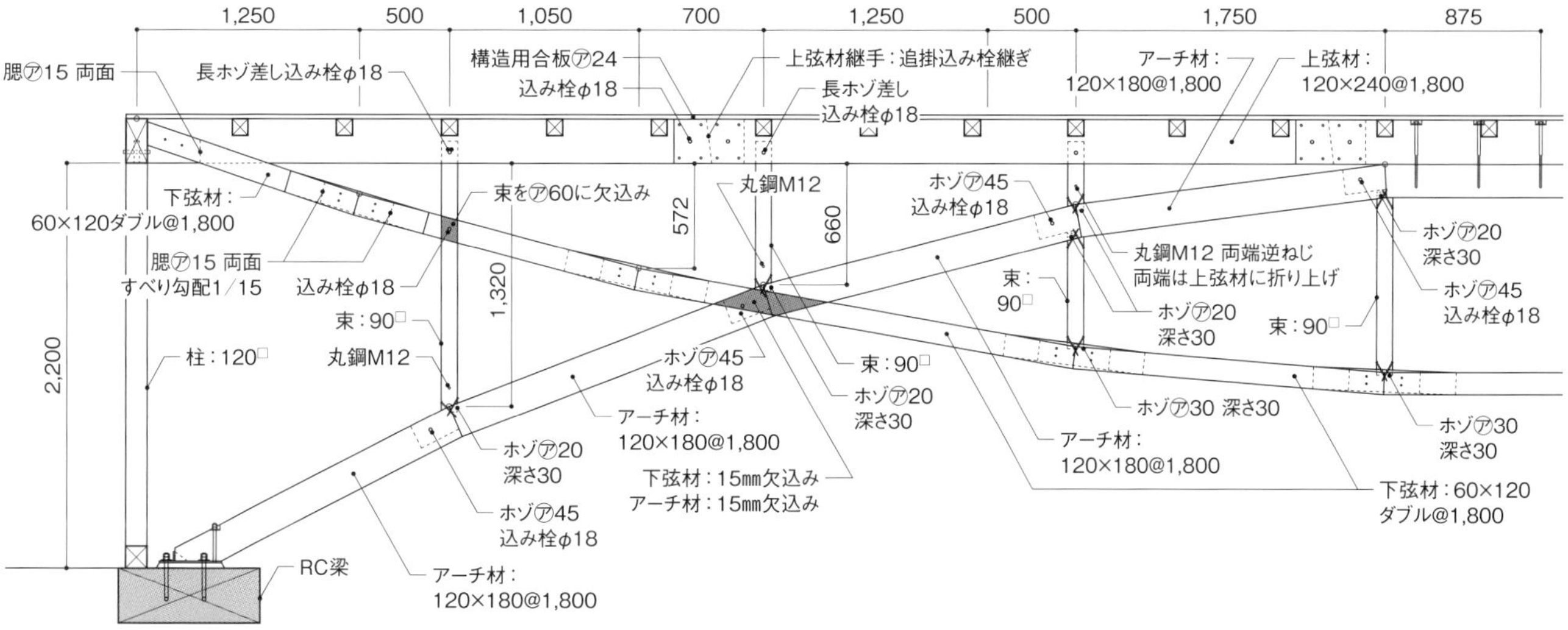
1,250
500
1,050
700
1,250
500
1,750
875
腮㋐15 両面
長ホゾ差し込み栓φ18
構造用合板㋐24
込み栓φ18
上弦材継手：追掛込み栓継ぎ
長ホゾ差し
込み栓φ18
アーチ材：
120×180@1,800
上弦材：
120×240@1,800
下弦材：
60×120ダブル@1,800
腮㋐15 両面
すべり勾配1／15
込み栓φ18
束を㋐60に欠込み
572
1,320
丸鋼M12
660
ホゾ㋐45
込み栓φ18
丸鋼M12 両端逆ねじ
両端は上弦材に折り上げ
ホゾ㋐20
深さ30
ホゾ㋐45
込み栓φ18
束：
90□
ホゾ㋐20
深さ30
束：90□
束：90□
2,200
柱：120□
丸鋼M12
ホゾ㋐45
込み栓φ18
束：90□
ホゾ㋐20
深さ30
ホゾ㋐30 深さ30
ホゾ㋐30
深さ30
アーチ材：
120×180@1,800
ホゾ㋐20
深さ30
アーチ材：
120×180@1,800
下弦材：15㎜欠込み
アーチ材：15㎜欠込み
ホゾ㋐45
込み栓φ18
下弦材：60×120
ダブル@1,800
RC梁
アーチ材：
120×180@1,800

図書館架構詳細図［S=1：50］

アーチを描かせて上弦材に内接させた。この構成によって、サスペンション材に対してはアーチ材が、アーチ材に対してはサスペンション材が斜材として機能させる関係がつくられ、これをサスペンアーチと呼んだ。アーチ材は屋根からくる水平力も下部構造へ滑らかに伝える役割ももつ。サスペンションとアーチはスパンの中間で交差するため、圧縮軸力を負担するアーチ材を120×180シングルとし、引張り軸力を負担するサスペンション材を60×120ダブルとすることで、2材の干渉を解消した。どちらの材も2mの通直材を連接している。

※ 昭和26年建設省住宅局建築防災課長通達（住防発14号通称、別棟通達）

DATA

茂木町まちなか文化交流館ふみの森もてぎ
設計：内田文雄+龍環境計画

敷地面積　6,414.99㎡
建築面積　2,289.74㎡
延床面積　2,977.74㎡
規　　模　地上2階
竣　　工　平成28年3月18日

24

多雪地域で半円形プランの大空間の図書館をつくる方法

事例：国際教養大学中嶋記念図書館／仙田満＋環境デザイン・コスモス設計共同企業体

固定荷重が元々小さい木造建築では、積雪荷重が屋根荷重のうち大きなウェイトを占め、その大きさが屋根の構造計画に大きな影響を与える。特に設計積雪量が100㎝以上となる多雪区域ではそれが顕著だ。たとえば、設計積雪量150㎝である秋田市内と30㎝の東京都内では、積雪荷重が7.5倍も違う。特に大空間の屋根では、積雪荷重の大きさによって構造システムや部材サイズがほぼ決まってしまうことすらある。

一方、半円形プランの建物は珍しく、既視感のない空間をつくりやすいものの、円形などの整形なプランにくらべるとバランスのよい構造をつくりにくい。多雪区域の大空間ではなおさらで、構造計画にはさまざまな工夫や配慮が必要だ。

ここでは「国際教養大学中嶋記念図書館」を事例に、多雪地域で半円形プランの図書館をつくる方法を解説する。

半径約22mの半円形平面

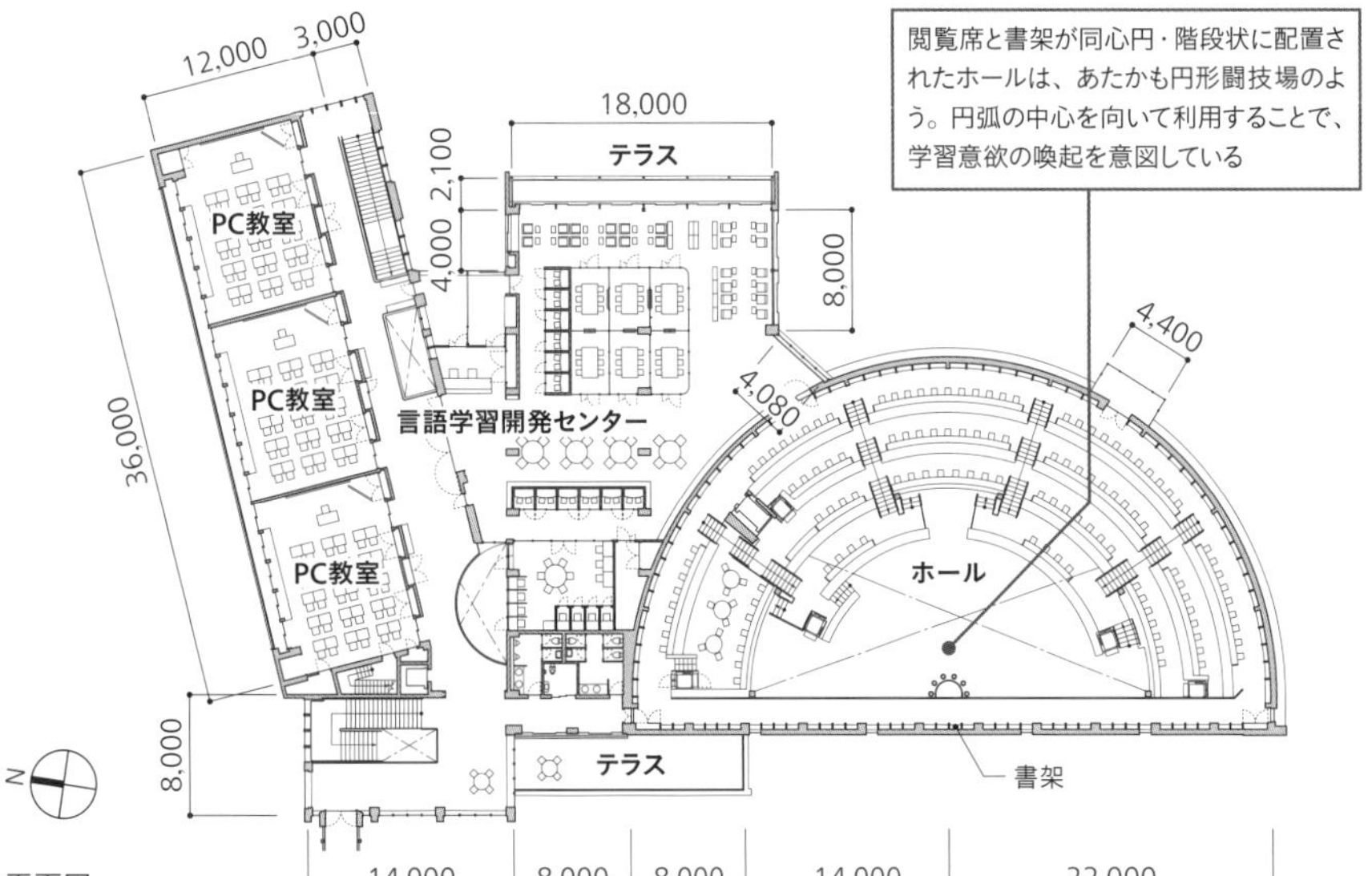

閲覧席と書架が同心円・階段状に配置されたホールは、あたかも円形闘技場のよう。円弧の中心を向いて利用することで、学習意欲の喚起を意図している
12,000
3,000
18,000
2,100
4,000
8,000
テラス
PC教室
PC教室
PC教室
言語学習開発センター
4,400
4,080
ホール
36,000
8,000
テラス
書架
N
14,000
8,000
8,000
14,000
22,000
66,000

平面図
［S=1:800］

中心から2.5m離れた位置に鉄骨造の円弧梁を設けることで、放射方向の木造梁が円弧中心部で混雑するのを解消
［写真：藤塚光政］

「国際教養大学中嶋記念図書館」は、24時間利用可能な大学図書館で、秋田空港から車で10分ほどの秋田市内に建つ。半径約22mの半円形平面をもち、ここに和傘のような木造架構が架かっている。

本地域のような多雪区域では建築・構造計画で雪への配慮が特に必要である。本図書館でも、1.5mの設計垂直積雪量に相当する約4.5kN／㎡もの大きな積雪荷重を、木構造の屋根で支えなければならないことが大きな課題となった。また、半径22mのほぼ中間位置にある屋根段差部と、外周部とに水平連続窓を設けたことで、屋根構面が不連続になり、鉛直・水平応力を伝達しにくくなることが懸念された。これに加えて、半円形という形状自体が、円形などの点対称の形状にくらべて力学的にバランスをとりにくいという条件もあった。さらには発注者から、秋田杉を使い日本のほかのどこにもない木造図書館をつくることが求められた。

これらの条件を持つ本施設の構造計画のポイントは、次の4つであった。

❶半円形プランと2段フラット屋根に対する構造システムの方向性
❷水平連続窓のつくり方
❸放射方向の梁のつくり方
❹円中心部の支え方

❶半円形プランと2段フラット屋根に対する構造システムの方向性

円形など点対称の整形なプランにおける大空間建築では、屋根中心を頂点とするドーム形状にし、力学的に強いその形を生かして屋根の面内応力で荷重に抵抗するような曲面構造などを採用することが多い。しかし、本施設は、力がバランスしにくい半円形プラン、かつ、フラット屋根のため、ドーム状の構造は採用しにくかった。そこで、求心性をもつプランやフラット屋根であることを配慮して、放射状の梁をシ

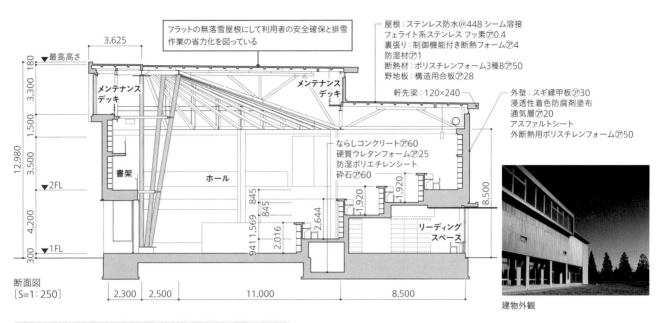

6本の放射状斜柱で円弧梁を支える

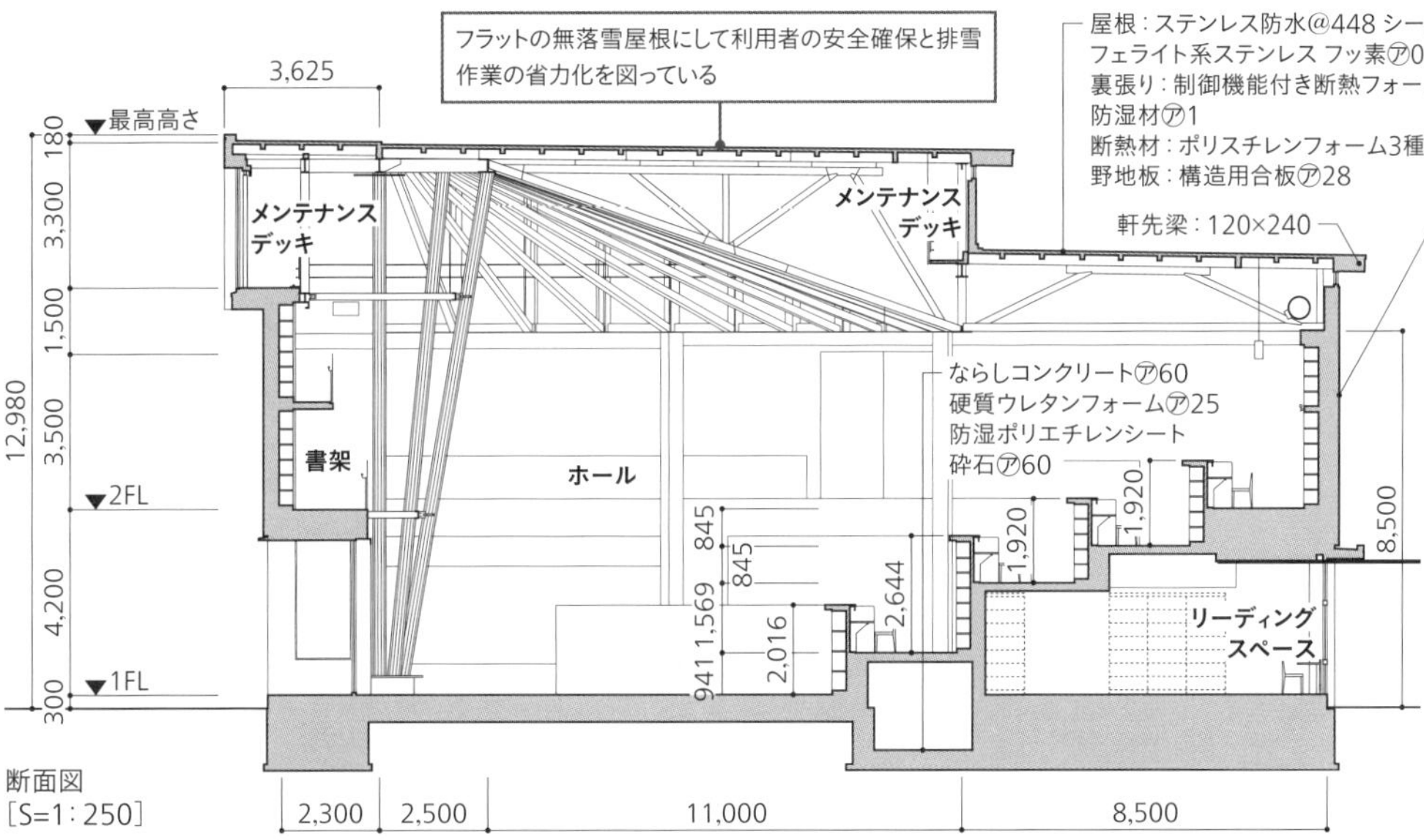

フラットの無落雪屋根にして利用者の安全確保と排雪作業の省力化を図っている
屋根：ステンレス防水@448 シーム溶接
フェライト系ステンレス フッ素㋐0.4
裏張り：制御機能付き断熱フォーム㋐4
防湿材㋐1
断熱材：ポリスチレンフォーム3種B㋐50
野地板：構造用合板㋐28
軒先梁：120×240
外壁：スギ縁甲板㋐30
浸透性着色防腐剤塗布
通気層㋐20
アスファルトシート
外断熱用ポリスチレンフォーム㋐50
ならしコンクリート㋐60
硬質ウレタンフォーム㋐25
防湿ポリエチレンシート
砕石㋐60
最高高さ
メンテナンスデッキ
メンテナンスデッキ
書架
ホール
リーディングスペース
2FL
1FL
3,625
180
3,300
1,500
3,500
4,200
300
12,980
845
845
1,569
941
2,016
2,644
1,920
1,920
8,500
2,300
2,500
11,000
8,500

断面図
[S=1：250]

建物外観

図1｜放射状に梁を架けた構造システム

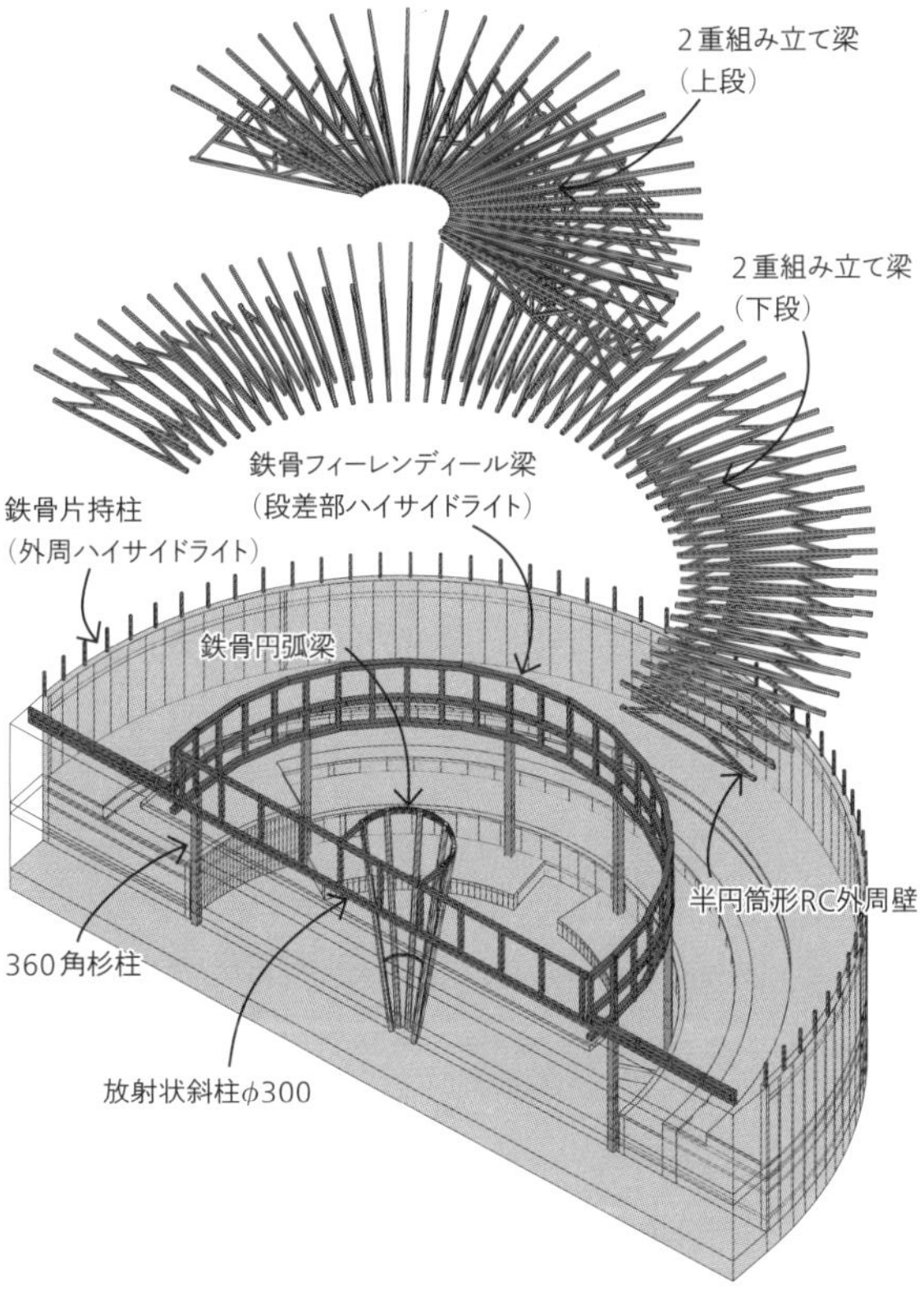

2重組み立て梁
(上段)
2重組み立て梁
(下段)
鉄骨フィーレンディール梁
(段差部ハイサイドライト)
鉄骨片持柱
(外周ハイサイドライト)
鉄骨円弧梁
半円筒形RC外周壁
360角杉柱
放射状斜柱φ300

ホール1階から書架・閲覧席を見る。ハイサイドライトから採り込んだ光が、放射状に梁の架かった天井面を照らしている　[写真上下：藤塚光政]

ンプルに円周方向に架けることにした。[図1]

梁の架け方では、水平連続窓を設置するために設けられた屋根の段差に配慮する必要がある。つまり、段差によって、放射方向の応力伝達経路が不連続になりやすい一方、円周方向は段差を利用してせいの高い梁を入れるスペースが生まれる。そこで屋根段差位置に鉄骨の円弧状の強固な梁とそれを支持する柱を配置して放射梁の支持ラインとすることにし、これと直交する放射方向に木造の2重組み立てを細かく入れることで木質空間をつくることにした。

本建物は準耐火建築物であるため、1千㎡以内の防火区画設置が義務付けられ、木造主体で構造計画するには図書館部分をRC造の構造体で囲う必要があったので、外周にRC壁を配置した。これによって外壁の遮音性と水密性が高まり、図書館に求められる静寂さと防水性を確保しやすくなった。さらに地震水平荷重を外周RC壁でほぼ100%負担できるとともに、積雪鉛直荷重によって屋根架構に多少のスラストを発生させても支持できる利点が生まれた。

❷水平連続窓のつくり方

自然採光のために水平連続窓が計画されている屋根の段差部と外周部では、屋根構面が一旦切れるため、窓の開口率を十分確保しつつ、積雪による鉛直力と地震による水平力を伝達できる構造が必要だ。特に、屋根段差部で円周方向に配置する梁は、全屋根荷重のおよそ半分を支持するため荷重負担が非常に大きくなり、木造で設計すると窓がほとんど埋まっても成立しないほどの荷重レベルであった。仮に木造で対応するとしても、弱軸方向に湾曲させた集成材はつくりにくい。そこで、曲げ加工しやすい鋼材の特徴を生かし半円形の鉄骨梁を入れることにした。

はじめは力学的な効率を考えて小断面の鋼材を用いた平行弦トラスで検討したが、平面的に見て円弧形状の上下弦材と通直な斜材の材軸角度が微妙にずれ、接合部の納まりが複雑になること、また鉄骨部材のサイズが小さすぎると放射方向の木造梁を支持しにくく、見た目もアンバランスになることが懸念された。そこで、トラスではなく鉛直・水平材だけで構成するフィー

図2｜架構決定のプロセス

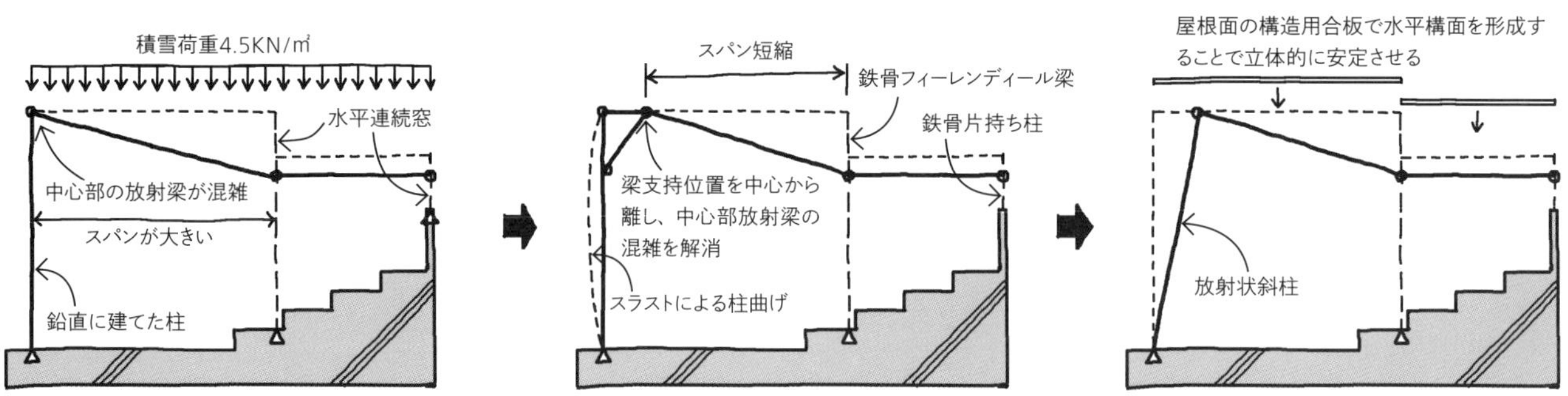

積雪荷重4.5KN/㎡
水平連続窓
中心部の放射梁が混雑
スパンが大きい
鉛直に建てた柱
スパン短縮
鉄骨フィーレンディール梁
鉄骨片持ち柱
梁支持位置を中心から
離し、中心部放射梁の
混雑を解消
スラストによる柱曲げ
屋根面の構造用合板で水平構面を形成す
ることで立体的に安定させる
放射状斜柱

図3｜2重組み立て梁の考え方

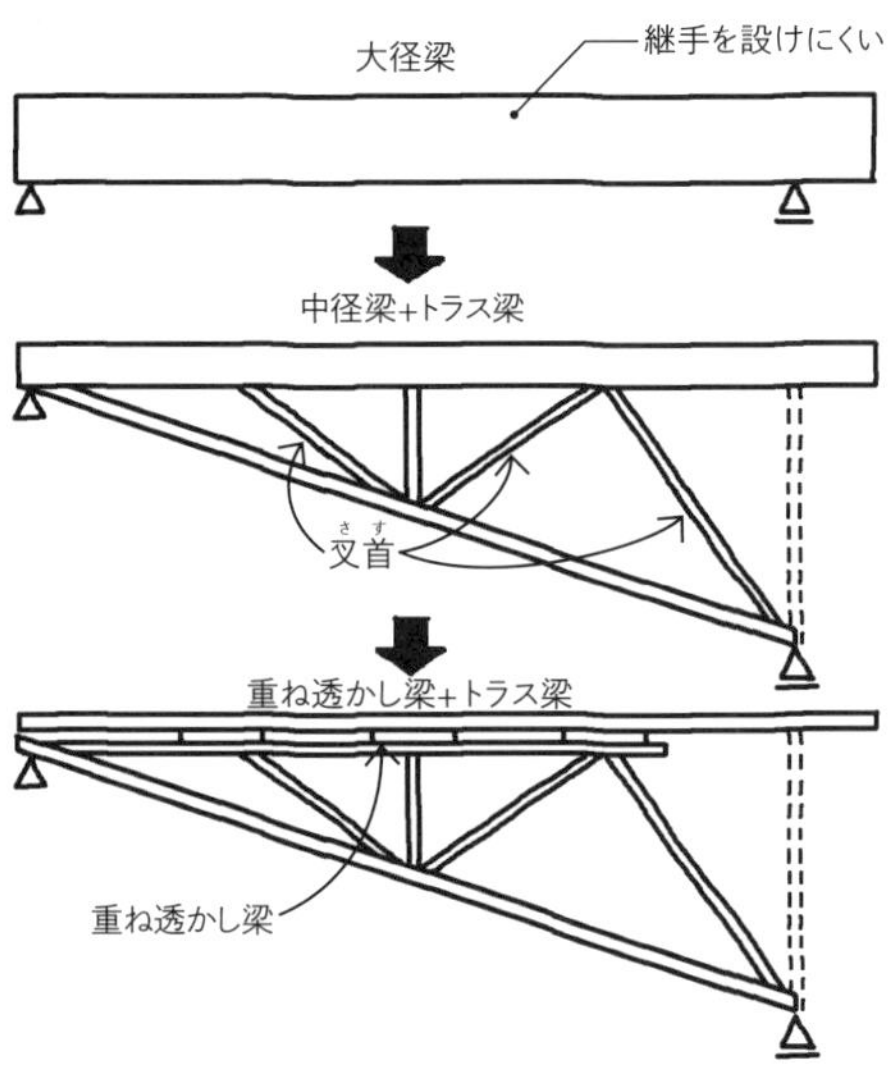

大径梁
継手を設けにくい
中径梁+トラス梁
叉首《さす》
重ね透かし梁+トラス梁
重ね透かし梁

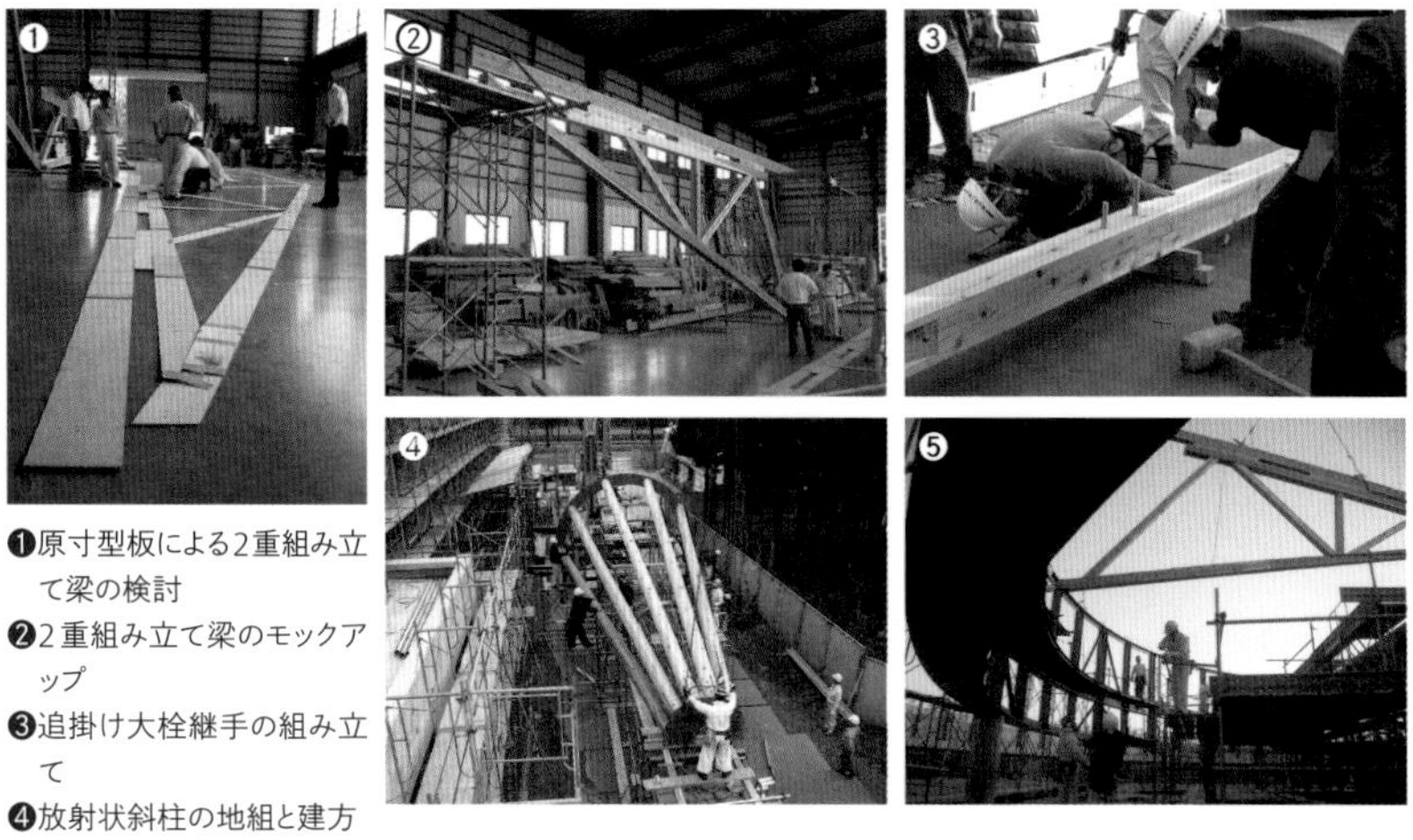

❶原寸型板による2重組み立て梁の検討
❷2重組み立て梁のモックアップ
❸追掛け大栓継手の組み立て
❹放射状斜柱の地組と建方
❺木造放射梁の建方

レンディール梁［※1］にすることで斜材をなくし、部材構成と接合部ディテールを整理して木造梁をバランスよく支持できるようにした［図2］。

外周部の水平連続窓では、シンプルにRC壁から鉄骨片持ち柱を立ち上げて木造放射梁を直接支持した。

❸放射方向の木造梁のつくり方

放射方向の木造梁は、半径スパンのおおよそ半分の位置で屋根段差部の鉄骨フィーレンディール梁で支持できるが、それでも10m以上のスパンを架け渡すことになる。無落雪屋根なので、4.5kN/㎡の積雪荷重に耐える設計にしなければならないことに加えて、フラットルーフの緩勾配（1/100）を保持するには架構の強度だけでなく高い剛性も必要となる。これを単材の単純梁で設計すると、梁をハイピッチで配置しても梁成1m近い大断面になってしまうとともに、スパン中間に継手を設けにくいため、10m以上の1本材が必要になる。この梁成を抑えるために斜材を入れてトラスをつくり、さらに屋根を直接受ける上弦材を「重ね透かし梁」にすることで、小中断面材の組み合わせだけで性能の高い組み立て梁を構成できるようにした。これならば見た目も軽快になる。

以上により、放射方向の梁として、適応スパンの異なる2種類の組み立て梁（トラス梁と重ね透かし梁）を縦に重ねた「2重組み立て梁」が出来上がった［図3］。この2重組み立て梁を平面計画に合わせて放射状にハイピッチに配置し、前述した段差部の鉄骨フィーレンディール梁、外周部の鉄骨独立柱、および円中心部で支持した。ただし後述するように、円中心部に放射方向の梁が1点に集まり混雑することが課題となった。

組み立て材は力学的な効率がよい一方で、接合箇所が多く、製作金物を用いるとコストが膨らむうえ、金物が露出すると木造空間の繊細な意匠を損うことが懸念された。そこで「追掛け大栓継手」など日本の伝統的な大工技術である継手・仕口を用い、ローコストかつ簡素で美しいディテールを検討した。特に要となる叉首《さす》と陸梁接合部では数十kNもの軸力を伝達させる必要があり、一般的な鋼板挿入式の接合方法ではたくさんの接合具と大きな金物が必要になってしまう。そこで「傾ぎ大入れ」によるウッドタッチの仕口［※2］を採用した。これは洋小屋の合掌尻［※3］にも使われている信頼性の高い仕口である。これらの継手・仕口は原寸図・型板を用いて応力・施工・美観等の面からの多角的な検討を行ったうえでディテールを決定した。

❹円中心部の支え方

木造放射梁がすべて集まってくる半円中心部での梁の混雑を回避するため、中心から2.5m離れた位置に鉄骨半円梁を配置して、放射梁の混雑を解消しつつ支持スパンを短縮した。鉄骨半円梁の支持方法はいくつか考えられるが、柱を鉛直に立てて方杖などで支えると柱がスラストにより曲がってしま

日本の伝統的な大工技術で簡素な美しいディテールに

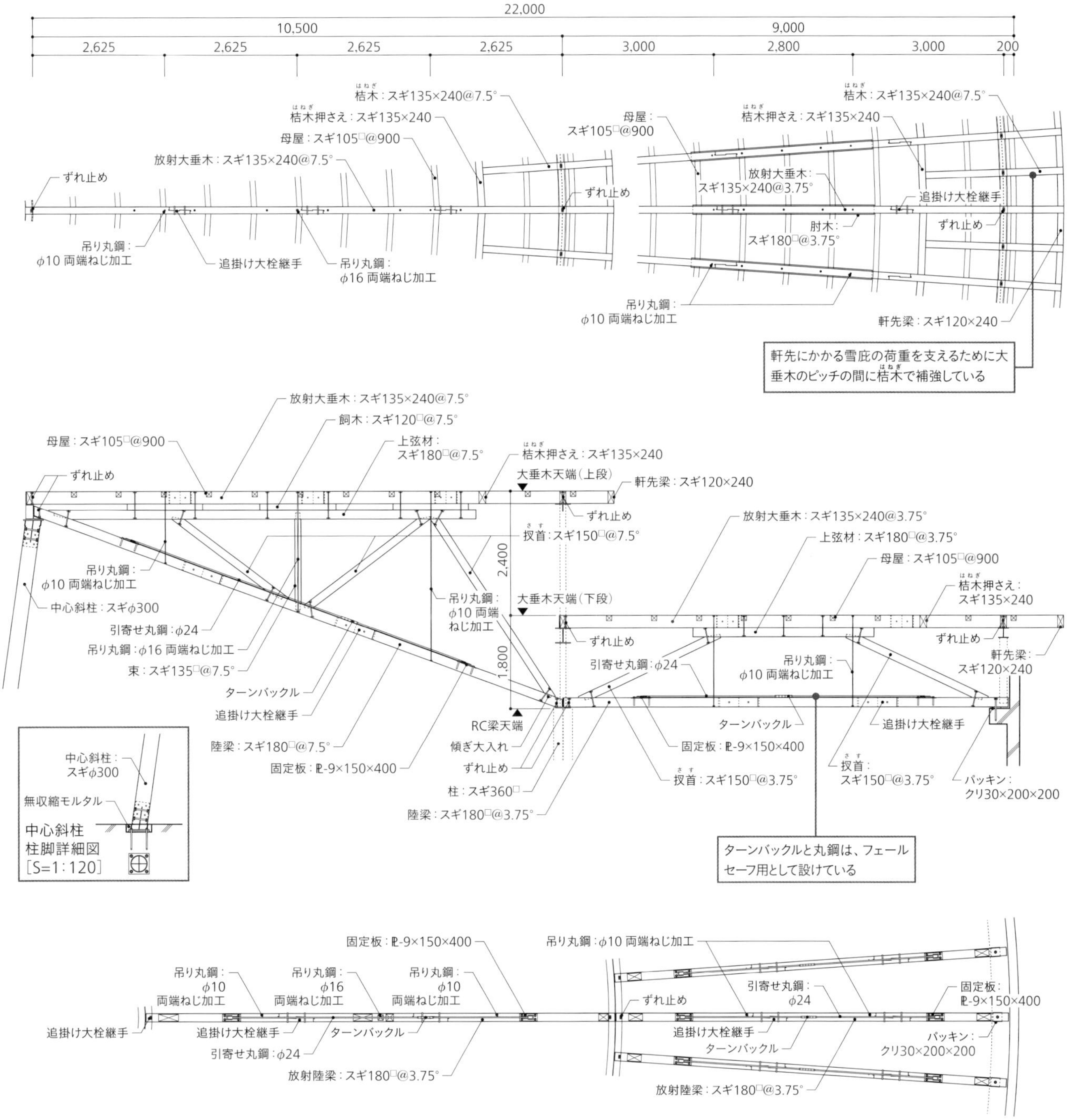

ホール屋根架構詳細図[S=1：120]

うため、基礎レベルの半円中心から傾けて放射状にスギφ300柱を6本立てて支持している。

以上の構造システムだけでは架構が不安定であり、放射状斜柱のスラストによる水平方向への変形や、ルーフ段差部の鉄骨フィーレンディール梁の捩《よじ》れ変形は抑えられない。そこで屋根面に厚さ24㎜の構造用合板を張って剛強な水平構面をつくり、外周部のRC造壁とつなぐことで、立体的に安定させた。これにより、静定構造が形成され木材の乾燥収縮による寸法変化に架構全体が追従しやすくなっている。

※1 斜材を使わずに部材を梯子状に組むことで弦材の曲げ応力を低減させ、構成材の断面を小さくすることができる組み立て材
※2 木材同士を接しさせることで、金物などを介さずに応力を直接伝達させる接合の考え方
※3 合掌組や洋小屋組において、陸梁と交わる部分の合掌材の端部、またはその接合部をいう

DATA

国際教養大学中嶋記念図書館
設計：仙田満+環境デザイン・コスモス共同企業体

敷地面積　65,572㎡
建築面積　2,433㎡
延床面積　4,055㎡
規　　模　地上2階
竣　　工　2008年2月

25

燃えしろ設計で木材を露しにした保育所をつくる方法

事例：くすの木保育園／設計：吉田建築計画事務所

木造保育所では、園児の主な生活の場となる保育室を木の空間にしてほしいという建て主からの要望が絶えない。ところが保育所は建築基準法上、建物の規模に応じてイ準耐火建築物とすることや内装制限が要求されるため、木材を露しにしにくい。さらに保育室は6m超のスパン広さを確保しなければならないことも多く、長スパンや大荷重を支える構造の燃えしろ設計には工夫が必要である。ここでは「くすの木保育園」を事例として、燃えしろ設計で木材を露しにした保育所をつくる方法を紹介する。

外観

2階保育室内観

［写真下：佐藤鎌一］

くすの木保育園は、切妻屋根をもつ延べ面積約820㎡、木造2階建ての保育所である［図1・2］。保育棟と遊戯棟の2棟で構成され、両棟は渡り廊下で連結されている。保育棟は梁間12.74×桁行25.935mの長方形平面で、1・2階とも北側に受入れ室やトイレといった諸室、南側に保育室、さらに南側には幅1間（1.82m）のデッキ（1階）・バルコニー（2階）を配置している。保育室のスパンは4間（7.28m）となっており、長さ6mまでの流通木材（一般製材や中断面集成材）を用いた場合、単純梁形式では2階床と屋根を架け渡すための長さが不足し、梁成も過大になることが懸念された。

2階にも保育室があるためイ－2準耐火建築物（45分）以上にする必要があり、さらに延べ面積が200㎡超のため内装制限の対象になった。木材を露しにして、木の保育空間を実現したいとの要望があったので、イ－1準耐火建築物（1時間）として内装制限を外し、かつ、燃えしろ設計を行うこととした。ただ、幅105㎜や120㎜の流通木材では、燃えしろを除くと断面がなくなってしまい採用できない。

以上のことから、本建物では、次の3点が構造計画上のポイントとなった。

❶4間スパンの2階床の構造をどうつくるか？
❷4間スパンの屋根の構造をどうつくるか？
❸燃えしろ設計を可能にする部材の使い方とは？

❶4間スパンの2階床の構造をどうつくるか？

4間スパンの床を単純梁で架け渡そうとすると、梁成が600㎜近くになるとともに、7m超の特注材が必要になる。この問題を解決するため、ゲルバー梁［※］の原理を使うこととした［131頁］。つまり、北側の諸室と南側のバルコニーから梁を持ち出してその間を

ゲルバー梁の原理を使って長いスパンの床と屋根を実現

図1｜平面図

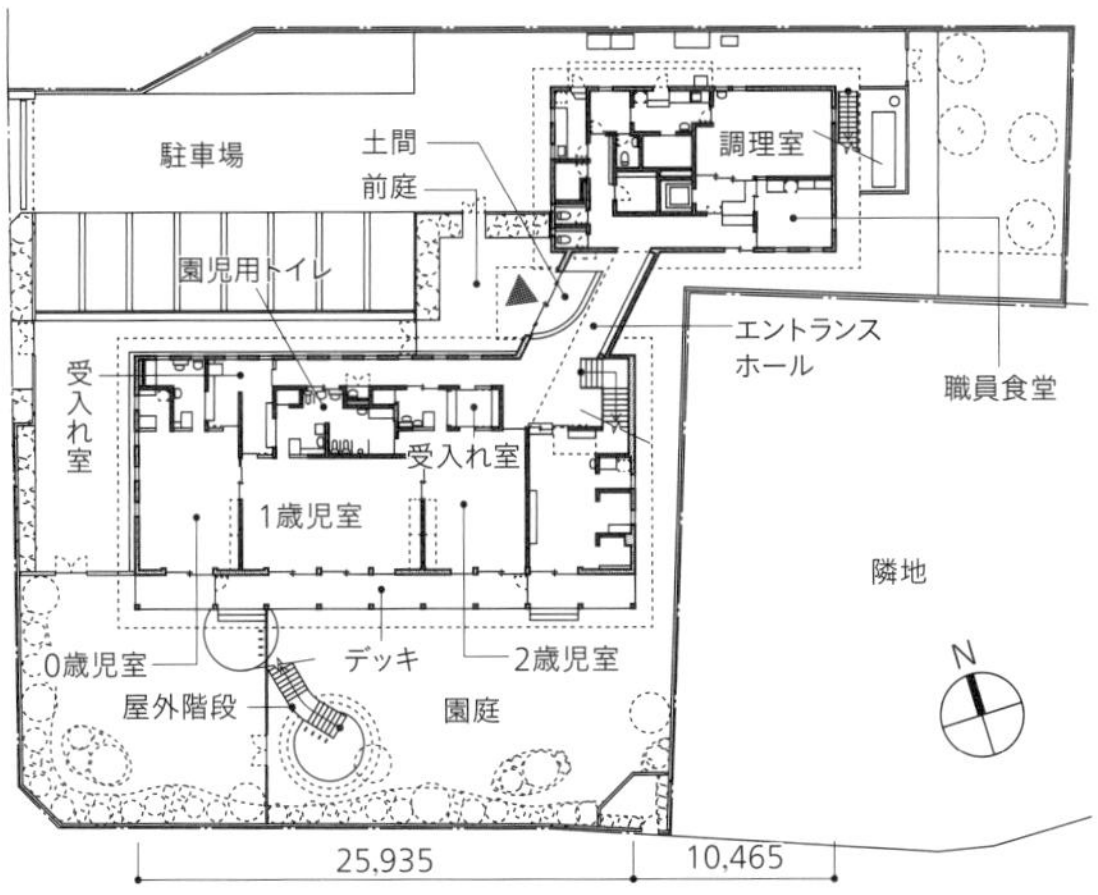

駐車場
土間
前庭
調理室
園児用トイレ
エントランスホール
職員食堂
受入れ室
受入れ室
1歳児室
隣地
0歳児室
デッキ
2歳児室
屋外階段
園庭
8,190
5,460
12,740
25,935
10,465

1階

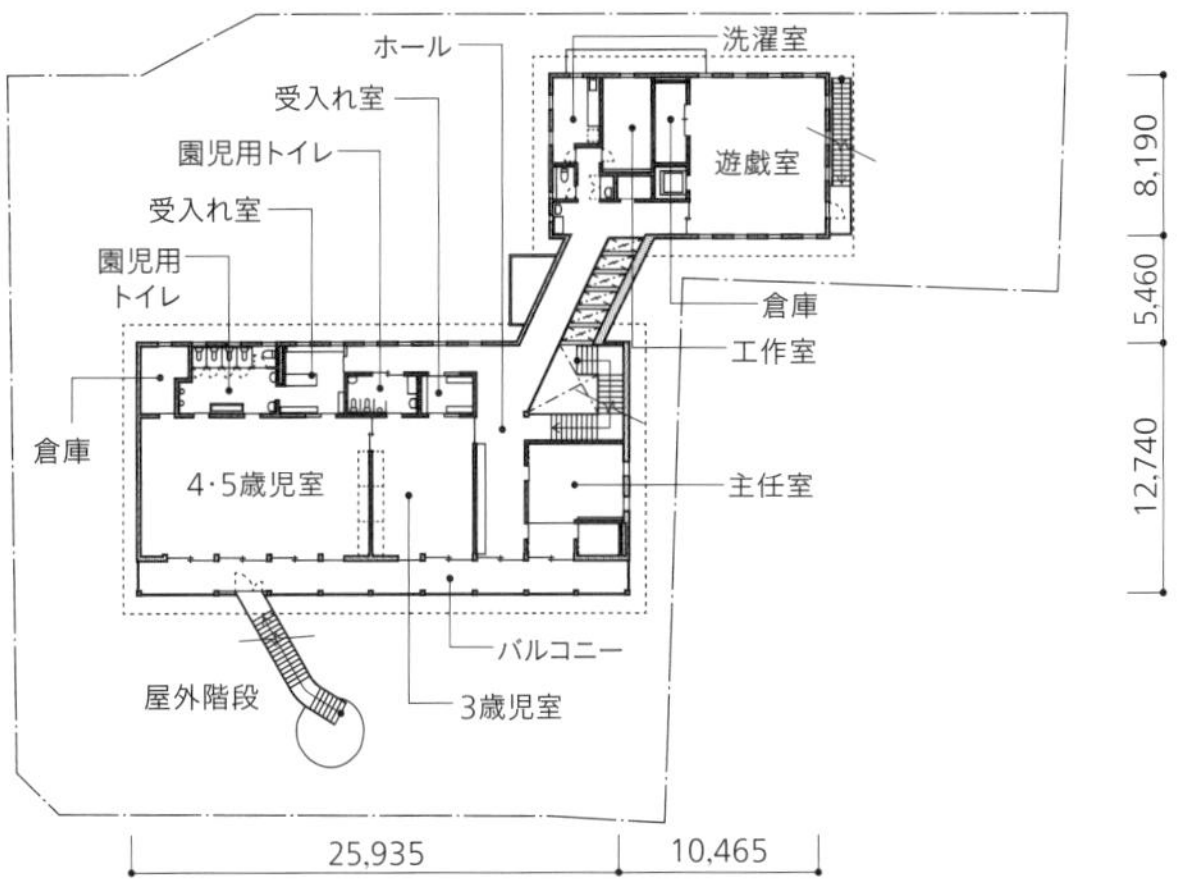

ホール
洗濯室
受入れ室
園児用トイレ
遊戯室
受入れ室
園児用トイレ
倉庫
工作室
倉庫
4･5歳児室
主任室
バルコニー
屋外階段
3歳児室
8,190
5,460
12,740
25,935
10,465

2階

図2｜断面パース

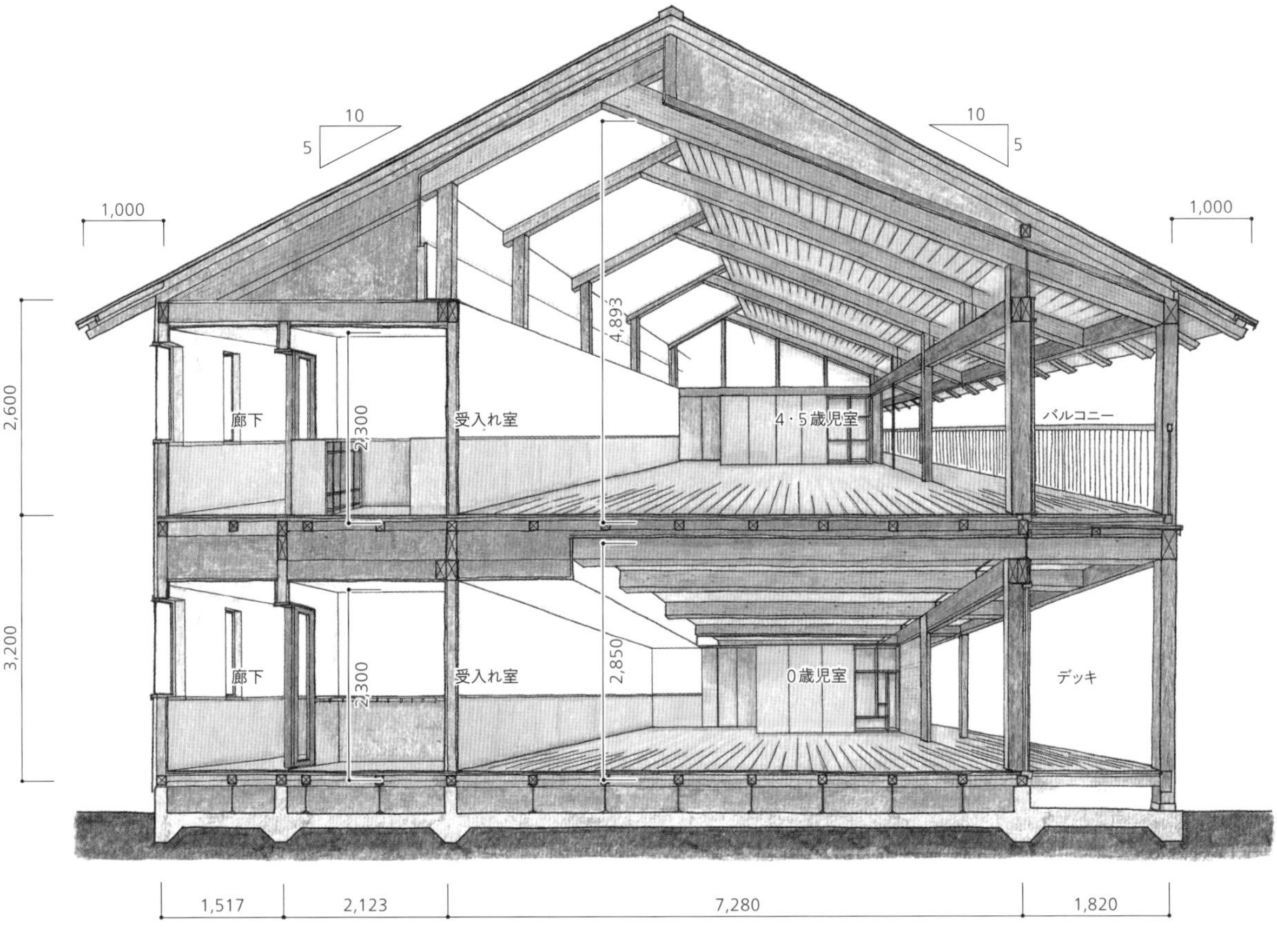

10
5
10
5
1,000
1,000
4,893
2,600
廊下
2,300
受入れ室
4･5歳児室
バルコニー
3,200
廊下
2,300
受入れ室
2,850
0歳児室
デッキ
1,517
2,123
7,280
1,820

図3｜ゲルバー梁による2階床構造の工夫

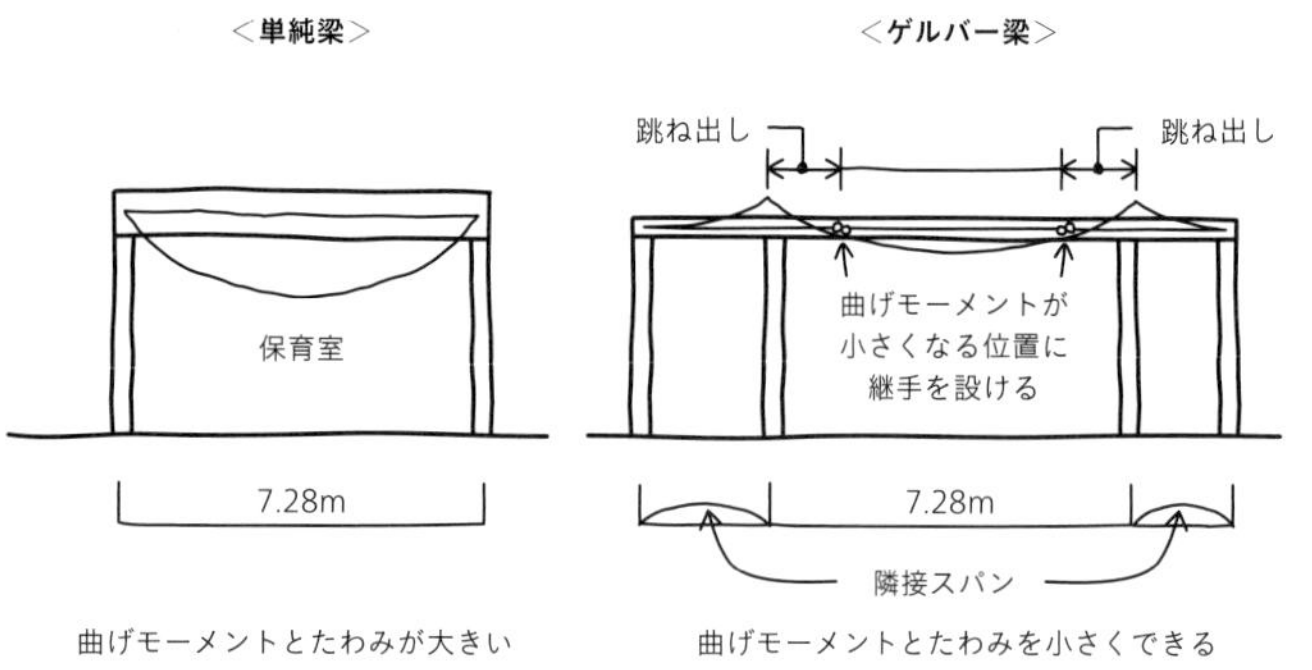

<単純梁>
保育室
7.28m
曲げモーメントとたわみが大きい
<ゲルバー梁>
跳ね出し
跳ね出し
曲げモーメントが
小さくなる位置に
継手を設ける
7.28m
隣接スパン
曲げモーメントとたわみを小さくできる

図4｜登り梁のラップによる屋根構造の工夫

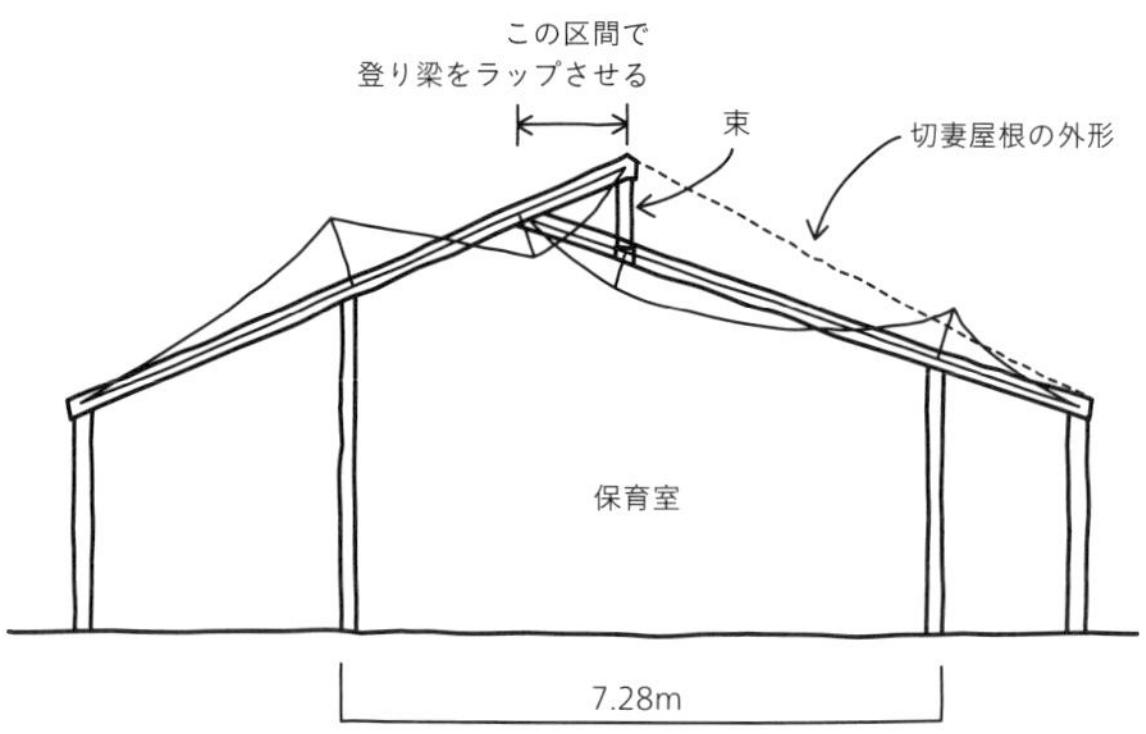

この区間で
登り梁をラップさせる
束
切妻屋根の外形
保育室
7.28m

図5｜合わせ梁で燃えしろ設計の有効断面を確保

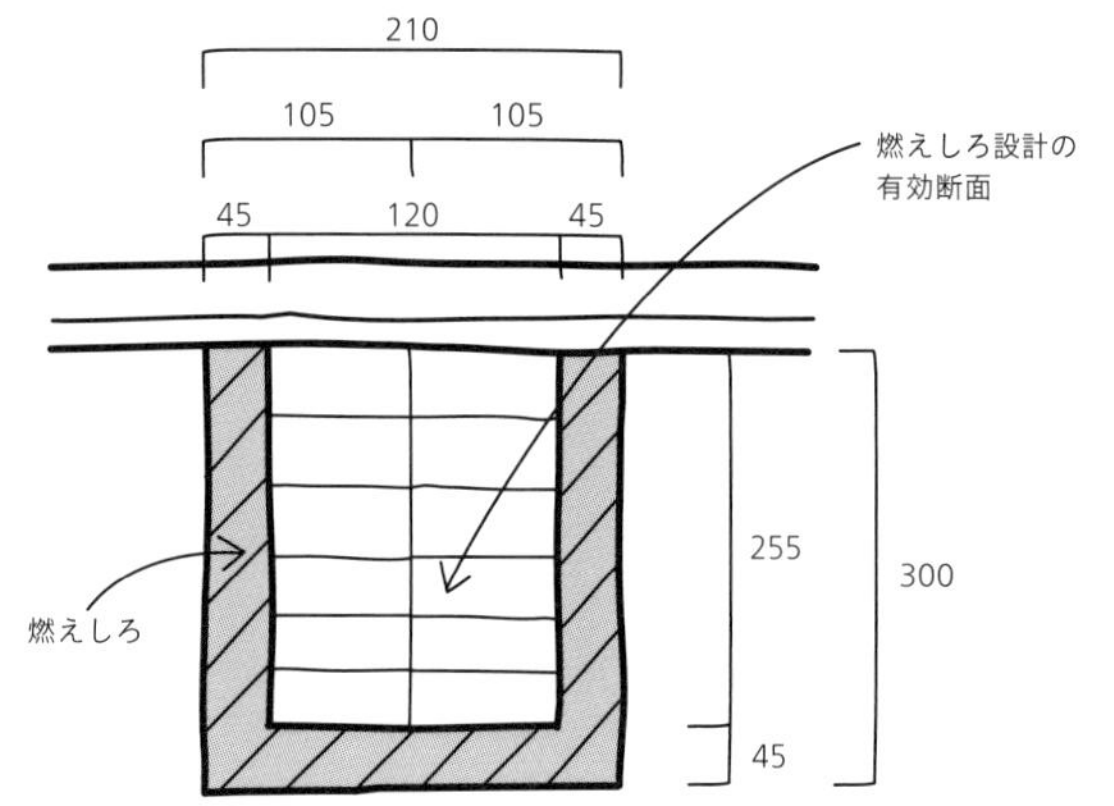

210
105
105
45
120
45
燃えしろ設計の
有効断面
255
300
45
燃えしろ

図6｜集成材の合わせ梁と大径製材の柱の面揃え構造の工夫

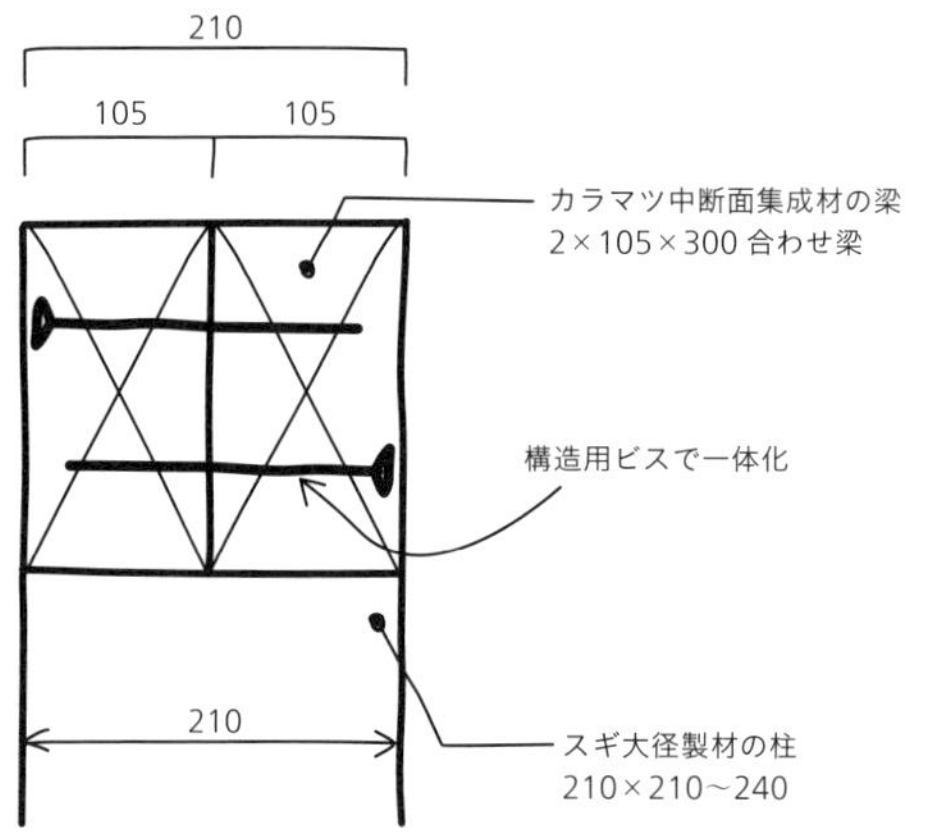

210
105
105
カラマツ中断面集成材の梁
2×105×300 合わせ梁
構造用ビスで一体化
210
スギ大径製材の柱
210×210～240

ポイント

イ-1準耐火建築物で燃えしろ設計にして木構造を露しやすく

木造保育所で木材の露しを実現するには、構造計画と防耐火計画との整合が必要である。たとえば、2階建ての保育所で2階に保育室を設ける場合は、イ-2準耐火建築物（45分）以上にしなければならない（ロ準耐火建築物は不可）。さらに延べ面積200㎡以上の保育所では内装制限がかかるため、木材を露しにできる表面積が相当限定されてしまう。これらの解決のために、イ-1準耐火建築物（1時間）として内装制限を外し、かつ、燃えしろ設計を行って木材を露しやすくする方法がある。

燃えしろ設計は、火災時に木材が表面から燃えるであろう厚み（燃えしろ）を想定し、それらを除いた部材断面が、長期応力に対して短期許容応力度以下になることを確認する方法である。イ-1準耐火建築物（1時間）における燃えしろは、集成材では45㎜、製材（JAS構造用製材のみ）では60㎜である［表］。燃えしろ設計では、柱と梁に使う木材の選択が重要である。たとえば、独立柱では4面で、梁では床材などで保護される面以外の3面で燃えしろを差し引いた有効断面が必要になる［図］ので、一般製材の120㎜正角材では燃えしろ60㎜を差し引くと断面がなくなってしまう。このため燃えしろ設計を行う場合は、大断面集成材が採用されることがほとんどである。また、独立柱では座屈が、長スパンの梁では曲げ強度やたわみが課題になることが多く、留意が必要である。

表 燃えしろ寸法

イ準耐火建築物の種別	集成材	製材（JAS構造材のみ）
イ-2準耐火建築物（45分）	35㎜	45㎜
イ-1準耐火建築物（60分）	45㎜	60㎜

図 燃えしろ設計における木部材の有効断面

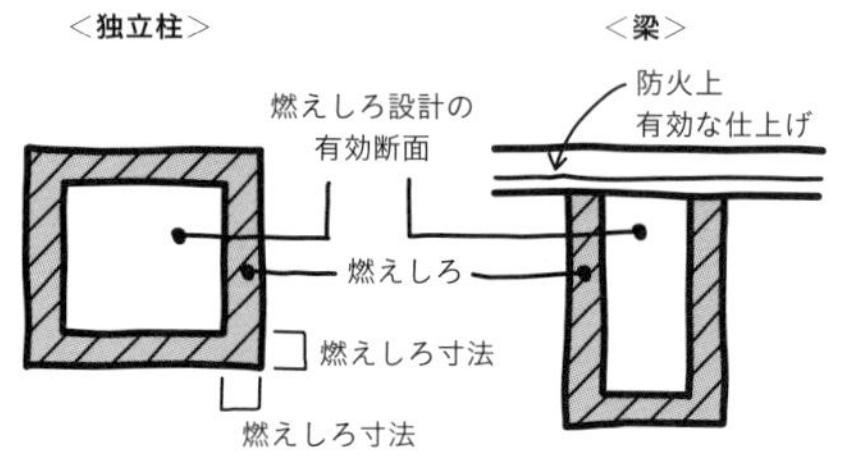

<独立柱>
<梁>
燃えしろ設計の
有効断面
防火上
有効な仕上げ
燃えしろ
燃えしろ寸法
燃えしろ寸法

短い材でつなぎ、連続梁と同等の応力・変形状態をつくることで、梁成と材長を抑える方法である［図3］。これによって梁成を360㎜まで抑えることができた。工事段階におけるファブリケーターからの提案で、梁成はそのままとし、最長11ｍもの1本の集成材を使うこととなった。

❷4間スパンの屋根の構造をどうつくるか？

2階床と同様に4間スパンの屋根を単純梁で架け渡そうとすると、梁成が400㎜近くになるとともに、7ｍ超の特注材が必要になる。また屋根の切妻形状を生かした高い山形の内部空間をつくる場合、長スパンに対応できる屋根構造として、屋根勾配によって生まれる高さ方向のスペースを生かしたトラスなどが採用されることが多いが、トラスの木部材は4面が燃えしろを除いた有効断面で設計する必要があり、部材断面が過大になることが予想された。そのため、木部材が天井面に取り付き、空中に露出しない構造方法を採用する必要があった。

この問題に対しても、2階床と同様にゲルバー梁の原理を使うこととした。ただし、水平に梁を架け渡すと低いレベルに梁が出て内部空間が低くなってしまうことから、切妻屋根面に沿って梁を配置した。スパン中央付近となる棟部分では登り梁を継ぐ必要があり、この位置にヒンジができると連続梁の効果が低くなってしまう。もともと断面計画で屋根形状と天井形状をずらしていたために生じていたわずかな小屋裏スペースを生かし、北側の登り梁を少し延長してラップさせ、上下の登り梁を束で連結することで、モーメントを伝達できるようにした［図4］。これらの工夫によって、登り梁の成を北側360㎜、南側300㎜に抑えることができた。

❸燃えしろ設計を可能にする部材の使い方とは？

❶❷で4間スパンを架け渡す構造方法を決めたが、次に、燃えしろ設計による火災時の支持性能を確保できるような部材断面や構成を検討する必要があった。梁はたわみを抑えるためにカラマツの対称異等級集成材Ｅ１０５－Ｆ３００を使うことにした。大断面集成材ではコストがアップするので、2階床梁と屋根の登り梁は、幅105㎜の中断面集成材を2本複合した「合わせ梁」とすることで梁幅を210㎜とし、燃えしろ設計における有効断面を確保した［図5］。柱は圧縮軸力を負担するため、合わせ柱にしてもそれぞれの材厚が小さくなって座屈してしまう。そのため、スギの大径ＪＡＳ製材（210×210～240㎜）を用いることとした。柱の見付け幅は、合わせ梁と合わせて210㎜とした［図6］。以上の工夫によって、保育室の主構造を露しにした木造空間を実現した。

※　橋梁などにおいて、複数のスパンを架け渡す連続梁のスパン中間に意図的にヒンジを設けることでより大きなスパンを架け渡せる静定構造をつくる方法。元々は静定構造にすることで、応力を求めやすくしたり基礎の不同沈下による応力集中を抑える目的であるが、部材1本あたりの梁成と材長を抑えられることから木造では多用される

2階バルコニー

建方直後の様子（ドローンで撮影）

DATA

くすの木保育園
（吉田建築計画事務所）

敷地面積：1,677.41㎡
建築面積：481.07㎡
延床面積：820.59㎡
規　　模：地上2階
竣　　工：2022年3月

1階保育室内観

2階保育室内観

［写真左右：佐藤鎌一］

26

4mの一般流通材で事務所建築をつくる方法

事例：滋賀県林業会館／宮村太設計工房

材長より大きなスパンを支える方法としてトラスやアーチ構造があるが、いずれも配置するための縦方向のスペースが必要で、階高が小さい場合は採用しにくい。流通量の多い材長4mの定尺材では、これを超える3間（5・46m）スパンを単純梁形式で架け渡すことはできない。ところが部材どうしが互いに支え合う「レシプロカル（相持ち）構造」ならそれが可能になる。ここでは「滋賀県林業会館」を事例とし、この仕組みを使って短い木材で長スパンを架け渡す方法を紹介する。

図1｜平面図

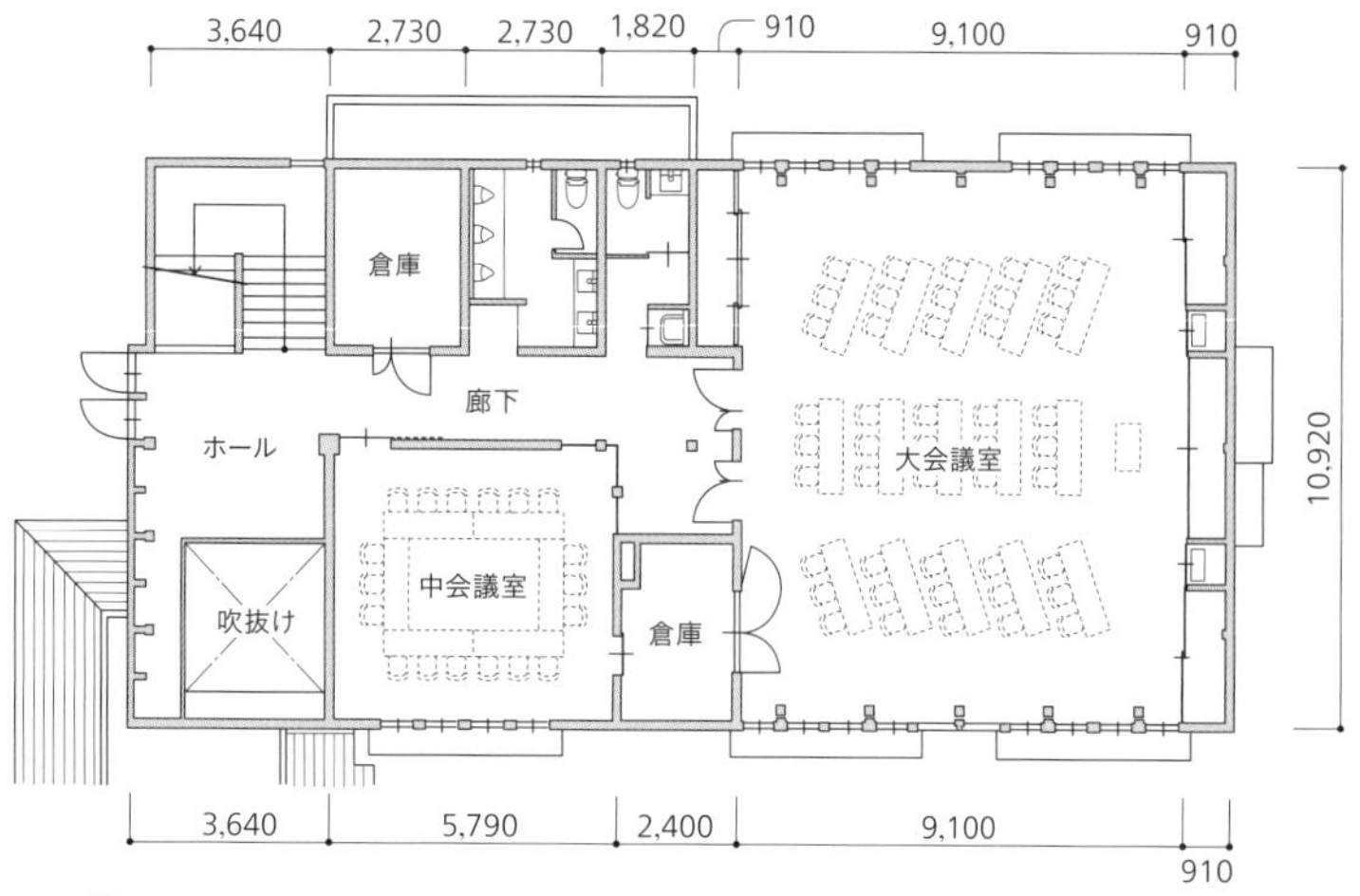
3,640
2,730
2,730
1,820
910
9,100
910
倉庫
廊下
ホール
吹抜け
中会議室
倉庫
大会議室
10,920
3,640
5,790
2,400
9,100
910

2階

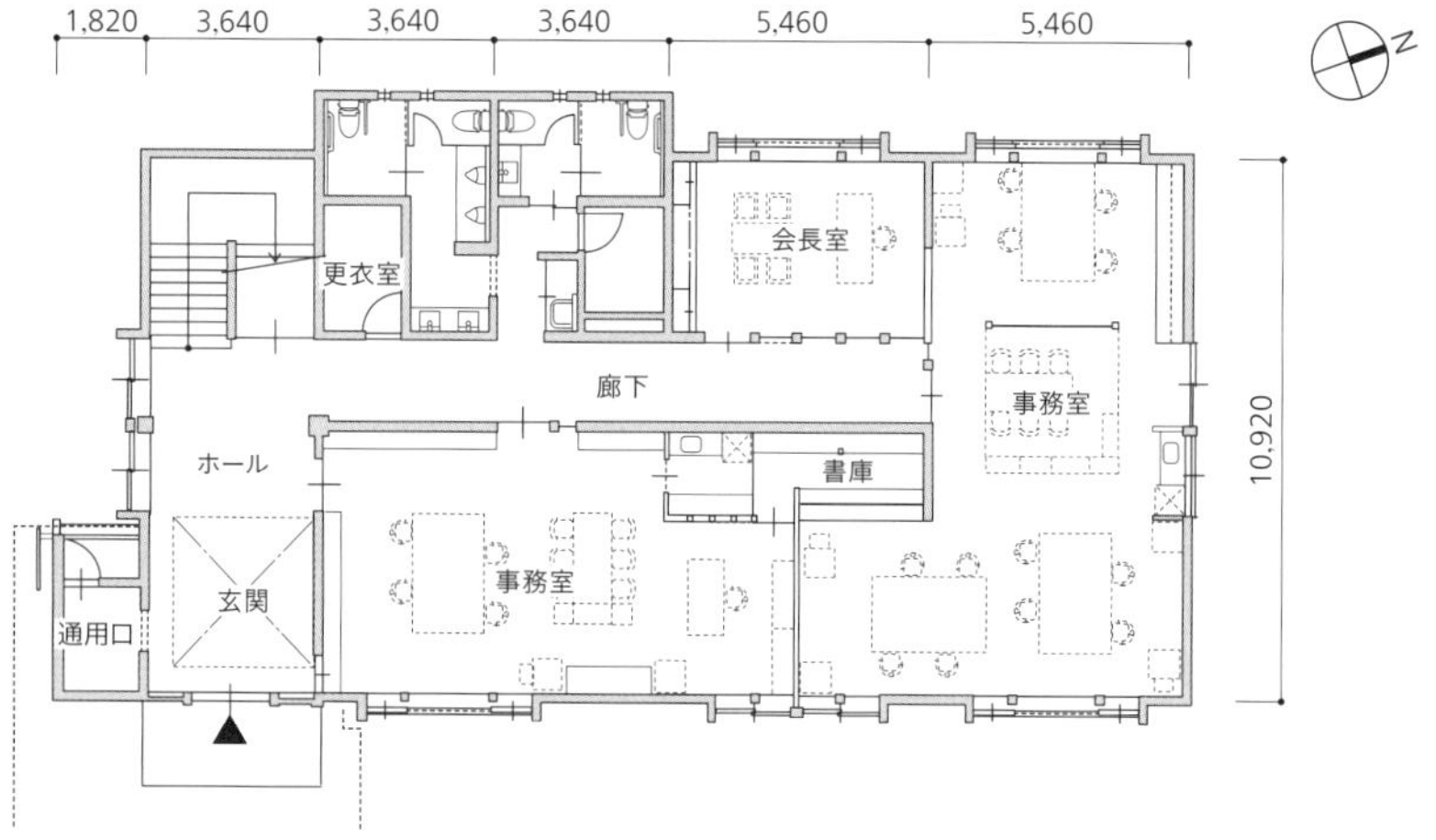
1,820
3,640
3,640
3,640
5,460
5,460
N
更衣室
会長室
廊下
事務室
ホール
書庫
玄関
事務室
通用口
10,920

1階

「滋賀県林業会館」は、6×12間（10・92×21・84m）の長方形平面と3寸勾配の切妻屋根をもつ、総2階建ての木造事務所である［図1・2］。1階に事務室と会長室、2階に中・大会議室が配置されている。1階事務室の平面形状は、幅3間（5・46m）のL字形。2階の大会議室は、梁間6間×桁行5間（10・92×9.1m）の無柱空間となっている。延床面積が500㎡超となるため、構造設計ルートはルート1［※1］とした。

構造は、在来軸組構法をベースに、水平力に対しては構造用合板などの面材耐力壁で抵抗させている。軸組にはすべて地域産材［※2］を使用。木材調達のしやすさから、一般流通サイズの4m材を主体に軸組を構成することとなった。このため、次の2点が構造計画上のポイントとなった。

❶4m材でスパン3間の2階床構造をどうつくるか？

❷4m材で2階大会議室の無柱空間を支える屋根構造をどうつくるか？

❶4m材でスパン3間の2階床構造をどうつくるか？

1階事務室は幅3間のL字形に配置されるため、直上に配置される2階床梁は最低でもスパン5・46mを支持する必要がある。直上の2階は会議室で、積載荷重は住宅の居室に比べて大きくなり、これについても配慮しなければならない。このスパン5・46mと荷重条件に対して、4m材でいかに床構造を計画するかが課題であった。

1階階高は3.2mで計画されており、2階床構造にトラスを配置する高さが確保できない。そこで、シングルレイヤーでも短い材を細かくつないで長スパンを架け渡せる、次のようなレシプロカル構造を採用することにした［図3］。

1）スパン方向に4m材（実際には3・64mの材長にカット）を半ピッチずらして配置する。これによって3・

4m材とレシプロカル構造で実現するスパン5.46mの2階床構造

［写真：北村拓也］

図2｜断面図

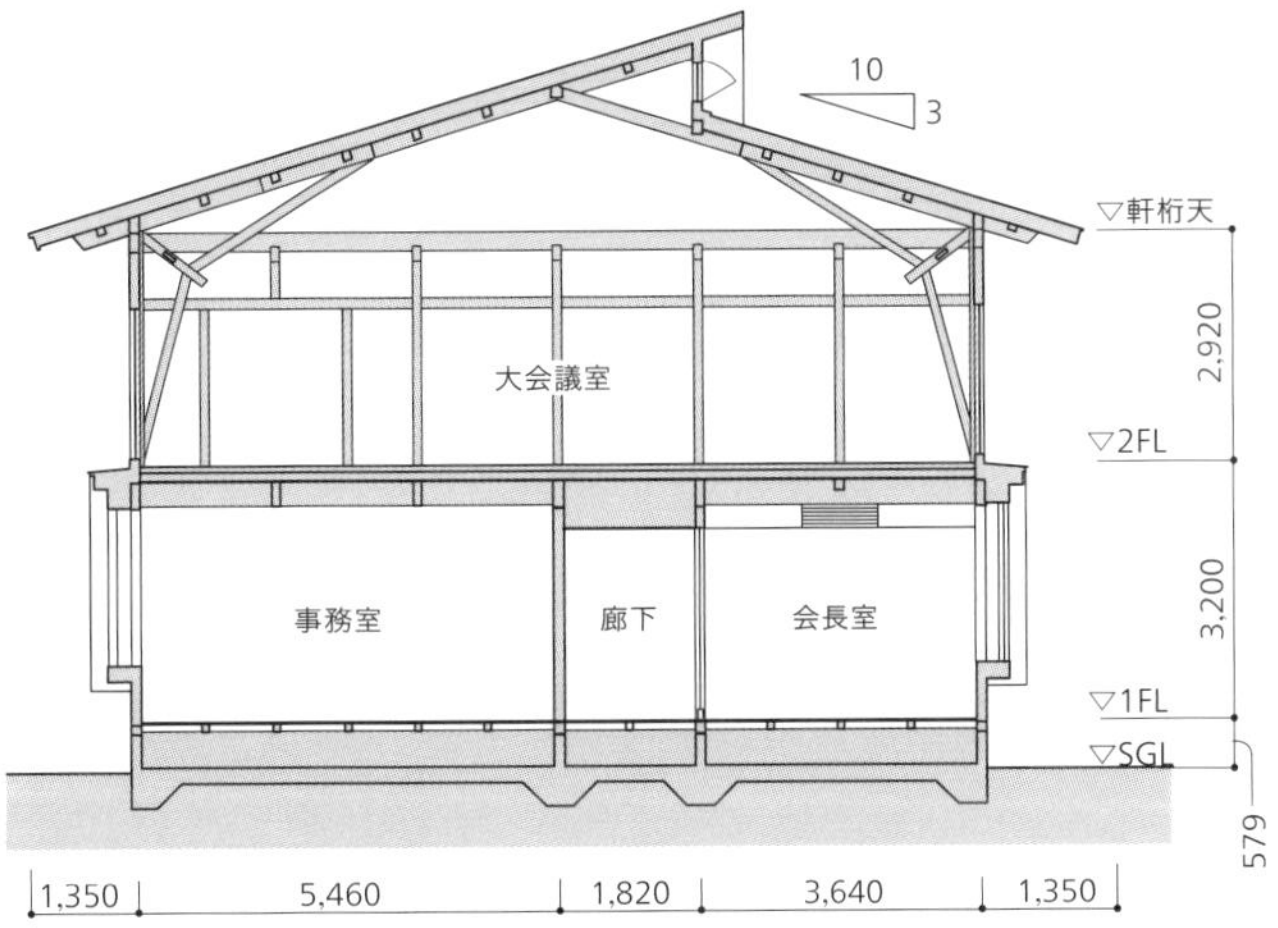
10
3
▽軒桁天
2,920
大会議室
▽2FL
3,200
事務室
廊下
会長室
▽1FL
▽SGL
579
1,350
5,460
1,820
3,640
1,350

図3｜2階床構造が支え合う仕組み

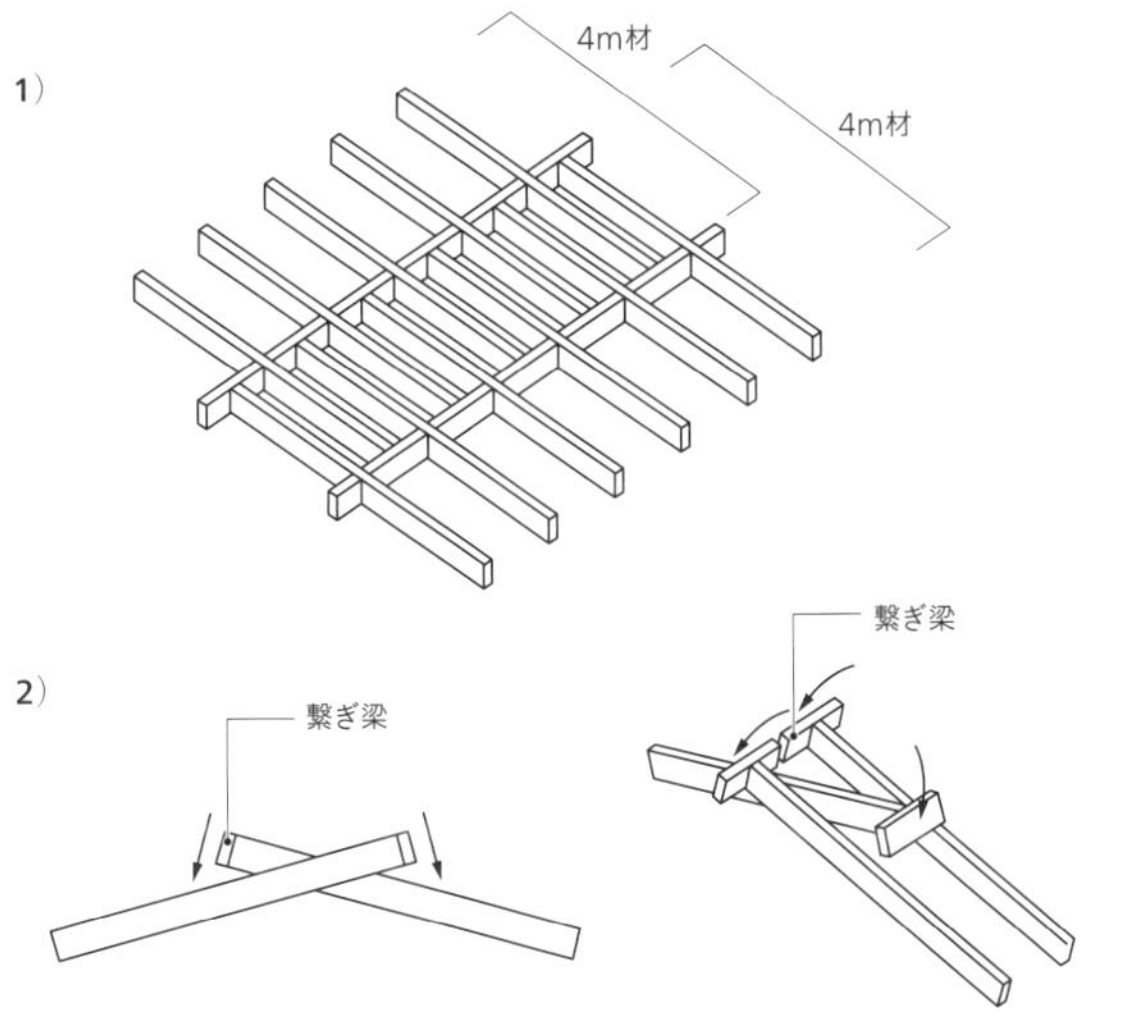
1）
4m材
4m材
2）
繋ぎ梁
繋ぎ梁

64m＋3・64m－5・46m≒1・82mの長さで梁がラップすることになる。

2）相対する梁の先端にスパンと直交方向の繋ぎ梁を入れてつなぐ。これによって相持ちの仕組みが出来上がる。

レシプロカル構造のポイントは、組立手順を踏まえた接合ディテールである。1本の梁に「支える」「支えられる」という両方の役割があるため、梁を横からスライドさせたり、上から落とし込んだりする方法では組み立てられない部分が出てくる。そこで、梁を上からでも下からでも入れられて後からドリフトピンを打ち込める梁受け金物を使用した。梁受け金物を使用すると、通常は梁成全体にわたってスリット加工がなされるため、下から梁受け金物やスリットが見えてしまう。今回は、スリットが貫通しないように梁下端を少し残した。スパン方向の梁に梁受け金物を取り付け、スパン中央に設けた支保工に載せておく。次に直交方向の短い繋ぎ梁を下からスリットに入れ込んで支保工を外し、横からドリフトピンを打ち固定する方法とした［図4］。これによって下から梁受け金物やスリットが見えないようになっている。

❷ 4m材で2階大会議室の無柱空間を支える屋根構造をどうつくるか？

2階大会議室は、梁間10・92m×桁行9.1mの無柱空間である。屋根は3寸勾配の切妻形式で、東面の屋根を一部伸ばして招き屋根をつくり、自然光を

図4｜2階床構造の施工手順

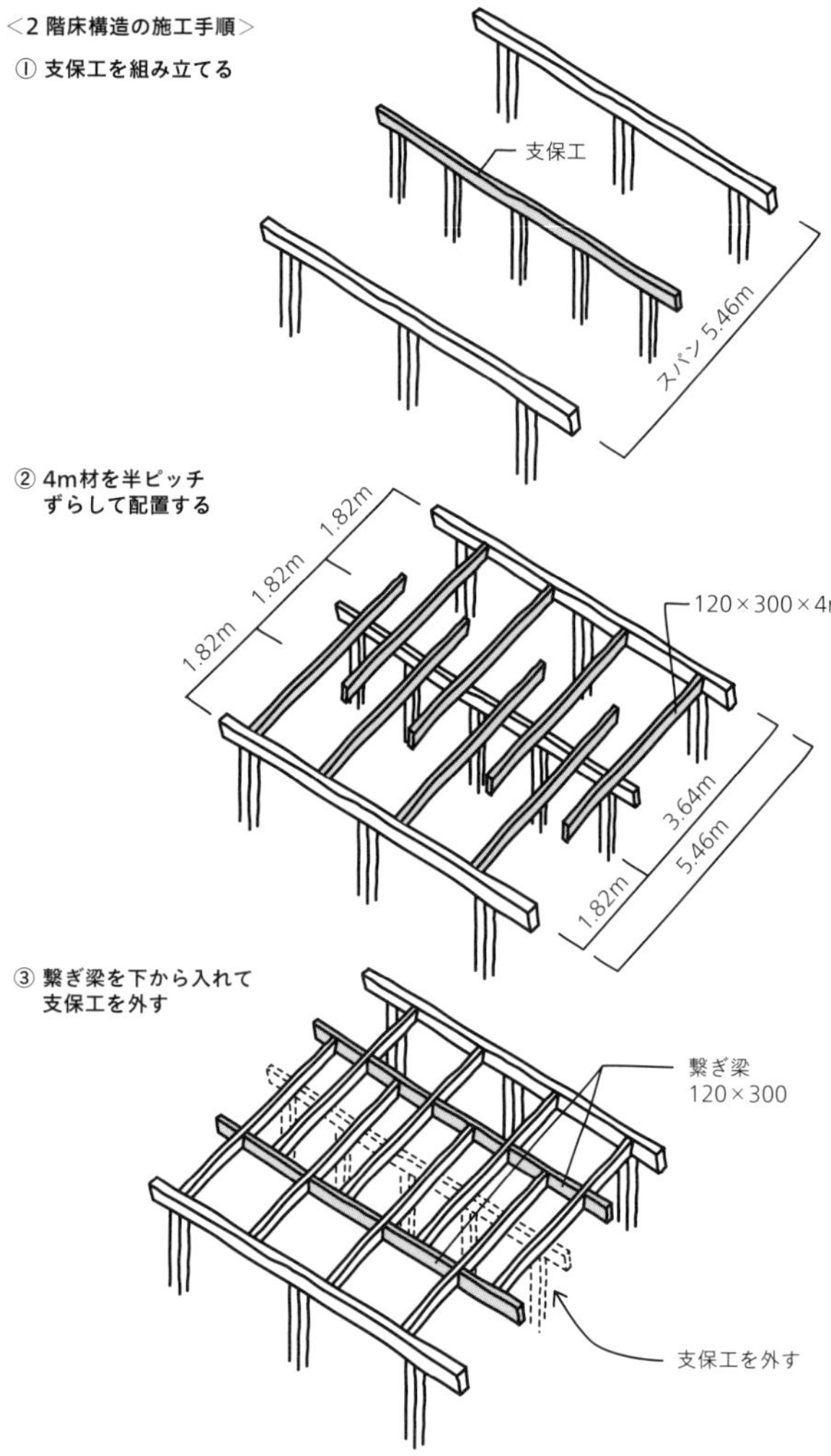
<2階床構造の施工手順>
① 支保工を組み立てる
支保工
スパン5.46m
② 4m材を半ピッチずらして配置する
1.82m
1.82m
1.82m
120×300×4m 材
3.64m
5.46m
1.82m
③ 繋ぎ梁を下から入れて支保工を外す
繋ぎ梁 120×300
支保工を外す

図5｜2階大会議室上の屋根架構のスタディ

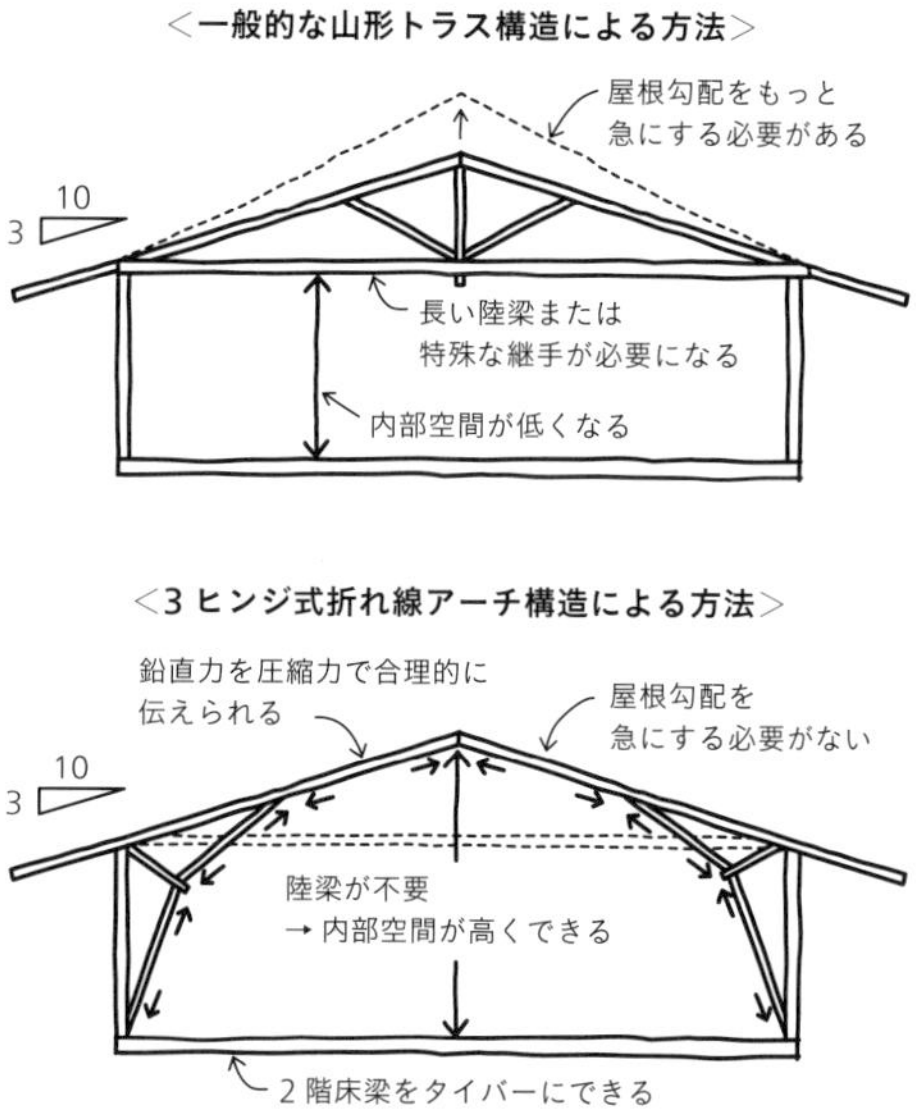
<一般的な山形トラス構造による方法>
屋根勾配をもっと急にする必要がある
10
3
長い陸梁または特殊な継手が必要になる
内部空間が低くなる
<3ヒンジ式折れ線アーチ構造による方法>
鉛直力を圧縮力で合理的に伝えられる
屋根勾配を急にする必要がない
10
3
陸梁が不要
→ 内部空間が高くできる
2階床梁をタイバーにできる

支保工を外した後の2階床構造

ポイント

レシプロカル構造によって短い木材で長スパンを架け渡す

市場に流通している一般流通サイズの木材（材長3m、4m）は、6m材や特注サイズに比べて入手しやすく、価格も安定している。したがって構造体のコストを抑えるにはこのサイズの木材を主体に軸組を計画することがポイントである。戸建住宅であれば居室の広さは8～10畳間程度、短辺方向のスパンは2間（3.64m）で収まるので、4m材で用が足りる。ところが非住宅では4mを超えるスパン、たとえば2間半（4.55m）や3間（5.46m）を架け渡さなければならないことが多く、単純梁形式の場合、4m材では長さが足りない。非住宅では戸建住宅に比べて床の積載荷重が増えるため、床梁のたわみや応力が過大になり、梁断面が一般流通サイズに収まらない場合も出てくる。屋根構造ならば屋根勾配によって高さを確保できることが多く、そのスペースを利用してトラスなどを設けることができる。ところが床構造では、一般的な階高では天井高が確保できなくなることが多く、トラスを採用しにくい。このように、高さ方向のスペースが十分確保できない場合に長スパンを短い木材で架け渡す方法として、レシプロカル構造がある。レシプロカル構造とは「支える」「支えられる」という関係を循環させることで互いが支え合う仕組みをつくる構造である［図1］。木造ではS造やRC造のように同じレベルに直交する梁を設けることが難しいため、格子梁にする場合、通常は梁レベルをずらす［図2］が、レシプロカル構造を使えば、梁天端をそろえた木造格子梁が実現できる［図3］。

図1 基本的なレシプロカル構造

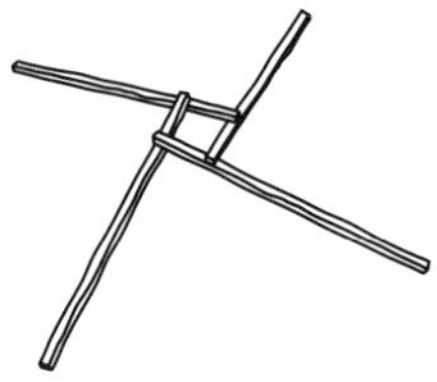

図2 梁レベルをずらした格子梁

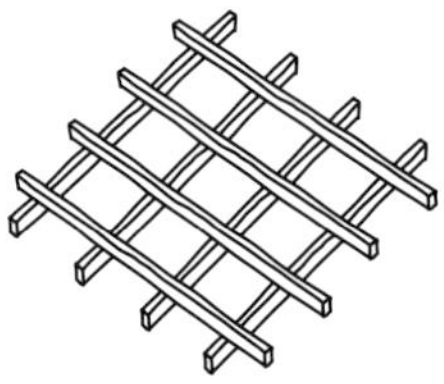

図3 レシプロカル構造で梁レベルをそろえた格子梁

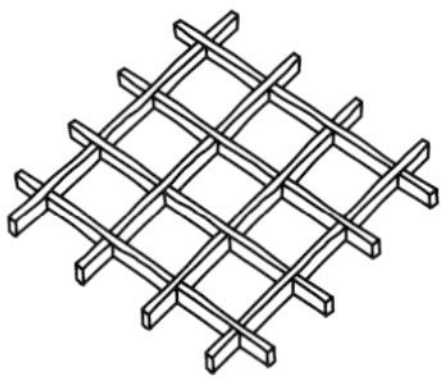

図6｜鉛直力と水平力に耐える3ヒンジ式折線アーチ構造の曲げモーメント図

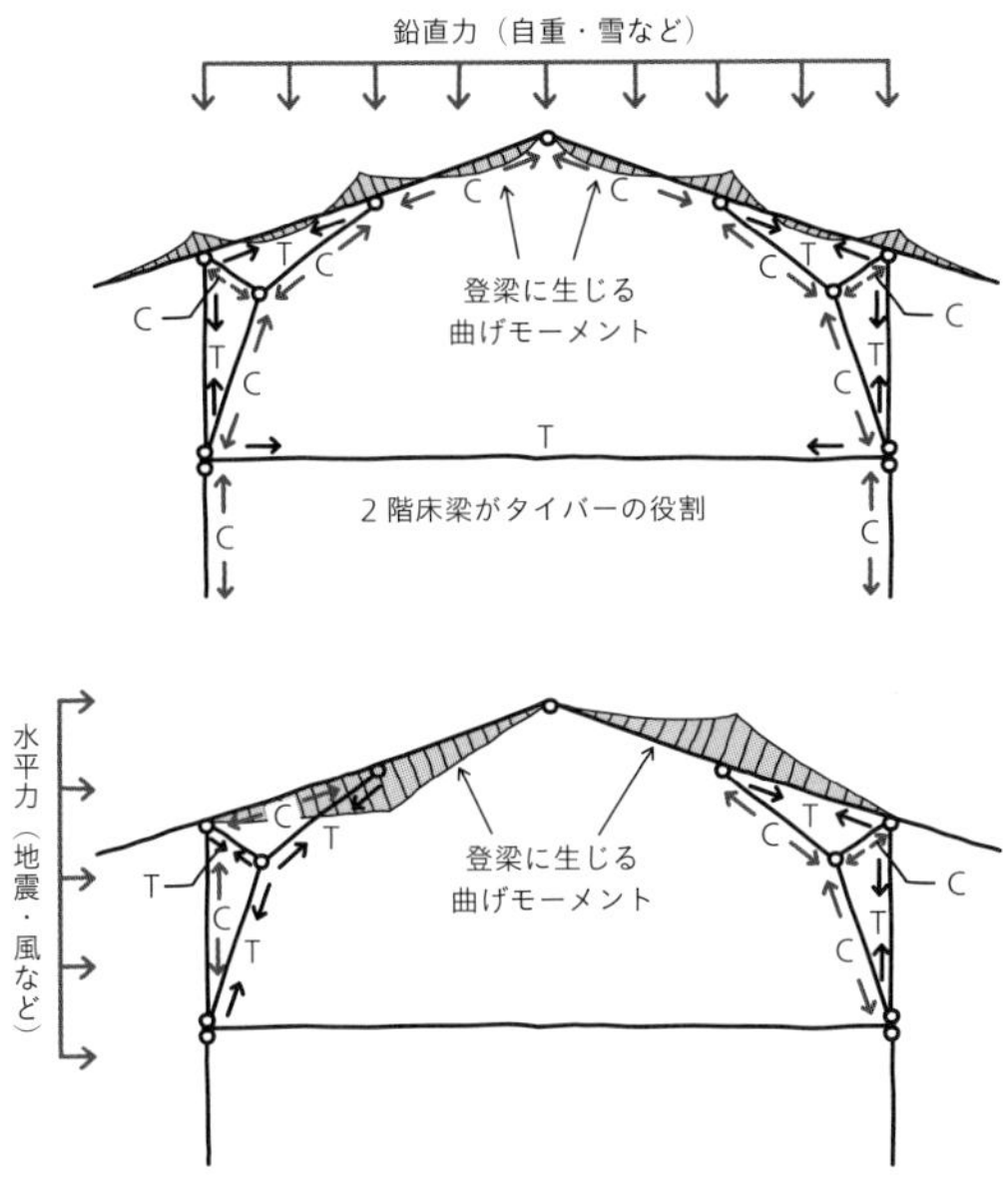
鉛直力（自重・雪など）
登梁に生じる
曲げモーメント
2階床梁がタイバーの役割
水平力（地震・風など）
登梁に生じる
曲げモーメント
C
T

図7｜3ヒンジ式折線アーチ構造の詳細

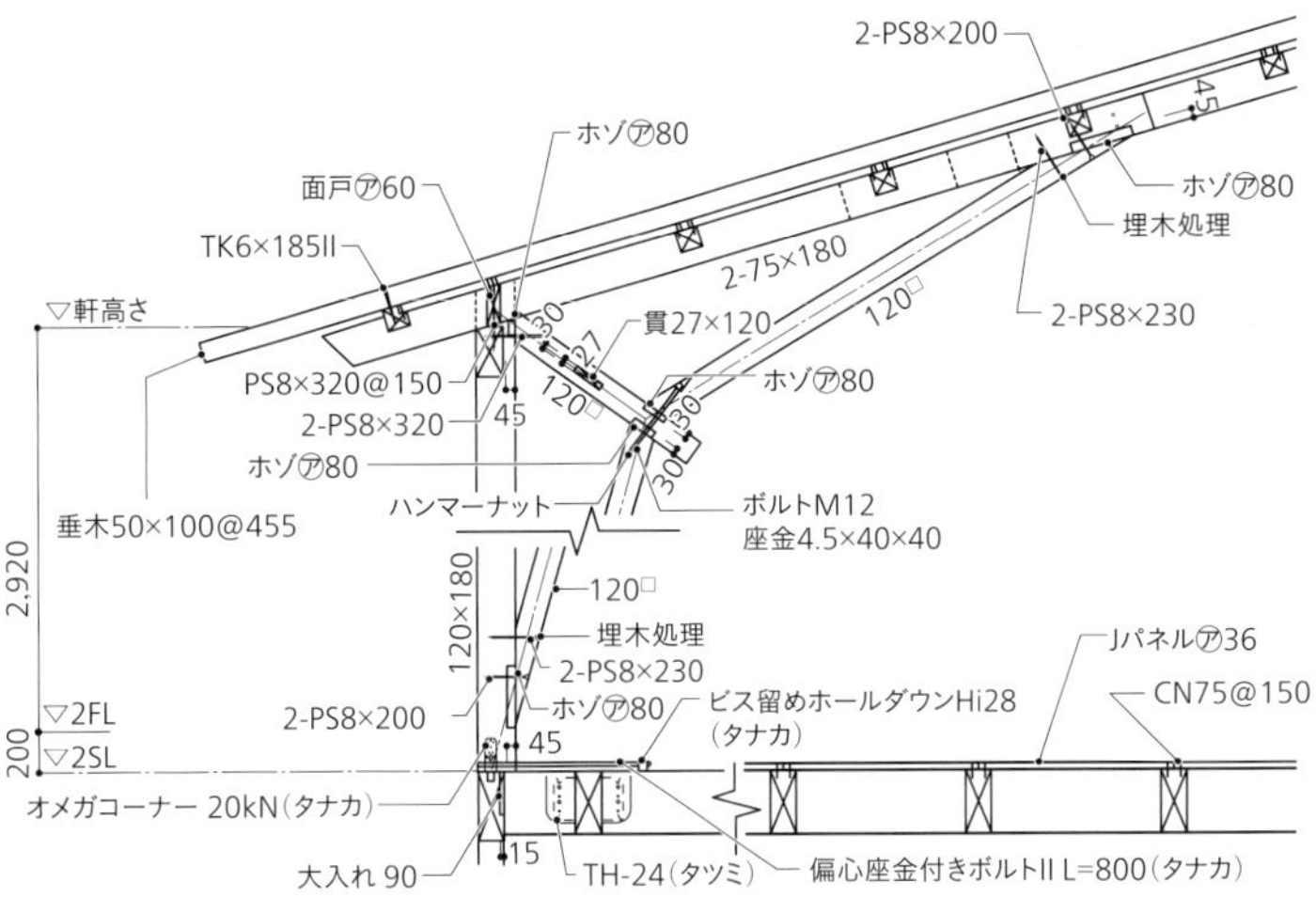
2-PS8×200
ホゾ㋐80
面戸㋐60
ホゾ㋐80
埋木処理
TK6×185II
2-75×180
▽軒高さ
2-PS8×230
貫27×120
120□
PS8×320@150
ホゾ㋐80
2-PS8×320
45
ホゾ㋐80
ハンマーナット
ボルトM12
座金4.5×40×40
垂木50×100@455
2,920
120×180
120□
埋木処理
2-PS8×230
Jパネル㋐36
2-PS8×200
ホゾ㋐80
ビス留めホールダウンHi28
（タナカ）
CN75@150
▽2FL
200
▽2SL
45
オメガコーナー 20kN（タナカ）
大入れ 90
15
TH-24（タツミ）
偏心座金付きボルトII L=800（タナカ）

2階大会議室の屋根架構　［写真：北村拓也］

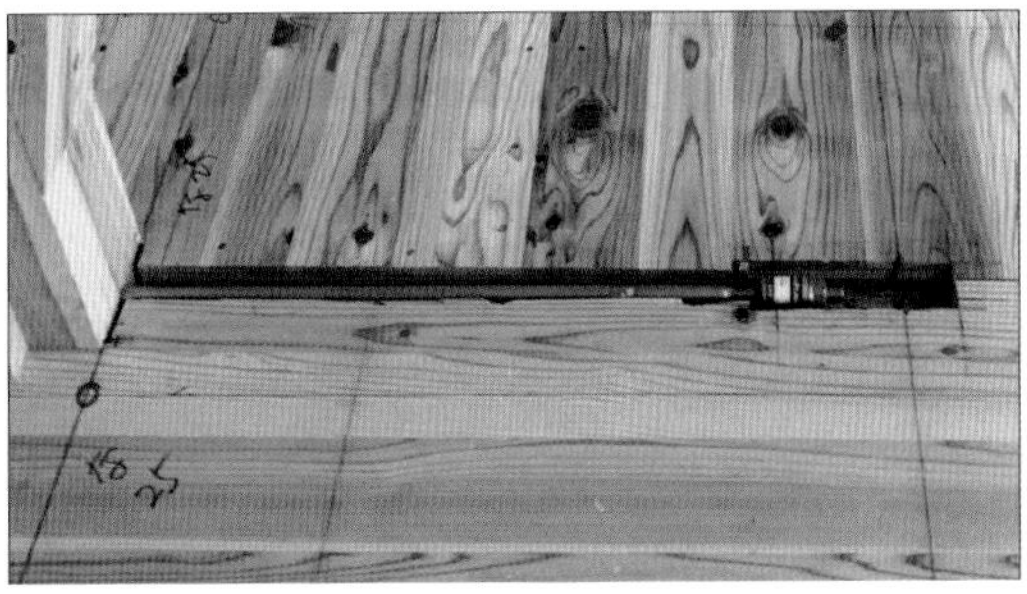
ホールダウン金物

室内に採り入れる計画となっている。このように梁間と桁行スパンが近い場合の切妻屋根を支える屋根構造はいくつも考えられる。

1つは、切妻の屋根形状を生かして山形トラスをつくり、屋根荷重を梁間方向に流す方法である［図5上］。この方法では、屋根勾配をもう少し急に、たとえば4寸勾配以上にしたほうがよいのと、低い位置に梁が露出してしまい内部空間が低くなってしまうことがデメリットである。また、下弦材には全長にわたって大きな引張り軸力が生じるので、トラスを4m材で構成するには、引張り軸力に耐えられるよう中間に特殊な継手が必要になることも課題である。

次に考えられるのは、棟の通りに桁行方向のキールトラス［※3］で大きく架け渡し、キールトラスと軒桁の間を登り梁でつなぐ方法である。この方法では、やはりキールトラスの下弦材が低い位置にきてしまうこと、登り梁の材長や断面が過大になること、キールトラスが空間を重たい感じにしてしまうことなどのデメリットがある。

そこで、切妻屋根によってできた高さ方向のスペースを目いっぱい生かした3ヒンジ式折線状のアーチ構造を考えた［図5下］。すなわち、両端の脚部から斜材を立ち上げ、中間高さで屈折させて屋根面の登り梁を支える方法である。鉛直力だけでなく、一定の水平力も負担できる［図6］。棟の頂点位置では両方の登り梁が合掌のように支え合う。登り梁の長さは棟から軒まで7m近くになるため、登り梁の継手には、シングル材をダブル材で挟む簡易なディテールを採用し、4m材を使いながらも曲げモーメントと軸力を伝達できるようにしている［図7］。この構造によって、屋根勾配を急にすることなく、低い位置の梁をなくせるので内部空間を高くできること、屋根荷重に対して主に圧縮軸力を伝達できるので短く細い木材が使えることなどのメリットが生まれた。アーチ構造では両脚部にスラストが生じるが、2階床梁を柱脚部とホールダウン金物でつなぎ、タイバーとして利用している。

中・大規模木造建築のつくり方が模索されている現代において、本建物は、地域の財産ともいえる木材・ネットワーク・設計施工技術を生かして無理や無駄が出ないようにし、ローコストで実現している。

※1　木造建築で延床面積500m2超、または地上3階建て以上の場合に必要となる構造計算ルート。荷重算定、応力算定、断面算定などを行って構造安全性を確認する最も基本的な構造計算方法

※2　びわ湖材（滋賀県内の森林から伐採された原木とその原木を滋賀県内や県内の認定加工事業体で加工した製材品等の木材）を使用

※3　主に屋根構造において建物の中央付近を支持するために架け渡す大きなトラス梁のことで、竜骨のようにみえることから名付けられた

DATA

滋賀県林業会館
（宮村太設計工房）

敷地面積：999.97㎡
建築面積：325.22㎡
延床面積：541.36㎡
規　模：地上2階
竣　工：2021年4月

27

丸太材で無駄のない構造をつくる方法

事例：上勝町ゼロ・ウェイストセンター／中村拓志&NAP建築設計事務所

丸太材は、墨付けと加工ができる大工が限られるうえ、桟積みによる乾燥が困難なこと、十分な乾燥期間を取りにくいこと、造作や仕上げとの取合いが難しいことなどから、採用される機会が減っている。だが、力学的な長所や化粧露しによる意匠への寄与など、もっと見直されてもよい素材である。丸太材を使いやすくするにはどのような方法があるだろうか。ここでは「上勝町ゼロ・ウェイストセンター」を事例に、丸太材で無駄のない構造をつくる方法を紹介する。

図1｜平面図

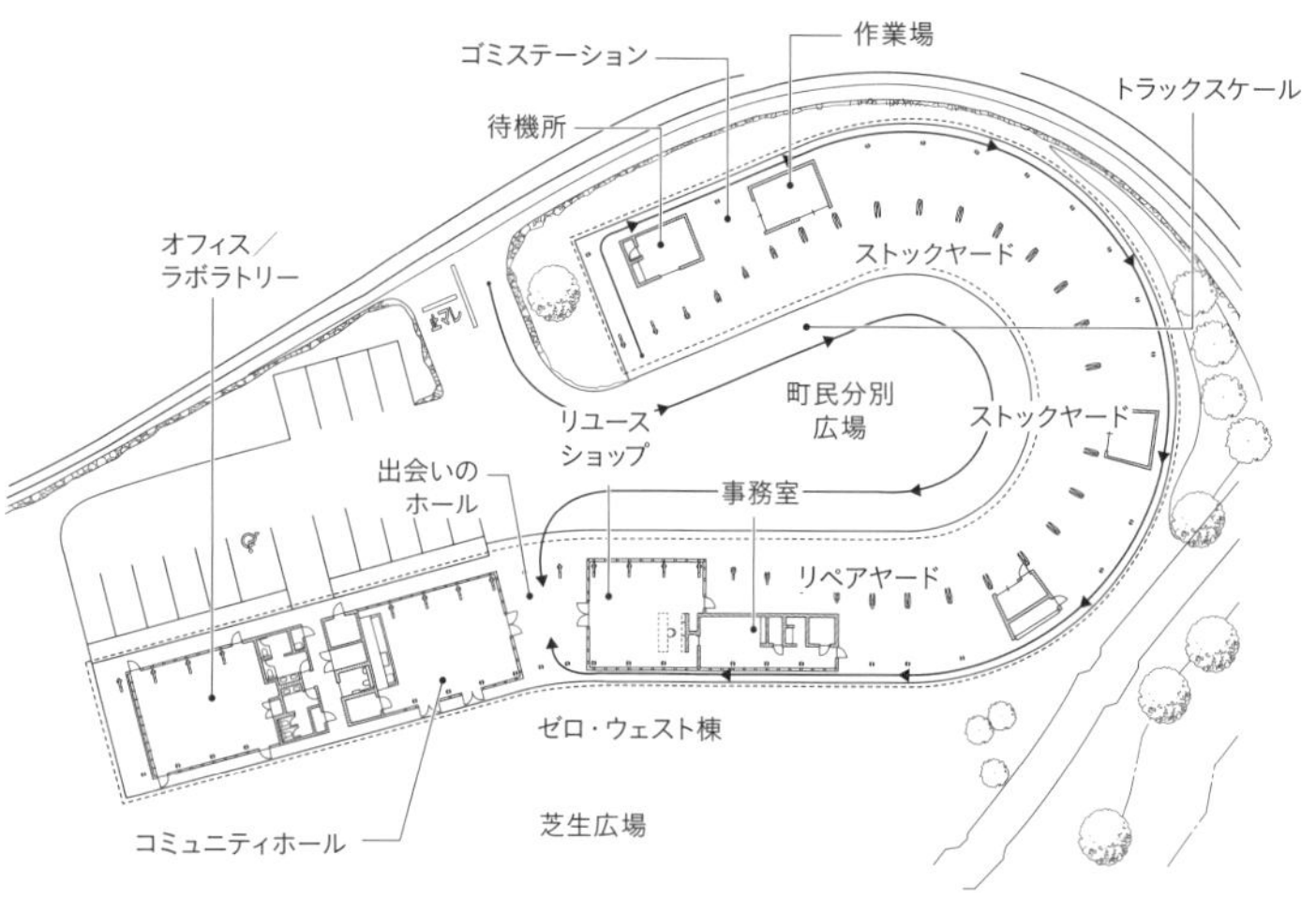

ゴミステーション
作業場
トラックスケール
待機所
オフィス／
ラボラトリー
ストックヤード
町民分別
広場
リユース
ショップ
ストックヤード
出会いの
ホール
事務室
リペアヤード
ゼロ・ウェスト棟
芝生広場
コミュニティホール

徳島県上勝町は2003年に日本で初めてゼロ・ウェイスト（ごみゼロ）宣言した自治体として名高い。ゼロ・ウェイストの拠点となる上勝町ゼロ・ウェイストセンターは切妻屋根をもつ木造平屋、ごみの分別処理場を中心とする複合施設である。入口からごみ処理の流れに沿って、分別場→ストックヤード→リペアヤード→ショップと、屋内外の空間が屋根の下に4間（7.28m）の一定幅で馬蹄形に連なる［図1・2］。

構造は、梁間方向の平面フレームを馬蹄形の中心軸に沿って一定間隔に配置し、母屋と野地板でつないで構成している。ごみゼロ運動を推進する町のシンボルとなる施設であることから、構造フレームに町産杉の丸太材を使っていて、丸太材のフレーム形態が場所によって徐々に変化していくダイナミックな構造となっている。

この建物では、次の2点が構造計画上のポイントとなった。

❶空間の使用条件に合った構造システムをどうつくるか？

❷丸太材を使って形態をどう変化させ、かつ施工性しやすい構成とディテールをどうつくるか？

❶空間の使用条件に合った構造システムをどうつくるか？

屋内と屋外の空間は雨対策や使われ方がまったく異なるため、構造計画においてもそれぞれ空間の使用条件に見合った形態やシステムを採用することが重要である。たとえば屋内では、空間の効率を高めるためにも、外壁を支えるためにも、柱をなるべく外側に配置したい。一方、屋外のストックヤードでは雨掛かりになることやごみ運搬車が軒下まで入り込むことから、中庭側の柱は内側に寄せたほうがよい。このように、場所によって空間に適した構造形態が変わるために、空間の使用条件に対して融通を効かせながらも統一性のある構造システムをつくる必要

静定構造の平面フレームを馬蹄型に配置してあらゆる方向の水平力を負担

ストックヤードから中庭を見る

［写真左右：藤井浩司］

図2｜断面図

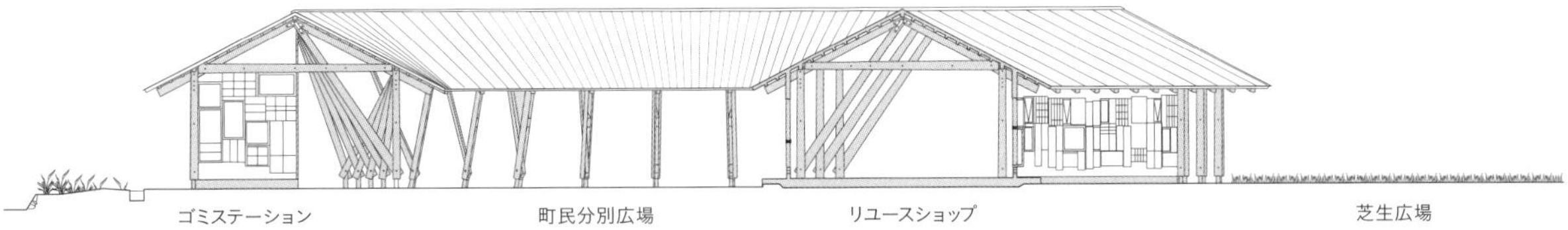

ゴミステーション
町民分別広場
リユースショップ
芝生広場

図3｜フレームを徐々に変形させて空間の使用条件に適合させる

<鉛直・水平力に対して安定し、丸太材の乾燥収縮や不同沈下に追従しやすい3ヒンジ静定構造のフレーム>

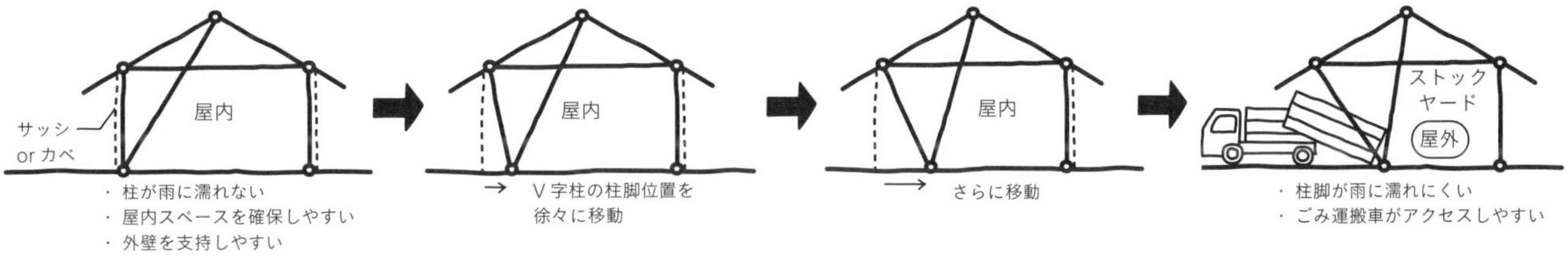

サッシ
or カベ
屋内
・柱が雨に濡れない
・屋内スペースを確保しやすい
・外壁を支持しやすい
屋内
V字柱の柱脚位置を
徐々に移動
屋内
さらに移動
ストック
ヤード
屋外
・柱脚が雨に濡れにくい
・ごみ運搬車がアクセスしやすい

があった。そこで次のように構造を考えていった。

1）2組の単位トラスと1本のピン柱で鉛直・水平力を負担できる、3ヒンジ静定構造の平面フレームを基本形としてつくる。

2）フレームを馬蹄形の軸に沿って2・73m間隔で並べることで、屋根の鉛直荷重を支えるとともに、全体としてあらゆる方向に対し一定の水平耐力をもたせる。

3）ストックヤード廻りは中庭側の柱脚位置を内側に移動させ、フレームを基本形から変化させる。ただしフレーム形状を基本形から急激に変えると、隣り合うフレームどうしの構造性状が不連続になって好ましくないため、柱脚位置を455㎜ずつ7段階で徐々に移動させ、最大2・73㎜内側に寄せる［図3］。

4）右記のフレームどうしを母屋と小幅の野地板でつなぎ、補助的に丸鋼ブレースや合板耐力壁を入れる。

以上のようにして、空間の使用条件に合わせた構造が出来上がる［図4］。静定構造を採用したのは、木材の乾燥収縮によって不静定応力が生じないうえ、フレーム形状を少々変化させても構造性状が極端に変わらないからである。

❷丸太材を使って形態をどう変化させ、かつ施工しやすい構成とディテールをどうつくるか？

ゼロ・ウェイストセンターは、ごみゼロを標榜している町のシンボルにな

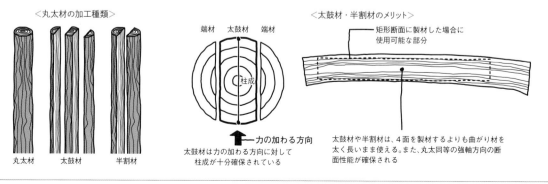

図4｜建物全体の構造モデル

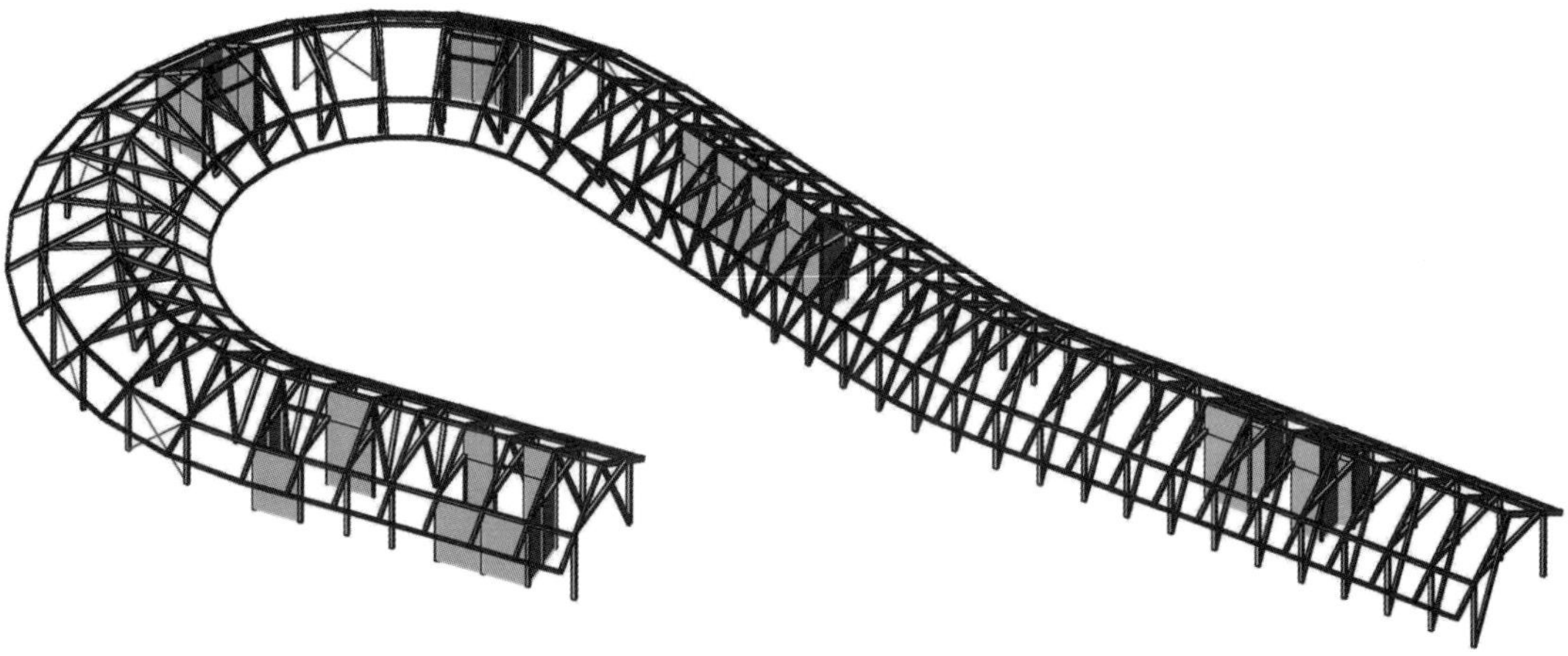

図5｜太鼓材と半割材による構成

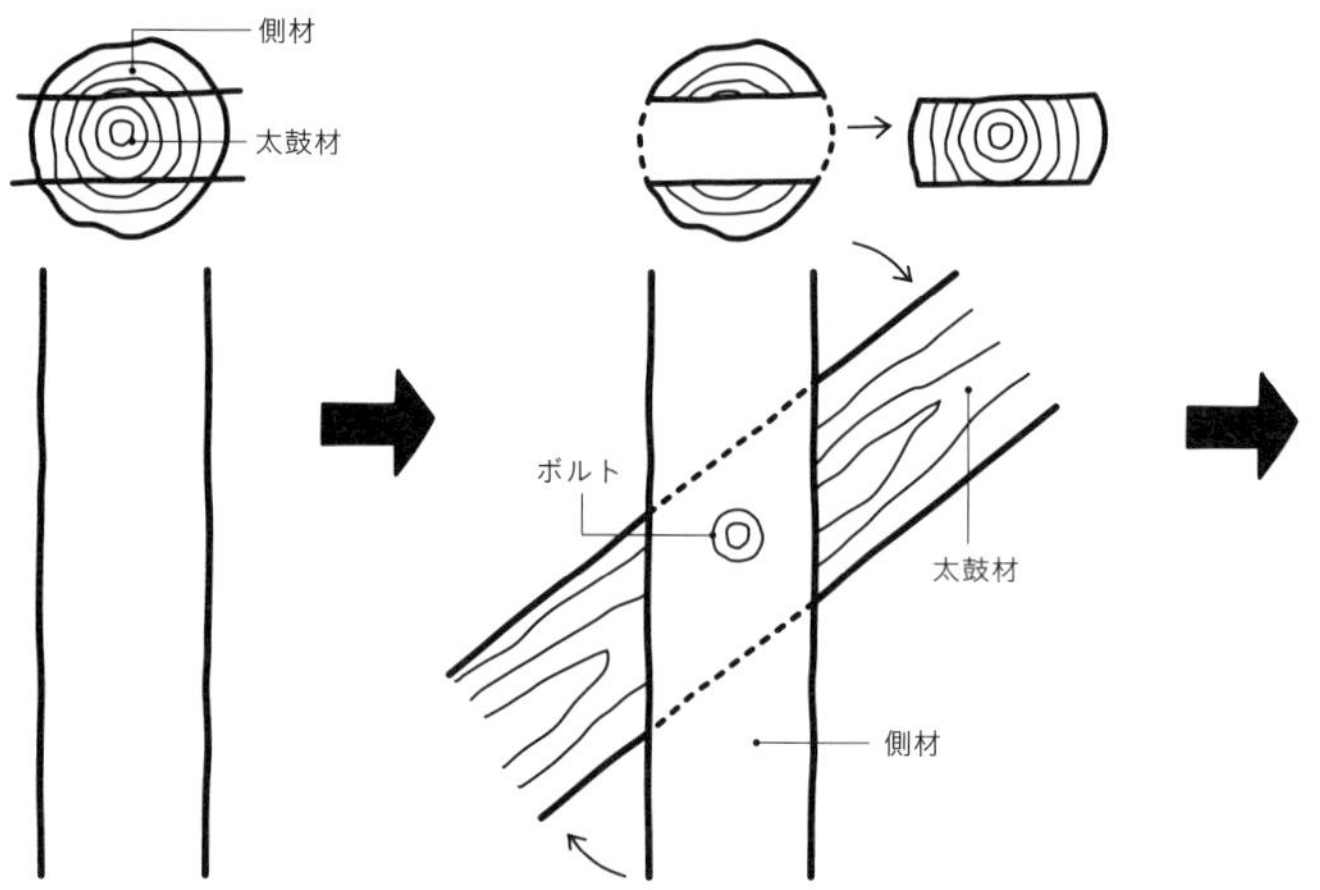
側材
太鼓材
ボルト
太鼓材
側材

丸太材を3枚におろし、ボルトを中心に部材を回転させることで構造を可変させる

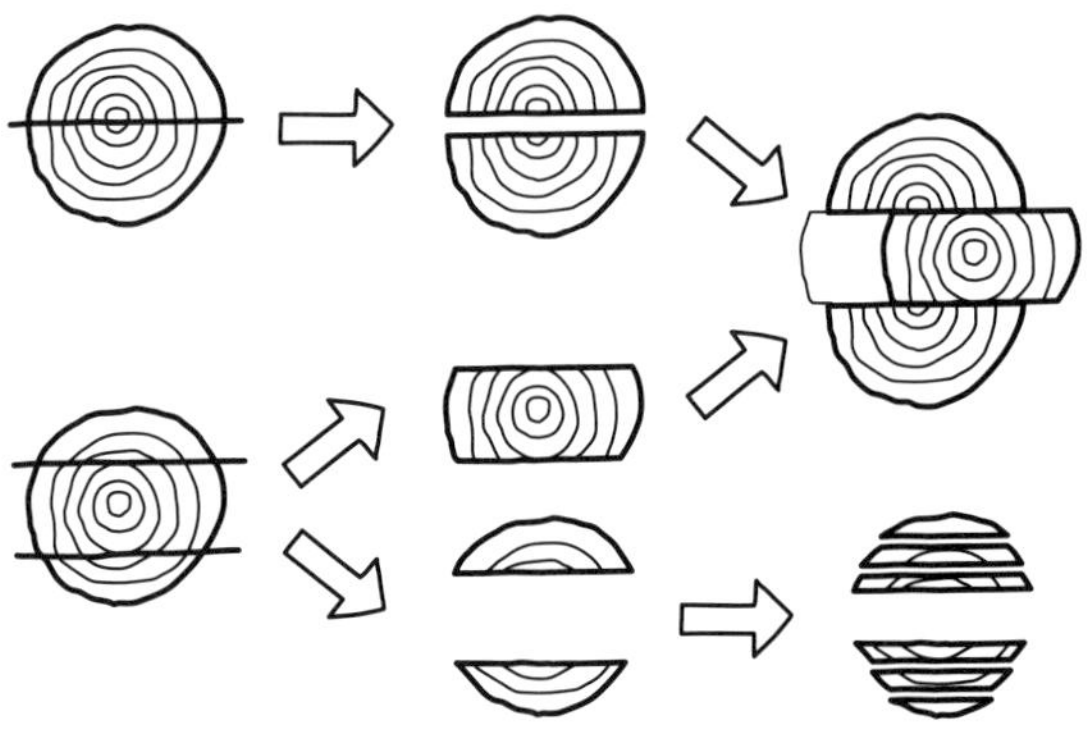

太鼓材を半割材で挟み込み、ボルトを中心に部材を回転させる
太鼓引きした側材は、3種類の巾の板材に挽き、仕上材として利用する

ポイント

丸太材は太鼓材・半割材に加工して扱いやすく

丸太材は製材工程がないため、長い材が得やすく、断面性能のロスが少ないという力学的な長所をもつ。その反面、曲がりや断面形状にはバラつきがあるため、加工・組立に高度な大工技能を必要とする。特に現代では、丸太材どうしを自然の丸みに合わせて隙間なく接合する「光付」を加工できる大工が非常に少なく、丸太材を構造に使う場合はコストや工程も含めてさまざまな目配りが必要である。丸太材の少し変わった使い方として、太鼓材と半割材がある。太鼓材とは、丸太材の相対する2面を切り落として平行な2面をつくった断面が太鼓形の材、半割材とは、丸太材を半分に製材した材をいう。4面を切り落とす製材は原木のちょっとした曲がりによって長材や大断面の材を得ることが困難になるが、太鼓材や半割材ならば、曲がり面と製材面を揃えることで、長材・大断面が得ることが可能となる。また、面ができることで木材の墨付け・加工や、壁との取合いなどが丸太材に比べて格段に容易になるとともに、強軸方向の断面性能が確保される。丸太と製材それぞれの長所を備えた、大工の知恵と工夫を感じる要素技術である。桟積みもしやすくなるため、乾燥と保管にも大きなメリットがある。

<丸太材の加工種類>

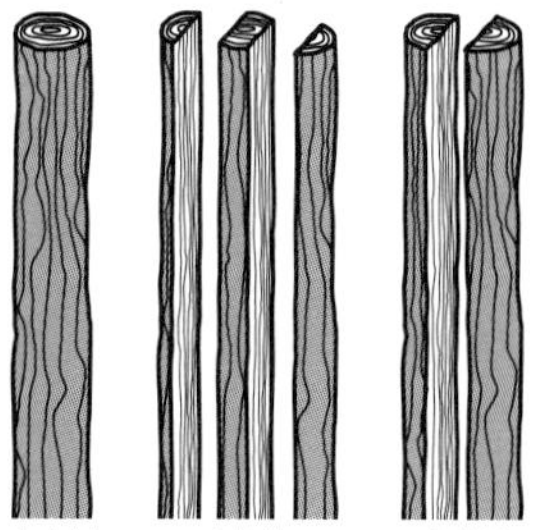
丸太材
太鼓材
半割材

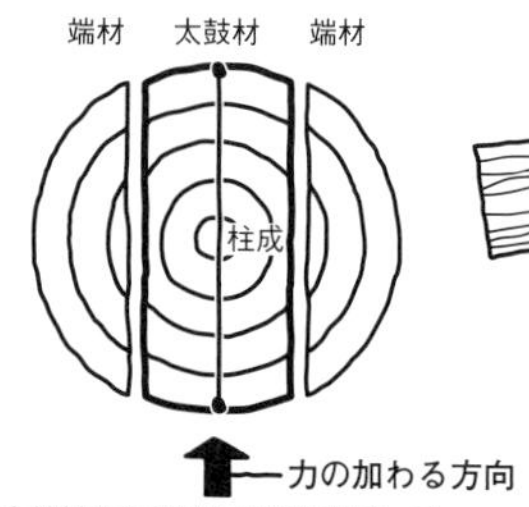
端材
太鼓材
端材
柱成
力の加わる方向

太鼓材は力の加わる方向に対して
柱成が十分確保されている

<太鼓材・半割材のメリット>

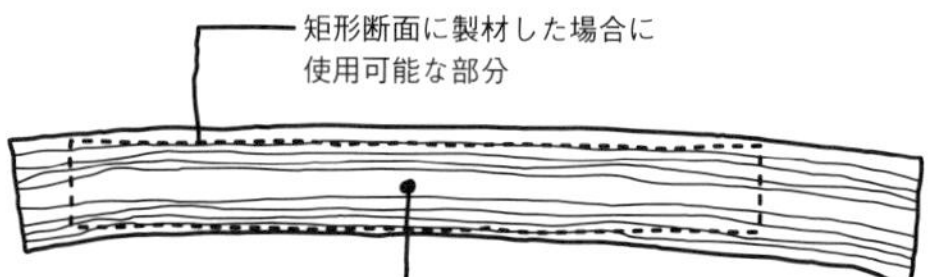
矩形断面に製材した場合に
使用可能な部分

太鼓材や半割材は、4面を製材するよりも曲がり材を
太く長いまま使える。また、丸太同等の強軸方向の断
面性能が確保される

図6｜部材構成と接合ディテール

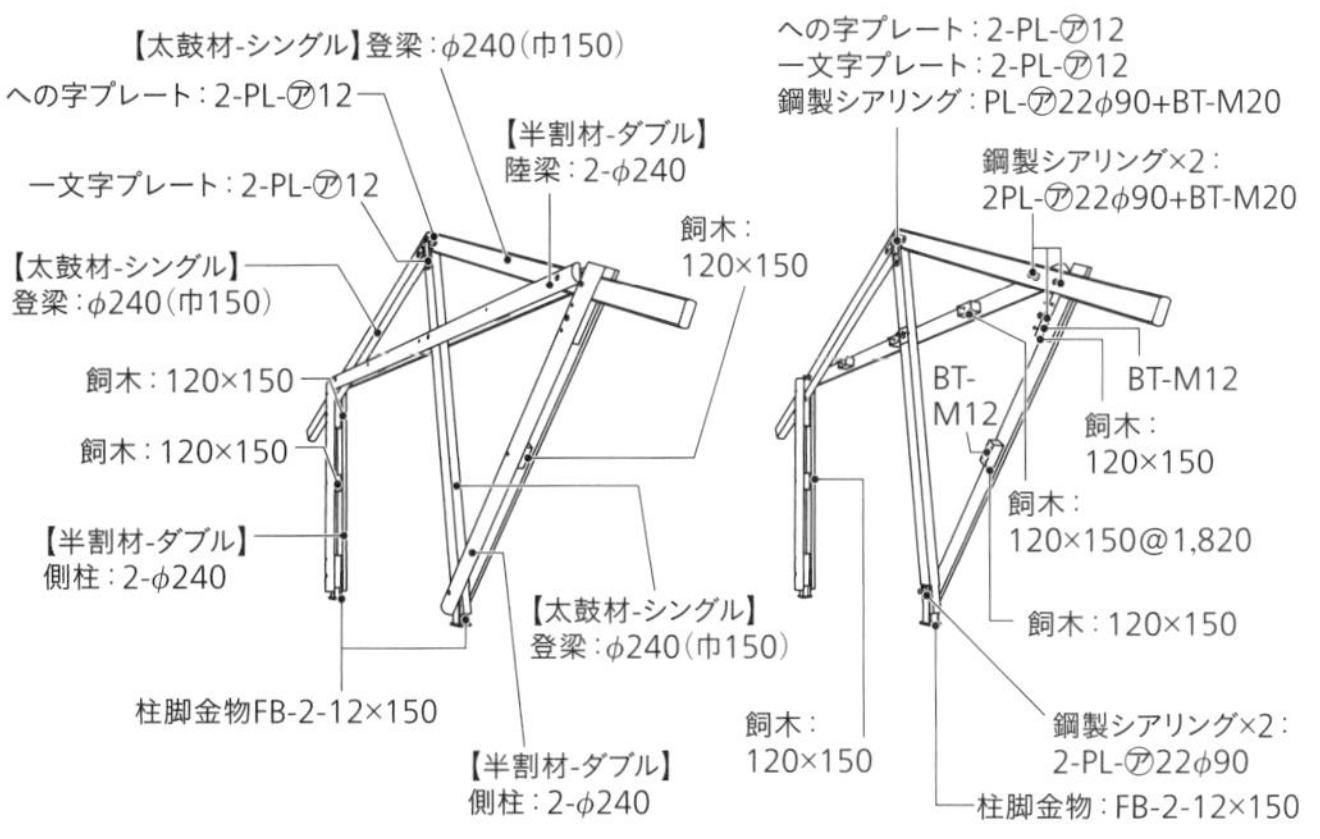
【太鼓材-シングル】登梁：φ240（巾150）
への字プレート：2-PL-㋐12
一文字プレート：2-PL-㋐12
【半割材-ダブル】
陸梁：2-φ240
【太鼓材-シングル】
登梁：φ240（巾150）
飼木：120×150
飼木：120×150
飼木：
120×150
【半割材-ダブル】
側柱：2-φ240
【太鼓材-シングル】
登梁：φ240（巾150）
柱脚金物FB-2-12×150
【半割材-ダブル】
側柱：2-φ240
への字プレート：2-PL-㋐12
一文字プレート：2-PL-㋐12
鋼製シアリング：PL-㋐22φ90+BT-M20
鋼製シアリング×2：
2PL-㋐22φ90+BT-M20
BT-M12
BT-
M12
飼木：
120×150
飼木：
120×150@1,820
飼木：120×150
飼木：
120×150
鋼製シアリング×2：
2-PL-㋐22φ90
柱脚金物：FB-2-12×150

徐々にトランスフォームしていく構造フレーム　［写真：藤井浩司］

図7｜軒部の接合ディテール

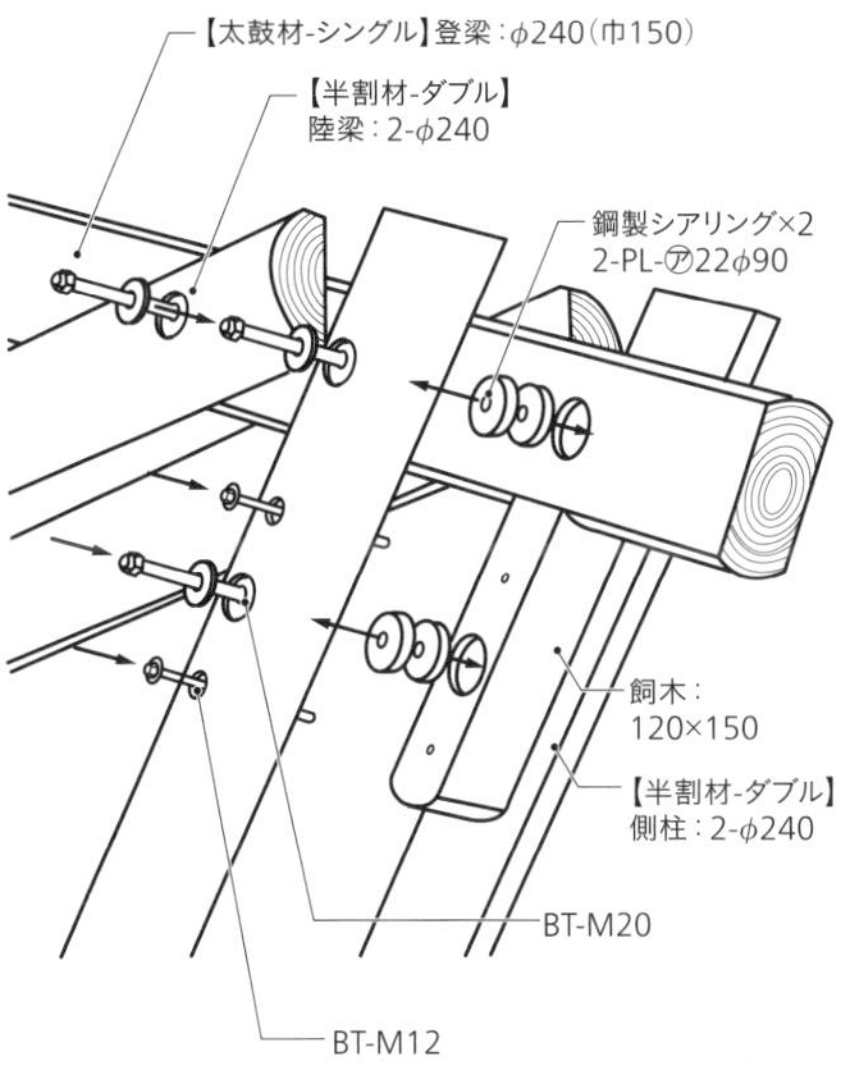
【太鼓材-シングル】登梁：φ240（巾150）
【半割材-ダブル】
陸梁：2-φ240
鋼製シアリング×2
2-PL-㋐22φ90
飼木：
120×150
【半割材-ダブル】
側柱：2-φ240
BT-M20
BT-M12

図8｜頂部の接合ディテール

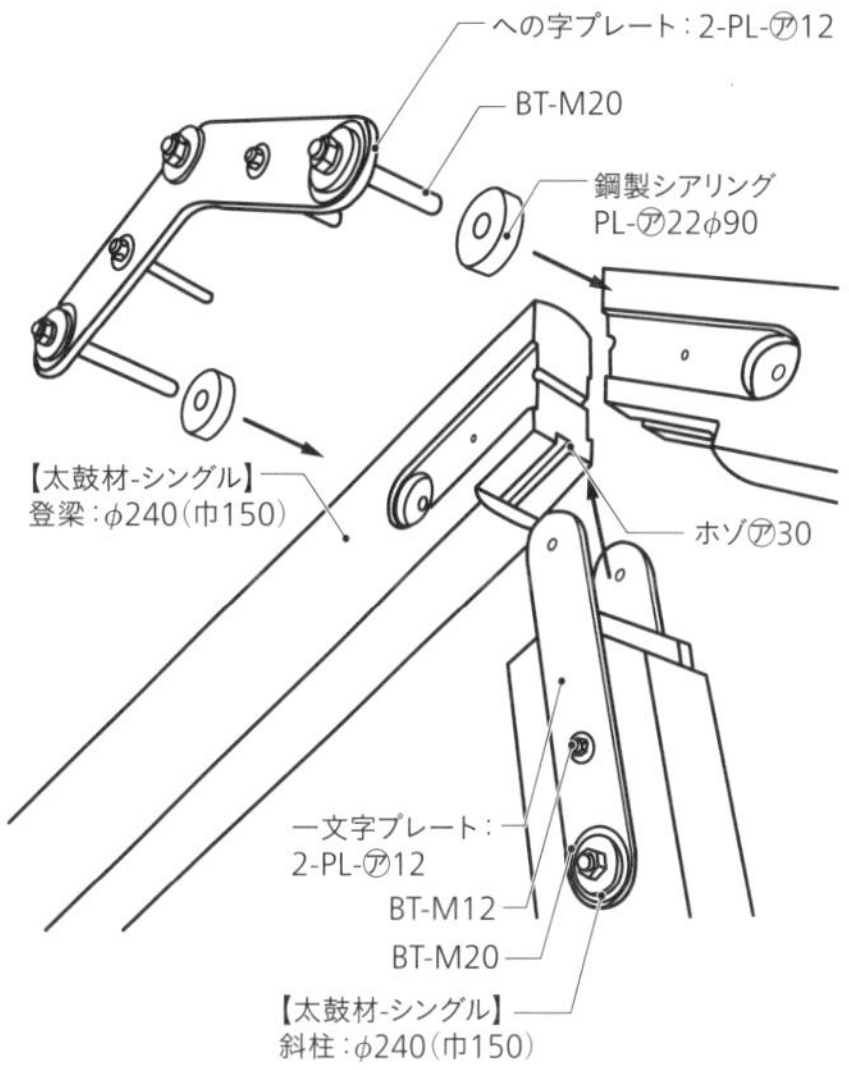
への字プレート：2-PL-㋐12
BT-M20
鋼製シアリング
PL-㋐22φ90
【太鼓材-シングル】
登梁：φ240（巾150）
ホゾ㋐30
一文字プレート：
2-PL-㋐12
BT-M12
BT-M20
【太鼓材-シングル】
斜柱：φ240（巾150）

るべき施設である。そのため、地域の木材と技術を生かすべく、町産杉の丸太材を無駄なく使った構造にしたかった。だが、丸太材は寸法の不ぞろいさから高度な大工技能が求められる。現代では扱える大工が少ないうえ、乾燥・加工・組み立てにも時間がかかる。それに加えて前述のように、丸太材のフレームの形態を場所によって変化させていくという、極めて厳しい計画条件があった。

そこで、丸太材の加工手間を極力抑え、同時に、丸太材のよさが生きる美観をもたせることを目指した。そのためには、光付《ひかりつけ》の仕口を極力つくらないこと、トラス接合部での部材混雑を解消すること、フレーム形状の変形に伴う部材角度の変化に柔軟に追従できる仕組みを与えることが求められた。

最初に発想したのは、1本の丸太を3枚おろしのように分けて1本のボルトで留め、ボルトを中心に真ん中の太鼓材と両端の側材を回転させることで可動するトラスを構成する方法である。この方法では末口部分で側材が薄くなりやすいことが課題であったため、この発想を大切にしながら改良し、側材に半割材を用いることとした。つまり各部材をシングルの太鼓材とダブルの半割材とに仕分けし、これらを組み合わせてフレームをつくる方法である［図5］。この方法ならば、一般的に部材が集中するトラス接合部も必ず2方向の部材を通すことができるため、干渉を抑えやすいメリットもある。シングルとダブルの仕分けは、接合部のつくりやすさ、座屈、美観など、総合的に検討して行い、登り梁と斜材はシングル、側柱と陸梁はダブルとした［図6］。この構成によって、丸太材の最大のメリットである長材利用を可能にしたまま、部材どうしは平らな面で接するため光付が不要になるとともに、トラス接合部の混雑が解消できた。さらに、太鼓材や半割材にすることで、丸太材では困難だった桟積みによる乾燥が格段に容易になった。太鼓材の製材時に出る端材は、外壁仕上げの板材や薪として使い切っている。

太鼓材と半割材が交差する各接合部のディテールでは、M20ボルト1本で留めることで、フレーム変形に伴う部材の角度変化に追従するようにしている。ただし、1本のボルトのみでは接合部耐力が大きく不足することから、φ90×厚み22㎜の鋼製シアリングを内蔵させて支圧面積を大きくすることで、美観と接合耐力を確保した［図7］。屋根頂部では2本の登り梁と1本の斜材、計3材が1点に集まるが、シアリングに加えて、への字形と一文字形のプレートを組み合わせることで、斜材の角度変化に追従するディテールを実現している［図8］。

DATA

上勝町ゼロ・ウェイストセンター（中村拓志 & NAP建築設計事務所）

敷地面積：5,557.50㎡
建築面積：1,398.18㎡
延床面積：1,176.40㎡
規　　模：ゼロ・ウェイスト棟
　　　　　地上1階
竣　　工：2020年3月

Part 2

基礎知識 編

01 柱と梁の配置で注意すべきこととは？

伏図検討の際は部材の間隔に注意する

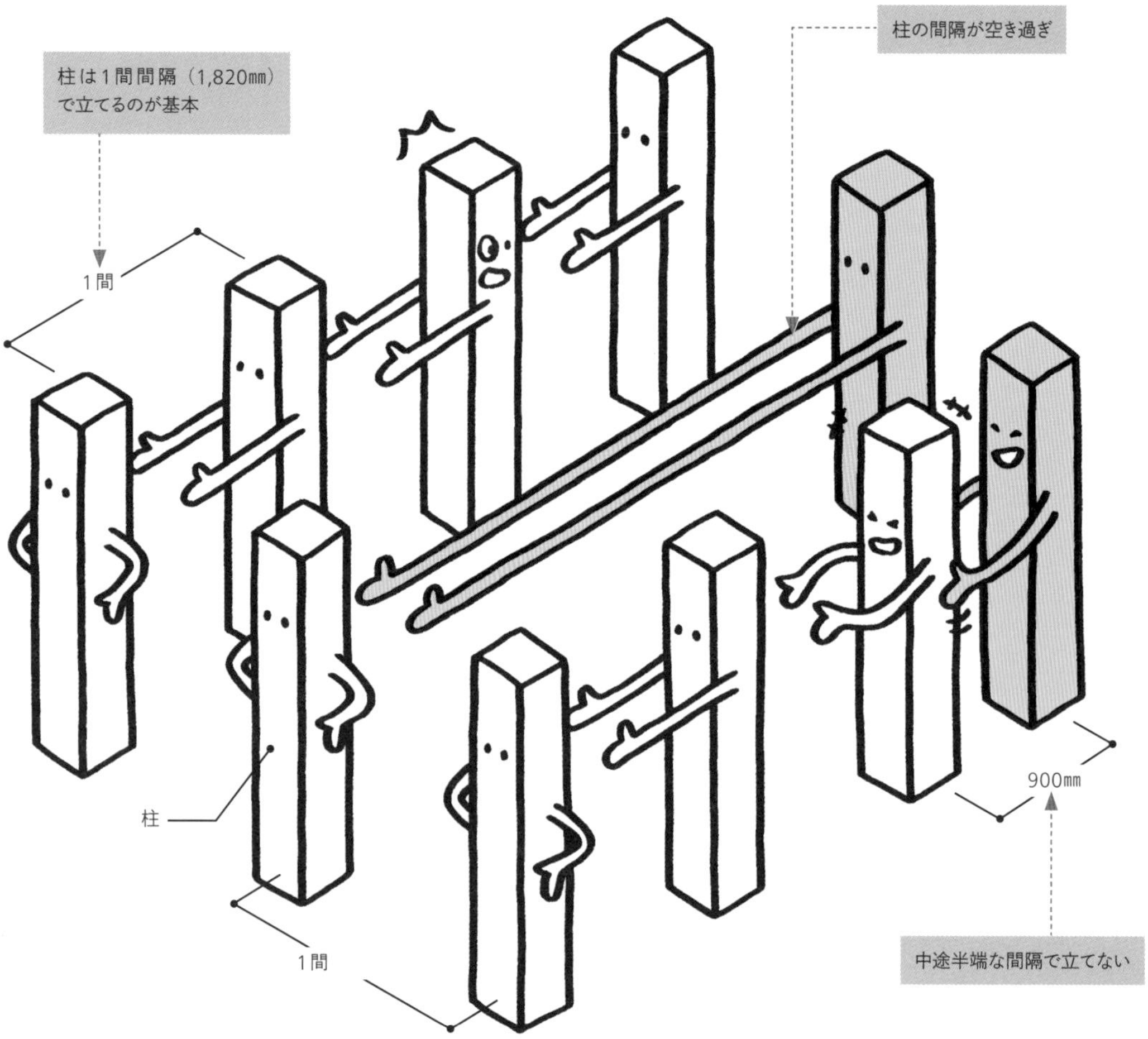

柱は1間間隔（1,820㎜）で立てるのが基本
柱の間隔が空き過ぎ
1間
柱
1間
900㎜
中途半端な間隔で立てない

柱と梁の役割を知る

現状のプランで建物が構造的に成立するかを確認したうえで、建物の高さ寸法にかかわる断面計画を進めるために、構造伏図は、設計の早い段階で作成することになる。伏図上で柱と梁の配置を検討する前に、まずそれらの構造上の役割を理解しておこう。

❶柱の3つの役割

柱の第一の役割は梁を支えることだ。柱は、鉛直荷重［189頁］による梁の変形を抑える。柱の間隔が広すぎると梁は大きくたわみ、構造に影響を及ぼす。そのため、柱は適切な間隔で配置して、梁を支える必要がある［図1］。

第二に柱は耐力壁の枠材となる［図2］。耐力壁に十分な性能を発揮させるためには、耐力壁の仕様に合わせて柱間隔を設定しなければならない。また、柱の間隔が中途半端だと、面材の歩留りが悪くなり、間柱の割付けが難しくなる。

第三の役割は風圧力に耐えることだ［図3］。外壁が受ける風圧力は、柱を介して梁や土台などの横架材に伝わる。ただし、外壁に開口部を設けると、柱にかかる力の流れが変わる。特に、幅広の腰窓があると、上下の横架材をつなぐ間柱が不連続になり、力が上手く伝わらない。この場合は柱の成やピッチに注意する。同様に吹抜けに面する外壁の柱にも大きな風圧力が働くため太さとピッチに注意が必要だ［図4］。

❷梁の3つの役割

梁の第一の役割は、床や屋根の「面材や板材」を支えることである。梁はこれらの厚みや仕様に応じて適切な間隔で配置する。第二の役割は、柱とともに耐力壁の枠材になることである。第三の役割は水平構面の枠材になることで、水平構面の面材や火打ち梁は、いずれも梁で囲まれることで機能する。特に、建物外周や吹抜け廻りといった床や屋根の端部に配置される梁には地震時に大きな軸力［※1］が生じるので、仕口や継手が引っ張りに耐えられなければならない［図5］。

柱と梁の配置で重要なのは、適切な間隔だといえる。基本的には1間《けん》間隔を目安に考え、そこからプランに沿って具体的に配置するとよい［118頁］。

柱と梁の役割

図1｜梁を支える

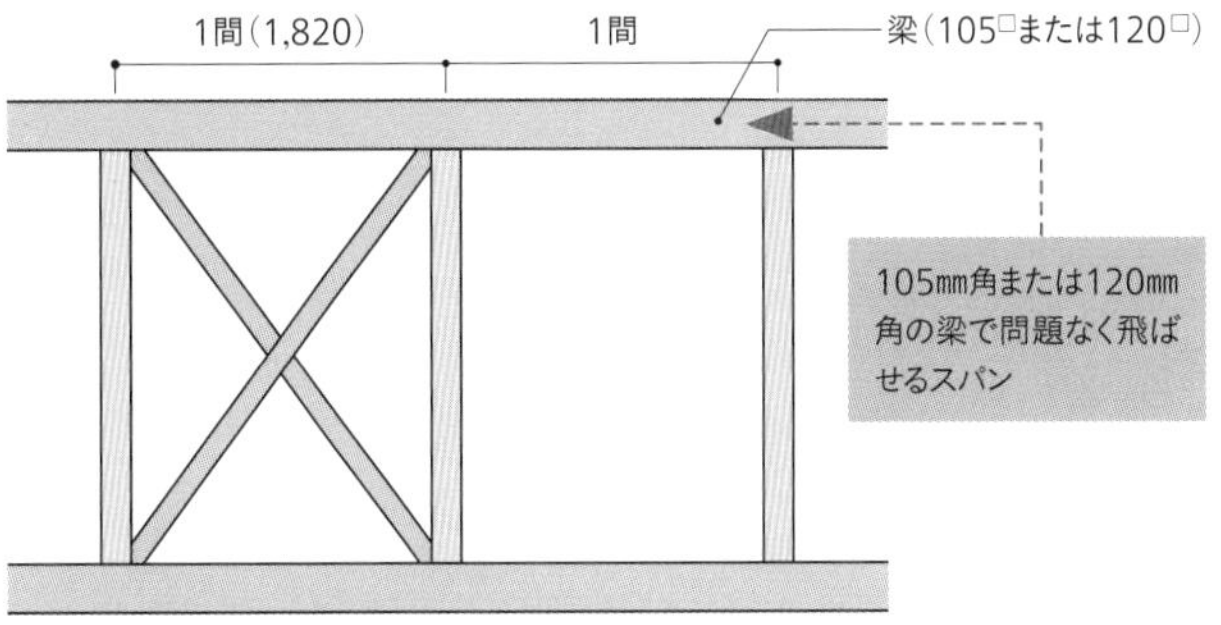
1間(1,820)
1間
梁(105□または120□)
105㎜角または120㎜角の梁で問題なく飛ばせるスパン

1間は流通材の梁の最低寸法である105㎜角や、120㎜角で問題なく飛ばせるスパンである。同時に筋かい耐力壁を効果的に機能させる柱の間隔（900～2,000㎜）の内法寸法でもある［※2］

図2｜耐力壁の枠材となる

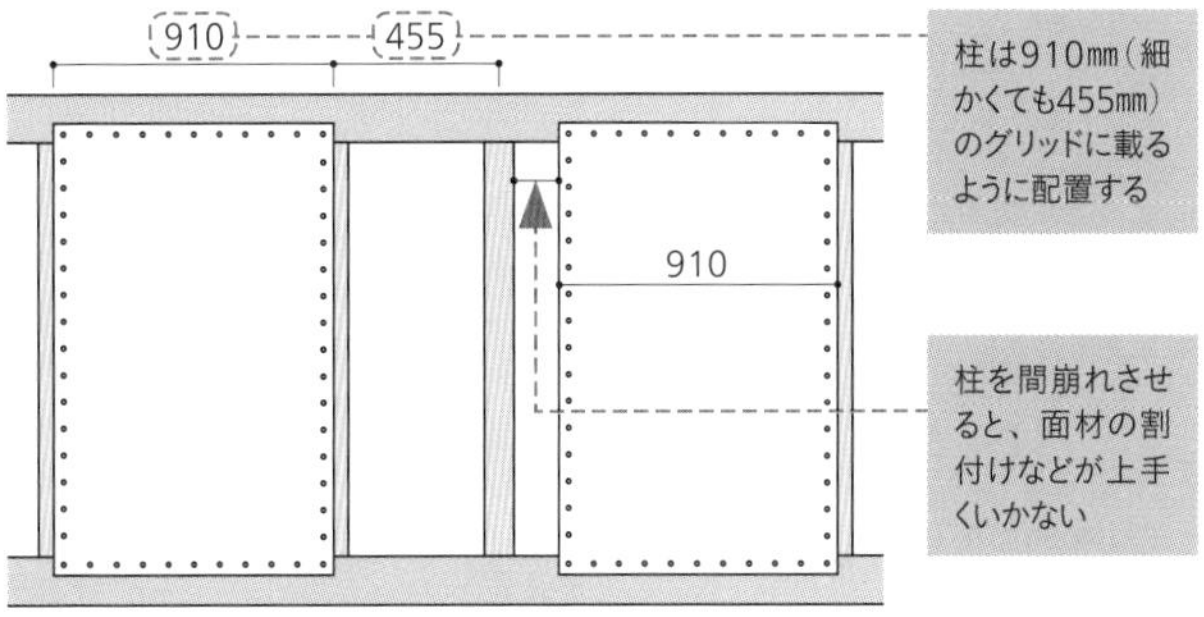
910
455
910
柱は910㎜（細かくても455㎜）のグリッドに載るように配置する
柱を間崩れさせると、面材の割付けなどが上手くいかない

筋かい・面材のいずれも耐力壁は、四周が横架材と柱に囲われて初めて機能する。また、中途半端な位置に柱を立てると構造用合板の歩留りが悪くなり、間柱の割付けも難しくなる

図3｜開口部にかかる風圧力に耐える

幅の狭い開口部

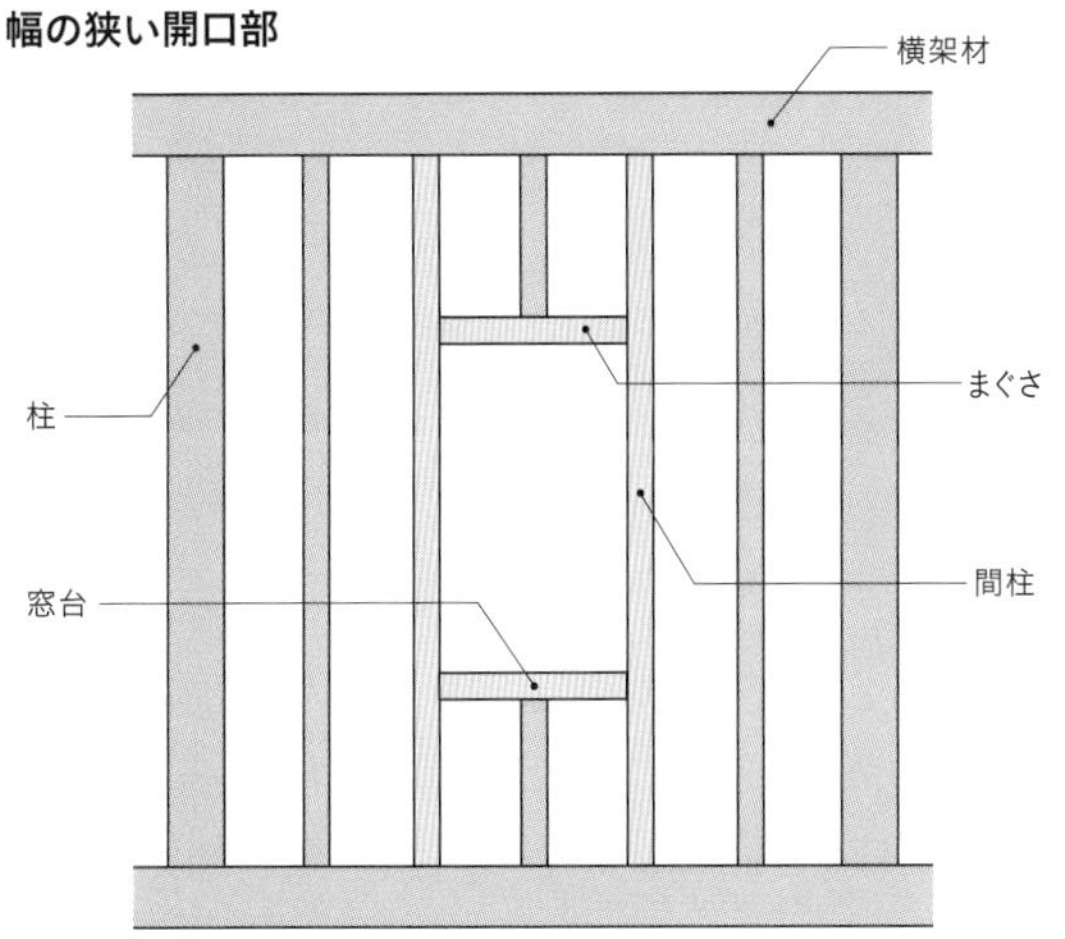
横架材
柱
まぐさ
窓台
間柱

開口部の風圧力はまぐさ・窓台から、間柱を介して上下の横架材に流れる

幅の広い開口部

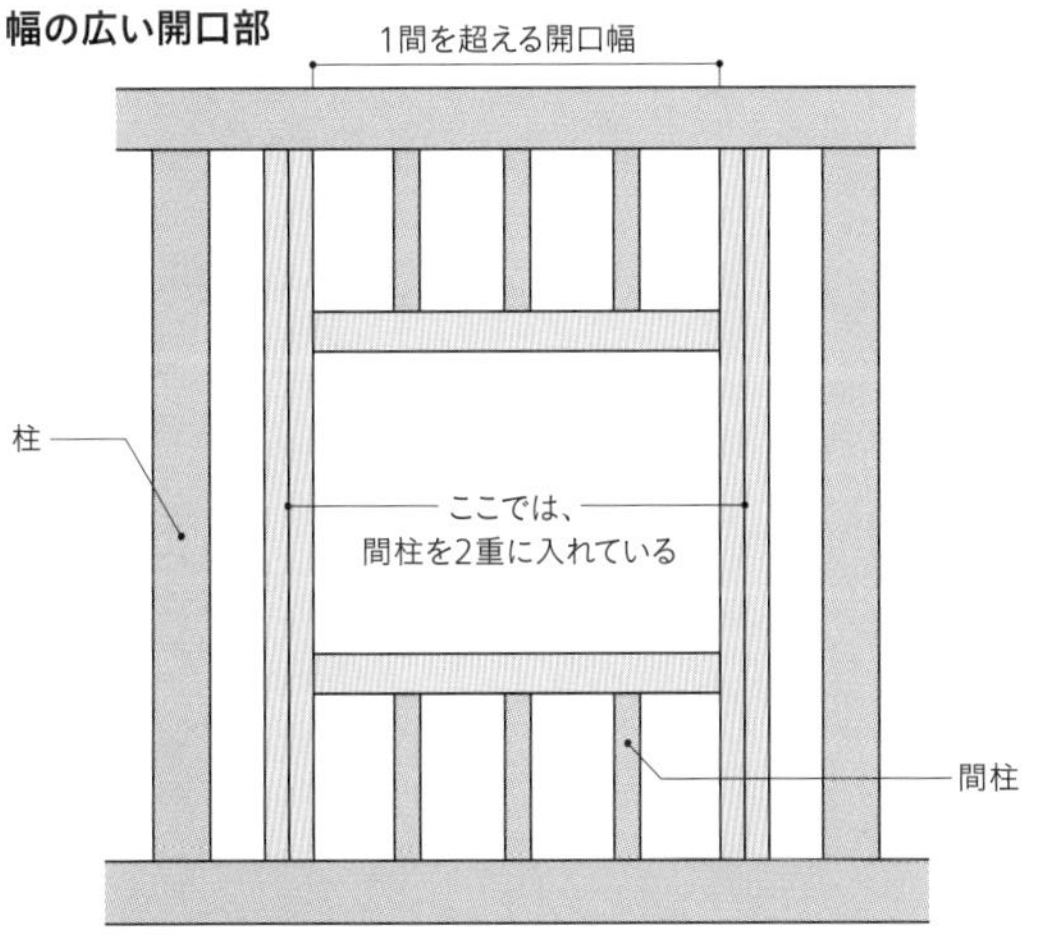
1間を超える開口幅
柱
ここでは、
間柱を2重に入れている
間柱

開口部の幅が1間を超える場合は、まぐさや窓台の力を受けるために、柱を建てるか間柱を2重に入れる

外壁の開口部に作用する風圧力は、まぐさと窓台の両側の柱や間柱に伝わり、上下の横架材に流れるため、窓の横幅が広がると両側の縦材が負担する力が大きくなり壁が面外に変形しやすくなる。特に、真壁は間柱や窓の受け材の成が大壁に比べて小さくなるため、力を上下の横架材に伝達しにくくなる

図4｜外壁に面する吹抜けにかかる風圧力に耐える

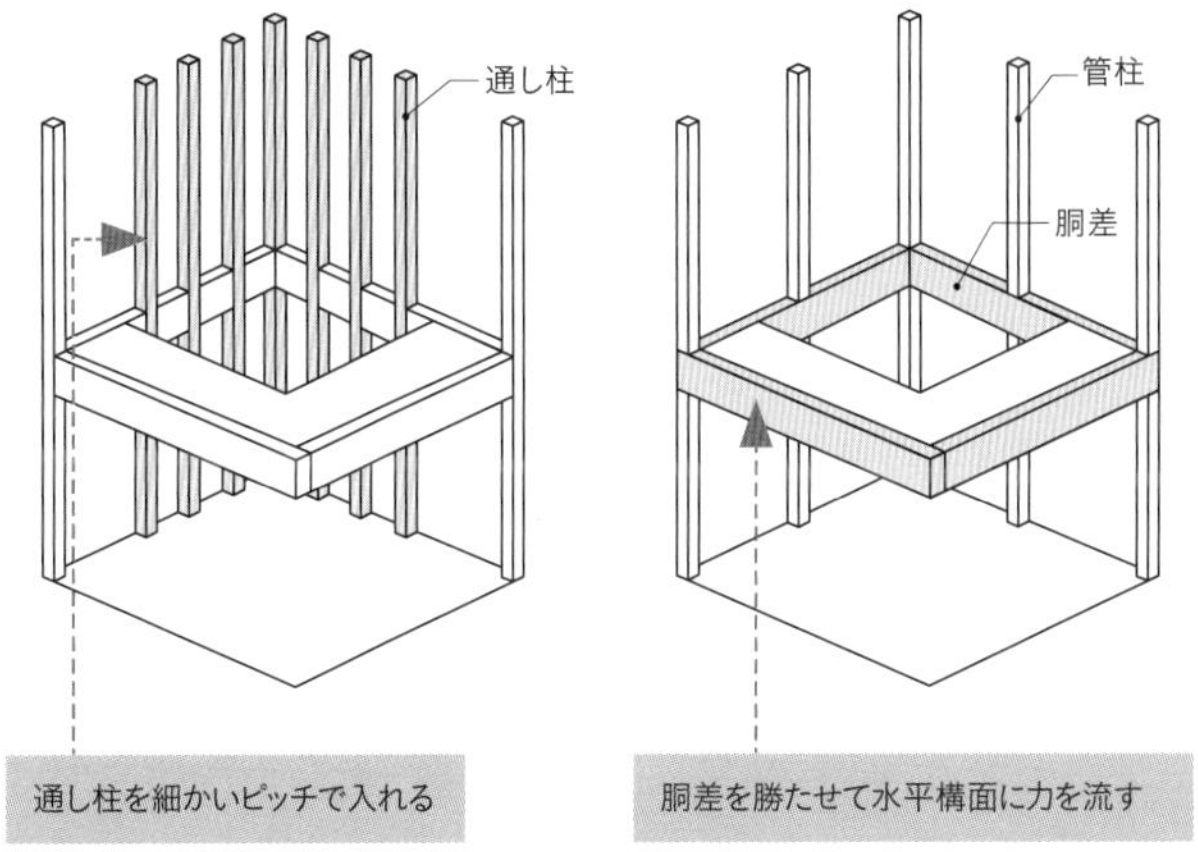
通し柱
管柱
胴差
通し柱を細かいピッチで入れる
胴差を勝たせて水平構面に力を流す

吹抜けが外壁に面する場合は、風圧による壁の変形を抑えるために、通し柱を細かいピッチで入れるか、胴差を勝たせて風圧力を床構面に伝達させる。風圧を受ける柱のピッチと太さの関係は125頁を参照

図5｜外周梁は引っ張り力に強くする

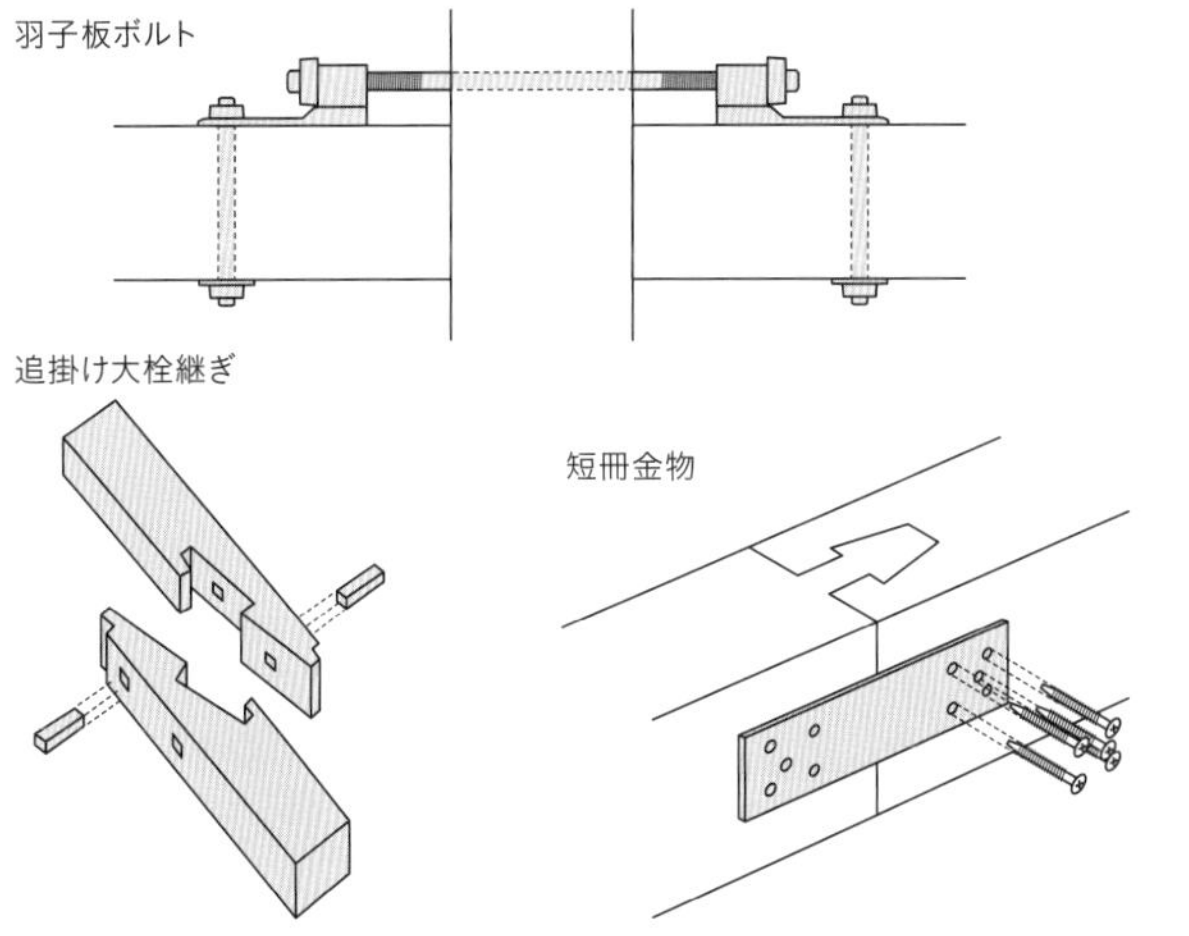
羽子板ボルト
追掛け大栓継ぎ
短冊金物

建物外周の軒桁や胴差、吹抜けに面する床に配置される梁には、地震時に大きな軸力が生じる。ここには太い梁材を入れるだけでなく、継手を短冊金物や追掛け大栓継ぎなどの仕様にするとともに、仕口を羽子板ボルトや引きボルトなどを用いて強い引っ張り力に耐えられるようにする必要がある

※1　圧縮力や引張力など材軸方向に生じる力
※2　『木造軸組工法住宅の許容応力度設計』（2017年版）で、筋かい耐力壁が耐力を発揮できる柱の間隔が規定されている

02 簡単な構造伏図の作成方法は？

2階建て住宅のモデルプラン

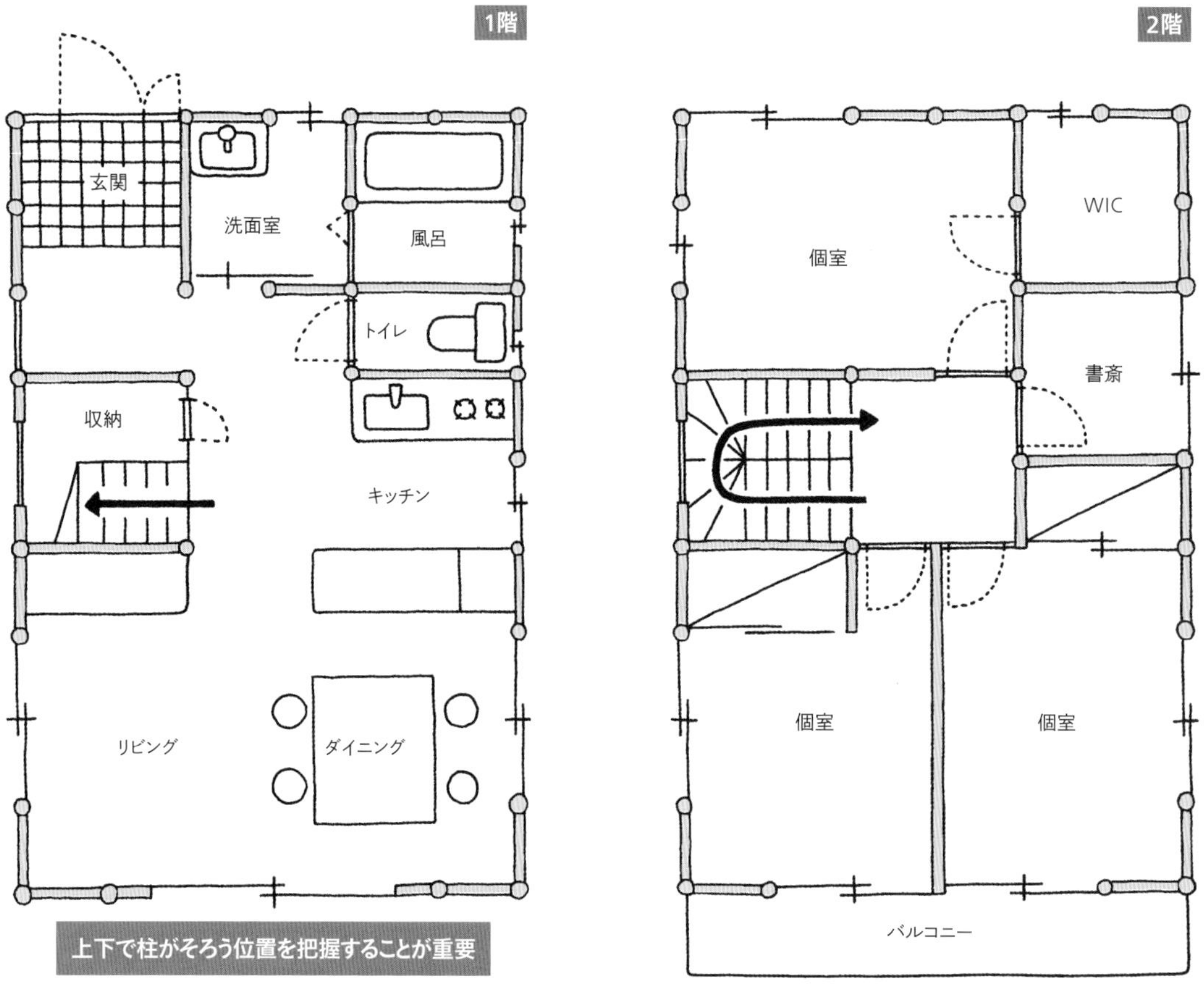
1階
玄関
洗面室
風呂
トイレ
収納
キッチン
リビング
ダイニング
上下で柱がそろう位置を把握することが重要
2階
WIC
個室
書斎
個室
個室
バルコニー

伏図作成で失敗しない方法

　構造伏図は、各階の柱・梁・耐力壁などを行き来しながら各部材の配置を検討するため、作図が難しい。たとえば、「柱を配置したが、梁がうまく通らなかった」「耐力壁の位置に合わせて、梁を追加したところ、本数が過剰になった」などの失敗が考えられる。そこで、部材の位置関係を整理しながら、効率よく伏図を作成する方法を紹介する。普段の設計で筆者が行っているオススメの作図法だ。

　ここでは、2階建て住宅のモデルプラン［上図］を例に、「2階床伏図」の作成手順を解説する。基本的に、柱は1間間隔を目安に配置すると構造部材が整理され、歩留まりがよくなりやすい［117頁］。ただし、プランに柔軟に対応するため、伏図は半間（910㎜）間隔のグリッド上に描き込んでいく。

❶上下階の壁の配置から柱を描き込む

　まずは1・2階で壁の位置がそろう場所を把握する［図①・②］。上下階で配置が一致する壁内の柱は、鉛直荷重を基礎まで円滑に伝達できるため、構造上重要な「主柱《しゅばしら》」として設定できる［図③］。1階のみに立つ柱は主柱とは別に「副柱《ふくばしら》」［※1］として設定する［図④］。

❷耐力壁・梁を順に配置する

　次に主柱の配置をもとに耐力壁の配置を決定する［図⑤］。柱は耐力壁の枠材としても重要なので、主柱に挟まれた壁は主要な耐力壁として設定できる。また、副柱に取り付く壁も1階の耐力壁の候補として確保しておく。柱と耐力壁の配置が決まれば、これらを包括するように梁を架ける［図⑥］。この梁は「大梁」になる。これで、主要な柱・耐力壁・梁の配置が決まった。その後、2階の雑壁を支える梁を設定［図⑦］し、2階の床材を支える小梁や根太のピッチを合板の厚みに沿って決定［図⑧］する。

❸梁の成と耐力壁の仕様を決定する

　梁の負担幅と配置間隔からスパン表［123頁］を用いて、梁の成を決定し、最後に壁量計算を行って、耐力壁の仕様と配置を設定する［図⑨］。

　小屋伏図の場合も、2階床伏図で決まった主柱の配置を基準に同様の手順で進めるとよい。

シンプルな2階床伏図の作成手順

① グリッド上に1階の壁位置を太線で描く

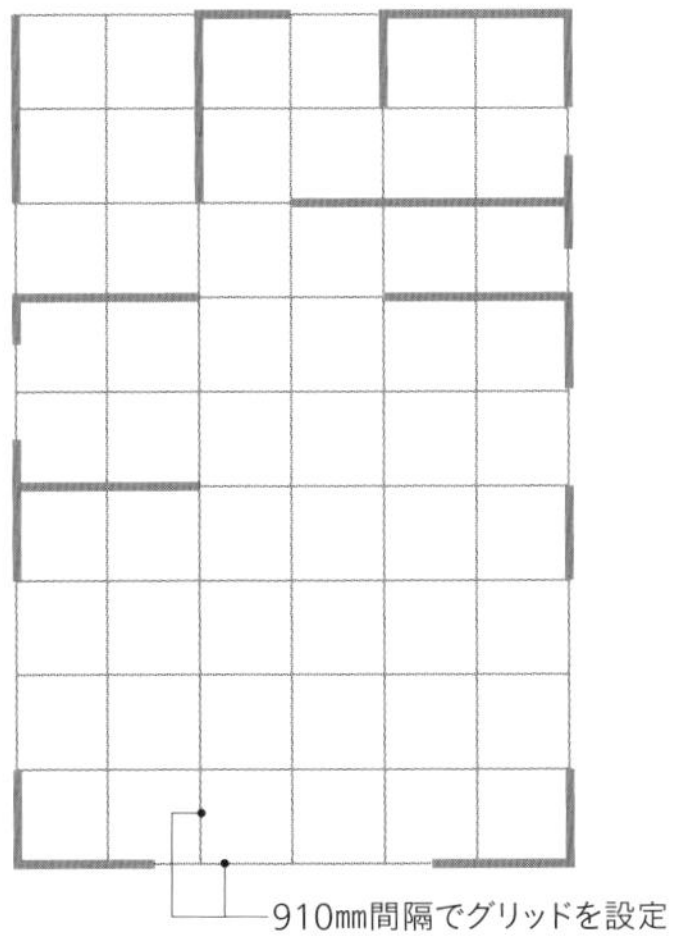
910㎜間隔でグリッドを設定

② グリッド上に2階の壁位置を点線で描く

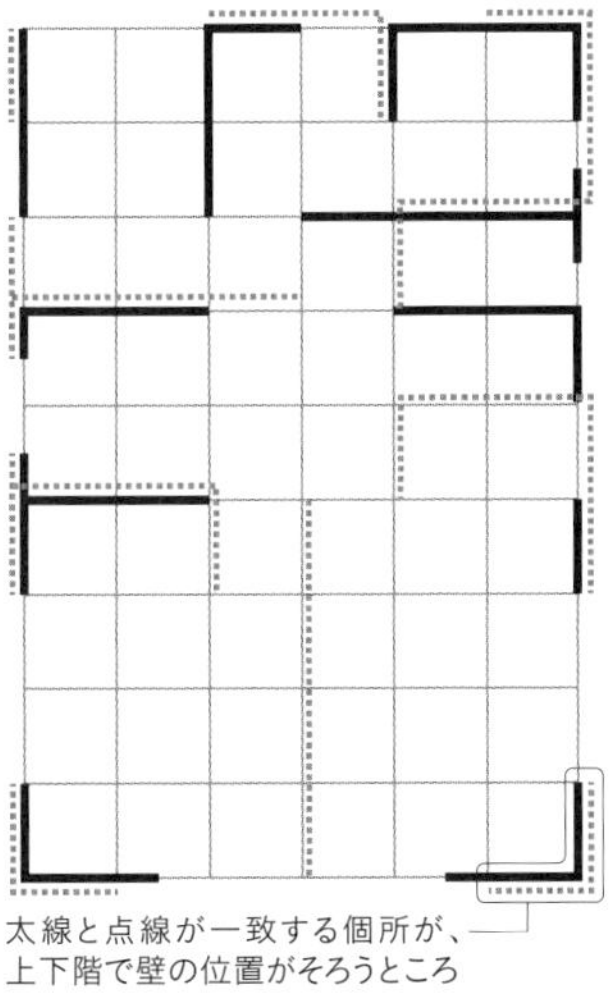
太線と点線が一致する個所が、上下階で壁の位置がそろうところ

③ 1･2階の壁線の端が重なるグリッドの交点および、1･2階の壁線の交点に○(主柱)を描く

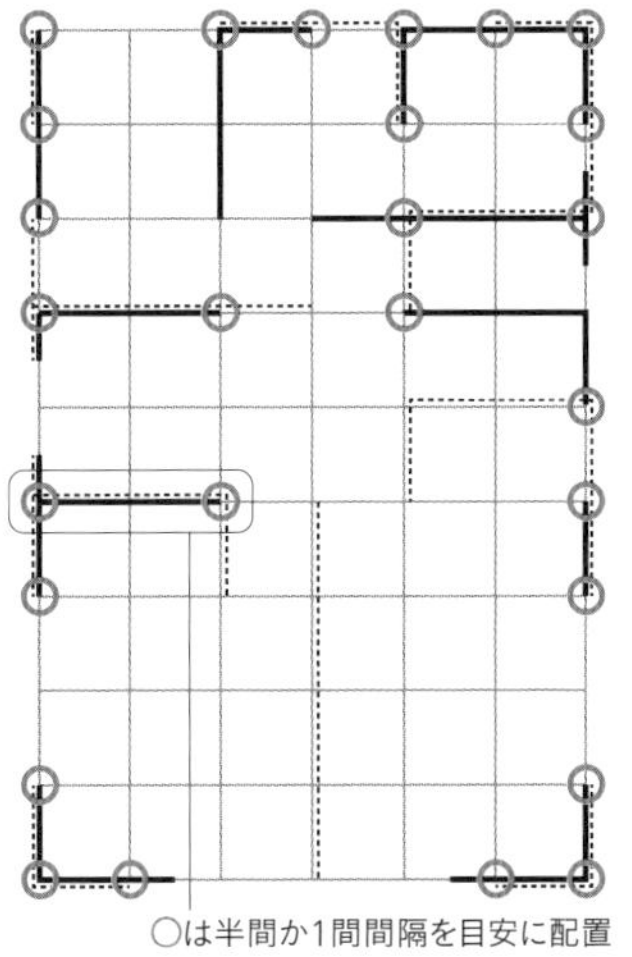
○は半間か1間間隔を目安に配置

④ 1階壁(太線)の端が2階壁(点線)より延びているグリッド線上に×(副柱)を描く

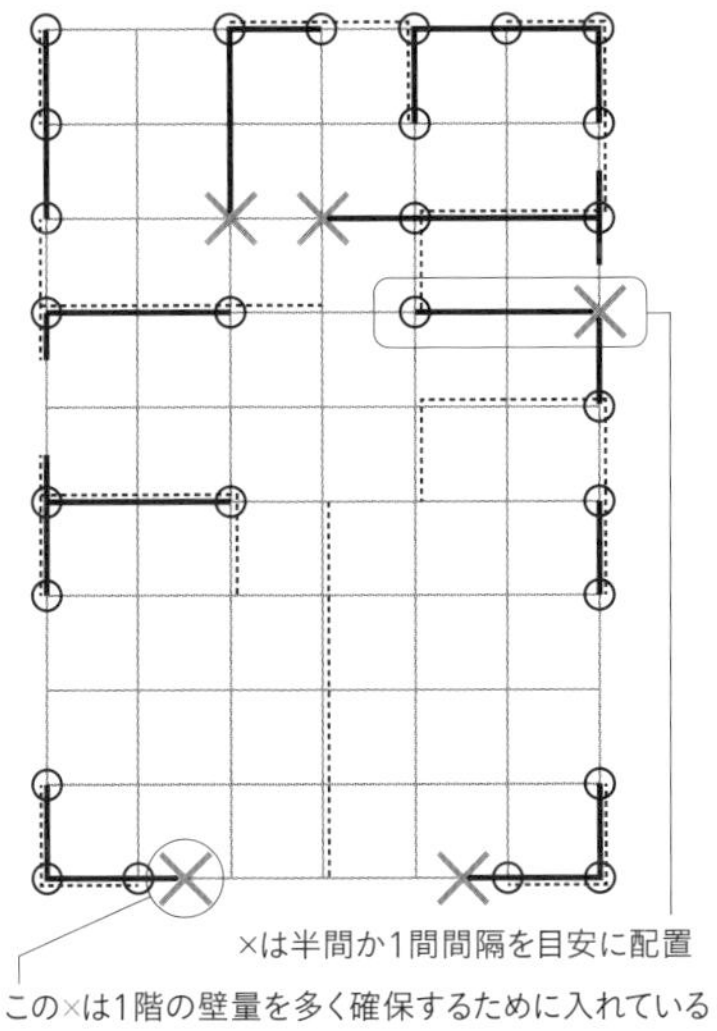
×は半間か1間間隔を目安に配置
この×は1階の壁量を多く確保するために入れている

⑤ ○または×で挟まれた壁線を▽でマークする

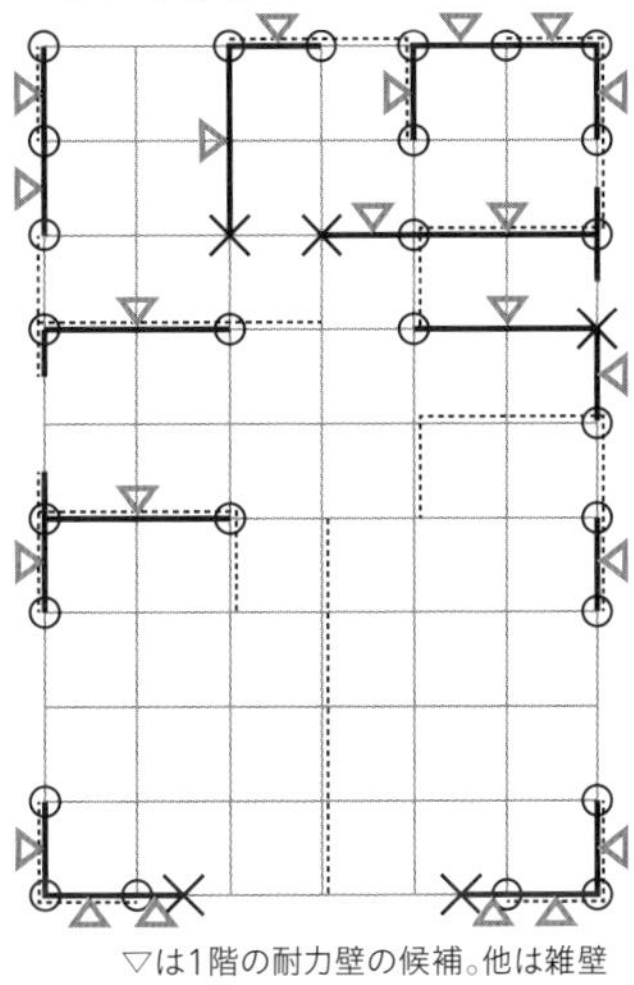
▽は1階の耐力壁の候補。他は雑壁

⑥ 列柱と耐力壁を包括するように大梁を描く[※2]

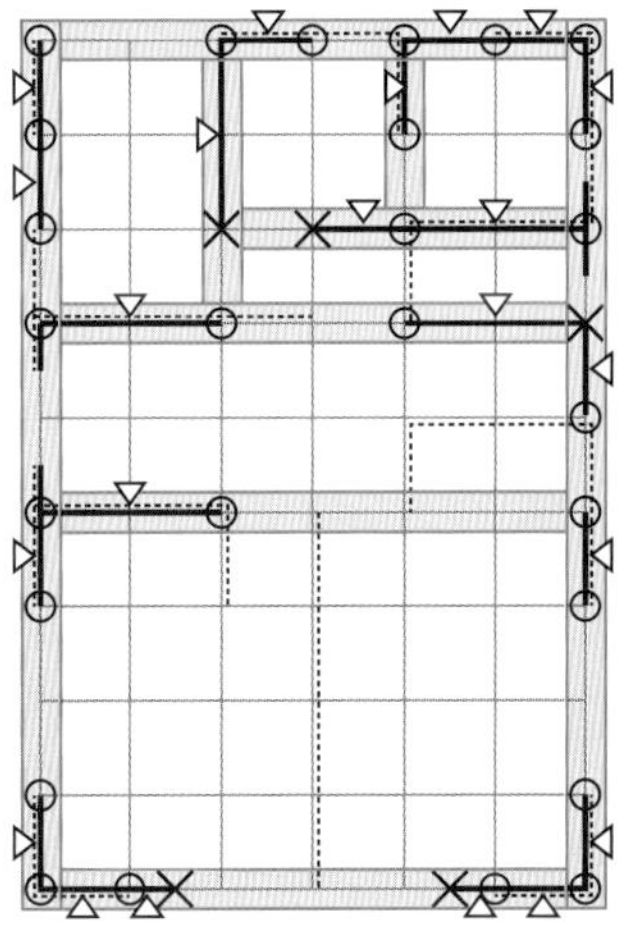

⑦ 2階の雑壁の受け材となる梁を入れる

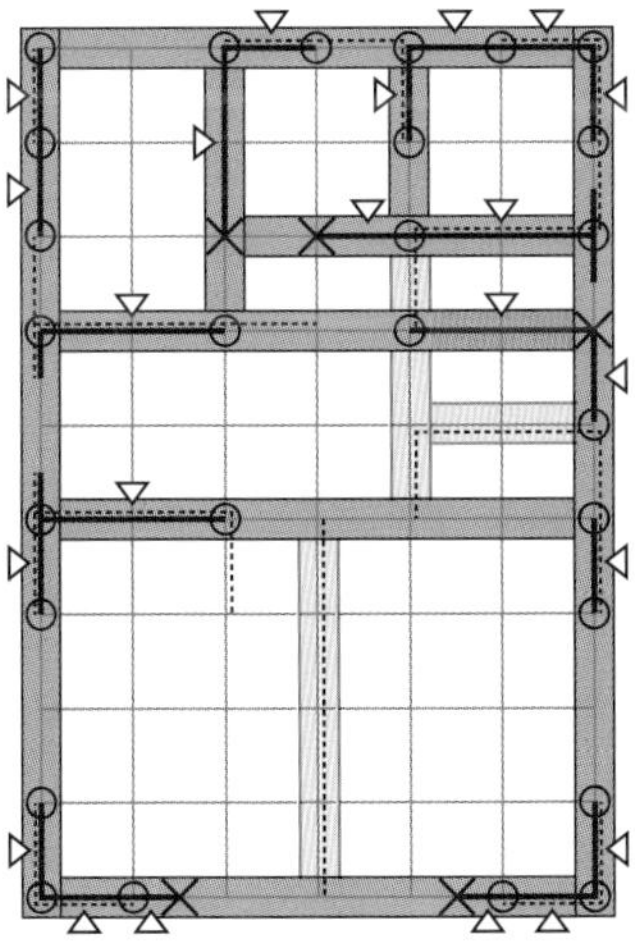

⑧ 主梁の間に小梁を架ける[※3]

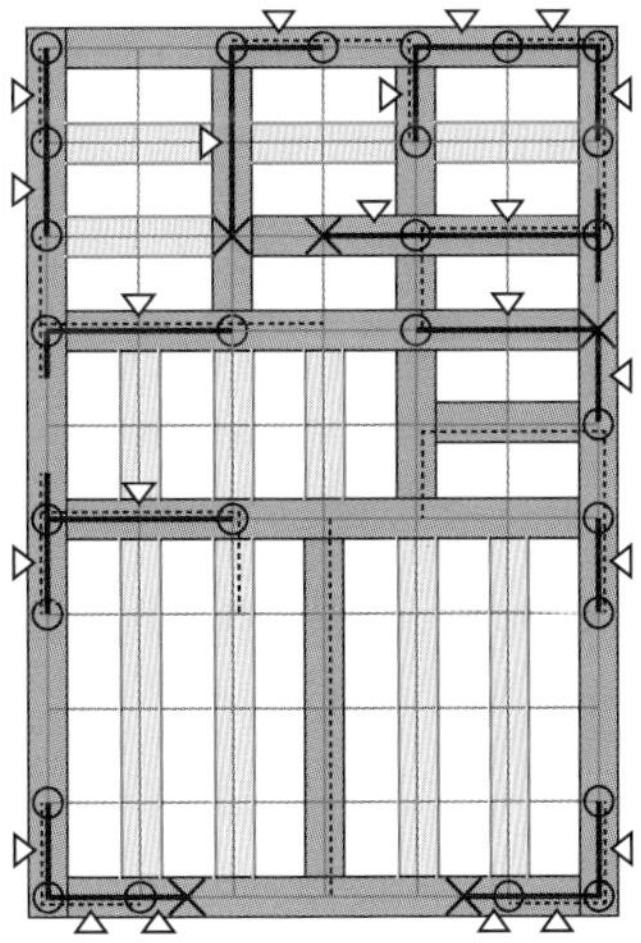

⑨ 壁量計算で耐力壁の仕様と位置を、スパン表[40頁]から梁断面を決定する

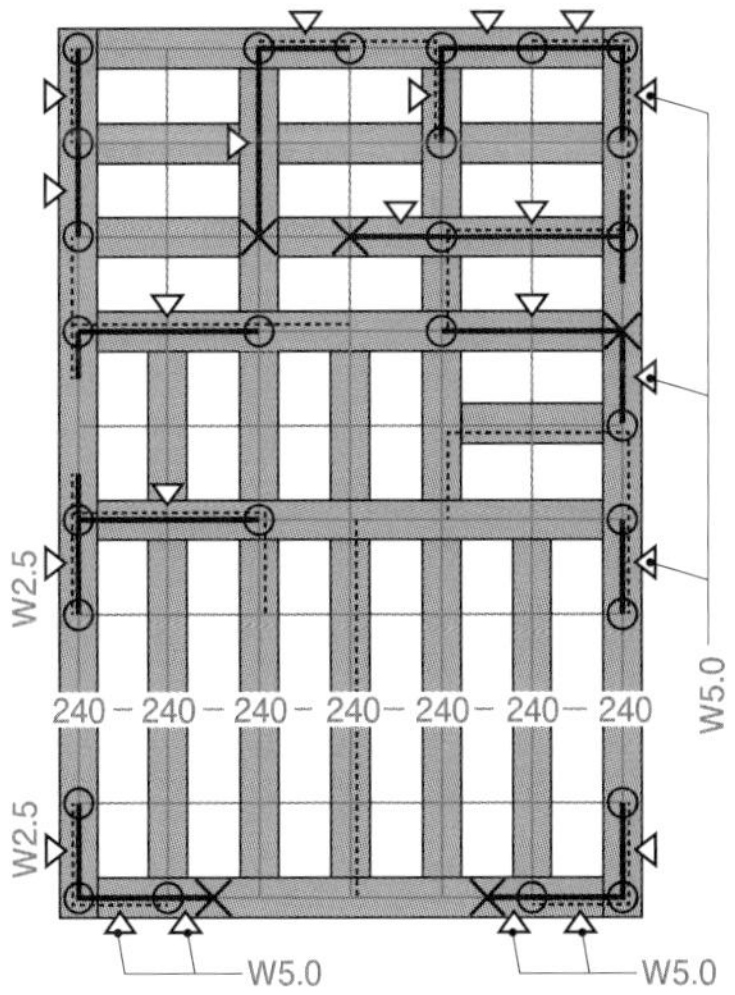
W2.5
240－240－240－240－240－240－240
W5.0
W2.5
W5.0
W5.0

※1　主役ではない副柱は2階床梁を支え、壁量の確保に役立つ
※2　梁の配置によって分割された平面のスパンはおおむね2間以下になる
※3　小梁の間隔は、梁の上に載る「床材の厚み」や「根太の有無」によって決める。たとえば、床の下地材として12㎜厚の構造用合板を張るなら、小梁を1,820㎜ピッチ、45×105㎜の床根太を303～455㎜ピッチで入れればよい。24㎜厚以上や30㎜以上の厚板の構造用合板を張るなら、小梁を910㎜ピッチにして根太レス床にすることができる

03 柱は105mm角よりも細くていい？

柱は安易に細くできない

痛い!!
座屈しやすくなる
めり込みやすくなる
ほかの部材と取合いが悪くなる
風圧で曲がる
：柱
：それ以外

柱が細いと問題が起こる

在来軸組構法では、通例、105㎜角または120㎜角の柱が使われる。しかし、狭小住宅などの場合は、室内空間を少しでも広げるために、90㎜角などの細い柱を使用したいこともある。だが、柱を細くすることには構造上の慎重な検討が必要だ。大別すると次の4つの問題に対して検討を行う。

❶座屈する

柱は上階からの鉛直荷重を支える役割を担っており、材軸方向に圧縮力を受けている。柱の座屈長さと断面の比率（細長比）［188頁］が過大になると、柱は座屈現象［図1］［188頁］を起こし、鉛直荷重を支持できなくなるため、柱には、長さに見合った適切な太さが必要になる。なお、管柱と吹抜けに面する通し柱は座屈長さのとり方が異なるので注意する［図2］。「柱断面表（座屈）」［124頁］で示したのは、令43条1項と6項［※1］が規定する条件を満たし、構造計算上も座屈に対して安全な柱の最小断面寸法の目安である。ちなみに、「間柱の本数を増やして鉛直力を負担させれば、柱を細くできるのではないか」と質問されることがあるが、そう安易にはいかない。たしかに、間柱に面材を張って座屈を抑えれば、間柱は鉛直力を支持できる［図1］。しかし、壁内の間柱は荷重の負担面積が小さいので、隣接する柱を細くできるほどの効果は見込めないからだ。

❷土台にめり込む

木材は繊維の方向によって、圧縮力に対する強さが違う。木材は材軸方向（繊維の方向）に加わる圧縮力には強いが、これと直交する圧縮力には弱い［図3］。同じ圧縮力が加わった場合、この強度には、およそ3～4倍の差がある。また、柱が細く荷重負担面積が小さいと力が集中的に作用するため、横架材へのめり込みが顕著になる。したがって、負担する鉛直荷重が大きい場合は、柱を太く設定する必要がある。めり込みやすさに応じた柱の最少寸法の目安を確認してほしい［123頁］。なお、柱がめり込みやすい径になってしまう場合は、柱頭と柱脚部にプレート［図3］を挟み、柱と横架材が接する面積を大きくすることも可能だ。

柱が細いと起こりやすい4つの問題

図1｜鉛直荷重で座屈する

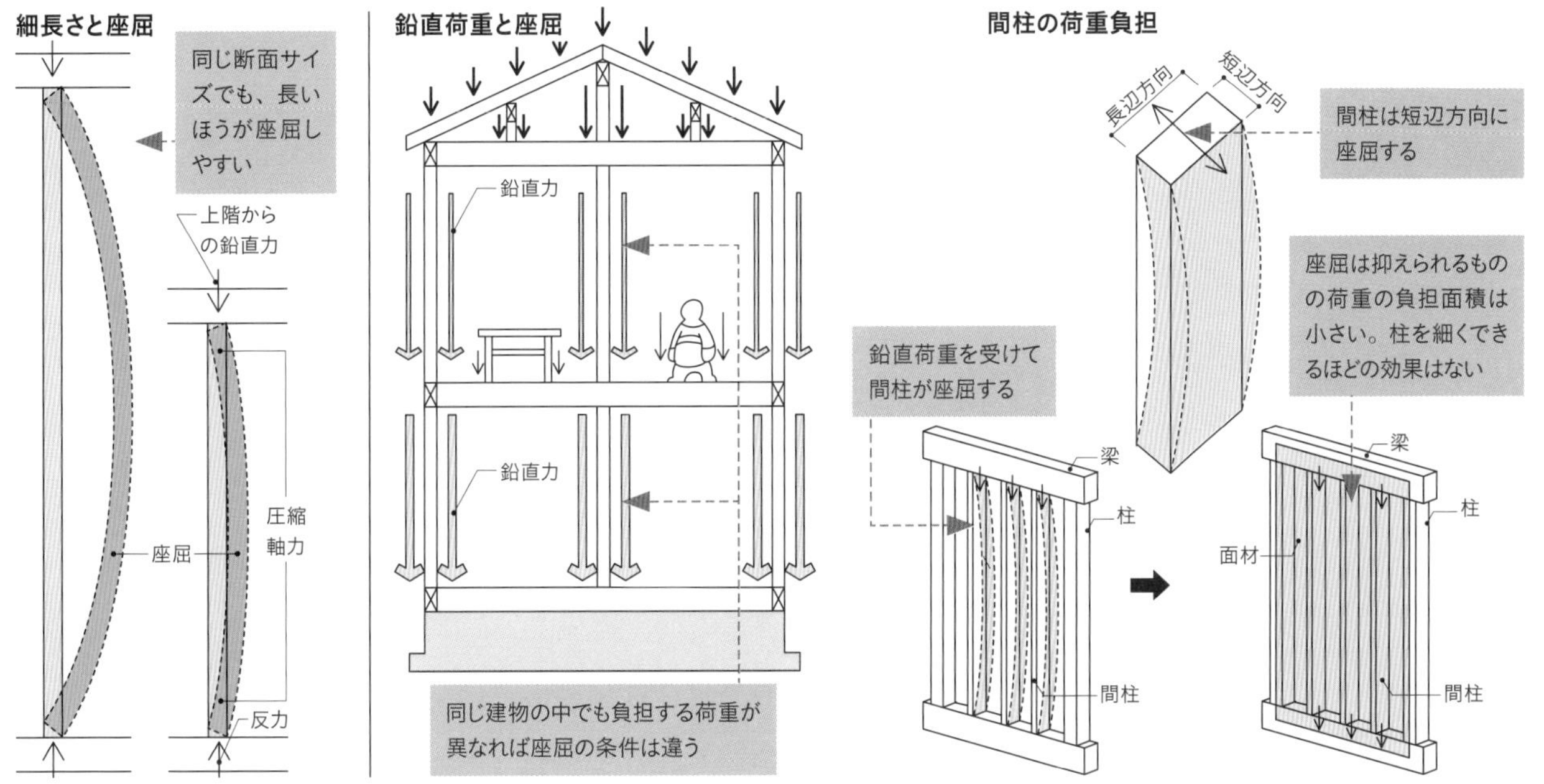
細長さと座屈
同じ断面サイズでも、長いほうが座屈しやすい
上階からの鉛直力
座屈
圧縮軸力
反力
鉛直荷重と座屈
鉛直力
鉛直力
同じ建物の中でも負担する荷重が異なれば座屈の条件は違う
間柱の荷重負担
長辺方向
短辺方向
間柱は短辺方向に座屈する
座屈は抑えられるものの荷重の負担面積は小さい。柱を細くできるほどの効果はない
鉛直荷重を受けて間柱が座屈する
梁
柱
間柱
梁
面材
柱
間柱

柱に作用する圧縮力は柱が支えている上階の面積や階数が大きくなればなるほど大きくなる。また、横架材を支える柱のスパンが広がっても柱が支える荷重は大きくなる。座屈の条件は柱の細長比だけでなく、柱が負担する鉛直荷重の大きさによっても違う

間柱のように断面が長方形の柱は、短辺方向に座屈する。面材を張って座屈を抑えれば間柱は鉛直荷重を負担できるが、柱を細くできるほどの効果はほとんど見込めない

図2｜吹抜けに面する通し柱の座屈長さのとり方

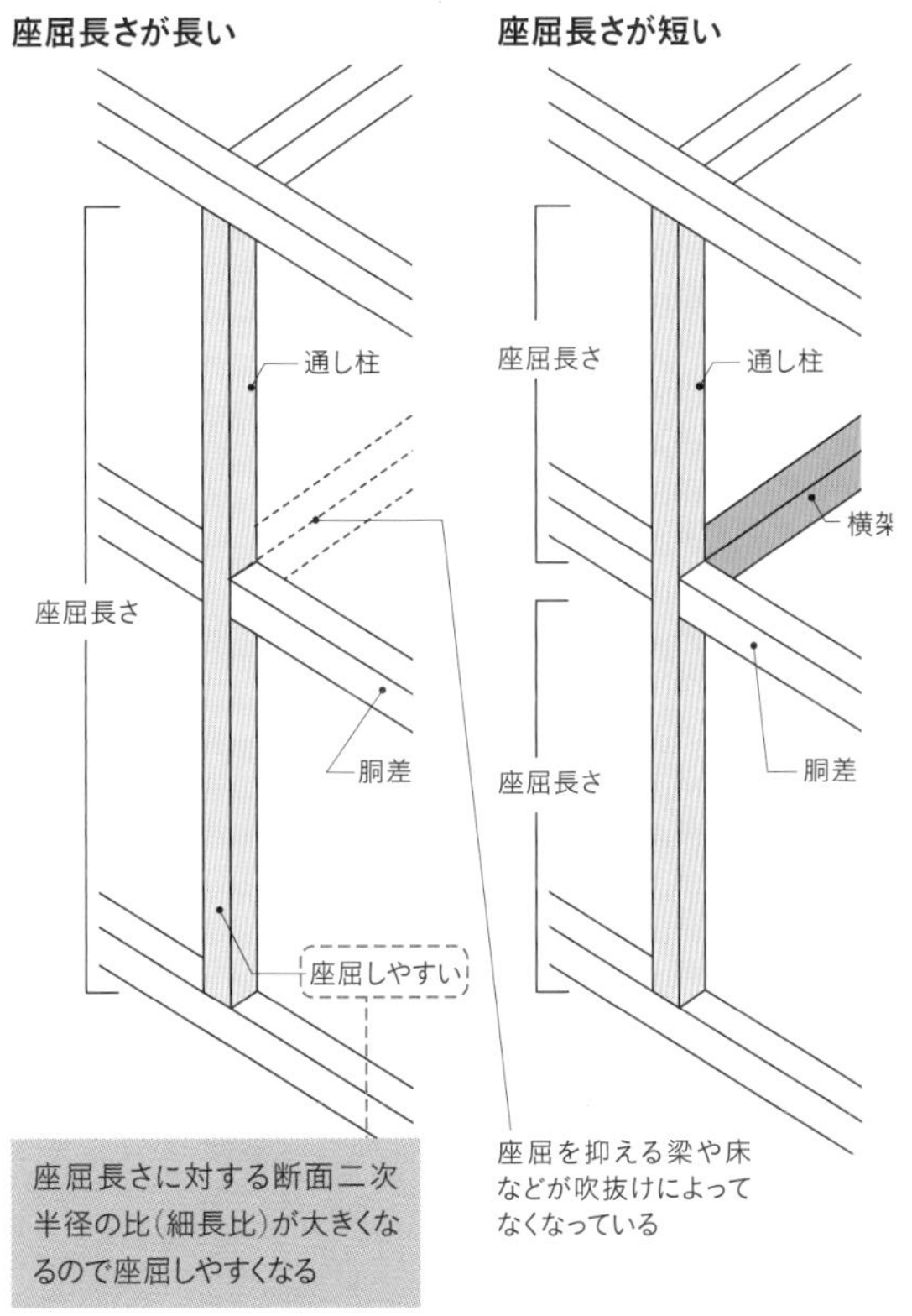
座屈長さが長い
通し柱
座屈長さ
胴差
座屈しやすい
座屈長さが短い
座屈長さ
通し柱
横架
座屈長さ
胴差
座屈長さに対する断面二次半径の比(細長比)が大きくなるので座屈しやすくなる
座屈を抑える梁や床などが吹抜けによってなくなっている

細長比を算出する際の「柱の長さ（座屈長さ）」とは、柱に取り付く横架材どうしの間隔のこと。吹抜けに面した外壁に配置される通し柱は、中間部に横架材が取り付く通し柱よりも座屈を起こしやすくなる

図3｜めり込みに注意する

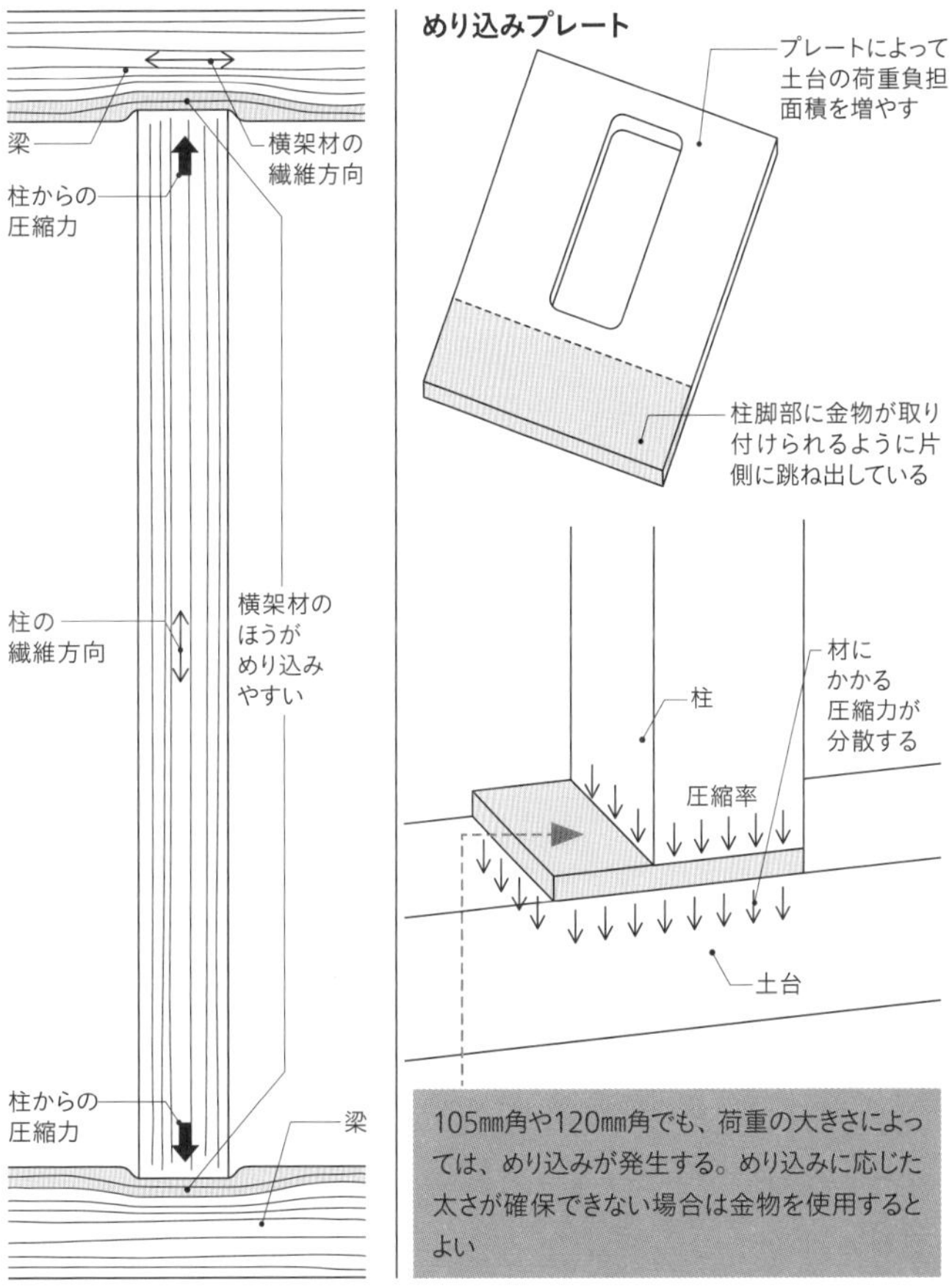
梁
横架材の繊維方向
柱からの圧縮力
柱の繊維方向
横架材のほうがめり込みやすい
柱からの圧縮力
梁
めり込みプレート
プレートによって土台の荷重負担面積を増やす
柱脚部に金物が取り付けられるように片側に跳ね出している
材にかかる圧縮力が分散する
柱
圧縮率
土台
105㎜角や120㎜角でも、荷重の大きさによっては、めり込みが発生する。めり込みに応じた太さが確保できない場合は金物を使用するとよい

※1　令43条1項では建物重量、階数などによって柱の長さに対する小径比が規定されている。また、6項では、細長比を150以下になるように規定している

図4｜柱は風圧力を受けて面外方向に変形する

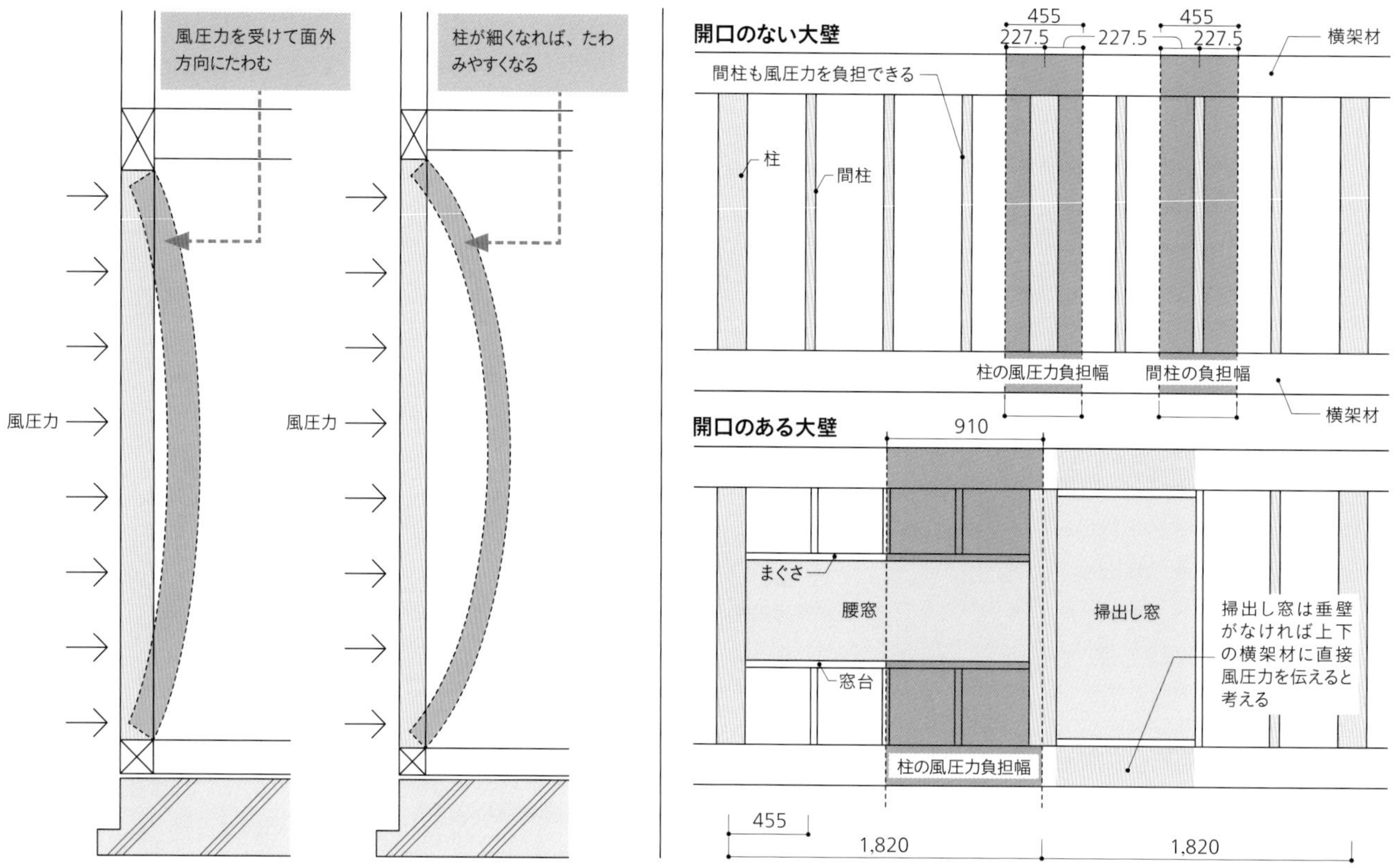

柱は強い風圧力を受けると面外方向［※2］に変形し、柱が細くなるほどに、それは顕著になる。風圧に対する柱の負担幅は柱心から左右の柱や間柱までのピッチを半分づつ取った寸法になる。なお、腰壁で切られた間柱は風圧を負担できないため、まぐさや窓台が取り付く柱は負担幅が増えるので注意する。ただし、垂壁や腰壁の取り付かない掃出しの全面窓の場合は開口部に働く風圧力が直接上下の横架材に伝わるので、これに取り付く柱は掃出し窓側のスパンを負担幅に算入しなくてよい［※5］

図5｜柱と梁の幅が異なる場合の面材の張り方

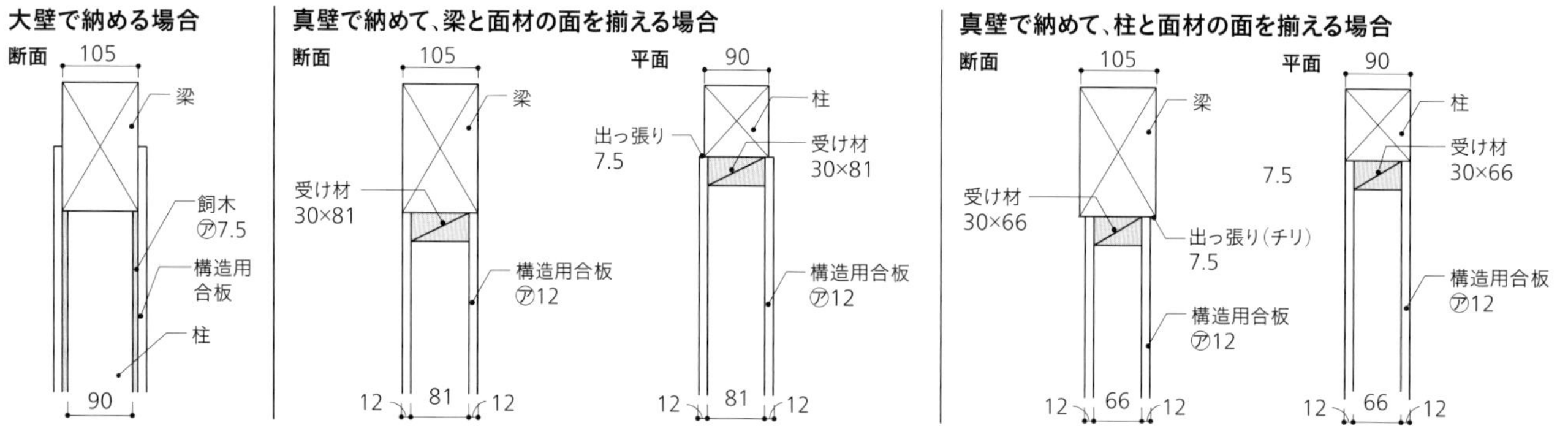

柱と梁の幅が異なる場合は、飼木をかませて構造用合板を張るラインを揃える必要があるが、こうなると耐力壁として評価できない。この場合は真壁納まりにする。真壁納まりは、合板の側面を柱と梁のどちらに合わせるかによって、チリや出っ張り方が違うので注意する

❸風でたわむ

外壁に面する柱が細くなると風圧力による曲げモーメントで材がたわみ、折れやすくなる［図5］。また、柱が負担する外壁の面積が広くてもたわみは大きくなる。風圧力に対する柱の負担幅は間柱が風圧を負担できる場合は間柱の負担幅を除けるが、腰窓によって途中で切れた間柱は風圧力を負担できないので、柱の負担幅が大きくなる。

❹面材の取合いが悪くなる

柱の太さと梁の幅が違うと、構造用合板などの面材が張りにくい。梁には複数の仕口加工が施されるため、断面欠損を見込んで、最低でも105㎜幅の材を使用することになる［※3］。仮に、90㎜角の柱を、梁と心合わせで使用すると面がそろわず7.5㎜厚の飼木［※4］を両側に入れなければ面材が張れない［図5］。こうなると手間がかかるうえ、耐力壁として評価できなくなるため、面材が張られる部分の柱は105㎜角にして、梁幅と合わせるとよい。

前述の点を考慮すると、特別な事情がない場合は柱断面の寸法は最低でも105㎜角は必要だといえる。ただし、小梁を受ける大梁は仕口部分の断面欠損が比較的大きくなるので、大梁だけでも120㎜幅の材を使用すると構造的に安全だ。

※2 軸組によってできる構面に対して垂直方向
※3 住宅用プレカットの梁加工は105㎜未満の幅には対応しておらず90㎜幅の梁材は流通していない
※4 2つの部材の隙間を調整するために、部材の間に挟み込む木材
※5 開口部に垂れ壁や立上りが少しでもある場は、腰窓が取り付く場合と同様の負担幅となる

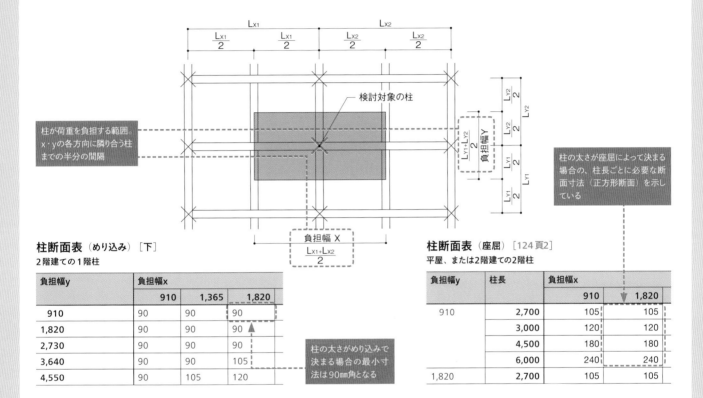

COLUMN

本当に使える！“ヤマダ流”オリジナル柱断面表

このページの柱断面表はめり込み、124頁2の柱断面表は座屈の観点から、柱に必要な最小寸法を表にまとめたもの。
また125頁3の耐風柱断面表は、外壁に面した柱の長さと負担幅ごとに必要な断面寸法をまとめた。
それぞれの柱断面表から求めた柱寸法の最大のものを設計で使えばよい。

【柱断面表の使い方】

「負担幅y」と「負担幅x」の交点部分にある数値がその柱に必要な最小の断面寸法を示している。

柱断面表（めり込み・座屈）の見方（負担幅yが910㎜、負担幅xが1,820㎜の場合）［123～124頁］

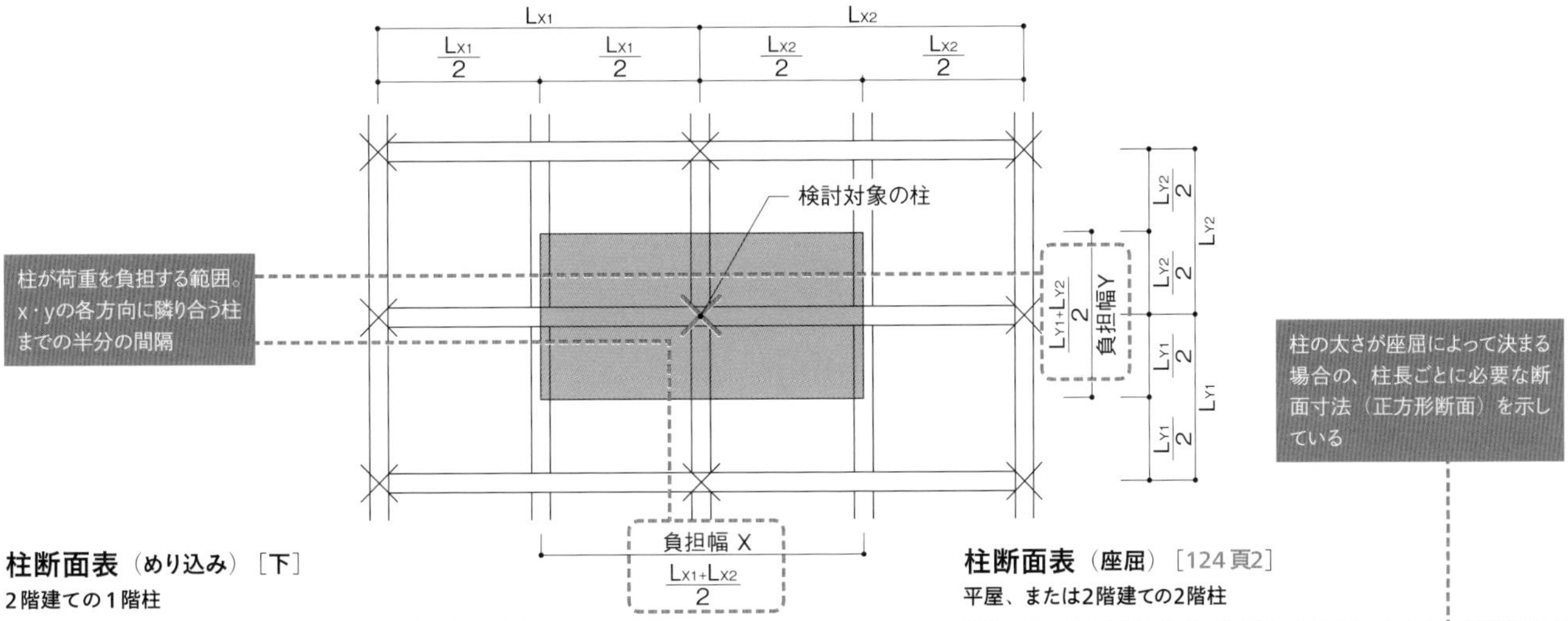

Lx1
Lx2
Lx1/2
Lx2/2
検討対象の柱
柱が荷重を負担する範囲。x・yの各方向に隣り合う柱までの半分の間隔
Ly1+Ly2/2
負担幅Y
Ly2/2
Ly2
Ly1/2
Ly1
柱の太さが座屈によって決まる場合の、柱長ごとに必要な断面寸法（正方形断面）を示している
負担幅X
Lx1+Lx2/2

柱断面表（めり込み）［下］
2階建ての1階柱

負担幅y	負担幅x		
	910	1,365	1,820
910	90	90	90
1,820	90	90	90
2,730	90	90	90
3,640	90	90	105
4,550	90	105	120

柱の太さがめり込みで決まる場合の最小寸法は90㎜角となる

柱断面表（座屈）［124頁2］
平屋、または2階建ての2階柱

負担幅y	柱長	負担幅x	
		910	1,820
910	2,700	105	105
	3,000	120	120
	4,500	180	180
	6,000	240	240
1,820	2,700	105	105

1. 柱断面表（めり込み）

2階建ての1階柱

負担幅y (㎜)	負担幅x										(㎜)
	910	1,365	1,820	2,275	2,730	3,185	3,640	4,095	4,550	5,005	5,460
910	90	90	90	90	90	90	90	90	90	90	90
1,820	90	90	90	90	90	105	105	105	120	120	120
2,730	90	90	90	105	105	120	120	135	135	135	150
3,640	90	90	105	120	120	135	135	150	150	150	180
4,550	90	105	120	120	135	150	150	180	180	180	180
5,460	90	105	120	135	150	150	180	180	180	180	180

平屋、または2階建ての2階柱

負担幅y (㎜)	負担幅x										(㎜)
	910	1,365	1,820	2,275	2,730	3,185	3,640	4,095	4,550	5,005	5,460
910	90	90	90	90	90	90	90	90	90	90	90
1,820	90	90	90	90	90	90	90	90	90	90	90
2,730	90	90	90	90	90	90	90	90	90	90	90
3,640	90	90	90	90	90	90	90	90	90	105	105
4,550	90	90	90	90	90	90	90	105	105	105	105
5,460	90	90	90	90	90	90	105	105	105	120	120

注　設計荷重は、屋根1.2kN／㎡、2階壁1.0kN／㎡（床ならし）、2階床2.0kN／㎡、土台をヒノキ無等級材として検討している

2. 柱断面表（座屈）

2階建ての1階柱

負担幅y	柱長	負担幅x					（mm）
（mm）	（mm）	910	1,820	2,730	3,640	4,550	5,460
910	2,700	105	105	105	105	105	105
	3,000	120	120	120	120	120	120
	4,500	180	180	180	180	180	180
	6,000	240	240	240	240	240	240
1,820	2,700	105	105	105	120	120	135
	3,000	120	120	120	120	135	135
	4,500	180	180	180	180	180	180
	6,000	240	240	240	240	240	240
2,730	2,700	105	105	120	135	135	150
	3,000	120	120	120	135	150	150
	4,500	180	180	180	180	180	180
	6,000	240	240	240	240	240	240
3,640	2,700	105	120	135	135	150	180
	3,000	120	120	135	150	150	180
	4,500	180	180	180	180	180	210
	6,000	240	240	240	240	240	240
4,550	2,700	105	120	135	150	180	180
	3,000	120	135	150	150	180	180
	4,500	180	180	180	180	210	210
	6,000	240	240	240	240	240	240
5,460	2,700	105	135	150	180	180	180
	3,000	120	135	150	180	180	180
	4,500	180	180	180	210	210	210
	6,000	240	240	240	240	240	240

平屋、または2階建ての2階柱

負担幅y	柱長	負担幅x					（mm）
（mm）	（mm）	910	1,820	2,730	3,640	4,550	5,460
910	2,700	90	90	90	90	90	90
	3,000	105	105	105	105	105	105
	4,500	150	150	150	150	150	150
	6,000	210	210	210	210	210	210
1,820	2,700	90	90	90	90	90	90
	3,000	105	105	105	105	105	105
	4,500	150	150	150	150	150	150
	6,000	210	210	210	210	210	210
2,730	2,700	90	90	90	90	105	105
	3,000	105	105	105	105	105	105
	4,500	150	150	150	150	150	150
	6,000	210	210	210	210	210	210
3,640	2,700	90	90	90	105	105	105
	3,000	105	105	105	105	120	120
	4,500	150	150	150	150	150	150
	6,000	210	210	210	210	210	210
4,550	2,700	90	90	105	105	120	120
	3,000	105	105	105	120	120	120
	4,500	150	150	150	150	150	150
	6,000	210	210	210	210	210	210
5,460	2,700	90	90	105	105	120	120
	3,000	105	105	105	120	120	135
	4,500	150	150	150	150	150	180
	6,000	210	210	210	210	210	210

注　設計荷重は、屋根1.2kN／㎡、2階壁1.0kN／㎡（床ならし）、2階床2.0kN／㎡としている。座屈の検討はスギ無等級材の基準強度を用いて行い、令43条1項の柱の小径比の制限は最上階柱で1／30、2階建ての1階で1／28とした。また令43条6項の柱の有効細長比制限は150以下とし、これらを全て満たすような柱断面としている

3. 耐風柱断面表

【耐風柱断面表の使い方】

「柱長」と「負担幅」［122頁図5］の交点部分にある数値がその柱に必要な最小の断面寸法を示している。

柱断面表（めり込み・座屈）の見方（負担幅yが910mm、負担幅xが1,820mmの場合）［123〜124頁］

105mm角の場合

荷重：1kN／m²

負担幅（mm） / 柱長（mm）	455			910			1,365		
	幅	×	成	幅	×	成	幅	×	成
2,700	30	×	105	105	×	105	105	×	105
3,000	45	×	105	105	×	105	105	×	120
3,300	105	×	105	105	×	105	105	×	120
3,600	105	×	105	105	×	120	105	×	150
3,900	105	×	105	105	×	120	105	×	150

この場合は、105mm角の柱でよい

柱長や負担幅が長くなると、105×120mmのような偏平柱が必要となる

105mm角の場合

荷重：1kN／m²

負担幅（mm） / 柱長（mm）	455			910			1,365			1,820			2,275			2,730			3,185			3,640		
	幅	×	成	幅	×	成	幅	×	成	幅	×	成	幅	×	成	幅	×	成	幅	×	成	幅	×	成
2,700	30	×	105	105	×	105	105	×	105	105	×	105	105	×	120	105	×	120	105	×	150	105	×	150
3,000	45	×	105	105	×	105	105	×	120	105	×	120	105	×	150	105	×	150	105	×	150	105	×	150
3,300	105	×	105	105	×	105	105	×	120	105	×	150	105	×	150	105	×	150	105	×	180	105	×	180
3,600	105	×	105	105	×	120	105	×	150	105	×	150	105	×	180	105	×	180	105	×	180	105	×	180
3,900	105	×	105	105	×	120	105	×	150	105	×	180	105	×	180	105	×	180	105	×	210	105	×	210
4,200	105	×	105	105	×	150	105	×	150	105	×	180	105	×	180	105	×	210	105	×	210	105	×	210
4,500	105	×	120	105	×	150	105	×	180	105	×	180	105	×	210	105	×	210	105	×	210	105	×	240
4,800	105	×	120	105	×	150	105	×	180	105	×	210	105	×	210	105	×	240	105	×	240	105	×	240
5,100	105	×	150	105	×	180	105	×	180	105	×	210	105	×	240	105	×	240	105	×	240	105	×	270
5,400	105	×	150	105	×	180	105	×	210	105	×	210	105	×	240	105	×	240	105	×	270	105	×	270
5,700	105	×	150	105	×	180	105	×	210	105	×	240	105	×	240	105	×	270	105	×	270	105	×	300
6,000	105	×	150	105	×	210	105	×	240	105	×	240	105	×	270	105	×	270	105	×	300	105	×	300

120mm角の場合

荷重：1kN／m²

負担幅（mm） / 柱長（mm）	455			910			1,365			1,820			2,275			2,730			3,185			3,640		
	幅	×	成	幅	×	成	幅	×	成	幅	×	成	幅	×	成	幅	×	成	幅	×	成	幅	×	成
2,700	30	×	120	45	×	120	120	×	120	120	×	120	120	×	120	120	×	120	120	×	150	120	×	150
3,000	30	×	120	120	×	120	120	×	120	120	×	120	120	×	120	120	×	150	120	×	150	120	×	150
3,300	45	×	120	120	×	120	120	×	120	120	×	150	120	×	150	120	×	150	120	×	150	120	×	180
3,600	45	×	120	120	×	120	120	×	150	120	×	150	120	×	150	120	×	180	120	×	180	120	×	180
3,900	120	×	120	120	×	120	120	×	150	120	×	150	120	×	180	120	×	180	120	×	180	120	×	210
4,200	120	×	120	120	×	150	120	×	150	120	×	180	120	×	180	120	×	180	120	×	210	120	×	210
4,500	120	×	120	120	×	150	120	×	180	120	×	180	120	×	180	120	×	210	120	×	210	120	×	210
4,800	120	×	120	120	×	150	120	×	180	120	×	180	120	×	210	120	×	210	120	×	240	120	×	240
5,100	120	×	120	120	×	150	120	×	180	120	×	210	120	×	210	120	×	240	120	×	240	120	×	240
5,400	120	×	150	120	×	180	120	×	210	120	×	210	120	×	240	120	×	240	120	×	270	120	×	270
5,700	120	×	150	120	×	180	120	×	210	120	×	240	120	×	240	120	×	270	120	×	270	120	×	270
6,000	120	×	150	120	×	180	120	×	210	120	×	240	120	×	240	120	×	270	120	×	270	120	×	300

注　耐風柱はスギ無等級材（E70）とし、たわみ量＜柱長の1／120となるよう検討している

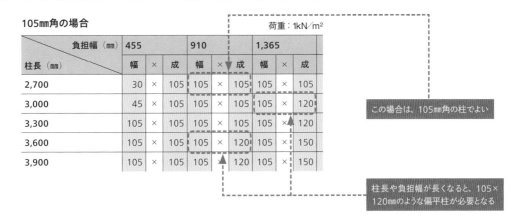

04 建物の隅部には通し柱と管柱のどちらを使うべき？

通し柱と管柱それぞれの注意点

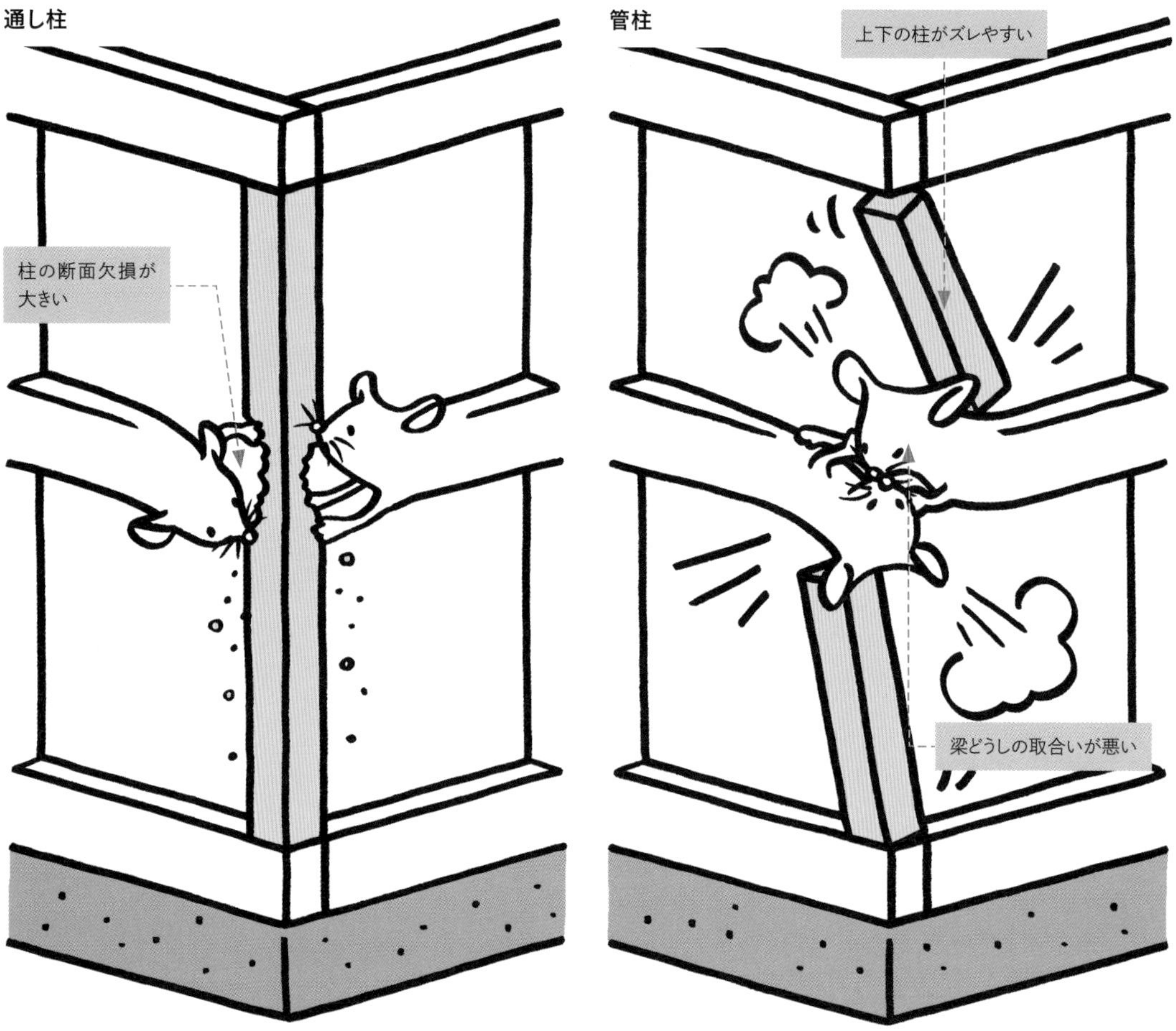
通し柱
柱の断面欠損が大きい
管柱
上下の柱がズレやすい
梁どうしの取合いが悪い

「通し柱」と「管柱」の違い

2階建て・3階建ての住宅を設計する際、柱の仕様には大きく2つの種類がある。上下階で柱が連続する「通し柱」と、梁を挟んで上下階の柱が不連続になる「管柱」だ。両者の違いは梁との接合部にもある。通し柱には多方向から梁が取り付くため、仕口部分の断面欠損が比較的大きく、特に4方向から梁が取り付く場合、柱の径や仕口の形状によっては、折損しやすくなる[図1]。また、梁が柱から脱落したり抜けたりしないよう、仕口にほぞを設けたり羽子板ボルトで引き寄せたりする必要がある。一方、管柱は柱の断面欠損は少ないが、上下の柱がずれたり抜けたりしないよう、ホゾを設けたり、柱接合金物などで固定したりしなければならない。

「隅部には通し柱」か？

令43条5項では、建物の隅部、またはそれに準ずる場所には通し柱を設けることになっている。これは、地震や暴風で出隅部に生じる引抜き力に、通し柱が強いと考えられているからだ。

しかし、前述のとおり、通し柱は横架材が取り付く仕口部分の断面欠損によって耐力が低下する可能性がある。また、高価な6ｍの材が必要になるため、隅部に管柱を選択したいケースは少なくない。同項のただし書きでも、通し柱と同等以上の耐力を有するように接合部を補強すれば、隅部に管柱を使用してもよいとしている[※1]。

隅部を管柱にした場合は胴差のホゾ穴からの「端あき距離[※2]」不足が問題になる[図2]。渡り腮《あご》の構法で胴差を組めば材の余長で端あき距離を確保できるが、在来構法では隅部に余長が確保できない。端あき距離が不足していると柱に生じるせん断力によって、胴差の先端が損傷しやすくなる。

結局のところ、通し柱でも管柱でも、隅部の仕口には何らかの補強対策が必要になる。ただ、施工上、胴差による通し柱の断面欠損への対策[図3]は比較的容易なので、建物の隅部は通し柱にすることを筆者は推奨する。なお、スキップフロアをつなぐ柱も同様に通し柱にしたほうが納まりがよい[図4]。

隅部で起こりやすい問題と対処法

図1｜梁を支える

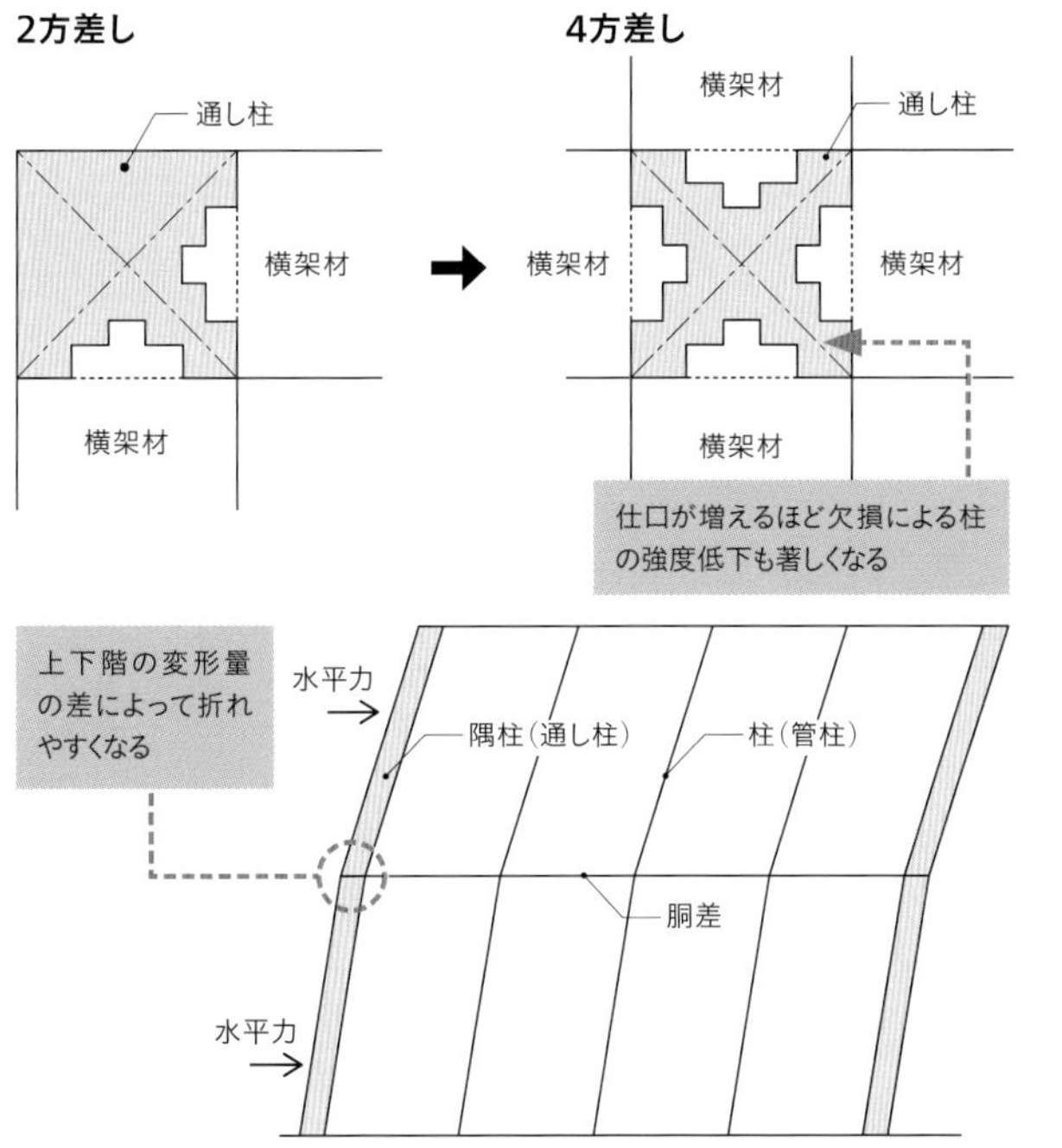
2方差し
通し柱
横架材
横架材
4方差し
横架材
通し柱
横架材
横架材
横架材
仕口が増えるほど欠損による柱の強度低下も著しくなる
上下階の変形量の差によって折れやすくなる
水平力
隅柱(通し柱)
柱(管柱)
胴差
水平力

水平力による変形が上下階で異なる場合、2階床の梁を受ける通し柱には曲げ応力が作用する。仕口による断面欠損が大きいと、この曲げ応力によって柱が折損する可能性が高くなる

図2｜耐力壁の枠材となる

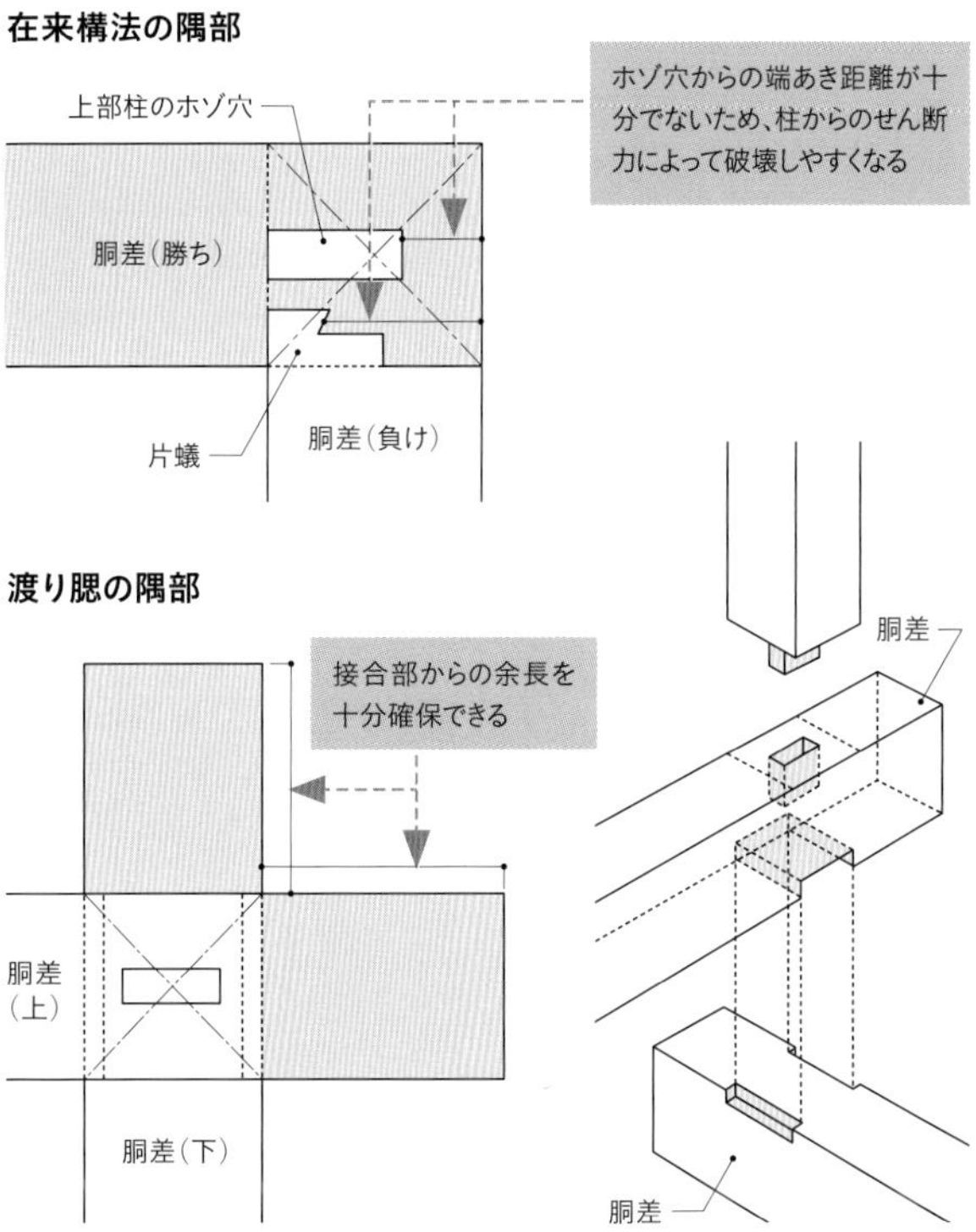
在来構法の隅部
上部柱のホゾ穴
ホゾ穴からの端あき距離が十分でないため、柱からのせん断力によって破壊しやすくなる
胴差(勝ち)
片蟻
胴差(負け)
渡り腮の隅部
接合部からの余長を十分確保できる
胴差(上)
胴差(下)
胴差
胴差

図3｜隅部通し柱の断面欠損解消法

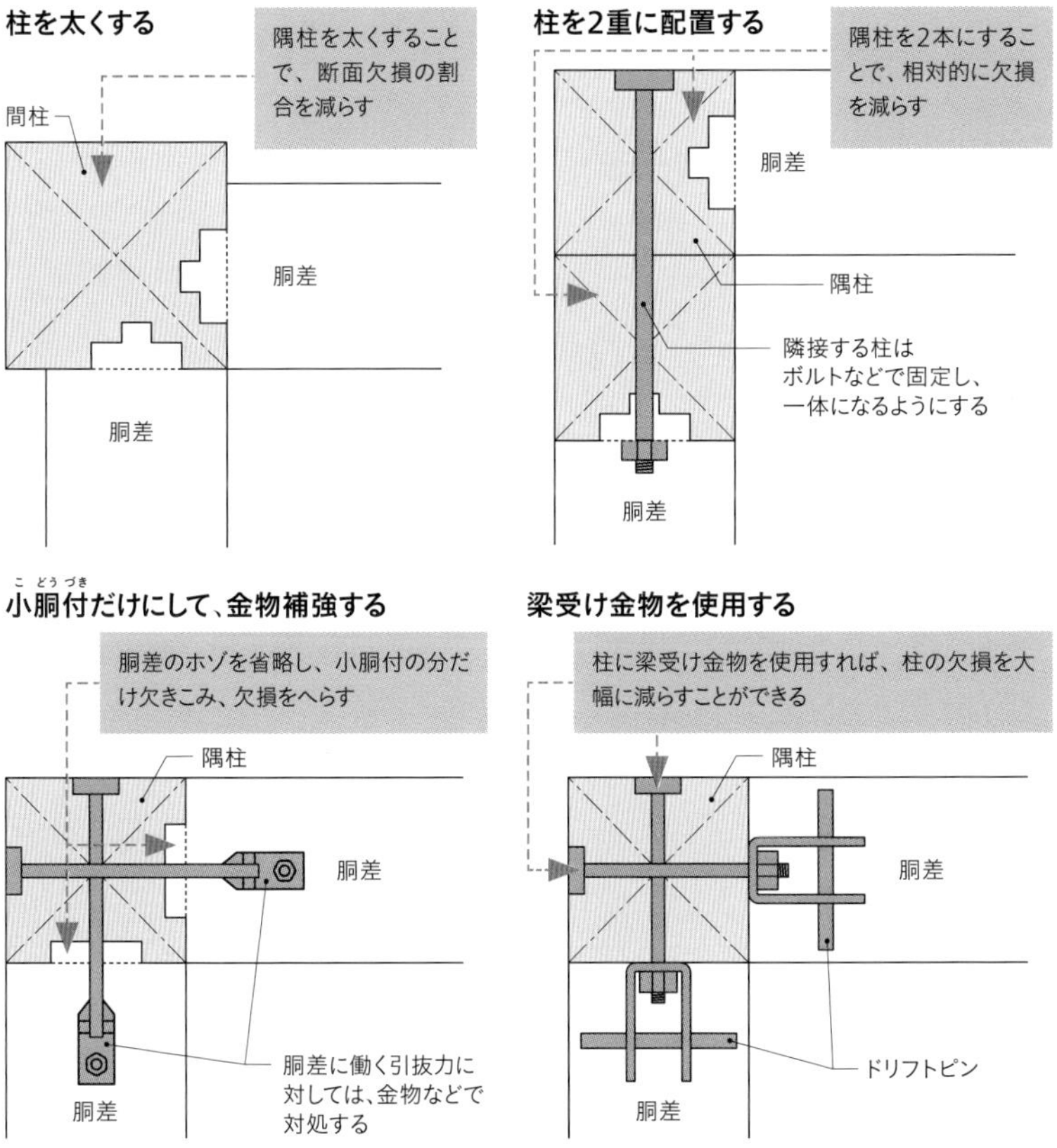
柱を太くする
隅柱を太くすることで、断面欠損の割合を減らす
間柱
胴差
胴差
柱を2重に配置する
隅柱を2本にすることで、相対的に欠損を減らす
胴差
隅柱
隣接する柱はボルトなどで固定し、一体になるようにする
胴差
小《こ》胴《どう》付《づき》だけにして、金物補強する
胴差のホゾを省略し、小胴付の分だけ欠きこみ、欠損をへらす
隅柱
胴差
胴差
胴差に働く引抜力に対しては、金物などで対処する
梁受け金物を使用する
柱に梁受け金物を使用すれば、柱の欠損を大幅に減らすことができる
隅柱
胴差
ドリフトピン
胴差

図4｜スキップフロアには通し柱を使う

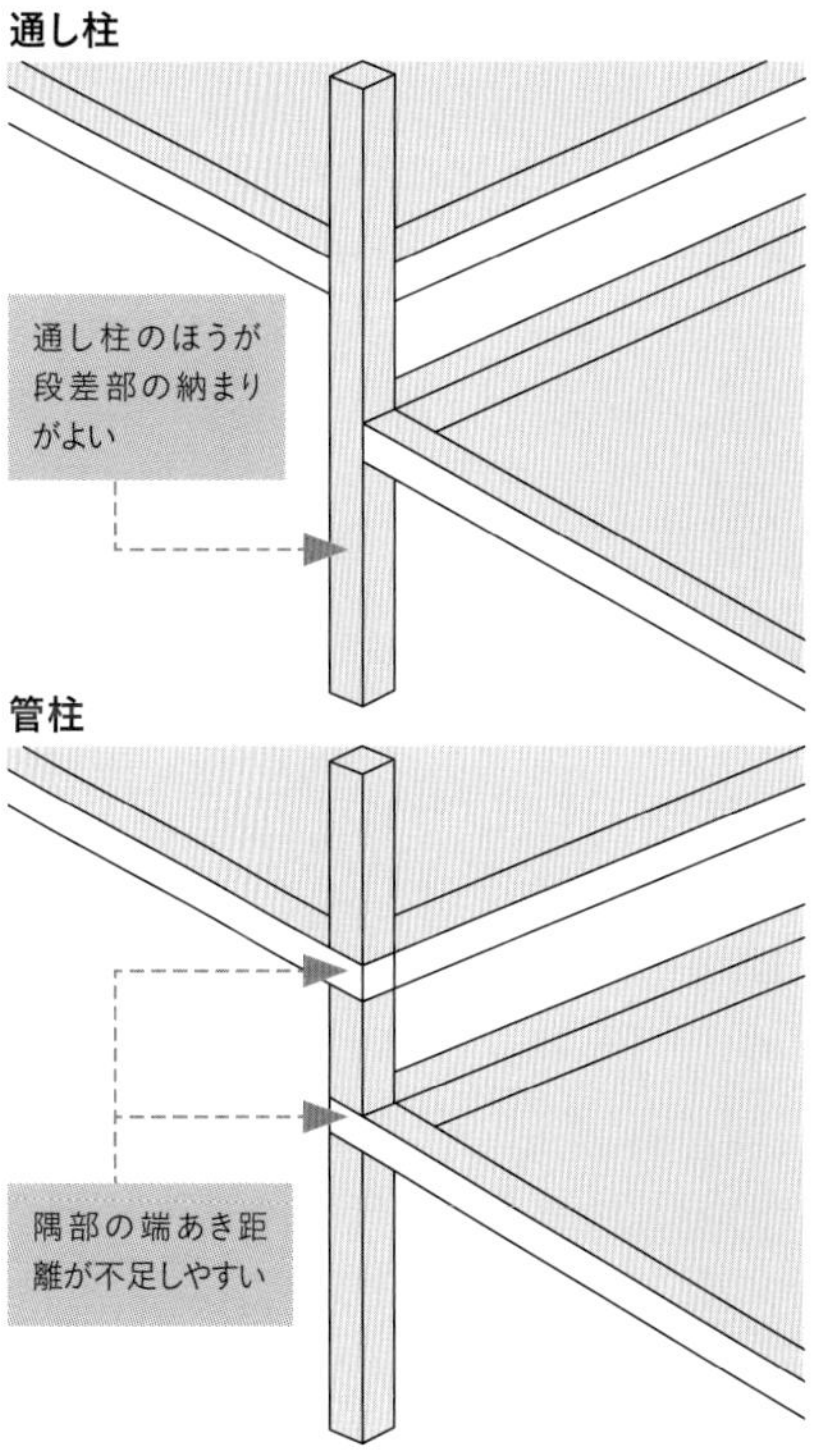
通し柱
通し柱のほうが段差部の納まりがよい
管柱
隅部の端あき距離が不足しやすい

スキップフロアや中2階で段差がついている床の境界線上に立てる柱は、管柱にするとぶつ切れになり、構造的に不安定になりやすい

※1 「通し柱と同等以上の補強」の具体的な内容は、法令上も運用上も明確になっていないが、工学的な視点からは、「胴差どうしが外れないような仕口や金物（羽子板ボルトやL形金物）」、「柱引抜きに耐える金物（HD金物や柱金物）」、「柱が胴差からずれないようなホゾ」などを設ける必要があるとされている
※2 ボルトやホゾ穴などの孔中心から縁端までの最小距離。距離は作用する力と平行方向をとる

05 梁の断面寸法を抑えるにはどうすればいい?

スパン、負担荷重、ヤング率をコントロールする

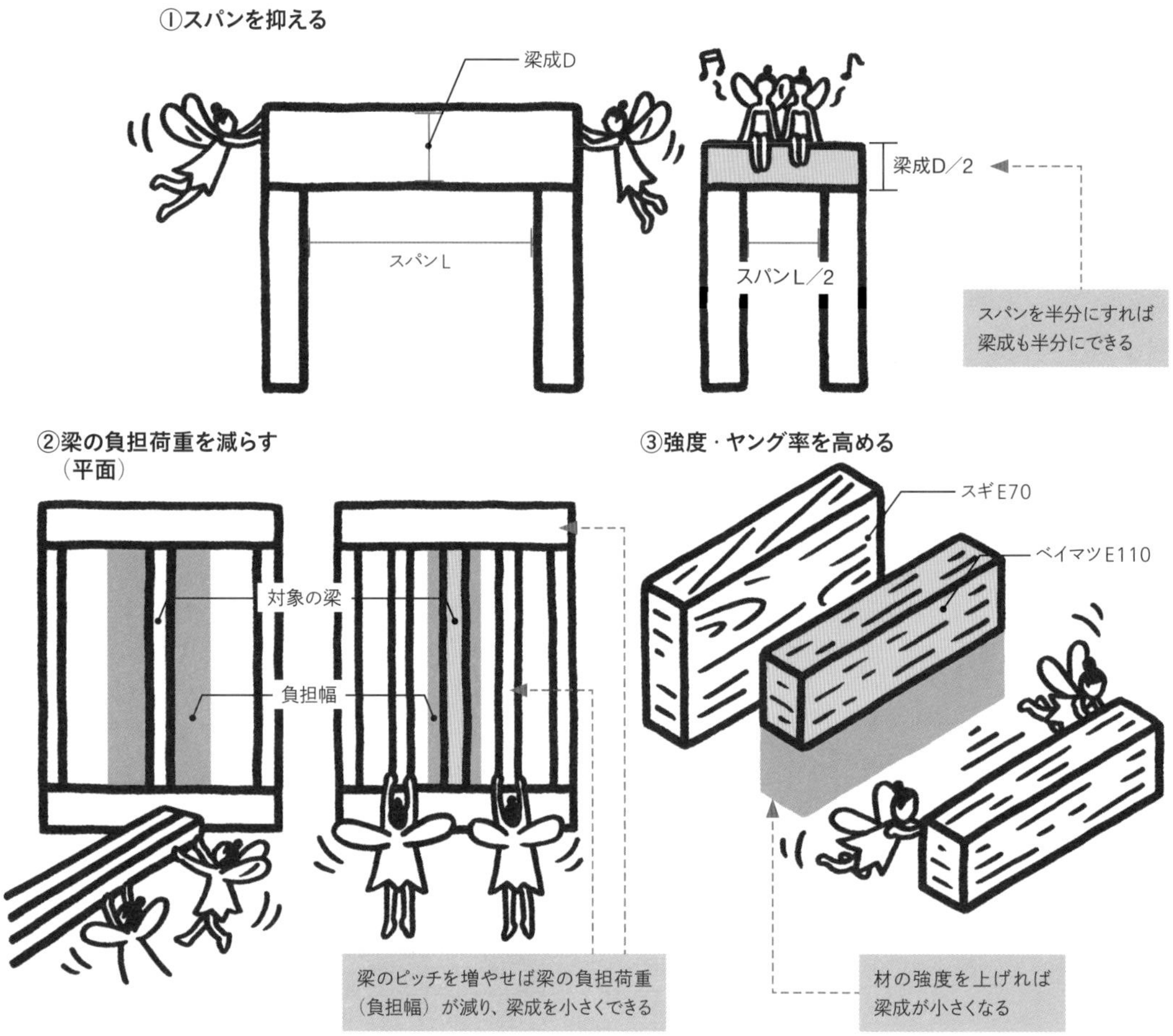
①スパンを抑える
梁成D
スパンL
梁成D／2
スパンL／2
スパンを半分にすれば
梁成も半分にできる
②梁の負担荷重を減らす
（平面）
対象の梁
負担幅
梁のピッチを増やせば梁の負担荷重
（負担幅）が減り、梁成を小さくできる
③強度・ヤング率を高める
スギE70
ベイマツE110
材の強度を上げれば
梁成が小さくなる

「曲げ応力度」と「たわみ」が梁成を決める

天井高を確保するため梁成を抑えたいケースはしばしばある。ただしその場合でも、力学的な裏付けは確認しておきたいところだ。

梁成を決める際には主に、(1)梁に生じる最大の曲げ応力度［189頁］が曲げ強度（許容曲げ応力度）以下、(2)梁に生じる最大のたわみ［189頁］が許容値以下［※］の2つの条件を守らなければならない。木造では特に(2)のたわみで梁成が決まるケースが多い。

梁成を左右する応力度やたわみは、「スパン」「負担荷重」「木材の樹種とヤング率」によって決まる［図1・2］。つまり、梁成を抑えるには、これら3つの要素をコントロールすればよいのである。では、それぞれについて具体的な検討方法を紹介しよう。

❶スパンを抑える

図1は前述の(1)を、図2は(2)を満たせるかどうかを確認するための式だ。2つの式から、必要な梁成は(1)(2)ともにスパンに比例することが分かる。たとえばスパンが半分になれば、必要梁成も半分で済むということだ。スパンを抑えることは、梁成を抑える最も効果的かつ基本的な手段である。スパンを抑えるには、プランに対応した柱の立て方、梁の架け方が何より大切だ。広い空間をつくる場合は、スパンがなるべく小さくなる位置を狙って短手方向に梁を架け渡すのがポイントである。

❷負担荷重を減らす

図1・2の式から、必要梁成は、(1)では負担荷重の平方根、(2)では負担荷重の3乗根に比例するため、負担荷重を減らすことも梁成を抑える効果があることが分かる。

負担荷重を減らすには、梁の負担幅を減らす、つまり梁のピッチを細かくすればよい。たとえば、梁ピッチが半分になれば、(1)での必要梁成は約71％に、(2)での必要梁成は約79％に減ることとなる［計算式1］。大空間をつくるときに最も大きな梁成が必要とされるのは大抵の場合、最大スパンのところなので、最大スパンとなる梁を細かいピッチで配置し、これを支持する直交方向梁を多めの柱で支持することが有効だ。

流通材で大スパンを飛ばす4つの方法

図1｜流通材で大スパンを飛ばす4つの方法

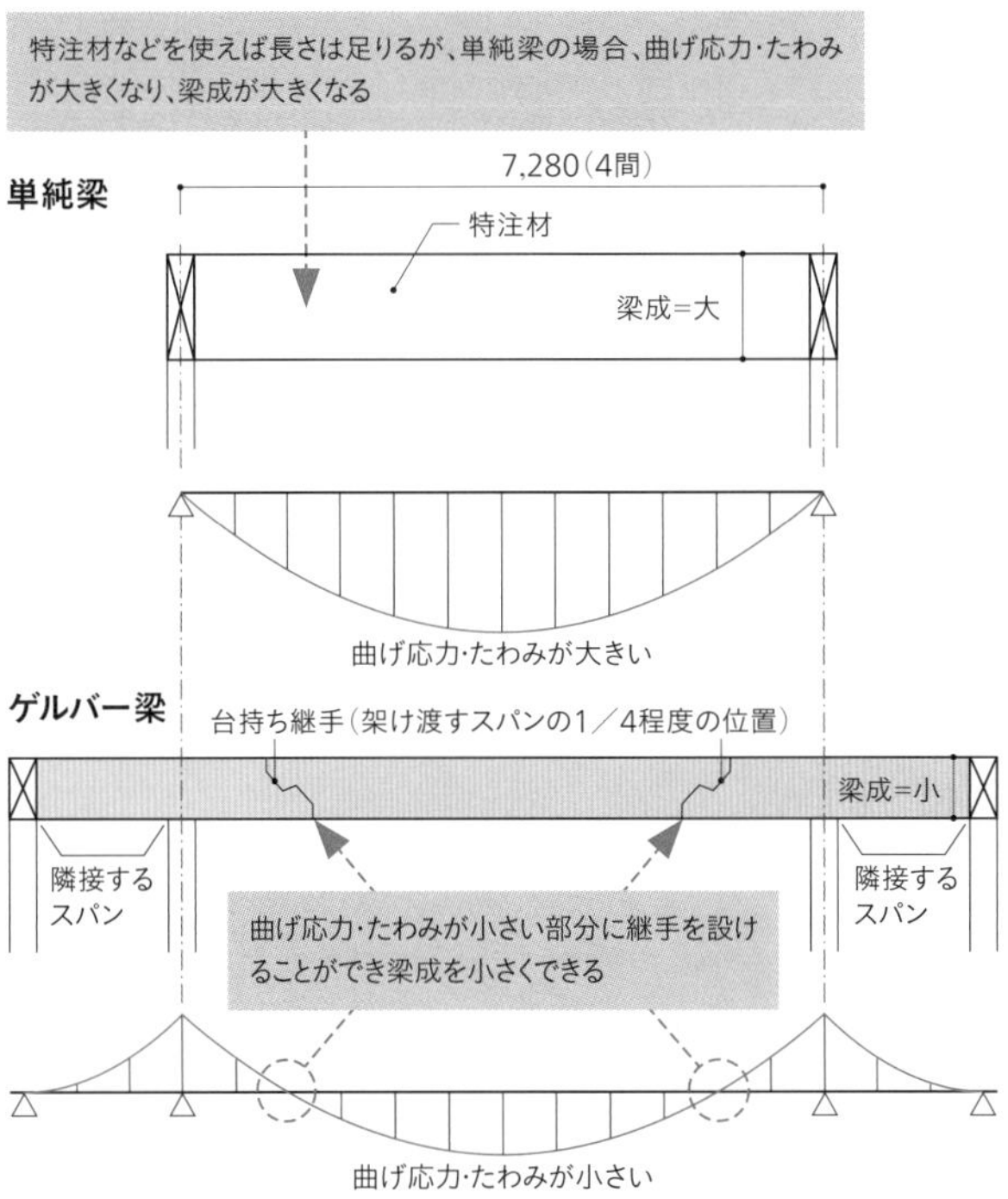
特注材などを使えば長さは足りるが、単純梁の場合、曲げ応力・たわみが大きくなり、梁成が大きくなる
単純梁
7,280（4間）
特注材
梁成＝大
曲げ応力・たわみが大きい
ゲルバー梁
台持ち継手（架け渡すスパンの1／4程度の位置）
梁成＝小
隣接するスパン
隣接するスパン
曲げ応力・たわみが小さい部分に継手を設けることができ梁成を小さくできる
曲げ応力・たわみが小さい

スパン途中の継手は弱点となるが、ゲルバー梁とすることで、連続梁と仮定した場合の曲げモーメントが小さい位置に継手を設けることができ、大スパンが実現可能となる。ただし、片側もしくは両側に隣接するスパンが必要となるため、プランと合わせて検討する。継手の位置はおおむね架け渡すスパンの1／4程度の位置、継手は台持ち継手などのせん断力を伝えやすい方法がよい

図2｜方杖を入れる

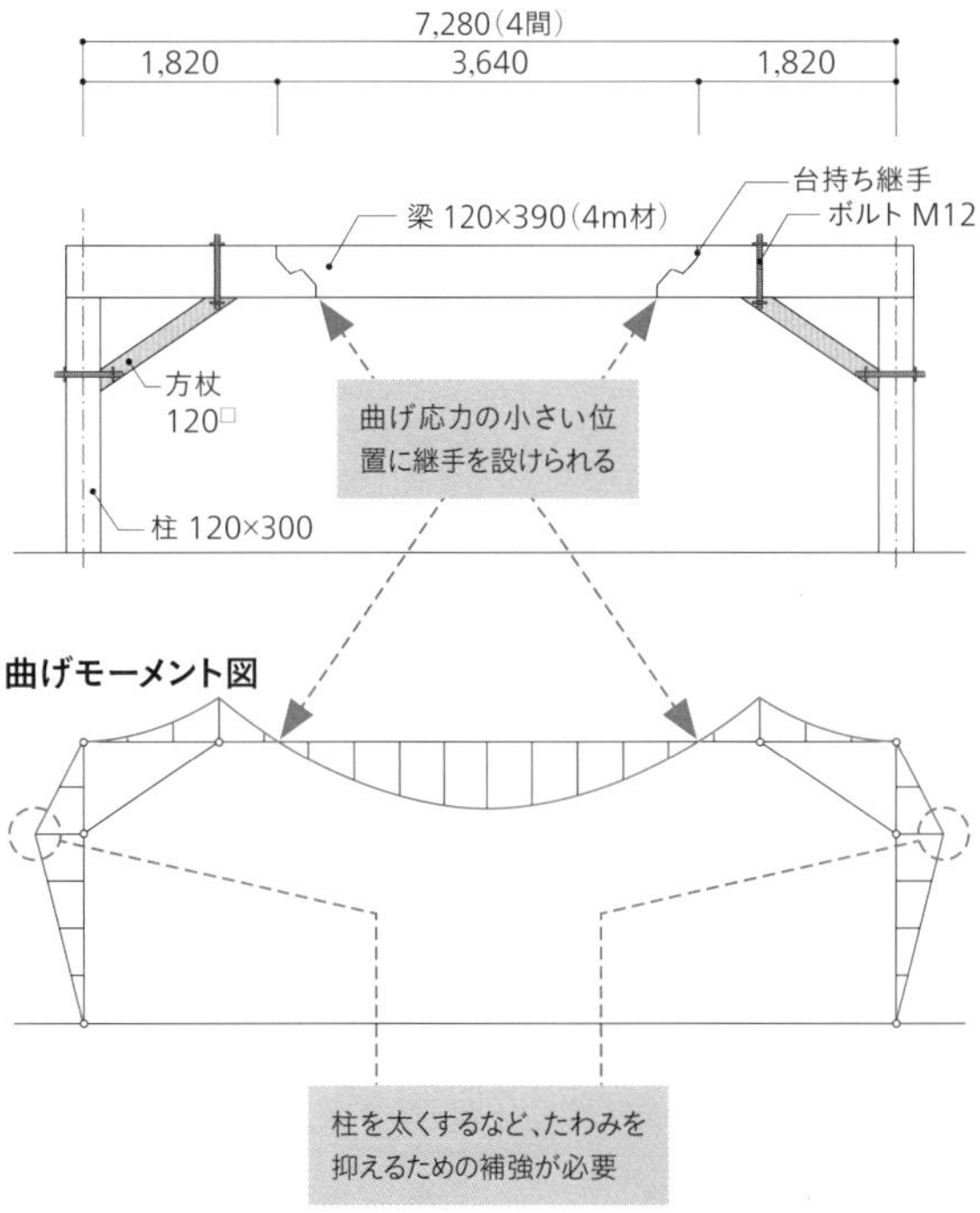
7,280（4間）
1,820
3,640
1,820
梁 120×390（4m材）
台持ち継手
ボルト M12
方杖 120□
曲げ応力の小さい位置に継手を設けられる
柱 120×300
曲げモーメント図
柱を太くするなど、たわみを抑えるための補強が必要

方杖が突っ張ることで梁を支える。方杖が取り付く柱はたわみやすくなるため、柱を太くするなどの対応が必要である。また方杖は内部に出てくるため、取り付ける高さが低いレベルにくると部屋の使い勝手が悪くなったり、見た目にうるさくなったりする。デザインの一部として見せるなどの工夫が必要だ

図3｜梁を並べる

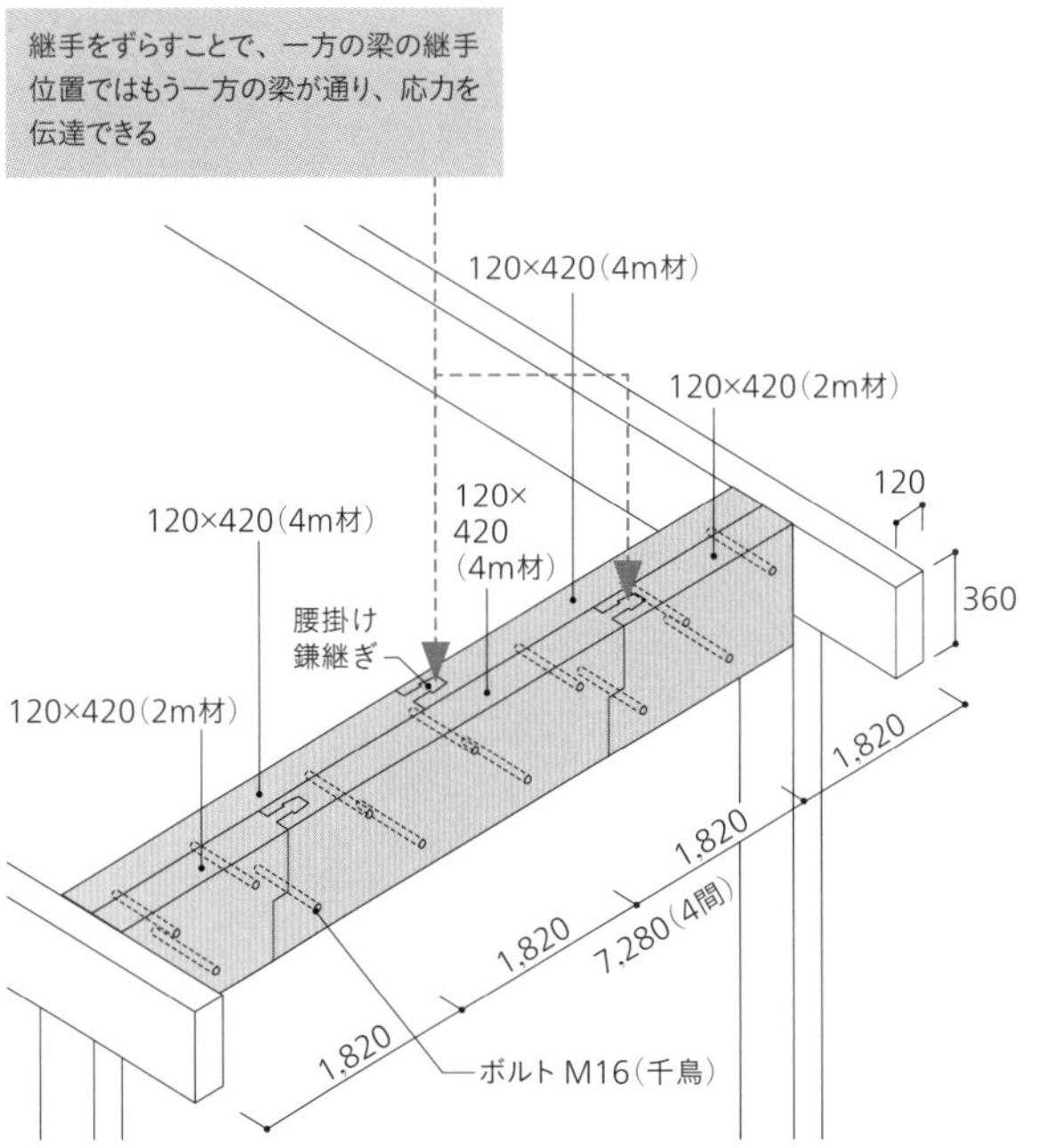
継手をずらすことで、一方の梁の継手位置ではもう一方の梁が通り、応力を伝達できる
120×420（4m材）
120×420（2m材）
120
360
120×420（4m材）
120×420（4m材）
腰掛け鎌継ぎ
120×420（2m材）
1,820
1,820
1,820
1,820
7,280（4間）
ボルト M16（千鳥）

継手位置の異なる2本の材で、1本材のような梁を実現する。継手は一般的な腰掛け鎌継ぎ程度、断面寸法はスパン表から得られる断面の材を2列並べればよい

図4｜鋼材で補強する

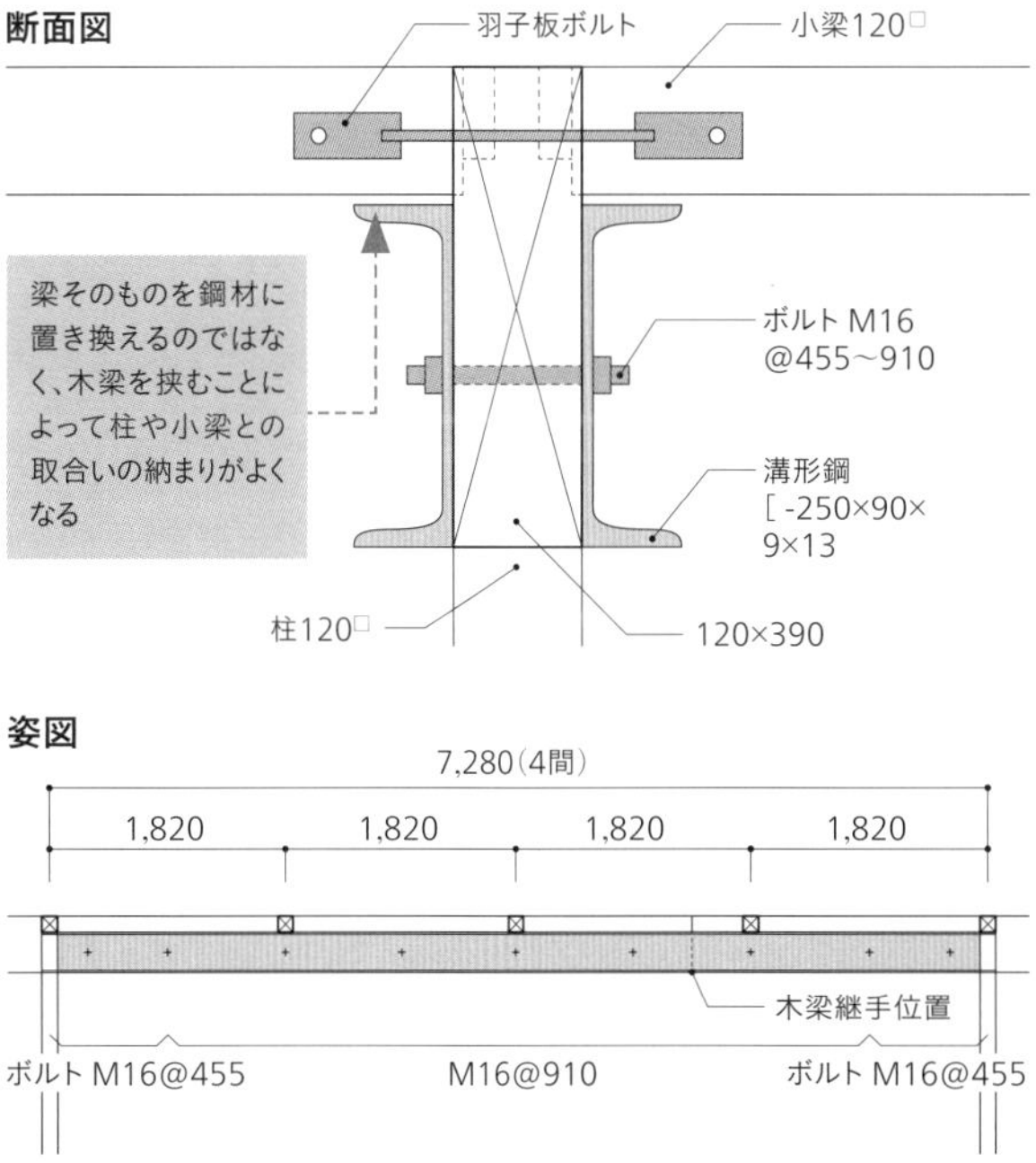
断面図
羽子板ボルト
小梁120□
梁そのものを鋼材に置き換えるのではなく、木梁を挟むことによって柱や小梁との取合いの納まりがよくなる
ボルト M16 @455～910
溝形鋼 [-250×90×9×13
柱120□
120×390
姿図
7,280（4間）
1,820
1,820
1,820
1,820
木梁継手位置
ボルト M16@455
M16@910
ボルト M16@455

芯の木梁は途中に継手を設け、鋼材だけ両端まで通すことで、短い材でも大スパンを飛ばすことができる。鋼材は木材と違い、長くなっても単価は変わらないというコスト上の利点もある。スパン端部ではボルトを多めに入れて鋼材の負担荷重を木材に伝えれば、鋼材を柱手前で止められ、直交梁との干渉をなくせる

07

梁の断面欠損はどこまで大丈夫？

セーフな仕口、アウトな仕口

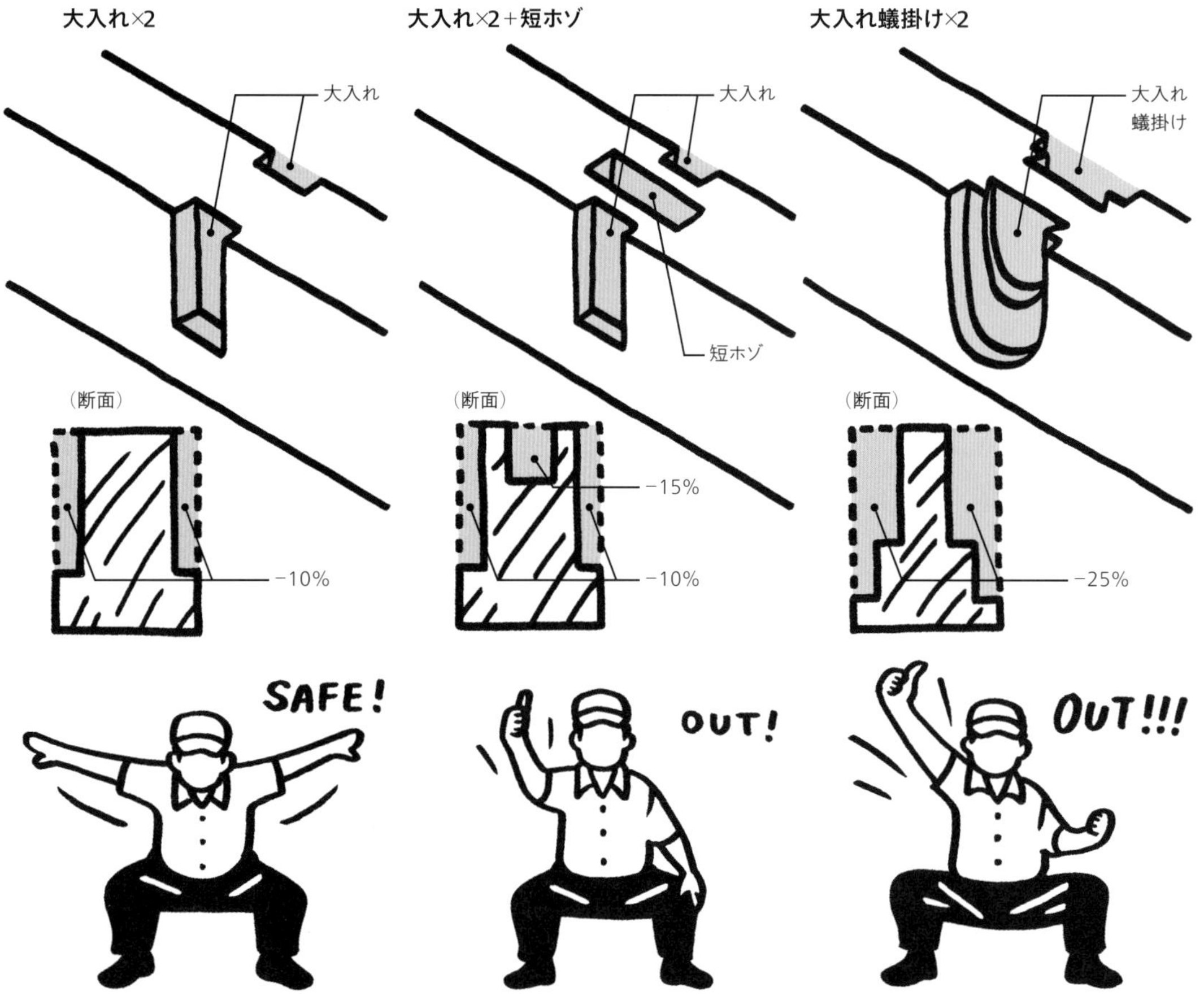
大入れ×2
大入れ×2＋短ホゾ
大入れ蟻掛け×2
大入れ
大入れ
短ホゾ
大入れ
蟻掛け
（断面）
（断面）
（断面）
−10%
−15%
−10%
−25%
SAFE!
OUT!
OUT!!!

低減率は−20%のため、スパン表が使える

低減率がスパン表の許容値を超えるため、金物や梁成の調整などによる補強が必要

強度を著しく低下させる断面欠損を知り、避ける

木造建築の設計・施工の各段階で、やむを得ず梁を欠き込まなければならなくなった経験は誰にでもあるだろう。こうした断面欠損が梁の性能を低下させることは知られているものの、どの程度の欠損がどの程度の性能低下を招くのかを解説した資料は少ない。そのため、梁の欠込みが可能か否か、判断に迷うことも多いはずだ。ここでは、欠損の程度と梁の性能低下の関係を整理してみよう。

❶梁仕口による断面欠損

『木造軸組工法住宅の許容応力度設計』（2017年版）では、幅105㎜の梁材に対し、一般的なプレカット仕口（根太・甲乙梁の大入れ、小梁の大入れ蟻掛け、上階柱の短ホゾ差し）によって、「断面係数Z」［188頁］がどの程度低減するかの概算値が記載されている［表］。欠損がない場合を100%（1.0）とし、仕口が設けられる場合に仕口の種類に応じた各低減率分をそこから引いていき、残った値が断面欠損後の断面係数Zの比率となる。表のとおり、仕口の組み合わせによって、低減後の比率にはかなり幅があることが分かる。また、梁幅が120㎜の場合や、梁成が大きい場合、仕口が大入れ蟻掛けではなく腰掛け蟻継ぎの場合など、梁断面の大きさや仕口の形状によっても低減率は左右される。ただし、これらすべてのパターンの低減率をその都度算出して設計することは、実務上あまり現実的ではない。

そこで、まずは最低限、断面欠損による低減率が特に大きくなる仕口を知っておき、これを避けることを心がけるようにしたい。具体的には表中の着色部分がその例である。こうした極端な組み合わせを避ければ、低減率は138〜143頁の梁スパン表で見込んでいる0.8程度の範囲内に収まると考えて問題ないだろう。

なお、現場で設備機器などとの干渉を避けるための切欠きや、梁が建具の枠を兼ねる場合に彫り込む溝などのような小さな欠損についてはほとんど問題とならないと考えられるが、心配な場合は梁成をワンサイズアップしておくなどの対応をすればよいだろう。

仕口が1カ所に集中すると、断面係

強度を著しく低下させる断面欠損を見極める方法

表｜仕口ごとの断面係数の低減係数概算値（プレカット仕口 梁幅105㎜の場合の参考値）

仕口の種類	低減係数概算値	備考
根太・甲乙梁による大入れ 片側（−0.1）	（1.0−0.1）=0.90	梁成が150㎜以上の場合に限る
根太・甲乙梁による大入れ 両側	（1.0−0.1×2）=0.80	
大入れ蟻掛け 片側（−0.25）	（1.0−0.25）=0.75	
大入れ蟻掛け 両側	（1.0−0.25×2）=0.50	
根太・甲乙梁による大入れ+大入れ蟻掛け	（1.0−0.1−0.25）=0.65	梁成が150㎜以上の場合に限る
短ホゾ差し（−0.15）	（1.0−0.15）=0.85	
根太・甲乙梁による大入れ 片側+短ホゾ差し	（1.0−0.1−0.15）=0.75	梁成が150㎜以上の場合に限る
根太・甲乙梁による大入れ 両側+短ホゾ差し	（1.0−0.1×2−0.15）=0.65	
大入れ蟻掛け 片側+短ホゾ差し	（1.0−0.25−0.15）=0.60	
大入れ蟻掛け 両側+短ホゾ差し	（1.0−0.25×2−0.15）=0.35	梁成が240㎜以上の場合に限る
根太・甲乙梁による大入れ+大入れ蟻掛け+短ホゾ差し	（1.0−0.1−0.25−0.15）=0.50	

着色部分の組み合わせは、低減率が特に大きい仕口であるため避けるか、断面欠損の少ない梁受け金物を使う、梁幅を120㎜にアップする、梁成をアップするなどの対策が必要である

図｜梁貫通孔をあける場合のルール

梁側面に大貫通孔をあける場合

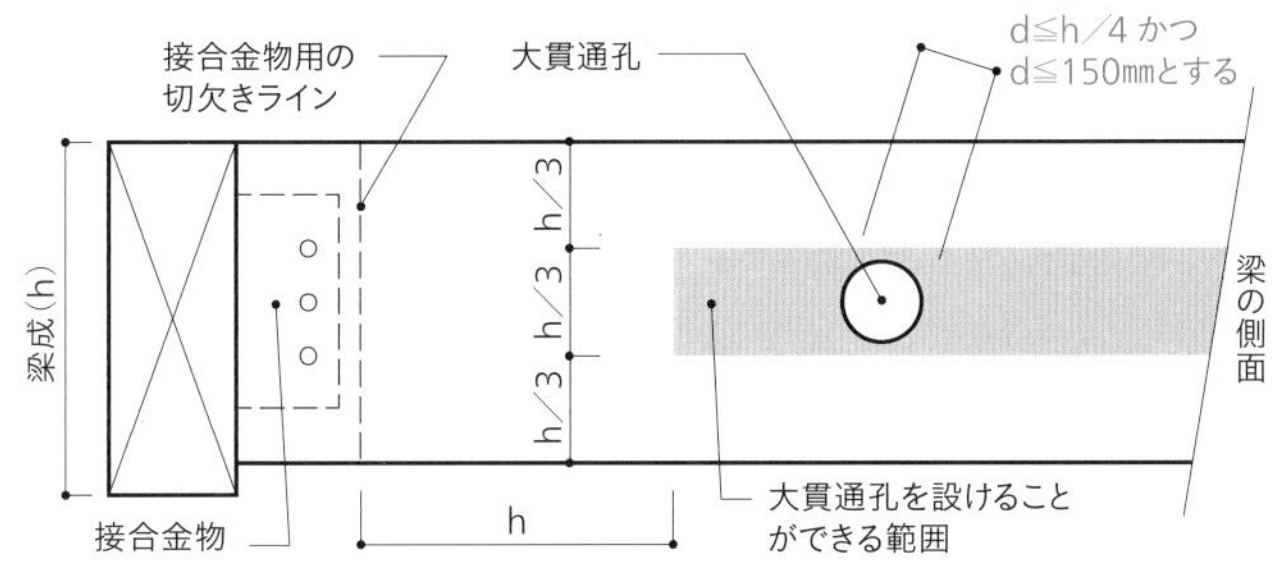

縦小貫通孔をあける場合

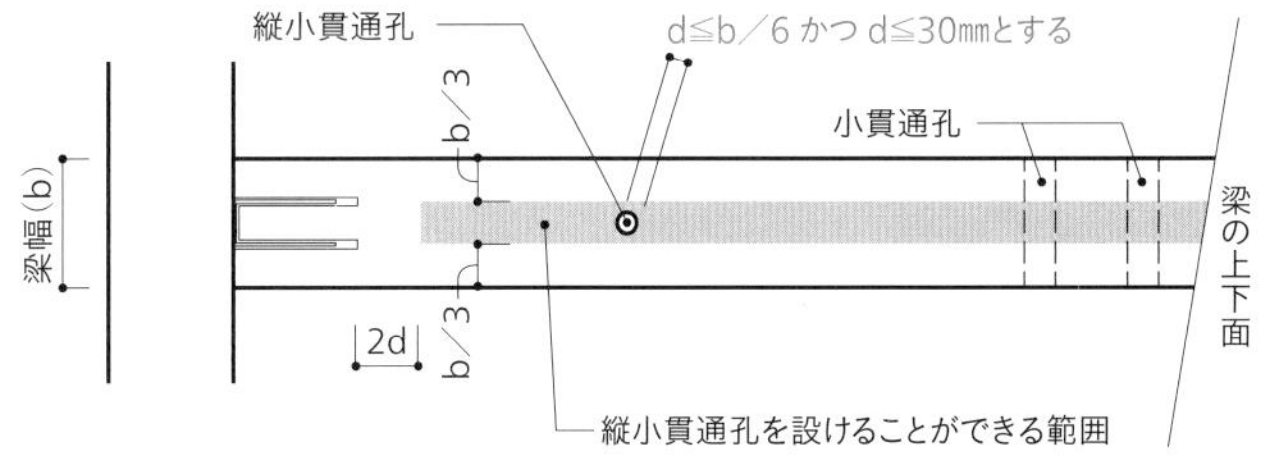

梁側面に小貫通孔をあける場合

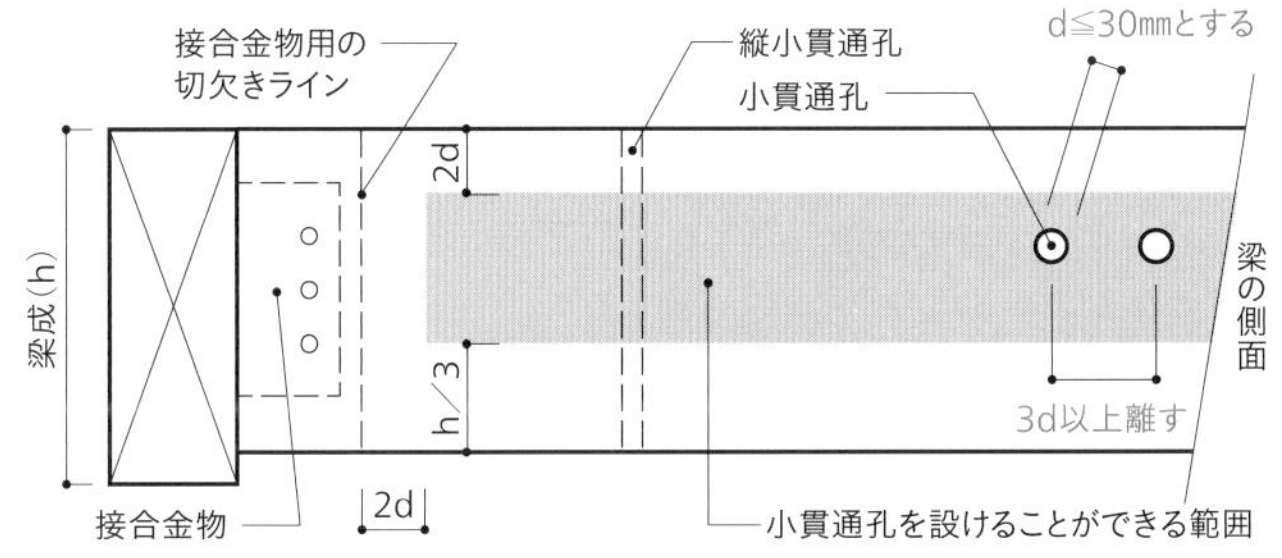

梁貫通孔の欠損による断面二次モーメントIの低減率

断面係数Z	大貫通孔（d≦h/4 かつ d≦150㎜）	低減率=0.95
	小貫通孔（d≦30㎜）	低減率=0.95
	縦小貫通孔（d≦b／6 かつ d≦30㎜）	低減率=0.80

数Zだけでなく梁の断面二次モーメント［188頁］も局部的に低減する。ただし、梁の全長にわたって断面欠損するわけではなく、性能が部分的に低下するだけなので、断面係数Zが低減するほどの影響はない（『木造軸組工法住宅の許容応力度設計』［2017年版］では、梁成や仕口の状況に応じ、低減率に0.7～0.9の幅をもたせている）。なお、138～143頁のスパン表では断面二次モーメントIの低減率は中間値の0.8を採用している。

❷梁貫通孔を設ける場合

欠込みには大小の種類があるが、最も大きいのは設備配管を通すための「梁貫通孔」である。木梁の貫通孔については、RC造やS造と比べ公式にまとめられた基準や資料が少なく、特に判断が難しい。

図は、貫通孔の径が大きなもの（大貫通孔）と小さなもの（小貫通孔）それぞれで穿孔の基準を示したものだ［※］。これらの梁貫通孔による断面係数Zの低減率は図のとおり、0.8～0.95となるため、表のケースと同様、図の各貫通孔の基準を満たしていれば、スパン表に沿った梁断面で問題ないことが分かる。

※ 木造の梁貫通孔に関する基準、資料は少ないが、中大規模木造の構造設計向けの技術資料である「JISA3301を用いた木造校舎に関する技術資料」に「貫通孔の欠損による梁断面性能の低減」という項目があり、これが住宅設計においても参考になるため紹介している

08 取合い部の金物を見せたくない場合は？

構造材露しの場合、金物はどうする？

継手や仕口に使われる標準金物は、構造材を露すことを前提としていないため、そのままでは露出してしまう
羽子板ボルト
短冊金物

接合部を工夫して金物を見せない方法

柱や梁などの構造材を室内に露す場合、材料そのものはもちろん、継手や仕口などの接合部を美しく見せるための工夫が必要となる。なかでも特に悩ましいのは、「金物をどう隠すか」だ。

現代の木造住宅では、ほとんどの継手や仕口に接合金物が使われている。これらの標準的な金物は価格が安く性能も安定しているが、構造材を露しにすることを前提としていない。そのため、そのまま露しのデザインに使うと意匠上好ましくない個所に露出してしまうことが多い。そこで、金物をなるべく見せずに取合い部を納める方法をいくつか紹介しよう。

❶梁のT字形仕口

大梁と小梁などのT字形仕口の場合、通常は「腰掛け蟻」や「大入れ」などの仕口加工を施したうえで、抜け防止用に羽子板ボルトを取り付ける。しかし、羽子板ボルトは小梁の側面に取り付けるので、目立ってしまう［写真］。そこで、金物を見せないようにする方法として図1のa～cがある。

aの「隠し金物」［※1］は、梁の内部に金物を埋め込み、ボルト締めすることで接合する。bの「引きボルト」も力学的な仕組みは同じだが、メーカーによる製品ではなく一般的なボルトや座金を使った方法である。cの「梁受け金物」［※2］は、梁底にわずかに金物が現れるものの、1枚の亜鉛めっき鋼板をプレス加工して成型しており、安価で使いやすい。

❷梁の十字形仕口

大梁の両側から小梁が取り付くような十字形仕口の場合でも、小梁からの力の伝わり方は基本的にT字形仕口と同じであり、仕口加工＋羽子板ボルトで固定する。そのため図1と同じ方法で金物を隠すことができる。ただし、大梁の反対側にも小梁があるため、大梁の反対側側面からボルトを挿入することができない。ボルトの納め方が多少異なる点に注意を要する［図2a］。十字形仕口ではこのほか、「短冊金物」を使った方法［図2c］や、伝統構法の梁組で使われる「渡り腮《あご》」などがある［図2d］。

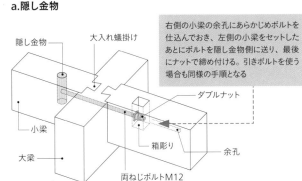

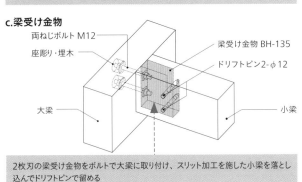

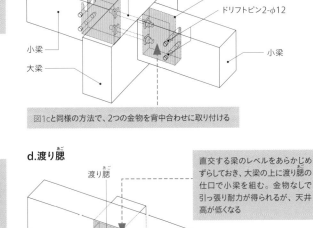

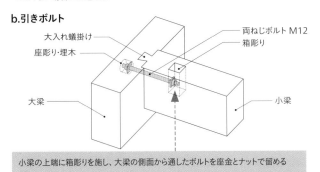

金物をなるべく見せずに取り合い部を納める方法

図1｜梁のT字形仕口

羽子板ボルト

羽子板ボルトによるT字形仕口。梁側面に見えてしまうため、構造材露しで金物を見せたくない場合には適さない

a.隠し金物

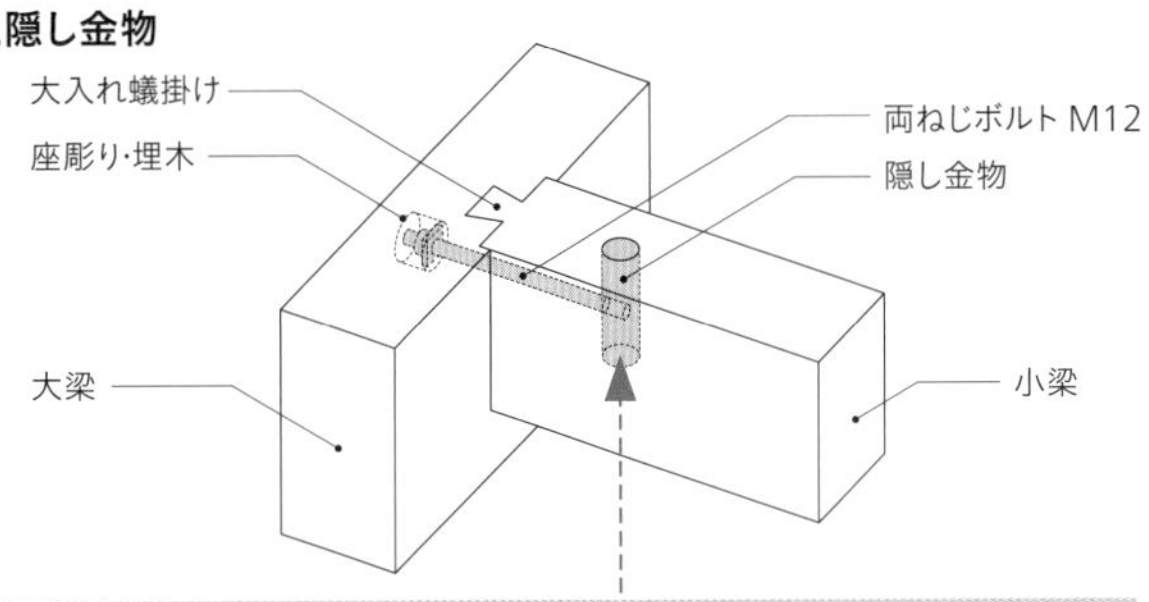
大入れ蟻掛け
座彫り・埋木
両ねじボルト M12
隠し金物
大梁
小梁

小梁の天端から内部に埋め込んだ隠し金物に、大梁の天端から通したボルトを締め込んで接合する

b.引きボルト

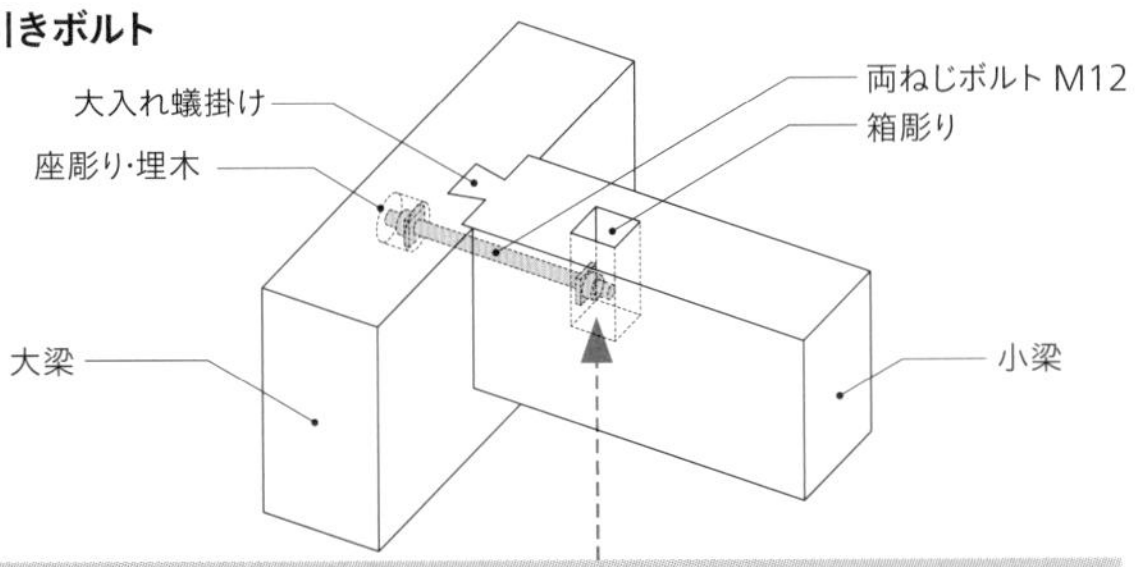
大入れ蟻掛け
座彫り・埋木
両ねじボルト M12
箱彫り
大梁
小梁

小梁の上端に箱彫りを施し、大梁の側面から通したボルトを座金とナットで留める

c.梁受け金物

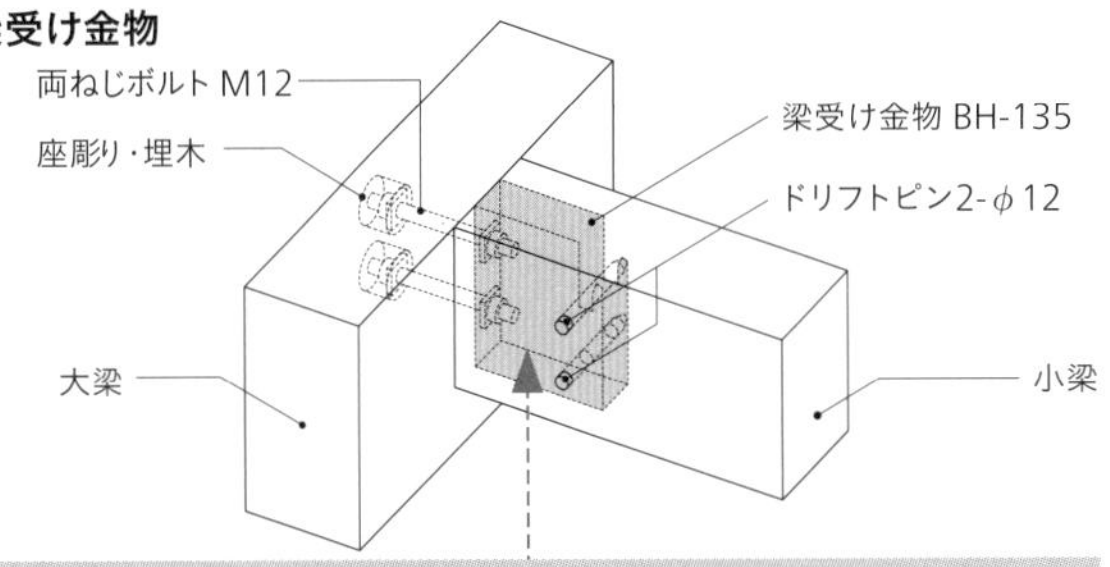
両ねじボルト M12
座彫り・埋木
梁受け金物 BH-135
ドリフトピン2-φ12
大梁
小梁

2枚刃の梁受け金物をボルトで大梁に取り付け、スリット加工を施した小梁を落とし込んでドリフトピンで留める

図2｜梁の十字形仕口

a.隠し金物

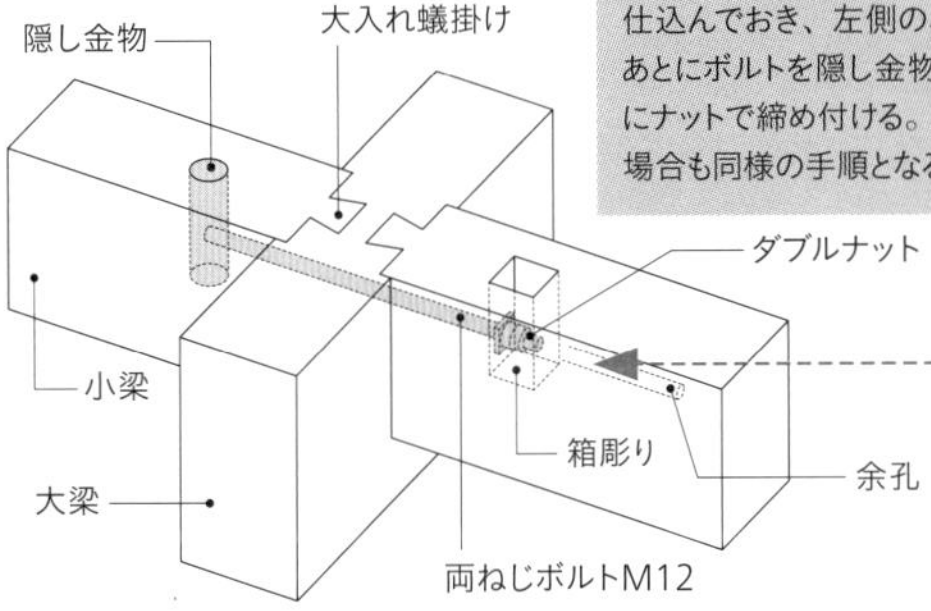
隠し金物
大入れ蟻掛け
ダブルナット
小梁
大梁
箱彫り
余孔
両ねじボルトM12

右側の小梁の余孔にあらかじめボルトを仕込んでおき、左側の小梁をセットしたあとにボルトを隠し金物側に送り、最後にナットで締め付ける。引きボルトを使う場合も同様の手順となる

b.梁受け金物

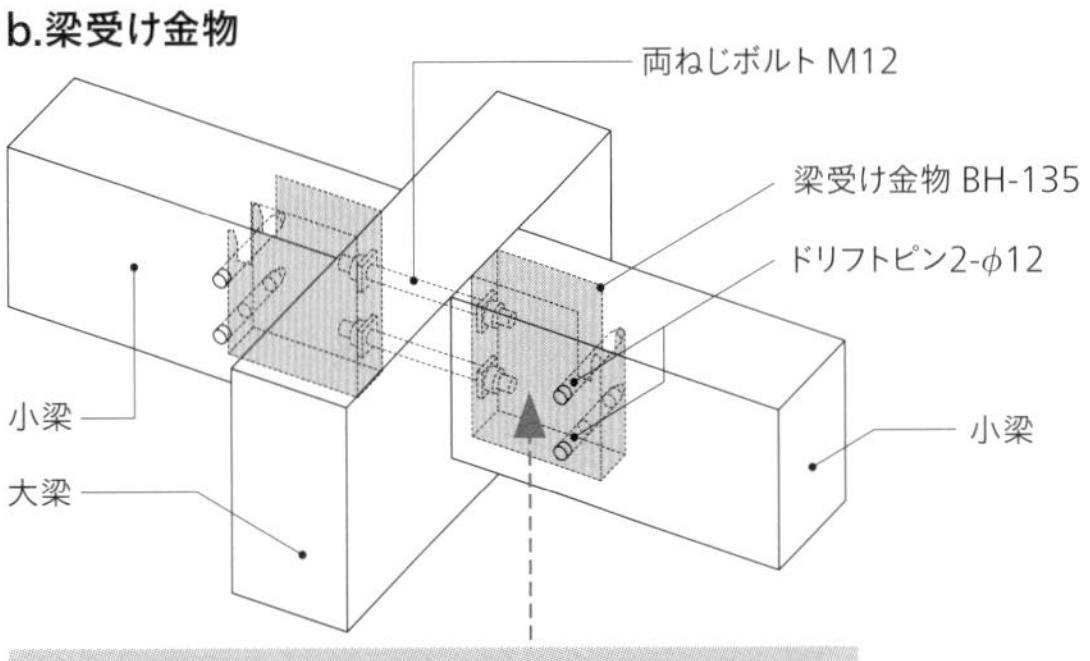
両ねじボルト M12
梁受け金物 BH-135
ドリフトピン2-φ12
小梁
大梁
小梁

図1cと同様の方法で、2つの金物を背中合わせに取り付ける

c.短冊金物

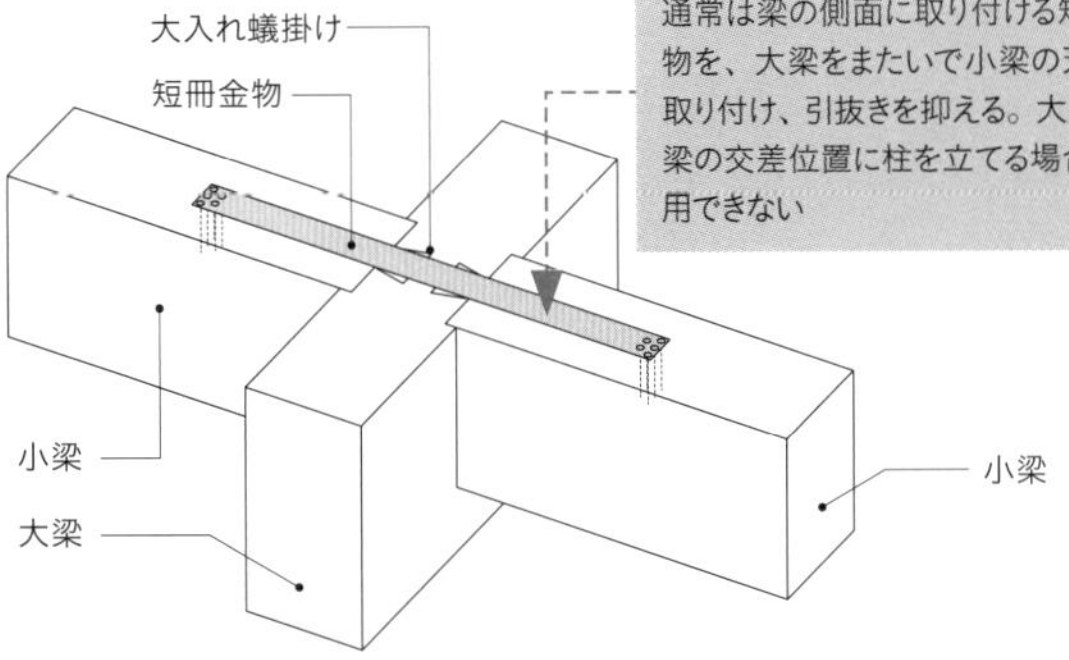
大入れ蟻掛け
短冊金物
小梁
大梁
小梁

通常は梁の側面に取り付ける短冊金物を、大梁をまたいで小梁の天端に取り付け、引抜きを抑える。大梁と小梁の交差位置に柱を立てる場合は採用できない

d.渡り腮《あご》

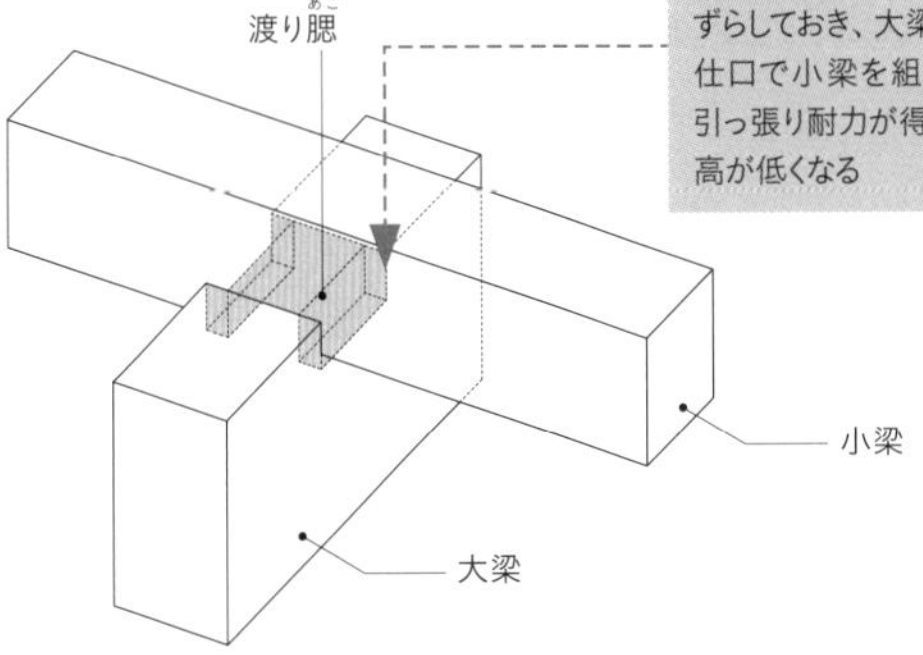
渡り腮《あご》
小梁
大梁

直交する梁のレベルをあらかじめずらしておき、大梁の上に渡り腮《あご》の仕口で小梁を組む。金物なしで引っ張り耐力が得られるが、天井高が低くなる

※1　金物メーカーが構造材の露しを考慮して開発した製品。「パイプ羽子板かくれんぼ」（タナカ）、「Dボルト」（コボット）、「鬼に金棒」（ユー建築工房）などがあり、引っ張り力に抵抗しつつ金物を隠すという意味で同様の役割をもつ
※2　2006年に（公財）日本住宅・木材技術センターがZマーク表示金物として規格化したもの。梁受け金物は各メーカーから様々な製品が出ているが、そのほとんどが梁を載せやすいよう底部がU字形をしており、梁底に露出してしまう

図3｜梁の継手

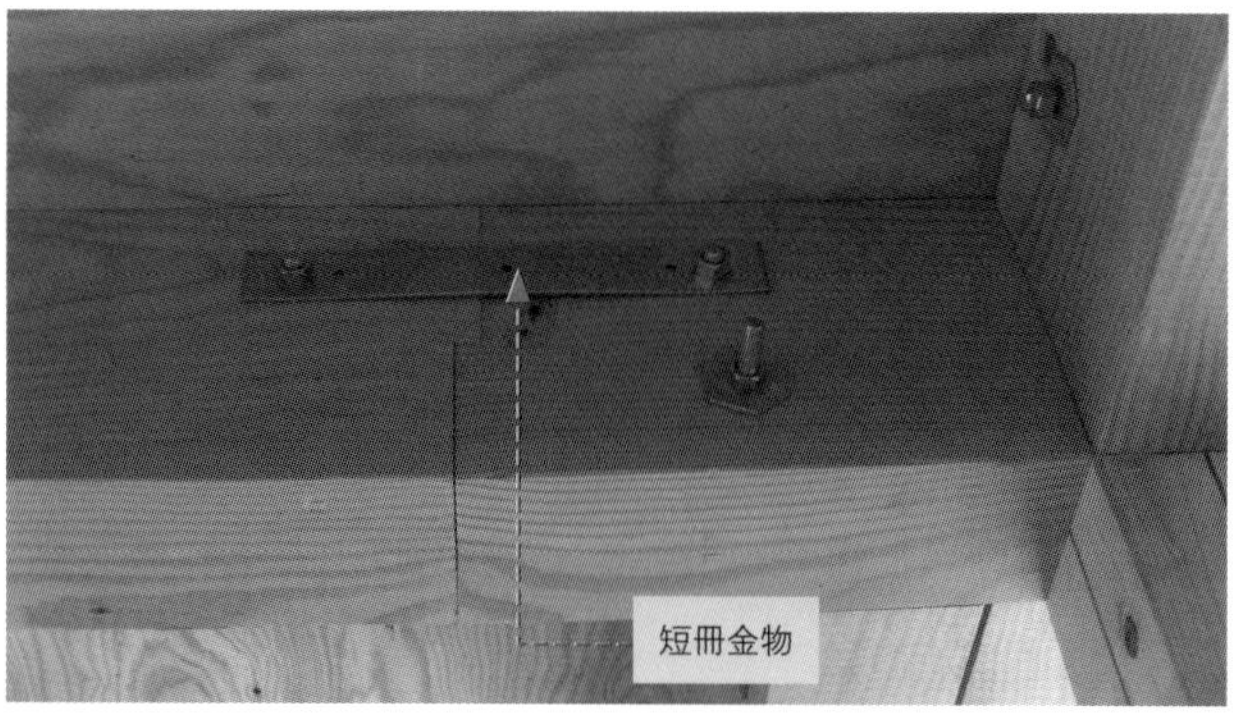
短冊金物

梁継手の側面に取り付けられる短冊金物も見えてしまうため、梁露しの場合は別の方法を検討したい

a.隠し金物

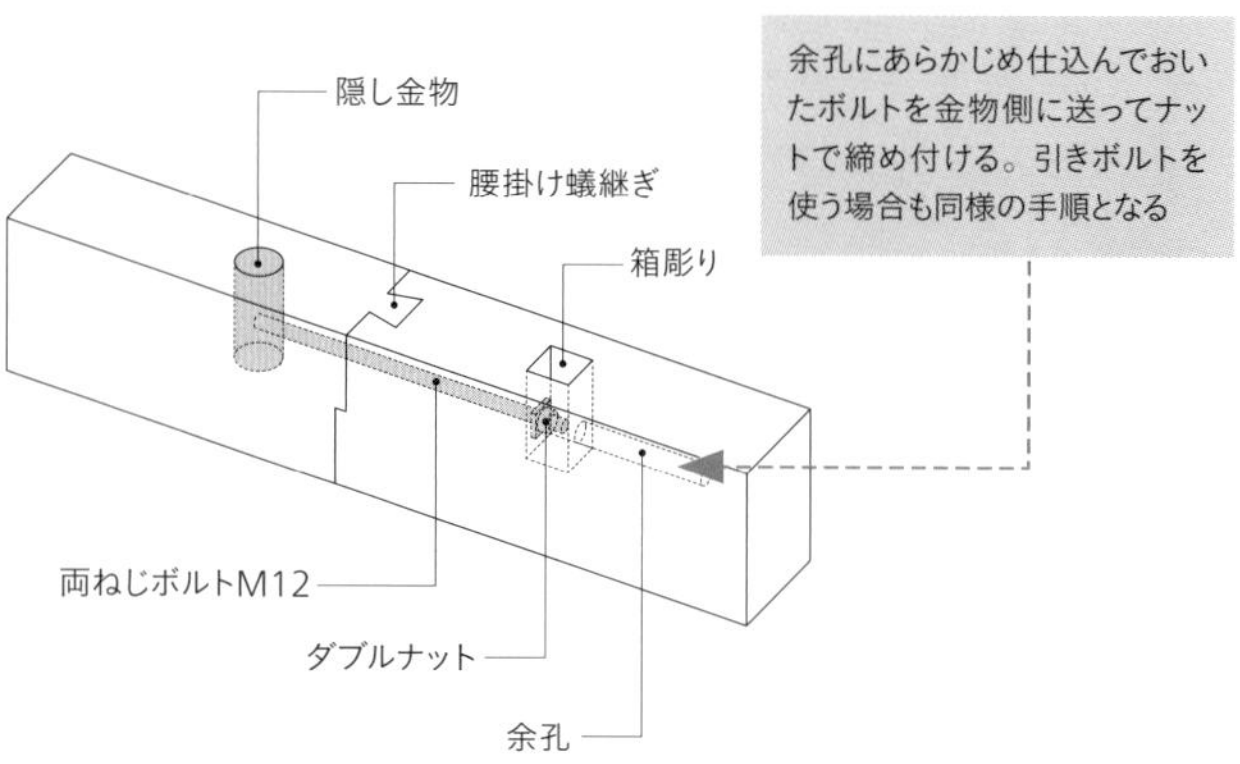
隠し金物
腰掛け蟻継ぎ
箱彫り
余孔にあらかじめ仕込んでおいたボルトを金物側に送ってナットで締め付ける。引きボルトを使う場合も同様の手順となる
両ねじボルトM12
ダブルナット
余孔

b.嵌合接合

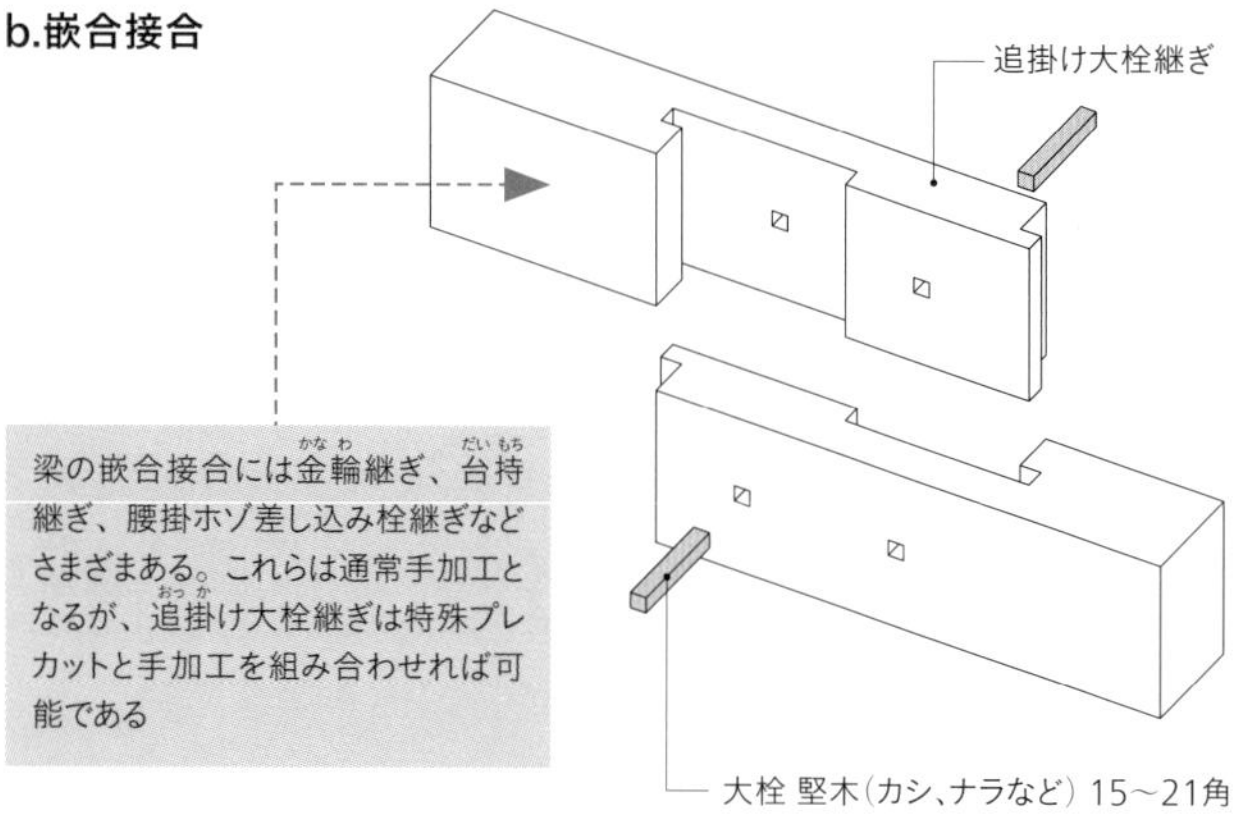
追掛け大栓継ぎ
梁の嵌合接合には金輪《かなわ》継ぎ、台持《だいもち》継ぎ、腰掛ホゾ差し込み栓継ぎなどさまざまある。これらは通常手加工となるが、追掛《おっか》け大栓継ぎは特殊プレカットと手加工を組み合わせれば可能である
大栓 堅木（カシ、ナラなど）15～21角

c.短冊金物（天端）

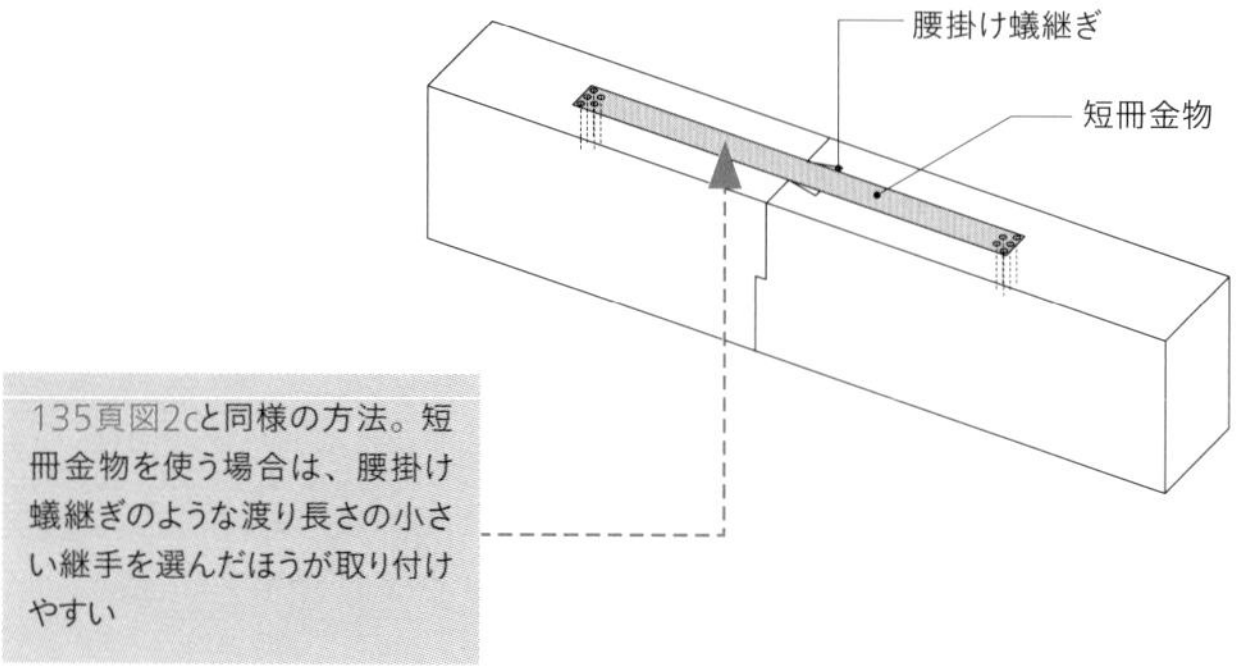
腰掛け蟻継ぎ
短冊金物
135頁図2cと同様の方法。短冊金物を使う場合は、腰掛け蟻継ぎのような渡り長さの小さい継手を選んだほうが取り付けやすい

d.梁受金物

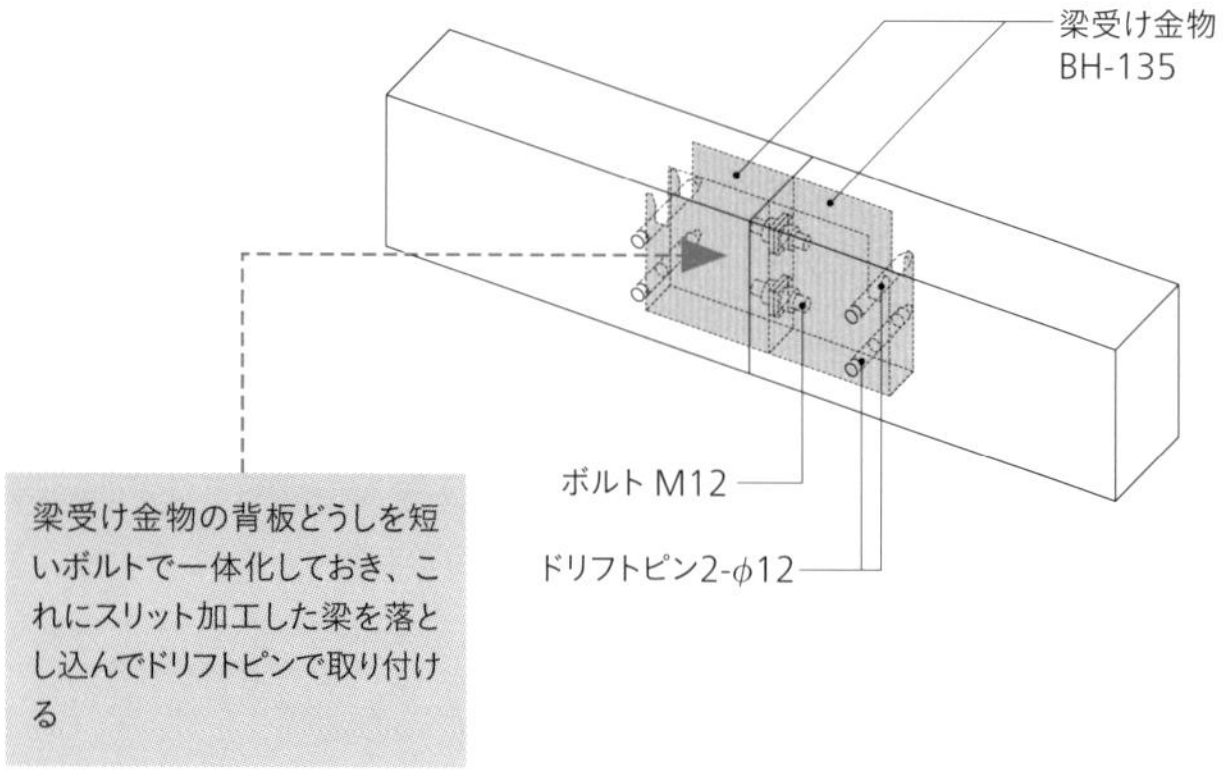
梁受け金物
BH-135
ボルトM12
ドリフトピン2-φ12
梁受け金物の背板どうしを短いボルトで一体化しておき、これにスリット加工した梁を落とし込んでドリフトピンで取り付ける

e.腰掛け鎌継ぎのみ

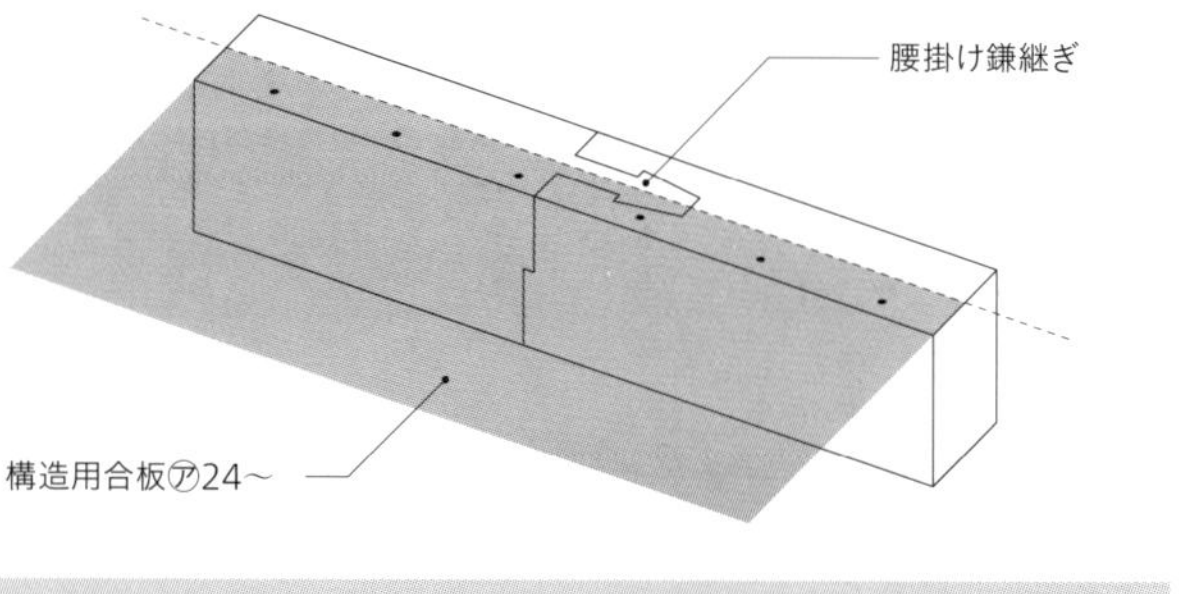
腰掛け鎌継ぎ
構造用合板㋐24～

腰掛け鎌継ぎのみでも数kNの引っ張り耐力がある。また近年は、梁の上に厚物構造用合板を直に載せ、細かいピッチで釘打ちするため、金物がなくても一定の引っ張り耐力をもっている

❸梁の継手

軒桁や胴差、吹抜けの梁には地震時に大きな引っ張り力が生じることがあるため、継手の側面に短冊金物を取り付けるのが普通だ［図3写真］。継手に金物が見えないようにするには、図3a～eの方法を検討したい。bの「嵌合接合《かんごう》」は、現代のように便利な金物がない時代から用いられてきた方法だ。短冊金物より強い引っ張り耐力を持つ継手［※3］もあるが、基本的に大工の手加工となり手間がかかるのがネックである。なお地震時などに大きな引っ張り力が生じる個所でなければ、継手はeの腰掛け鎌継ぎのみで十分だ。

❹梁と柱の仕口

耐力壁の取り付く柱には柱頭・柱脚金物が取り付けられるが、耐力壁は壁として仕上げられるため、金物が見え掛かりになることは少ない。しかし、面格子や丸鋼ブレースなどの見せることを前提とした耐力壁や、土庇の独立柱と桁の仕口など、抜け防止の金物が必要になるケースも考えられる。こうした取合い部の金物が見えないようにするには、図4a～cの方法が考えられる。

aの「嵌合接合」は、金物を一切使わずに3kN程度以上の引抜き耐力が期待できる方法である。込み栓には15㎜角やφ18㎜程度の堅木（ナラやカシ）が用いられる。ホゾの長さは120㎜以上が望ましいが、ほとんどの住宅用プレカット機では片側から90㎜程度以下し

図4｜柱と梁の仕口

柱頭金物

梁勝ちの仕口。柱頭には引き抜きを防ぐための柱頭金物が取り付けられている

a.嵌合接合（長ホゾ差し込み栓打ち）

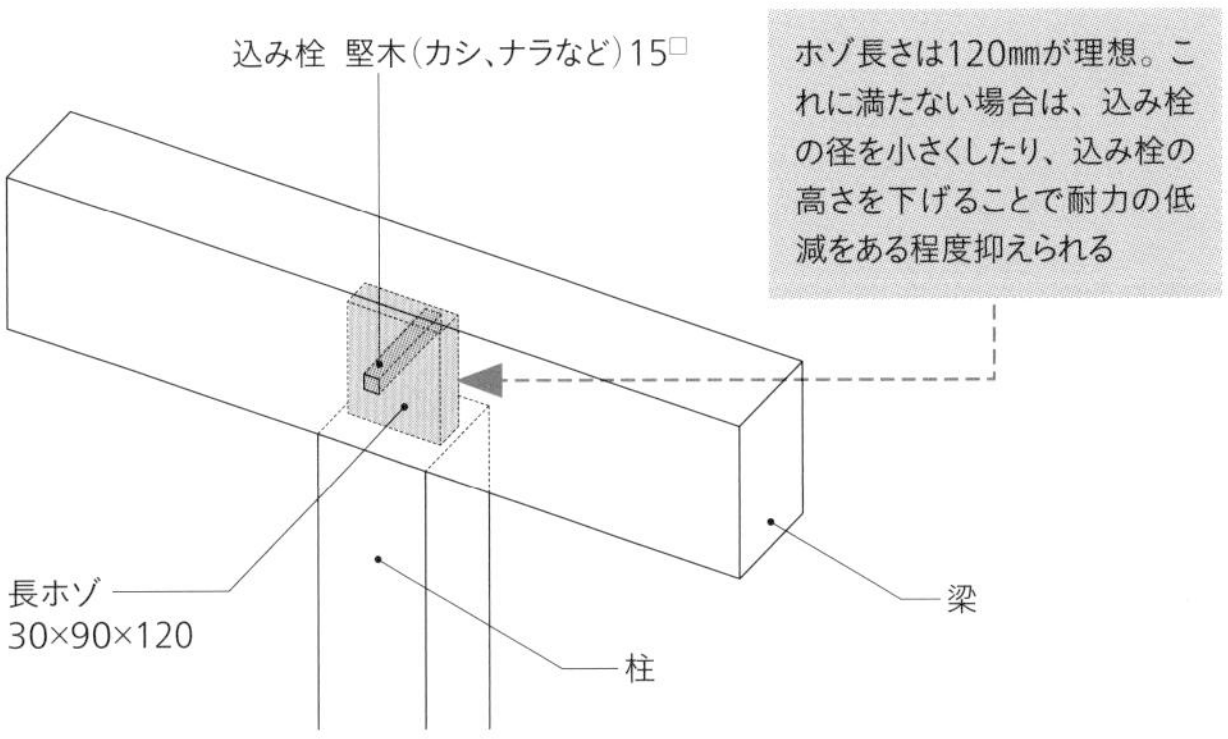
込み栓 堅木（カシ、ナラなど）15□
ホゾ長さは120㎜が理想。これに満たない場合は、込み栓の径を小さくしたり、込み栓の高さを下げることで耐力の低減をある程度抑えられる
長ホゾ
30×90×120
梁
柱

b.ホゾパイプ

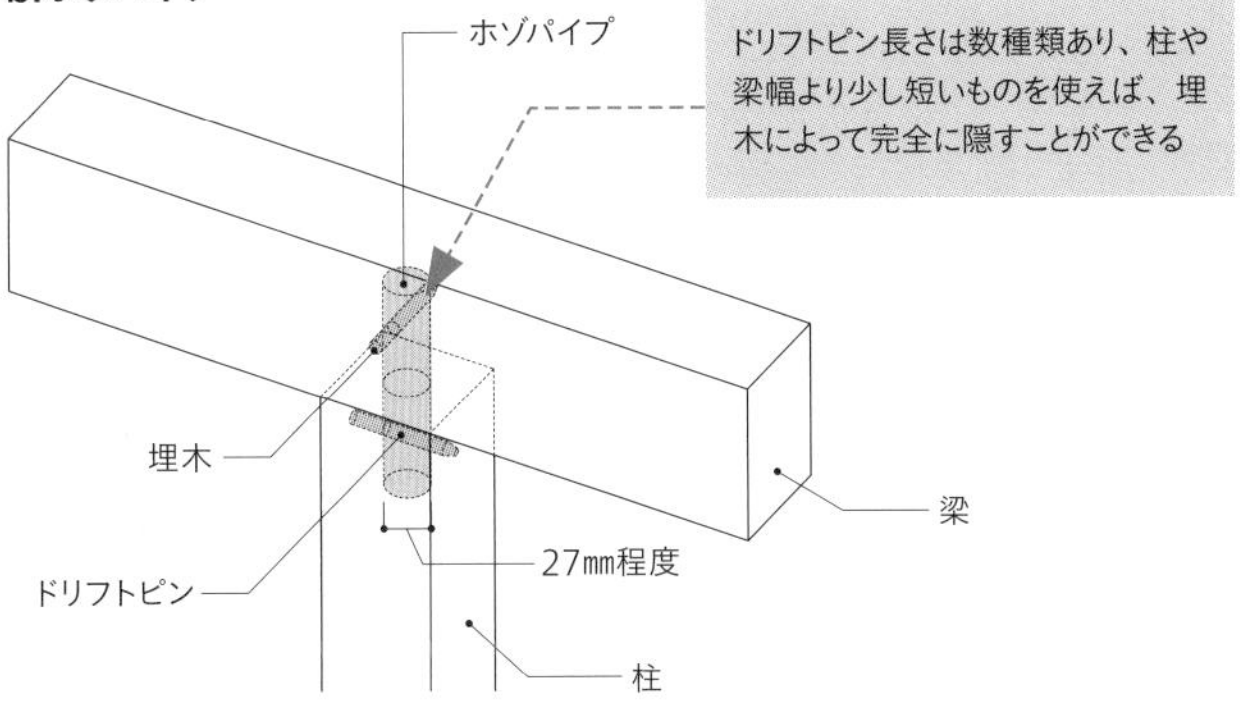
ホゾパイプ
ドリフトピン長さは数種類あり、柱や梁幅より少し短いものを使えば、埋木によって完全に隠すことができる
埋木
梁
ドリフトピン
27㎜程度
柱

c.引きボルト

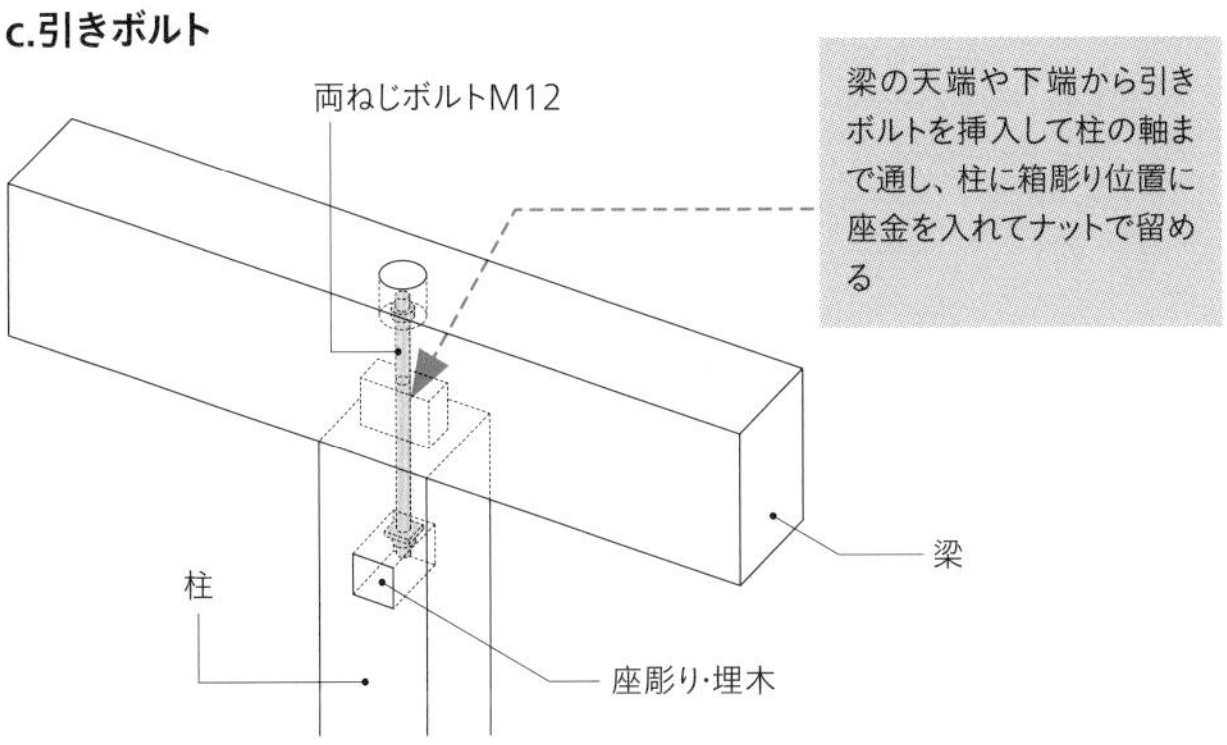
両ねじボルトM12
梁の天端や下端から引きボルトを挿入して柱の軸まで通し、柱に箱彫り位置に座金を入れてナットで留める
梁
柱
座彫り・埋木

図5｜桁と垂木の仕口

ひねり金物

垂木と軒桁をつなぐ吹き上げ防止用の「ひねり金物」

垂木留めビス

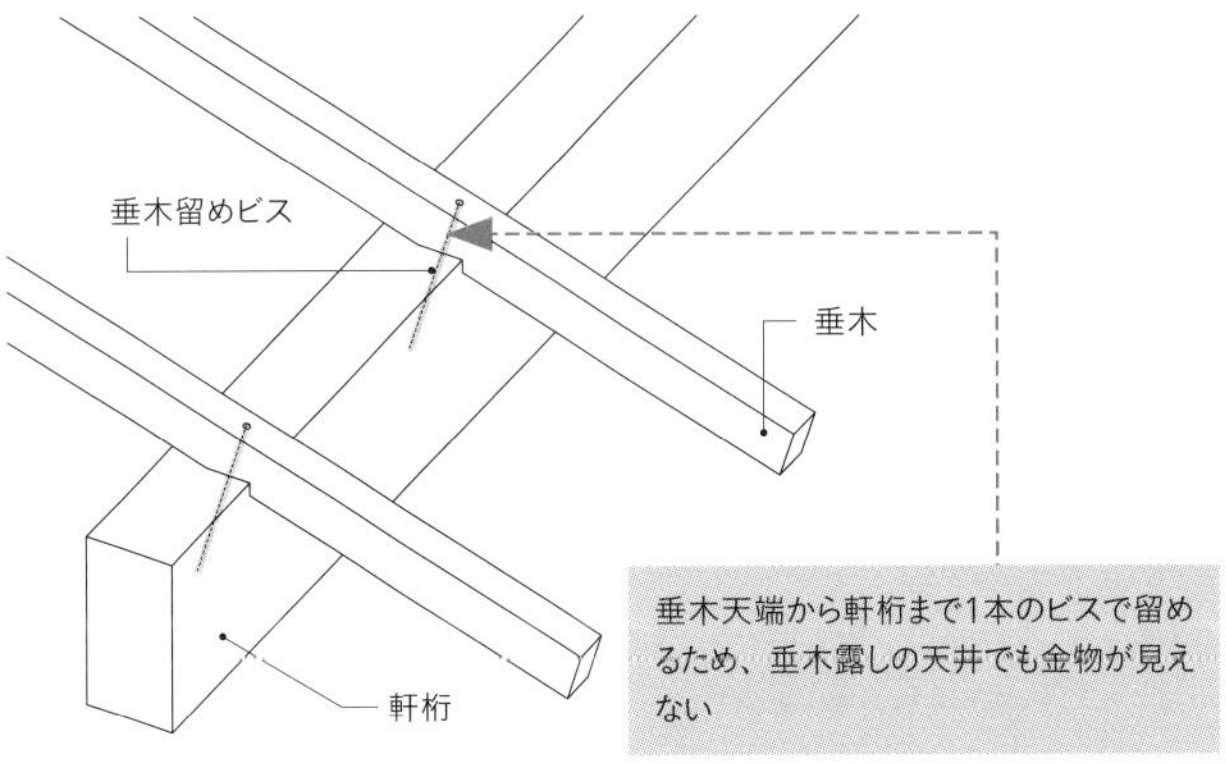
垂木留めビス
垂木
垂木天端から軒桁まで1本のビスで留めるため、垂木露しの天井でも金物が見えない
軒桁

か加工できない。成が180㎜程度までの梁ならば上下からホゾ加工することで貫通できるが、成が180㎜を超える梁や、上下に柱のホゾが必要な梁は手加工になることが多い。bのホゾパイプは、柱にホゾを設ける代わりに、直径27㎜程度の小径パイプを柱と梁に差し、ドリフトピンを打って引抜き耐力を確保する方法である。各メーカーから販売されている。cの引きボルトを使う場合は、フラット角根ボルトやフラット丸座金（ともにカネシン）、スクリュー座金（タナカ）などを使えば、座彫り寸法を抑えることができる。

❺桁と垂木の仕口

垂木は、暴風時の吹き上げに備え、ひねり金物などで軒桁と留め付けるのが一般的であった［図5写真］。これを見えなくするために、垂木の側面から釘を斜め打ちする方法も古くから使われているが、最近では「タルキック」や「パネリード」（ともにシネジック）など、長いビスを垂木天端から軒桁にまでねじ込む方法が浸透しつつある。より引抜き耐力の高い全ねじのビスもあり、最長で30㎝超のものまである。

※3 金輪継ぎ・台持継ぎ・腰掛ほぞ差し込栓継ぎ・腰掛けほぞ差し車知継ぎなど

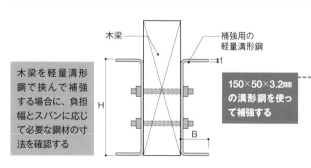

▎DATA ▎

本当に使える！“ヤマダ流”オリジナル梁スパン＆継手表

本スパン表［139 ～ 143 頁］では、強度・たわみ制限の両方を満たす断面のみを取り上げ、半間ごとのスパンにも対応した。
梁継手表［144 ～ 145 頁］では 2 種類の梁継手を取り上げ、大スパンを飛ばすために必要な仕様が一覧できる。

【スパン表の使い方】

検討対象となる梁の「負担幅」と「スパン」の交点部分に記載された数値が、その梁に必要な梁成（鋼材の場合は軽量溝形鋼の寸法）を示している。木梁の場合、樹種とヤング率によっても断面寸法が変わるため、本表ではスギE70、ヒノキE90、ベイマツE110の3樹種・等級ごとの断面が算定できるようになっている。

床梁・小屋梁スパン表の見方（負担幅が1,365㎜、スパンが1,820㎜の場合）［139 ～141頁］

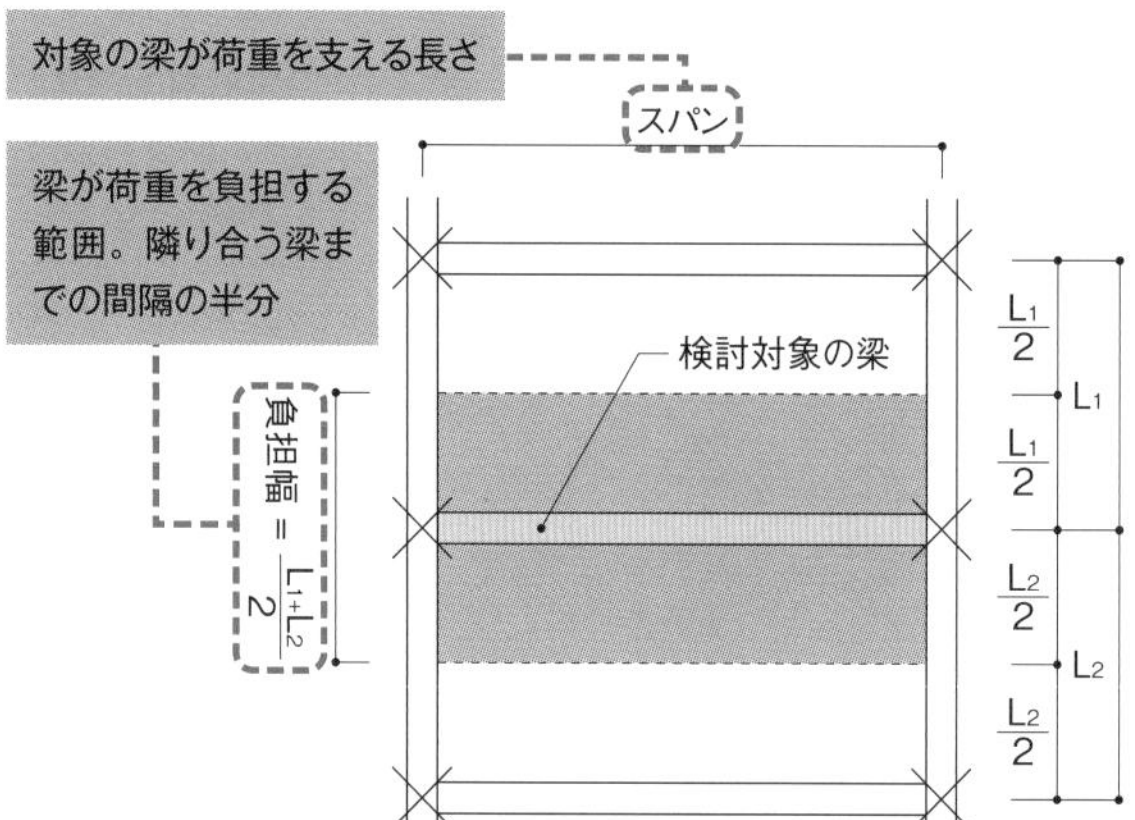

対象の梁が荷重を支える長さ
スパン
梁が荷重を負担する範囲。隣り合う梁までの間隔の半分
負担幅 = (L1+L2)/2
検討対象の梁
L1/2
L1
L2/2
L2

梁幅105㎜の場合

負担幅（㎜）	スパン（㎜）	1,820
910	スギE70	120
	ヒノキE90	105
	ベイマツE110	105
1,365	スギE70	150
	ヒノキE90	120
	ベイマツE110	120
1,820	スギE70	150
	ヒノキE90	150
	ベイマツE110	150
2,275	スギE70	180

スギE70であれば105×150㎜、ヒノキE90またはベイマツE110であれば105×120㎜角の断面寸法が必要となる

跳ね出し梁スパン表の見方（負担幅1,365㎜、室内側スパンが2,730㎜、スギE70の材を使う場合）［142頁］

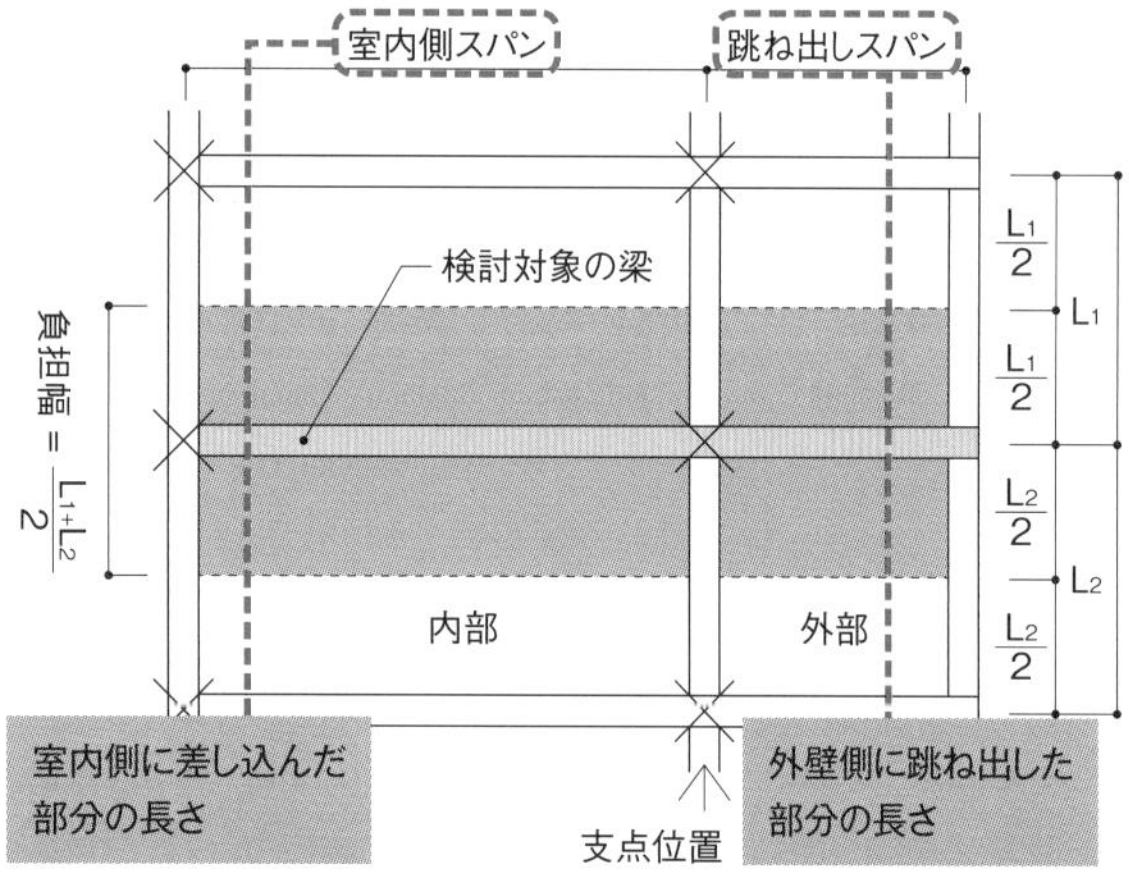

室内側スパン
跳ね出しスパン
検討対象の梁
負担幅 = (L1+L2)/2
L1/2
L1
L2/2
L2
内部
外部
室内側に差し込んだ部分の長さ
支点位置
外壁側に跳ね出した部分の長さ

梁幅105㎜の場合

負担幅（㎜）	室内側スパン（㎜） / 跳ね出しスパン（㎜）	2,730			
		1,365	1,820	2,275	2,730
910	スギE70	150	210	300	390
	ヒノキE90	150	210	270	360
	ベイマツE110	150	180	270	330
1,365	スギE70	180	240	360	420
	ヒノキE90	180	240	330	390
	ベイマツE110	180	210	300	390
1,820	スギE70	180	270	390	NG
	ヒノキE90	180	300	390	450

跳ね出しスパンは2,275㎜（その際の梁成は390㎜）が限界。それ以上のスパンではNGとなる

軽量溝形鋼による木梁補強時のスパン表の見方（負担幅が3,185㎜、スパンが2,730㎜の場合）［143頁］

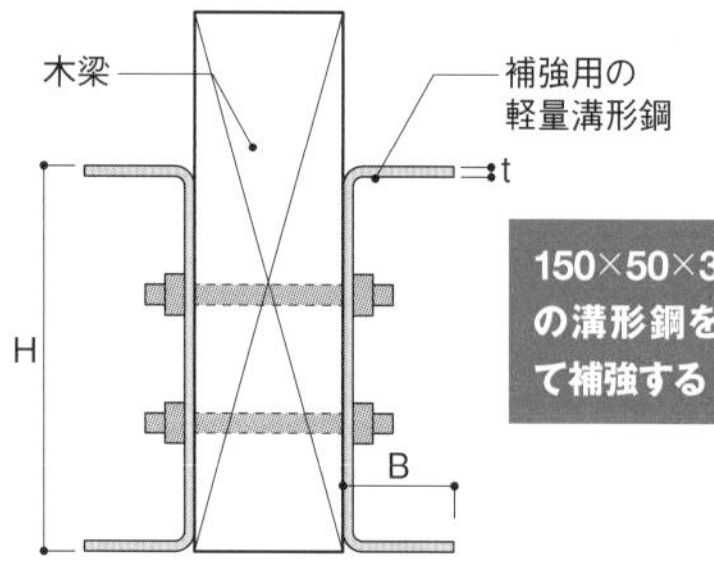

木梁
補強用の軽量溝形鋼
t
H
B

木梁を軽量溝形鋼で挟んで補強する場合に、負担幅とスパンに応じて必要な鋼材の寸法を確認する

150×50×3.2㎜の溝形鋼を使って補強する

床梁（2階床）

H × B × t

負担幅（㎜）	スパン（㎜）	2,730	3,640	4,550
1,820	][-	120 × 40 × 3.2	150 × 50 × 4	150 × 75 × 6
2,275	][-	150 × 50 × 2.3	150 × 75 × 4	200 × 50 × 4.5
2,730	][-	150 × 50 × 2.3	150 × 75 × 4	200 × 75 × 4
3,185	][-	150 × 50 × 3.2	200 × 75 × 4	200 × 75 × 4.5
3,640	][-	150 × 50 × 3.2	150 × 75 × 6	200 × 75 × 6

1．床梁スパン表（2階床）

梁幅105㎜の場合（梁成は最大450㎜としている）

負担幅（㎜） ＼ スパン（㎜）		1,820	2,730	3,640	4,550	5,460
910	スギE70	120	180	240	300	360
	ヒノキE90	105	180	210	270	330
	ベイマツE110	105	150	210	270	300
1,365	スギE70	150	210	270	330	390
	ヒノキE90	120	180	240	300	360
	ベイマツE110	120	180	240	300	360
1,820	スギE70	150	240	300	360	450
	ヒノキE90	150	210	270	330	420
	ベイマツE110	150	210	270	330	390
2,275	スギE70	180	240	330	390	NG
	ヒノキE90	150	240	300	360	450
	ベイマツE110	150	210	270	330	420
2,730	スギE70	180	270	330	420	NG
	ヒノキE90	150	240	300	390	450
	ベイマツE110	150	240	300	360	450
3,185	スギE70	180	270	360	450	NG
	ヒノキE90	180	240	330	420	NG
	ベイマツE110	180	240	330	390	NG
3,640	スギE70	180	270	360	450	NG
	ヒノキE90	180	270	360	420	NG
	ベイマツE110	180	270	360	420	NG
4,095	スギE70	210	300	390	NG	NG
	ヒノキE90	180	270	360	450	NG
	ベイマツE110	180	270	360	450	NG
4,550	スギE70	210	300	390	NG	NG
	ヒノキE90	210	300	390	NG	NG
	ベイマツE110	210	300	390	NG	NG

梁幅120㎜の場合（梁成は最大450㎜としている）

負担幅（㎜） ＼ スパン（㎜）		1,820	2,730	3,640	4,550	5,460
910	スギE70	120	180	240	270	330
	ヒノキE90	120	150	210	270	300
	ベイマツE110	120	150	210	240	300
1,365	スギE70	150	210	270	330	390
	ヒノキE90	120	180	240	300	360
	ベイマツE110	120	180	240	270	330
1,820	スギE70	150	210	300	360	420
	ヒノキE90	150	210	270	330	390
	ベイマツE110	120	180	240	300	360
2,275	スギE70	150	240	300	390	450
	ヒノキE90	150	210	270	360	420
	ベイマツE110	150	210	270	330	390
2,730	スギE70	180	240	330	390	NG
	ヒノキE90	150	240	300	360	450
	ベイマツE110	150	210	270	360	420
3,185	スギE70	180	270	330	420	NG
	ヒノキE90	180	240	330	390	NG
	ベイマツE110	150	240	300	390	450
3,640	スギE70	180	270	360	450	NG
	ヒノキE90	180	240	330	420	NG
	ベイマツE110	180	240	330	390	NG
4,095	スギE70	180	270	360	450	NG
	ヒノキE90	180	270	330	420	NG
	ベイマツE110	180	270	330	420	NG
4,550	スギE70	210	300	390	NG	NG
	ヒノキE90	180	270	360	450	NG
	ベイマツE110	180	270	360	450	NG

注　たわみ制限は、床梁はスパンの1／750以下、小屋梁はスパンの1／500以下となるようにしている。スギE70、ヒノキE90、ベイマツE110のヤング係数と基準強度を用いて決定。断面欠損を考慮し、有効断面係数は全断面の0.7倍、有効断面二次モーメントは全断面の0.8倍とした。設計荷重は、強度検討用DL0.7kN／㎡＋LL1.3kN／㎡＝TL2.0kN／㎡、たわみ検討用DL0.7kN／㎡＋LL0.6kN／㎡＝TL1.3kN／㎡

2．小屋梁スパン表（金属屋根の場合）

梁幅105㎜の場合（梁成は最大450㎜としている）

負担幅（㎜）	スパン（㎜）	1,820	2,730	3,640	4,550	5,460
910	スギE70	105	150	180	210	270
	ヒノキE90	105	120	180	210	240
	ベイマツE110	105	120	150	180	240
1,365	スギE70	105	150	210	240	300
	ヒノキE90	105	150	180	240	270
	ベイマツE110	105	150	180	210	270
1,820	スギE70	120	180	240	270	330
	ヒノキE90	105	150	210	270	300
	ベイマツE110	105	150	210	240	300
2,275	スギE70	120	180	240	300	360
	ヒノキE90	105	180	210	270	330
	ベイマツE110	105	150	210	270	300
2,730	スギE70	150	210	270	330	390
	ヒノキE90	120	180	240	300	360
	ベイマツE110	105	180	210	270	330
3,185	スギE70	150	210	270	330	390
	ヒノキE90	120	180	240	300	360
	ベイマツE110	120	180	240	300	330
3,640	スギE70	150	210	270	360	420
	ヒノキE90	150	210	270	330	390
	ベイマツE110	120	180	240	300	360
4,095	スギE70	150	210	300	360	420
	ヒノキE90	150	210	270	330	390
	ベイマツE110	120	180	240	300	360
4,550	スギE70	150	240	300	360	450
	ヒノキE90	150	210	270	330	420
	ベイマツE110	150	210	270	330	390

梁幅120㎜の場合（梁成は最大450㎜としている）

負担幅（㎜）	スパン（㎜）	1,820	2,730	3,640	4,550	5,460
910	スギE70	120	120	180	210	240
	ヒノキE90	120	120	150	210	240
	ベイマツE110	120	120	150	180	210
1,365	スギE70	120	150	210	240	300
	ヒノキE90	120	150	180	240	270
	ベイマツE110	120	120	180	210	240
1,820	スギE70	120	180	210	270	330
	ヒノキE90	120	150	210	240	300
	ベイマツE110	120	150	180	240	270
2,275	スギE70	120	180	240	300	330
	ヒノキE90	120	150	210	270	300
	ベイマツE110	120	150	210	240	300
2,730	スギE70	120	180	240	300	360
	ヒノキE90	120	180	240	270	330
	ベイマツE110	120	150	210	270	300
3,185	スギE70	150	210	270	330	390
	ヒノキE90	120	180	240	300	360
	ベイマツE110	120	180	210	270	330
3,640	スギE70	150	210	270	330	390
	ヒノキE90	120	180	240	300	360
	ベイマツE110	120	180	240	300	330
4,095	スギE70	150	210	270	330	420
	ヒノキE90	150	210	270	330	390
	ベイマツE110	120	180	240	300	360
4,550	スギE70	150	210	300	360	420
	ヒノキE90	150	210	270	330	390
	ベイマツE110	120	180	240	300	360

注　たわみ制限は、床梁はスパンの1／750以下、小屋梁はスパンの1／500以下となるようにしている。スギE70、ヒノキE90、ベイマツE110のヤング係数と基準強度を用いて決定。断面欠損を考慮し、有効断面係数は全断面の0.7倍、有効断面二次モーメントは全断面の0.8倍とした。設計荷重は、強度・たわみ検討用ともにDL0.8kN／㎡＋LL0.0kN／㎡＝TL0.8kN／㎡

3．小屋梁スパン表（瓦屋根の場合）

梁幅105㎜の合（梁成は最大450㎜としている）

負担幅（㎜） ＼ スパン（㎜）		1,820	2,730	3,640	4,550	5,460
910	スギE70	105	150	210	240	300
	ヒノキE90	105	150	180	240	270
	ベイマツE110	105	150	180	210	270
1,365	スギE70	120	180	240	300	330
	ヒノキE90	105	180	210	270	330
	ベイマツE110	105	150	210	240	300
1,820	スギE70	150	210	270	330	390
	ヒノキE90	120	180	240	300	360
	ベイマツE110	105	180	210	270	330
2,275	スギE70	150	210	270	330	390
	ヒノキE90	120	180	240	300	360
	ベイマツE110	120	180	240	300	360
2,730	スギE70	150	210	300	360	420
	ヒノキE90	150	210	270	330	390
	ベイマツE110	120	180	240	300	360
3,185	スギE70	150	240	300	390	450
	ヒノキE90	150	210	270	360	420
	ベイマツE110	150	210	270	330	390
3,640	スギE70	180	240	330	390	NG
	ヒノキE90	150	210	300	360	420
	ベイマツE110	150	210	270	330	420
4,095	スギE70	180	240	330	420	NG
	ヒノキE90	150	240	300	390	450
	ベイマツE110	150	210	300	360	420
4,550	スギE70	180	270	330	420	NG
	ヒノキE90	180	240	330	390	NG
	ベイマツE110	150	240	300	360	450

梁幅120㎜の場合（梁成は最大450㎜としている）

負担幅（㎜） ＼ スパン（㎜）		1,820	2,730	3,640	4,550	5,460
910	スギE70	120	150	210	240	300
	ヒノキE90	120	150	180	240	270
	ベイマツE110	120	120	180	210	240
1,365	スギE70	120	180	210	270	330
	ヒノキE90	120	150	210	270	300
	ベイマツE110	120	150	210	240	300
1,820	スギE70	120	180	240	300	360
	ヒノキE90	120	180	240	270	330
	ベイマツE110	120	150	210	270	300
2,275	スギE70	150	210	270	330	390
	ヒノキE90	120	180	240	300	360
	ベイマツE110	120	180	240	270	330
2,730	スギE70	150	210	270	330	420
	ヒノキE90	150	210	270	330	390
	ベイマツE110	120	180	240	300	360
3,185	スギE70	150	210	300	360	420
	ヒノキE90	150	210	270	330	390
	ベイマツE110	120	180	240	300	360
3,640	スギE70	150	240	300	390	450
	ヒノキE90	150	210	270	360	420
	ベイマツE110	150	210	270	330	390
4,095	スギE70	180	240	330	390	NG
	ヒノキE90	150	210	300	360	420
	ベイマツE110	150	210	270	330	390
4,550	スギE70	180	240	330	420	NG
	ヒノキE90	150	240	300	360	450
	ベイマツE110	150	210	270	360	420

注　たわみ制限は、床梁はスパンの1／750以下、小屋梁はスパンの1／500以下となるようにしている。スギE70、ヒノキE90、ベイマツE110のヤング係数と基準強度を用いて決定。断面欠損を考慮し、有効断面係数は全断面の0.7倍、有効断面二次モーメントは全断面の0.8倍とした。設計荷重は、強度・たわみ検討用ともにDL1.2kN／㎡＋LL0.0kN／㎡＝TL1.2kN／㎡

4.跳ね出し梁スパン表(床梁・2階床)

梁幅105mmの場合(梁成は最大450mmとしている)

	室内側スパン(mm)	910	1,820			2,730				3,640				
負担幅(mm)	跳ね出しスパン(mm)	910	910	1,365	1,820	1,365	1,820	2,275	2,730	1,820	2,275	2,730	3,185	3,640
910	スギE70	150	105	180	270	150	210	300	390	180	270	360	420	NG
	ヒノキE90	120	105	180	240	150	210	270	360	180	240	330	390	450
	ベイマツE110	120	105	150	240	150	180	270	330	180	240	300	360	450
1,365	スギE70	150	105	210	300	180	240	360	420	210	300	390	NG	NG
	ヒノキE90	150	105	180	270	180	240	330	390	210	270	360	450	NG
	ベイマツE110	150	105	180	270	180	210	300	390	210	270	330	420	NG
1,820	スギE70	180	120	210	330	180	270	390	NG	240	330	420	NG	NG
	ヒノキE90	150	120	210	300	180	270	360	450	240	300	390	NG	NG
	ベイマツE110	150	120	180	270	180	240	330	420	240	300	360	450	NG
2,275	スギE70	180	150	240	360	210	300	420	NG	270	360	NG	NG	NG
	ヒノキE90	180	150	210	330	210	270	360	NG	270	330	420	NG	NG
	ベイマツE110	150	150	210	300	210	270	360	450	270	330	420	NG	NG
2,730	スギE70	180	150	240	360	240	330	420	NG	300	390	NG	NG	NG
	ヒノキE90	180	150	240	330	240	300	390	NG	300	360	450	NG	NG
	ベイマツE110	180	150	240	330	240	300	360	NG	300	360	450	NG	NG
3,185	スギE70	210	180	270	390	240	330	450	NG	330	420	NG	NG	NG
	ヒノキE90	180	180	240	360	240	330	420	NG	330	390	NG	NG	NG
	ベイマツE110	180	180	240	330	240	330	390	NG	330	390	NG	NG	NG
3,640	スギE70	210	180	270	390	270	360	NG	NG	360	450	NG	NG	NG
	ヒノキE90	180	180	270	360	270	360	450	NG	360	420	NG	NG	NG
	ベイマツE110	180	180	270	360	270	360	420	NG	360	420	NG	NG	NG
4,095	スギE70	210	180	300	420	270	360	NG	NG	360	450	NG	NG	NG
	ヒノキE90	210	180	270	390	270	360	450	NG	360	450	NG	NG	NG
	ベイマツE110	180	180	270	360	270	360	450	NG	360	450	NG	NG	NG
4,550	スギE70	210	210	300	420	300	390	NG	NG	390	NG	NG	NG	NG
	ヒノキE90	210	210	300	390	300	390	NG	NG	390	NG	NG	NG	NG
	ベイマツE110	210	210	300	390	300	390	NG	NG	390	NG	NG	NG	NG

梁幅120mmの場合(梁成は最大450mmとしている)

	室内側スパン(mm)	910	1,820			2,730				3,640				
負担幅(mm)	跳ね出しスパン(mm)	910	910	1,365	1,820	1,365	1,820	2,275	2,730	1,820	2,275	2,730	3,185	3,640
910	スギE70	120	120	180	240	120	210	300	360	180	240	330	420	NG
	ヒノキE90	120	120	150	240	120	210	270	330	180	240	300	390	450
	ベイマツE110	120	120	150	210	120	180	240	330	180	210	300	360	420
1,365	スギE70	150	120	210	270	150	240	330	420	210	300	390	450	NG
	ヒノキE90	150	120	180	270	150	240	300	390	210	270	360	420	NG
	ベイマツE110	120	120	180	240	150	210	300	360	210	240	330	390	NG
1,820	スギE70	150	120	210	300	180	270	360	450	240	330	420	NG	NG
	ヒノキE90	150	120	210	300	180	240	330	420	240	300	390	NG	NG
	ベイマツE110	150	120	180	270	180	240	300	390	240	300	360	450	NG
2,275	スギE70	180	150	240	330	210	300	390	NG	270	330	450	NG	NG
	ヒノキE90	150	150	210	300	210	270	360	450	270	330	420	NG	NG
	ベイマツE110	150	150	210	300	210	270	330	420	270	330	390	NG	NG
2,730	スギE70	180	150	240	360	210	300	420	NG	300	360	NG	NG	NG
	ヒノキE90	180	150	240	330	210	270	390	NG	270	360	450	NG	NG
	ベイマツE110	150	150	210	300	210	270	360	450	270	360	420	NG	NG
3,185	スギE70	180	150	270	360	240	330	420	NG	300	390	NG	NG	NG
	ヒノキE90	180	150	240	330	240	300	390	NG	300	390	450	NG	NG
	ベイマツE110	180	150	240	330	240	300	390	NG	300	390	450	NG	NG
3,640	スギE70	210	180	270	390	240	330	450	NG	330	420	NG	NG	NG
	ヒノキE90	180	180	240	360	240	330	420	NG	330	390	NG	NG	NG
	ベイマツE110	180	180	240	330	240	330	390	NG	330	390	NG	NG	NG
4,095	スギE70	210	180	270	390	270	360	NG	NG	360	420	NG	NG	NG
	ヒノキE90	180	180	270	360	270	330	420	NG	330	420	NG	NG	NG
	ベイマツE110	180	180	270	360	270	330	420	NG	330	420	NG	NG	NG
4,550	スギE70	210	180	300	420	270	360	NG	NG	360	450	NG	NG	NG
	ヒノキE90	210	180	270	390	270	360	450	NG	360	450	NG	NG	NG
	ベイマツE110	180	180	270	360	270	360	450	NG	360	450	NG	NG	NG

注　たわみ制限は、床梁はスパンの1/750以下、小屋梁はスパンの1/500以下となるようにしている。スギE70、ヒノキE90、ベイマツE110のヤング係数と基準強度を用いて決定。断面欠損を考慮し、有効断面係数は全断面の0.7倍、有効断二次モーメントは全断面の0.8倍とした。設計荷重は、強度検討用DL0.7kN/㎡+LL1.3kN/㎡=TL2.0kN/㎡、たわみ検討用DL0.7kN/㎡+LL0.6kN/㎡=TL1.3kN/㎡。室内側スパン≧跳ね出しスパンとしている

5. 軽量溝形鋼による木梁補強時のスパン表

床梁(2階床)

H × B × t

負担幅(mm) ＼ スパン(mm)		2,730	3,640	4,550	5,460	6,370	7,280	8,190
1,820	][-	120 × 40 × 3.2	150 × 50 × 4	150 × 75 × 6	200 × 75 × 6	250 × 75 × 4.5	300 × 75 × 4.5	350 × 75 × 4.5
2,275	][-	150 × 50 × 2.3	150 × 75 × 4	200 × 50 × 4.5	250 × 50 × 4.5	250 × 75 × 6	350 × 50 × 4.5	400 × 50 × 4.5
2,730	][-	150 × 50 × 2.3	150 × 75 × 4.5	200 × 75 × 4.5	250 × 75 × 4.5	300 × 75 × 4.5	350 × 75 × 4.5	400 × 50 × 6
3,185	][-	150 × 50 × 3.2	150 × 75 × 6	200 × 75 × 6	250 × 75 × 6	350 × 50 × 4.5	400 × 50 × 6	450 × 50 × 6
3,640	][-	150 × 50 × 3.2	150 × 75 × 6	200 × 75 × 6	250 × 75 × 6	350 × 50 × 6	450 × 50 × 6	450 × 50 × 6
4,095	][-	150 × 50 × 4	200 × 50 × 4.5	250 × 50 × 6	300 × 75 × 4	400 × 50 × 6	450 × 50 × 6	450 × 75 × 6
4,550	][-	150 × 50 × 4	200 × 50 × 6	250 × 50 × 6	300 × 75 × 4.5	450 × 50 × 6	450 × 50 × 6	450 × 75 × 6
5,005	][-	150 × 50 × 4.5	200 × 50 × 6	250 × 75 × 4.5	350 × 50 × 4.5	450 × 50 × 6	450 × 50 × 6	NG
5,460	][-	150 × 75 × 4	200 × 75 × 4.5	250 × 75 × 6	400 × 50 × 6	450 × 50 × 6	450 × 50 × 6	NG
5,915	][-	150 × 75 × 4	200 × 75 × 6	250 × 75 × 6	400 × 50 × 6	450 × 50 × 6	450 × 75 × 6	NG
6,370	][-	150 × 75 × 4	200 × 75 × 6	250 × 75 × 6	450 × 50 × 6	450 × 50 × 6	450 × 75 × 6	NG

小屋梁(金属屋根)

H × B × t

負担幅(mm) ＼ スパン(mm)		2,730	3,640	4,550	5,460	6,370	7,280	8,190
1,820	][-	100 × 40 × 2.3	120 × 40 × 3.2	150 × 50 × 3.2	150 × 75 × 4	200 × 50 × 4	200 × 75 × 6	250 × 50 × 6
2,275	][-	100 × 40 × 2.3	150 × 50 × 2.3	150 × 50 × 4	150 × 75 × 6	200 × 50 × 6	200 × 75 × 6	250 × 75 × 6
2,730	][-	100 × 50 × 3.2	150 × 50 × 2.3	150 × 50 × 4.5	150 × 75 × 6	200 × 75 × 6	250 × 50 × 6	250 × 75 × 6
3,185	][-	100 × 50 × 3.2	150 × 50 × 3.2	150 × 75 × 4	200 × 50 × 4.5	200 × 75 × 6	250 × 75 × 6	300 × 75 × 4.5
3,640	][-	120 × 40 × 3.2	150 × 50 × 3.2	150 × 75 × 4.5	200 × 50 × 6	250 × 50 × 6	250 × 75 × 6	350 × 50 × 4.5
4,095	][-	120 × 40 × 3.2	150 × 50 × 4	150 × 75 × 6	200 × 75 × 4.5	250 × 50 × 6	300 × 75 × 4	350 × 50 × 6
4,550	][-	120 × 40 × 3.2	150 × 50 × 4	150 × 75 × 6	200 × 75 × 6	250 × 75 × 4.5	300 × 75 × 4.5	350 × 75 × 4.5
5,005	][-	150 × 50 × 2.3	150 × 50 × 4.5	200 × 50 × 4	200 × 75 × 6	250 × 75 × 6	300 × 75 × 6	400 × 50 × 4.5
5,460	][-	150 × 50 × 2.3	150 × 75 × 4	200 × 50 × 4.5	200 × 75 × 6	250 × 75 × 6	350 × 50 × 4.5	400 × 50 × 4.5
5,915	][-	150 × 50 × 2.3	150 × 75 × 4	200 × 50 × 6	250 × 50 × 6	300 × 75 × 4	350 × 50 × 6	400 × 50 × 6
6,370	][-	150 × 50 × 2.3	150 × 75 × 4	200 × 50 × 6	250 × 50 × 6	300 × 75 × 4	350 × 75 × 4.5	400 × 50 × 6

小屋梁(瓦屋根)

H × B × t

負担幅(mm) ＼ スパン(mm)		2,730	3,640	4,550	5,460	6,370	7,280	8,190
1,820	][-	100 × 50 × 3.2	150 × 50 × 2.3	150 × 50 × 4.5	150 × 75 × 6	200 × 75 × 6	250 × 50 × 6	250 × 75 × 6
2,275	][-	100 × 50 × 3.2	150 × 50 × 3.2	150 × 75 × 4.5	200 × 50 × 6	200 × 75 × 6	250 × 75 × 6	300 × 75 × 6
2,730	][-	120 × 40 × 3.2	150 × 50 × 4	150 × 75 × 6	200 × 75 × 4.5	250 × 50 × 6	300 × 75 × 4	350 × 50 × 6
3,185	][-	150 × 50 × 2.3	150 × 50 × 4	150 × 75 × 6	200 × 75 × 6	250 × 75 × 6	300 × 75 × 6	350 × 75 × 4.5
3,640	][-	150 × 50 × 2.3	150 × 75 × 4	200 × 50 × 4.5	200 × 75 × 6	250 × 75 × 6	350 × 50 × 4.5	400 × 50 × 4.5
4,095	][-	150 × 50 × 2.3	150 × 75 × 4	200 × 50 × 6	250 × 50 × 6	300 × 75 × 4	350 × 50 × 6	400 × 50 × 6
4,550	][-	150 × 50 × 2.3	150 × 75 × 4.5	200 × 75 × 4.5	250 × 75 × 4.5	300 × 75 × 4.5	350 × 75 × 4.5	400 × 50 × 6
5,005	][-	150 × 50 × 3.2	150 × 75 × 6	200 × 75 × 6	250 × 75 × 6	350 × 75 × 6	400 × 50 × 4.5	450 × 50 × 6
5,460	][-	150 × 50 × 3.2	150 × 75 × 6	200 × 75 × 6	250 × 75 × 6	350 × 50 × 4.5	400 × 50 × 6	450 × 50 × 6
5,915	][-	150 × 50 × 3.2	150 × 75 × 6	200 × 75 × 6	250 × 75 × 6	350 × 50 × 6	450 × 50 × 6	450 × 50 × 6
6,370	][-	150 × 50 × 4	200 × 50 × 4	250 × 50 × 4.5	300 × 75 × 4	350 × 75 × 4.5	450 × 50 × 6	450 × 50 × 6

注　たわみ制限は、床梁はスパンの1／750以下、小屋梁はスパンの1／500以下となるようにしている。ヤング係数は2.05×105N／㎟、強度はSS400級の基準強度を用いて決定。設計荷重は2階床（強度検討用DL0.7kN／㎡＋LL1.3kN／㎡＝TL2.0kN／㎡、たわみ検討用DL0.7kN／㎡＋LL0.6kN／㎡＝TL1.3kN／㎡)、小屋梁＋金属葺き屋根（強度、たわみ検討用ともDL0.8kN／㎡＋LL0.0kN／㎡＝TL0.8kN／㎡)、小屋梁＋瓦屋根（強度、たわみ検討用ともDL1.2kN／㎡＋LL0.0kN／㎡＝TL1.2kN／㎡)。軽量溝形鋼はH450㎜を超える製品がないため、450㎜を超える場合はNGとしている

【梁継手表の使い方】

継手部の曲げモーメントを伝えるために「グルードインロッド接合」「フランジ鋼板接合」[131頁]の各継手を用いて6m超のスパンを飛ばした場合に必要となる梁成と継手の仕様(金物の本数、径など)をまとめた。梁スパン表と同じように、検討対象となる梁の「負担幅」と「スパン」の交点部分に記載された数値を見ればよい。ヤング係数についても同様である。

梁継手表の見方(負担幅1,365㎜、スパンが7,280㎜(4間)、ベイマツE110を使う場合)[145頁]

グルードインロッド接合(2列の例)

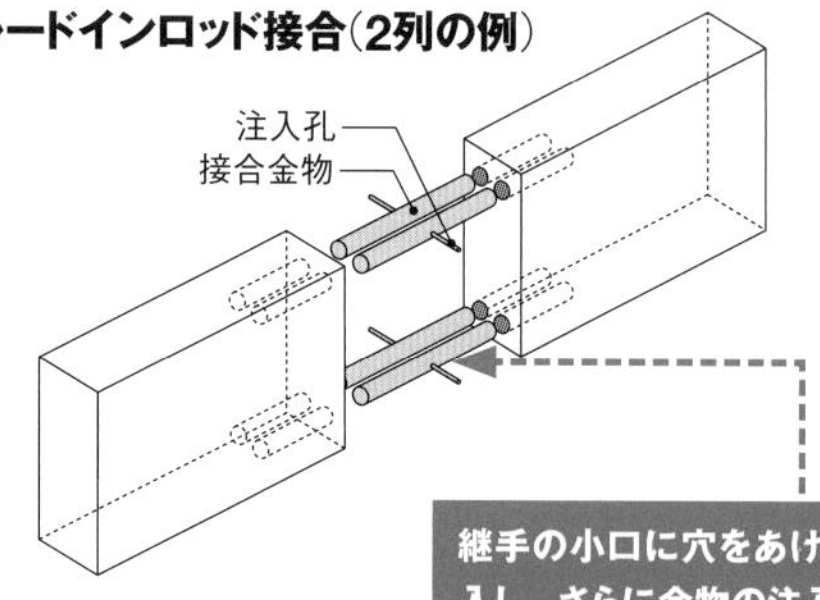

継手の小口に穴をあけて接合金物を挿入し、さらに金物の注入孔からエポキシ樹脂を充填・硬化させて木材どうしをつなぐ方法。接合金物は上下に1本ずつ、1列または2列で使用する「ホームコネクター」などの製品名で普及している

グルードインロッド接合

2階床梁

負担幅(㎜)	スパン(㎜)	7,280	
	ロッドの列数	1	2
910	スギE70	NG	450 2-300φ24
	ヒノキE90	NG	420 2-400φ24
	ベイマツE110	NG	390 2-400φ24
1,365	スギE70	NG	NG

成が390㎜の梁に、長さ400㎜、径φ24のロッドを2列使用する(1列の場合はNGとなる)

フランジ鋼板接合

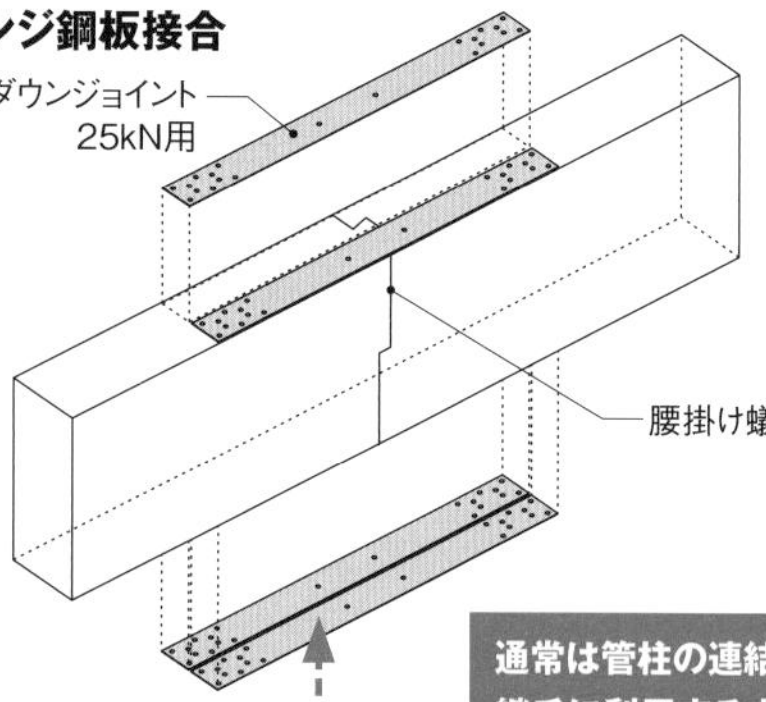

通常は管柱の連結に用いる鋼板を梁継手に利用する方法。引っ張り耐力が高く、梁継手の上下面に張ることで曲げモーメントを伝える。ビスで留めるだけなので施工が容易である

フランジ鋼板接合

小屋梁・金属屋根(梁幅は120㎜とする)

負担幅(㎜)	スパン(㎜)	6,370	
	プレート枚数	1	2
910	スギE70	360	330
	ヒノキE90	360	330
	ベイマツE110	360	300
1,365	スギE70	450	390
	ヒノキE90	450	360
	ベイマツE110	450	360

使用材の梁成が450㎜なら上下に1枚ずつ、梁成が360㎜なら上下に2枚ずつのフランジ鋼板を使う必要がある

継手の位置

3間半、4間、4間半の各スパンに対して下図のように継手位置を決定し、それぞれの継手部分に生じる曲げモーメントから継手の仕様を決定する

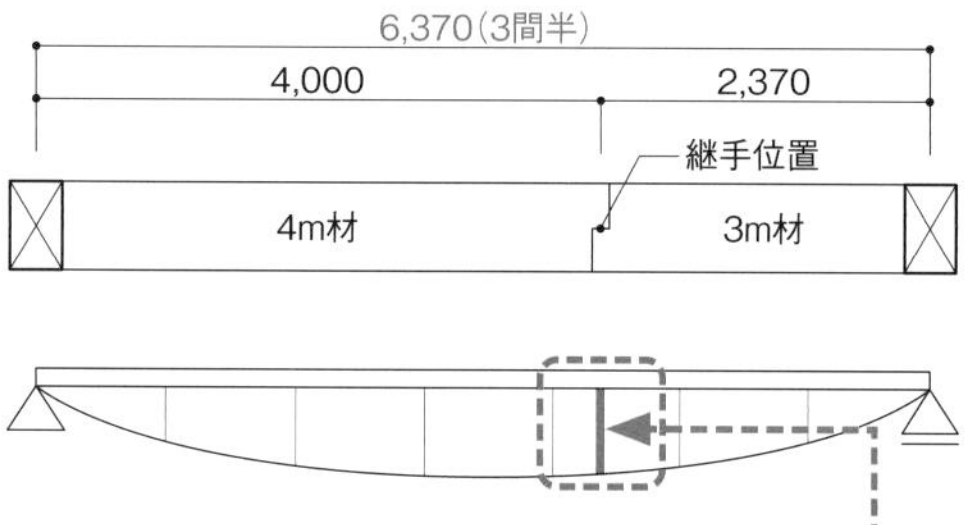

47頁表では、この継手位置に生じる曲げモーメントに耐えるられよう継手を設計している

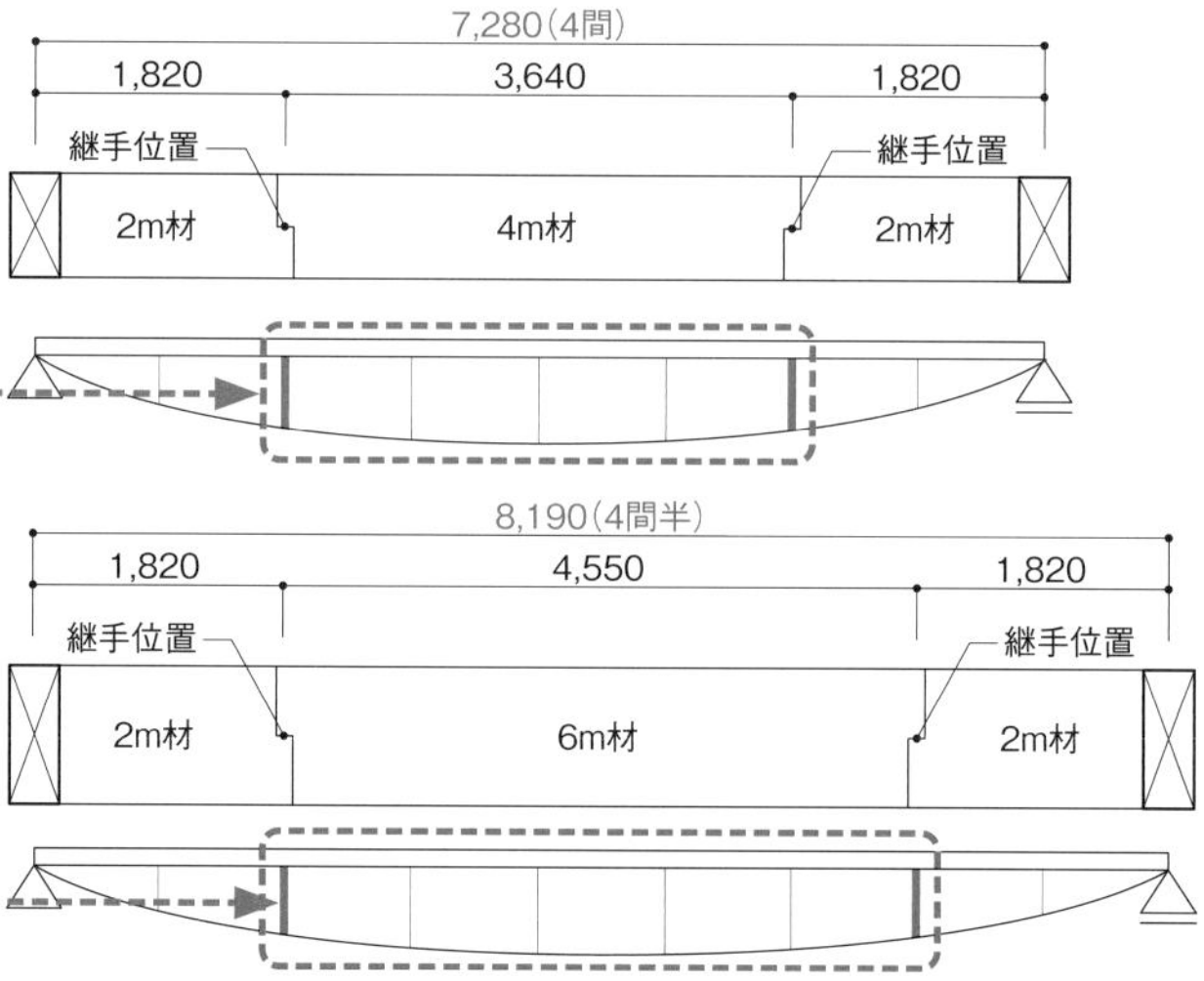

注　梁幅は120㎜のみ。スギE70、ヒノキE90、ベイマツE110のヤング係数と基準強度を用い、一本材としてたわみ制限と強度を満たす断面のみピックアップしている。たわみ制限は、床梁はスパンL/750以下、小屋梁はスパンL/500以下で算定。断面欠損を考慮し、有効断面係数は全断面の0.7倍、有効断面二次モーメントは全断面の0.8倍とした。設計荷重は、2階床(強度検討用DL0.7kN/㎡+LL1.3kN/㎡=TL2.0kN/㎡、たわみ検討用DL0.7kN/㎡+LL0.6kN/㎡=TL1.3kN/㎡)、小屋梁(強度、たわみ検討用ともDL0.8kN/㎡+LL0.0kN/㎡=TL0.8kN/㎡)

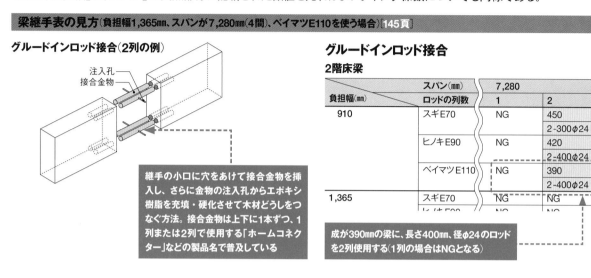

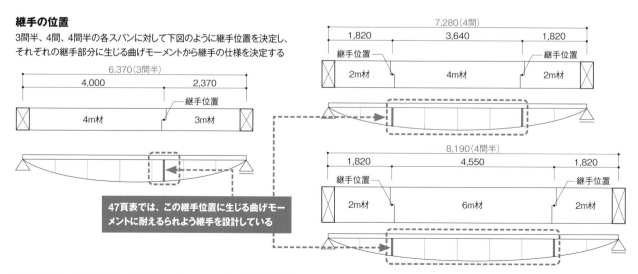

グルードインロッド接合[※1]

2階床梁

負担幅(mm)	スパン(mm)	6,370		7,280		8,190	
	ロッドの列数	1	2	1	2	1	2
910	スギE70	NG	390	NG	450	NG	NG
			2-400φ24		2-300φ24		
	ヒノキE90	NG	360	NG	420	NG	450
			2-400φ24		2-400φ24		2-400φ24
	ベイマツE110	NG	330	NG	390	NG	420
			2-500φ24		2-400φ24		2-400φ24
1,365	スギE70	NG	450	NG	NG	NG	NG
			2-500φ24				
	ヒノキE90	NG	420	NG	NG	NG	NG
			2-500φ24				
	ベイマツE110	NG	390	NG	450	NG	NG
			2-500φ24		2-500φ24		
1,820	スギE70	NG	NG	NG	NG	NG	NG
	ヒノキE90						
	ベイマツE110						

小屋梁(金属屋根)

負担幅(mm)	スパン(mm)	6,370		7,280		8,190	
	ロッドの列数	1	2	1	2	1	2
910	スギE70	330	330	330	330	360	360
		1-400φ24	2-250φ18	1-400φ24	2-250φ18	1-400φ24	2-250φ18
	ヒノキE90	330	330	330	330	360	360
		1-400φ24	2-250φ18	1-400φ24	2-250φ18	1-400φ24	2-250φ18
	ベイマツE110	330	330	330	330	330	330
		1-400φ24	2-250φ18	1-400φ24	2-250φ18	1-400φ24	2-250φ18
1,365	スギE70	330	330	390	390	420	420
		1-500φ24	2-300φ24	1-500φ24	2-300φ18	1-500φ24	2-300φ18
	ヒノキE90	330	330	360	360	390	390
		1-500φ24	2-300φ24	1-500φ24	2-300φ18	1-500φ24	2-300φ24
	ベイマツE110	330	330	360	330	390	360
		1-500φ24	2-300φ24	1-500φ24	2-300φ24	1-500φ24	2-300φ24
1,820	スギE70	420	360	450	420	NG	NG
		1-500φ24	2-300φ24	1-500φ24	2-300φ24		
	ヒノキE90	420	330	450	390	NG	420
		1-500φ24	2-400φ24	1-500φ24	2-300φ24		2-300φ24
	ベイマツE110	420	330	450	360	NG	390
		1-500φ24	2-400φ24	1-500φ24	2-400φ24		2-400φ24

フランジ鋼板接合[※2]

2階床梁(梁幅は120㎜とする)

負担幅(mm)	スパン(mm)	6,370		7,280		8,190	
	プレート枚数	1	2	1	2	1	2
910	スギE70	NG	450	NG	NG	NG	NG
	ヒノキE90	NG	420	NG	450	NG	NG
	ベイマツE110	NG	420	NG	420	NG	NG
1,365～1,820	スギE70	NG	NG	NG	NG	NG	NG
	ヒノキE90						
	ベイマツE110						

小屋梁・金属屋根(梁幅は120㎜とする)

負担幅(mm)	スパン(mm)	6,370		7,280		8,190	
	プレート枚数	1	2	1	2	1	2
910	スギE70	360	330	390	360	420	390
	ヒノキE90	360	330	360	330	390	390
	ベイマツE110	360	300	360	330	390	390
1,365	スギE70	450	390	NG	420	NG	450
	ヒノキE90	450	360	NG	390	NG	420
	ベイマツE110	450	360	NG	360	NG	390
1,820	スギE70	NG	420	NG	450	NG	NG
	ヒノキE90	NG	390	NG	420	NG	NG
	ベイマツE110	NG	390	NG	420	NG	450

※1　接合方法は「ホームコネクター」(ホームコネクター)とする。継手部分の応力が大きいためホームコネクターが使えない場合も適用範囲外(NG)としている

※2　フランジのプレート金物は「ホールダウンジョイント25kN用」(タナカ)とする。継手部分の応力が大きいためホールダウンジョイントが使えない場合も適用範囲外(NG)としている。プレート金物は梁の上下に取り付けることとし、表のプレート枚数は横に並べる本数である

09

耐力壁の配置はどのように検討する?

耐力壁は水平耐力の要

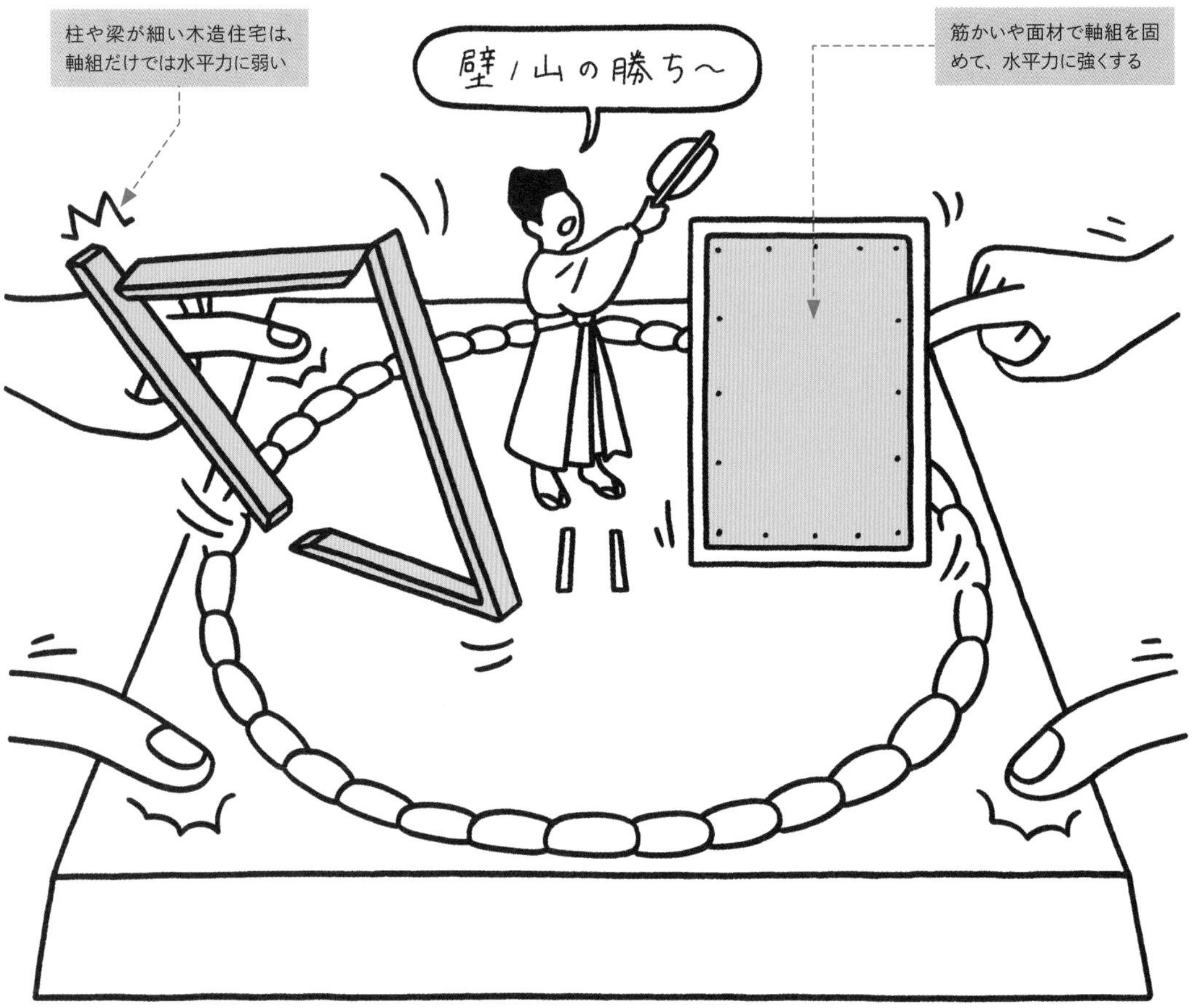

柱や梁が細い木造住宅は、軸組だけでは水平力に弱い
壁ノ山の勝ち〜
筋かいや面材で軸組を固めて、水平力に強くする

耐力壁の検討方法は大きく3種類

木造住宅における軸組の接合部は「ピン接合」の状態に近く、回転しやすい。そのままでは地震や風圧による水平力に抵抗できないので、令46条では、全方向の水平力に対して安全であるように、各階の梁間方向と桁行方向に、筋かいや面材などを使用した耐力壁を設けて構造上の安全性を確保するように定めている。

耐力壁は、その建物に作用する水平力に対抗できる量が要求されるので、何らかの計算によって確認することになる。耐力壁の検討方法は大きく分けて、①建築基準法の仕様規定に基づく壁量計算、②品確法［※1］の評価方法基準に基づいた壁量計算、③建築基準法の構造計算、の3種類がある。

一般的な4号建築物［※2］の場合は、①の壁量計算で壁量の確認を行うよう、令46条4項で定められている。②は長期優良住宅、③は「3階建て」や「延べ面積500㎡超」などの特別な構造方式を採用している場合に必要な計算方法であり、①に比べて検討項目や計算方法が多く、複雑になってくる。

ここでは、①の壁量計算について解説する。

壁量計算は、耐力壁について必要な壁量（必要壁量）と、実際に存在する壁量（存在壁量）を比べて、必要壁量よりも存在壁量が上回っていることを確かめる計算だ［図1］。「必要壁量」は、建物に働く地震力と風圧力の両方について検討して、どちらか大きいほうの数値を存在壁量と比較する。

「存在壁量」は、それぞれの耐力壁の長さに「壁倍率」を乗じて求める。壁倍率とは耐力壁が受けることのできる水平力の大きさを表す指標のことで、数値が大きいほど、より大きな水平力に抵抗できる。なお、壁量計算に算入できる壁倍率は最大で5.0までである。

4分割法で偏心を防ぐ

壁量とともに重要なのが、耐力壁の配置バランスだ。必要な壁量を満たしていても、壁の配置が偏ると「偏心」して耐震上弱くなる。そこで、「4分割法」により耐力壁のバランスを確認する必要がある［図2］。

最も簡単な2つの検討方法

図1｜壁量計算の手順

①地震力·風圧力それぞれに対する必要壁量の算出

a：床面積(㎡)×床面積に乗ずる値[表1]=

「地震力に対する必要壁量」

b：見付け面積(㎡)[表2]×見付け面積に乗ずる値

「50(〜75)」=「風圧力に対する必要壁量」

見付け面積に乗ずる値は一般地域では50だが、特定行政庁が指定する地域については、最大で75まで規定されている

「風圧力に対する必要壁量」はX・Y方向それぞれについて算出する

②存在壁量を算出

壁長さ(m)×壁倍率=「存在壁量」

存在壁量はX・Y方向を別々に検討しなければならない。つまり、X方向の水平力に対する存在壁量を計算する際に、Y方向に並行な耐力壁を算入してはならないので注意する

③必要壁量≦存在壁量であることを確認

a、bのうち値の大きいほうの必要壁量と存在壁量を比較する

2階建ての住宅の場合、壁量計算は1階のX・Y方向と2階のX・Y方向の計4回比較を行うことになる

表1｜床面積に乗ずる値(㎝／㎡)(令46条4項)

	平屋	2階建て
軽い建物(板金屋根スレート葺き屋根)	11	15 29
重い建物(瓦葺き屋根土蔵造り)	15	21 33

表2｜見付け面積の範囲

	1階	2階
平側方向の見付け面積	1.35m 1階床面	1.35m 2階床面
妻側方向の見付け面積	1.35m 1階床面	1.35m 2階床面

図2｜4分割法の手順

①平面プランを4分割

②必要壁量を算出

建物側端部1／4の面積×床面積に乗ずる値[表1]=「必要壁量」

③存在壁量を算出

建物側端部1／4の面積に存在する耐力壁の壁長さ(m)×壁倍率=「存在壁量」

④壁量充足率が1.0よりも大きいことを確認

存在壁量／必要壁量=壁量充足率>1.0

⑤壁率比が0.5よりも大きいことを確認

$$壁率比=\frac{壁量充足率(値の小さいほう)}{壁量充足率(値の大きいほう)}\geqq 0.5$$

「X方向の壁率比」はaとbを「Y方向の壁率」はcとbをそれぞれ比べる

4分割法による壁量バランスの検討では、基本的に壁量充足率を満たしていればクリアとなる。壁率比は壁量バランスの精度をより高めるための確認事項なので、必ずしも満たしている必要はない

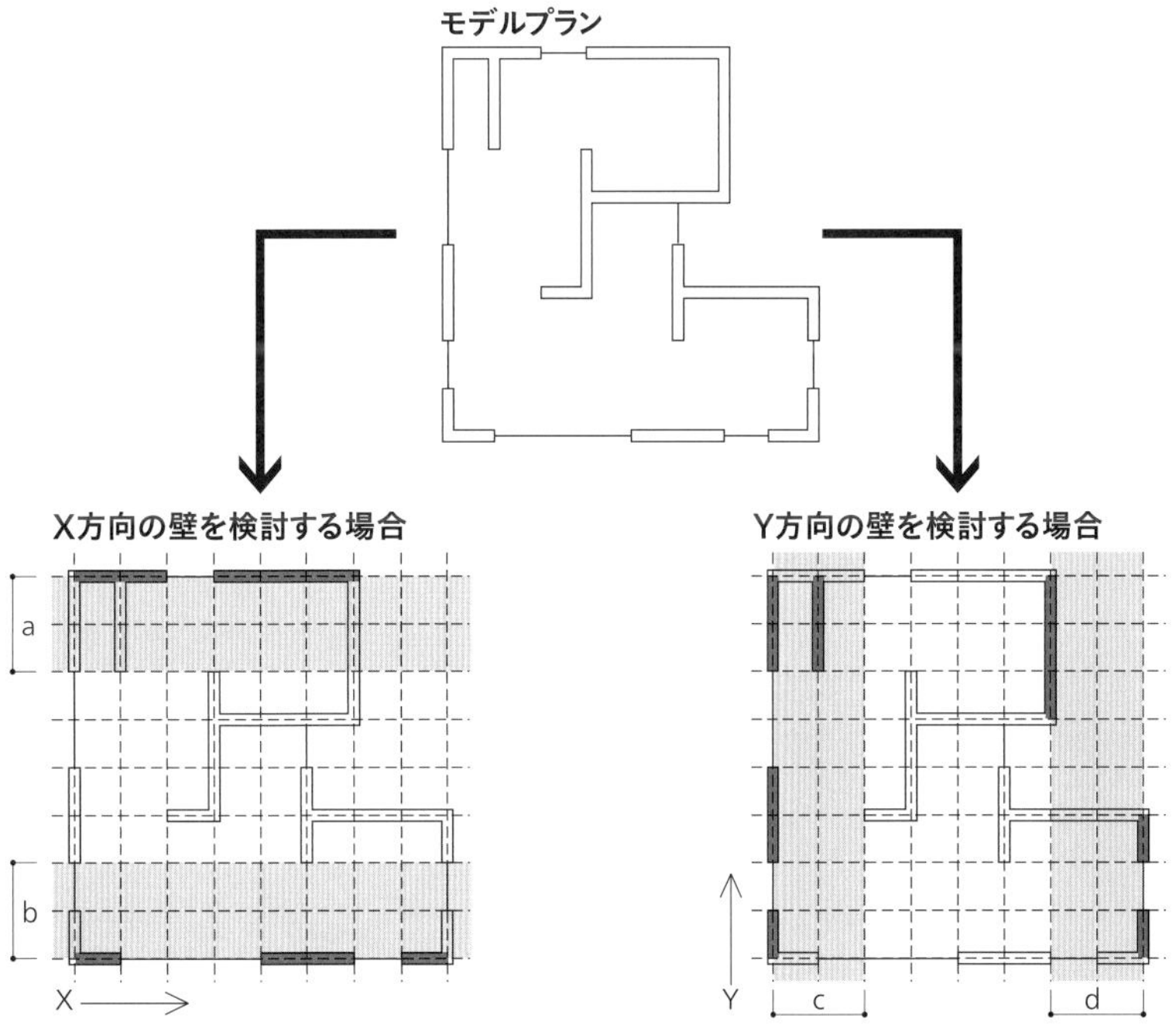
モデルプラン
X方向の壁を検討する場合
Y方向の壁を検討する場合
a
b
X
Y
c
d

※1 「住宅の品質保持の促進等に関する法律」のこと。住宅の品質確保、住宅購入者などの利益の保護、住宅に係わる紛争の迅速かつ適正な解決を目的に平成12年に施行された。同法律に基づいた住宅性能表示制度により、住宅の性能評価や表示方法の基準が定められている

※2 特殊建築物以外の木造住宅においては、2階以下かつ、500㎡以下の建築物。確認申請で仕様規定をみたせば、確認申請で構造計算書の提出や審査が不要になる

10 柱の接合金物はどう決める？

接合部が弱いと柱が抜ける

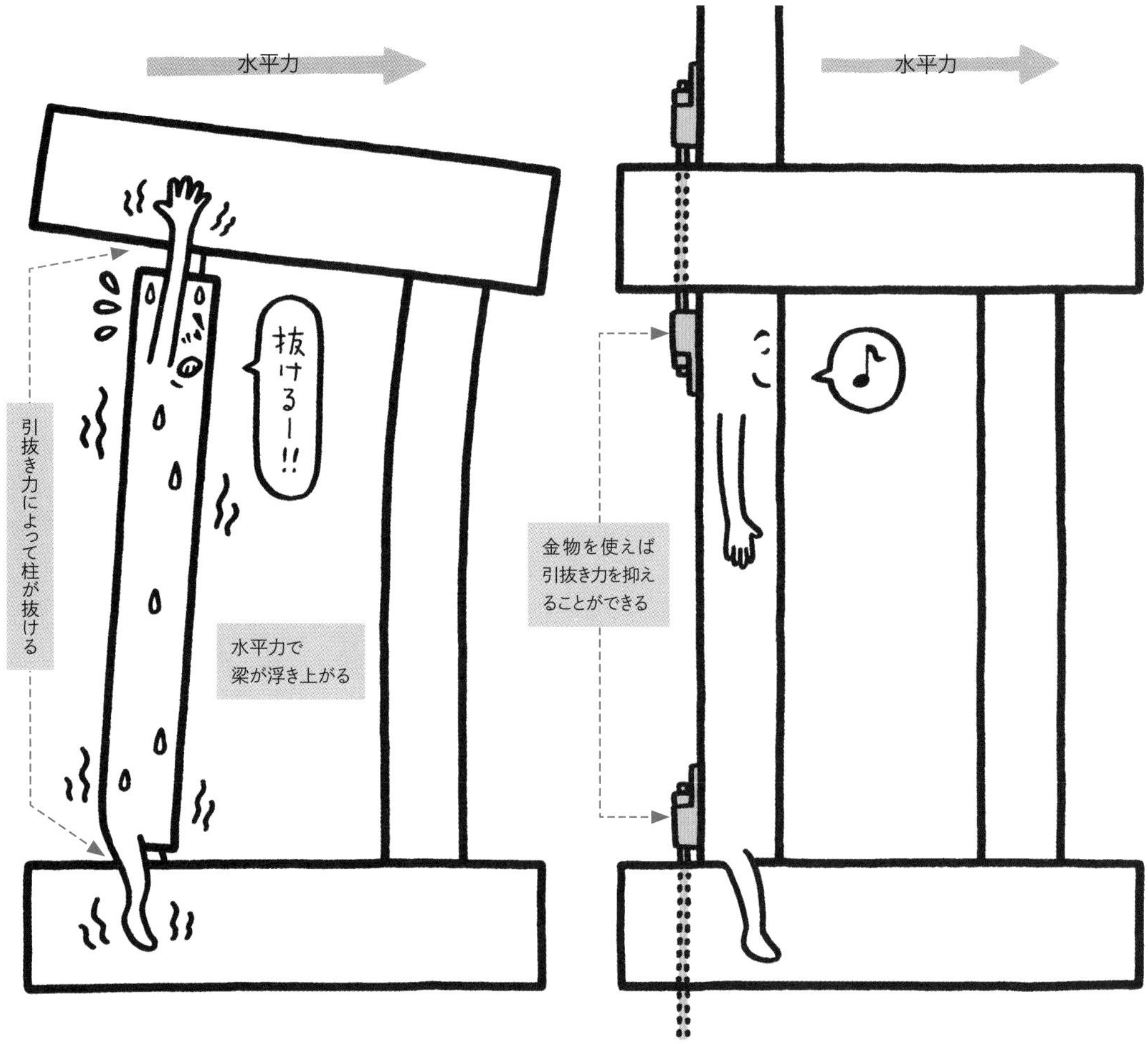
水平力
抜けるー!!
引抜き力によって柱が抜ける
水平力で梁が浮き上がる
水平力
金物を使えば引抜き力を抑えることができる

金物の選択方法は3通り

建物に水平力が作用すると、その力を負担する耐力壁の両側の柱に引抜き力が生じる。抵抗できずに柱が抜けてしまうと、耐力壁が壁倍率どおりの性能を発揮できなくなる。耐力壁の柱が引抜き力に抵抗するには、柱頭部と柱脚部が金物によって正しく緊結される必要がある。その仕様の決定方法は大きく分けて(1)平12建告1460号（以下、告示）の表から選択する方法、(2)N値計算による方法、(3)N値計算に準拠した許容応力度計算の3つである。

仕様規定にそって設計を行う場合は(1)か(2)の方法を用いる。(1)は柱の使用条件を告示の表と照らし合わせて金物を選択する方法だ。告示の表は各階高を2.7mと仮定して金物の仕様を決めているので、階高がこれより高くなる場合は(2)を行うのがよい。

一方、許容応力度計算［189頁］で設計をする場合は(2)と(3)の方法が基本となる。(2)と(3)は引抜き力を相殺する鉛直荷重の求め方に違いがある。(2)は柱の負担面積を一定と仮定して圧縮力を算出しているのに対し、(3)は実際に圧縮力を算出する。(3)は柱の負担面積が(2)の仮定と大きく異なる場合に行うとよい［※1］。(2)は(3)よりも簡易な計算でN値の確認が行えるので、ここでは、(2)のN値計算の方法を解説する。

N値計算は、検討対象となる「柱の両側にある耐力壁の壁倍率の差（A1、A2）」と「周辺部材による曲げ戻し効果を表す係数（B1、B2）」と「鉛直荷重による押さえ効果を表す係数（L）」をそれぞれ算定式にあてはめて算出する。算定式は上階に柱がない場合［図ⓐ］と上階に柱がある場合［図ⓑ］とで計算方法や算入する数値が異なるので、検討する柱に合った式や数値を選ぶ必要がある。なお、柱を挟む耐力壁の壁倍率の差（A1、A2）は、片掛け筋かいの耐力壁が取り付く場合、補正数値を足し合わせたうえで計算する。これは、片掛け筋かいの取り付き方や方向によって、柱に作用する引抜き力の大きさが違うためである［図ⓒ］。この特性を理解しておけば、片掛け筋かいの掛け方を工夫してN値そのものを小さくすることもできる。

N値計算の方法

図｜N値計算の式は2通り

ⓐ平屋の柱、2階建ての2階の柱

$$N \geqq A1 \times B1 - L$$

- L：鉛直荷重による押さえ効果を表す係数。（出隅柱は「0.4」、それ以外の柱は「0.6」）
- A1：対象柱の両側耐力壁の壁倍率の差。片掛け筋かい耐力壁の場合は、補正値［表1～3］を足す［※2］
- B1：周辺部材による曲げ戻し効果を表す係数。（出隅柱は「0.8」、それ以外の柱は「0.5」）

ⓑ2階建ての1階の柱

$$N \geqq A1 \times B1 + A2 \times B2 - L$$

- A2：対象柱上部にある柱の両側耐力壁の壁倍率の差［※3］。片掛け筋かい耐力壁の場合は、補正値［表1～3］を足す
- L：鉛直荷重による押さえ効果を表す係数。（出隅柱は「1.0」、それ以外の柱は「1.6」）

ⓒ柱のN値の大きさは片掛け筋かいの取り付き方によって違う

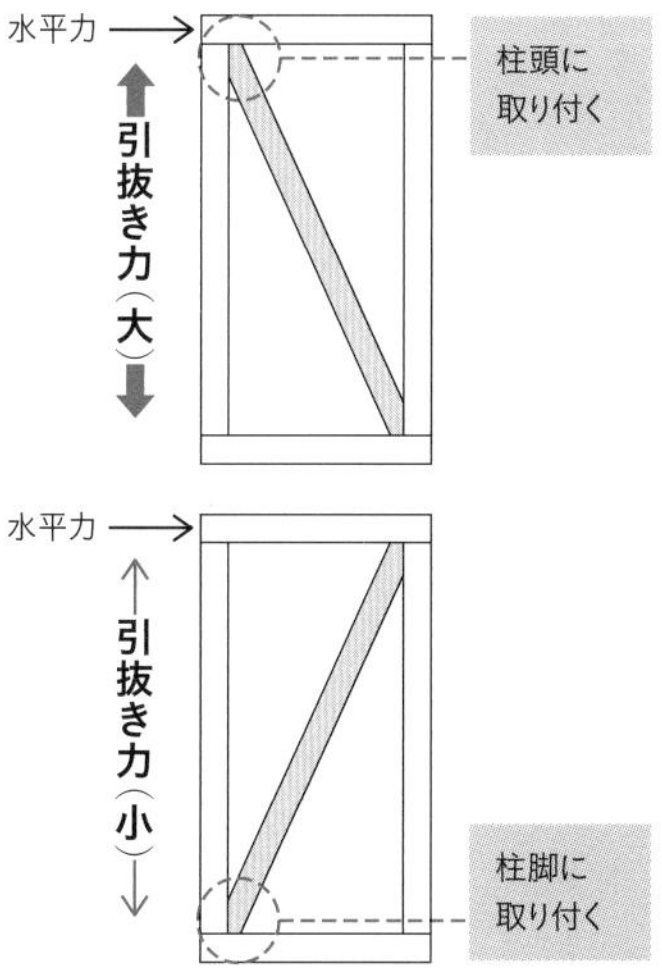

表1｜片側に筋かい耐力壁が取り付く場合

筋かいの取り付き位置 ＼ 筋かいの仕様	柱頭部に取り付く 	柱脚部に取り付く 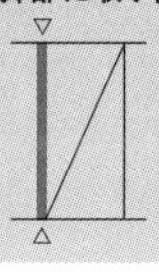	両筋かい 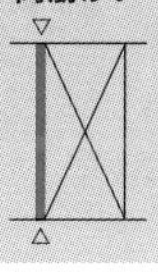
15×90㎜以上の木材または、直径9㎜の鉄筋	0	0	0
30×90㎜以上の木材	0.5	−0.5	
45×90㎜以上の木材	0.5	−0.5	
90×90㎜以上の木材	2	−2	

表2｜両側に片掛け筋かい耐力壁が取り付く場合

筋かいの仕様 ＼ 筋かいの仕様	筋かいが同じ方向を向く 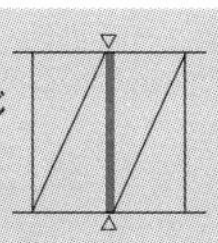 筋かいが逆V字になる 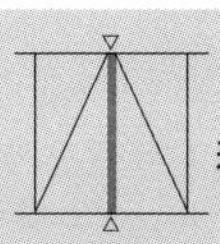				筋かいがV字になる 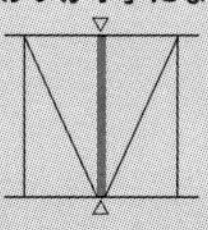
	15×90㎜以上の木材または、直径9㎜の鉄筋	30×90㎜以上の木材	45×90㎜以上の木材	90×90㎜以上の木材	
15×90㎜以上の木材または、直径9㎜の鉄筋	0	0.5	0.5	2	0
30×90㎜以上の木材	0.5	1	1	2.5	
45×90㎜以上の木材	0.5	1	1	2.5	
90×90㎜以上の木材	2	2.5	2.5	4	

表3｜両筋かいと片掛け筋の両方が取り付く場合

両筋かいの仕様 ＼ 片掛け筋かいの仕様	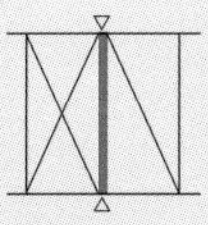 両筋かいと柱頭に取り付く片掛け筋かいに挟まれる				両筋かいと柱脚に取り付く片掛け筋かいに挟まれる 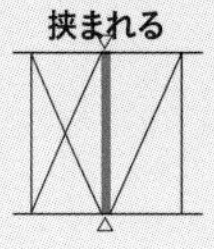 両側に両筋かいが取り付く 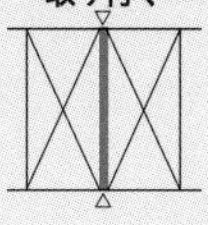
	15×90㎜×2以上の木材または、直径9㎜の鉄筋×2	30×90㎜×2以上の木材	45×90㎜×2以上の木材	90×90㎜×2以上の木材	
15×90㎜以上の木材または、直径9㎜の鉄筋	0	0	0	0	0
30×90㎜以上の木材	0.5	0.5	0.5	0.5	
45×90㎜以上の木材	0.5	0.5	0.5	0.5	
90×90㎜以上の木材	2	2	2	2	

※1　⑵が仮定している柱の負担面積は出隅部の柱が910×910㎜、そのほかの柱が1,820×1,820㎜で、これに910㎜分の軒の重量を加えて圧縮力を算定している
※2　面材耐力壁の場合は補正値なし
※3　上部の柱が対象柱から、1m以上ずれる場合は不算入

11 耐力壁は筋かいと面材のどちらがオススメ？

面材と筋かいは性質が違う

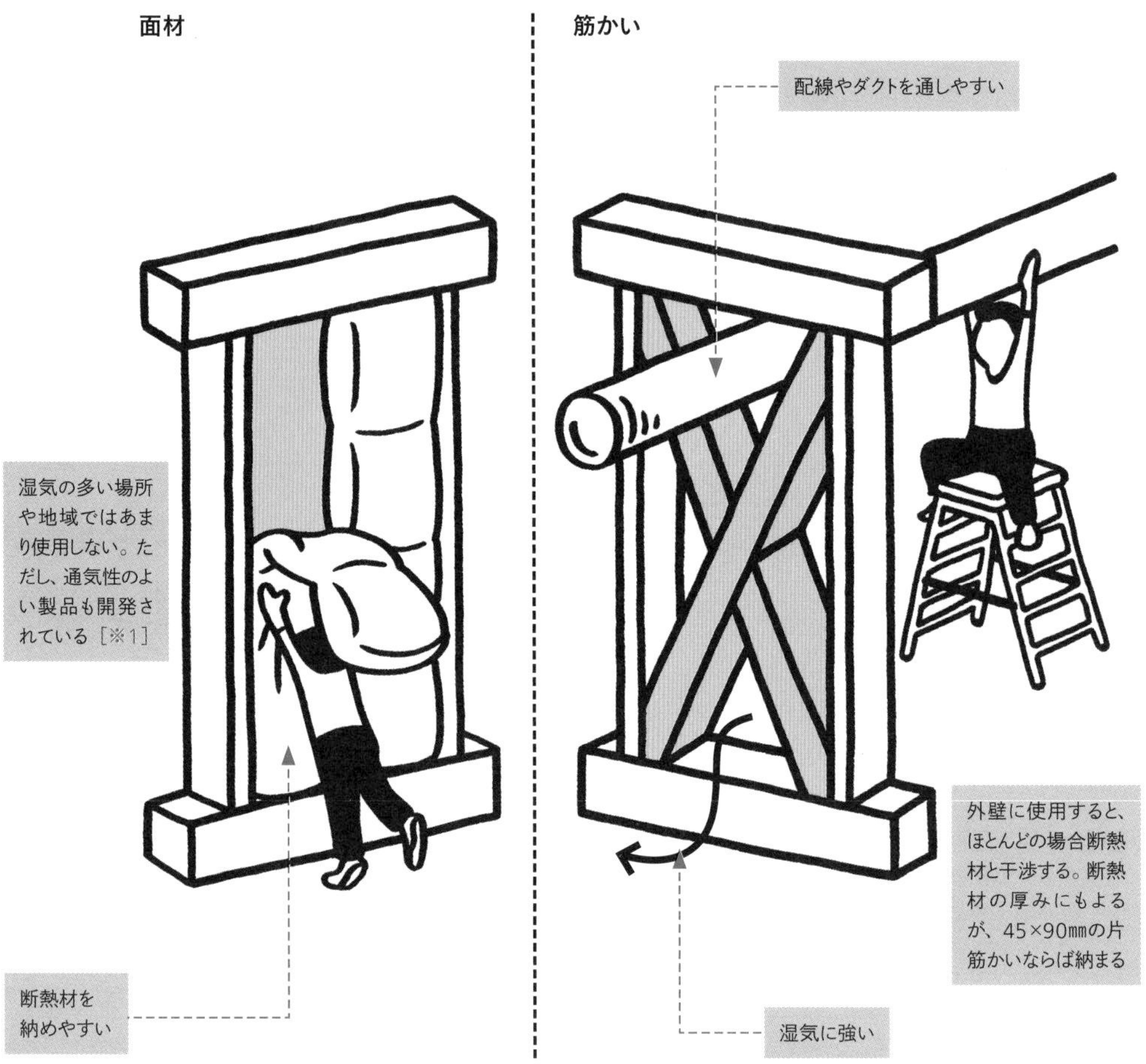

面材
筋かい
配線やダクトを通しやすい
湿気の多い場所や地域ではあまり使用しない。ただし、通気性のよい製品も開発されている［※1］
外壁に使用すると、ほとんどの場合断熱材と干渉する。断熱材の厚みにもよるが、45×90㎜の片筋かいならば納まる
断熱材を納めやすい
湿気に強い

表｜耐力壁の仕様別特性表

特性	構造用合板	片筋かい	両筋かい	その他面材	備考
配線やダクトの通しやすさ	△	◎	○	△	
耐湿性、通気性	×	◎	◎	△	通気性のよい面材もある［※1］
真壁のしやすさ	◎	△	×	○	真壁にできる面材は限定される
断熱材の納まり	◎	△	×	◎	
耐力	◎	△	○	○	構造用合板は壁倍率5.0倍以上が可能
透過性	×	○	○	×	
壁幅の抑えやすさ	◎	△	△	△	面材は認定条件の都合上910㎜以下にできない製品もある

耐力壁の選択は適切に

木造の耐力壁は、令46条1項や建告1100号に規定されている耐力壁以外にも、各建材メーカーが開発した多種多様な耐力壁が実用化されている。これらは調べるのも一苦労だが、なんとなく選んでしまえば、設備機器を通すために面材に孔をあけたり、筋かいが断熱材に干渉する場合に、壁の性能を低下させるような対応をすることになりかねないため、使用状況に応じて適切な耐力壁を選択したい。たとえば、筋かいは設備配管などを通しやすい反面、断熱材との取合いが難しい。対して、面材は透過性がなく湿気に弱いものが多いが、断熱材の納まりがよく壁の幅を抑えやすい［表］。

ここではそれぞれの特性を踏まえた耐力壁の選択基準を紹介する［図1～3］。求める性能が複数あるために、すべての条件を満たせない場合は、優先順位を設けて選択するとよい。それでも選択が難しい場合は、高倍率の壁を集中的に配置して、耐力壁自体の数を減らすという考え方もある［152頁］。

状況に適した耐力壁の選択基準

図1｜配線やダクトを通したいなら筋かいが基本

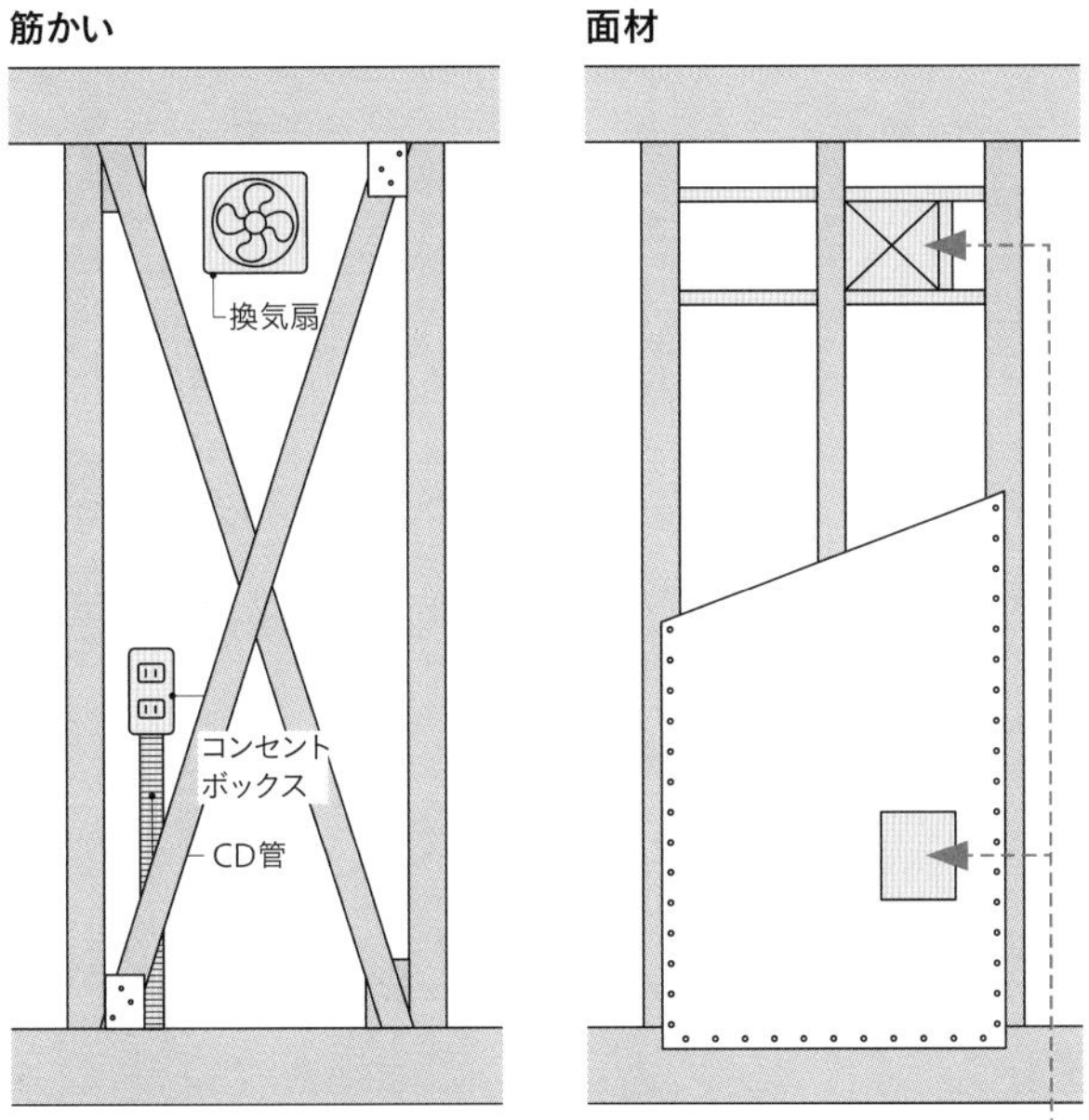
筋かい
面材
換気扇
コンセント
ボックス
CD管

『木造軸組構法住宅の許容応力度設計』の規定に沿った仕様にすれば開口を設けられる

軸組の枠内全面に張らなければ耐力を発揮しない面材よりも、筋かいやブレースなどの斜材が適している。ただ、一定の範囲内であれば、補強によって、構造用合板に開口を設けることも可能だ［150頁］

図2｜壁幅を抑えたいなら面材が基本

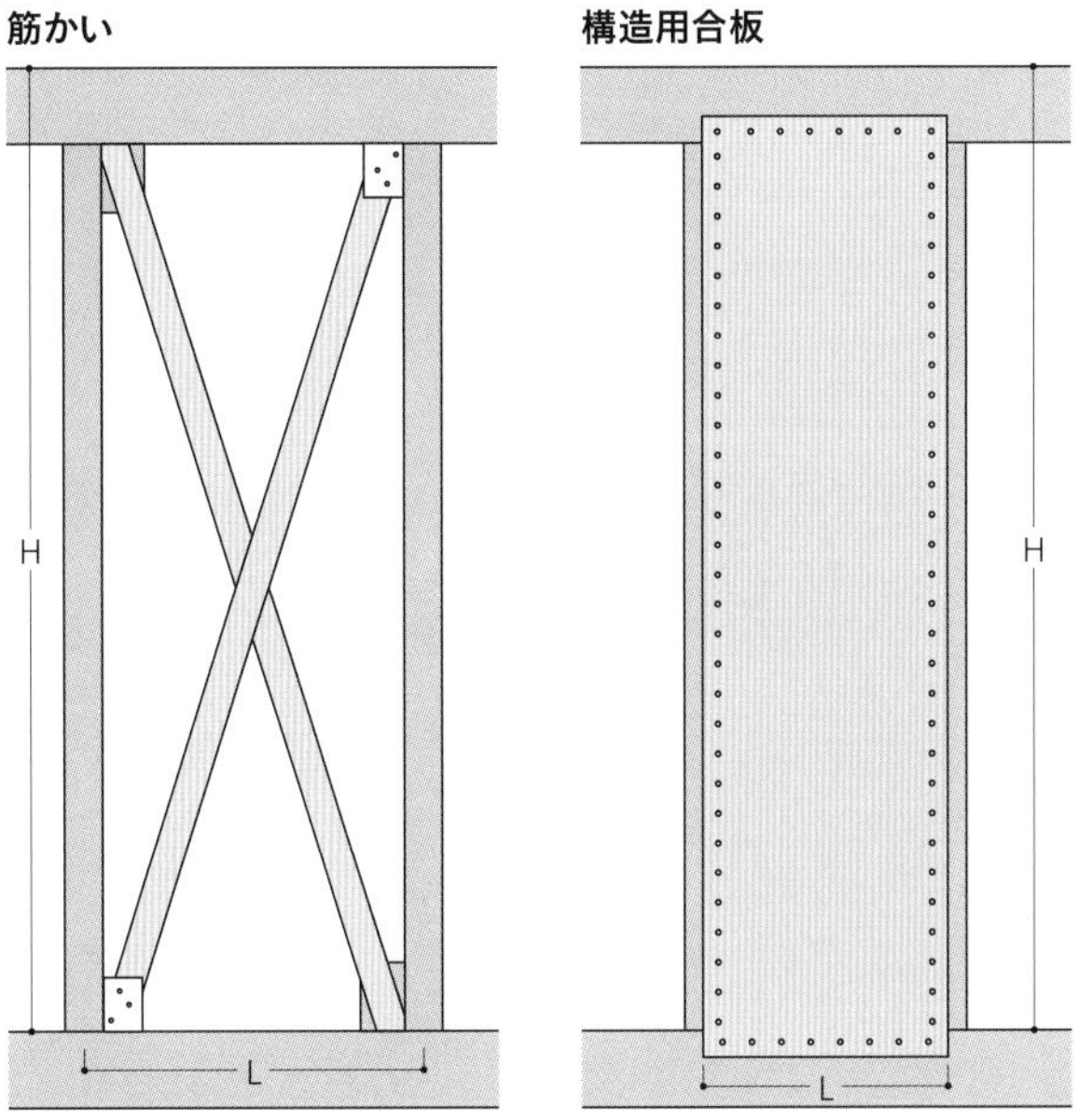
筋かい
構造用合板
H
L
H
L

$L \geqq \frac{1}{3.5}H$ かつ

900㎜≦L≦2,000㎜程度

$L \geqq \frac{1}{5}H$ かつL≧600㎜

1枚の耐力壁の幅は、筋かいは900～2,000㎜かつ壁高さの1／3.5以上、面材では600～2,500㎜かつ壁高さの1／5以上で使用するよう規定されている。よって、面材のほうが最小壁幅を小さく設定できる

図3｜壁に透過性をもたせたいなら筋かい、または面格子

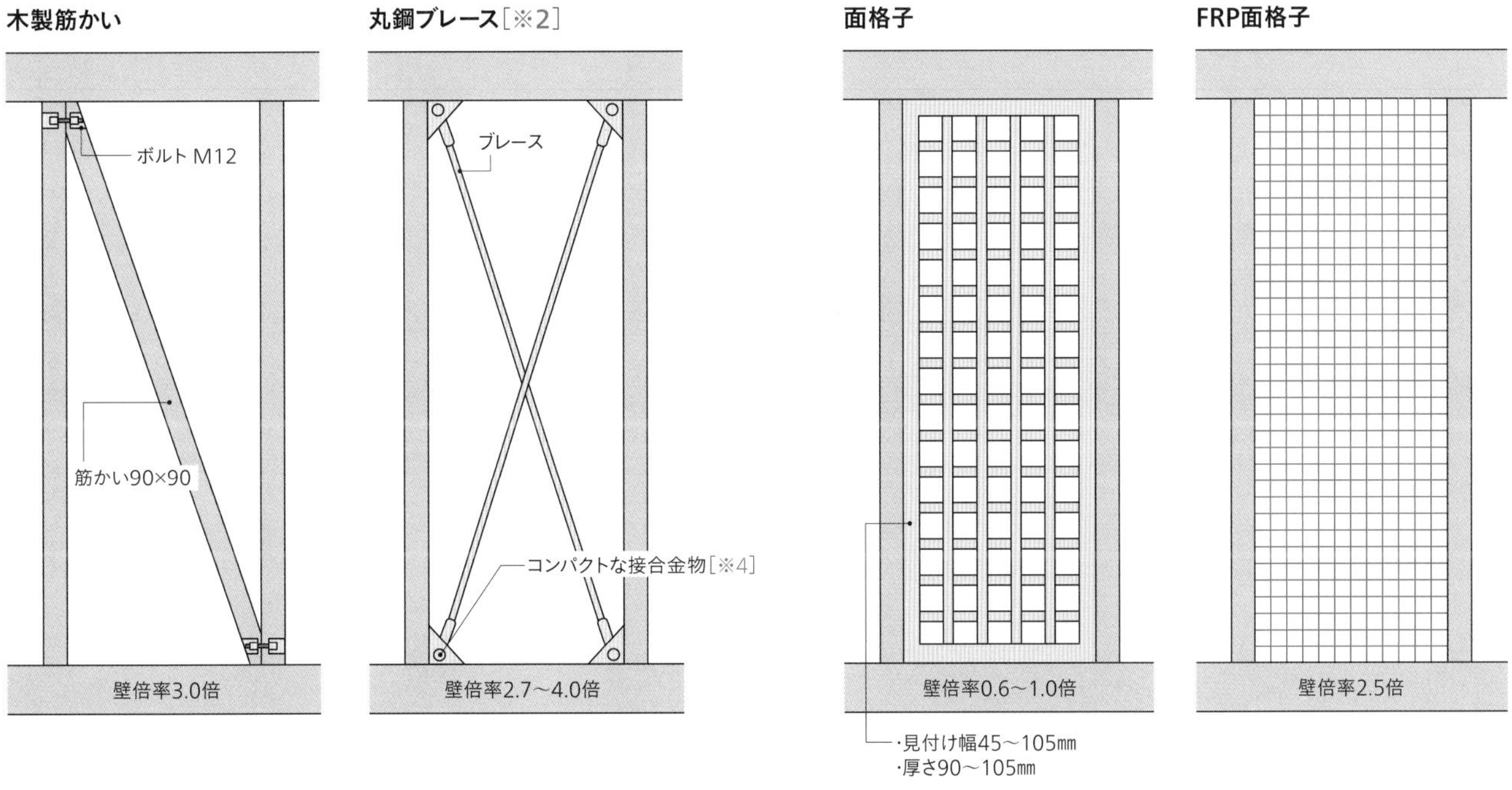
木製筋かい
ボルトM12
筋かい90×90
壁倍率3.0倍
丸鋼ブレース［※2］
ブレース
コンパクトな接合金物［※4］
壁倍率2.7～4.0倍
面格子
壁倍率0.6～1.0倍
・見付け幅45～105㎜
・厚さ90～105㎜
FRP面格子
壁倍率2.5倍

採光・通風・空間の抜けを得るために壁に透過性をもたせたい場合は、筋かいやブレースが適している。製作に手間がかかり倍率も低いものの、面格子壁［※3］や、やや高価ではあるがFRPの格子壁もある。なお、筋かいを露しにすると、接合部の金物が目立ってしまう。45㎜厚以下の木製の斜材を接合する金物は意匠性に配慮した製品があまりないので、90㎜角の材をボルトで軸部に固定すると接合部がスッキリする。丸鋼ブレースの場合は、令46条4項にある仕様だと、見かけはスッキリするが、倍率は1.0と低い。デザイン性を重視した接合金物の製品［※4］を使って倍率を上げる方法もある

※1　モイス（アイカテック建材）、ダイライト（大建工業）など
※2　令46条1項の規定に沿って製品化されたブレース
※3　面格子壁は格子をつくるために多数の縦材・横材を合欠きにして組むため、加工と組み立てに手間がかかる。標準的な壁倍率は0.6～1.0倍
※4　FEWOOD（港製器工業）、コボット（コボット）など

12 耐力壁に孔をあけても大丈夫？

孔あけの安全な範囲を知る

面材の場合は切り欠きが釘打ち部分に近づきすぎないようにする
御用だ
耐力壁の開口は正しく設けなければ壁の性能に影響する

耐力壁に開口を設けると耐力が低下する

設備機器の配線や配管を通すため、耐力壁に孔をあけたくなる場面は多い。しかし、耐力壁に開口を設けるということは、水平力に対抗する部材を欠損させることであり、耐力を低下させる危険性をはらんでいる。基本的には設計時に耐力壁と配管などの配置関係を入念に検討し、耐力壁に開口を設けなくても済むように構造計画を進めることが大切だ。それでも、建築主から強く要望され、耐力壁に孔をあけざるを得ない場合もあるだろう。ここでは、「開口の大きさや位置」「補強の必要性」「補強が必要な場合の補強方法」など、耐力壁に開口を設ける際の注意点を解説する。

❶筋かい耐力壁は切り欠き厳禁

筋かい耐力壁に開口を設ける場合は、筋かいや接合部を切り欠いてはいけない。筋かいは開口が軸組と接合部にかからなければ壁の耐力に全く影響はないので、部材に欠損を生じさせない範囲ならば、自由に開口を設けられる。

❷面材耐力壁は孔の大きさに応じて対処

面材耐力壁は面材の四周に打ち込まれている釘のせん断力によって耐力壁の耐力を担保する。したがって、開口の位置が面材の端に寄りすぎていると釘のせん断力が面材にうまく伝達されず、耐力が低下する。また、開口面積が大きすぎると開口の周辺から面材に割れや局部座屈が生じる。面材耐力壁には、「補強不要で設けられる開口」［図1］と「補強をすれば設けられる開口」［図2］の2種類が『木造軸組工法住宅の許容応力度設計』（2017年版）に規定されているので、その条件に留意して開口の大きさを検討する。

なお、前述の規定に該当しない仕様で開口を設ける場合は、「品確法の評価基準に規定されている準耐力壁や腰壁等を使用する方法」［図3］と「実験や解析をもとに性能を確認した壁を使用する方法」［図4］がある。前者は採用にあたって、面材の仕様に制限がある。後者は、構造の専門家の協力が必要になる。また、これらは壁量計算には算入できないので、構造計算が必要になる。

面材耐力壁に開口を設ける

図1｜補強が不要な開口

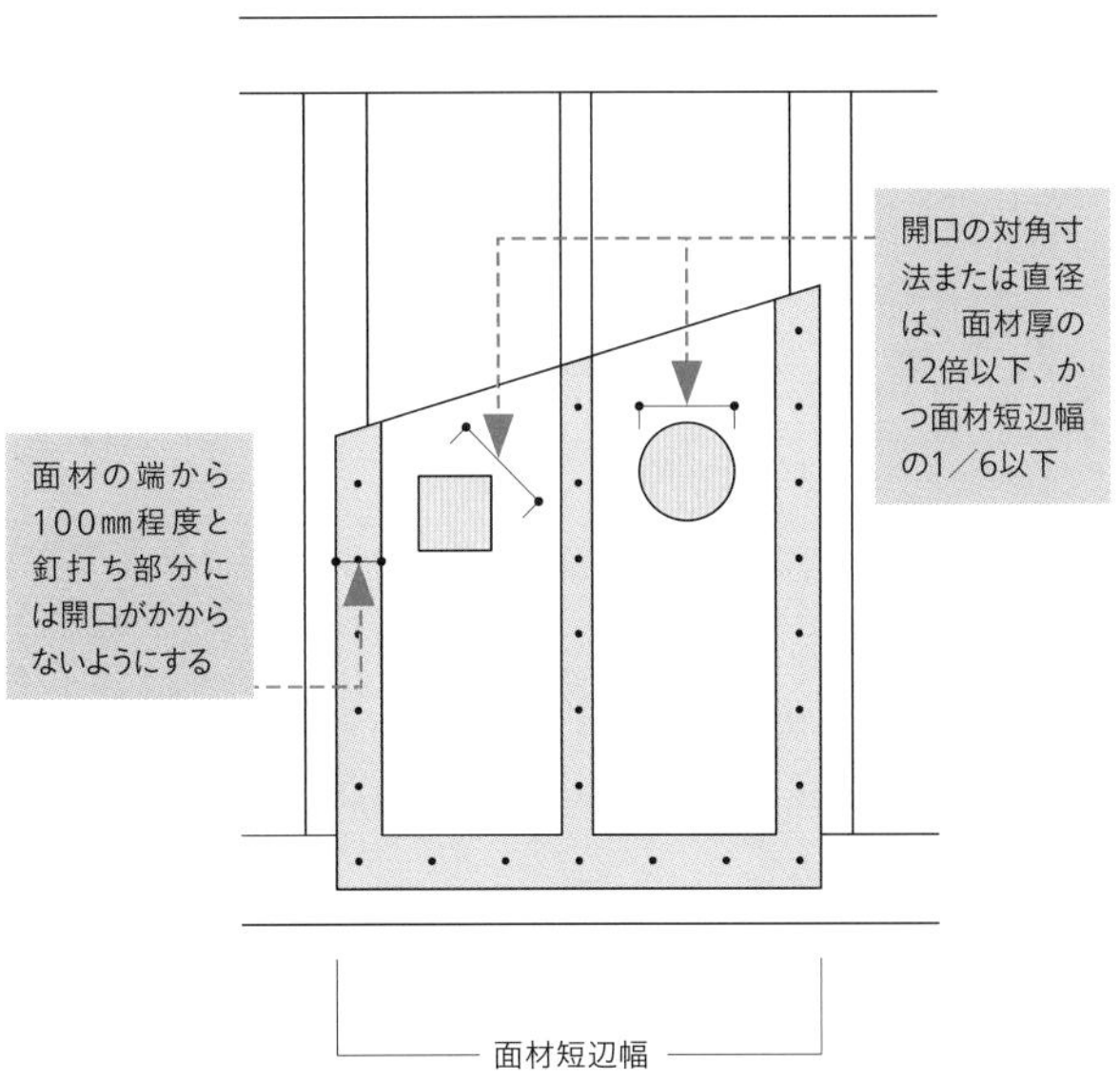
開口の対角寸法または直径は、面材厚の12倍以下、かつ面材短辺幅の1／6以下
面材の端から100㎜程度と釘打ち部分には開口がかからないようにする
面材短辺幅

図の大きさに納まる開口については補強不要。なお、面材を軸組に固定している釘打ち部分に開口がかかると耐力は著しく低下する。面材の端から100㎜程度の範囲には開口がかからないようにする。開口を複数設ける場合については特に記述がない

図2｜補強が必要な開口

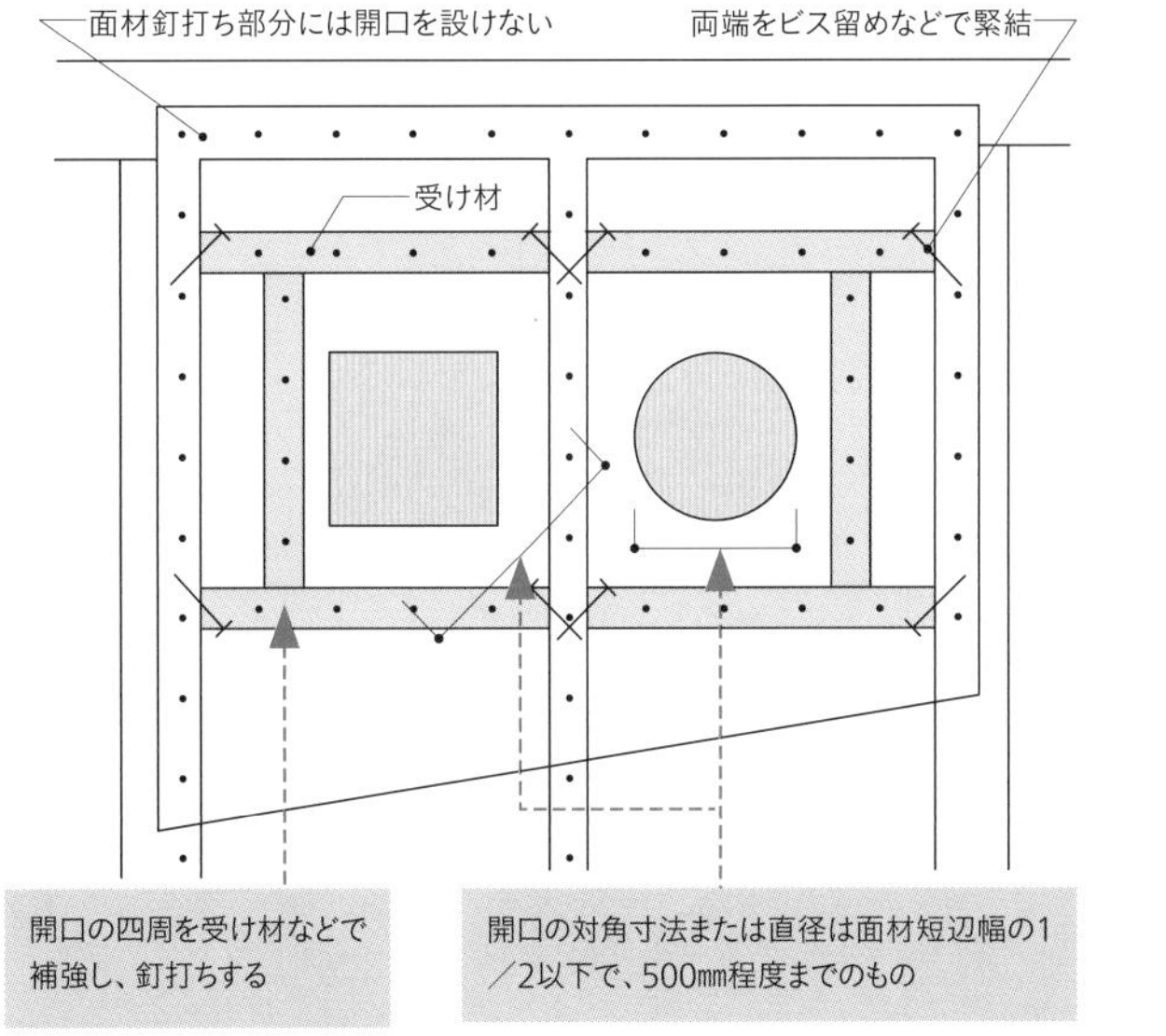
面材釘打ち部分には開口を設けない
両端をビス留めなどで緊結
受け材
開口の四周を受け材などで補強し、釘打ちする
開口の対角寸法または直径は面材短辺幅の1／2以下で、500㎜程度までのもの

図の寸法以下であれば、補強を行ったうえで設置できる。補強は開口の四周を受け材などで補強し、面材に釘打ちする。また、水平方向の受け材は両端を柱まで到達させ、斜めビス留めなどで緊結する。なお、間柱が開口によって途切れると面外方向に変形しやすくなるため、開口は柱や間柱の間に納まるように設置することが望ましい

図3｜準耐力壁や腰壁を用いる

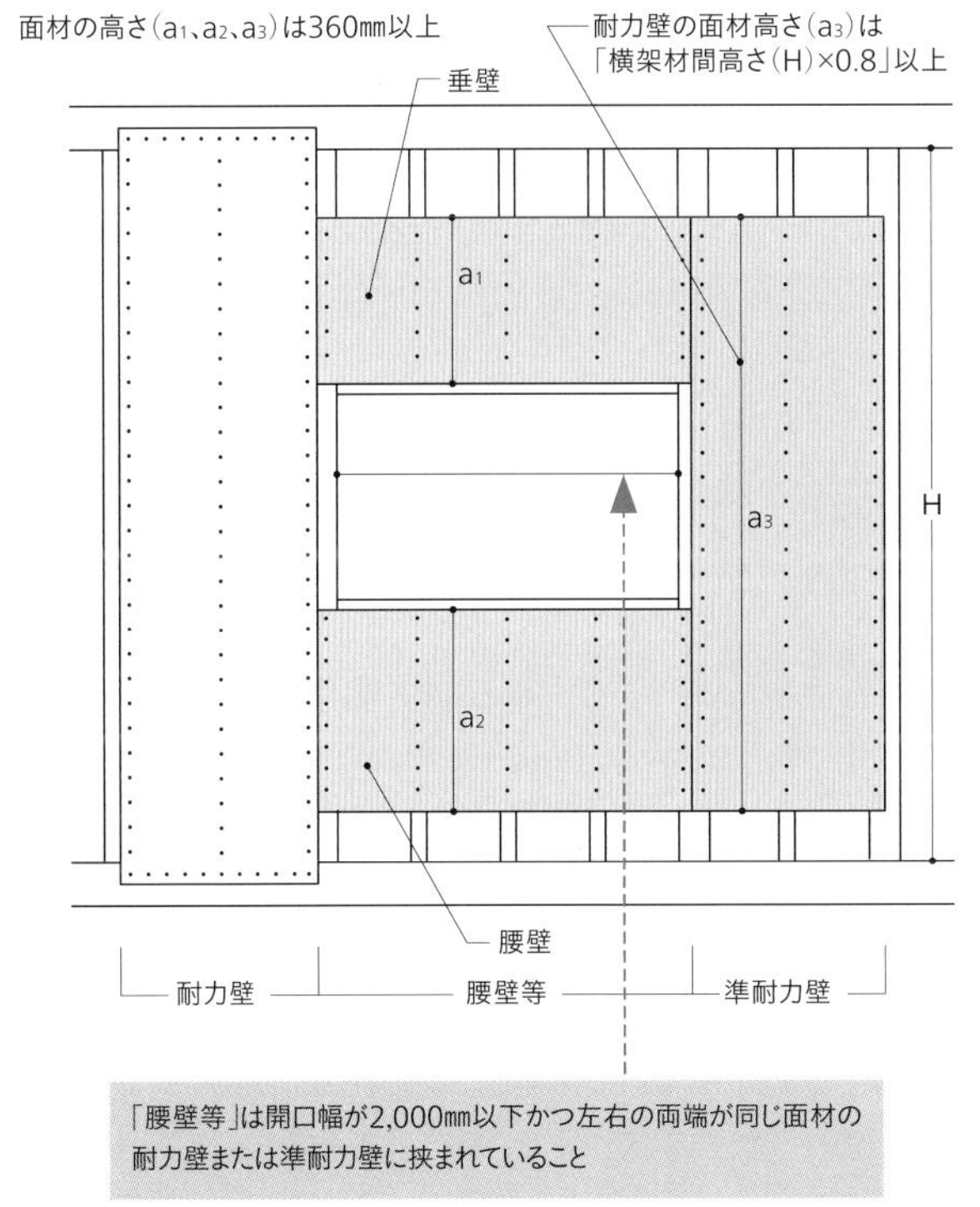
面材の高さ(a1、a2、a3)は360㎜以上
耐力壁の面材高さ(a3)は「横架材間高さ(H)×0.8」以上
垂壁
a1
a2
a3
H
腰壁
耐力壁
腰壁等
準耐力壁
「腰壁等」は開口幅が2,000㎜以下かつ左右の両端が同じ面材の耐力壁または準耐力壁に挟まれていること

図1・2のいずれにも該当しない開口は、補強を行ったとしても、開口がない場合と同等の耐力を得ることが困難なため、そのままの壁倍率は使えない。現行の基準で耐力壁として評価するには、品確法の評価基準に規定されている「準耐力壁」や「腰壁」の仕様に合わせる必要がある。ただし、これらの壁は令46条4項に規定されている壁量計算で壁量に算入できないので、構造計算が必要

図4｜実験や解析で性能確認した耐力壁を用いる方法

現場での耐力壁の設置風景

工場で組み立てた面格子を、現場で柱と梁にはめ込み、ビスで固定している。施工性を考慮し、柱→面格子→胴差の順に建方を行った

耐力壁が「採光・眺望」と「耐震性」を両立させている

明るい内部空間

筆者が開発した耐力壁の実例。伝統木造建築の貫構造を応用して、透過性と意匠性を両立させた。中央の組立柱に、太い貫を4段通して面格子をつくっている。貫と組立柱をビス留めすることにより、強度と剛性を向上させ、壁倍率相当で8.7倍を実現した

13

大きな開口を確保する方法は？

広い開口は耐力壁を設けにくい

外壁は耐力壁を配置できる格好のポイント
開口をあけすぎると建物の耐力が低下する

壁量と配置のバランスに注意

眺望・採光・通風を確保するため、外壁面に大きな開口を確保したいケースは多いことだろう。ただし、耐力壁を配置するための格好の場所である外壁面に開口を設けると、①必要壁量の確保、②耐力壁配置のバランス、の2点が問題となる。

❶階や方向によって異なる必要壁量

2階建ての住宅の場合、必要壁量は1階に比べて2階のほうが少ない。したがって、1階には個室を集中させて壁量を確保し、2階には広い開口を必要とするLDKのような空間を配置するのが、構造上合理的なプランだといえる［図1］。風圧力に対抗する必要壁量は長辺方向の壁面のほうが少ないので、長辺側の外壁面には開口を設けやすい。更に、長辺側の外壁は元々の壁幅が大きいため、開口を設けても残りの部分で壁量を確保しやすい［図2］。

❷大開口は偏心を大きくする

南側の外壁など、一部の限られた場所に大開口を設けると、耐力壁配置のバランスが偏り、「偏心」が生じる。偏心している建物に水平力が加わると、構造がねじれて水平力に対して弱くなる。対処するには耐力壁の仕様と配置を工夫しなければならない。

たとえば、外壁面の近くに耐力壁をセットバックさせれば、偏心を抑えつつ、開口を実現しやすい［図3］。また、物置や本棚などの小幅な間仕切り壁を耐力壁に利用して、外壁面の壁量不足を補うこともできる［図4］。

壁倍率の高い壁を使用して、必要壁量と壁のバランスの両方を確保する方法もある。ただし、令46条4項の壁量計算［146頁］で使用できる壁倍率は5までなので、さらに大きな壁倍率で検討する場合は許容応力度計算以上の構造計算が必要となる。そのほか、耐力壁を2重にすれば高倍率の壁を使用するのと同等の性能が得られる［図5］［※1］。

また、耐力壁を必要としない木造門型フレーム構造（ラーメン構造）や、耐力壁を放射状に配置する構造などを採用して開口を確保する考え方もある［図6］。

耐力壁の配置とプランを工夫する

図1｜2階に大開口を設けるプランにする

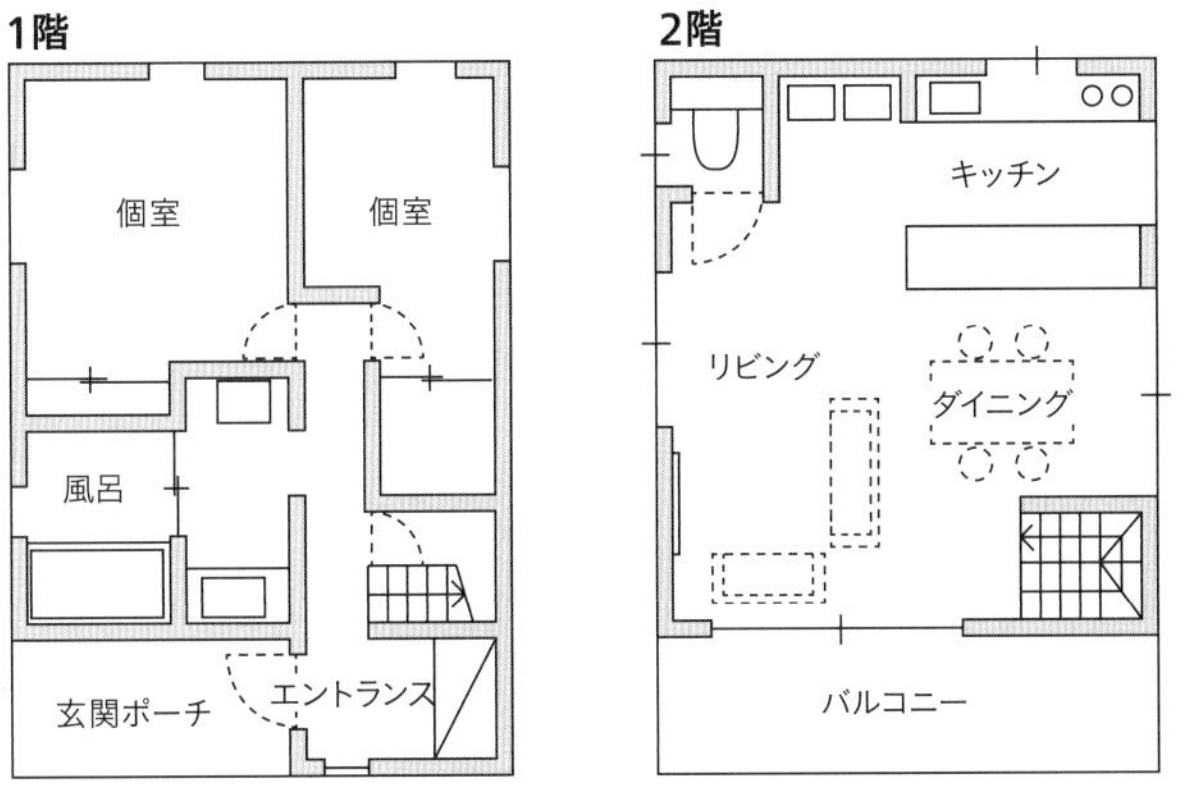

1階に比べ2階のほうが水平力の負担は小さいので、必要壁量も少なくなる。1階に耐力壁を確保しやすいよう個室を配置し、2階には開放的なLDKを配置することが合理的

図2｜開口部は長手方向の外壁に設けやすい

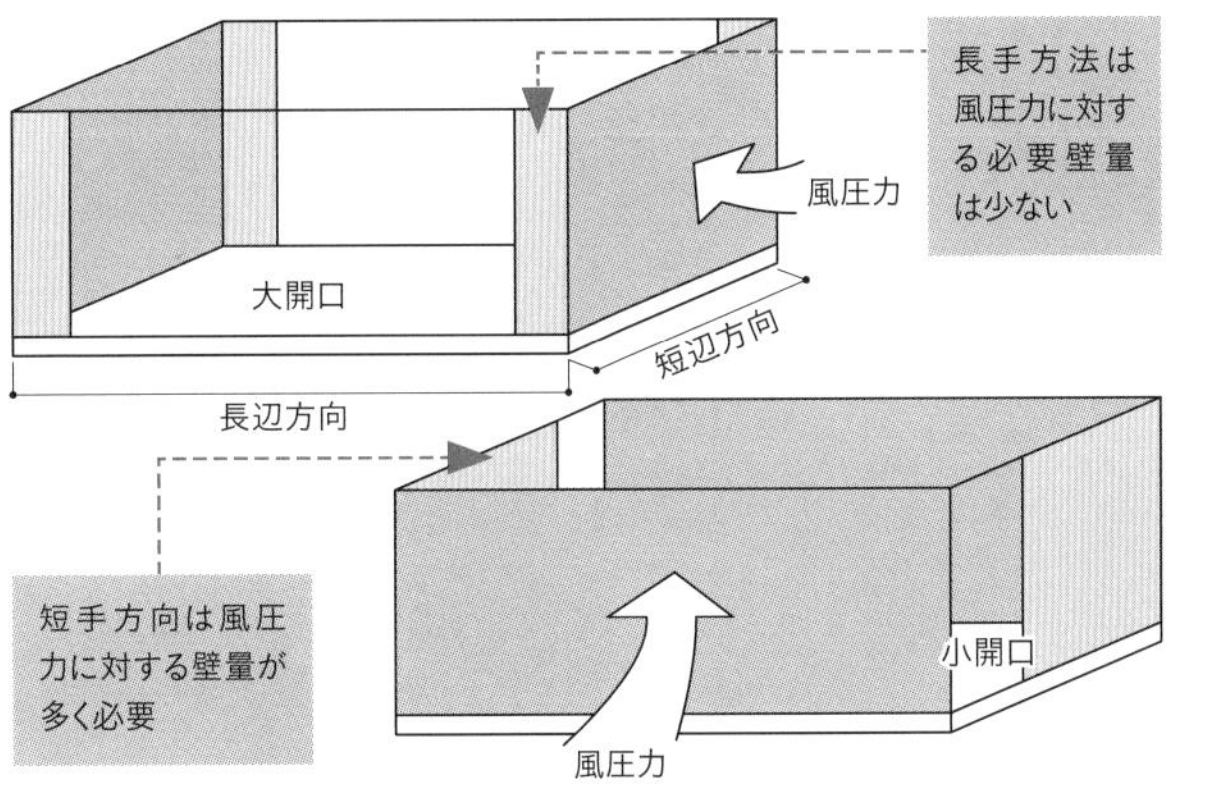

風圧力に対する必要壁量は長手方向の壁面のほうが少ない。したがって、長辺方向の外壁面には開口を設けやすくなる。また、長辺方向のほうが短辺方向にくらべて壁面が長く、開口を設けても残りの部分で壁量を確保しやすい

図3｜外壁面から耐力壁をセットバックさせる

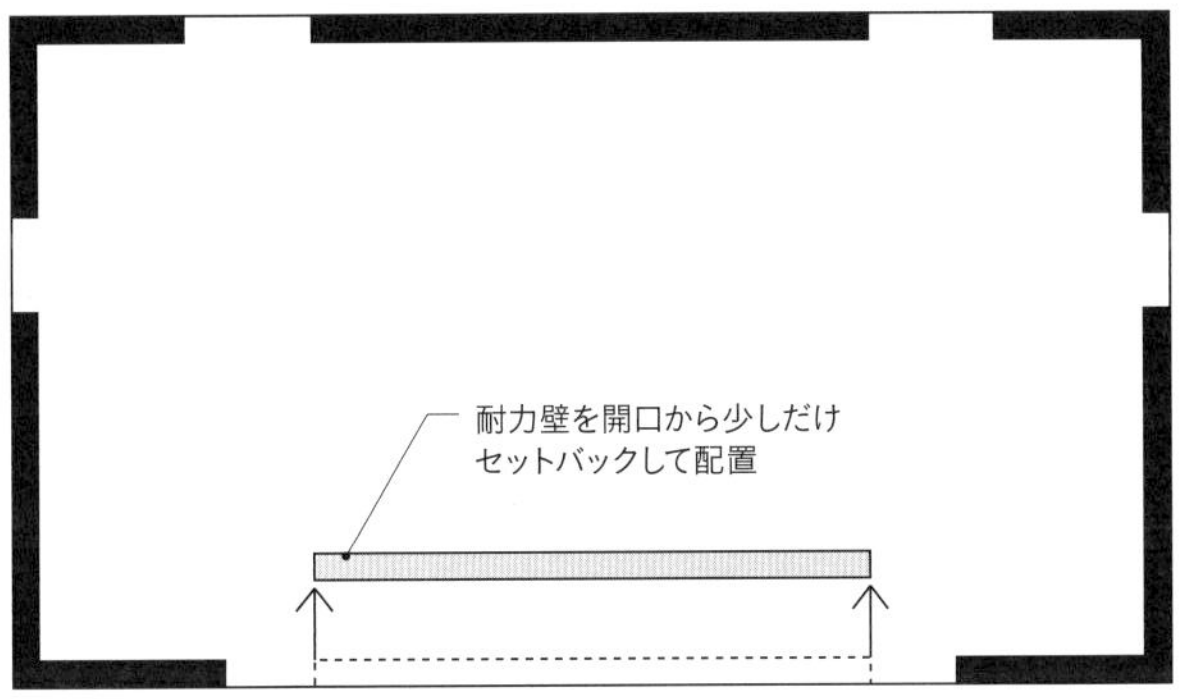

広く開口を設けた壁面の近くに耐力壁を配置する。外壁の耐力壁の偏りによる偏心を抑えることができる

図4｜小幅の耐力壁をこまめに設ける

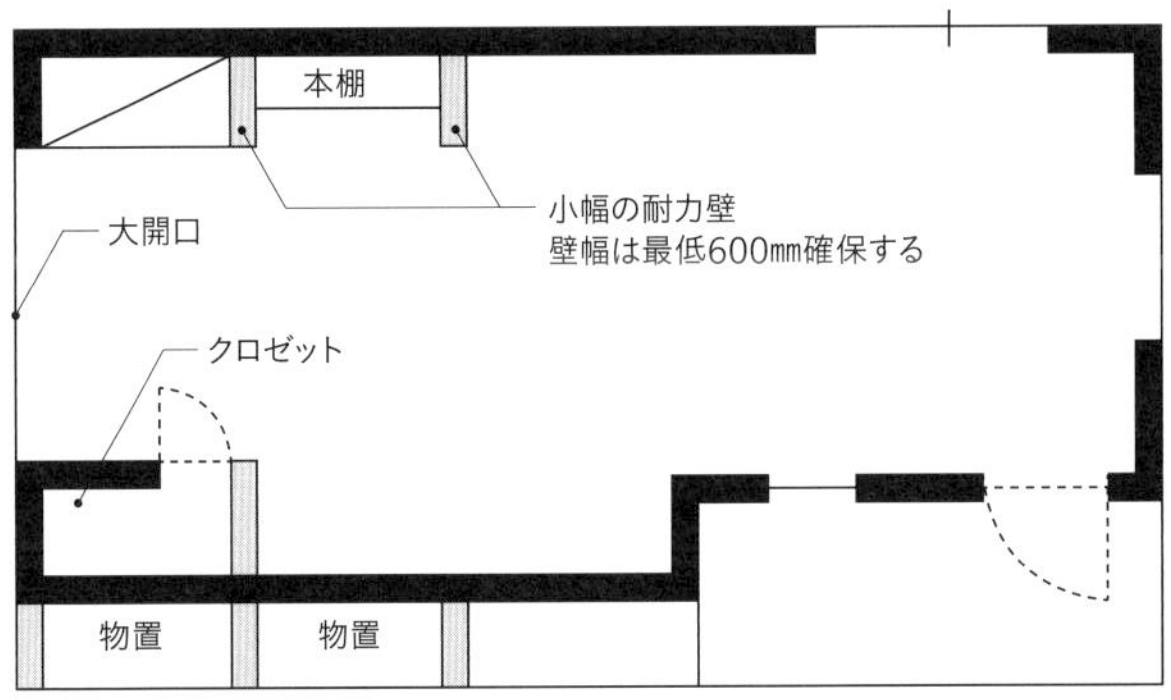

プラン上、耐力壁を物置や本棚スペースなどとして利用できる場合に有効な方法。耐力壁幅は最低でも600㎜は確保する必要がある［57頁］

図5｜耐力壁を2重にする

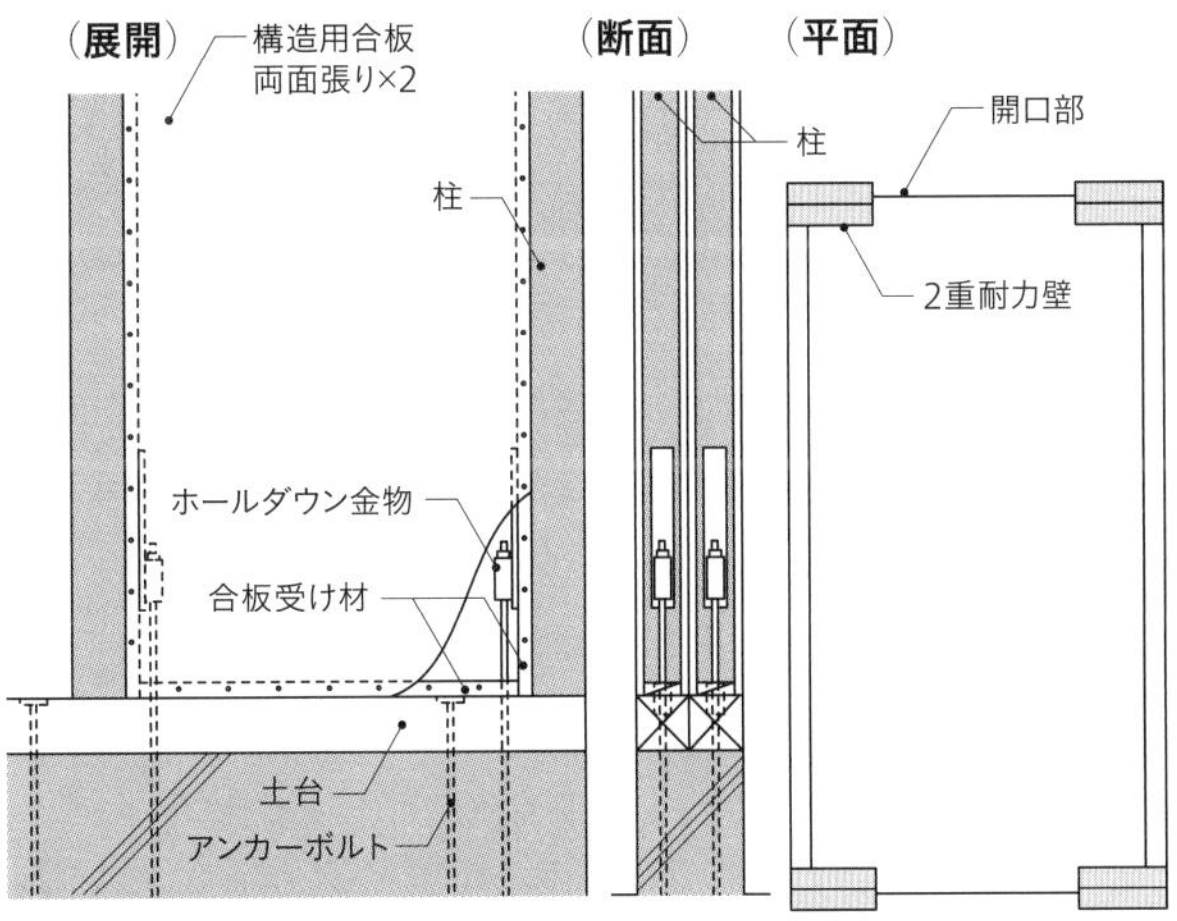

高倍率の耐力壁を使う代わりに、耐力壁を2重にして壁量を確保する。壁厚が大きくなってしまうが、開口幅を減らさずに壁量を確保できる。壁が2重になると柱も2重になるので、背中合わせになる構造用合板の張り方など施工手順をよく検討することが必要だ［※2］

図6｜開口を自由に確保するその他の方法

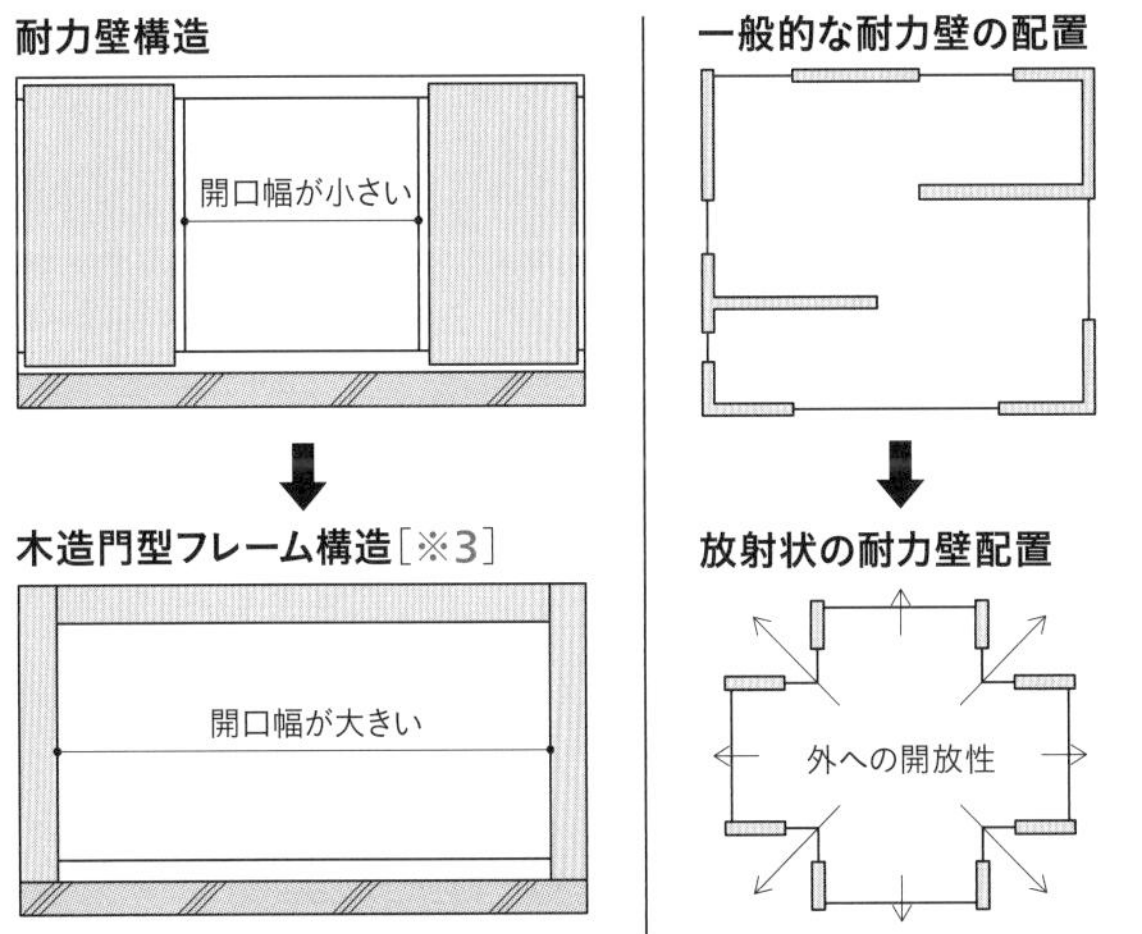

軸組の接合部を剛に近くなるように接合した門型のラーメンフレームで水平力に抵抗させる。耐力壁が必要ないので大開口を実現しやすい

放射状に配置すれば、あらゆる方向の壁量を確保しながら外部への開放性を得られる

※1　重ねる壁が3重4重と多くなってくると、確認審査機関との協議が必要になることもある
※2　1枚目の壁は通常の施工手順。2枚目の内側にくる構造用合板は、後から釘打ちできないので、受け材や間柱をあらかじめ取り付けてから、軸組内にはめ込む
※3　許容応力度計算や偏心計算などの専門的な知識や構造設計者の協力が必要になる

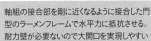

14 変形プランで有効な耐力壁の配置方法は？

変形プランの問題点

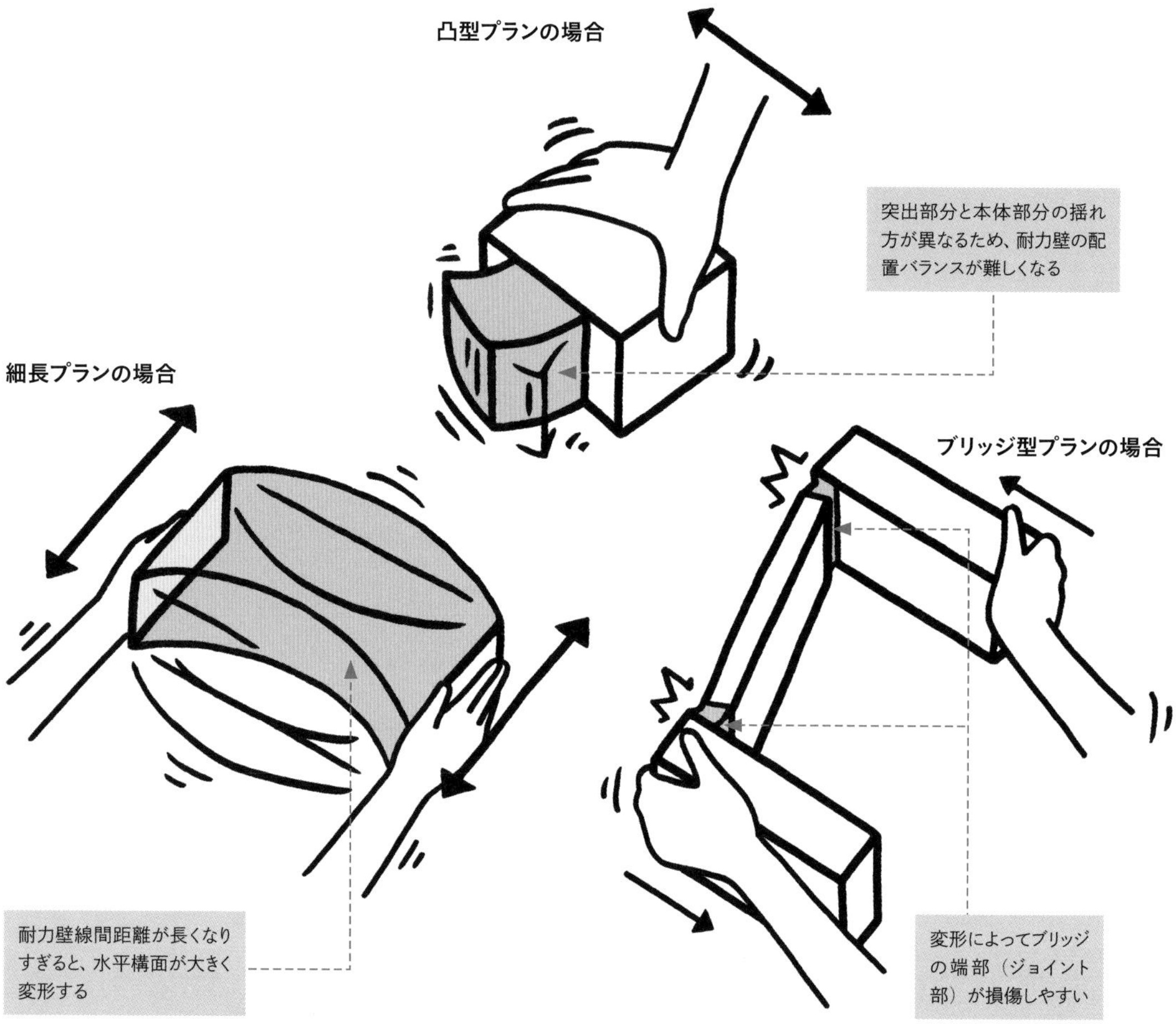
凸型プランの場合
突出部分と本体部分の揺れ方が異なるため、耐力壁の配置バランスが難しくなる
細長プランの場合
ブリッジ型プランの場合
耐力壁線間距離が長くなりすぎると、水平構面が大きく変形する
変形によってブリッジの端部（ジョイント部）が損傷しやすい

建物が矩形でない場合の問題点とは

整形なプランの耐力壁は、必要な壁量を満たしたうえで、4分割法などによりバランスを考慮して配置すればよい［146頁］。しかし、敷地条件や建築主の要望などによってプランが不整形になると、水平力で建物がどう変形するのかをイメージすることが容易ではなく、耐力壁の配置検討が複雑になる場合がある。そこで、木造住宅でよく見られる不整形プランを例に、耐力壁のレイアウト方法を考えてみよう。

❶凸型プランの場合

一部が突出した形状の凸型プランでは、整形なプランに比べて耐力壁の配置がアンバランスになりがちだ。本体部分と突出部分に生じる水平力を、どの位置で、どの程度の壁量の耐力壁で負担するかが計画のポイントとなる。主な方法として、次の3つがある［図1］。

1つ目は、突出部分の必要壁量のうち半分程度を先端に、もう半分を本体に負担させる方法［図1❶］。2つ目は凸部分の水平力をすべて本体部分に負担させる方法。突出部分の先端に大開口を設けたい場合などに適している［図1❷］。3つ目は、突出部分の根元の通りに大開口を設けたい場合に適した方法。突出部分の先端に本体部分の水平力も負担させる。本体の外壁通りの壁量を減らし、その分を突出部分の先端に集中して設けることでバランスを取る［図1❸］。

これらの方法は壁の配置によって、突出部の水平構面に必要な性能が変わってくる点に注意が必要だ。図1❶＜❷＜❸の順に、突出部分に求められる水平構面の性能が高くなる。

なお、中庭を設ける場合などに採用される「L形プラン」も、凸型プランの突出部と同じと考えられるため、前述の❶～❸の方法が適用できる。ただしL形の内側（中庭）に面する壁には大開口を設けるケースが多いため、その通り上に壁量を確保しづらい。この場合は、同じ通り上にある室内部分に耐力壁を移動させる方法がある。

❷細長プランの場合

細長プランの問題点は、短手方向の壁量を確保しにくいことだ。たとえば

変形プランで耐力壁をレイアウトする方法

図1｜凸型プランの場合

①本体と突出部にバランスよく配置　②突出部の水平力をすべて本体が負担　③突出部先端が本体部分の水平力を負担

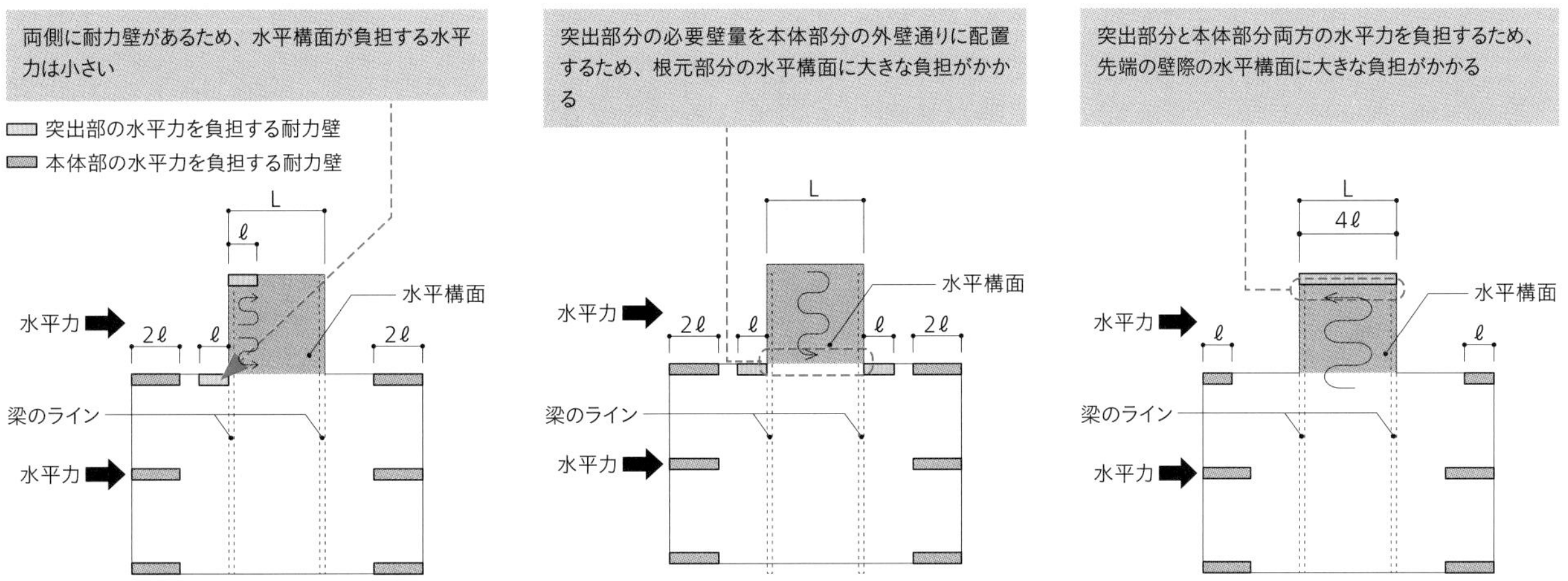
両側に耐力壁があるため、水平構面が負担する水平力は小さい
突出部の水平力を負担する耐力壁
本体部の水平力を負担する耐力壁
L
ℓ
水平構面
水平力
2ℓ
ℓ
2ℓ
梁のライン
水平力
突出部分の必要壁量を本体部分の外壁通りに配置するため、根元部分の水平構面に大きな負担がかかる
L
水平構面
水平力
2ℓ
ℓ
ℓ
2ℓ
梁のライン
水平力
突出部分と本体部分両方の水平力を負担するため、先端の壁際の水平構面に大きな負担がかかる
L
4ℓ
水平構面
水平力
ℓ
ℓ
梁のライン
水平力

突出部の水平構面（床倍率×L）＞壁倍率×ℓとする　突出部の水平構面（床倍率×L）＞壁倍率×2ℓとする　突出部の水平構面（床倍率×L）＞壁倍率×4ℓとする

突出部分に必要な水平構面の性能は①＜②＜③の順に大きくなる。また①～③いずれの場合も、突出方向と平行な梁に大きな軸力が生じるため、梁を連続させて補強することが重要だ

※ 上記3つは壁量の合計が同じになるようにしている

図2｜細長プランの場合

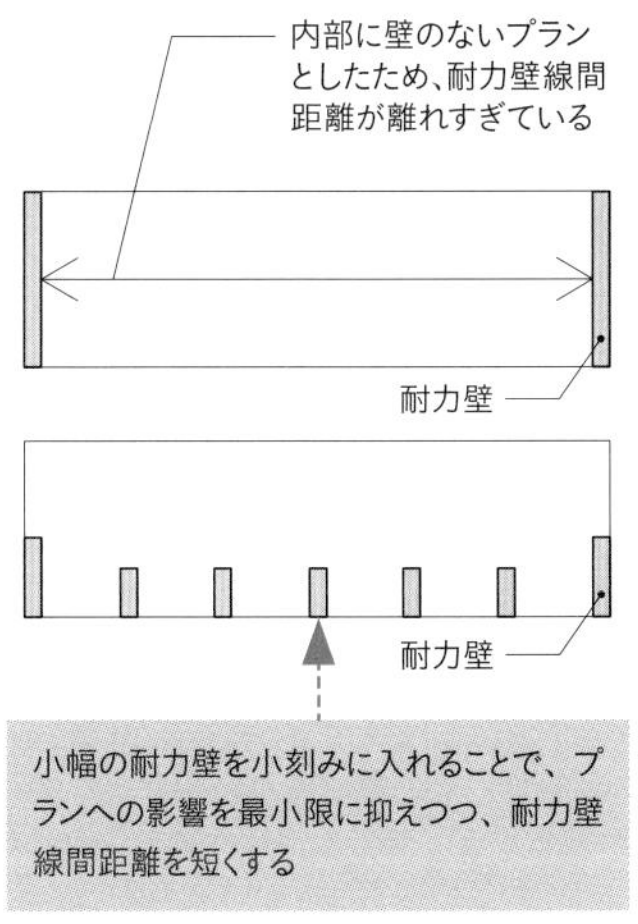
内部に壁のないプランとしたため、耐力壁線間距離が離れすぎている
耐力壁
耐力壁
小幅の耐力壁を小刻みに入れることで、プランへの影響を最小限に抑えつつ、耐力壁線間距離を短くする

耐力壁の長さは、面材の場合は最小で600㎜まで小さくできるので、空間を広くとりやすい

図3｜ブリッジ型プランの場合

①エキスパンションジョイントあり　②エキスパンションジョイントなし

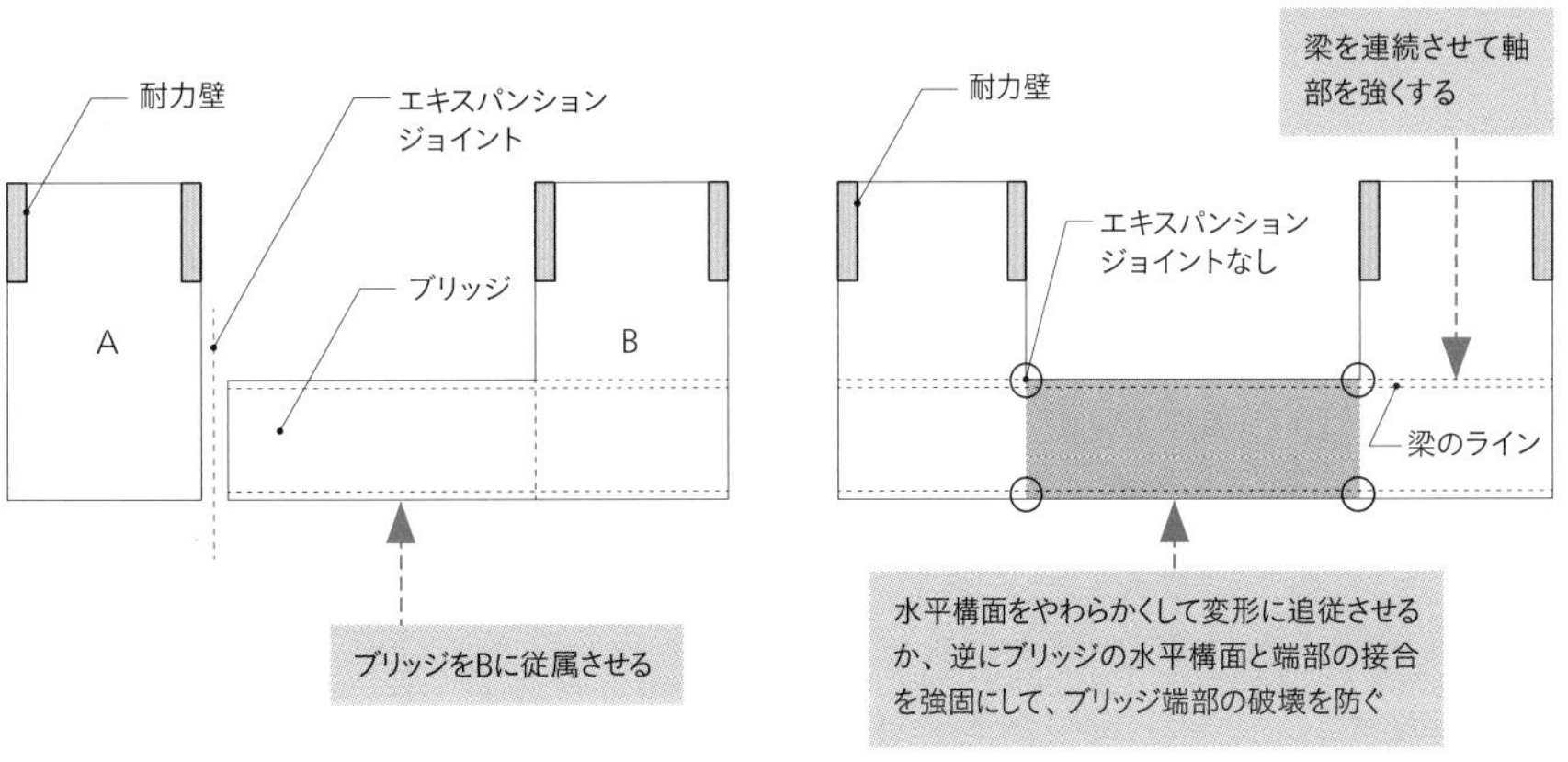
耐力壁
エキスパンションジョイント
ブリッジ
A
B
ブリッジをBに従属させる
耐力壁
梁を連続させて軸部を強くする
エキスパンションジョイントなし
梁のライン
水平構面をやわらかくして変形に追従させるか、逆にブリッジの水平構面と端部の接合を強固にして、ブリッジ端部の破壊を防ぐ

①は、ボリュームを2つに分け、それぞれで壁量を満たせるように検討する。その際、エキスパンションジョイントが必要となる。②はエキスパンションジョイントを設けない場合の方法で、ブリッジ部の水平構面を柔らかくすることで変形に追従させるか、または逆にブリッジの水平構面と端部の接合を強固にする。ブリッジ端部に生じる大きな軸力を本体に伝えられるよう梁は同じ通りに設けて連続させる

プラン両端の妻側にしか耐力壁がない場合、耐力壁線間距離が長くなりすぎてしまい、水平力が耐力壁に伝わる前に水平構面が壊れてしまうおそれがある［167頁図1］。対策として、プランへの影響が小さい小幅の耐力壁を小刻みに設ける方法がある［図2］。この考え方は妻側に大開口を設ける場合と同様だ［155頁図4］。プラン上、どうしても壁が設けられない場合は門型フレームを設ける方法もあるが、特殊な設計となる。

❸ブリッジ型プランの場合

離れた複数のボリュームをつなぐプランで、二世帯住宅などでよく採用される。ブリッジ型プランでは、ブリッジでつながれたそれぞれのボリュームが別々に挙動すると考え、個々に必要な壁量を確保し壁量バランスをとるのがよい。

ただし、ブリッジ端部は変形によって損傷しやすい。対策としてエキスパンションジョイントを設けることが考えられるが、小規模な建物にはなかなか採用しにくい。次善の策として、ブリッジ部分の水平構面をあえて柔らかくつくるか、または逆にブリッジの水平構面と端部の接合を強固にするなどの方法がある［図3］。以上の対策を行っても心配な場合は、構造設計者に立体解析などによって検討してもらうのがよいだろう。

15

アンカーボルトはなぜ必要なの？

「柱の引抜き力を基礎に伝える」2つのアンカーボルト

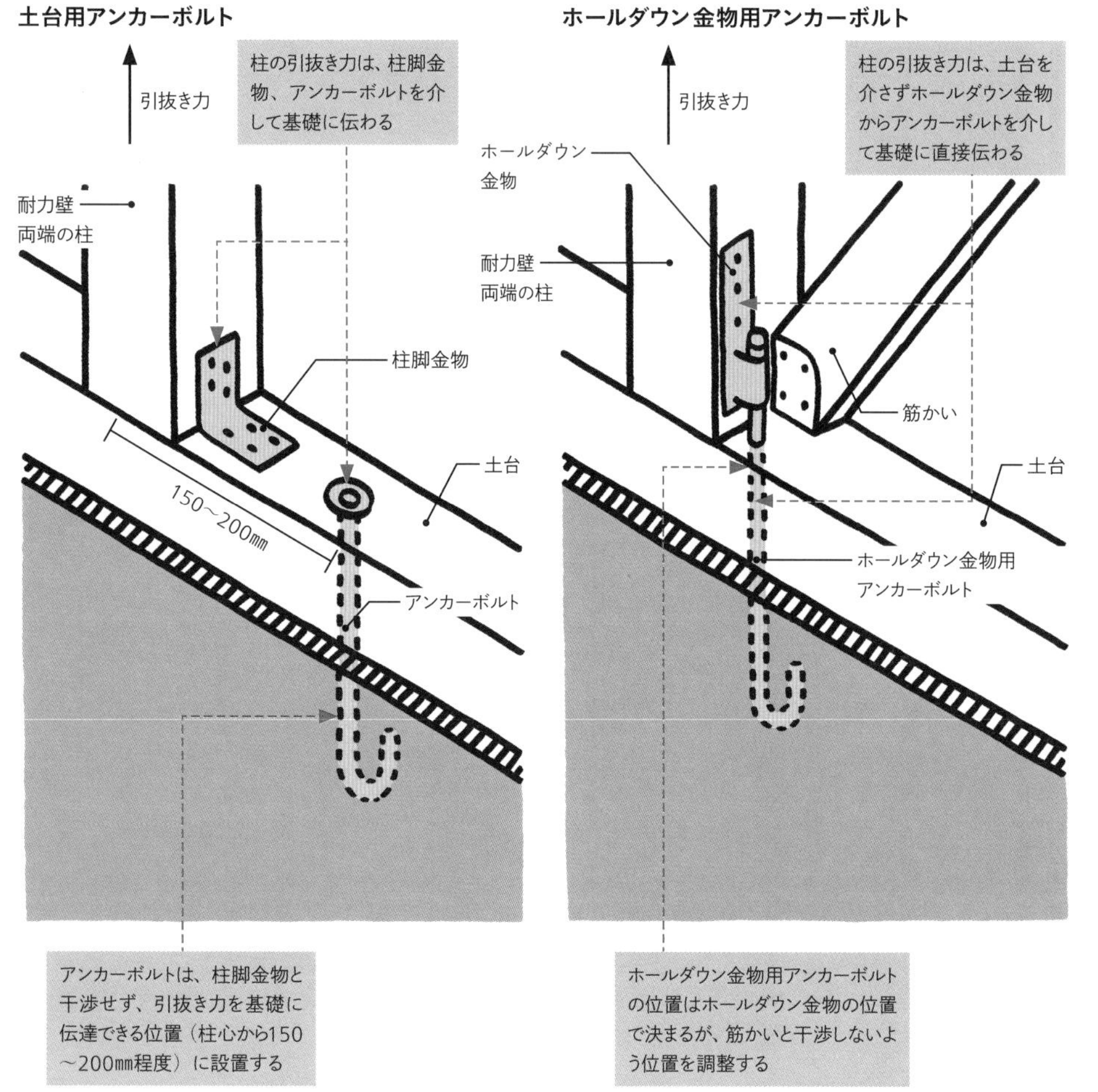
土台用アンカーボルト
引抜き力
柱の引抜き力は、柱脚金物、アンカーボルトを介して基礎に伝わる
耐力壁両端の柱
柱脚金物
土台
150～200㎜
アンカーボルト
アンカーボルトは、柱脚金物と干渉せず、引抜き力を基礎に伝達できる位置（柱心から150～200㎜程度）に設置する
ホールダウン金物用アンカーボルト
引抜き力
柱の引抜き力は、土台を介さずホールダウン金物からアンカーボルトを介して基礎に直接伝わる
ホールダウン金物
耐力壁両端の柱
筋かい
土台
ホールダウン金物用アンカーボルト
ホールダウン金物用アンカーボルトの位置はホールダウン金物の位置で決まるが、筋かいと干渉しないよう位置を調整する

アンカーボルト 4つの役割と設置方法

木造建築用のアンカーボルト（土台用アンカーボルト）は、土台と基礎を緊結して、上部構造からの力を基礎に伝えるための金物である。ただし、土台への力のかかり方は一方向ではないため、アンカーボルトが担う役割もさまざまだ。

❶柱の引抜き力を基礎に伝える

第一の役割として、「柱の引抜き力を基礎に伝える」ことが挙げられる。地震や暴風によって耐力壁両端の柱に生じた引抜き力は、柱脚金物を介していったん土台に伝わる。このとき、土台は浮き上がろうとするが、これをアンカーボルトで押さえることで、引抜き力が基礎に伝わる仕組みだ［上図左］。この場合のアンカーボルトは、柱に近すぎると柱脚金物と干渉し、遠すぎると引抜き力が伝達されない。柱心から150～200㎜程度の範囲内に設けるとよい。

一方、より大きな引抜き力（15～20kN以上）が柱にかかる場合、前述の方法では、曲げモーメントやせん断力によって土台が折れたり破断したりしやすくなる。そこで、柱にホールダウン金物を取り付けて基礎に定着させる「ホールダウン金物用アンカーボルト」と緊結することで、柱の引抜き力を基礎に直接伝える［上図右］。ホールダウン金物の位置が決まればホールダウン金物用アンカーボルトの位置もおのずと決まることになるが、たとえば壁内に筋かいが入る場合はこれと干渉しないよう、ホールダウン金物用アンカーボルトは土台の中心からずらした位置に設置する必要がある。

❷耐力壁からの水平力を基礎に伝える

在来軸組構法では、耐力壁が負担した水平力は主に耐力壁直下の土台に伝わる。このとき、アンカーボルトにはせん断力が生じ、耐力壁からの水平力を基礎に伝える役割を担う［※・図1左］。土台継手（腰掛け鎌継ぎ）がある場合、風下側のアンカーボルトには、継手に十分な圧縮耐力があるため圧縮軸力をできるが、風上側のアンカーボルトには継手の引張耐力が小さいため引張軸力が伝わりにくい。おおむね直下の土台とアンカーボルトのみでも十

アンカーボルトの役割と設置方法

図1｜耐力壁からの水平力を基礎に伝える

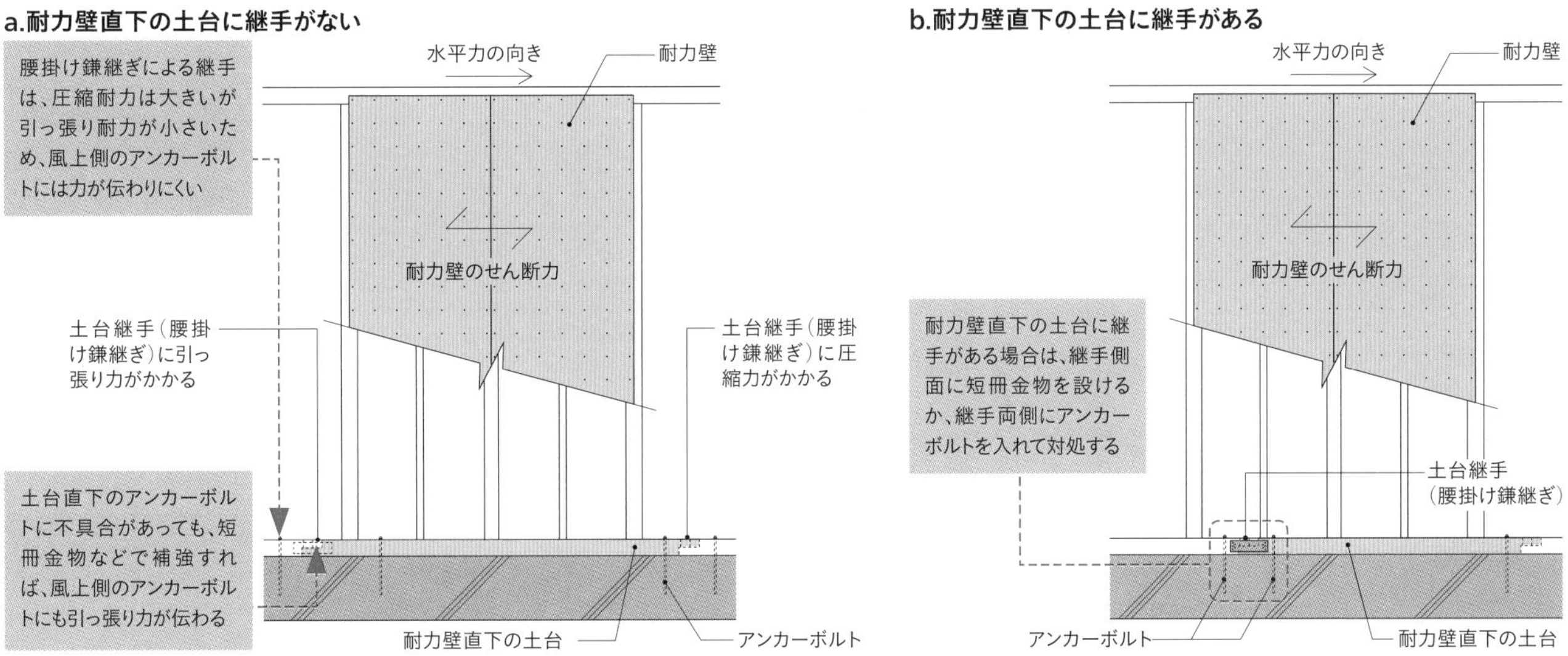
a.耐力壁直下の土台に継手がない
腰掛け鎌継ぎによる継手は、圧縮耐力は大きいが引っ張り耐力が小さいため、風上側のアンカーボルトには力が伝わりにくい
水平力の向き
耐力壁
耐力壁のせん断力
土台継手（腰掛け鎌継ぎ）に引っ張り力がかかる
土台継手（腰掛け鎌継ぎ）に圧縮力がかかる
土台直下のアンカーボルトに不具合があっても、短冊金物などで補強すれば、風上側のアンカーボルトにも引っ張り力が伝わる
耐力壁直下の土台
アンカーボルト
b.耐力壁直下の土台に継手がある
水平力の向き
耐力壁
耐力壁のせん断力
耐力壁直下の土台に継手がある場合は、継手側面に短冊金物を設けるか、継手両側にアンカーボルトを入れて対処する
土台継手（腰掛け鎌継ぎ）
アンカーボルト
耐力壁直下の土台

アンカーボルトの位置は、耐力壁直下の土台両端付近が理想。アンカーボルトに不具合があった場合［160頁］などは、土台継手を補強することで風上側のアンカーボルトにも力を伝えられる

耐力壁直下の土台に継手を設けなければならない場合は、継手の男木《おぎ》側と女木《めぎ》側付近の両端にアンカーボルトを入れるか、継手の側面を短冊金物で補強することが望ましい

図2｜材軸直交方向の水平力を基礎に伝える

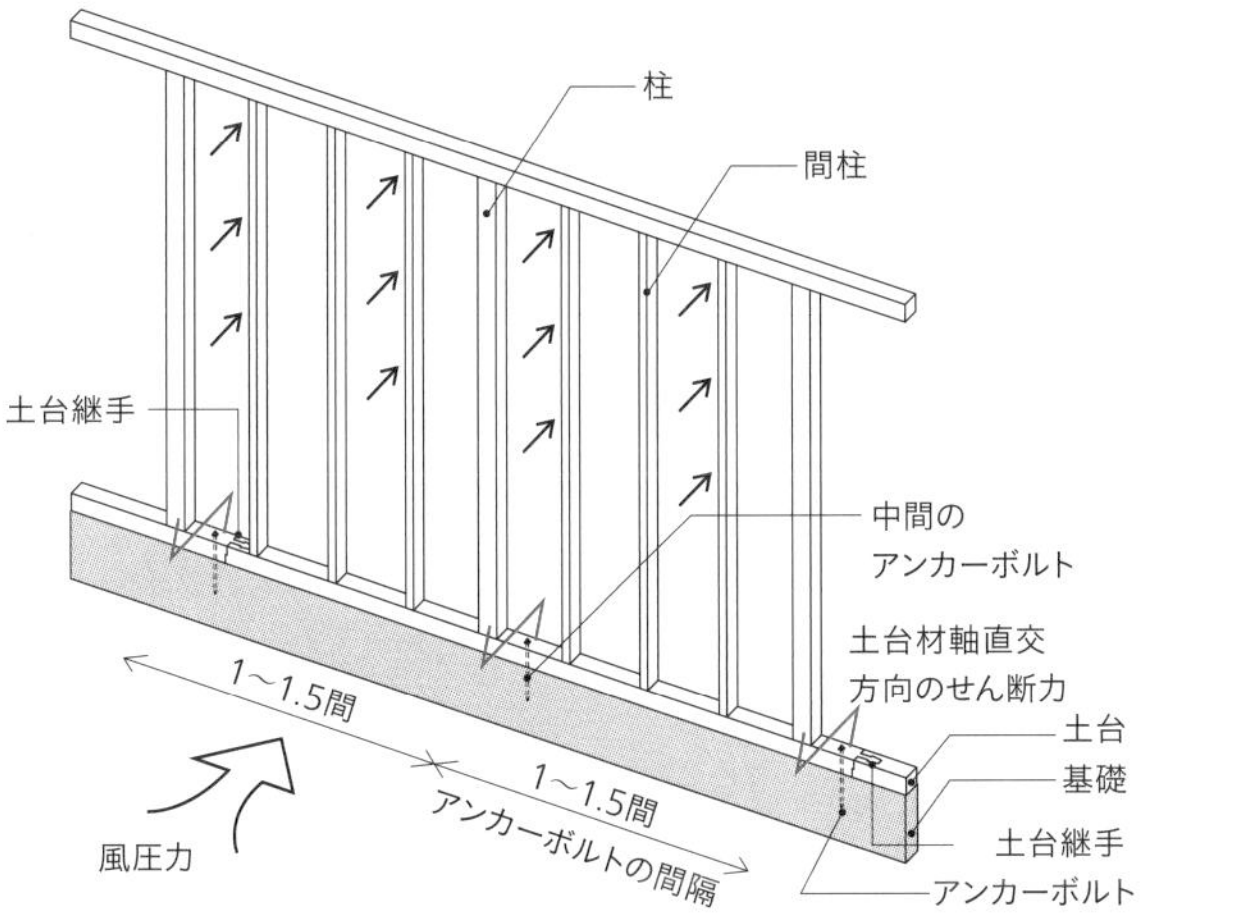
柱
間柱
土台継手
中間のアンカーボルト
土台材軸直交方向のせん断力
土台
基礎
土台継手
アンカーボルト
1～1.5間
1～1.5間
アンカーボルトの間隔
風圧力

外壁に作用した風圧力を基礎に伝えるためにもアンカーボルトが必要となる。この場合のアンカーボルトは1～1.5間の間隔で配置し、せん断力を均等に負担できるようにする

図3｜土台の位置を保持する

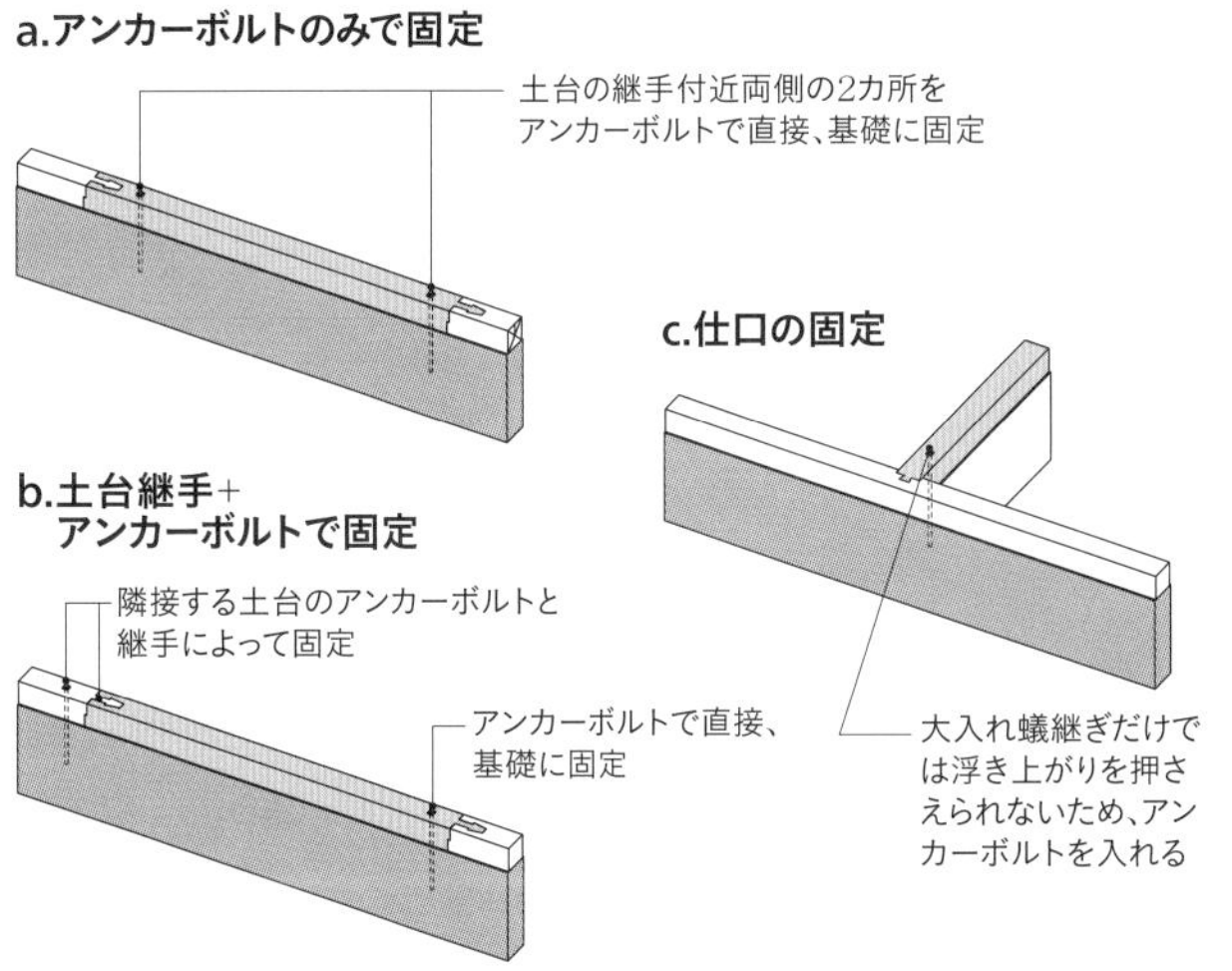
a.アンカーボルトのみで固定
土台の継手付近両側の2カ所をアンカーボルトで直接、基礎に固定
b.土台継手+アンカーボルトで固定
隣接する土台のアンカーボルトと継手によって固定
アンカーボルトで直接、基礎に固定
c.仕口の固定
大入れ蟻継ぎだけでは浮き上がりを押さえられないため、アンカーボルトを入れる

土台はa・bのいずれかの方法で固定する。cのように、直交する土台の仕口にも、土台の浮き上がりを押さえるためにアンカーボルトが必要

分に基礎に力を伝達できるが、風上側のアンカーボルトにも力を伝えたい場合は、継手を短冊金物で補強する。また、壁直下の土台に継手がくる場合も補強したい［図1b］。

❸材軸直交方向の風圧力を基礎に伝える

外壁に生じる面外方向の風圧力は、柱や間柱から土台に伝わる。このときアンカーボルトには、土台の軸に直交する方向のせん断力が生じ、水平力を基礎に伝える役割を担う。この場合のアンカーボルトの設置位置は、土台が直交方向に動かないよう、土台の継手付近両側とその中間に約1間～1間半間隔で設置するのが理想的だ［図2］。

❹土台の位置を保持する

アンカーボルトは、土台のずれや浮き上がりを抑え、位置を保持する役割ももつ。2カ所以上をアンカーボルトで基礎に直接緊結できない場合は、土台材端の女木《めぎ》を、アンカーボルトで基礎に緊結された男木《おぎ》が押さえていればよい［図3］。

ここまで土台の材軸方向のアンカーボルト設置位置について解説したが、土台の幅方向の設置位置は、土台の縁あき寸法が十分確保できるよう、どの場合でもできるだけ土台心に近い方がよい。

※ 水平力を負担する際に耐力壁が回転することで、力の風下側の柱が圧縮柱となるが、これによって発現し得る摩擦力である程度伝達できるとする考え方もある

16 アンカーボルトがずれてしまったらどうする？

こんなアンカーボルトは修正が必要

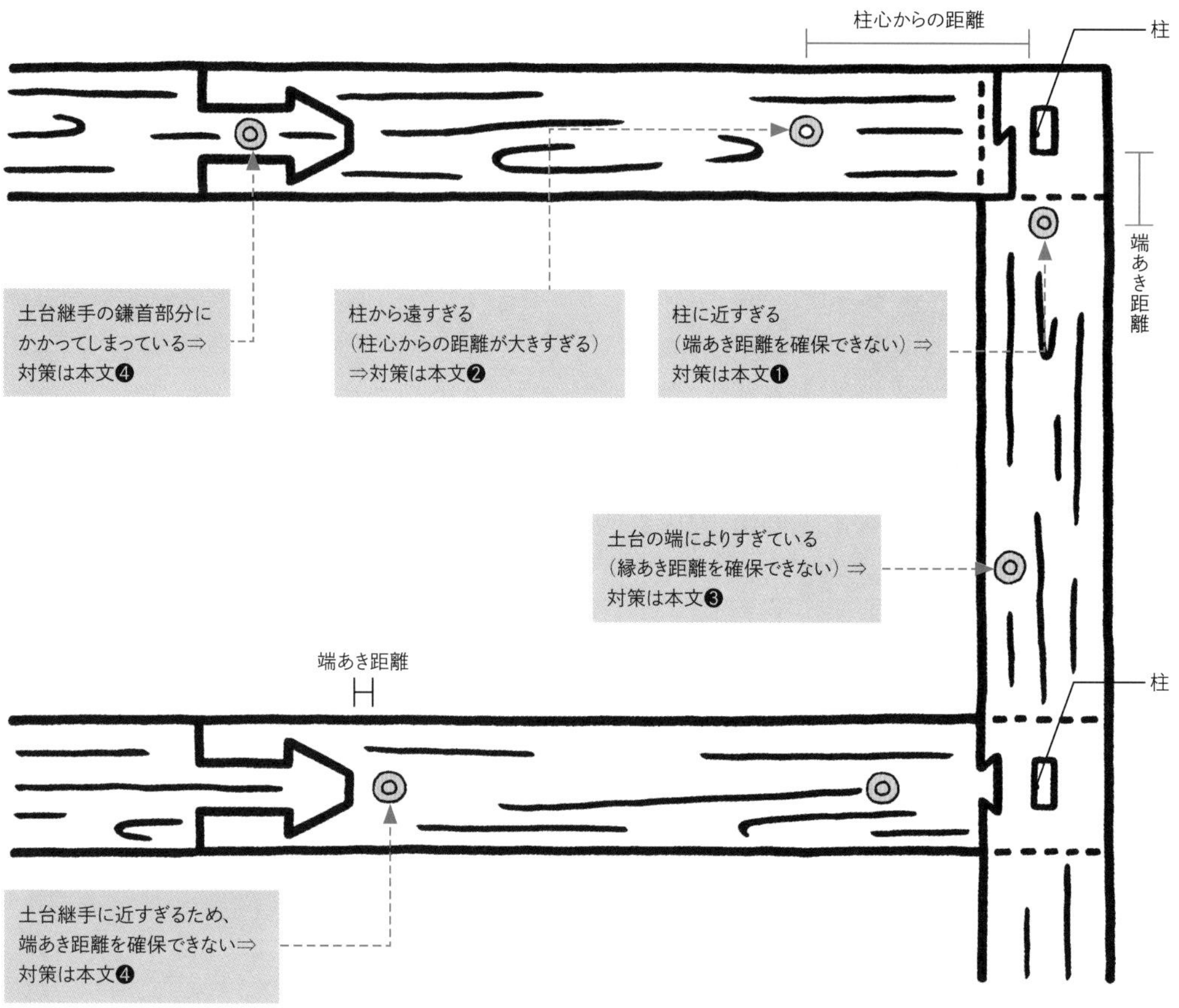
柱心からの距離
柱
端あき距離
土台継手の鎌首部分にかかってしまっている⇒対策は本文❹
柱から遠すぎる（柱心からの距離が大きすぎる）⇒対策は本文❷
柱に近すぎる（端あき距離を確保できない）⇒対策は本文❶
土台の端によりすぎている（縁あき距離を確保できない）⇒対策は本文❸
端あき距離
柱
土台継手に近すぎるため、端あき距離を確保できない⇒対策は本文❹

アンカーボルトのずれは構造にどう影響するのか

アンカーボルトは基礎立上りコンクリート打設前に設置される。施工は一発勝負であり、設置個所の確認と精度の確保には設計者も施工者も非常に気を使う。しかし十分に注意していても、コンクリート打設時の衝撃や位置出しの誤差などによって正しい位置からずれてしまう可能性はゼロではない［上図］。そこで、アンカーボルトが正規の位置からずれてしまった場合にどのような問題が起こりうるのか、そして現場ではどのように対処すればよいのかを、ケースごとに紹介する。

❶柱に近すぎる場合

アンカーボルトが柱に近すぎる場合の問題は、柱のホゾ穴やホールダウン金物用アンカーボルトからの端あき距離が確保できなくなることである。特に、アンカーボルトに「耐力壁からの水平力を基礎に伝える役割」［158～159頁］をもたせている場合は、アンカーボルトによって土台がせん断破壊しやすくなる。

柱とアンカーボルトの端あき距離は、おおよそアンカーボルト径の7倍以上（M12ボルトの場合、12×7＝84㎜以上）は確保したい。それが難しい場合、ほかのアンカーボルトで本数が足りているならそのままにするか切断すればよい［表1］。柱ホゾにかかるくらいまで近づいてしまった場合は、そのアンカーボルトは撤去したうえで、より遠くのアンカーボルトにせん断力が伝わるように対処する［159頁図1］。それも難しい場合は、柱から離れた位置にボルトを追加し、フラットバーなどで一体にし、せん断力を分散させる方法もある［図1］。

❷柱から遠すぎる場合

アンカーボルトに「柱の引抜き力を基礎に伝える役割」［159頁］をもたせている場合、柱から離れすぎると土台に生じる曲げモーメントが大きくなり、土台が曲げ破壊しやすくなる（ホールダウン金物がある場合は問題ない）。

柱面からアンカーボルトまでの距離の目安は表2のとおりだが、これ以上離れてしまった場合は、図2または図3の方法で対処しよう。

柱に近づきすぎた場合

表1｜アンカーボルトでカバーできる壁量

アンカーボルトM12の本数（耐力壁直下の土台内）		1	2	3	4	5
カバーできる壁量（cm）	ヒバ、ヒノキ、広葉樹など	～445	～890	～1,335	～1,780	～2,224
	ベイツガ、スギなど	～390	～781	～1,171	～1,561	～1,952

耐力壁直下の土台内にあるアンカーボルトの本数と、土台の樹種ごとにカバーできる壁量をまとめている。上表と照らし合わせてアンカーボルトの本数が足りていれば、不具合のあったアンカーボルトはそのままにするか、切断すればよい［※1］

図1｜ボルトとフラットバーで力を迂回させる

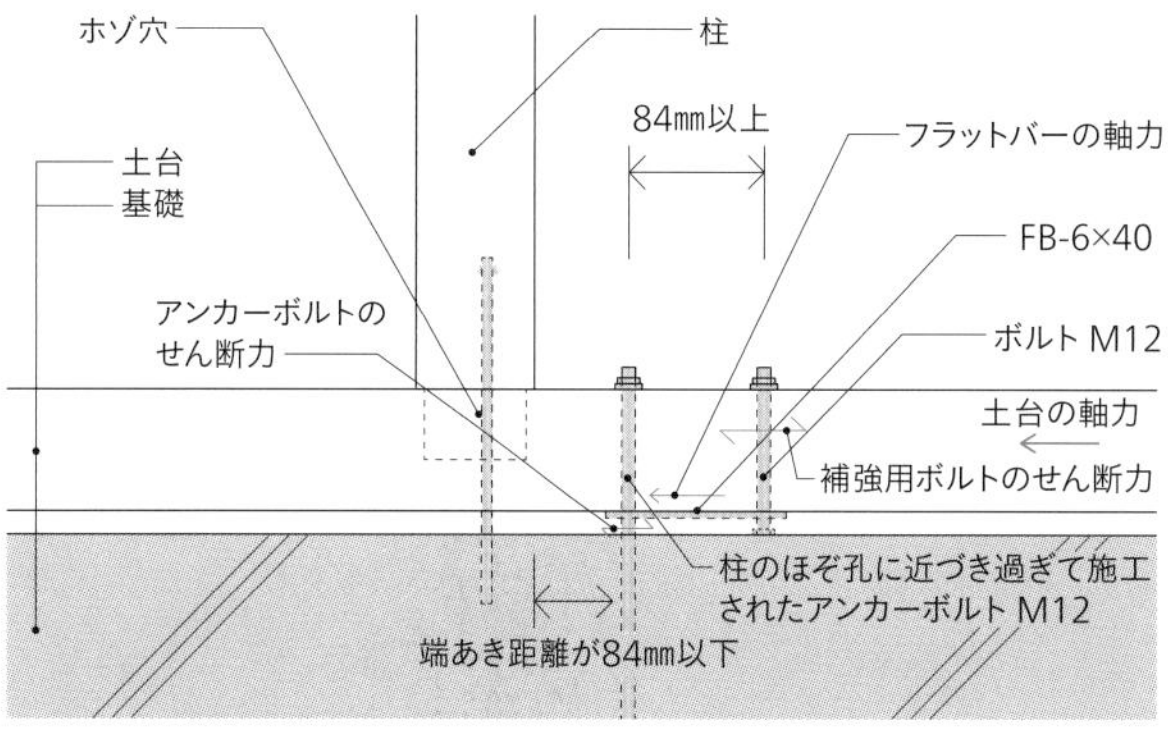

ホゾ穴から離れた位置に入れた補強用のボルトを入れ、フラットバーでアンカーボルトと連結する。これにより、アンカーボルトと土台の間で力のやり取りがなくても、基礎にせん断力が伝わるようになる

柱から遠すぎる場合

表2｜アンカーボルトはどこまで離れて大丈夫？

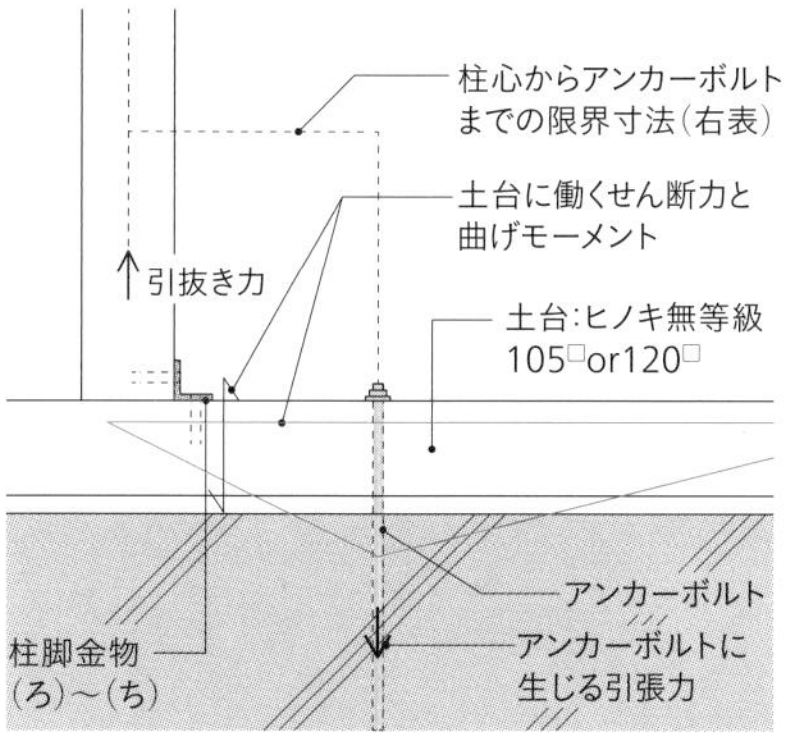

柱心からアンカーボルトまでの端あき距離（限界寸法）

金物の告示符号		い	ろ	は	に	ほ	へ	と	ち
金物の許容耐力(kN)		0.0	3.4	5.1	7.5	8.5	10.0	15.0	20.0
柱心からアンカーボルトまでの端あき距離（mm）	土台：105□	—	1,010	673	458	404	343	229	172
	土台：120□	—	1,508	1,005	684	603	513	342	256

柱金物の告示記号（ろ）～（ち）の金物耐力相当の引抜き力が土台（ヒノキ無等級材）に加わった場合の、アンカーボルトと柱心の限界距離を検討し、表にまとめた。この表はあくまで土台が壊れない限界の寸法であり、アンカーボルトや金物が所定の性能を発現するには引抜き防止用アンカーボルトが柱心から150～200mm程度の距離にあることが望ましい

図2｜柱脚金物を移動させる

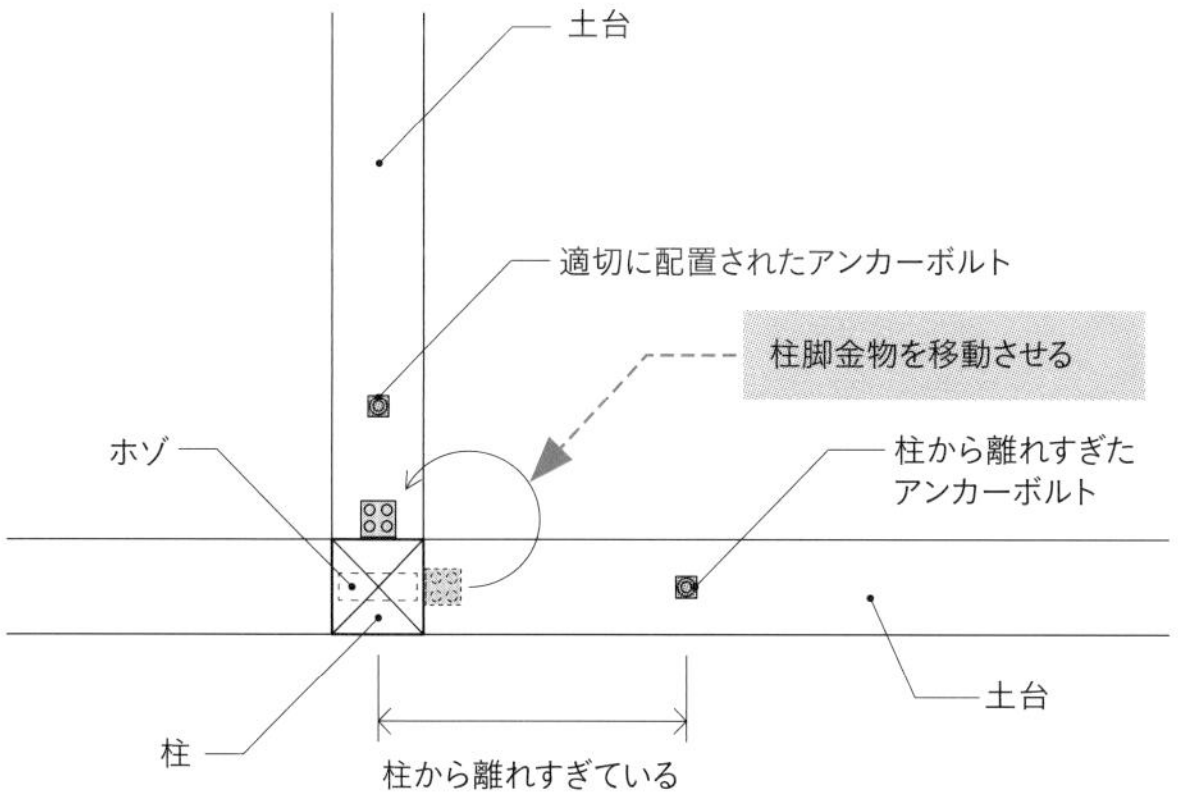

反対側や直交する土台に適切に配置されたアンカーボルトがある場合は、柱脚金物を移動することで柱の引抜き力の流れを変えることができる

図3｜土台を重ねて補強する

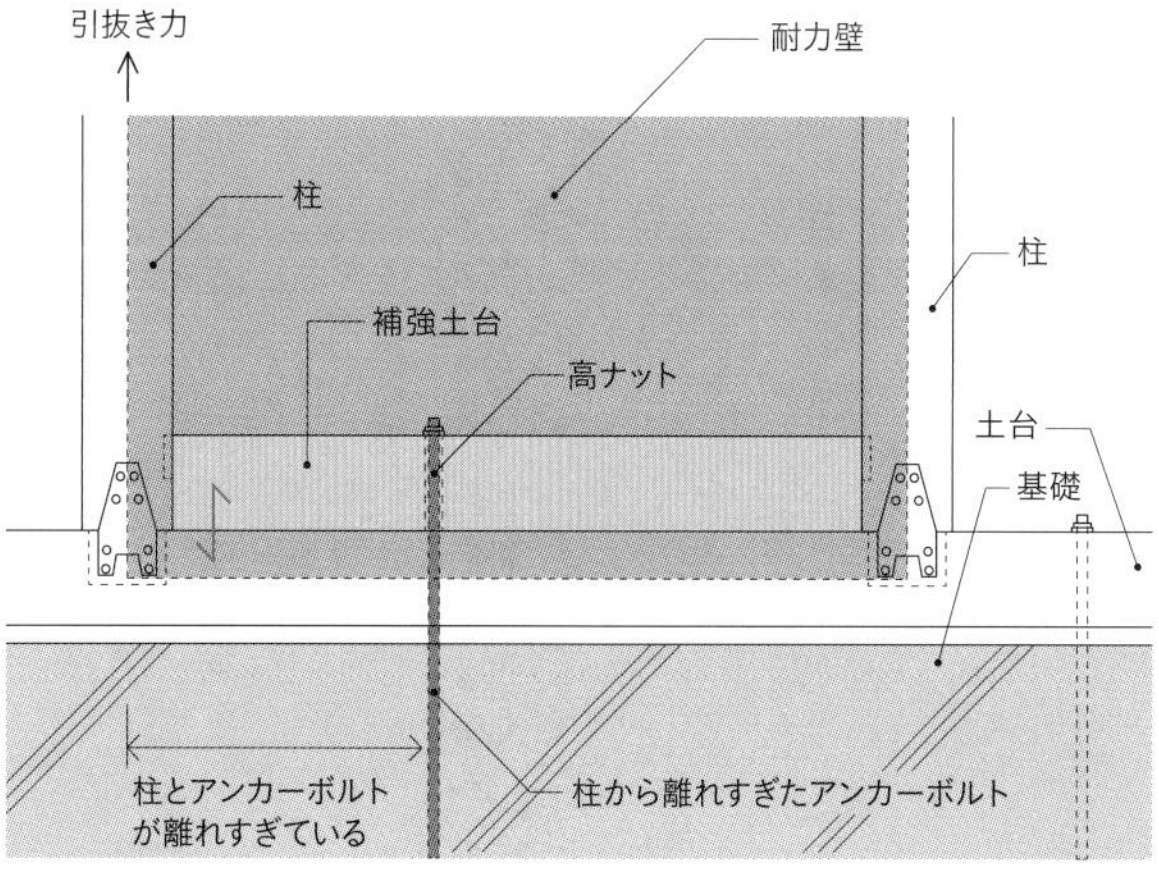

図2の方法で対処できない場合は、アンカーボルトを高ナットで延長し、土台を重ねることで曲げモーメントに対して強くする

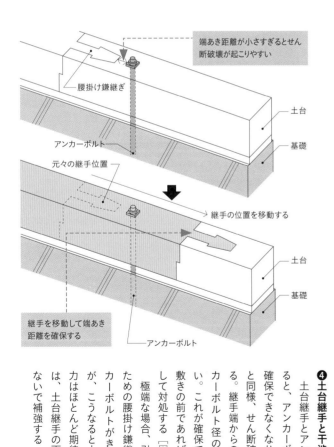

縁あき距離が確保できない場合

表4｜ボルトを追加し、フラットバーでつなげて補強する

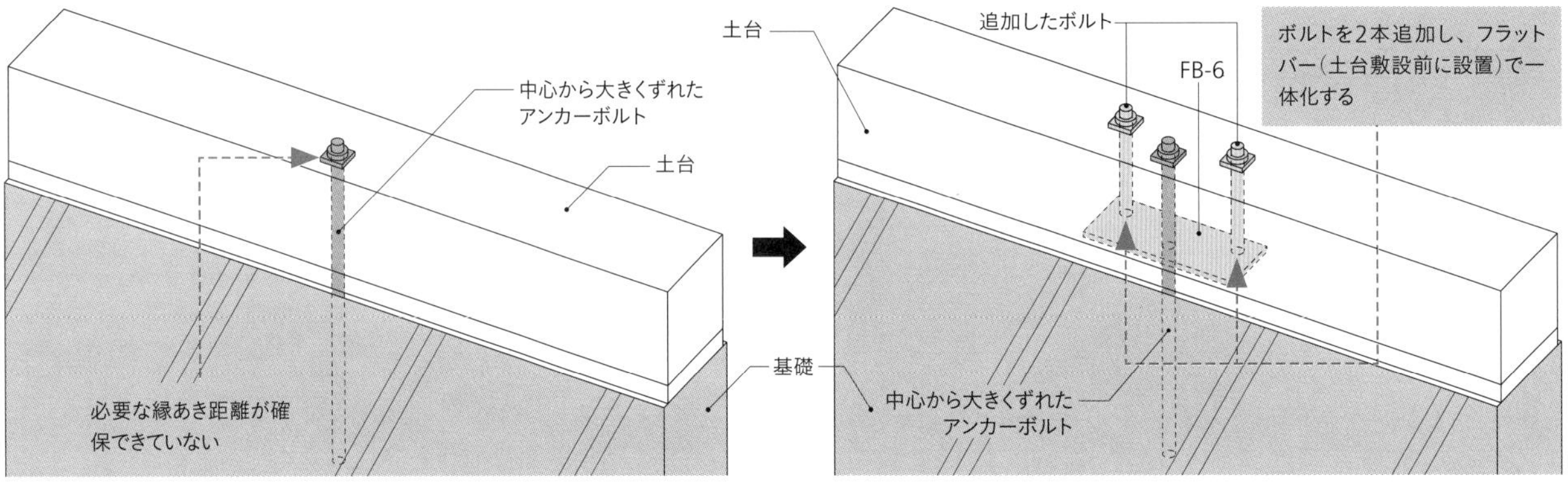
中心から大きくずれたアンカーボルト
土台
必要な縁あき距離が確保できていない
基礎
土台
追加したボルト
FB-6
ボルトを2本追加し、フラットバー（土台敷設前に設置）で一体化する
中心から大きくずれたアンカーボルト

土台継手に近すぎるor干渉する場合

図5｜継手位置を移動する

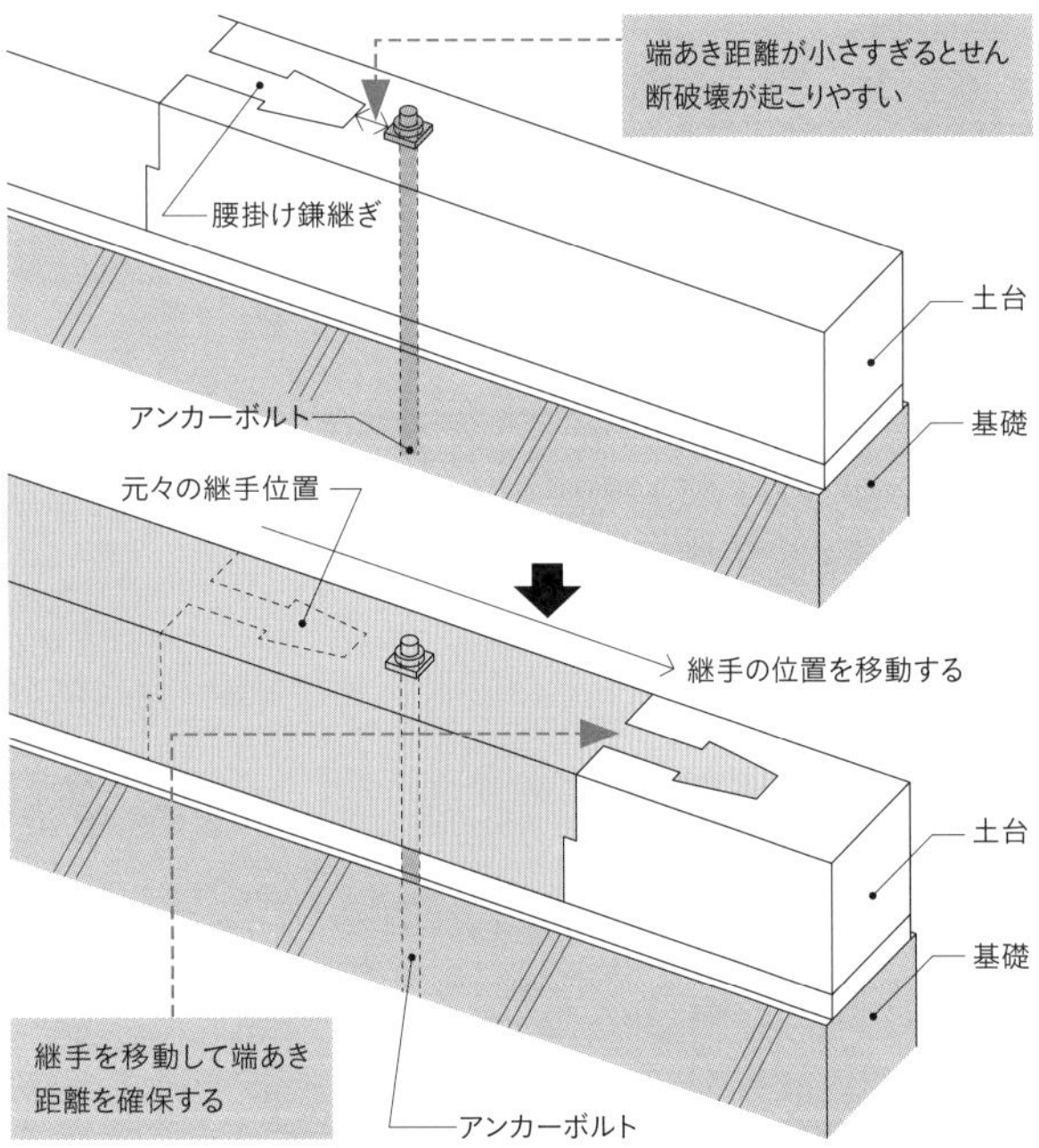
端あき距離が小さすぎるとせん断破壊が起こりやすい
腰掛け鎌継ぎ
土台
アンカーボルト
基礎
元々の継手位置
継手の位置を移動する
土台
基礎
継手を移動して端あき距離を確保する
アンカーボルト

図6｜短冊金物で補強する

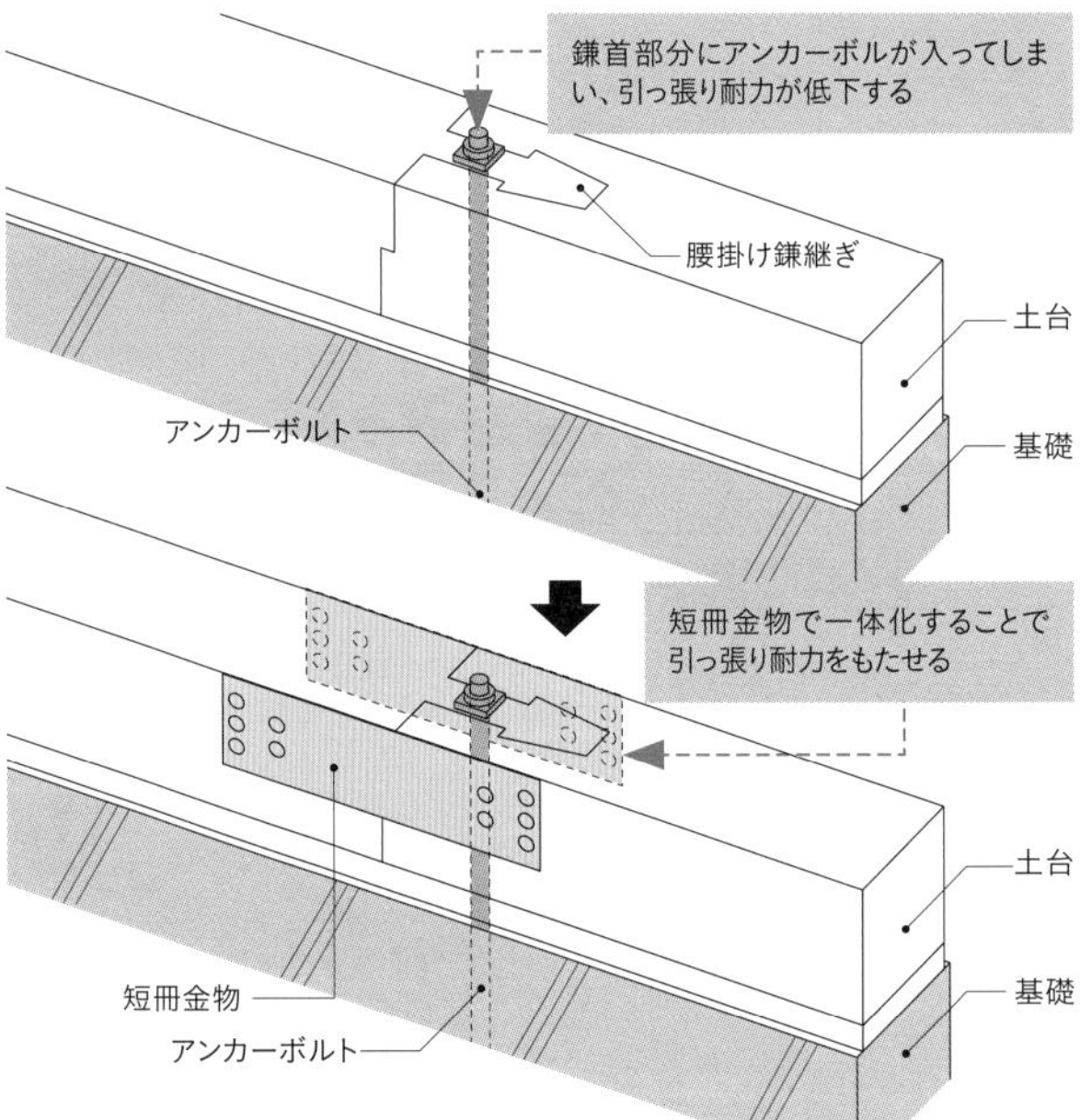
鎌首部分にアンカーボルが入ってしまい、引っ張り耐力が低下する
腰掛け鎌継ぎ
土台
アンカーボルト
基礎
短冊金物で一体化することで引っ張り耐力をもたせる
土台
短冊金物
基礎
アンカーボルト

❸縁あき距離が確保できない場合

ボルトの縁あき距離の最小値は、ボルト径の1.5倍（M12ボルトの場合、12×1.5＝18㎜）だが、座金にはφ45㎜か40㎜角が使われるので、20～22.5㎜以上は確保したい。これが確保できない場合、地震や暴風雨時に縁あき部分が割裂破壊しやすくなる。

縁あき距離が確保できなかった場合の対処法には、柱に近づきすぎた場合［161頁］と同じ考え方が適用できるが、まずはほかのアンカーボルトで代用することを検討したい。これが難しい場合は、縁あき距離が確保できる位置に新たにボルトを入れ、土台下面にフラットバーを設ける方法もある［図4］。

❹土台継手と干渉する場合

土台継手とアンカーボルトが近すぎると、アンカーボルトの端あき距離が確保できなくなり、柱に近すぎる場合と同様、せん断破壊が起こりやすくなる。継手端からの端あき距離は、アンカーボルト径の7倍以上は確保したい。これが確保できない場合は、土台敷きの前であれば、継手の位置を変更して対処する［図5］。

極端な場合、引抜き耐力を担保するための腰掛け鎌継ぎの鎌首部分にアンカーボルトがきてしまうこともあるが、こうなると土台継手の引っ張り耐力はほとんど期待できない。この場合は、土台継手の両側面を短冊金物でつないで補強する［図6］。

ホールダウン金物用アンカーボルトがずれてしまった場合

図7｜位置調整金物を使う

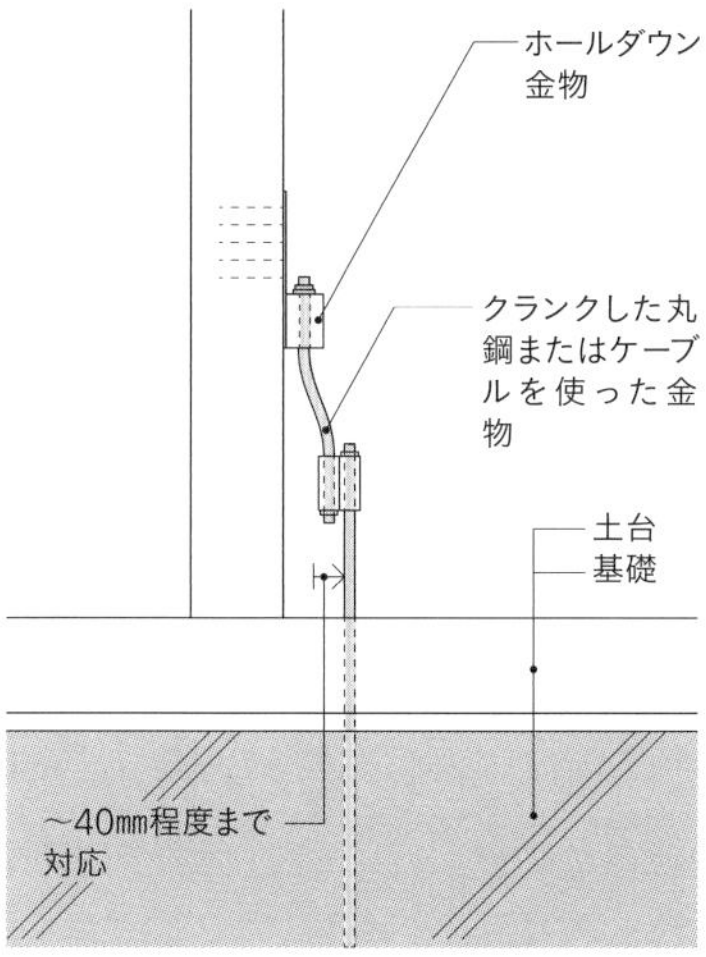
ホールダウン金物
クランクした丸鋼またはケーブルを使った金物
土台
基礎
～40㎜程度まで対応

ホールダウン金物用アンカーボルトのずれを調整できるよう、クランクした丸鋼やケーブルを用いた金物製品［※2］を使用する

図8｜枠材用ホールダウン金物を使う

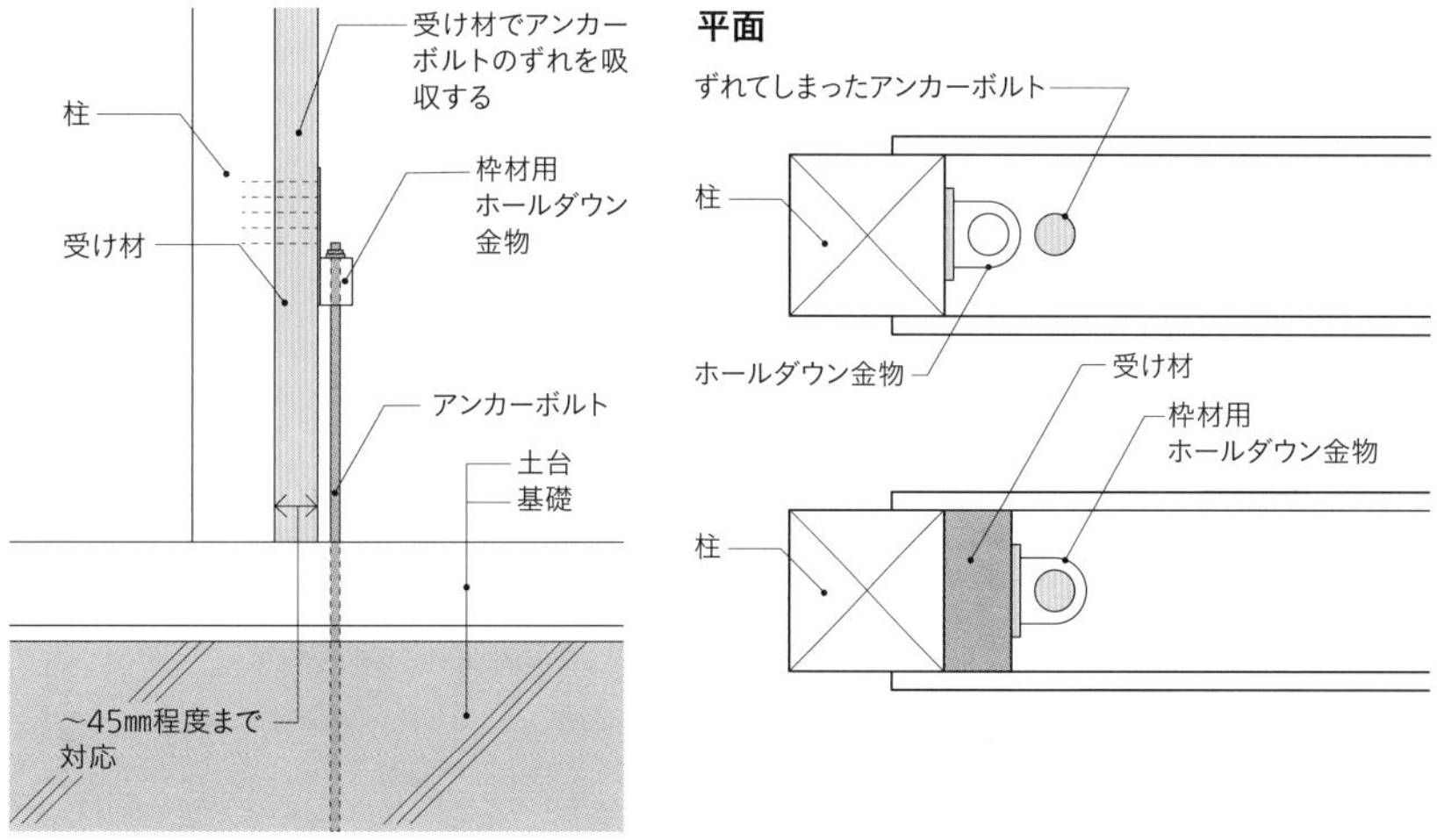
受け材でアンカーボルトのずれを吸収する
柱
受け材
枠材用ホールダウン金物
アンカーボルト
土台
基礎
～45㎜程度まで対応
平面
ずれてしまったアンカーボルト
柱
ホールダウン金物
受け材
枠材用ホールダウン金物
柱

柱から離れる方向にずれた場合、柱に受け材を取り付け、これに専用のホールダウン金物を取り付ける方法。最大45㎜まで調整可能。受け材は真壁仕様の耐力面材を張るためのものと同様である

図9｜高強度の柱脚金物を使う

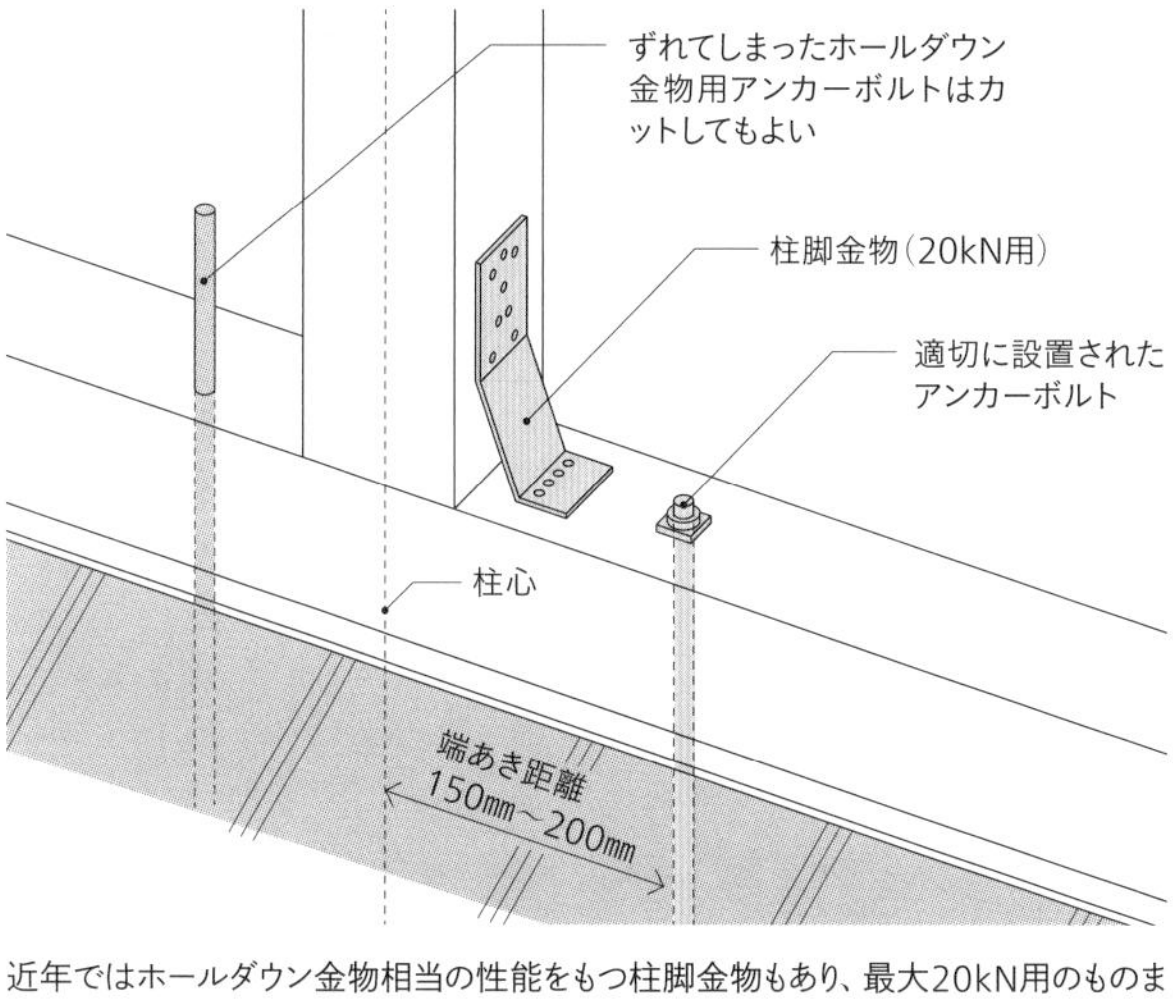
ずれてしまったホールダウン金物用アンカーボルトはカットしてもよい
柱脚金物（20kN用）
適切に設置されたアンカーボルト
柱心
端あき距離 150㎜～200㎜

近年ではホールダウン金物相当の性能をもつ柱脚金物もあり、最大20kN用のものまで市販されている。この金物を使う場合は、土台用アンカーボルトが柱近くの適切な位置にあるかなど、使用条件に合うことをメーカーに確認する必要がある

図10｜柱を追加する

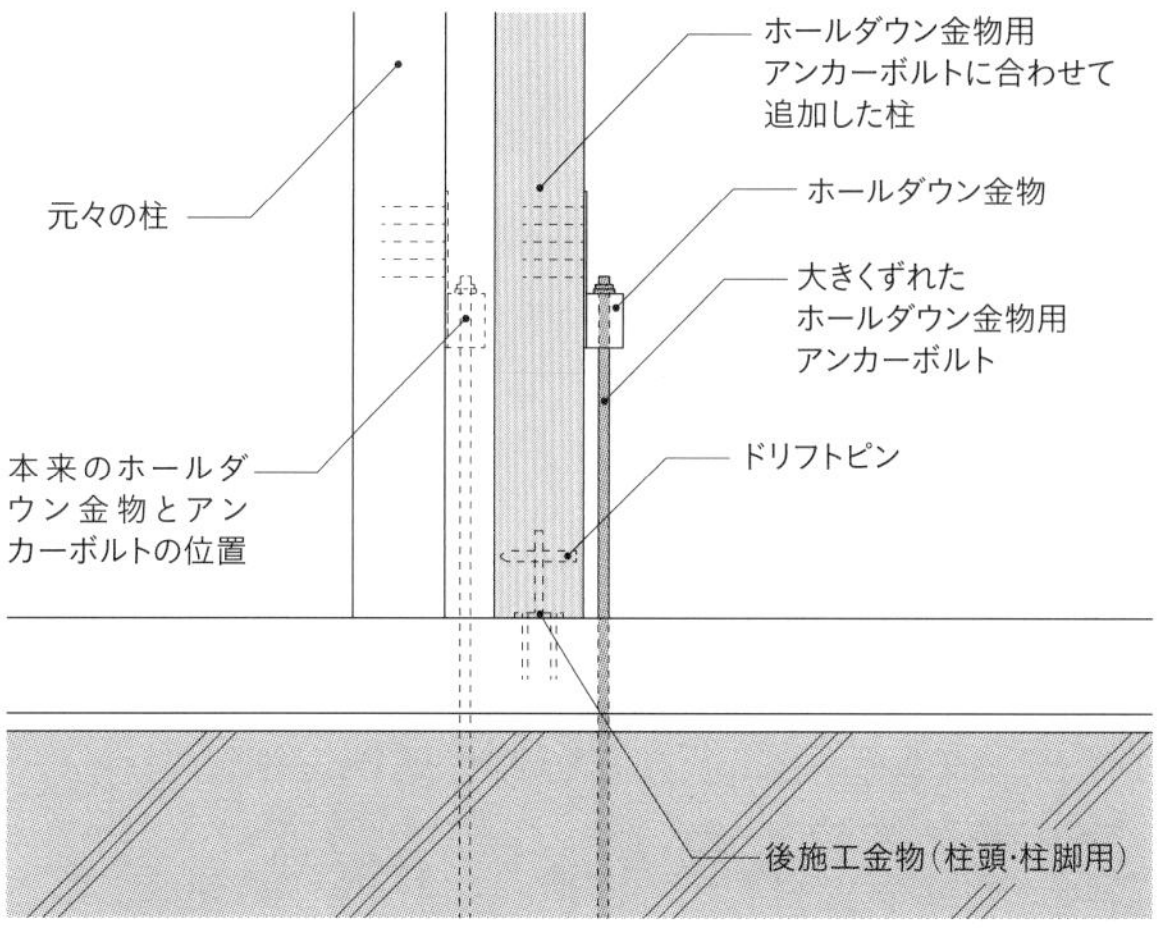
ホールダウン金物用アンカーボルトに合わせて追加した柱
元々の柱
ホールダウン金物
大きくずれたホールダウン金物用アンカーボルト
本来のホールダウン金物とアンカーボルトの位置
ドリフトピン
後施工金物（柱頭・柱脚用）

ずれてしまったホールダウン金物用アンカーボルトの位置に合わせて柱を追加し、これに耐力壁とホールダウン金物を取り付ける。耐力壁の壁長が若干短く（または長く）なるので、壁量に問題ないかなどのチェックや、上階の金物などとの取合いの検討が必要となる

❺ホールダウン金物用アンカーボルトがずれてしまった場合

ホールダウン金物用アンカーボルトの位置が大きくずれると、柱に取り付けたホールダウン金物とアンカーボルトが正しく接続できず、所定の性能を発揮できなくなる。これらの不具合が生じた場合の対処法として、図7〜10がある。図7はアンカーボルトのずれを想定して開発された位置調整金物を使う方法だ。土台軸方向だけでなく、直交方向のずれにも対応する。図8は、真壁仕様の面材耐力壁を受けるための受け材と、専用のホールダウン金物を利用したパターンだ。図9は、検討対象となる柱のそばに適切に配置されたアンカーボルトがある場合、これを利用して高耐力の柱脚金物で代用する方法、図10はホールダウン金物用アンカーボルトに合わせて柱を追加する方法だ。

このほかにも最終手段として、耐力壁の仕様を壁倍率の低いものに変更し、必要な金物性能を小さくする方法もある。ただし壁量が少なくなることがあるので、ほかの部分で壁量が満たすかどうかや、申請機関との調整が必要である。

※2 「くるピタ」（エイム）、「耐震Jケーブル」（カネシン）などの製品がある。この他にもアンカーボルトを高ナットで延長して、アンカーボルトを緩やかに柱に近づける方法もある

17 吹抜けがあると構造上どんな問題が起こるの？

吹抜けで床がなくなるとどうなる？

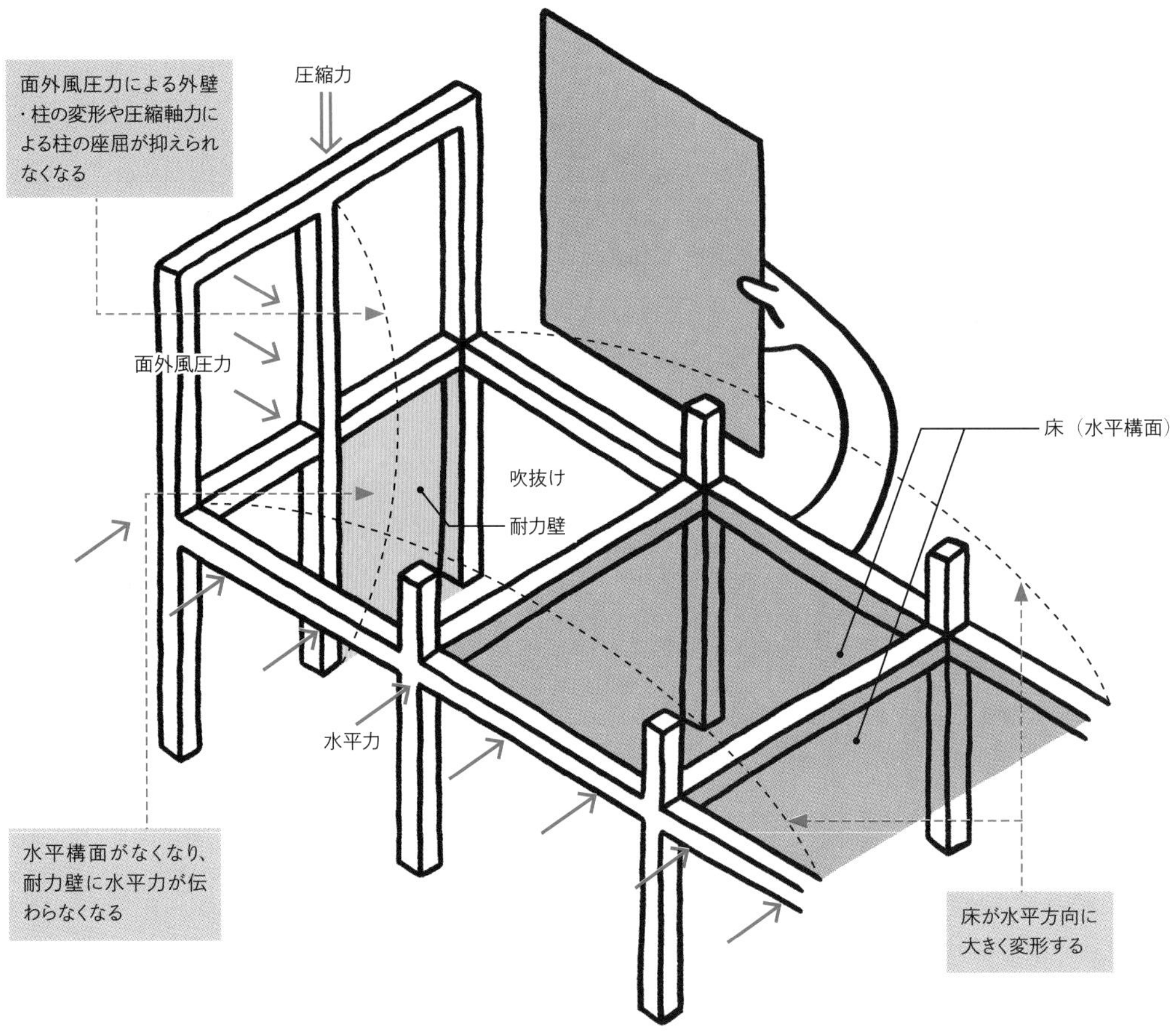

面外風圧力による外壁・柱の変形や圧縮軸力による柱の座屈が抑えられなくなる
圧縮力
面外風圧力
吹抜け
耐力壁
床（水平構面）
水平力
水平構面がなくなり、耐力壁に水平力が伝わらなくなる
床が水平方向に大きく変形する

吹抜けがあることで生じる2つの問題

吹抜けは、上下階につながりをもたせたり、空間の開放性を高めたりするために有効な手法だが、構造への影響が生じやすい点には注意が必要だ。具体的には次の2つがある。

❶耐力壁に力が伝わらない

吹抜けがもたらす構造上の問題とは、床の一部がなくなることである。床は物や人の荷重を支えることに加え、地震や風によって生じた水平力を耐力壁に伝える役割も担っているからだ。床があることで、水平力は特定の耐力壁に集中することなく、各耐力壁に分散される。だが、吹抜けを設けるとこの仕組みは働かなくなる。そこで、床の役割を補完できるような補強方法を検討する必要が生じるのである。

主な方法として、キャットウォークを設ける［図1a］、火打ち梁を入れる［図1b］、吹抜けと床の境界付近の上下に耐力壁を設ける［図1c］、などが挙げられる。これらのうち、aとbは吹抜け部分の水平構面を確保して耐力壁まで力を伝えるという考え方、cは吹抜けを経由せず、水平力を直上または直下の階に流すという考え方だ。水平力を上階に流す場合は、屋根面を通じて同一階の別の通りの耐力壁まで水平力を伝達させる必要がある［172～173頁］。

なお、床が不連続となるスキップフロアでも吹抜けと同様の問題が生じる。ただしスキップフロアでは、スキップする床と床の間に面材やブレースなどの鉛直構面を設けて床どうしをつなげることで水平構面を連続させ、不連続な状態を解消することができる。

❷外壁の変形や柱の座屈が起こりやすくなる

水平力を耐力壁に伝える役割のほか、床はさらに、大きな風圧力が水平力として外壁に加わった際、外壁が面外方向に変形しようとするのを抑える役割ももつ。また、通し柱や上下階の管柱に圧縮力がかかった場合に座屈を防止する役割もある。吹抜けによって失われたこれらの機能を補完するには、なくなった床の代わりに何かで外壁を押さえるか、外壁自体の性能を高めて、面外に変形しないようなものに

耐力壁に力を伝える補強方法

図1｜a. キャットウォークを設ける

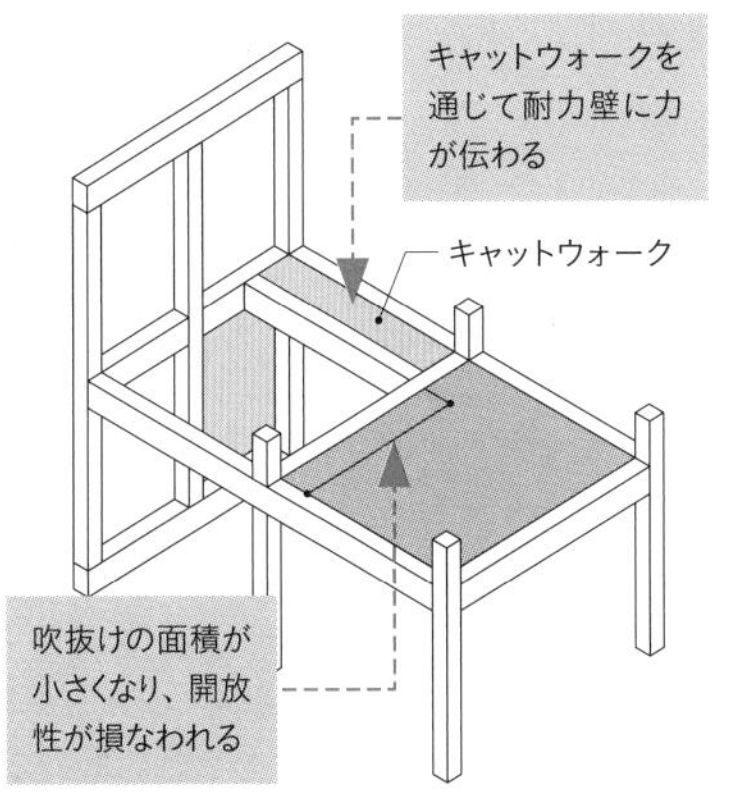

キャットウォークを通じて耐力壁に力が伝わる
キャットウォーク
吹抜けの面積が小さくなり、開放性が損なわれる

吹抜けの一部にキャットウォークを設け、水平力を耐力壁に直接伝える。施工が容易なため手軽な方法だが、吹抜けが小さくなり、開放性は減少する

図1｜b. 火打ち梁を入れる

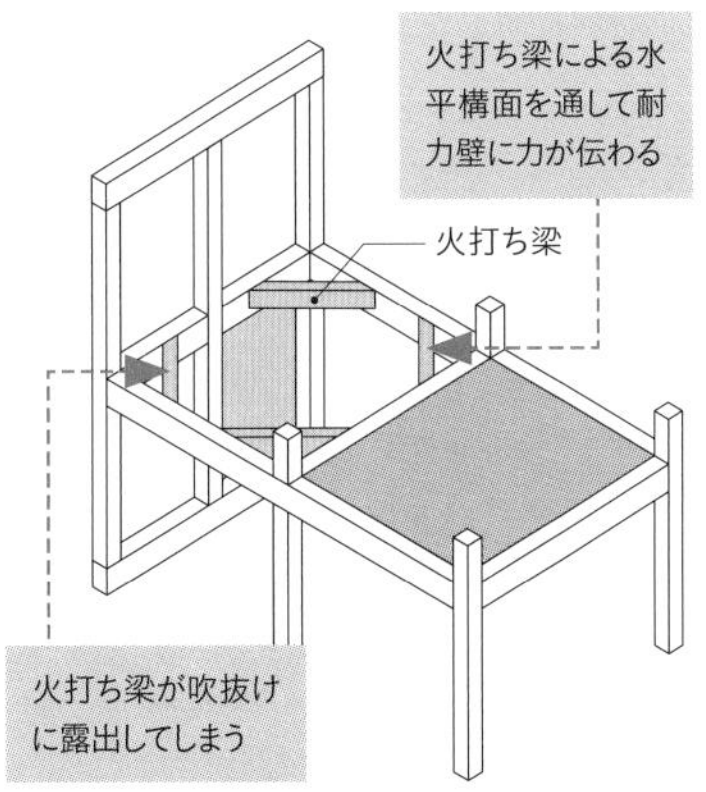

火打ち梁による水平構面を通して耐力壁に力が伝わる
火打ち梁
火打ち梁が吹抜けに露出してしまう

吹抜けに火打ち梁や水平ブレースを設けて水平構面をつくり、力を耐力壁に直接伝える。ローコストな方法だが、吹抜けの開放性が損なわれる

図1｜c. 境界付近に耐力壁を入れる

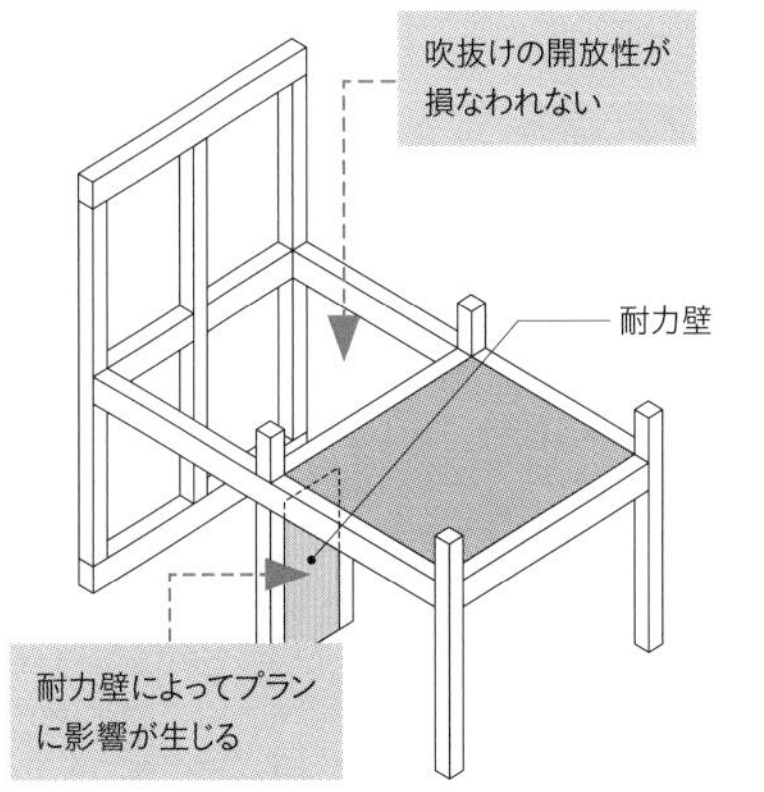

吹抜けの開放性が損なわれない
耐力壁
耐力壁によってプランに影響が生じる

吹抜けと床の境界部の下階または上階に耐力壁を設け、水平力を伝達する。施工しやすく吹抜けの開放感を損なうこともないが、平面計画への影響は避けられない

外壁の変形や柱の座屈を抑える方法

図2｜a. つなぎ梁を入れる

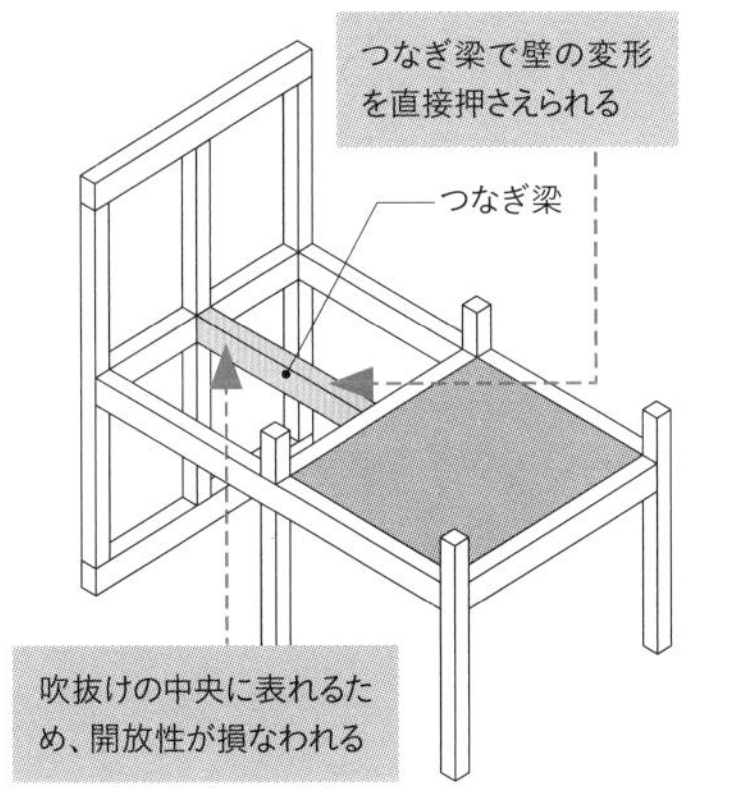

つなぎ梁で壁の変形を直接押さえられる
つなぎ梁
吹抜けの中央に表れるため、開放性が損なわれる

外壁面の柱と内部床を梁でつなぐことで、外壁の変形と座屈を抑える。施工も容易でローコストだが、吹抜けの開放感は損なわれる

図2｜b. 柱成を大きくする

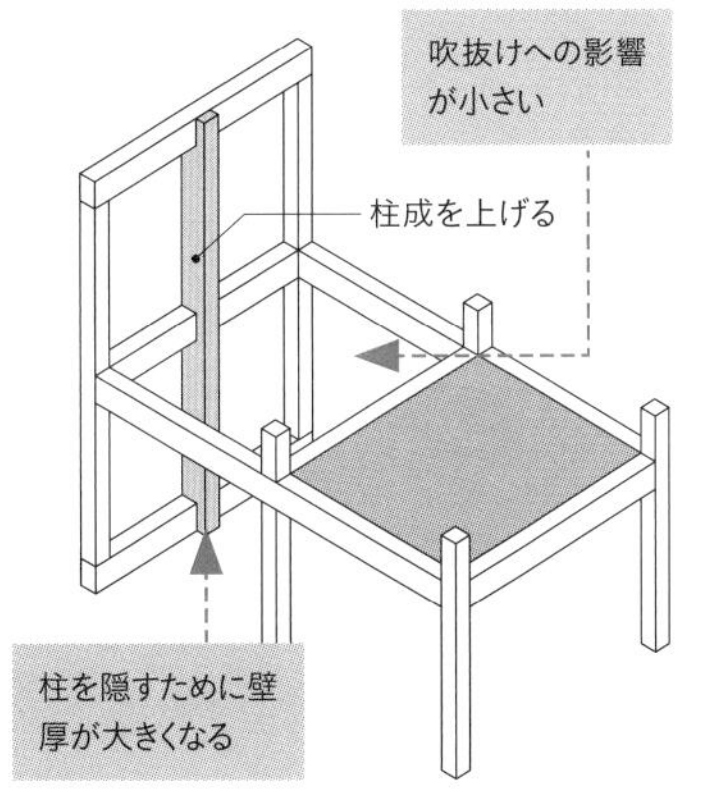

吹抜けへの影響が小さい
柱成を上げる
柱を隠すために壁厚が大きくなる

梁成を上げることで面外方向の剛性を向上させる。吹抜けへの影響は少ないが、柱を隠そうとすると壁厚が大きくなる

図2｜c. 耐風梁を入れる

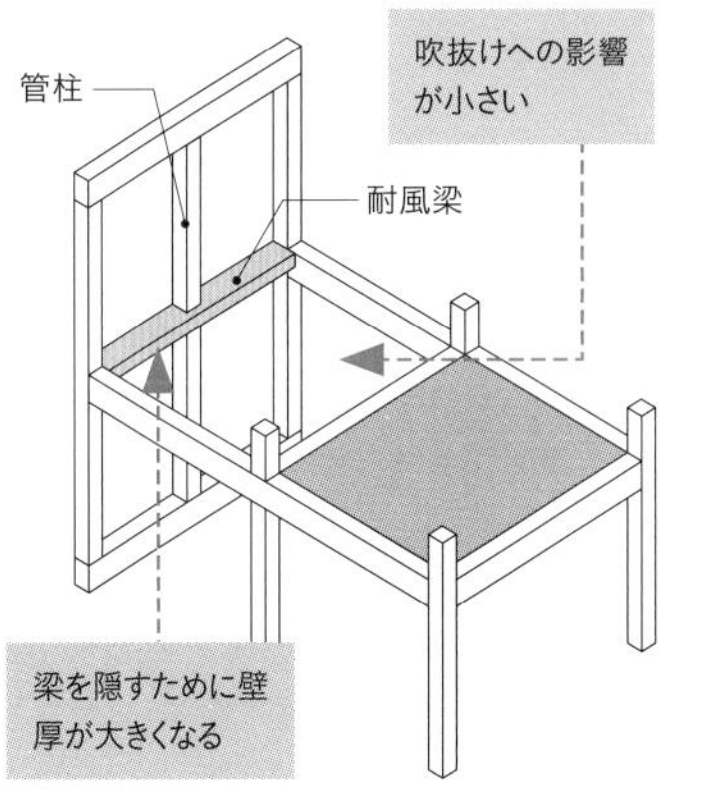

管柱
吹抜けへの影響が小さい
耐風梁
梁を隠すために壁厚が大きくなる

耐風梁を入れて外壁の変形と柱の座屈を抑える。ローコストな方法で吹抜けへの影響も小さいが、梁を隠そうとすると壁厚が大きくなる

代える必要がある。

外壁を押さえる主な方法として、つなぎ梁や火打ち梁で外壁と残りの床部分をつなぐ［図2a］、通し柱にして柱成を大きくする［図2b］、耐風梁を入れる［図2c］などが考えられる。

aは、外壁に加わる風圧力を部材によって直接支える方法である。つなぎ梁は床部分と連結することで外壁の変形を押さえることが可能となる。つなぎ梁の代わりに火打ち梁を使ってもよいが、床部分に連結できず胴差に取り付く場合は、胴差の断面を太くするなどの工夫が必要だ。

bは柱勝ちにして風圧力を縦方向に流す考え方、cは管柱として梁勝ちにし、風圧力を横方向に流す考え方だ。どちらの方法も、風圧力に抵抗する柱や梁の成が大きくなるため、ほかの軸組よりも出っ張ることになり、デザインへの影響は避けられない。真壁にして露してしまうか、壁厚を大きくして隠すなどの対処が必要になる。柱や梁を大きくする代わりに鋼材で補強する方法もある。その場合は上下階の柱や間柱との取合いをシンプルにするために、H形鋼を耐風梁として平使いにし、その上下に木材の胴差を設けてH形鋼をサンドイッチするような納まりとするとよい［25頁］。

18 隅部の火打ち梁は必ず入れなければいけない？

床倍率では構造用合板の圧勝

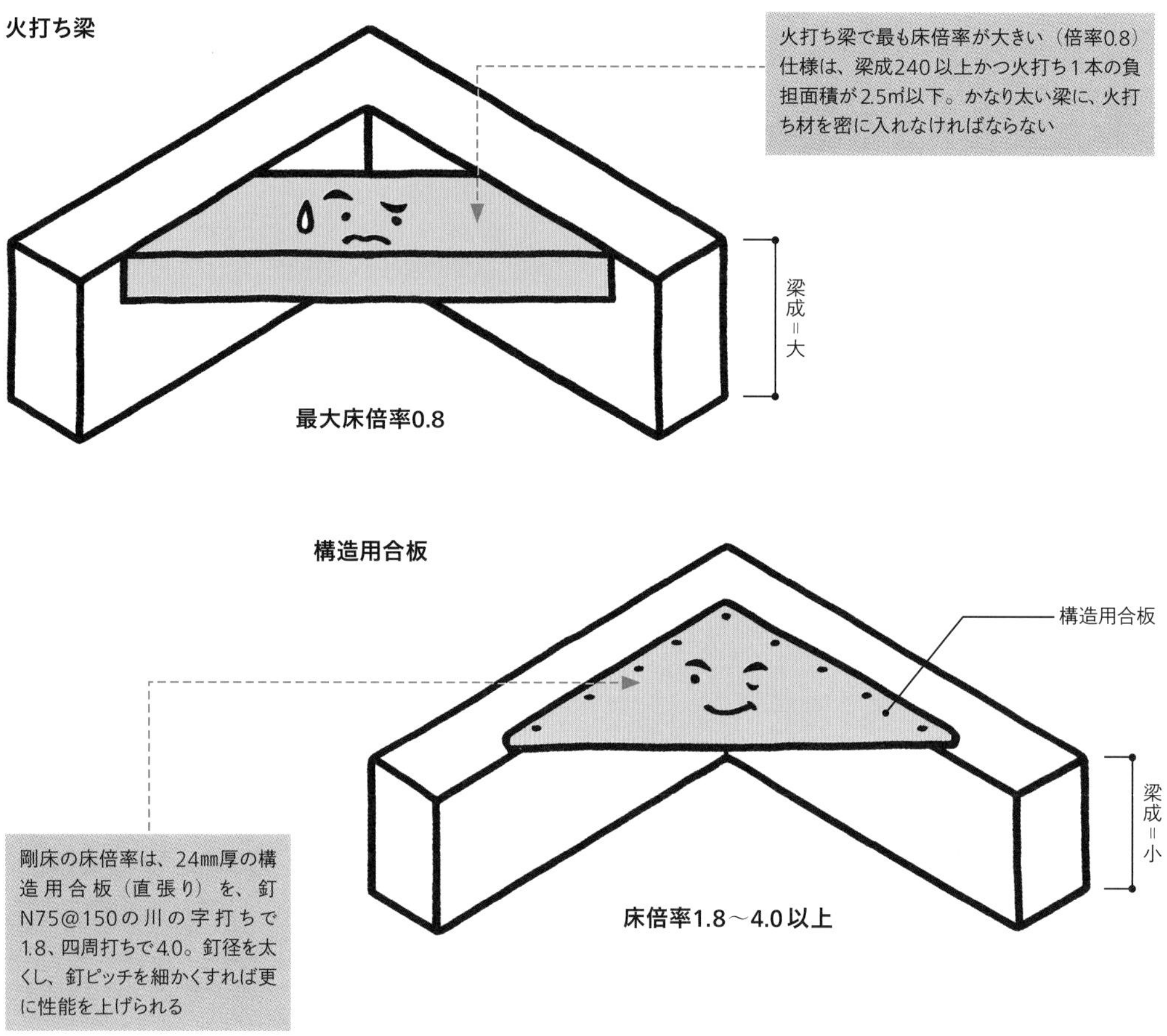

火打ち梁
火打ち梁で最も床倍率が大きい（倍率0.8）仕様は、梁成240以上かつ火打ち1本の負担面積が2.5㎡以下。かなり太い梁に、火打ち材を密に入れなければならない
梁成＝大
最大床倍率0.8
構造用合板
構造用合板
梁成＝小
剛床の床倍率は、24㎜厚の構造用合板（直張り）を、釘N75@150の川の字打ちで1.8、四周打ちで4.0。釘径を太くし、釘ピッチを細かくすれば更に性能を上げられる
床倍率1.8～4.0以上

剛床や1階の床に火打ち梁は不要

水平力は水平構面を介して耐力壁に伝わる［164頁］。水平構面が弱かったり、耐力壁の配置が不均等だったりすると床が大きく変形し、建物に深刻な損傷が生じるおそれがある［図1］。そのためかつては令46条3項［※1］で、構造計算を行う場合を除き、床や小屋組の隅部には「火打ち梁」を入れて水平構面を固めるよう定められていた［図2］。

ところが近年、構造用合板などの面材が普及し、火打ち梁が使われる機会は少なくなってきた。実際、両者の床倍率には大きな差があり、水平構面としての性能は構造用合板のほうが格段に優れている［171頁表］。2階床に構造用合板を使う場合、火打ち梁は省略することが通例となっている。

また、1階の床組を土台や大引とともに固める部材として「火打ち土台」があるが、現代では土台はアンカーボルトを介して基礎に固定されており、土台が大きく面内変形することはまずない。加えて、1階の床下地にも構造用合板が使われることが多く、1階の床は固まっている。火打ち土台も省略して問題ない［図3a］［※2］。

火打ち梁が有効なケースもある

一方で、火打ち梁が有効なケースもある。たとえば面材が張れない吹抜けの補強はその1つだ［図3b］。吹抜け部分に火打ち梁を入れることで水平構面にカウントできる床面が増え、外壁の変形を抑えることもできる［165頁］。ただしこの場合、火打ち梁が見えてしまうため、目立たせないデザインとするなど設計上の工夫が必要となる。

また、耐力壁が小屋梁の下で止まり、屋根まで達していない和小屋形式の小屋組では、地回りの上と下で構造が不連続となる［172～173頁］。したがって、屋根面に働いた水平力が耐力壁まで伝わらない。これを解決するには、小屋梁レベルに水平構面が必要となる。この場合、小屋梁レベルに人が乗るような床面をつくる必要はないので、構造用合板ではなく火打ち梁が適している［図3c］。

火打ち梁の役割と適材適所

図1｜水平構面が弱いorなくなると何が起こる？

a.耐力壁が離れている

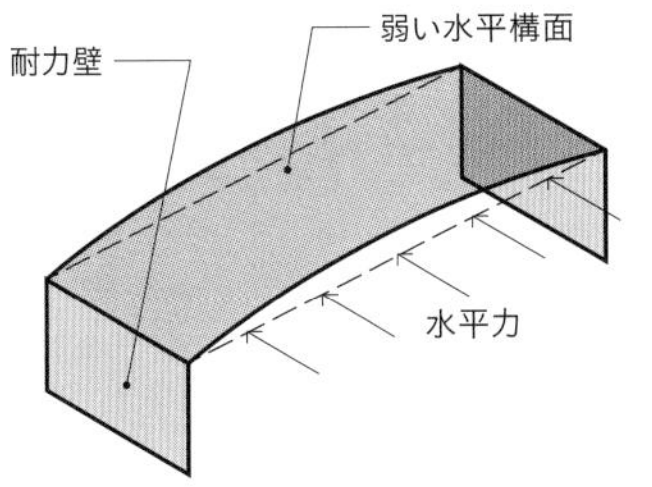
耐力壁
弱い水平構面
水平力

耐力壁が離れた位置にあると、水平力で床が大きく変形する

b.吹抜けがある

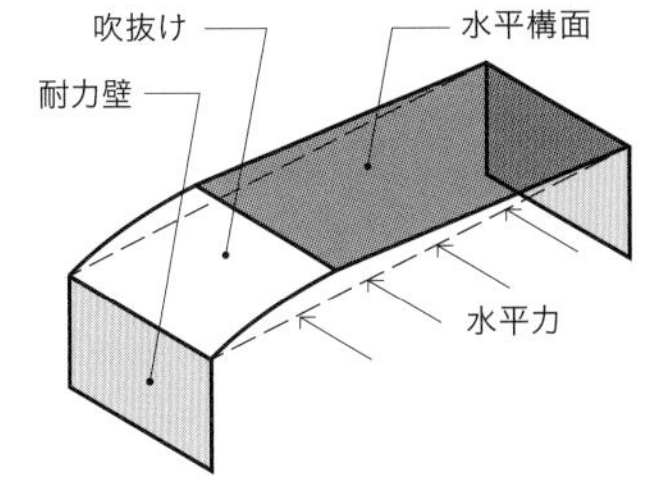
吹抜け
耐力壁
水平構面
水平力

吹抜けがあると、水平構面が失われ、その部分の床だけ平行四辺形に大きく変形する

c.上下階の耐力壁が不連続

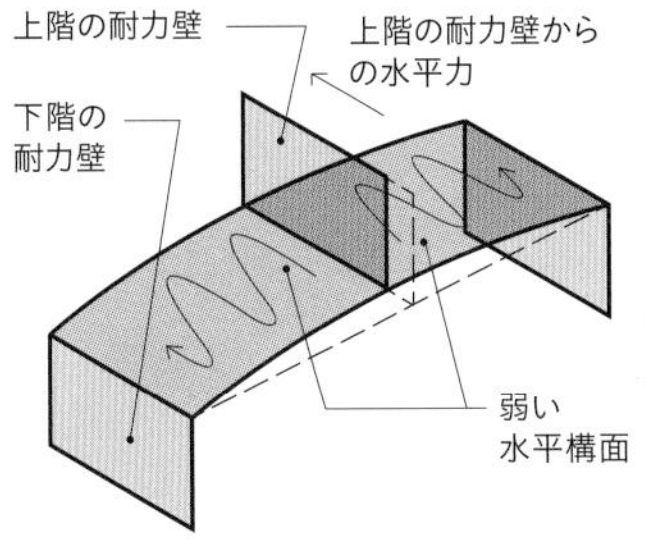
上階の耐力壁
上階の耐力壁からの水平力
下階の耐力壁
弱い水平構面

上下階で耐力壁が不連続な場合、接する床が大きく変形する

d.耐力壁の強度に差がある

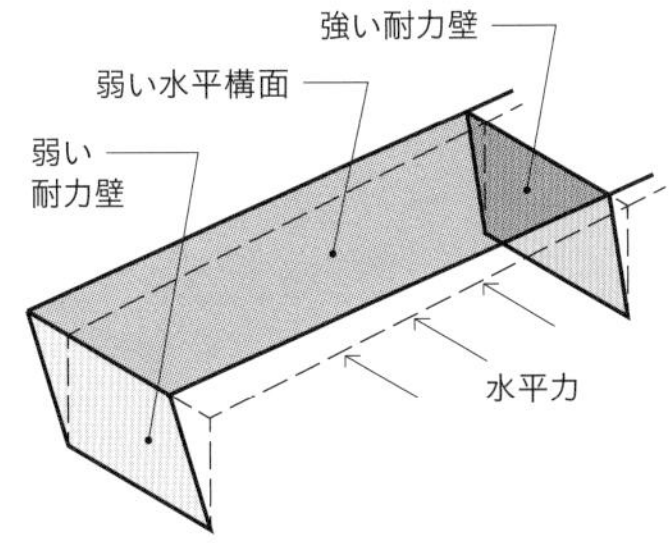
強い耐力壁
弱い水平構面
弱い耐力壁
水平力

耐力壁の強さに差がある場合、変形量の差によって床が大きく変形する

図2｜火打ち梁の効果

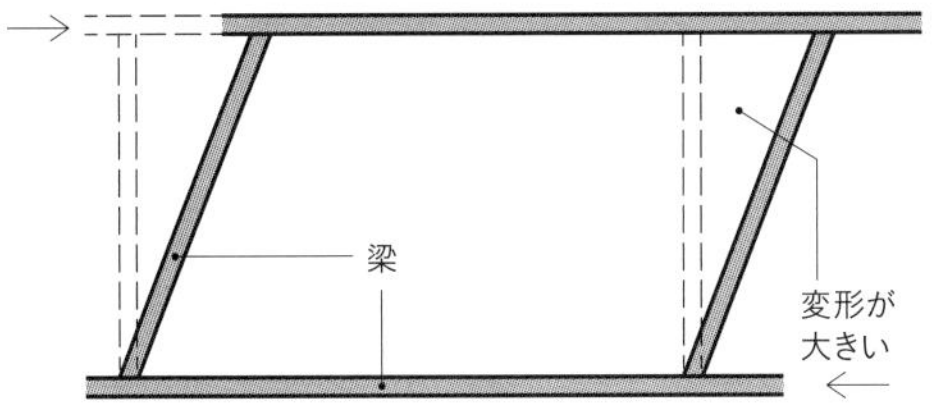
梁
変形が大きい

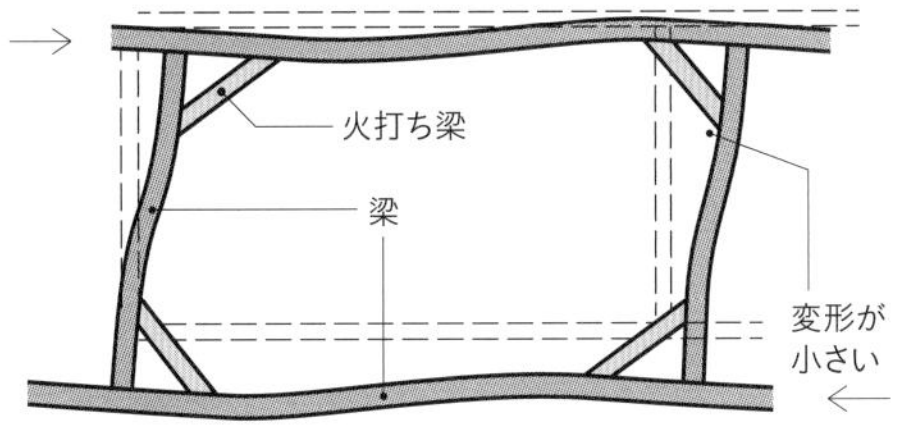
火打ち梁
梁
変形が小さい

ピン接合では、隅部の部材どうしが回転するため水平力によって軸組が大きく変形する。ここに火打ち梁を入れることで回転を拘束し、変形を小さくできる。RC造やS造の剛接合の考え方に近い。図1の各水平構面（または吹抜け）の隅部に火打ち梁を入れることで変形を抑えられる

図3｜火打ち材の要・不要

a.1階床

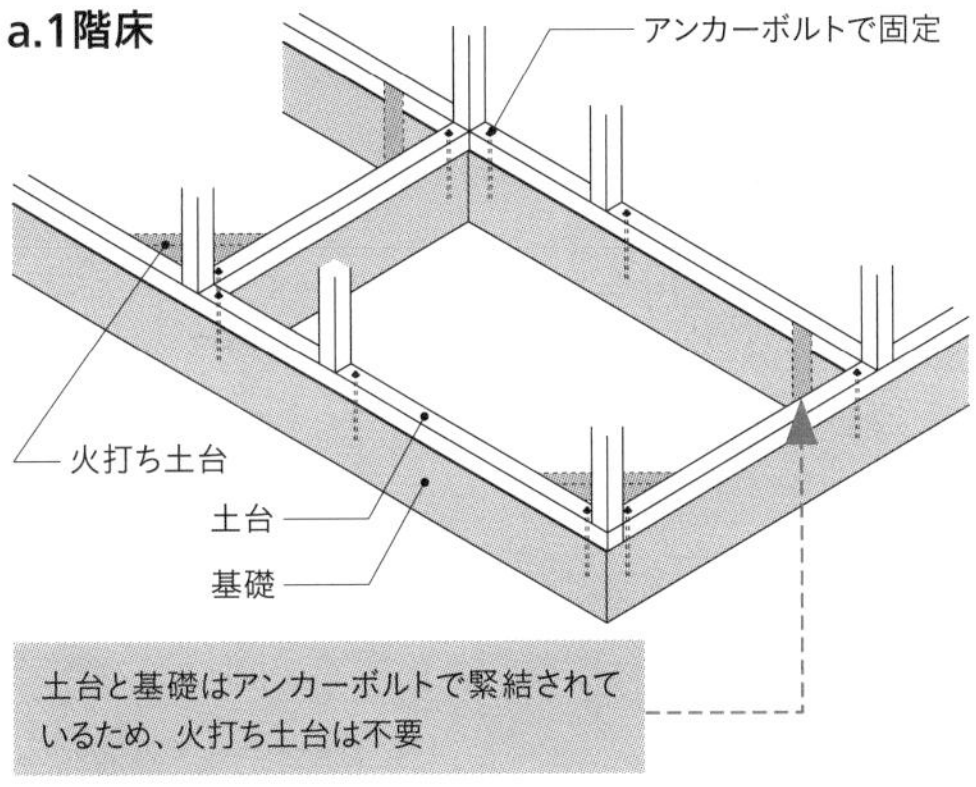
アンカーボルトで固定
火打ち土台
土台
基礎
土台と基礎はアンカーボルトで緊結されているため、火打ち土台は不要

b.2階床

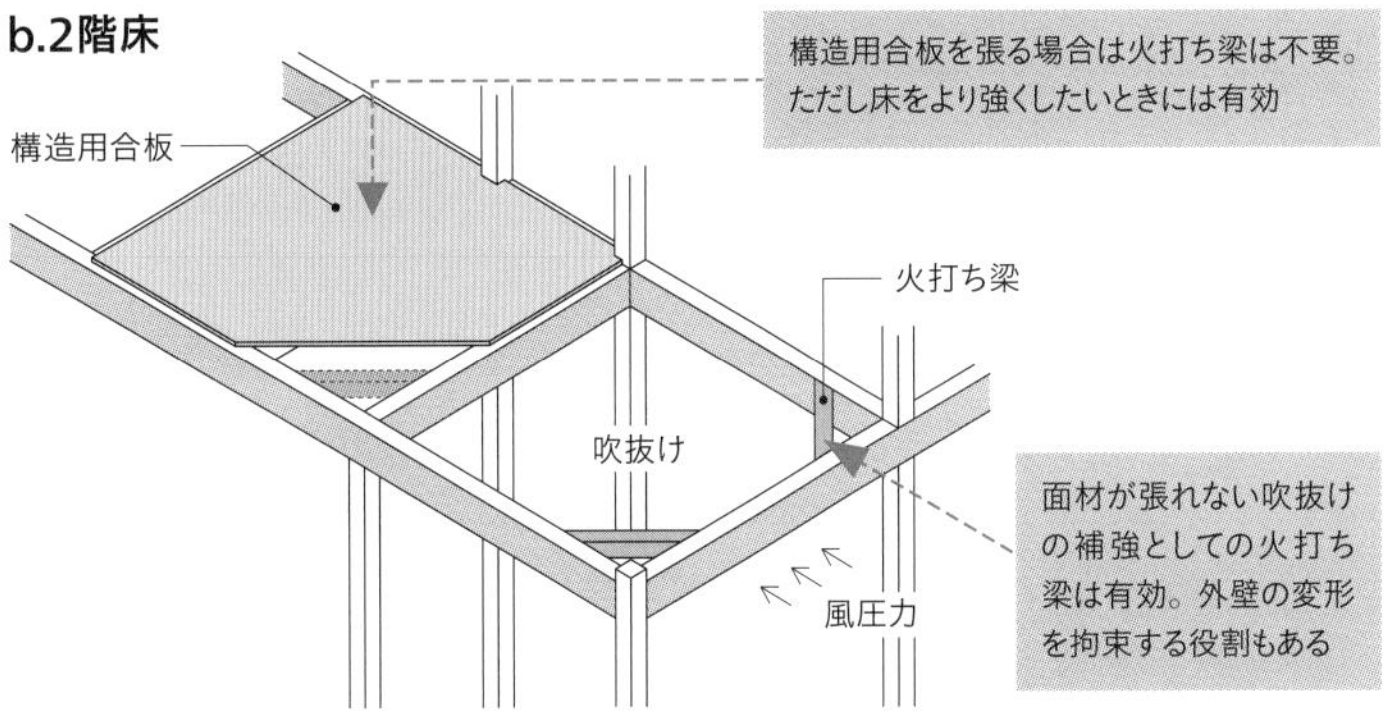
構造用合板を張る場合は火打ち梁は不要。ただし床をより強くしたいときには有効
構造用合板
火打ち梁
吹抜け
風圧力
面材が張れない吹抜けの補強としての火打ち梁は有効。外壁の変形を拘束する役割もある

c.小屋組（和小屋）

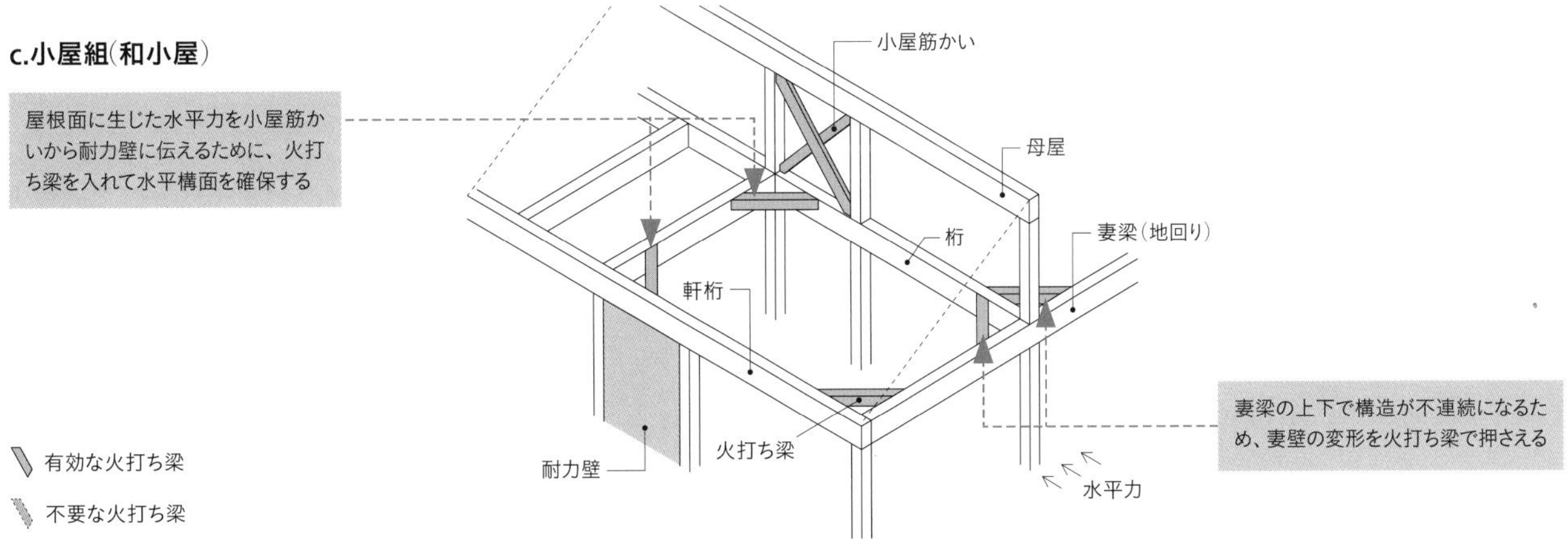
屋根面に生じた水平力を小屋筋かいから耐力壁に伝えるために、火打ち梁を入れて水平構面を確保する
小屋筋かい
母屋
桁
妻梁（地回り）
軒桁
耐力壁
火打ち梁
水平力
妻梁の上下で構造が不連続になるため、妻壁の変形を火打ち梁で押さえる
有効な火打ち梁
不要な火打ち梁

※1　令46条3項：「床組及び小屋ばり組には木板その他これに類するものを国土交通大臣が定める基準に従つて打ち付け、小屋組には振れ止めを設けなければならない。ただし、国土交通大臣が定める基準に従った構造計算によって構造耐力上安全であることが確かめられた場合においては、この限りでない。」
※2　建築基準法そのものには、面材床に変えることで火打ち梁を省略できるという根拠は見当たらない。しかし建築基準法の構造規定に関する解説書である『2020年版 建築物の構造関係技術基準解説書（通称：黄色本）』に、「パーティクルボードや構造用合板を釘打ちすることによる場合も火打ち材とみなすことができる」との記述がある

19

跳ね出しバルコニーを安全につくるには？

「片持ち梁」と「跳ね出し単純梁」

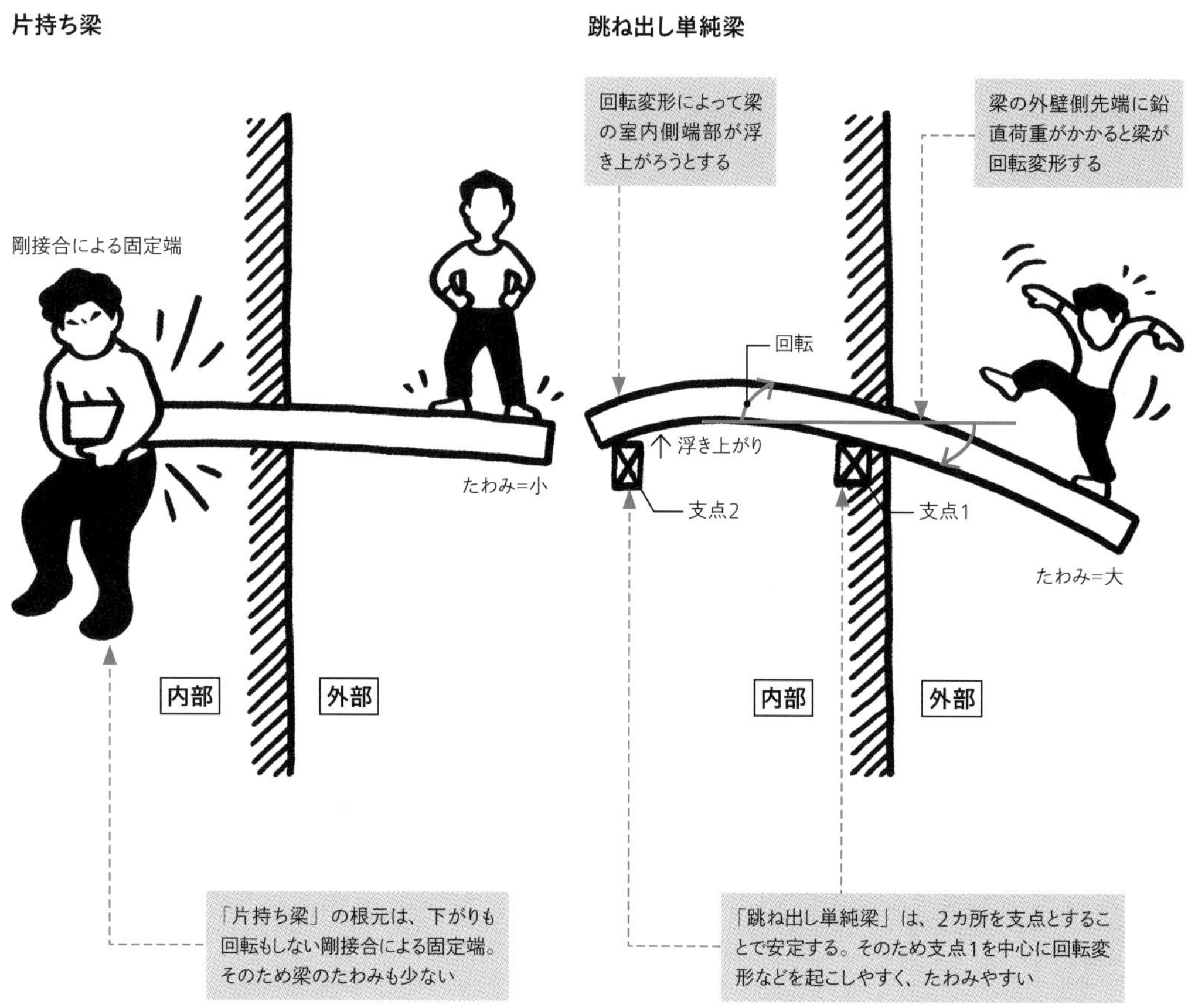

片持ち梁
剛接合による固定端
たわみ=小
内部
外部
「片持ち梁」の根元は、下がりも回転もしない剛接合による固定端。そのため梁のたわみも少ない
跳ね出し単純梁
回転変形によって梁の室内側端部が浮き上がろうとする
梁の外壁側先端に鉛直荷重がかかると梁が回転変形する
回転
浮き上がり
支点2
支点1
たわみ=大
内部
外部
「跳ね出し単純梁」は、2カ所を支点とすることで安定する。そのため支点1を中心に回転変形などを起こしやすく、たわみやすい

「跳ね出し単純梁」の特徴を理解しよう

跳ね出しバルコニーは、外部に持ち出した梁で床を支える形式のバルコニーである。この梁は一見、「片持ち梁」のように思えるかもしれない。しかし、片持ち梁を成立させるためには、根元部分が剛接合による固定端であることが条件であるため、木造では片持ち梁は容易には実現できないことになる［上図左］。

つまり、一般的な木造の跳ね出しバルコニーの構造は片持ち梁ではなく、跳ね出したバルコニーと外壁が取り合う部分［上図右支点1］、さらに室内側奥に差し込んだ部分［上図右支点2］の2カ所に支点をもつことで安定する「跳ね出し単純梁」の構造である。

跳ね出し単純梁は、支点位置で大きな回転変形を生じたり、支点が浮き上がったりしやすい［上図右］。そのため、跳ね出しバルコニーを安全につくるには、まず跳ね出した部分の長さよりも深く室内側に差し込むこと、そして適切な梁成を設定することが重要となる。

142頁の表では、跳ね出し長さごとに必要となる梁成の目安が一覧できるよう、スパン表の形式にまとめているので参考にしてほしい（表の見方は138頁に記載）。

工夫が必要な跳ね出しバルコニー

防水の立上り［※1］を確保するために、バルコニーの床レベルを室内の床レベルよりも下げたい場合がある。これは、単に床梁を持ち出しただけでは実現できない。梁の先端天端を欠き込んで床レベルを下げているケースをよく見かけるが、これでは梁の性能が大きく低下してしまうので好ましくない［※2］。

この問題を解決する手段として、バルコニーを支えるための梁を別に用意し、これを床梁の下に重ねたり、側面に取り付けたりする方法がある［図1］。なお、バルコニーの直下に大きな開口がある場合や、バルコニーの一部が吹抜けに面している場合は、跳ね出し梁の支点になるよう成の大きな受け梁を入れるなどの補強が必要となる［図2］。

跳ね出しバルコニーのつくり方

図1｜跳ね出しバルコニーの床レベルを下げる方法

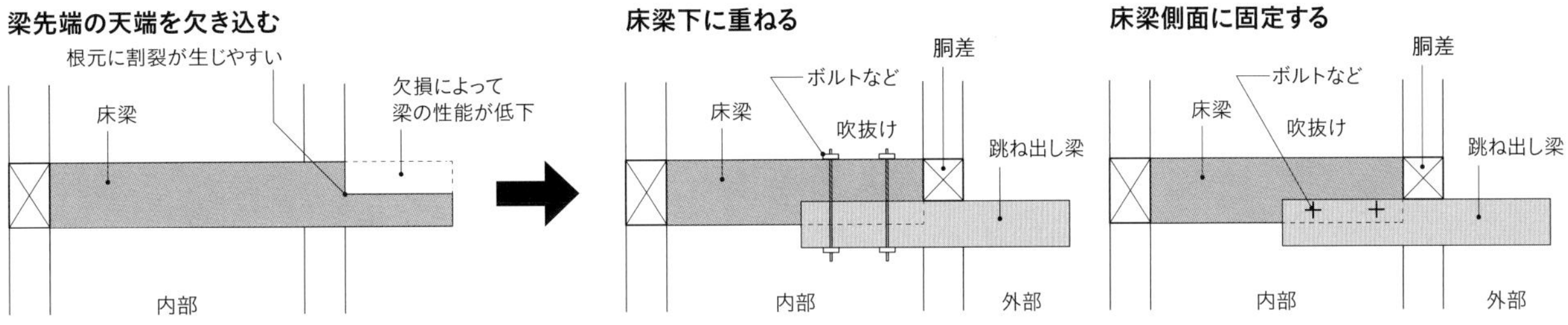
梁先端の天端を欠き込む
根元に割裂が生じやすい
欠損によって
梁の性能が低下
床梁
内部
床梁下に重ねる
胴差
ボルトなど
床梁
吹抜け
跳ね出し梁
内部
外部
床梁側面に固定する
胴差
ボルトなど
床梁
吹抜け
跳ね出し梁
内部
外部

バルコニーの床レベルを下げられるが、梁の性能が低下してしまう

ラグスクリューやボルトを使って床梁の下［※3］あるいは側面に跳ね出し梁を固定する。腐朽しやすい跳ね出し梁を床梁と分けることで交換がしやすくなる利点もある

図2｜バルコニーの直下に大きな開口がある場合の対処法

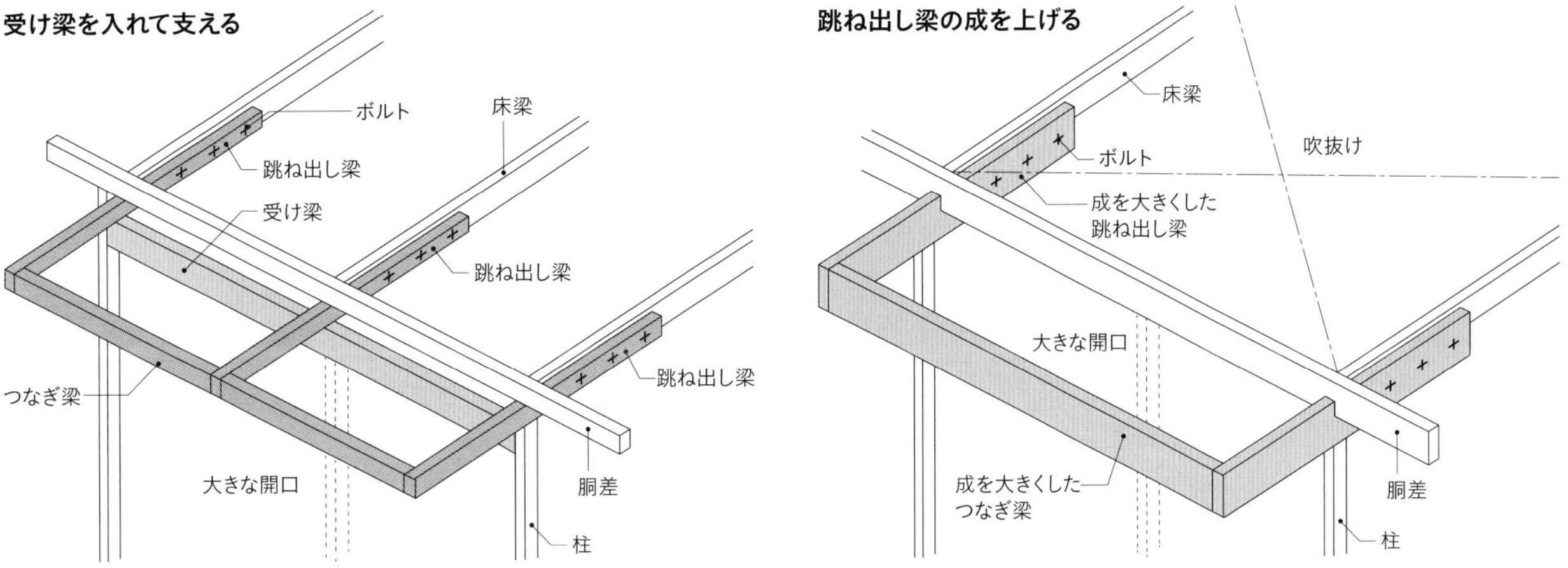
受け梁を入れて支える
ボルト
床梁
跳ね出し梁
受け梁
跳ね出し梁
跳ね出し梁
つなぎ梁
大きな開口
胴差
柱
跳ね出し梁の成を上げる
床梁
ボルト
吹抜け
成を大きくした
跳ね出し梁
大きな開口
成を大きくした
つなぎ梁
胴差
柱

直下に柱のない大きな開口がある場合、跳ね出し梁の支点の1つがなくなってしまう。この場合は、胴差の下に受け梁を入れて跳ね出し梁を支える［左図］か、柱のある跳ね出し梁の成を大きくし、先端のつなぎ梁の成も大きくすることで補強できる［右図］。バルコニーが大きな吹抜けの一部に面している場合にも有効な方法だ

図3｜2方向に跳ね出すバルコニーのつくり方

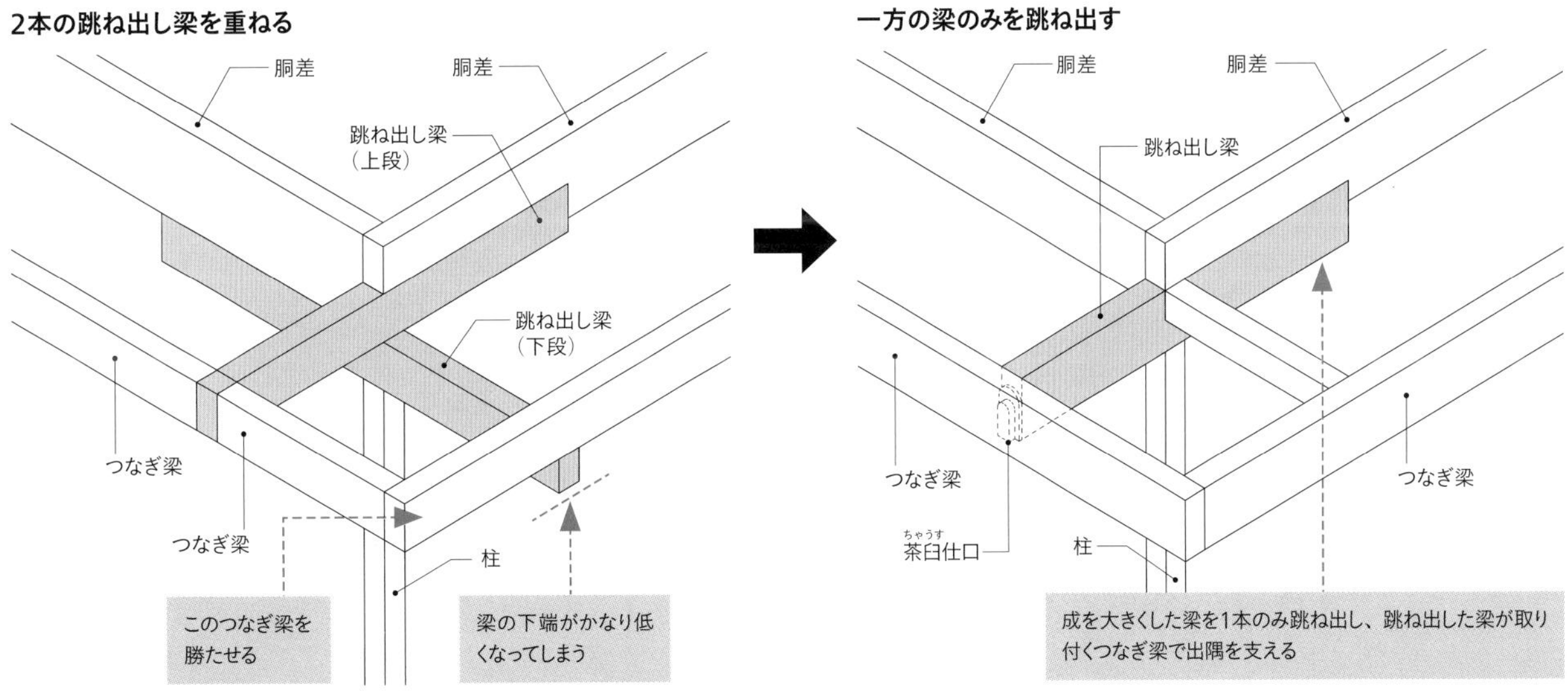
2本の跳ね出し梁を重ねる
胴差
胴差
跳ね出し梁
（上段）
跳ね出し梁
（下段）
つなぎ梁
つなぎ梁
柱
このつなぎ梁を
勝たせる
梁の下端がかなり低
くなってしまう
一方の梁のみを跳ね出す
胴差
胴差
跳ね出し梁
つなぎ梁
つなぎ梁
茶臼《ちゃうす》仕口
柱
成を大きくした梁を1本のみ跳ね出し、跳ね出した梁が取り
付くつなぎ梁で出隅を支える

2本の跳ね出し梁を交差させて重ねて出隅部を支える方法。出隅部を支えるために、下段の跳ね出し梁に支えられているつなぎ梁を勝たせる。跳ね出し梁を重ねるため、梁の下端が低くなる

成を大きくした梁を1方向からのみ跳ね出し、1本で出隅部を支える方法。出隅部を支えるために、跳ね出し梁が取り付くつなぎ梁を勝たせる。左図に比べ、梁の下端を高くできる

※1　瑕疵担保責任保険の設計施工基準には、開口部下端の防水層の立上げ寸法は120㎜以上が必要である旨が記載されている
※2　この欠損を考慮してあらかじめ梁成を大きくしておく方法もあるが、材積が増えてしまううえ、欠損部の根元で割裂しやすくなるためあまりお勧めできる方法ではない
※3　室内側の床梁下端と跳ね出し梁の上端を少しずつ欠き込んで嵌め合わせ、ボルトで一体化することで、どちらの梁の性能も補い合っている

20 構造用合板を使わずに水平構面を固めるには？

構造用合板は露しに不向きなケースも!?

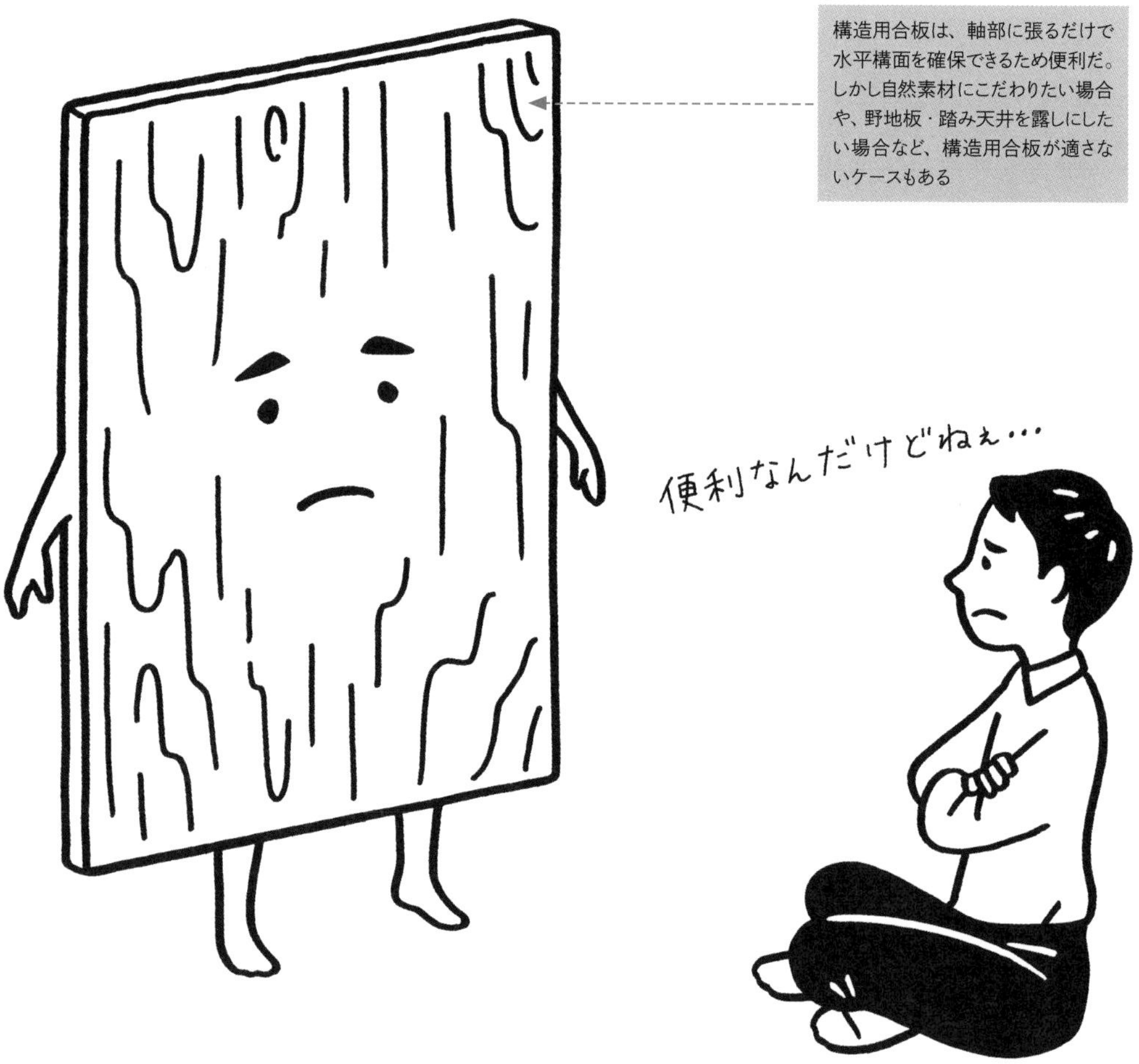
構造用合板は、軸部に張るだけで水平構面を確保できるため便利だ。しかし自然素材にこだわりたい場合や、野地板・踏み天井を露しにしたい場合など、構造用合板が適さないケースもある
便利なんだけどねぇ…

合板以外の面材や斜材で水平構面をつくる

現在、ほとんどの木造住宅で、構造用合板が使われている。とはいえ、「自然素材だけで家をつくりたい」「野地板や踏み天井を露しにしたい」「合板の耐湿性に不安がある」といった理由から、構造用合板を使わずに水平構面を確保しなければならない場面もあるだろう。

合板の代わりに火打ち梁を入れる方法が最も簡単だが、166～167頁でも述べたとおり、火打ち梁の水平構面としての性能は高くない。露しにも向かないため、天井で隠れる場合や、施工の簡略化を優先したい場合を除いては採用しづらいだろう。

そこで、合板、火打ち梁以外で水平構面を固める方法を紹介しよう［※1］。それぞれの床倍率も表にまとめたので参考にしてほしい［表］。

❶パネル材を使う［図1］

無垢板を張り合わせた「3層パネル」や、無垢の厚板を使った「幅《はば》矧《は》ぎパネル」などの製品を使う方法がある。パネル状なので施工性に優れ、露しに使えるものも多い。ほとんどの製品は実験によって性能が証明されている。

❷水平ブレースを使う［図2］

耐力壁仕様（令46条4項）の筋かいや、製品化された丸鋼ブレース［※2］などは、耐力壁と同様の使い方をすれば水平構面要素として使える［※3］。天井が張られて小屋組が見えなくなる場合に適する。

❸斜め板張りを使う［図3］

小幅板を斜めに張ることで水平構面を確保する方法。性能が高く、露しの意匠にも映える。

❹伝統工法を使う

昔から使われている伝統的な建築要素は、長らく水平構面としての性能がほとんどないといわれてきたが、近年の研究によって、火打ちと同等以上の床倍率があり、火打ち材の代用としての使用が可能であることが分かってきた［表］。建築要素としてもともとあるものを、構造材として最大限評価することで、過剰設計を避けることにつながり、コストにも環境にも優しい。

合板を使わずに水平構面を確保する方法

図1｜パネル材を使う

3層パネル

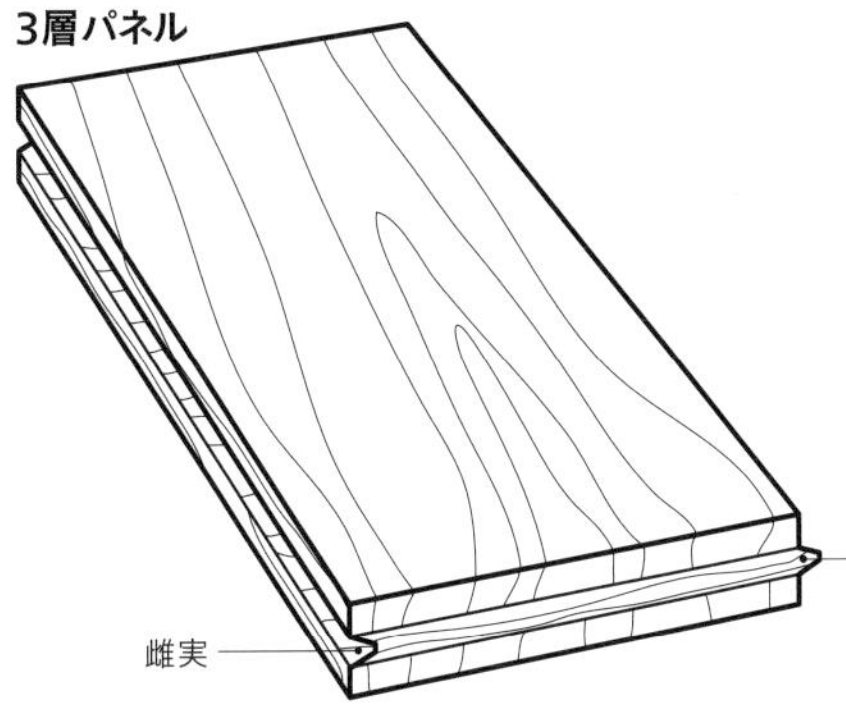

乾燥させた板材を繊維方向に直交させて接着し、3層構造にしたパネル材。狂いが少なく、無垢材よりも強度が高い。無垢材のような質感なので露しにも適する。「Jパネル」（協同組合レングス）などの製品がある

幅《はば》矧《はぎ》ぎパネル

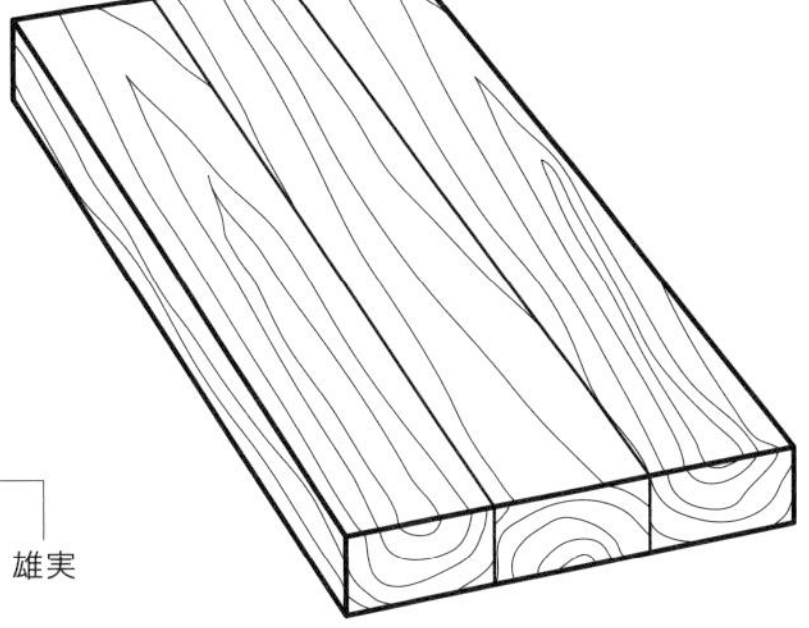

細長い無垢材を横方向に接着したパネル材。接着部が少なく、無垢板に近い表情が特徴。露しにも使える。製品として「トライ・ウッドパネル」（トライ・ウッド）などがある

斜交パネル

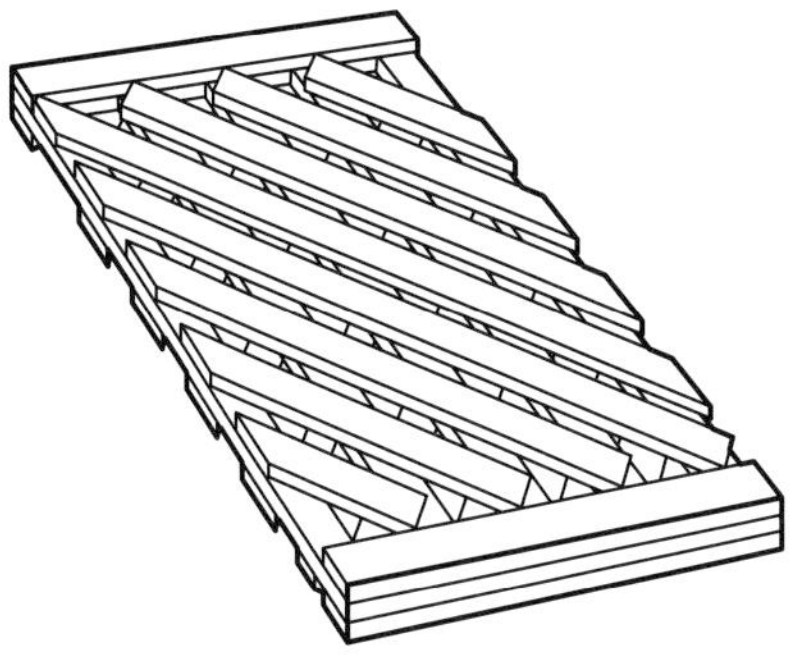

小幅板を斜め格子状に3層積層したパネル。耐力壁のほか、屋根の水平構面材としても利用できる。層の中間にスペースが生じ、これが通気層の役割を果たす。製品として「アミパネル」（東神ウッドジャパン）がある

図2｜水平ブレースを使う

床ブレース

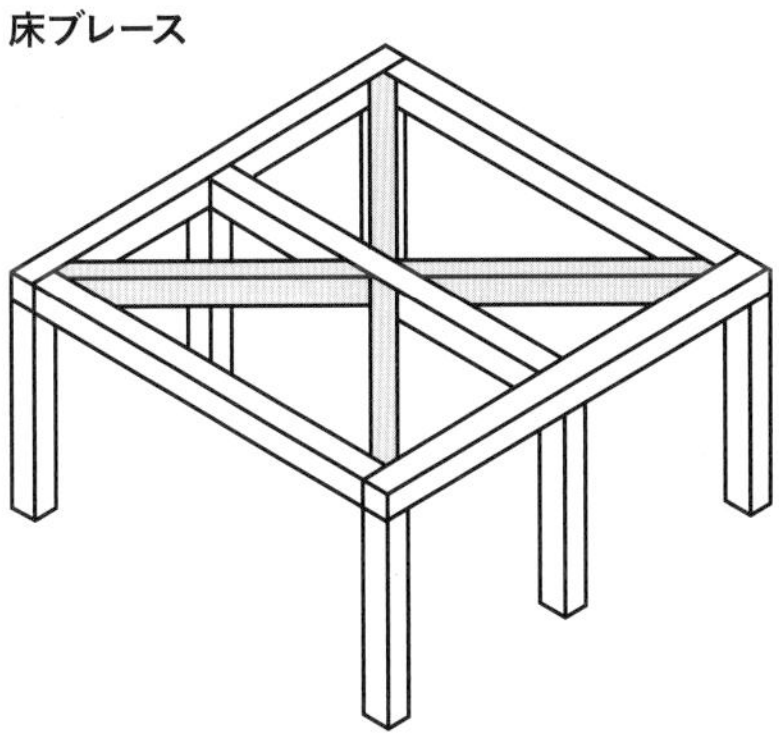

屋根ブレース

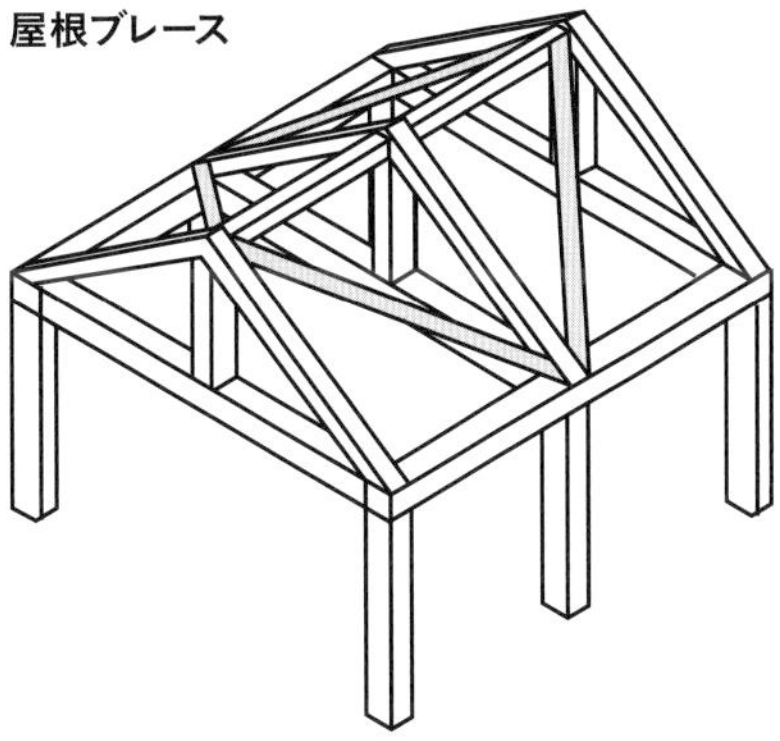

水平構面としての性能は高いが、架構や組み立ての難易度が高い

図3｜小幅板を斜め張りにする

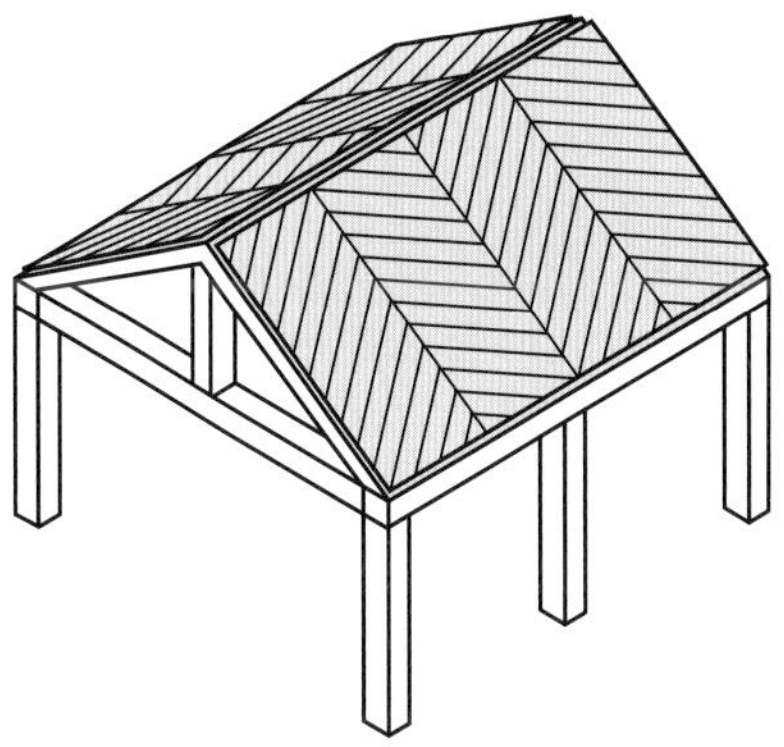

施工手間がかかるが、性能・意匠性が高い

表｜水平構面ごとの床倍率一覧

水平構面仕様		面材厚さ（㎜）	床倍率（倍）	出典
構造用合板直張り	四周釘打ち	24	4.0	木造軸組工法住宅の許容応力度設計（2017年版）
	川の字釘打ち	24	1.8	
水平ブレース（コボット）	1P		2.7	大臣認定（耐力壁として）（コボット株式会社HPより）
	2P		3.3	
Jパネル	四周釘打ち	36	3.0	近畿大学による性能証明書（鳥取CLTHPより）
	川の字釘打ち	36	1.2	
トライ・ウッドパネル（トライ・ウッド）	床用	30	3.0	大臣認定（株式会社トライ・ウッドHPより）
アミパネル（東神ウッドジャパン）	長さ2,900㎜	27	4.6	大臣認定（耐力壁として）（東神ウッドジャパンHPより）
	長さ2,700㎜	27	4.0	
斜め板張り	5寸勾配屋根	12	1.6	東北職業能力開発大学校による試験成績書［*］
伝統系	棹縁天井		0.7	伝統的木造建築物における屋根・天井構面のせん断試験（日本建築学会大会学術講演梗概集1999）
	格天井		0.7	
	瓦葺き屋根		1.9	
	茅葺き屋根		0.5	
	厚板N75隠し打ち	30	0.2	伝統的構法に用いる床構面の面内せん断性状に関する研究（日本建築学会大会学術講演梗概集2013）
	厚板N90脳天打ち	30	0.8	

水平構面仕様	梁成（㎜）	火打ち材1本あたりの負担面積（㎡）	床倍率（倍）	出典
火打ち（Zマーク鋼製火打、又は同等以上の火打金物、あるいは断面90㎜×90㎜以上の木製火打）	105以上	5以下	0.15	木造軸組工法住宅の許容応力度設計（2017年版）
		3.75以下	0.30	
		2.5以下	0.50	
	150以上	5以下	0.18	
		3.75以下	0.36	
		2.5以下	0.60	
	240以上	5以下	0.24	
		3.75以下	0.48	
		2.5以下	0.80	

* 風土社・チルチンびと「地域主義工務店の会」による実験結果に基づく

※1　構造設計者の協力が必要となるが、令46条3項のただし書きにあるように、許容応力度計算以上の構造計算を行うことで水平構面設計の自由度を高めることができる。たとえば、水平構面が一体的に挙動することを想定した「剛床」ではなく、水平構面に性能をほとんど期待しない「柔床」として計画する、立体解析やゾーニング検討などによって、各耐力壁が独立した挙動をしても成立するようにする、といった方法などである

※2　製品として「コボット」（コボット）、「FEWOOD」（港製器工業）などがある

※3　木造軸組工法住宅の許容応力度設計（2017年版）における評価方法は、耐力壁も水平構面も同じである。また、梁と同材程度のものを対角方向に架け渡した水平ブレースは、令46条3項の規定上も問題ないと考えられる

21 和小屋・登り梁の構造的な違いは？

和小屋と登り梁、それぞれの弱点

切妻+和小屋

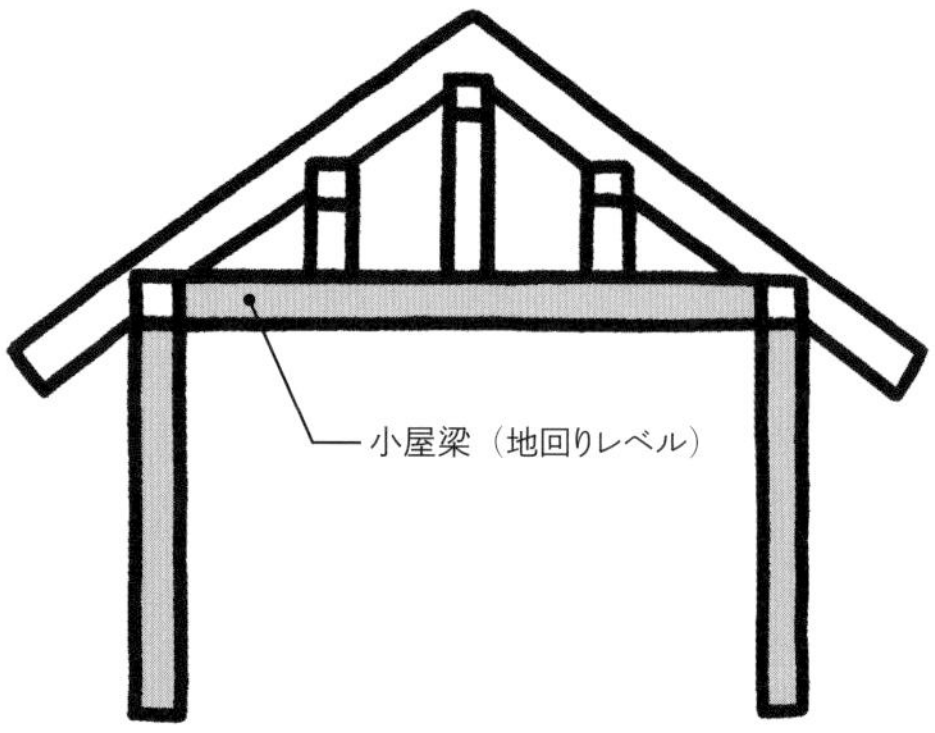

和小屋は、柱や梁（小屋梁）で構造を固め、その上に屋根を載せる形式。そのため地回り（軒桁と妻梁）レベルを境に上下で構造が不連続になりやすいという弱点がある

切妻+登り梁

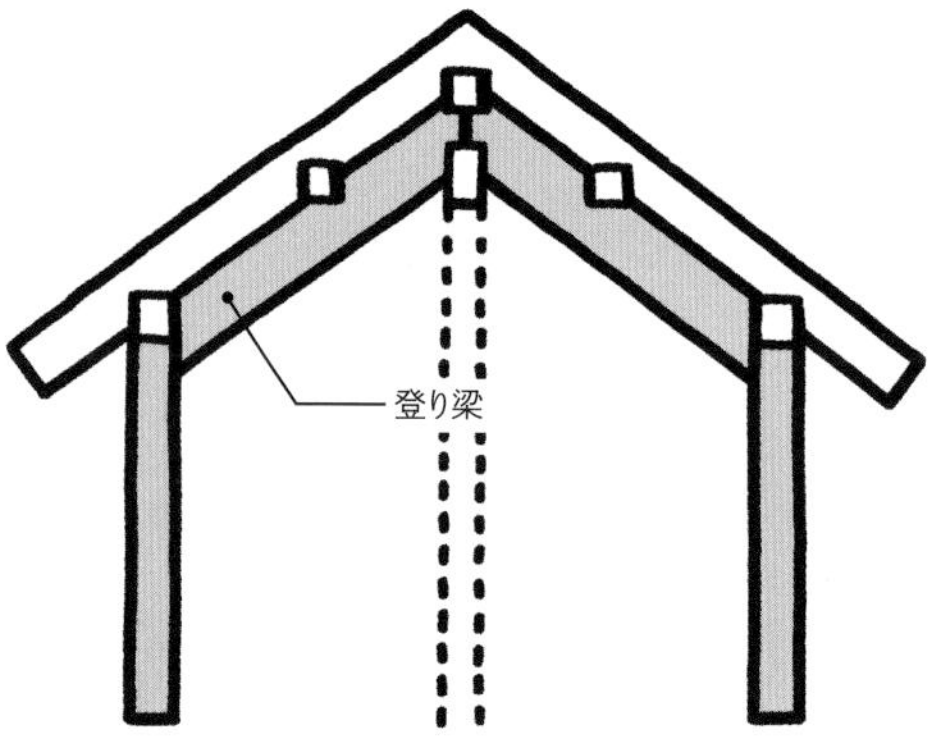

登り梁は屋根を含めて一体の構造であるため、和小屋のように屋根として地回りの上下で構造の不連続は生じない。その代わりに、中央の棟が下がると、柱が開きやすいことなどが弱点

似ているようで異なる2つの架構形式

屋根の形状は、外観や斜線制限、雨仕舞、理想とする内部空間などさまざまな条件で決定されるが、構造的な視点から決められることは少ない。しかし本来、屋根と架構は密接にかかわっており、これらは内部空間のつくり方などデザインにも大きく影響する。屋根の設計に当たっては、架構も同時に検討したい。

たとえば、現代の木造住宅の屋根形式は「切妻+和小屋」が主流だが、屋根なりの勾配天井で小屋梁のない開放的な空間にしたい場合などは「切妻+登り梁」とすることが多い。

完成後の両者の外観はどちらも同じように見えるが、構造的な長所・短所がそれぞれにある。それらを把握していなければ、不本意な位置に横架材や補強材を入れざるを得なくなるなど、デザインにも影響が及ぶ。そこで、和小屋と登り梁の構造的な違いを、代表的な屋根形状である切妻と片流れを例に確認しておこう。

和小屋と登り梁それぞれの問題点

和小屋は、地回り（軒桁と妻梁）以下の構造を固め、小屋梁や桁の上に束を立て勾配屋根を載せる小屋組である。そのため、屋根面と耐力壁が地回りを境界に切れてしまい、構造の不連続が生じてしまう。和小屋では、この不連続を解消する工夫が求められる［図1］。

登り梁の場合、柱と壁を屋根まで通し、屋根と壁を一体的につくるため、和小屋のような構造の不連続は生じない。一方、切妻屋根では棟木を支える柱がないと屋根荷重で棟木が下がり、両端部の柱が開きやすくなる。柱を立てたくない場合は、向いあう登り梁どうしをタイバーでつないだり、棟木の成を大きくしたりするなどの方法がある［図2・48頁］。

片流れ屋根では切妻とは異なり、1本の材で登り梁を架け渡せる。そのため、天井高が高く桁行方向にも長い大空間をつくりやすい。ただし、水上側の柱が長くなるため、柱の座屈や外壁の変形への対策が必要となる［図3］。

和小屋の“構造の不連続”を解消する2つの対策

図1｜「小屋筋かい」「貫」で桁行方向の水平力を伝える、妻梁・妻壁の変形を抑える

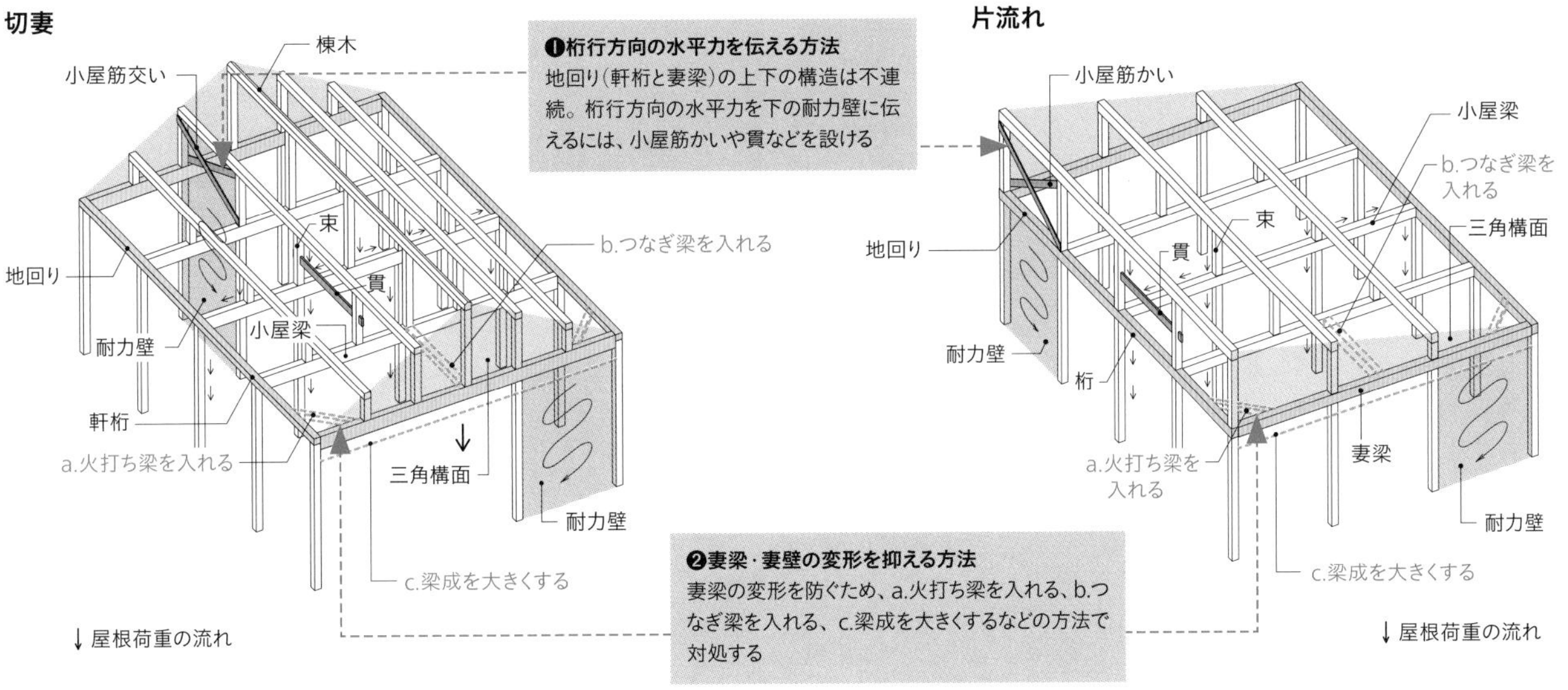

切妻
棟木
小屋筋交い
地回り
束
貫
小屋梁
耐力壁
軒桁
a.火打ち梁を入れる
三角構面
耐力壁
b.つなぎ梁を入れる
c.梁成を大きくする
↓屋根荷重の流れ
❶桁行方向の水平力を伝える方法
地回り(軒桁と妻梁)の上下の構造は不連続。桁行方向の水平力を下の耐力壁に伝えるには、小屋筋かいや貫などを設ける
❷妻梁・妻壁の変形を抑える方法
妻梁の変形を防ぐため、a.火打ち梁を入れる、b.つなぎ梁を入れる、c.梁成を大きくするなどの方法で対処する
片流れ
小屋筋かい
小屋梁
b.つなぎ梁を入れる
三角構面
地回り
束
貫
耐力壁
桁
a.火打ち梁を入れる
妻梁
耐力壁
c.梁成を大きくする
↓屋根荷重の流れ

梁間方向の水平力は屋根面と小屋梁で形成される三角構面により耐力壁に伝達されるが、桁行方向の水平力を下の耐力壁に伝達させるには、屋根面と地回りの間に小屋筋かいや貫を設けて一体の耐力壁をつくるなどの工夫が必要となる［❶］。また風圧力による妻梁・妻面の外壁の変形を抑えるために、a.地回りレベルに火打ち梁を入れる、b.つなぎ梁を入れる、c.単純に妻梁の断面を大きくする のいずれかの方法で対応する［❷］

登り梁での架構の変形を抑える方法

図2｜「棟木の下がり」と「外壁の変形」の対策

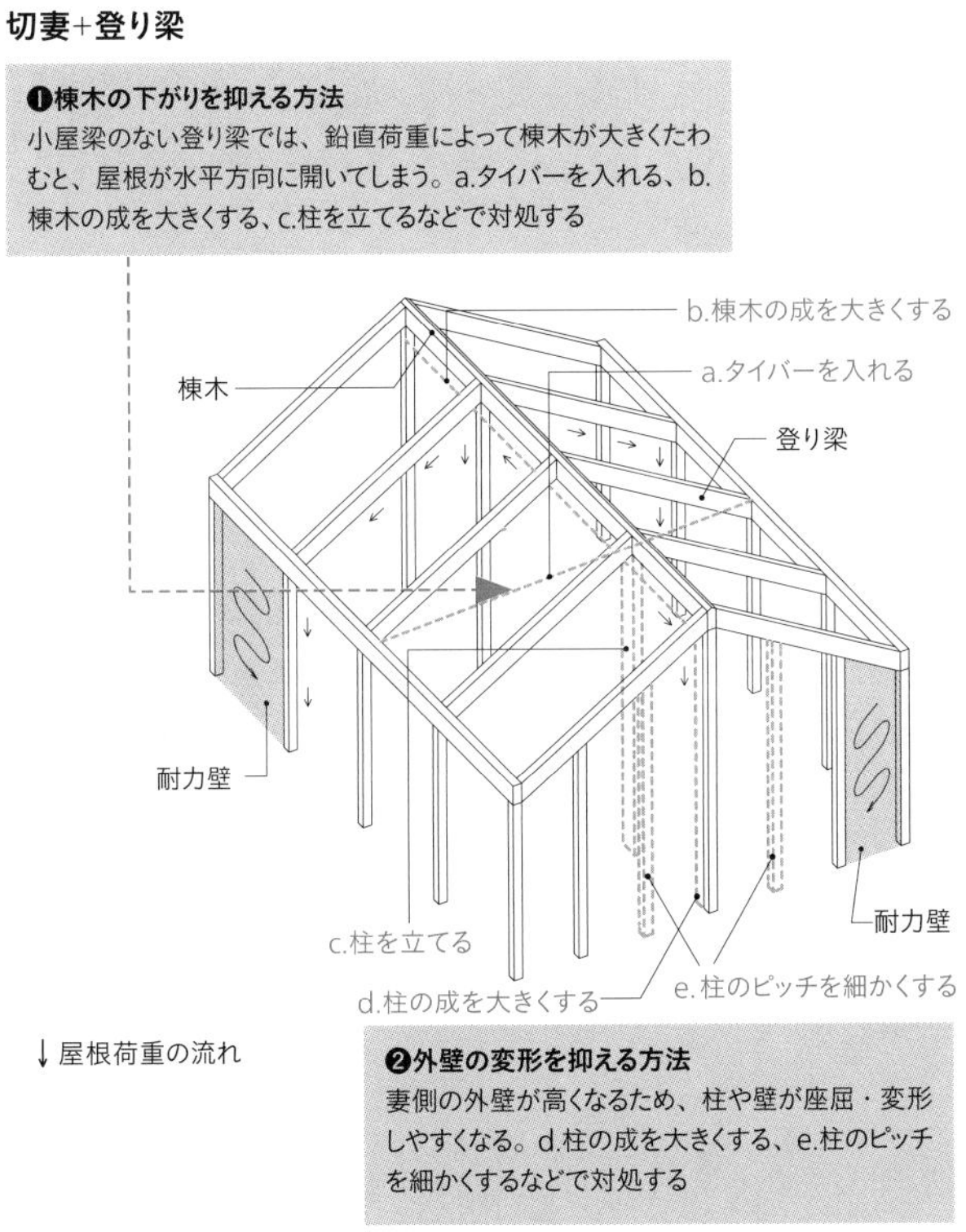

切妻+登り梁
❶棟木の下がりを抑える方法
小屋梁のない登り梁では、鉛直荷重によって棟木が大きくたわむと、屋根が水平方向に開いてしまう。a.タイバーを入れる、b.棟木の成を大きくする、c.柱を立てるなどで対処する
b.棟木の成を大きくする
a.タイバーを入れる
棟木
登り梁
耐力壁
耐力壁
c.柱を立てる
d.柱の成を大きくする
e.柱のピッチを細かくする
↓屋根荷重の流れ
❷外壁の変形を抑える方法
妻側の外壁が高くなるため、柱や壁が座屈・変形しやすくなる。d.柱の成を大きくする、e.柱のピッチを細かくするなどで対処する

柱や耐力壁を屋根まで通せるため構造の不連続は生じないが、棟木の下がりへと妻壁の変形対策が必要となる

図3｜高くなった外壁の変形を抑える

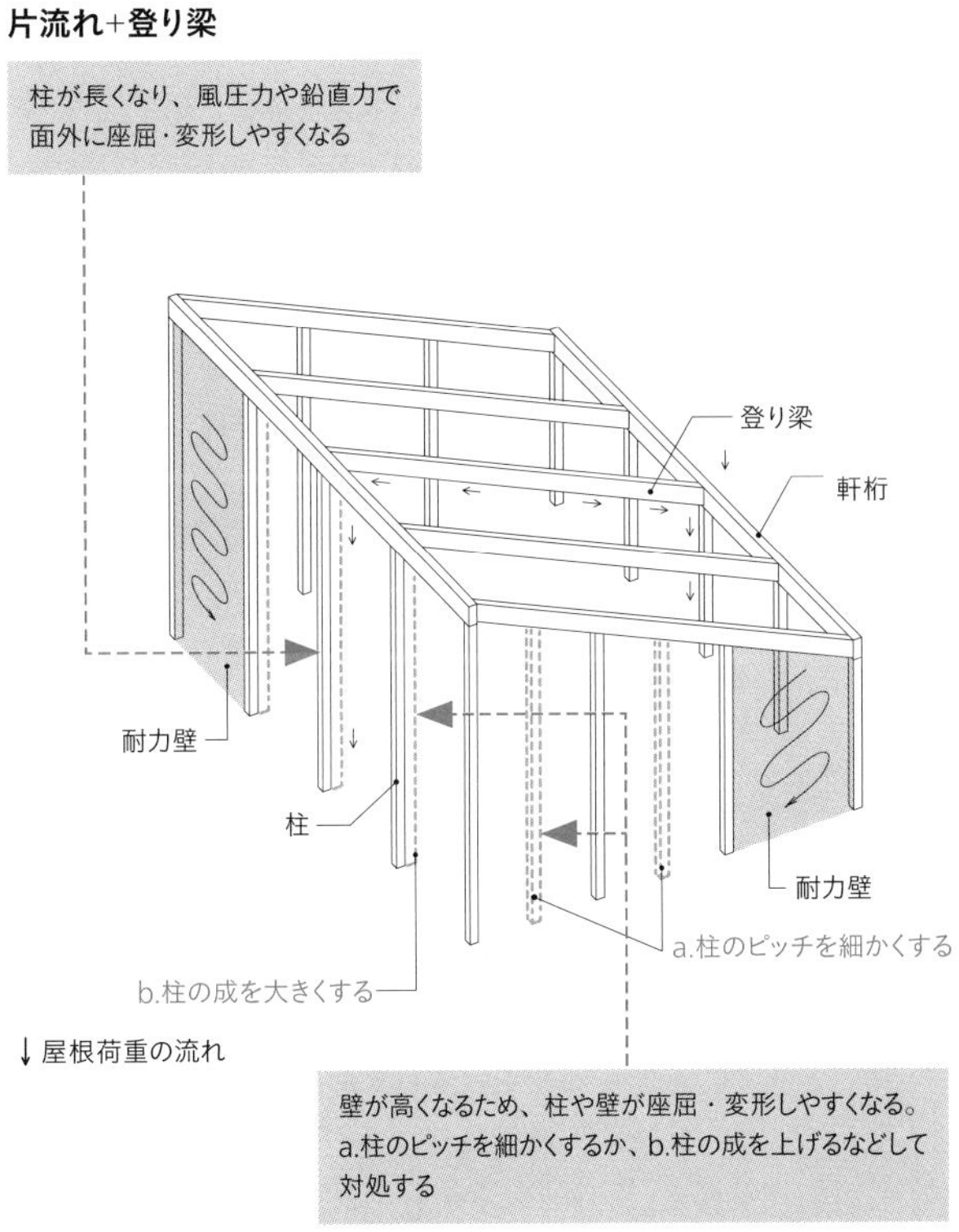

片流れ+登り梁
柱が長くなり、風圧力や鉛直力で面外に座屈・変形しやすくなる
登り梁
軒桁
耐力壁
柱
耐力壁
a.柱のピッチを細かくする
b.柱の成を大きくする
↓屋根荷重の流れ
壁が高くなるため、柱や壁が座屈・変形しやすくなる。a.柱のピッチを細かくするか、b.柱の成を上げるなどして対処する

勾配が1方向となる片流れは登り梁と相性がよいが、高くなった壁の変形を抑えるための工夫が必要となる

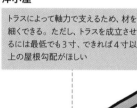

22 和小屋・洋小屋以外の新しい小屋組は？

おさらい！ 和小屋と洋小屋

和小屋

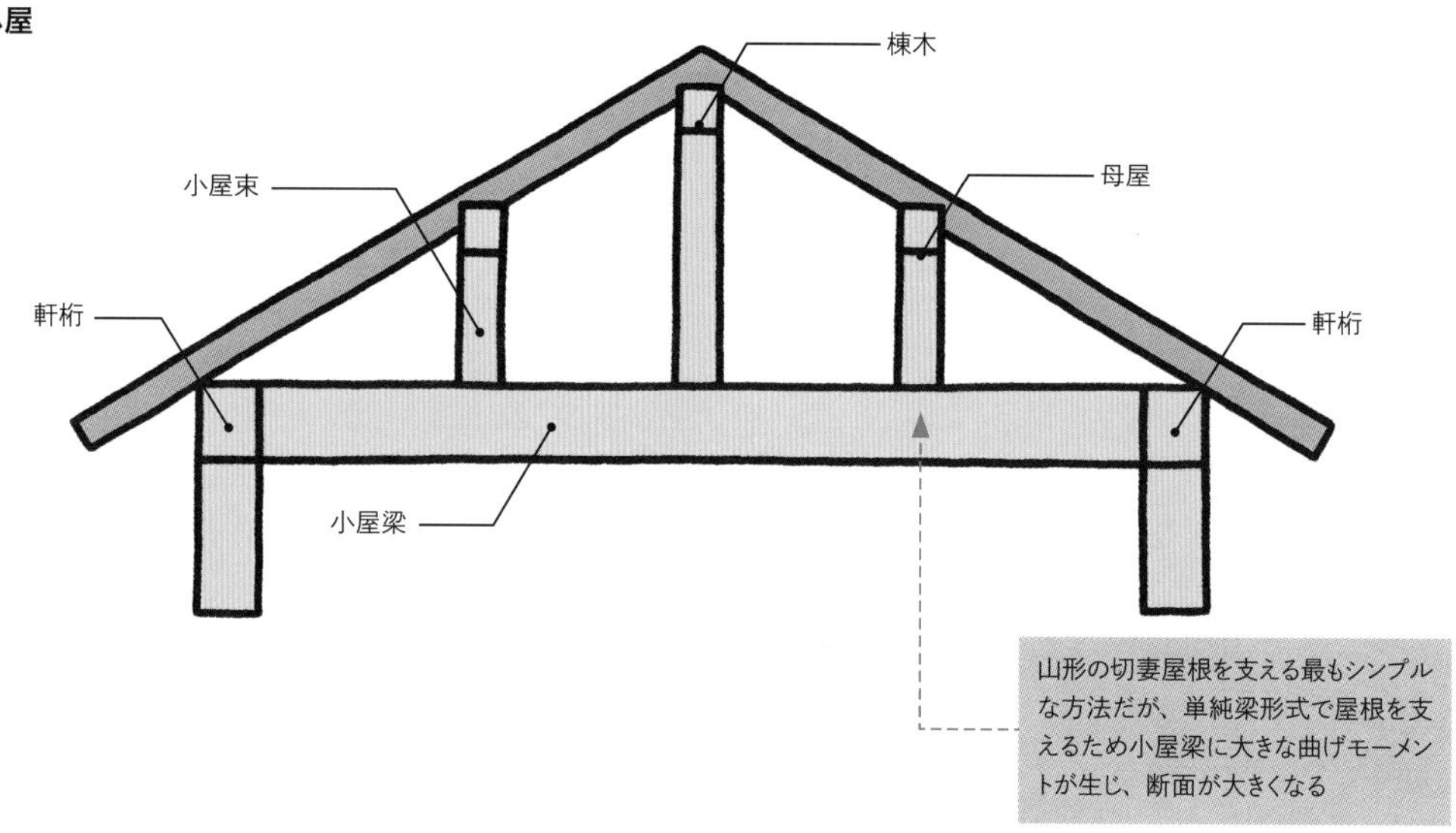
棟木
小屋束
母屋
軒桁
軒桁
小屋梁
山形の切妻屋根を支える最もシンプルな方法だが、単純梁形式で屋根を支えるため小屋梁に大きな曲げモーメントが生じ、断面が大きくなる

洋小屋

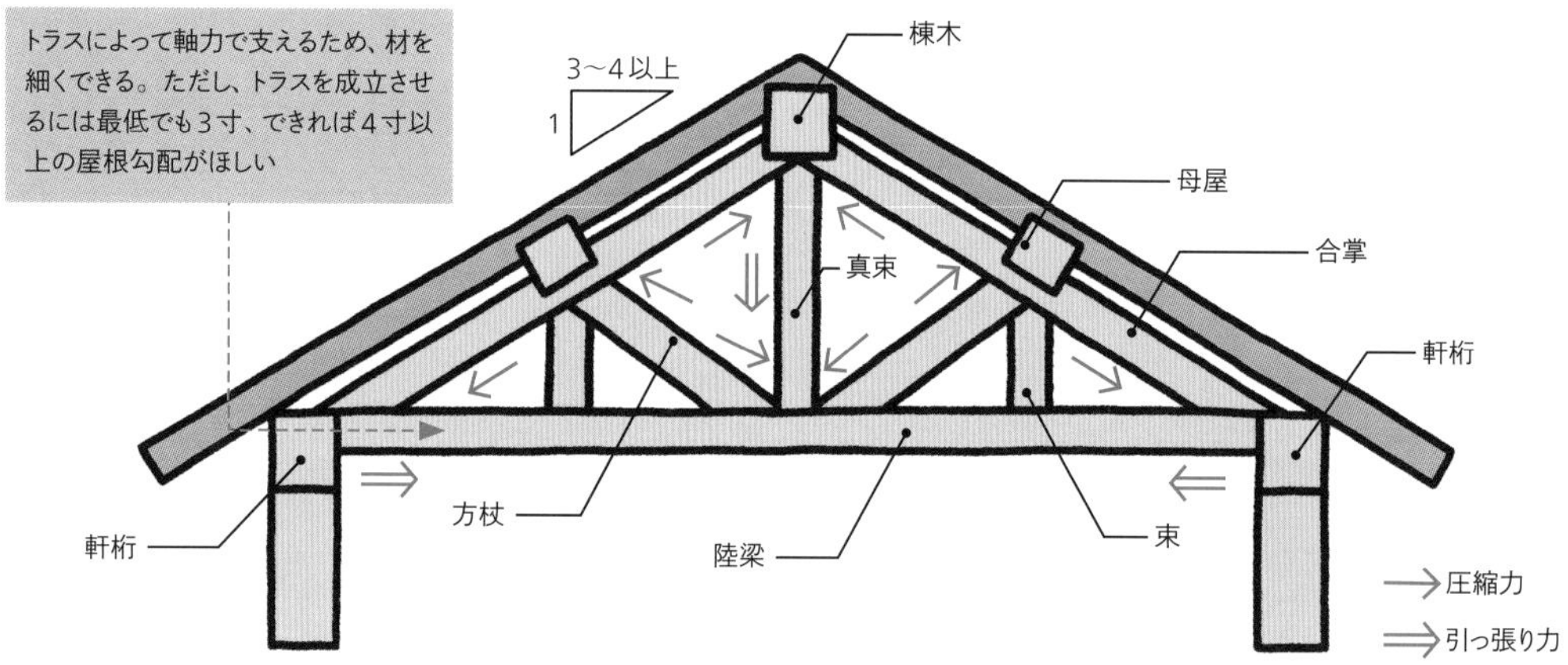
トラスによって軸力で支えるため、材を細くできる。ただし、トラスを成立させるには最低でも3寸、できれば4寸以上の屋根勾配がほしい
3〜4以上
1
棟木
母屋
合掌
真束
軒桁
軒桁
方杖
陸梁
束
圧縮力
引っ張り力

なぜ「和小屋」「洋小屋」がスタンダードなのか

日本の木造住宅の屋根構造のほとんどは、「和小屋」または「洋小屋」でつくられてきた［※1］。その理由は、日本で最も多く見られる屋根形状である「切妻屋根」をはじめとする勾配屋根を合理的につくりやすかったためだ。

切妻屋根はスパン中央が高く両端が低い山形になる。この山形に対して梁間方向に小屋梁を架けた和小屋は、最もシンプルな架構である。ただし和小屋では、単純梁形式で屋根を支えるため、小屋梁の断面が大きくなる。そのため、たとえば少しでも天井高を高く取りたい場合や、屋根なりの勾配天井をつくりたい場合などには小屋梁が邪魔になるため、和小屋が採用しづらい。

一方、洋小屋では方杖や合掌などの斜材が加わりトラスが形成されるため、各部材が軸力で効率よく抵抗でき、部材を細くすることができる。しかし、住宅用プレカット機では加工が難しいうえ、施工に手間がかかるという問題がある［※2］。

架構を工夫して新しい小屋組を考える

和小屋・洋小屋には難点もあるため、別の小屋組を検討したい場合もあることだろう。そこで次頁に「切妻」「片流れ」に採用できる小屋組のバリエーションを紹介する。

図1は、いずれも天井高を確保しやすい小屋組だ。aとbは、本来小屋梁が負担する鉛直力を桁行方向に流すことで小屋梁を不要にする方法、cは、屋根頂部の屋根裏空間が高くなっている部分を利用して小屋梁のレベルを上げる方法である。図2は、複雑になりがちなトラスを洋小屋よりもシンプルに実現する方法だ。図3は柱のない空間をつくれるが、三次元的な接合となるため、構造設計者や施工者と相談しながら進めるほうがよいだろう。

なお、切妻に次いで多く採用されている片流れ屋根でも、屋根勾配が大きければ切妻と同じような小屋組が可能だ。また、1方向に登っていく屋根面を内部空間に生かし、片流れ屋根特有の小屋組も採用できる［図4］。

切妻・片流れ屋根に使える小屋組のバリエーション

図1｜和小屋を変形させて天井を高く取る3つの方法

a.棟木・母屋の成を大きくする

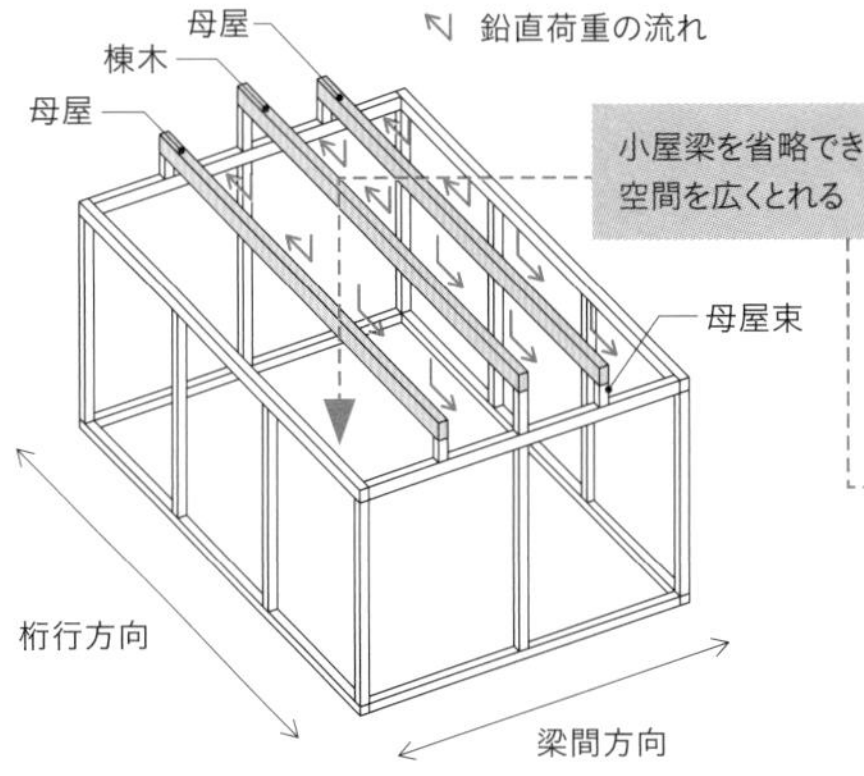
母屋
棟木
母屋
鉛直荷重の流れ
小屋梁を省略でき、空間を広くとれる
母屋束
桁行方向
梁間方向

棟木や母屋の成を通常の和小屋よりも大きくすることで鉛直力を桁行方向に流し、小屋梁を省略する方法。梁間方向には垂木か登り梁［172～173頁］を架け渡して屋根を支える

b.桁行方向にトラスを組む

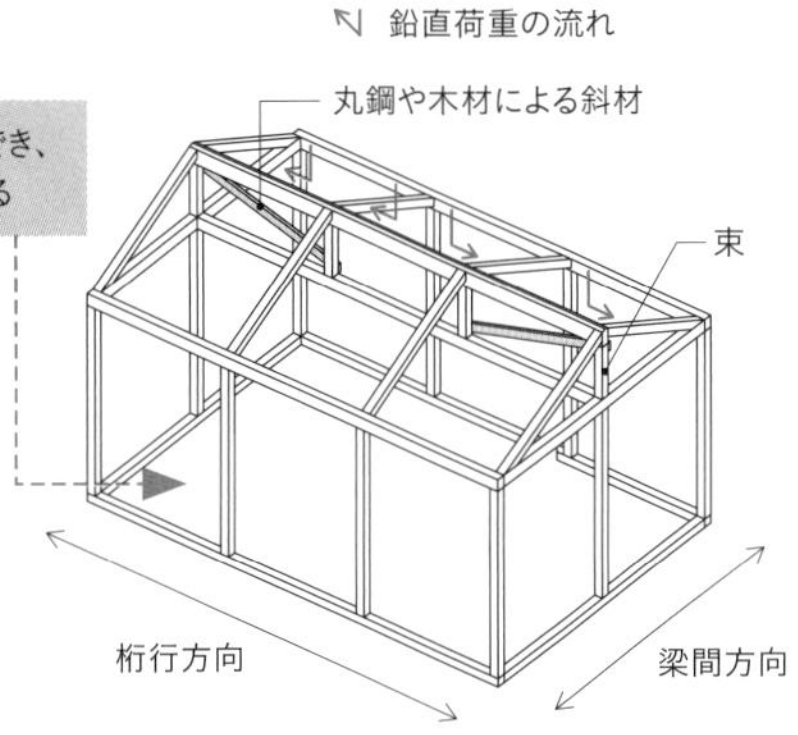
鉛直荷重の流れ
丸鋼や木材による斜材
束
桁行方向
梁間方向

トラスを洋小屋のように梁間方向に入れるのではなく、桁行方向に入れて鉛直力を桁行方向に流し、小屋梁を省略する。トラスの両端は柱や太い梁などで確実に支持する必要がある

c.中央の小屋梁を上げる

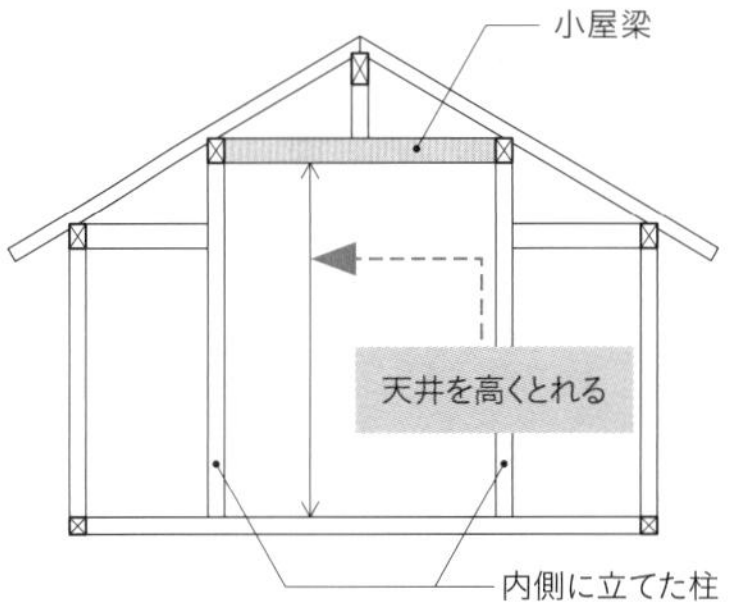
小屋梁
天井を高くとれる
内側に立てた柱

屋根頂部下の小屋梁レベルを上げ、天井高を確保する方法。内部には高くした小屋梁の両端を支えるための柱が必要となるため、プランと合わせた検討が必要

図2｜洋小屋のトラスをシンプルにつくる

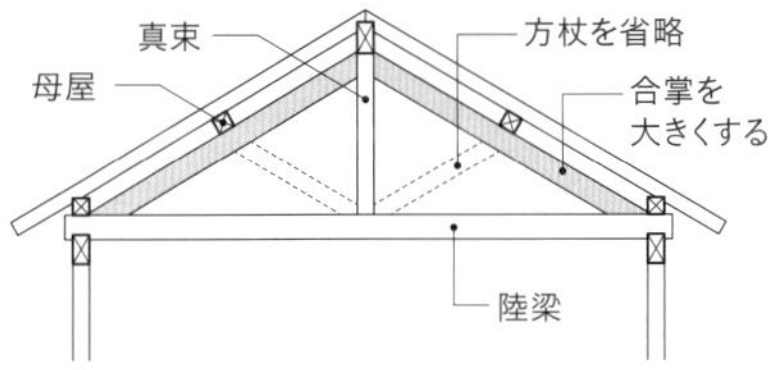
真束
方杖を省略
母屋
合掌を大きくする
陸梁

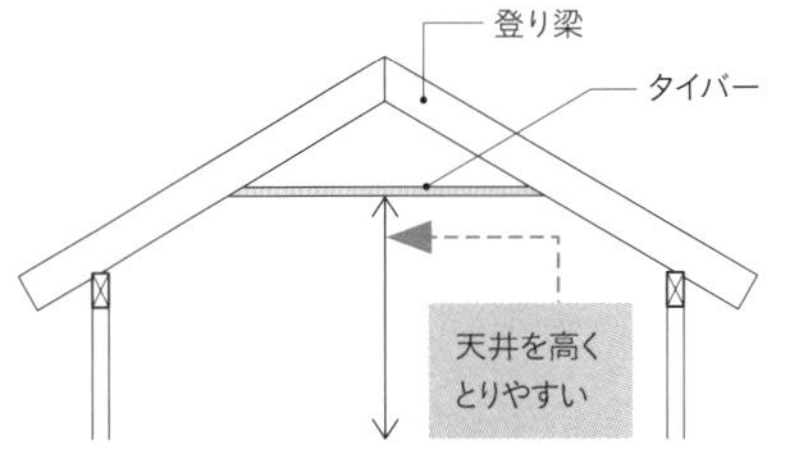
登り梁
タイバー
天井を高くとりやすい

上：登り梁（合掌）を大きくし、洋小屋よりも方杖や束を減らしてトラスをつくる｜下：陸梁の代わりにタイバー［173頁］を高い位置に入れ、圧迫感のない空間にする

図3｜立体トラスで柱のない空間をつくる

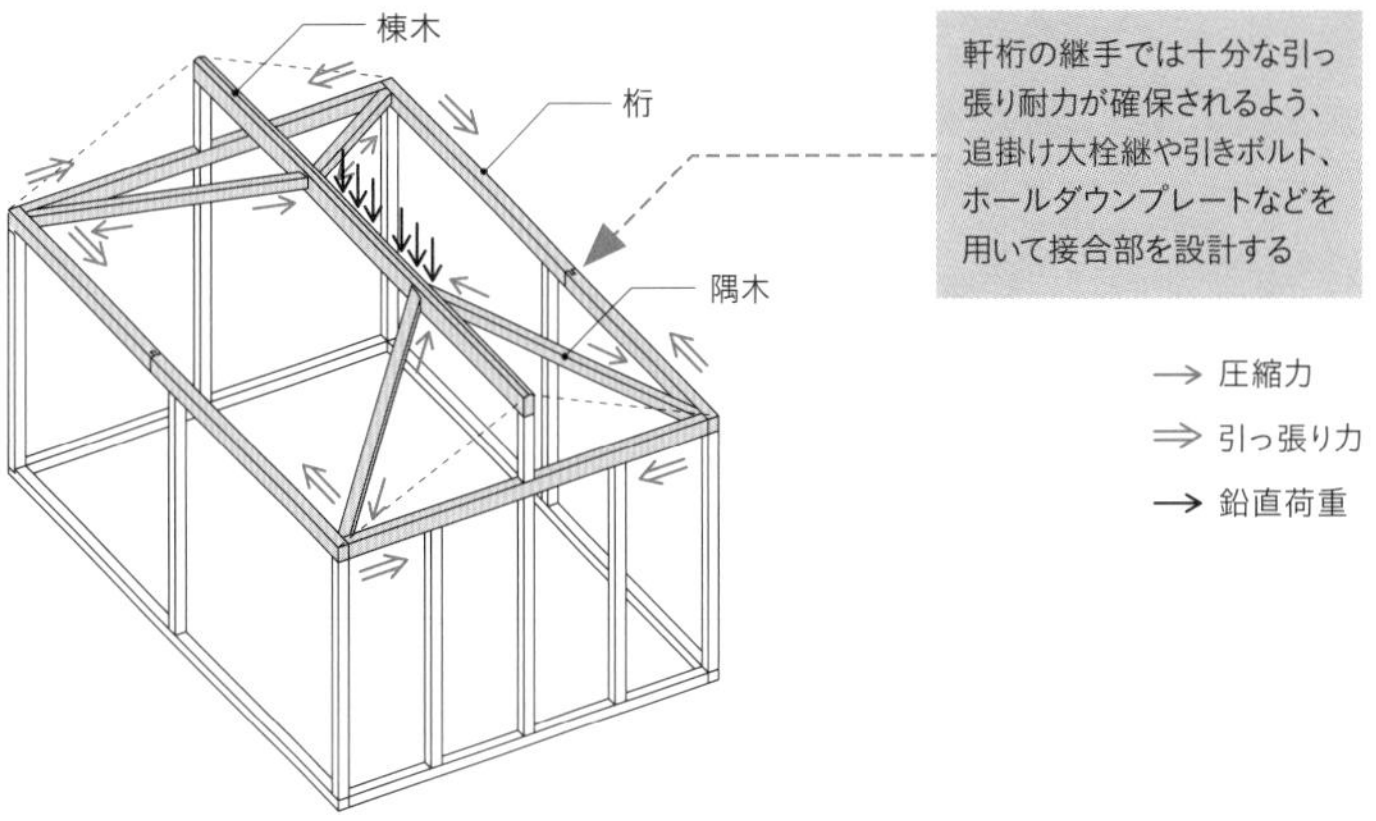
棟木
桁
軒桁の継手では十分な引っ張り耐力が確保されるよう、追掛け大栓継や引きボルト、ホールダウンプレートなどを用いて接合部を設計する
隅木
→ 圧縮力
⇒ 引っ張り力
→ 鉛直荷重

屋根面にそって隅木を入れて棟木や桁とつなぎ、立体トラスを形成する方法。棟木と隅木には圧縮軸力、外周の軒桁には引っ張り力が生じ、相互にバランスを取る。対称かつ矩形プランの場合のみ採用可能な方法だ

図4｜片流れの形状を生かした小屋組

1本の登り梁で架け渡す

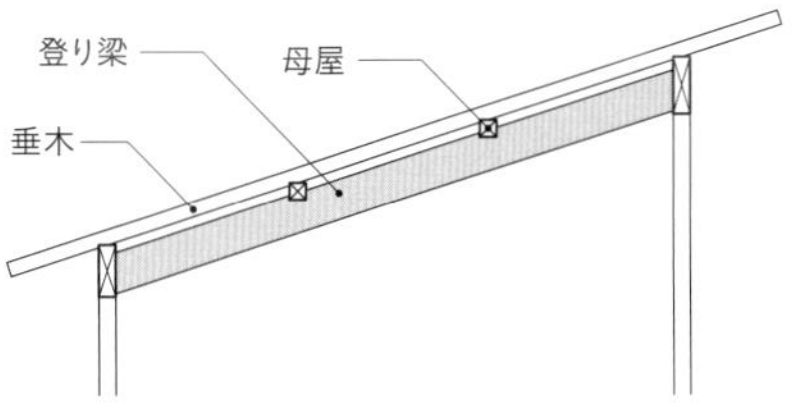
登り梁
母屋
垂木

登り梁を屋根勾配に沿って斜めに架け、母屋を支える。スパンが大きい場合は中間で柱や桁で受ければよい。片流れに沿った勾配天井となり、片流れ屋根ならではの内部空間をつくれるため、最もよく使われる方法

張弦梁で支える

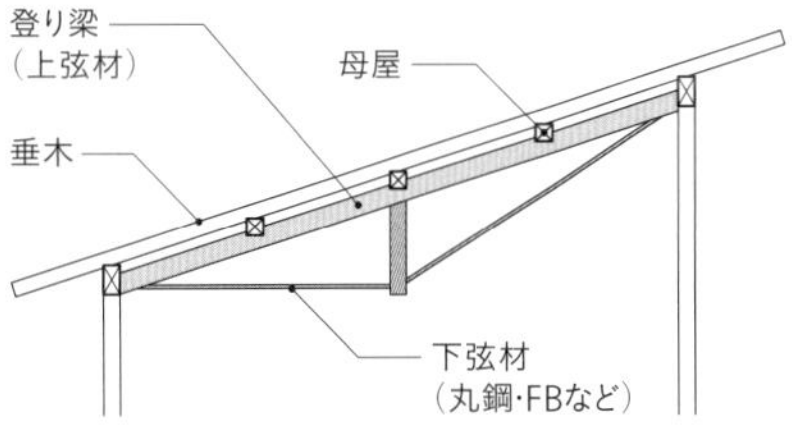
登り梁（上弦材）
母屋
垂木
下弦材（丸鋼・FBなど）

圧縮軸力と曲げを負担する上弦材と、引っ張り軸力のみを負担する鋼材や木材などの細い下弦材を、束でつないだ組立梁（張弦梁）。片流れに沿った登り梁を上弦材として使うと、長スパンを軽快に飛ばせる

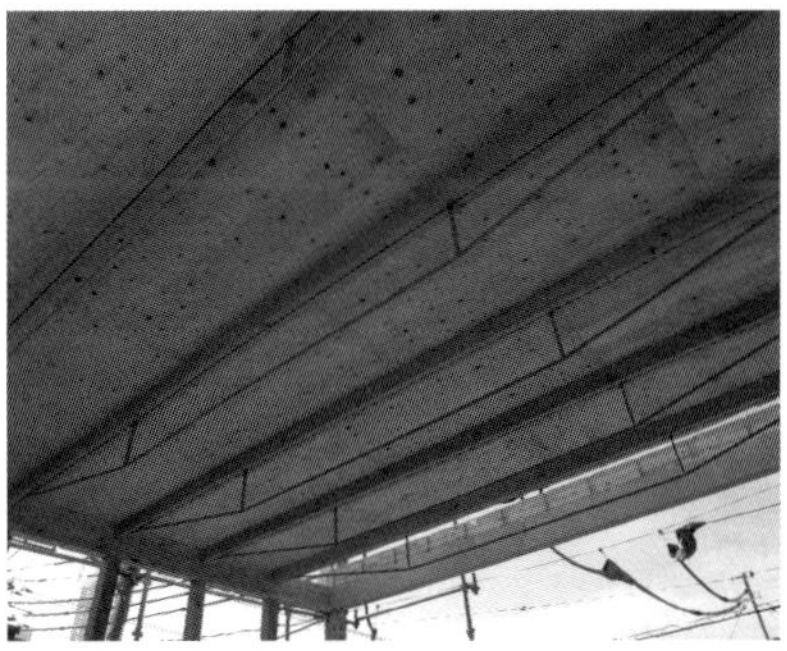

フラットバーで製作した張弦梁を2本の梁材で挟む。6mのスパンを120㎜の梁成で実現した（写真：リオタデザイン）

※1　厳密には、竪穴式住居や白川郷の合掌造に代表されるような「扠首組《さすぐみ》」の小屋組もある
※2　このほか、大断面集成材の普及が進んで住宅に利用しやすくなったことで、細く短い材を組み合わせる洋小屋は、昨今の住宅ではあまり採用されなくなっている。しかし最近、中大規模木造建築を地域の流通木材でつくる取り組みが各地で活発化しており、細く短い木材を使って長スパンを飛ばせるトラスの価値が見直されている

23 方形屋根・寄棟屋根の小屋の架け方は？

複数の隅木が頂部に集まる

方形屋根

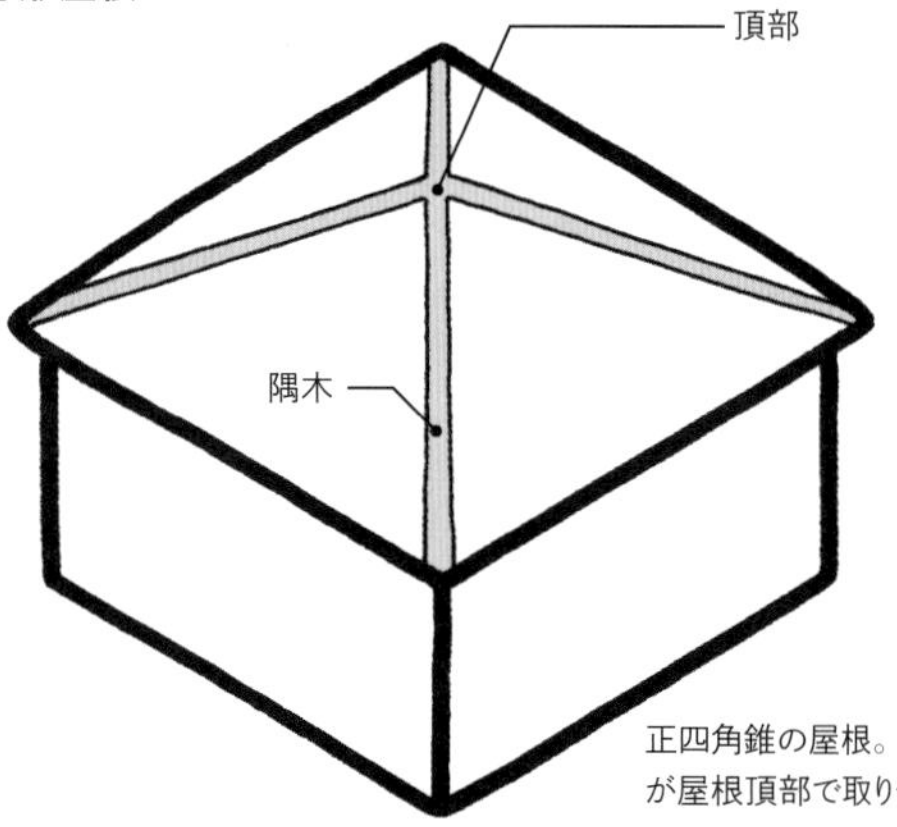
頂部
隅木

正四角錐の屋根。4本の隅木が屋根頂部で取り合う

寄棟屋根

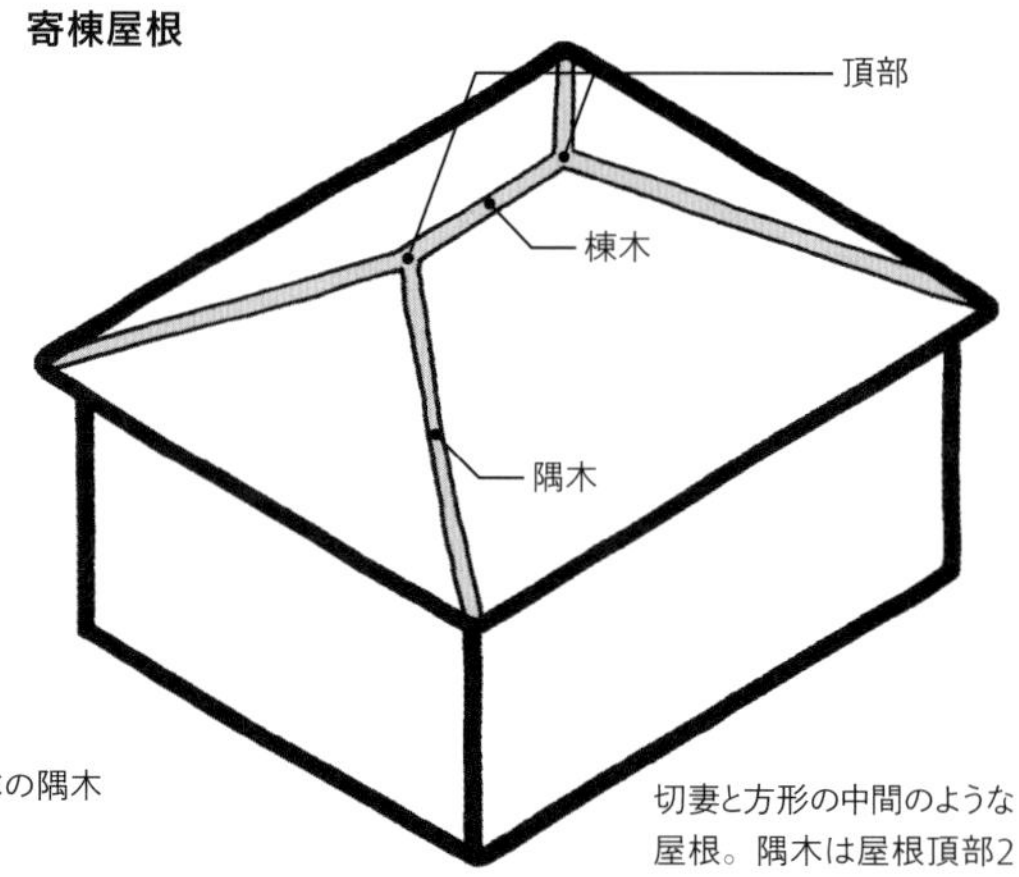
頂部
棟木
隅木

切妻と方形の中間のような屋根。隅木は屋根頂部2カ所で取り合う

多角形屋根

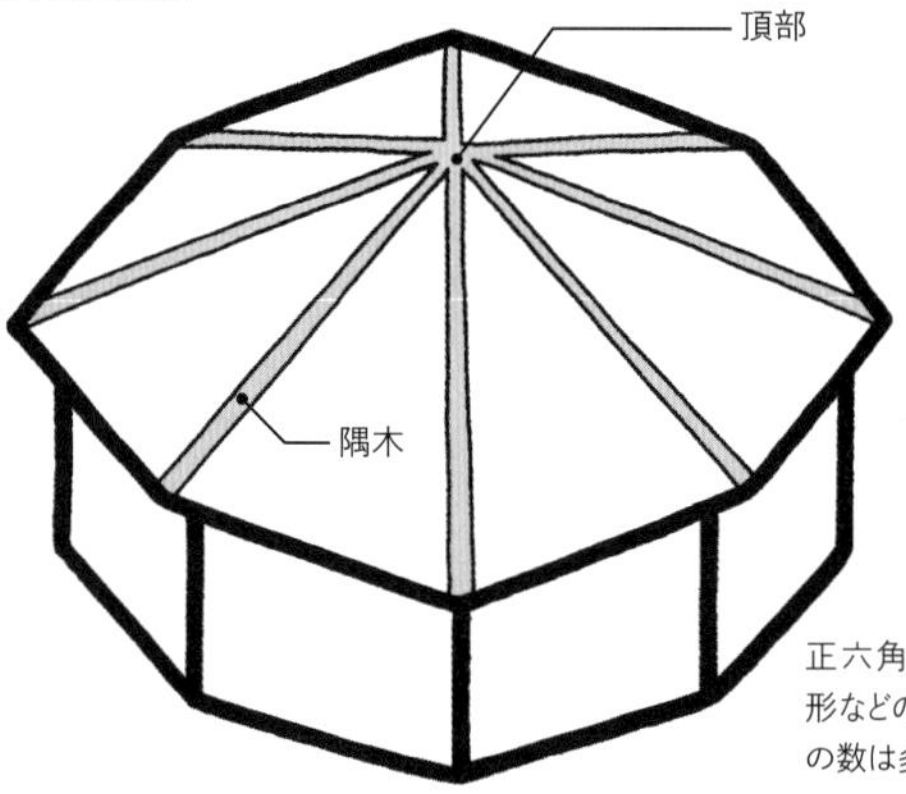
頂部
隅木

正六角形や正八角形などの屋根。隅木の数は多くなる

「頂部」の支え方が
重要なんだね
僕にはないけど…
フム
フム…

方形屋根は頂部をいかに支えるかがポイント

方形屋根の形状は、4辺の長さが等しい正四角錐である。4方向に勾配がついており、多方向からの斜線制限をかわしやすい屋根形状だ。切妻屋根との構造上の大きな違いは、棟木がないこと、そして4本の隅木が屋根頂部で取り合うことだ。方形の屋根の架構では、これらの隅木とその取合い部をどのように支えるかが重要になる。

最もシンプルで一般的な方法は、頂部の直下（建物の中央）に立てた柱（大黒柱）で屋根を支える方法である［図1a］。1本の柱に4本の隅木が取り付くことになるため、納まりは複雑になる。丸柱を用いる、もしくは正角断面の柱を45度回転させて柱勝ちで納めるなどの工夫が有効だ。

図1aの架構は、柱を中心とした回遊プランなどに適している。だが、中心部に柱を立てたくないケースもあることだろう。そのようなケースでは、175頁図1cと同様、外周のやや内側に柱を立てて母屋や隅木を支える方法もある。純粋な和小屋よりも小屋梁の位置を高くできる利点もある［図1b］。

点対称の正多角形屋根は構造的には有利

方形をはじめとする正多角形の屋根は、頂部の取り合いが複雑になるものの、構造上は有利な点が多い。住宅ではあまり見られないが、正六角形や正八角形の屋根も構造的には成立させやすいかたちといえる［6頁］。鉛直荷重や地震・風などの水平力に対してバランスをとりやすく、四角形に比べて外周に耐力壁を多く確保しやすいといったことが理由だ。

こうした構造的なバランスのよさから、室内の柱を抜いた完全な無柱空間も比較的実現が容易である。たとえば、直交する軒桁間に火打ち梁のように斜めの梁を架け渡して束を立て、隅木や母屋を支える方法がある。軒桁と並行に梁を架けるよりもスパンが短くなるため、梁成も抑えられる［図2a］。

そのほか、4本の隅木と外周の軒桁で構成される正四角錐のかたちを利用した立体トラスとする方法もある［図2b］。この場合、隅木どうしが取り合う屋根頂部には、柱の代わりとなる「蕪《かぶら》束（かぼちゃ束）」［図3］を入れるか、十字形の金物を入れるなどして納める

方形・寄棟屋根に使える小屋組のバリエーション

図1｜柱で隅木を支える

a.中心に柱を立てる　b.外周のやや内側に柱を立てる

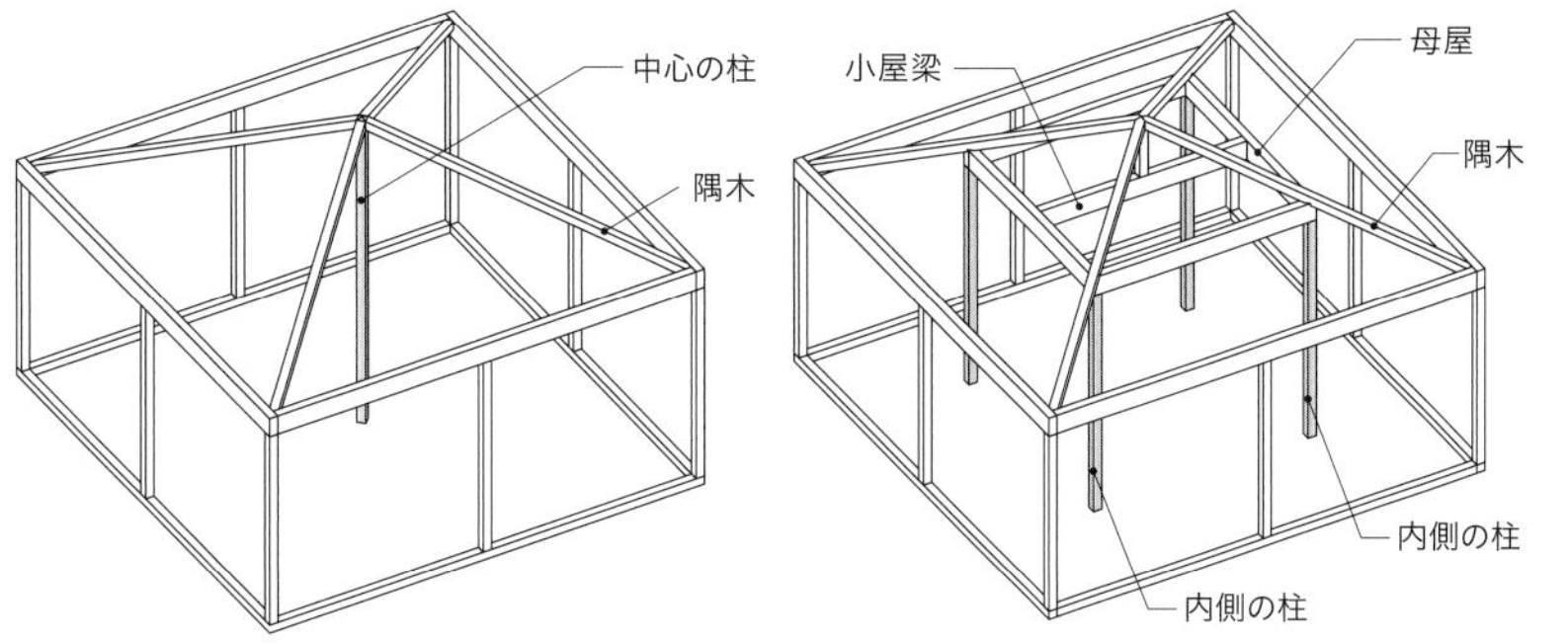
中心の柱
隅木
小屋梁
母屋
隅木
内側の柱
内側の柱

図3｜方形屋根頂部の納まり

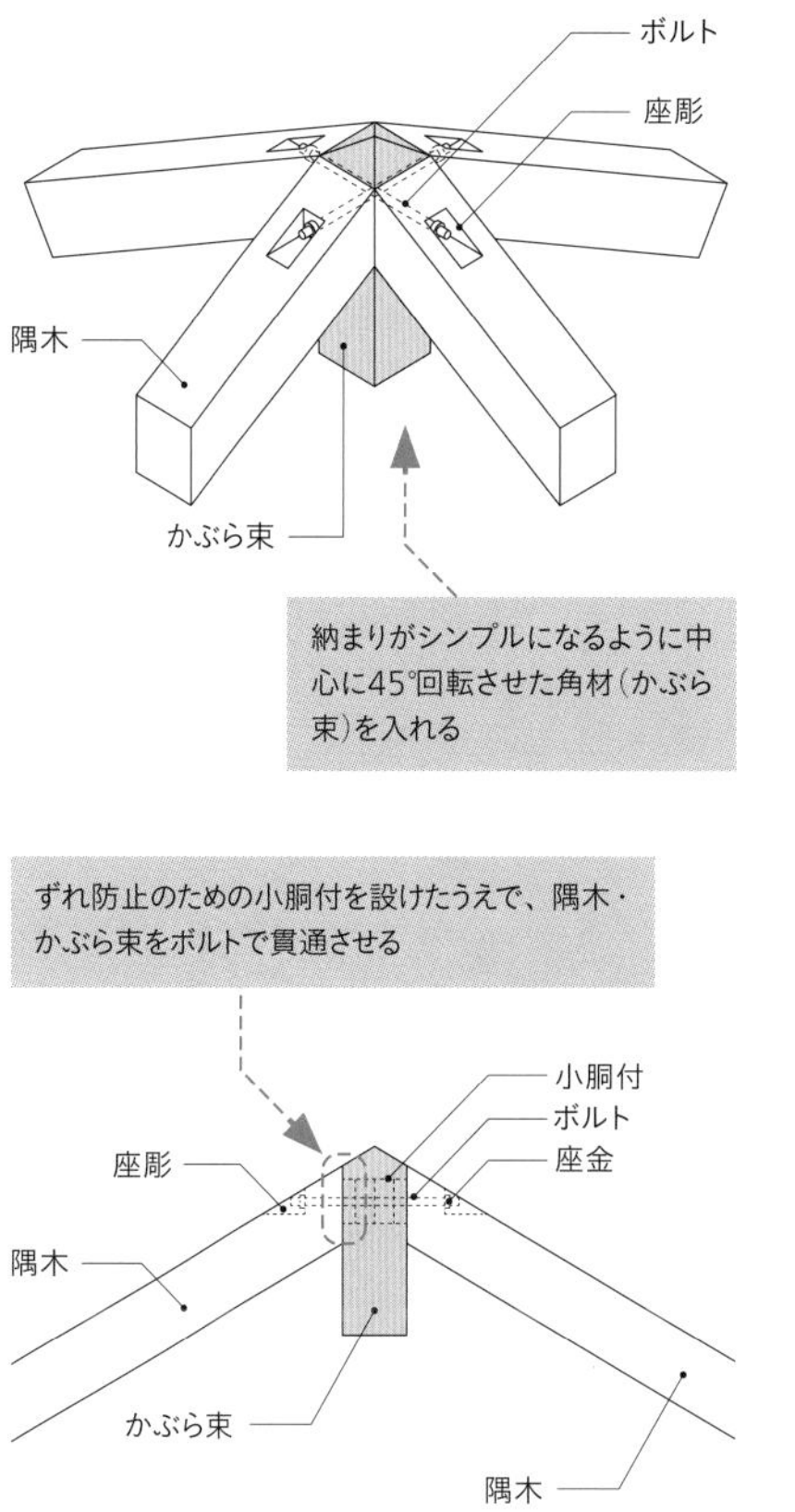
ボルト
座彫
隅木
かぶら束
納まりがシンプルになるように中心に45°回転させた角材（かぶら束）を入れる
ずれ防止のための小胴付を設けたうえで、隅木・かぶら束をボルトで貫通させる
小胴付
ボルト
座金
座彫
隅木
かぶら束
隅木

図2｜柱を立てずに屋根を支える

a.火打ち梁で柱を省略　b.立体トラスで柱を省略

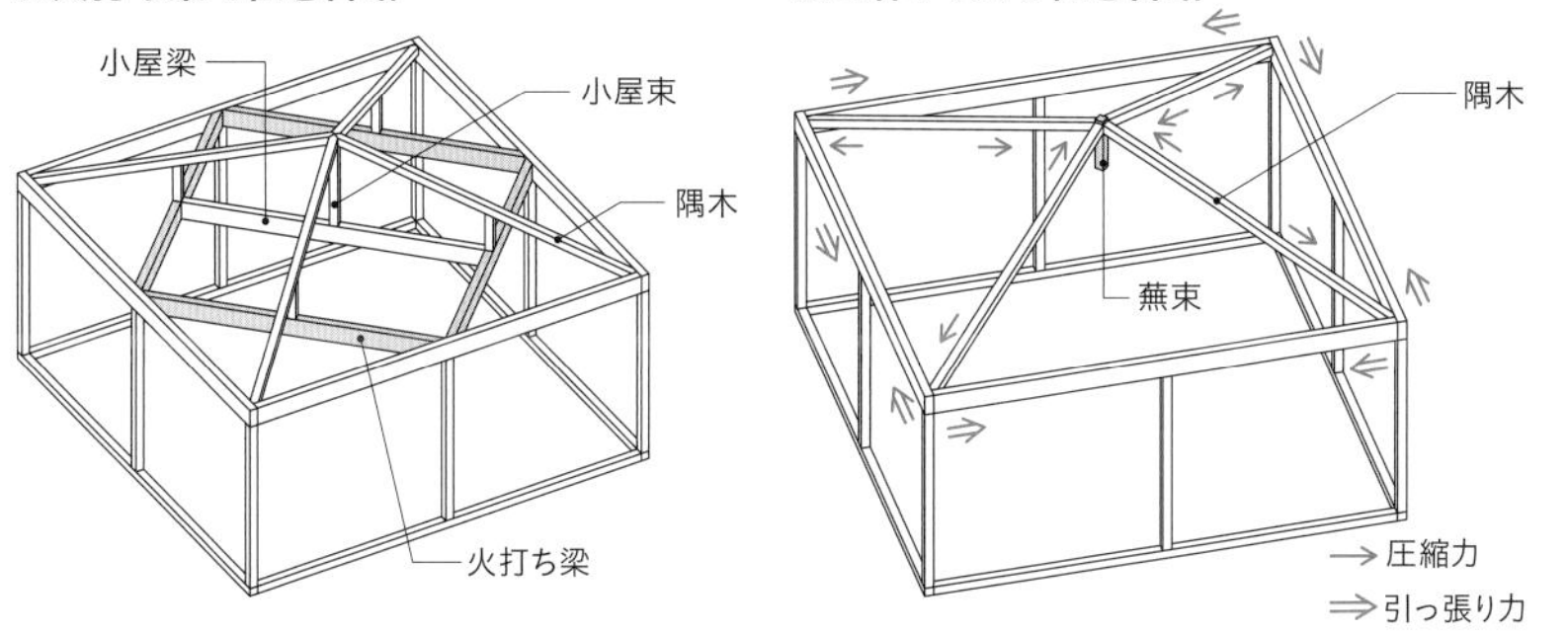
小屋梁
小屋束
隅木
火打ち梁
隅木
蕪束
圧縮力
引っ張り力

図4｜寄棟は切妻と方形の中間

a.隅木と棟木の取合い直下に柱を立てる　b.外周の内側に柱を立てる　c.立体トラスで柱を省略

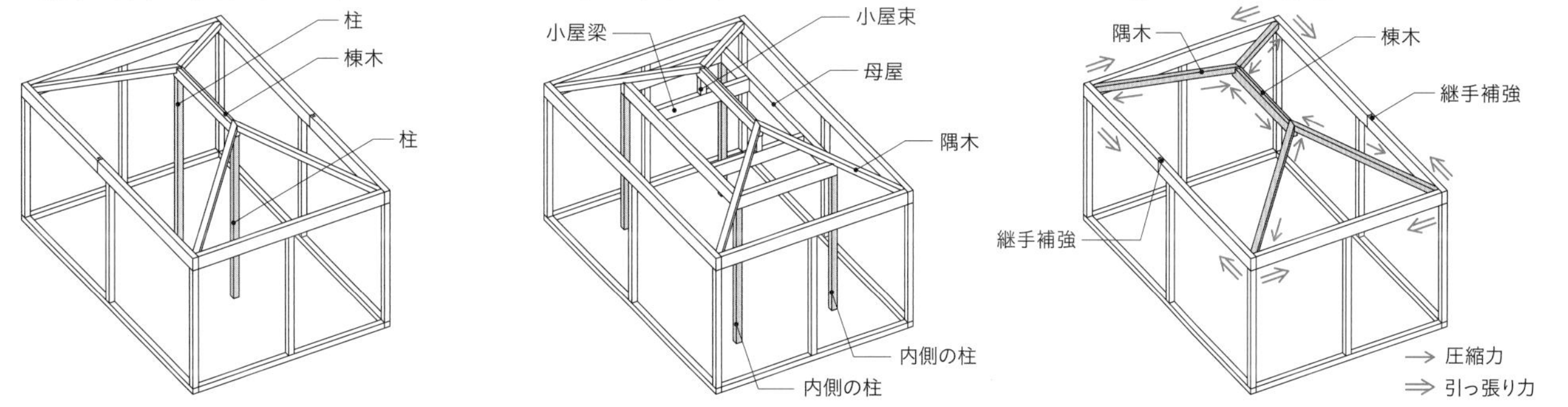
柱
棟木
柱
小屋梁
小屋束
母屋
隅木
内側の柱
内側の柱
隅木
棟木
継手補強
継手補強
圧縮力
引っ張り力

のが一般的だ。隅木に用いる材が6m以下の流通材であっても、大きな無柱空間をつくれる。このとき、大きな引張力が生じる軒桁の継手に注意が必要なことは81頁図3と同様だ。

寄棟屋根も方形屋根と同様に考える

寄棟は方形屋根の頂部を引き延ばして棟をつくったような形状の屋根である。勾配が4方向であること、4本の隅木が必要なことなど、方形屋根との共通点は多い。柱を立てて支える場合の架構も方形と同様だ［図4a、b］。

一方、棟木があるという意味では切妻に近いように思えるが、妻側の屋根も軒に近づくにつれて下がるため、175頁図1aのように棟木や母屋を外壁面まで延ばすことはできない。柱や小屋梁のない空間にしたい場合は、175頁図3のように立体トラスで支える方法がある［図4c］。この方法は、屋根の下がり棟の位置にちょうど隅木がくるため、切妻よりも寄棟のほうが適している。この場合も、軒桁の継手に補強が必要となる。

24 軒もけらばも大きく出す方法は？

けらばはできるだけすっきり見せたい

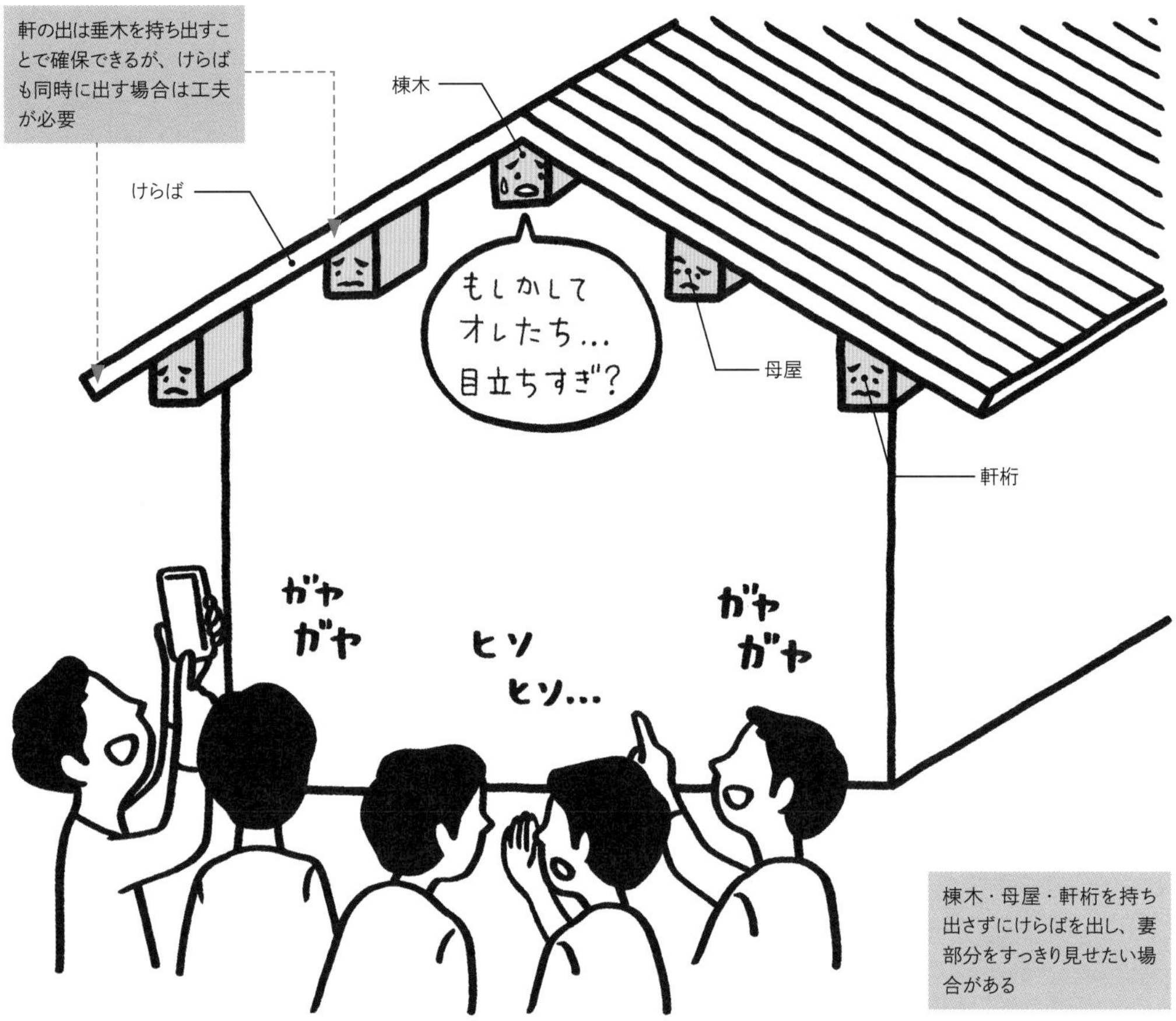

桁材を持ち出さずに支える方法

切妻屋根や片流れ屋根で軒を大きく出したい場合は、垂木を太くするなどして持ち出せばよい。しかし、同時にけらばも大きく（910㎜程度）跳ね出したい場合は工夫が必要となる。一般的には、軒桁や棟木・母屋などの桁材を妻側に持ち出して垂木を支える方法がとられるが、桁材が妻部分に露出してしまい、これを隠そうとすると破風板が大きくなってしまう［上図］。そこで、桁材を持ち出さずにけらばの出を確保する方法をいくつか紹介しよう。

❶けらば部分を横垂木にする

けらば側の垂木のみ、架ける向きを90°変えた「横垂木」にしてけらばを支える方法。横垂木は妻壁の通りで止めるとけらばを支えられないので、けらばの出寸法と同程度の長さを室内側に差し込むこと。出隅部分が下がってこないよう補強も必要だ［図1］。

❷断熱・通気層に横垂木を入れる

基本的な考え方は❶と同様だが、❶の方法では室内に垂木を意匠的に露しにくい。そこで、屋根の断熱層や通気層を利用してそのスペースに横垂木を差し込むという方法がある［図2］。

❸厚物の構造用合板を使う

野地板に厚物の構造用合板を使って支える方法。たとえば30㎜厚の構造用合板なら、900㎜程度の跳ね出しが可能［図3］。ポイントは持ち出す方向と合板の長手方向をそろえること。構造用合板はベニヤ（単板）を奇数枚重ねて接着されているが、最外層では繊維が長手方向に通っているため、長手方向に架け渡したほうが強度が出る。

❹隅木を入れる

寄棟や方形屋根［176頁］のように隅木を入れて支える方法。隅木を境に縦垂木と横垂木が切り替わる［図4］。隅木の天端を垂木に合わせれば、屋根厚を抑えすっきりと見せられる。

これらのいずれかの方法で軒・けらばを900㎜から1ｍ程度出すことができるが、それ以上の出を取りたい場合は、シンプルに母屋や棟木を持ち出すか、登り梁形式にして軒を出し、登り梁と直交する方向に横垂木をのせる方法が考えられる［図5］。

軒とけらばを同時に出す方法

図1｜けらば部分を横垂木にする

平面図（縦垂木を優先）

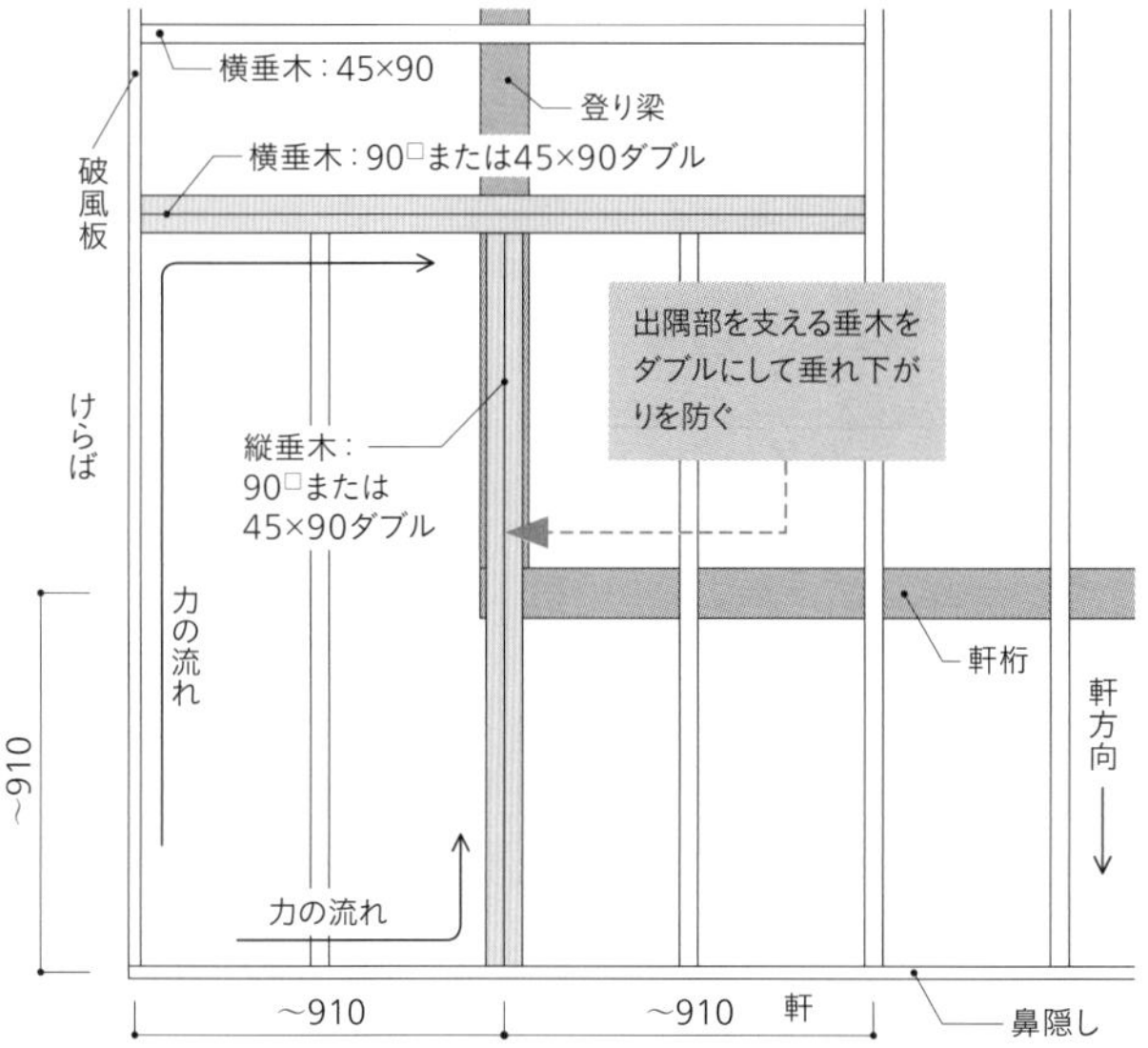
横垂木：45×90
登り梁
破風板
横垂木：90□または45×90ダブル
出隅部を支える垂木をダブルにして垂れ下がりを防ぐ
けらば
縦垂木：
90□または
45×90ダブル
力の流れ
軒桁
軒方向
~910
力の流れ
~910
~910
軒
鼻隠し

平面図（横垂木を優先）

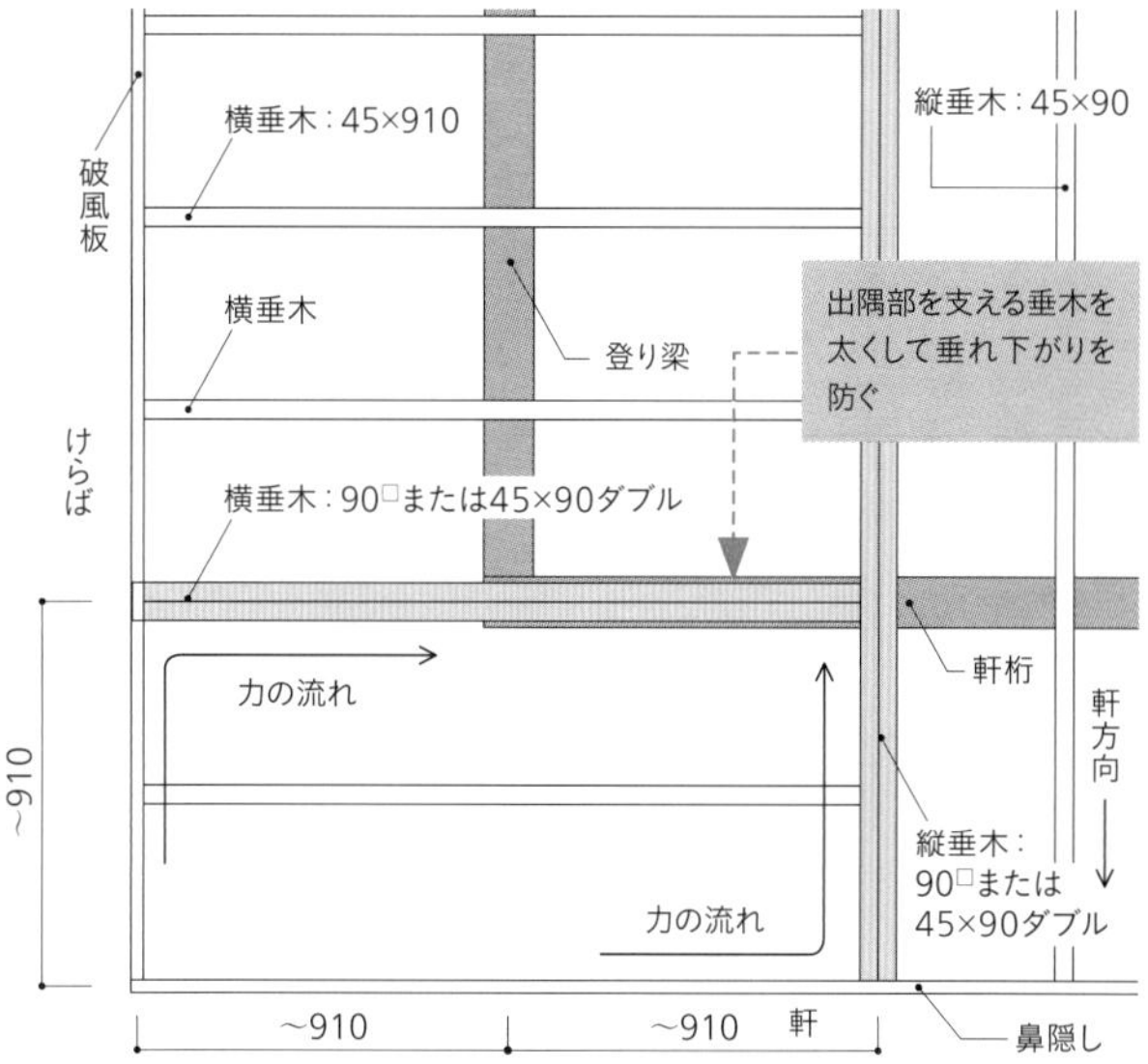
横垂木：45×910
縦垂木：45×90
破風板
横垂木
登り梁
出隅部を支える垂木を太くして垂れ下がりを防ぐ
けらば
横垂木：90□または45×90ダブル
軒桁
力の流れ
軒方向
~910
縦垂木：
90□または
45×90ダブル
力の流れ
~910
~910
軒
鼻隠し

出隅部は破風板か鼻隠しのみで支えることになるため、垂れ下がらないよう、これを支える垂木をダブルにするか、太くするなどして補強する。出隅部で縦垂木を優先する場合は左図、横垂木を優先する場合は右図のような納まりとなる

図2｜断熱・通気層に横垂木を入れる

断面図

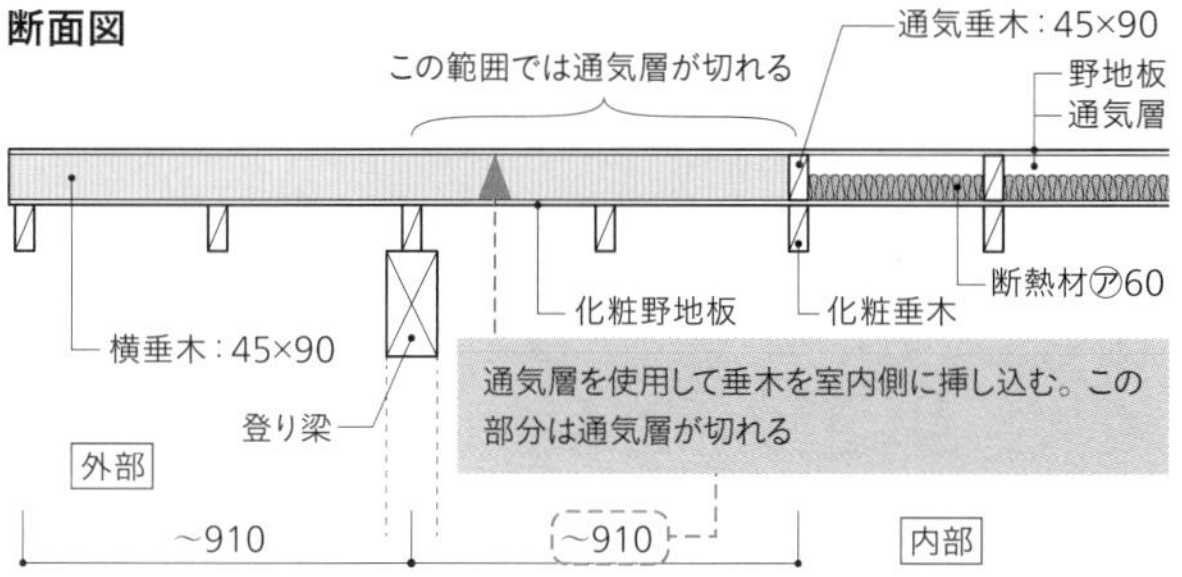
この範囲では通気層が切れる
通気垂木：45×90
野地板
通気層
化粧野地板
化粧垂木
断熱材㋐60
横垂木：45×90
通気層を使用して垂木を室内側に挿し込む。この部分は通気層が切れる
登り梁
外部
~910
~910
内部

図3｜野地板に厚物の構造用合板を使う

断面図

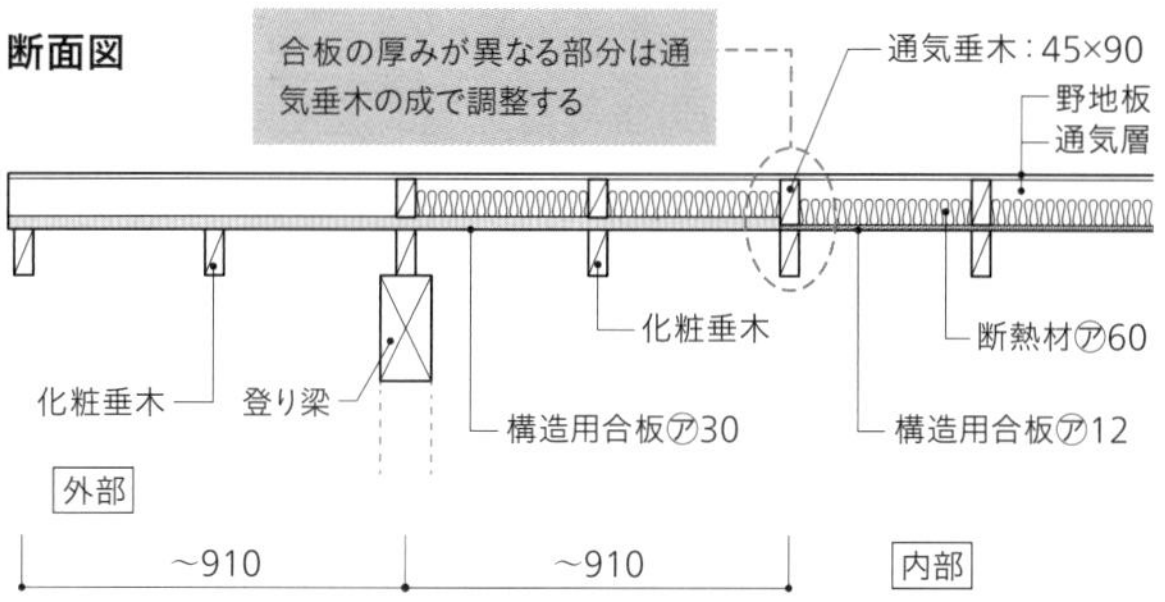
合板の厚みが異なる部分は通気垂木の成で調整する
通気垂木：45×90
野地板
通気層
化粧垂木
断熱材㋐60
化粧垂木
登り梁
構造用合板㋐30
構造用合板㋐12
外部
~910
~910
内部

図4｜隅木を入れる

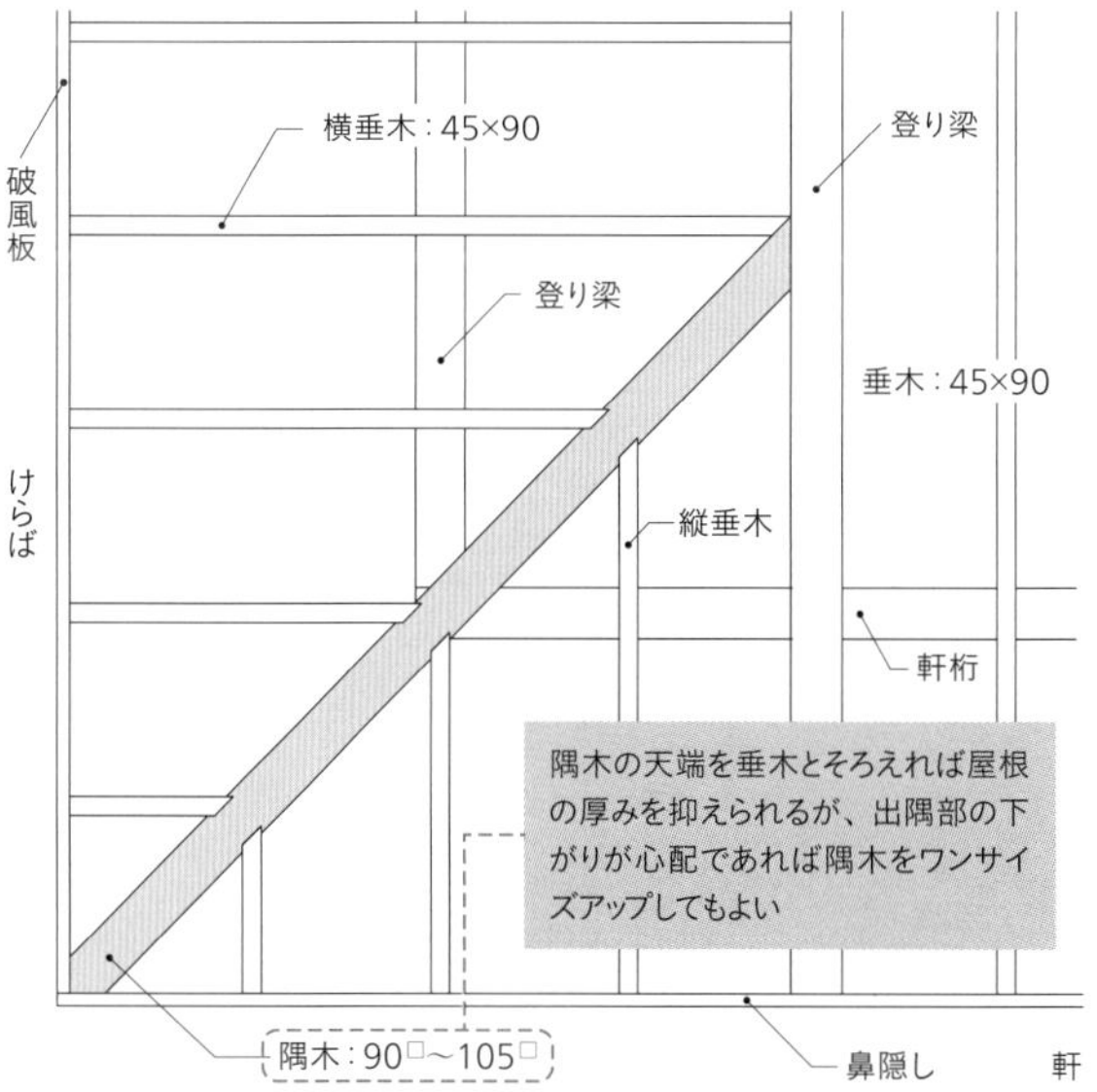
横垂木：45×90
登り梁
破風板
登り梁
垂木：45×90
けらば
縦垂木
軒桁
隅木の天端を垂木とそろえれば屋根の厚みを抑えられるが、出隅部の下がりが心配であれば隅木をワンサイズアップしてもよい
隅木：90□~105□
鼻隠し
軒

図5｜登り梁に横垂木を重ねる

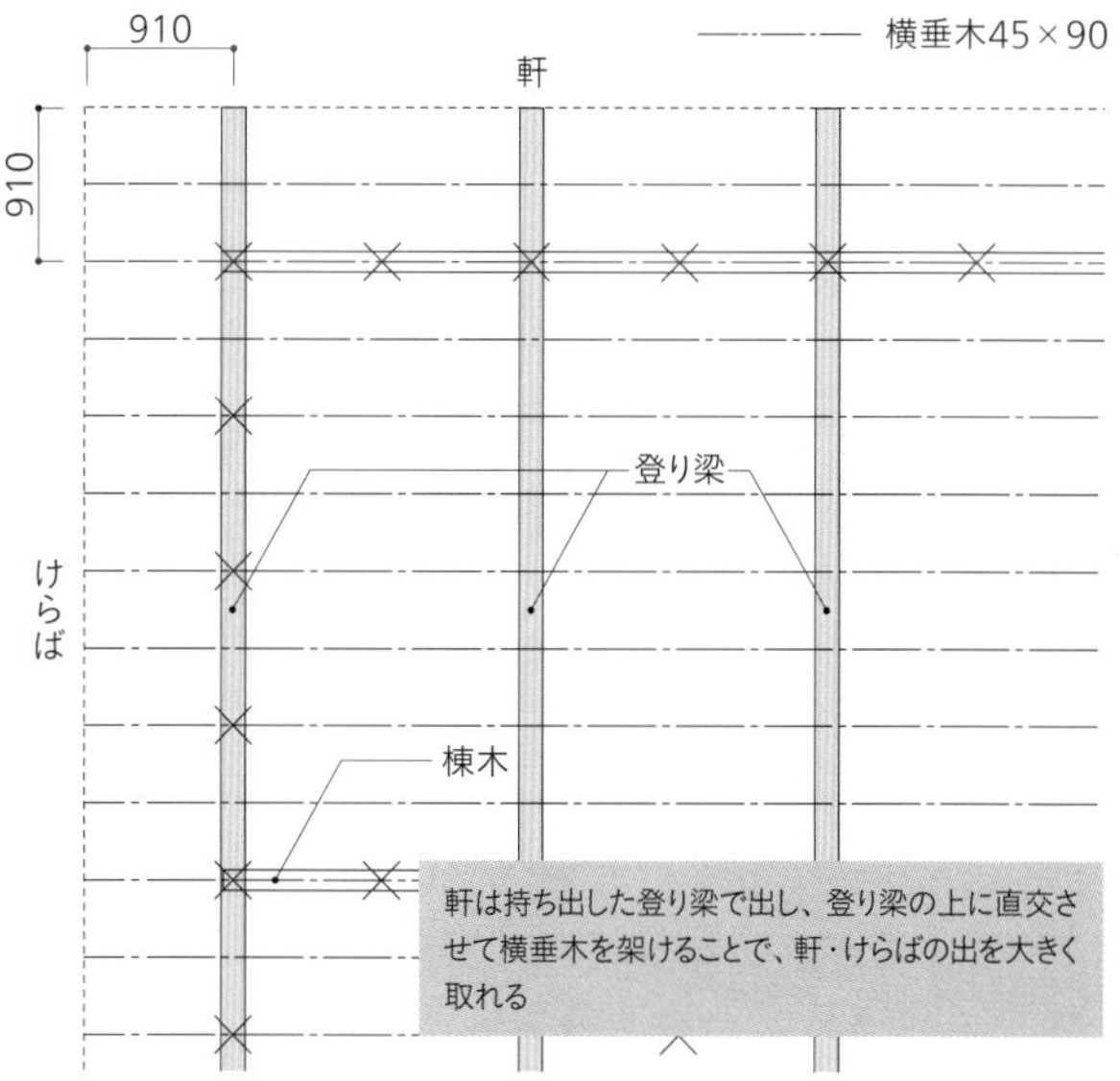
910
横垂木45×90
軒
910
登り梁
けらば
棟木
軒は持ち出した登り梁で出し、登り梁の上に直交させて横垂木を架けることで、軒・けらばの出を大きく取れる

25

木造住宅の地盤調査はSWS試験だけでよい？

地盤調査と基礎地業工事のバランス

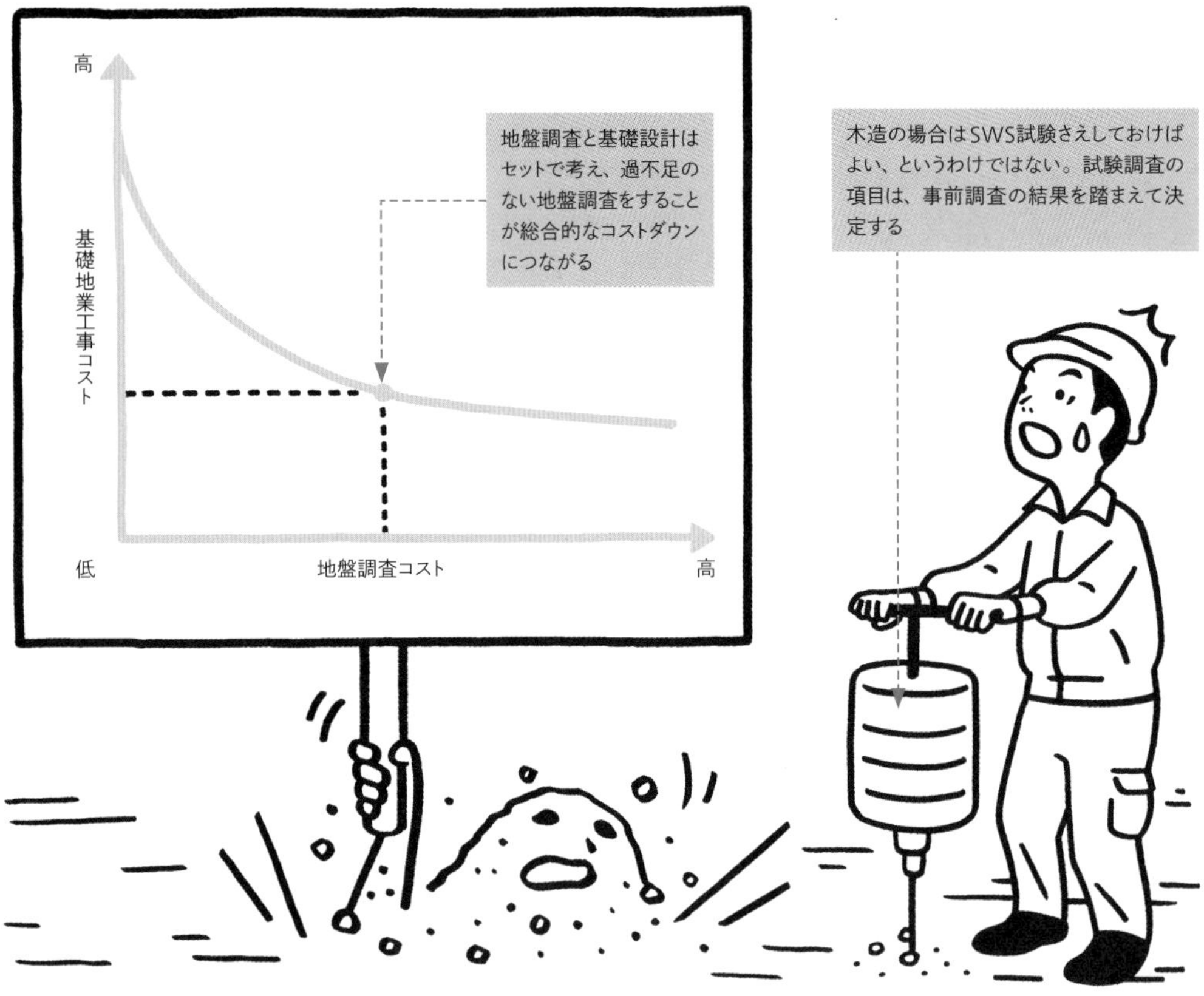
高
基礎地業工事コスト
低
地盤調査コスト
高
地盤調査と基礎設計はセットで考え、過不足のない地盤調査をすることが総合的なコストダウンにつながる
木造の場合はSWS試験さえしておけばよい、というわけではない。試験調査の項目は、事前調査の結果を踏まえて決定する

「木造ならSWS試験」という考えは正しくない

　木造住宅は小規模・軽量であることから、「SWS試験（スクリューウエイト貫入試験）さえしておけばよい」と思い込んでいる人が多い。しかし地盤調査とは本来、事前調査（「資料調査」と「現地踏査」）を実施したうえで、SWS試験などの「試験調査」を行うというステップを踏むべきものである。試験調査には目的に応じてさまざまな種類があり［※1］、事前調査の結果を踏まえて試験法を選ぶ必要がある。

　地盤調査を軽視し、コストの低さのみで選んでしまうと、基礎設計時に必要な地盤情報が不足して過剰な基礎となり、最終的にかえってコストがかさんでしまうケースもある。地盤調査と基礎設計は必ずセットで考え、過不足のない調査を心がけることが、本当の意味でのコスト削減につながるといえるだろう。先の「東北地方太平洋沖地震」で液状化被害が多発した理由も、こうした考え方の欠如が背景にあったといえる。

事前調査を侮ることなかれ

　「資料調査」の資料とは、山地、台地、低地、人工地形といった地形分類に関する情報を得るための「土地条件図」、地層構成を推測するための敷地内または近隣の「柱状図」、液状化の可能性を探るための「液状化マップ」などを指す［※2］。

　一方、「現地踏査」は、実際に現地に赴き、目視により地盤情報を推測する調査である。地形や既存構造物の沈下などを確認し、地層構成や盛土・切土状況などを推測していく。たとえば、隣の建物のコンクリートに大きなクラックが生じていた場合、不同沈下を疑い、沈下検討をするための試験調査を計画する必要がある。

　このように資料調査と現地踏査は、試験調査計画を立てるための予備調査的な意味合いが強いが、試験調査では得にくい大局的な地盤情報も把握できる非常に重要な過程である。この予備調査があってはじめて、過不足ない試験調査項目を設定できる。

事前調査の結果をもとに試験調査を検討する

　試験調査は、土質や地耐力、N値［※3］など、詳細な地盤情報を得るため

地盤調査の計画例

表｜事前調査の結果から試験調査方法を決定する

	計画例1（極端な軟弱地盤ではないが、液状化の可能性がある）	計画例2（表層付近に支持層があるが、傾斜している）	計画例3（支持層が深く、液状化の可能性がある）
計画地の概要	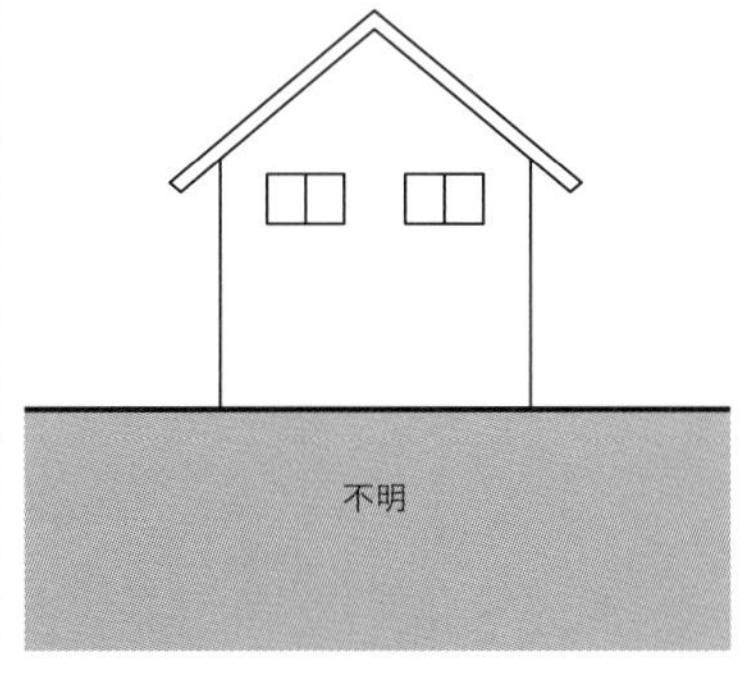不明	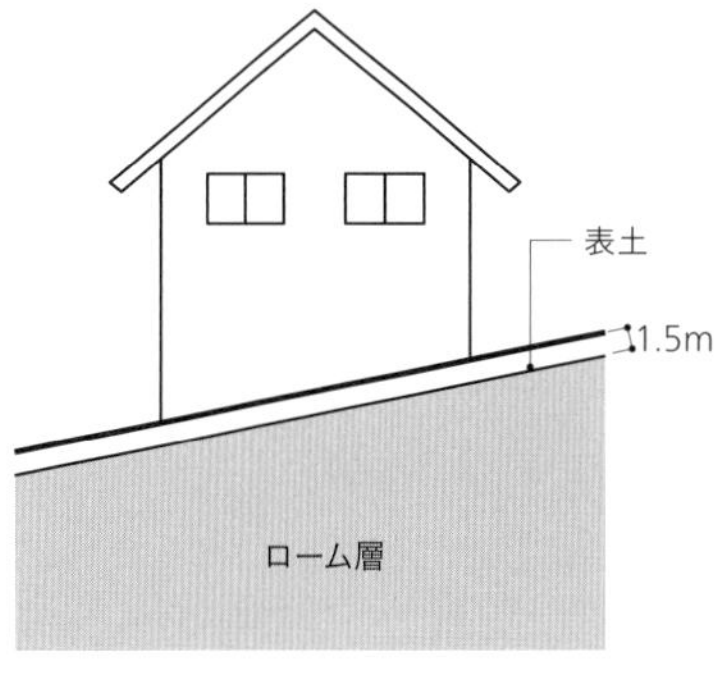表土 1.5m ローム層	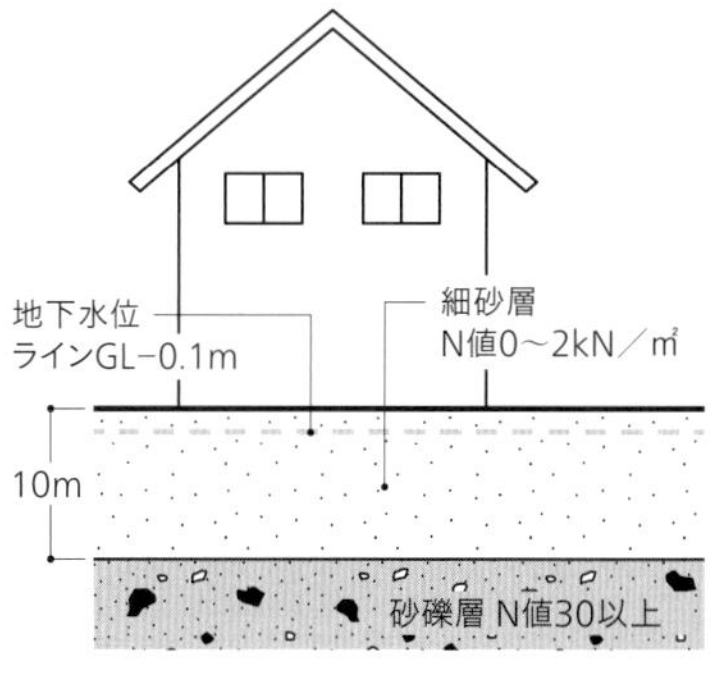地下水位ラインGL−0.1m 細砂層 N値0～2kN／㎡ 10m 砂礫層 N値30以上
地形分類情報	低湿地、平坦地	台地、傾斜地	埋立地、平坦地
液状化可能性の有無	あり	なし	あり
隣の地層情報	なし	GL−0～1.5mの範囲が表土、GL−1.5mより下の層はローム層	GL−0～10mの範囲が締まりのない細砂層、GL−10mより下はN値30以上の砂礫層。地下水位はGL−1.0mと高い
事前調査結果の考察	低地に位置し、液状化の可能性がある敷地である。近隣の柱状図はないが、現地踏査では周辺の築十数年と見られる木造住宅の基礎コンクリートには著しい割れなどは見られず、不同沈下なども生じていないことから、極端な軟弱地盤ではないようだ。そこで、直接基礎を念頭におきつつ、以下の試験調査項目を計画した	台地であることから、表層付近からローム層が出ることが予想された。ローム層は木造住宅の支持地盤としては良好で、圧密沈下や液状化の心配もない。そのため、このローム層を支持層とした直接基礎を想定し、以下の試験調査項目を計画した	計画例1と同様に液状化の可能性がある敷地である。近隣の柱状図から、支持層が表層付近にないことが予想されたため、杭基礎を念頭においた試験調査が必要となりそうだ。そこで、液状化判定とともに杭の地震時検討を行うために、以下のような試験調査項目を計画した
試験調査の方法	①地耐力を確認するため、SWS試験（数本）を行う ②液状化のおそれがあるため、簡易液状化判定［*］を行う ③簡易液状化判定の結果、液状化の影響が「大」であった場合は、計画例3の③のような調査を行う	①ローム層の有無を確認するため「ハンドオーガーボーリング（HB）」を、建物中心の1カ所にて行う ②傾斜地のため、ローム層の各地点の深さを把握する必要がある。SWS試験を建物外周（4隅に加えて、傾斜方向の辺には3～4mに1本、他方向は6～8mに1本くらいが目安）で行う	①地層構成情報を得るための「機械式ボーリング」（15m、1本）を行う ②杭の水平方向の変形に対する地盤の抵抗の程度を推定するために、孔内水平載荷試験（ボーリングによる孔内に圧力を加える試験）を行う ③液状化判定のための土質試験（土の粒度試験、土の湿潤密度試験など）を行う

*『小規模建築物基礎設計指針』（日本建築学会）に基づいた簡易液状化判定。液状化の影響が地表面に及ぶ被害の程度を、「大」「中」「小」で判定する

代表的な試験調査方法

試験名称	スウェーデン式サウンディング試験（SWS試験）	標準貫入試験	ハンドオーガー／機械式ボーリング調査
試験方法	地耐力を測定する簡便な試験方法。ロッドを回転させて1m貫入するのに要した半回転数から抵抗力を測定する	所定の重さのハンマーでロッドを打撃し、ロッドを30㎝打ち込むのに要する打撃回数（N値）を測定する	掘削機器を回転・圧入して土を採取する
特徴	・手軽で安価な試験方法ながら、測定結果からN値を推定できる ・調査深度は最大10m程度 ・土を直接採取できない	・N値を直接測定できる ・SWS試験よりも測定可能な深度が深い ・ボーリングを併用すれば土質の判定も可能 ・費用がSWS試験よりも高額になり、作業も大がかりになる	採取した土から土質を判別するための調査。人力によるハンドオーガーボーリングは簡易だが、採取可能な深度は最大2m程度。それ以上の深さには機械式ボーリングを用いる

のものだ。事前調査（資料調査と現地踏査）の結果に加え、計画建物の規模や特性を踏まえ、その方法を選定する必要がある。

木造住宅では、事前調査の結果、良好な地盤だと推定される場合は簡易なSWS試験程度で済むことが多い。ただし、土を直接採取できないSWS試験では土質の完全な判定は難しい。このため、液状化、圧密沈下［※4］、支持地盤の傾斜などが想定される敷地では、土質試験や標準貫入試験を検討する必要がある。またSWS試験では、N値が10を超えるような硬い地盤では貫入不能となり、測定できなくなることが多い。N値が30以上の硬質地盤を支持層とする杭を設計する場合、必要な地盤情報はSWS試験では得られないので、この場合も標準貫入試験を行うのがよい。

必要な試験調査は敷地の条件次第で異なるが、木造2階建て住宅程度の建物であれば、その組み合わせはある程度限定される。表に代表的な調査をまとめているので参考にしてほしい。

※1　代表的な試験調査方法は、ボーリング（機械式／ハンドオーガー）、サウンディング（標準貫入試験、スウェーデン式サウンディング（SWS）試験、孔内水平載荷試験）、土質試験（物理、力学、化学）、現位置試験（平板載荷試験、杭の載荷試験、現場透水試験）などである。通常は必要な地盤情報が取得できるよう、各調査法を組み合わせて計画する

※2　いずれも役所や地質調査会社、インターネット検索で確認できる

※3　標準貫入試験によって得られる地盤の硬さや締まり具合の指標。具体的には、63・5kgの錘を76㎝の高さから落下させて打撃し、地中に30㎝貫入させるのに要した打撃回数

※4　土中の粘土層に水が多く含まれている場合に起こる地盤沈下。上部の建物荷重で土中の水がゆっくり抜け、見かけ上の土の体積が減少することによって生じる

26

基礎形式はどう選べばいいの？

基礎形式の選択条件

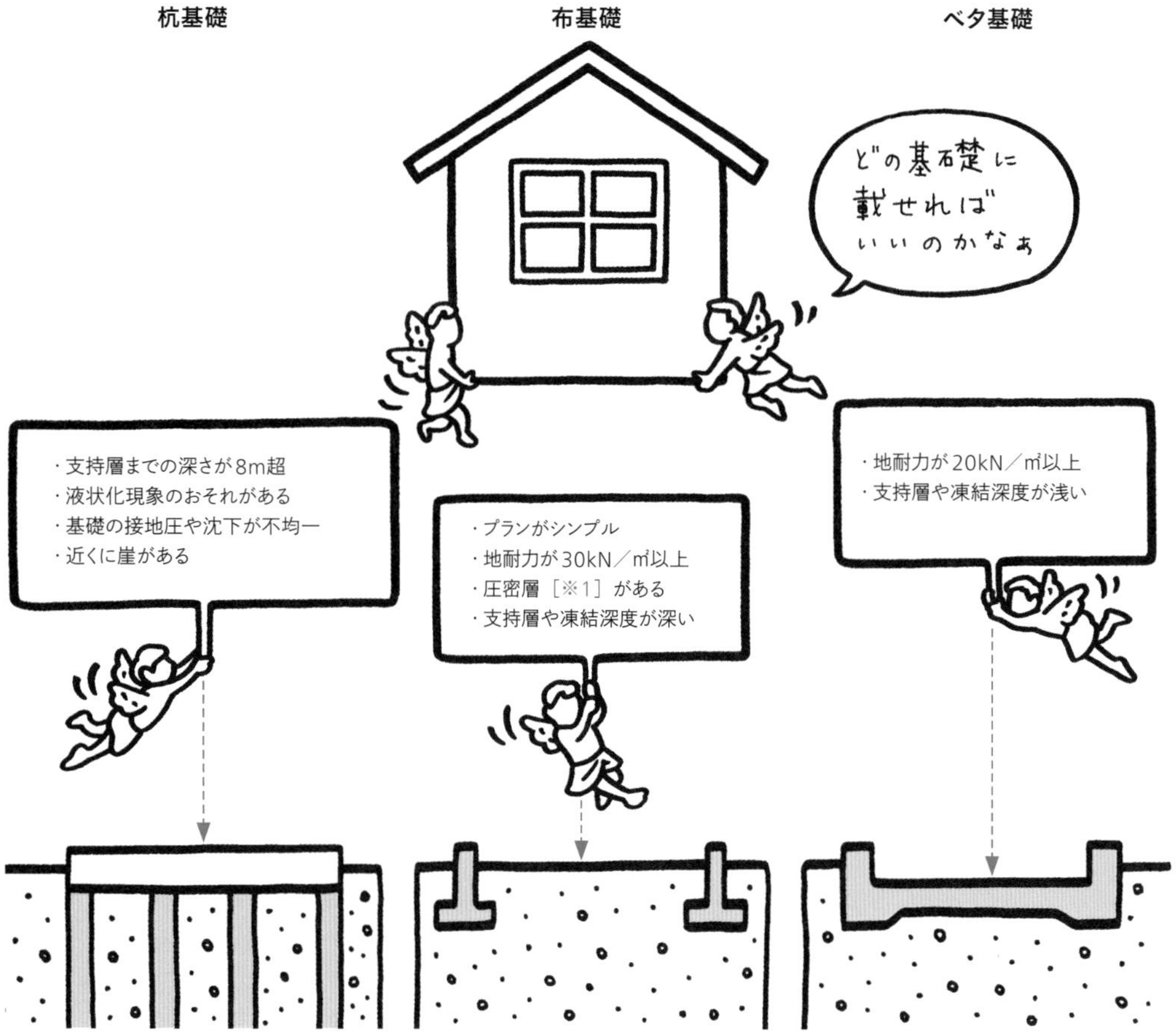
杭基礎
布基礎
ベタ基礎
どの基礎に載せればいいのかなぁ
・支持層までの深さが8m超
・液状化現象のおそれがある
・基礎の接地圧や沈下が不均一
・近くに崖がある
・プランがシンプル
・地耐力が30kN／㎡以上
・圧密層［※1］がある
・支持層や凍結深度が深い
・地耐力が20kN／㎡以上
・支持層や凍結深度が浅い

まずは杭基礎か直接基礎かを判断

木造住宅の基礎は大きく「杭基礎」と「直接基礎（布基礎とベタ基礎）」の2種類に分かれる。コストや工期を考えると可能な限り直接基礎を選択したいが、次の4つの条件のいずれかに当てはまる場合は杭基礎になる。

(1)地耐力20kN／㎡以上の支持層が8mを超える深さにあり、地盤改良などで、この地耐力を確保できない場合
（平12建告1347号）

(2)液状化現象のおそれがある場合

(3)建物自重の偏りや地層の傾斜により、基礎の接地圧や沈下の度合いが著しく不均一な場合

(4)建物が崖の近くに建ち、斜面の安定性が確保できない場合

これらの条件により、杭基礎を採用する場合は、構造設計者などに基礎の設計を依頼するのが望ましい。逆にこれら4つの条件のいずれにも当てはまらない場合は直接基礎にできるので、布基礎かベタ基礎かを検討すればよい。

布基礎とベタ基礎の特徴から判断

布基礎とベタ基礎のどちらを採用するかは、(1)と同様に支持層の地耐力から決められる［表1］が、以下の点にも注意する。

❶地耐力と基礎重量を考慮する

布基礎は❸で後述するように根入れを確保しやすいため支持層や凍結深度が深い場合に適するが、過剰に深くすると、基礎重量が増加して、結果的に見かけの地耐力が低下する［※2］。告示の規定値をクリアしていたとしても、この場合はベタ基礎のほうがよい。

一方、ベタ基礎が不利になる場合もある。ベタ基礎は基礎の重量が重く、地中応力［※3］が地盤の深くに伝わりやすい。地耐力が30 kN／㎡を超える支持層でも、基礎直下に水の飽和した軟弱な粘性土層などの圧密層がある場合は、圧密沈下するおそれがある。この場合は、布基礎にして根入れ深さを浅くしたほうが、建物の重量を減らせるので有利だ。

❷プランから判断する

布基礎では基礎スラブを基礎立上りに合わせて設けることになる。そのため、柱や壁の通りが複雑なプランに布基礎を採用すると、基礎スラブの配置が過剰になりコストアップの原因とな

基礎と地業形式の判断基準

図｜基礎底深さと根切底の設定ルール

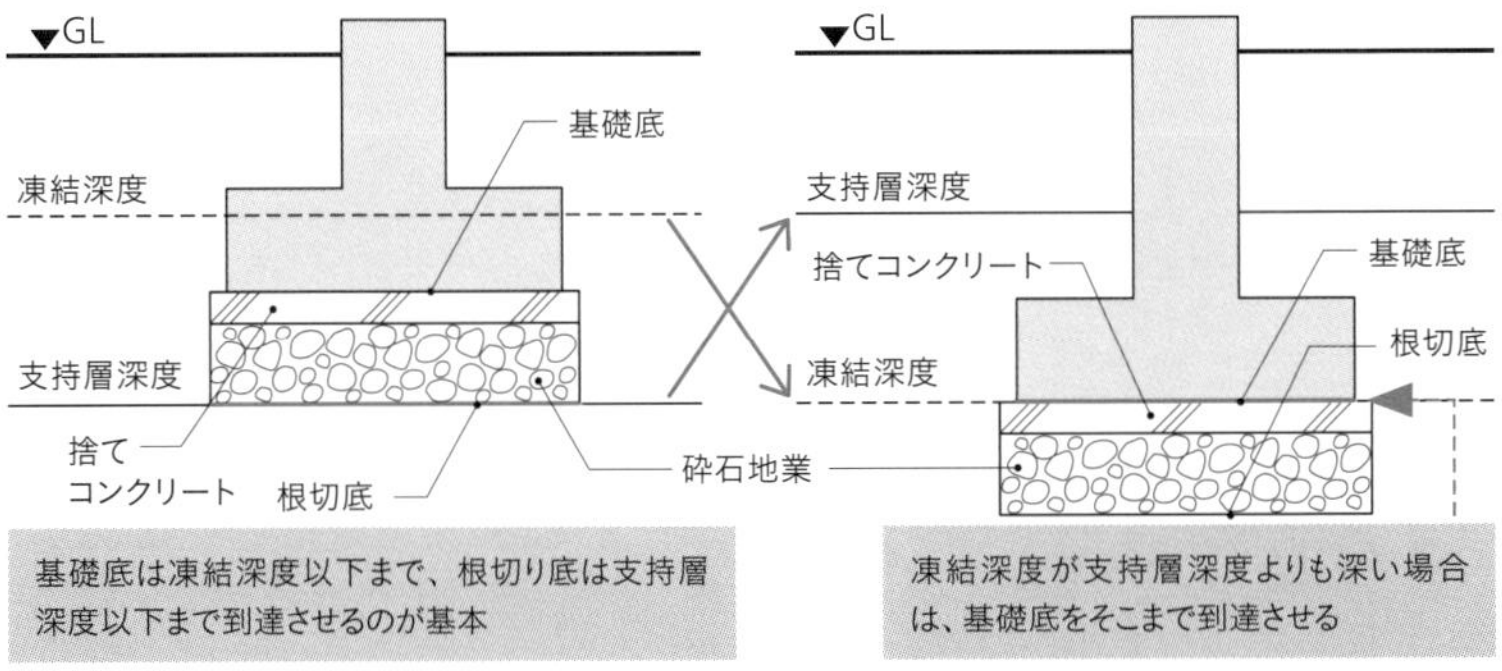
GL
凍結深度
基礎底
支持層深度
捨て
コンクリート
根切底
砕石地業
基礎底は凍結深度以下まで、根切り底は支持層深度以下まで到達させるのが基本
GL
支持層深度
捨てコンクリート
基礎底
根切底
凍結深度
凍結深度が支持層深度よりも深い場合は、基礎底をそこまで到達させる

表1｜地耐力の違いによる基礎の種類

表層地盤の地耐力	杭基礎	ベタ基礎	布基礎
20kN／㎡未満	○	×	×
20～30kN／㎡	○	○	×
30kN／㎡超	○	○	○

表2｜布基礎とベタ基礎の特徴

布基礎とベタ基礎の比較	布基礎	ベタ基礎
根入れのしやすさ	しやすい 根入れが深くても掘削範囲が限定され、残土が少ない	しにくい 根入れが深いと、基礎スラブ面全体を掘削するため残土が多くなる
コンクリートと鉄筋量	少ない	多い
圧密沈下のしやすさ	沈下しにくい 地中応力が伝わりにくいので、圧密沈下が起こりにくい	沈下しやすい 地中応力が伝わりやすいので、圧密沈下しやすい
複雑なプランとの相性のよさ	悪い	良い
型枠の量	多い 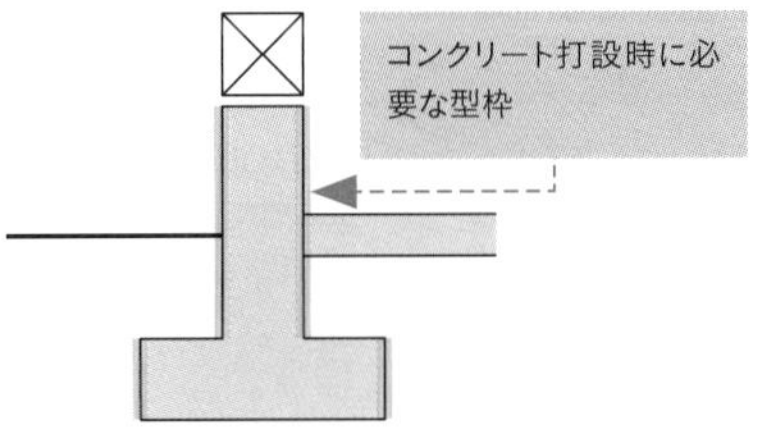 コンクリート打設時に必要な型枠	少ない 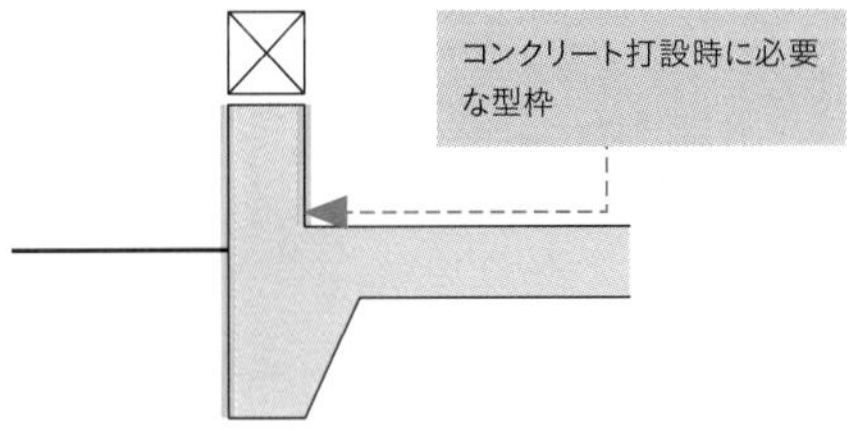 コンクリート打設時に必要な型枠
地盤改良体の量	少ない 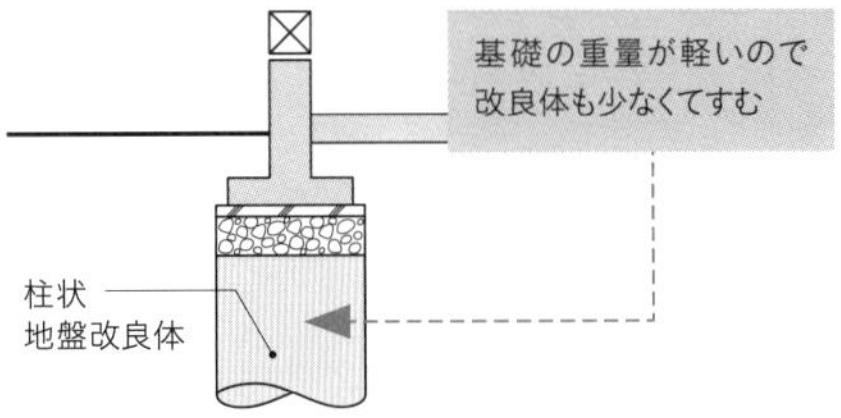 基礎の重量が軽いので改良体も少なくてすむ 柱状 地盤改良体	多い 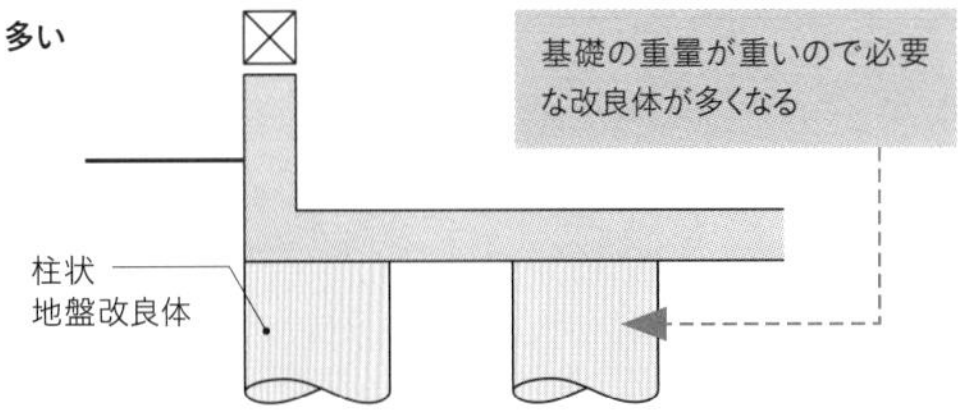 基礎の重量が重いので必要な改良体が多くなる 柱状 地盤改良体
コンクリートの打設回数	多い 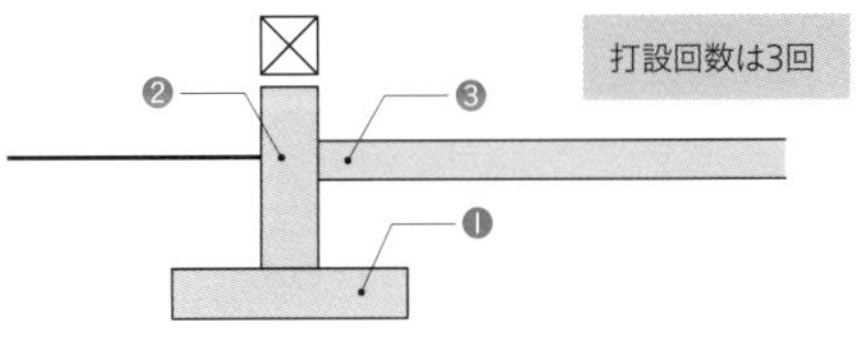 打設回数は3回 ❷ ❸ ❶	少ない 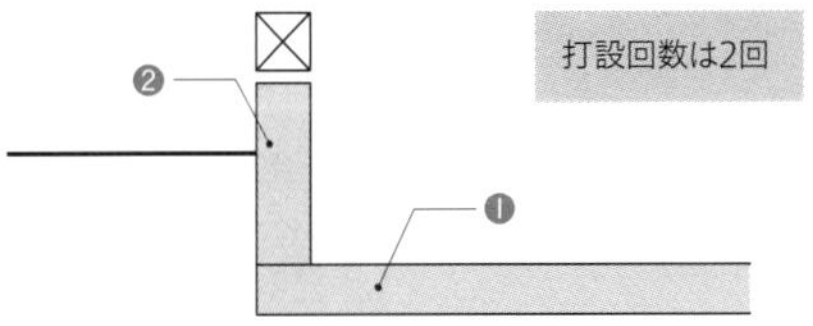 打設回数は2回 ❷ ❶

る。一方、ベタ基礎は、基礎立上りを上部構造に合わせて効率よく配置できるので複雑なプランにも向いている。

❸根入れ深さを決める

布基礎の根入れ深さと根切り底も重要な検討事項である。これらの設定で留意すべきは、「支持層深度」と「凍結深度」［※4］の2点だ。

基礎底は凍結深度以下、根切底は支持層深度以下まで到達させるのが基本である。このルールに則っとれば、支持層深度が凍結深度よりも深い場合は、根切底のみを支持層深度以下に到達させ、根切底と基礎底の間は、捨コンや砕石地業、地盤改良をすればよい［図左］。逆に、凍結深度が支持層深度よりも深い場合は、基礎底を凍結深度以下までおろすため、その下の捨コンや砕石地業によって、根切底が更に深くなる。したがって、凍結深度が深い地域では根切工事が大変になる［図右］。ただし、砕石地業には毛細管作用［※5］を起こりにくくして凍結を防止する効果があるため、根切り底を凍結深度まで到達させることで、よしとする場合もある。

※1　水を飽和した軟弱な粘性土層の地層。圧密現象を引き起こしやすい
※2　例えば、地耐力30kN／㎡の地盤で基礎根入れを1mにしたとすると、1m×20N／㎡＝20kN／㎡分が差し引かれ、30－20＝10kN／㎡の有効地耐力しかみれないことになる
※3　建物の荷重によって、地盤に生じる圧縮力
※4　地表面が凍結する深さ。基礎底が凍結深度より浅いと地盤が凍結時に膨張する凍上現象によって、基礎が押し上げられ、建物が傾いたり基礎が割れたりする
※5　土中の細かな隙間に生じた負圧によって地盤の水分が上昇する現象

地盤と基礎

27 ベタ基礎の立上りが基礎梁になる条件とは？

「補強が必要な立上り」と「補強が不要な立上り」

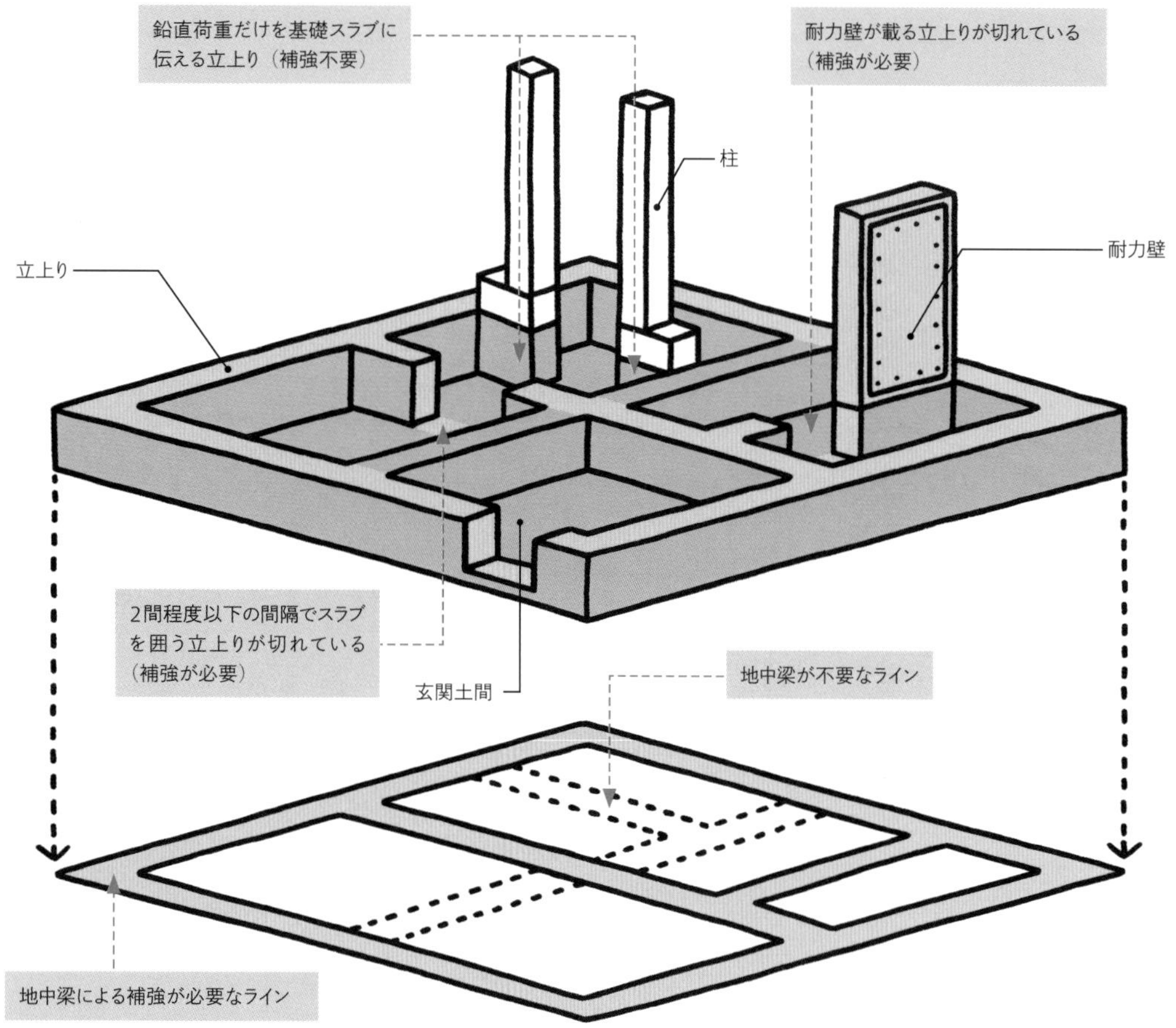
鉛直荷重だけを基礎スラブに伝える立上り（補強不要）
耐力壁が載る立上りが切れている（補強が必要）
柱
耐力壁
立上り
2間程度以下の間隔でスラブを囲う立上りが切れている（補強が必要）
玄関土間
地中梁が不要なライン
地中梁による補強が必要なライン

立上りは単なる土台受けではない

「立上りを十分確保しているのに、基礎スラブ下に地中梁は必要か？」「立上りが点検口で切れてしまっても大丈夫か？」といった相談をよく受ける。ベタ基礎における「立上り」の役割があいまいなために、基礎の設計に悩む設計者が多いのだろう。ベタ基礎の立上りは単なる土台受けではなく、それ以上に重要な役割を担わせることができる。その具体的な役割は次の2つだ。

❶地反力［※1］を受ける基礎スラブの構面を支える［図1］。

❷水平力を負担した耐力壁が転倒するのを拘束する［図2］。

立上りがこれらの役割を果たすためには、基礎の構造において「梁」のように働く、いわゆる「基礎梁」として機能しなければならない。

立上りが基礎梁として機能するためには、直交する別の立上りと連続している必要がある。人通口や玄関土間などで立上りが不連続になることは多いが、前述の❶と❷の役割をもつ立上りが不連続だと、水平力が作用したときに生じる曲げモーメントやせん断力を効率よく伝達できずに役割を果たすことができない。人通口などで立上りが不連続になる場合は、その通りの下に地中梁を設けて補強をすることなどが必要だ。このように聞くとすべての立上りの下に地中梁を設ければ立上りが梁の役割から解放されて、人通口を自由に設定できると考えがちだが、地中梁の部分は、根切りや砕石地業、断熱材の敷き込みに手間がかかる。したがって、コストや施工の観点からは、ベタ基礎は地中梁が必要最低限の本数で済むように検討したい。なお、柱から鉛直荷重のみを基礎スラブに伝えるためだけの役割を持つ立上りは、不連続になっていても構造上の問題はない。

木造住宅の基礎伏図の作成では、基礎梁である立上りの位置を基準に進めることがポイントだ。大まかには、上部構造の柱や耐力壁の配置をもとに立上りを設けてから、人通口によって立上りが不連続になる部分に地中梁の配置を割り振っていく。次頁に、地中梁を最小限に抑えるベタ基礎の簡単な検討方法を紹介する［図3］。

ベタ基礎立上りの役割と検討手順

図1｜スラブを支える立上り

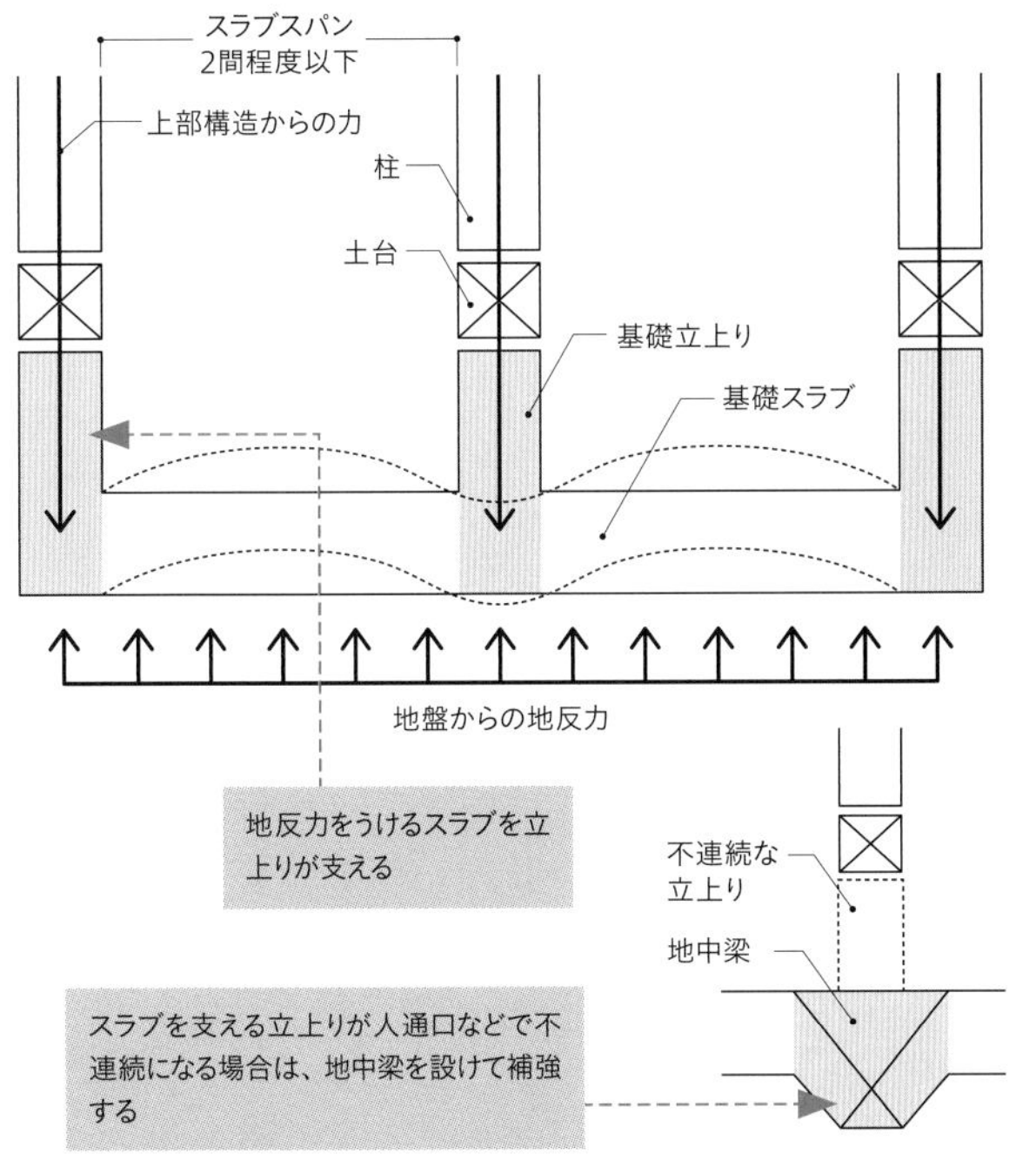

スラブスパン
2間程度以下
上部構造からの力
柱
土台
基礎立上り
基礎スラブ
地盤からの地反力
地反力をうけるスラブを立上りが支える
不連続な立上り
地中梁
スラブを支える立上りが人通口などで不連続になる場合は、地中梁を設けて補強する

上部構造から基礎スラブに伝わる鉛直力を地盤で支えるためには、基礎全体が一体となって地盤からの反力に耐えうる構造でなければならない。このためには、立上りが梁として基礎スラブの構面を支える必要がある。立上りはスラブの1辺が2間（3,640㎜）間隔程度以下になるように配置するとよい［※2］

図2｜耐力壁を支える立上り

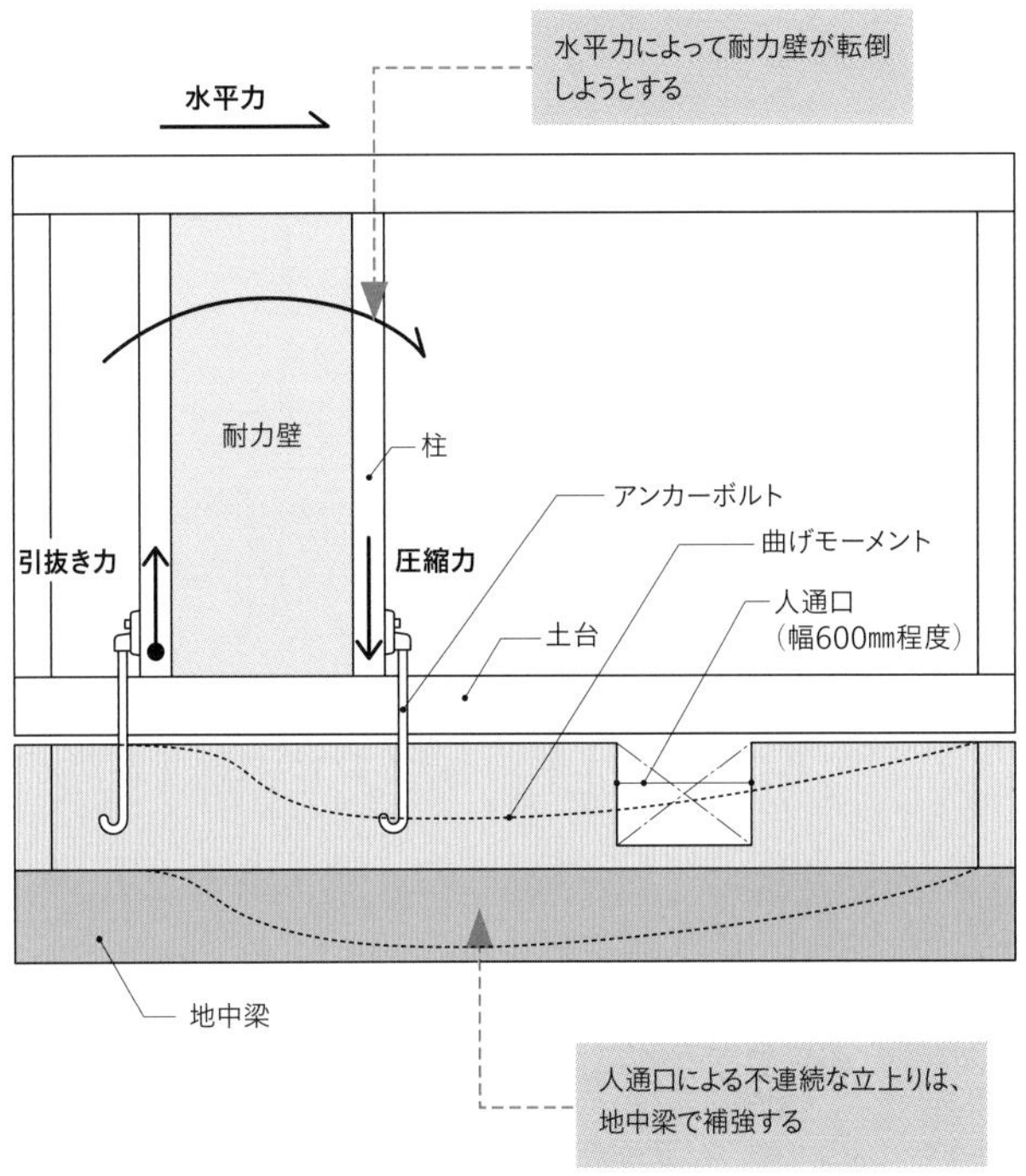

水平力
水平力によって耐力壁が転倒しようとする
耐力壁
柱
アンカーボルト
曲げモーメント
引抜き力
圧縮力
人通口
（幅600㎜程度）
土台
地中梁
人通口による不連続な立上りは、地中梁で補強する

水平力を受けた耐力壁が転倒しようとするとき、耐力壁両端の柱には引抜き力と圧縮力が生じる。その際、柱を受ける立上りには、曲げモーメントとせん断力が作用する。これらの大きな力が作用したときに不連続な立上りでは対抗しにくい

図3｜地中梁の少ないベタ基礎の検討手順

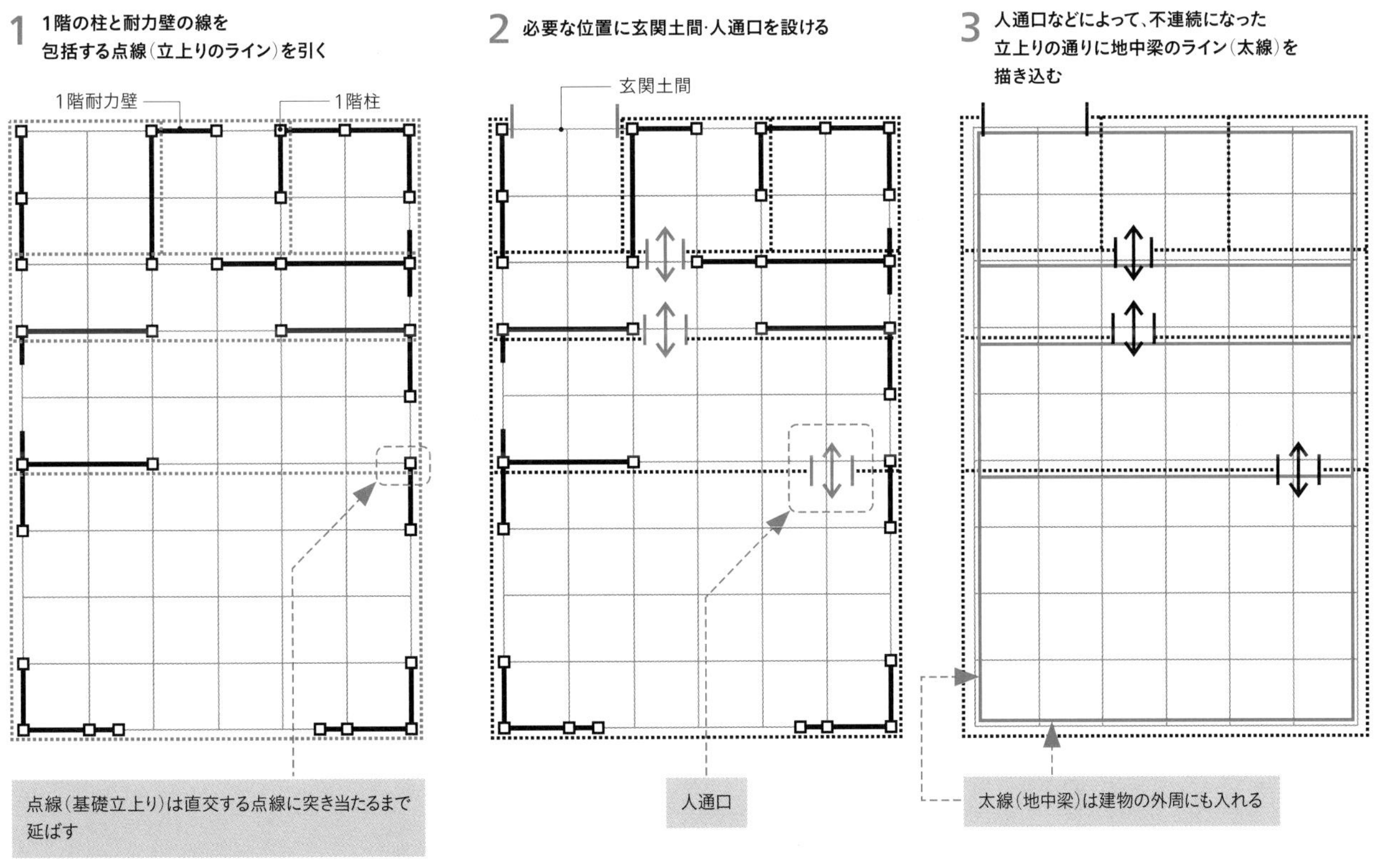

1 1階の柱と耐力壁の線を包括する点線（立上りのライン）を引く
1階耐力壁
1階柱
点線（基礎立上り）は直交する点線に突き当たるまで延ばす
2 必要な位置に玄関土間・人通口を設ける
玄関土間
人通口
3 人通口などによって、不連続になった立上りの通りに地中梁のライン（太線）を描き込む
太線（地中梁）は建物の外周にも入れる

※1　建物重量の反力として地盤から建物の基礎に働く鉛直上向きの力
※2　スラブ厚が150㎜程度のシングル配筋の基礎スラブの場合

28 外部に土台なしで木柱を立てるよい方法は？

柱脚部を「水気・湿気」から守るには

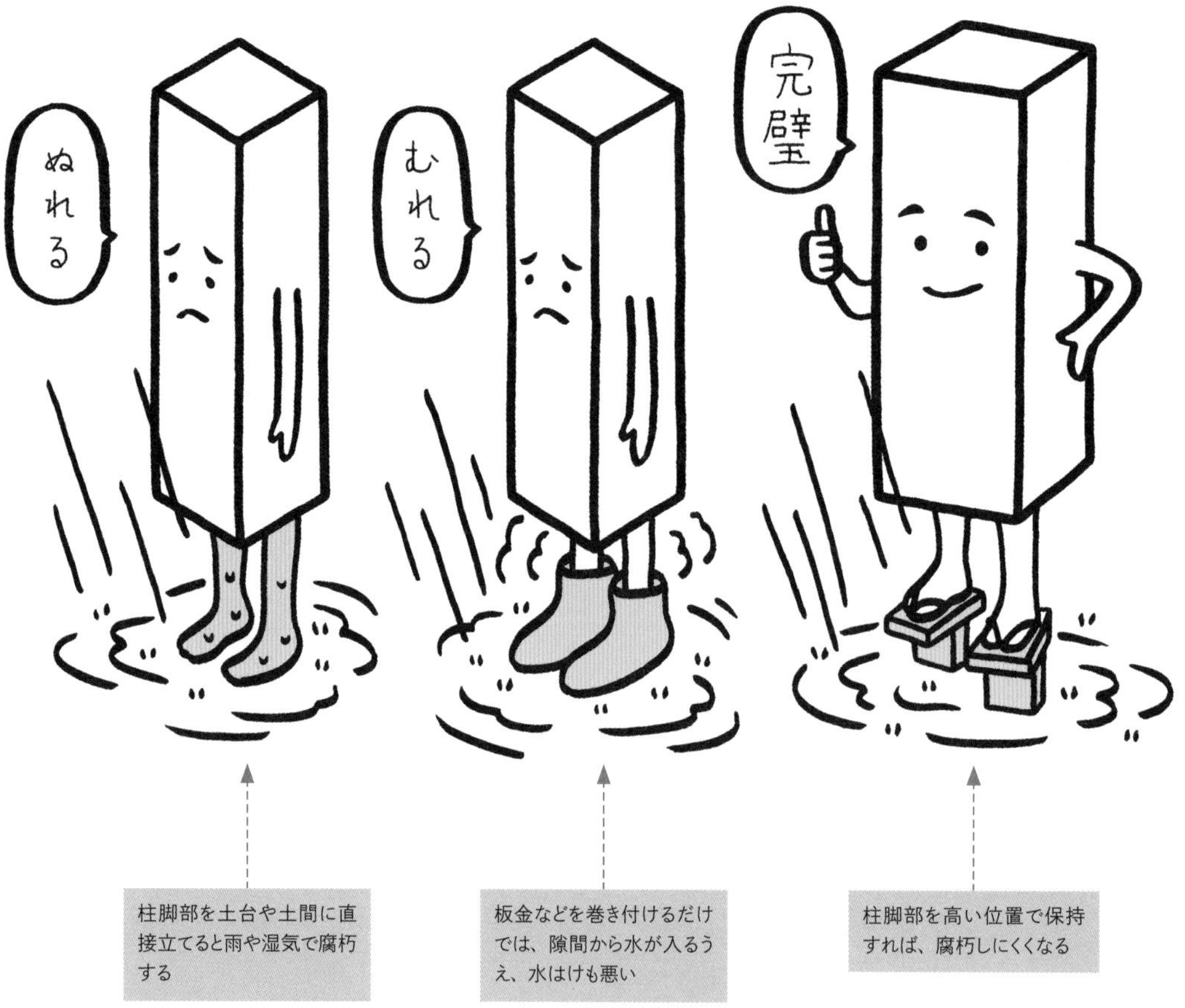
ぬれる
むれる
完璧
柱脚部を土台や土間に直接立てると雨や湿気で腐朽する
板金などを巻き付けるだけでは、隙間から水が入るうえ、水はけも悪い
柱脚部を高い位置で保持すれば、腐朽しにくくなる

柱脚部の腐朽対策が重要

玄関ポーチや土庇［※］など、外部に木柱を立てたい場面は多い。だが、雨掛かりとなる外部で木柱を露しにすると、水気・湿気によって柱脚部が腐朽しやすくなるおそれがあるため、耐久性の面で好ましくない。

腐朽対策としては、庇をなるべく大きく出して柱に雨がかからないようにすることが基本だが、庇の出を大きくするにも限界がある。また、室内に立てる柱の直下には、ほとんどの場合土台を設けて柱脚部を固定するが、雨掛かりのおそれがある個所でこのような土台敷き柱脚を採用すると、土台も腐りやすくなってしまう。土台を設けず、かつ水が切れやすいような納まりが望ましい。そこで重要になるのが、木材の柱脚部に直接、腐朽対策を施すことである。

最も一般的な対策は、住宅用金物メーカーから発売されている、ステンレス製の装飾柱脚金物を使用する方法だ。箱型に加工された柱脚受け金物を基礎に埋め込み、これに柱を差し込んでボルトなどで固定する。柱脚部は少し小さく設定された金物の寸法に合わせて細く加工されるので、水が切れやすく、雨が金物内に浸入しにくい。主な金物のサイズは90、100、120、150㎜角が代表的で、丸柱用のものもある。圧縮耐力は数10kN、引っ張り耐力も6～11kN以上あるため、負担軸力の小さい土庇などの軽微な柱だけでなく、建物本体の柱脚部にも使用できるほどの強度をもつ。

外部に立てる柱は建物のアプローチや外周に位置するので、外観上重要な要素だ。予算に余裕がある場合は、自分でデザインした柱脚金物を特注すれば、耐久性と見た目の美しさを両立できる［図1］。また、基礎の立上りや礎石を用いて、束石のように柱を高い位置で支持する方法もある［図2・3］。

なお、板金を柱脚に巻き付けて防水対策を行っている事例を見かけるが、板金の間から雨水が浸入し、水はけがよくない。また、防腐効果があまり期待できないうえ、腐朽を確認しにくい。外部の柱に木材を使うこと自体に抵抗がある場合は、メッキ処理した鋼管などを柱に使う方法もある。

製品を使用する以外の柱脚部の腐朽対策

図1｜特注金物を製作する

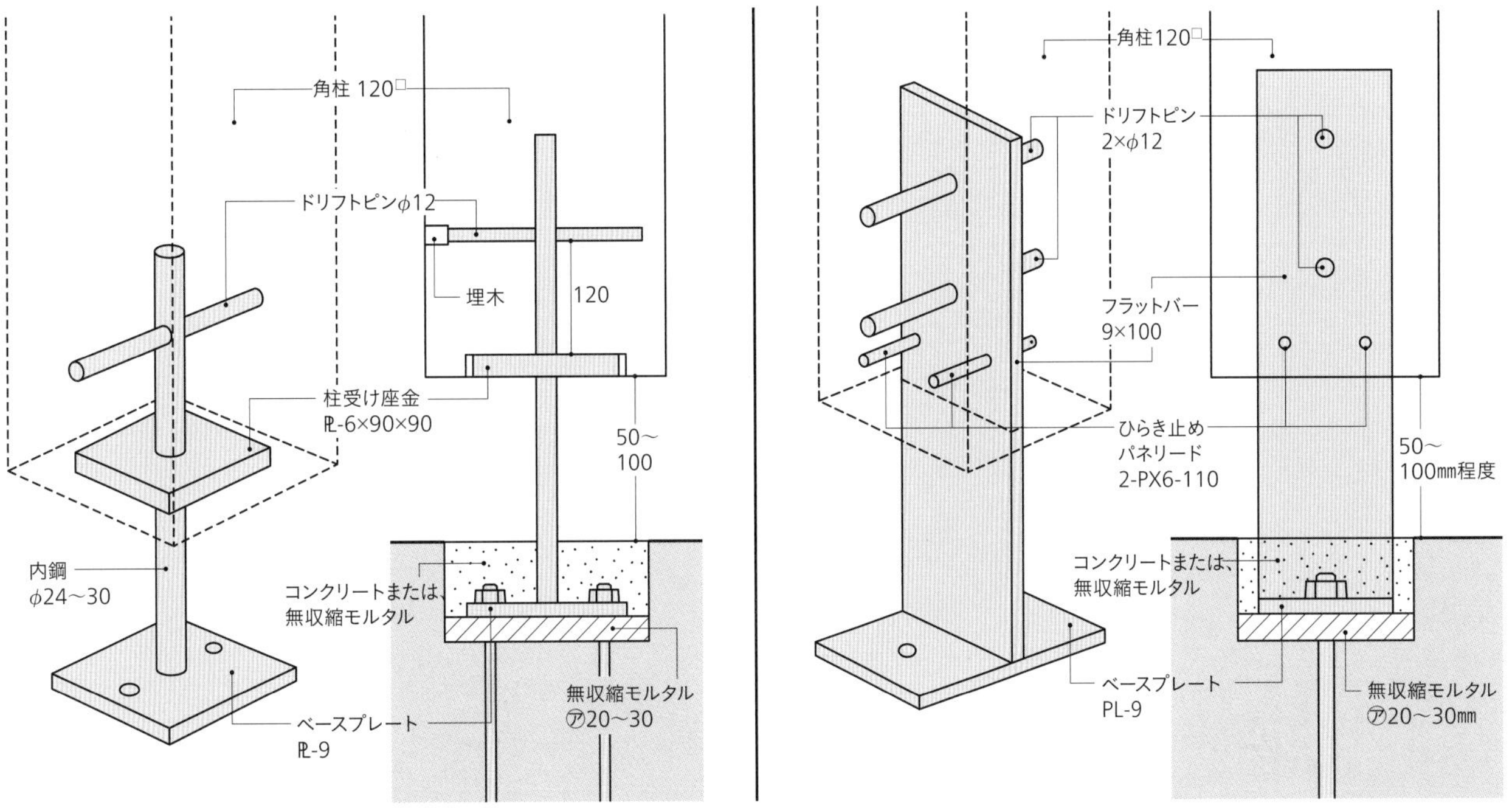

角柱 120□
ドリフトピンφ12
埋木
120
柱受け座金
PL-6×90×90
50～
100
内鋼
φ24～30
コンクリートまたは
無収縮モルタル
ベースプレート
PL-9
無収縮モルタル
㋐20～30
角柱120□
ドリフトピン
2×φ12
フラットバー
9×100
ひらき止め
パネリード
2-PX6-110
50～
100㎜程度
コンクリートまたは
無収縮モルタル
ベースプレート
PL-9
無収縮モルタル
㋐20～30㎜

自分でデザインした金物を製作してもらい使用する方法もある。ここでは、筆者が普段使っている柱脚金物の例を紹介する。左図はφ24～30㎜の丸鋼に柱の圧縮軸力を受ける座金とベースプレートを溶接した金物。基礎に埋め込んで固定する。柱の引抜き力に抵抗できるよう、丸鋼の軸には孔をあけておき、木柱を差し込んだ後、側面からドリフトピンで留める。柱受け用の座金は柱より一回り小さくして、柱の小口内に納まるようになっている。また、右図のように基礎に留め付けたベースプレートをスリット加工を施した柱に挿入して柱側をドリフトピンで留める方法もある

図2｜基礎立上りや礎石を利用する

基礎立上りを利用する　　**礎石を利用する**

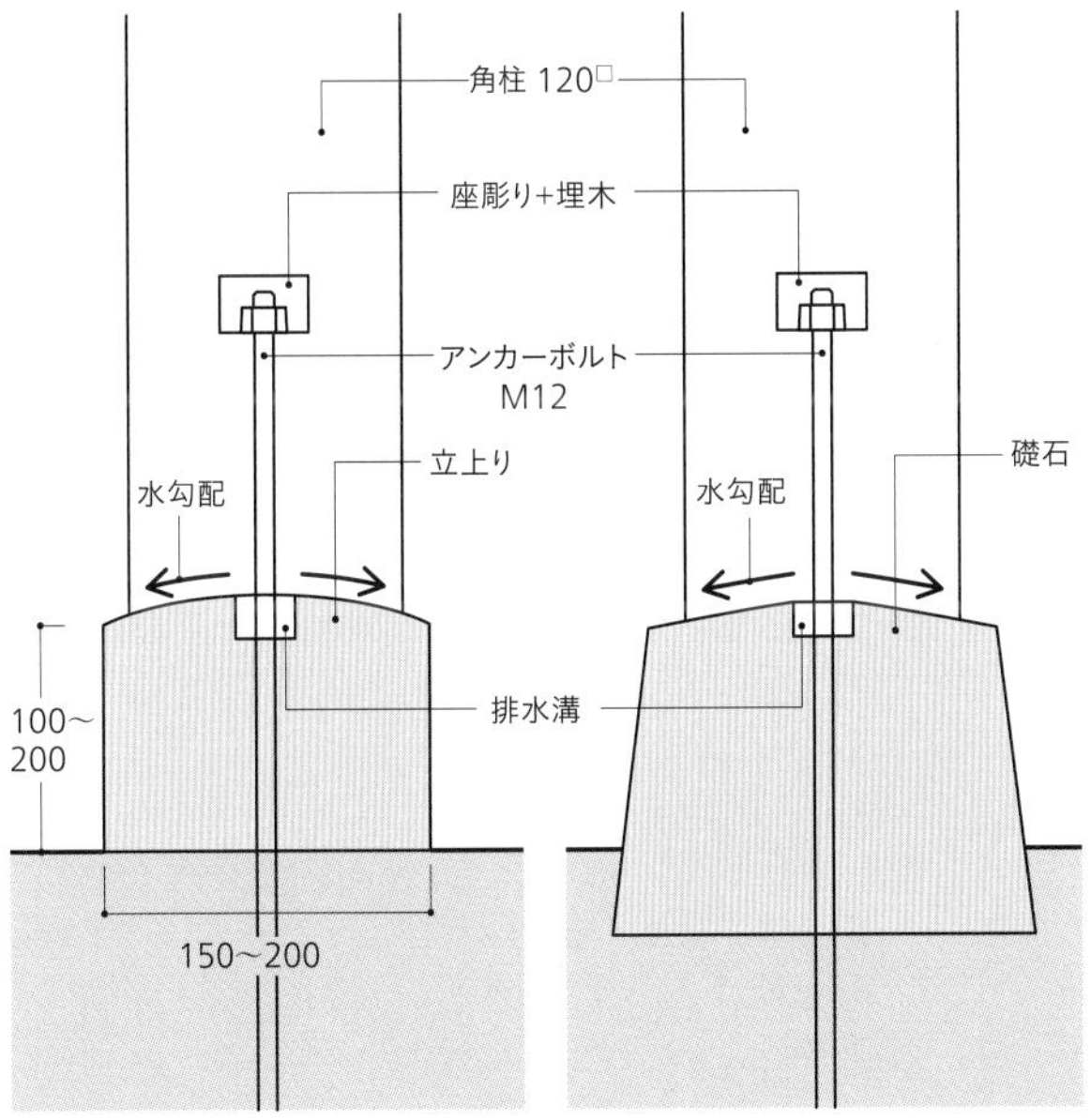

角柱 120□
座彫り+埋木
アンカーボルト
M12
立上り
水勾配
排水溝
100～
200
150～200
水勾配
礎石

雨水が溜まりやすい土間レベルより基礎を立ち上げて、柱を少し高い位置で支持する方法。立上りの天端に雨水がたまると柱の小口から腐りやすくなるので、水が抜けやすいよう、排水溝をつけたり、外側に緩い勾配をつけることが重要

図3｜ブラケットで木柱を受ける

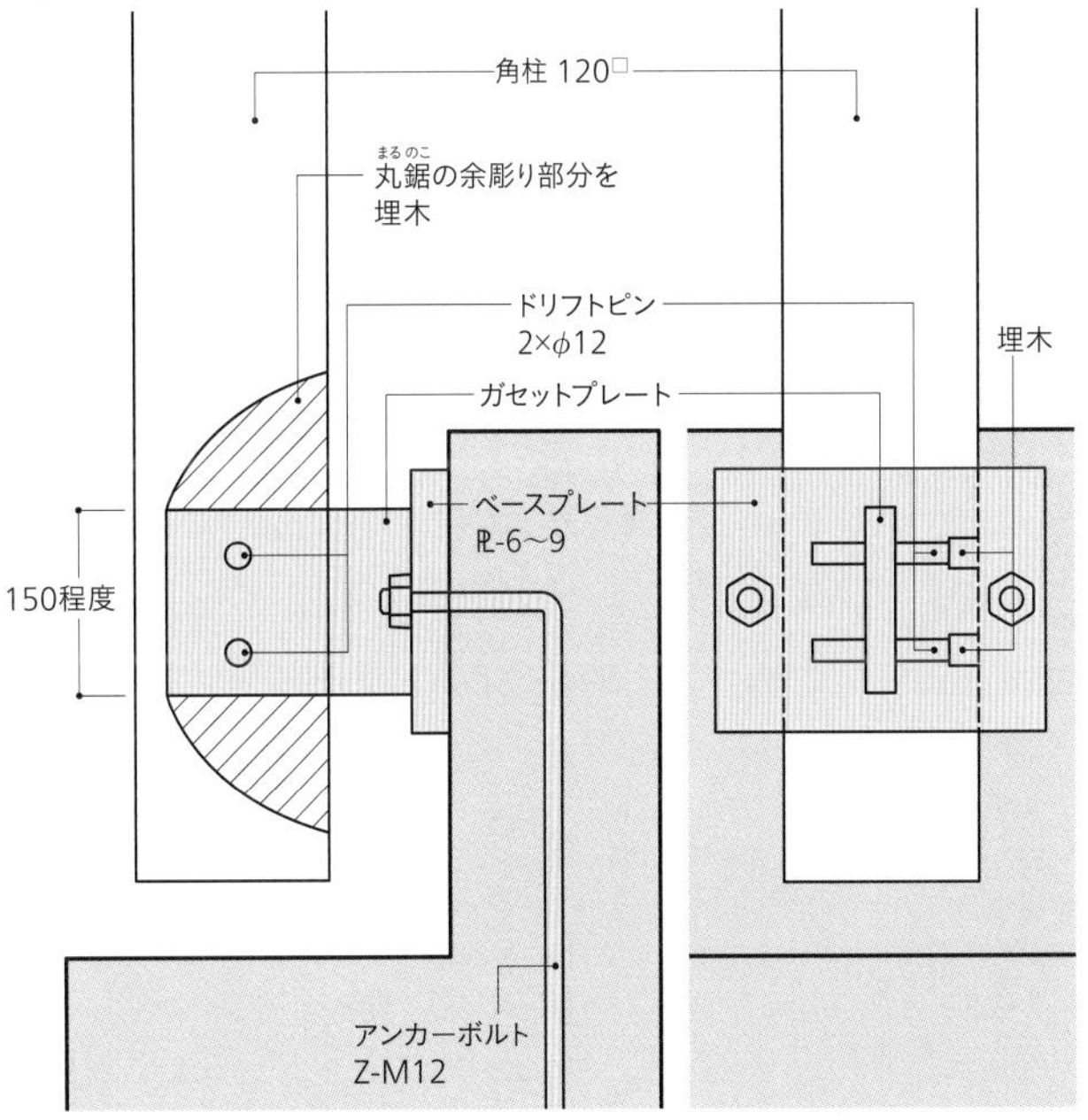

角柱 120□
丸鋸《まるのこ》の余彫り部分を
埋木
ドリフトピン
2×φ12
ガセットプレート
ベースプレート
PL-6～9
150程度
埋木
アンカーボルト
Z-M12

図2と同じように基礎が立ち上がっている場合に採用できる方法。基礎の立上りの側面からブラケット状の金物を出して、これを木柱に差し込んで支持している。柱脚の底が完全に地面から浮いた状態になるため、図2よりさらに水切れがよい

※　土間に立てられた柱によって支えられている庇

座屈（座屈現象）［120 ～122頁］

部材の軸方向に圧縮力が加わったとき、ある時点で部材が圧縮力に耐えきれなくなり、軸と直交方向に大きく面外変形する現象。このとき、座屈して部材が曲がってしまう範囲のことを「座屈長さ」という。建築基準法では、柱の座屈を防ぐために必要な柱の小径（太さ）や細長比を定めている（令43条1項および6項）。

細長比（λ《ラムダ》）［120 ～121頁］

部材の細長さ（座屈しやすさ）を表す数値。座屈長さが長いほど、または部材断面が小さいほど細長比は大きくなり、細長比が大きいほど柱は座屈しやすくなる。令43条6項には、「構造耐力上主要な部分である柱の有効細長比は、150以下としなければならない」と定められている。令43条1項に定められた柱の小径を満足していれば、一般的な木造住宅で細長比が問題になることは少ないが、吹抜けに面した柱（通し柱）などでは注意が必要。

細長比λ《ラムダ》

$$\lambda = \frac{\text{座屈長さ}Lk}{\text{断面二次半径}i}$$

断面二次半径（i）

部材の座屈しにくさを表す数値。部材長さが同じ場合、この値が大きいほど座屈に強くなる。1辺の長さがDの正方形断面の部材の場合、0.289Dで求められる。

断面二次モーメント（I）［133頁］

部材の曲がりにくさを表す数値。部材長さが同じ場合、この値が大きいほどたわみにくくなる。幅がB、成がDの長方形断面の部材の場合、以下の式で求められる。

$$\text{断面二次モーメント}I = \frac{\text{梁幅}B \times \text{梁成}D^3}{12}$$

断面係数（Z）［129、132 ～133頁］

曲げ応力（曲げモーメント）に対する部材の強さを示す数値。同じ曲げモーメントであっても、この値が大きいほど曲げ応力度が小さくなる。以下の式で求められる。

$$\text{断面係数}Z = \frac{\text{梁幅}B \times \text{梁成}D^2}{6}$$

たわみ（δ《デルタ》）［129頁］

部材が材軸直交方向の荷重を受けたときに、材軸方向と直交する方向に変形することまたはその変形量の値。構造計算では、「許容応力度」>「存在応力度」となるようにするほか、たわみが基準値以下となるように設計する必要がある（令82条4項）。

ヤング率（E）［128 ～129頁］

材料の変形のしにくさ（たわみにくさ）を示す数値。大きいほど変形しにくい。なお樹種によって得られやすいヤング率の範囲が概ね決まっており、スギはE50 ～E70、ヒノキはE90、ベイマツはE110から大きいものでE130程度である。

壁倍率［146、148、150、154頁］

水平力に対する耐力壁の性能を示す値。値が大きいほど耐力が高くなる。壁倍率1は、長さ1m当たり1.96kN／mの耐力があることを示す。令46条4項の壁量計算では、壁倍率の上限値は5.0。これ以上の壁倍率をもつ耐力壁を評価するには、許容応力度計算以上の構造計算が必要となる。壁倍率の大きい耐力壁では負担する水平力も大きいため、耐力壁両端の柱の接合部（柱頭・柱脚）も強くつくる必要がある。

偏心率［154頁］

建物の重心（建物の重さの中心）と、剛心（耐力壁の配置によって決まる建物の強さの中心）の位置のずれを表す数値。耐力壁が偏って配置されると偏心率が大きくなり、水平力が作用した際に建物がねじれやすくなる［図4］。木造の場合、偏心率の許容値は0.3以下と決められている（平12建告1352号）。4号建築物では、4分割法をクリアしていれば偏心率の計算はしなくてもよい（平12建告1352号）。

図4｜重心と剛心

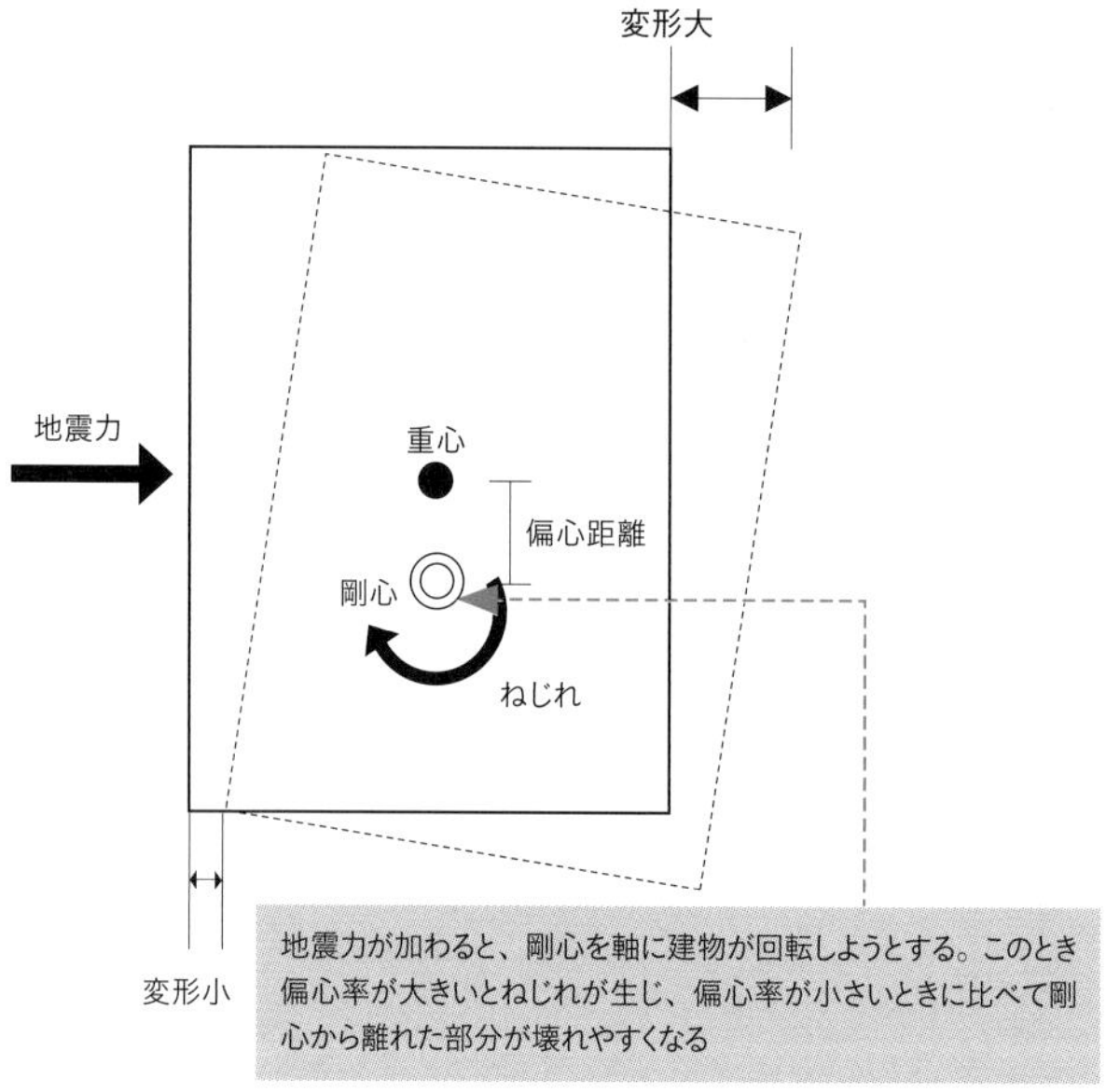
変形大
地震力
重心
偏心距離
剛心
ねじれ
変形小
地震力が加わると、剛心を軸に建物が回転しようとする。このとき偏心率が大きいとねじれが生じ、偏心率が小さいときに比べて剛心から離れた部分が壊れやすくなる

N値［148頁］

柱頭・柱脚接合部の許容引っ張り耐力を表す指標。N値=1とは、1.0×1.96kN／m×2.73m=5.35kNの許容引っ張り耐力のこと。

COLUMN

理解が深まる！木構造“最重要”キーワード解説

鉛直荷重・水平荷重

「鉛直荷重」は、鉛直方向（重力方向）に作用する荷重のこと。建物の自重や積載荷重、積雪荷重などがある。「水平荷重」は水平方向に作用する荷重で、風圧力や地震力などがこれに当たる。また荷重が作用する時間の長さによって「長期荷重」と「短期荷重」に分類され、たとえば建物の自重や積載荷重は長期荷重、地震力や風圧力は短期荷重である。積雪荷重は、多雪地帯では長期荷重、それ以外の地域では短期荷重に分類される［図1］。

図1｜荷重の種類

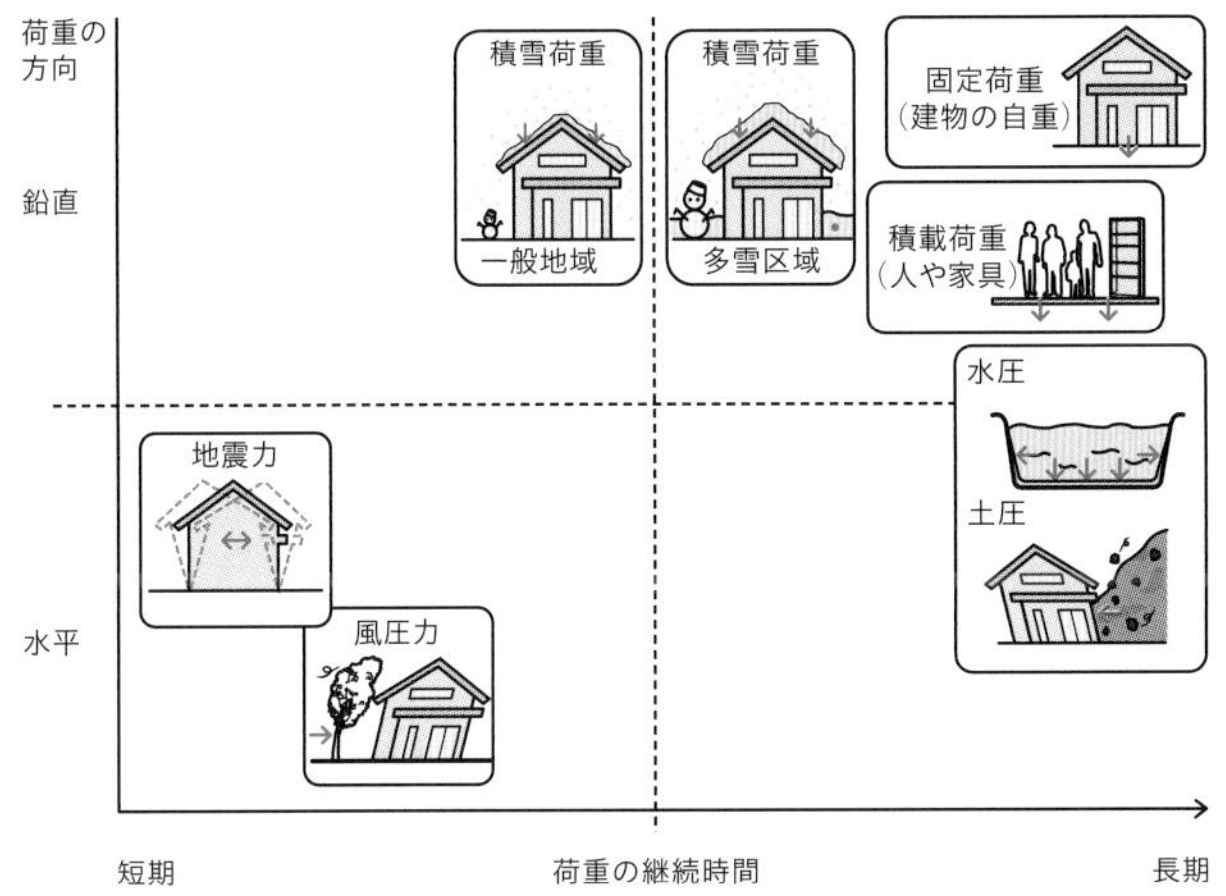

応力・応力度［128、148頁］

建物に鉛直荷重や水平荷重が作用した際、柱や梁など個々の部材の内部に生じる力のこと。木造住宅の部材に生じる応力には、主に「圧縮力」「引っ張り力」「せん断力」「曲げ応力（曲げモーメント）」がある［図2・3］。また部材の単位面積当たりに生じる応力のことを「応力度」という。

許容応力度［128、148頁］

材料の基準強度に安全率をかけて求められる応力度の許容値のこと。部材に生じる応力ごとに、「許容圧縮応力度」「許容引っ張り応力度」「許容せん断応力度」「許容曲げ応力度」「許容めり込み応力度」の5種類がある。木材では、樹種や等級に応じてその許容応力度があらかじめ決められている。

許容応力度計算［148頁］

部材に生じる応力よりも部材の許容応力度の方が大きくなる（「許容応力度＞存在応力度」となる）よう、部材の断面寸法などを検討すること。一般的に木造の「構造計算」とは、この許容応力度計算を指す場合が多い。許容応力度計算には構造に関する専門的な知識や経験が必要とされ、通常は構造設計者が行う。木造2階建てで延べ面積が500㎡以下の小規模なもの（4号建築物）については許容応力度計算が義務付けられていない（法6条の3）。

図2｜構造全体に働く力

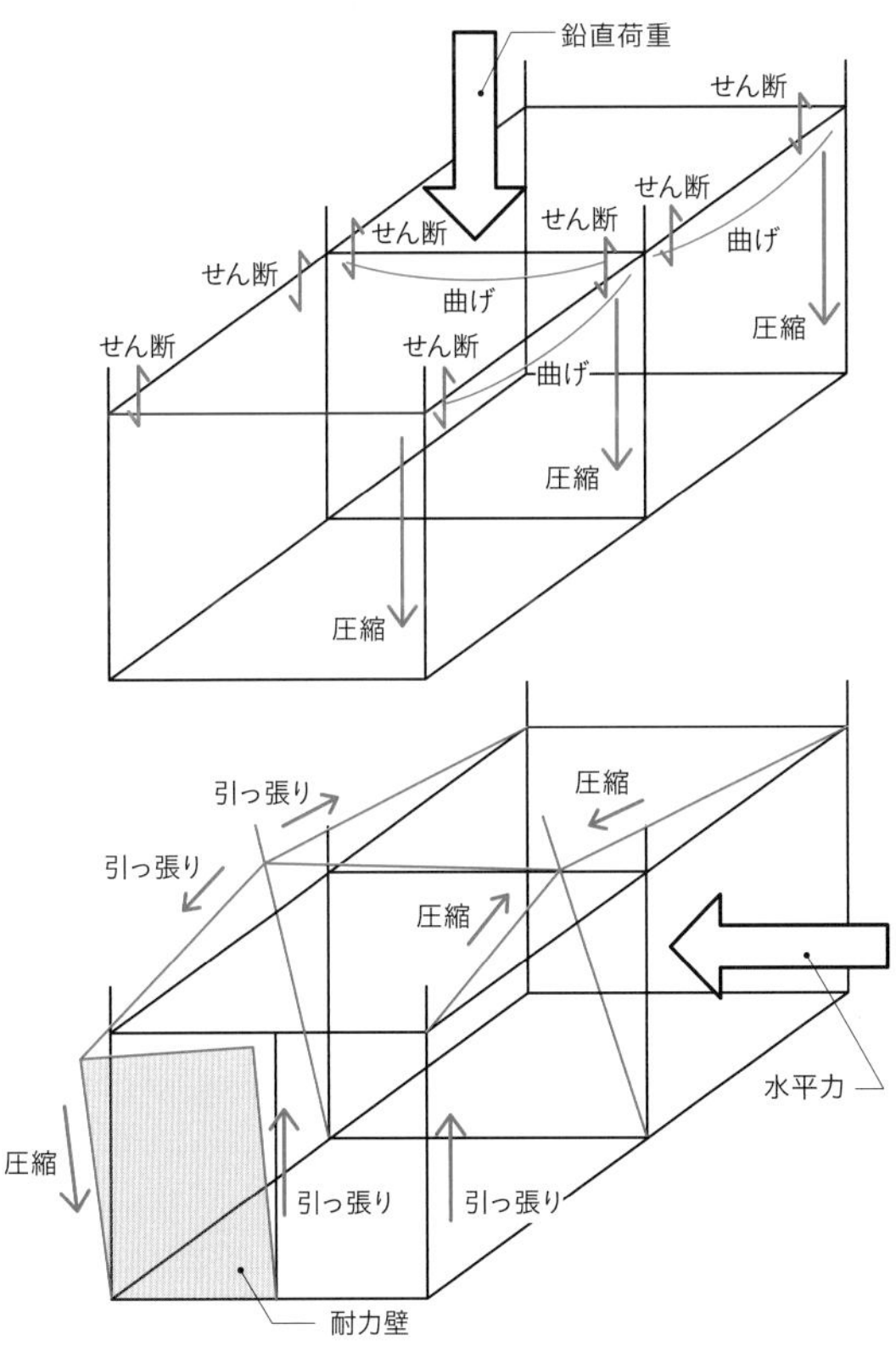

図3｜部材に働く力

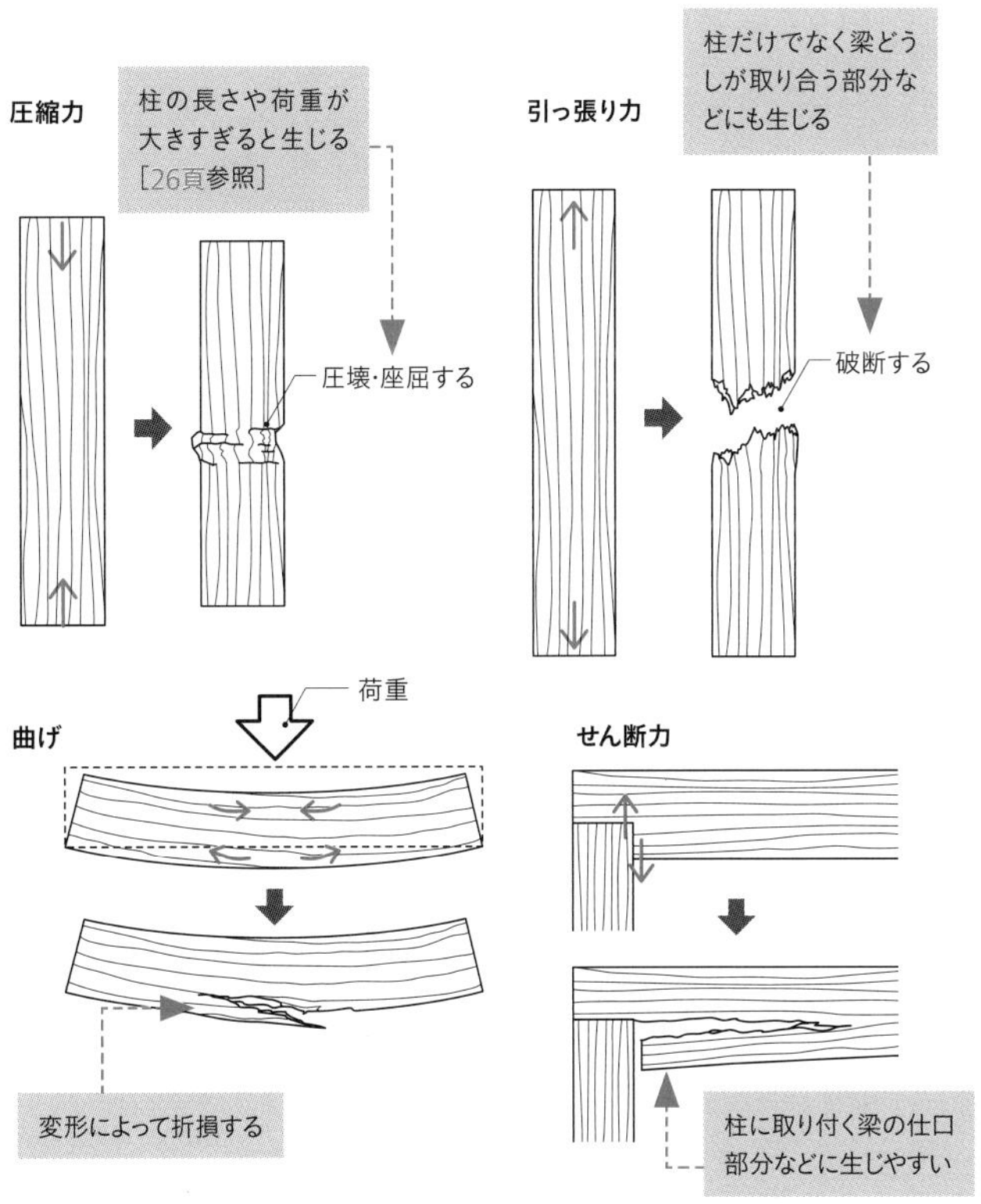

あ と が き

「ヤマダの木構造」は私にとってはじめての単著で、2017年5月に出版されてから約6年間、多くの方々に読んでいただき感謝に堪えない。普段一緒に仕事をしている意匠設計事務所の所長から「事務所のスタッフには、ここに書いてあることを山田事務所に質問するなといってある」といった声や、親しい建築学科の大学教員からは「木構造の初歩と応用を同時に学べる教材として学生に薦めている」といった嬉しい話もうかがった。私自身、普段の講演会やセミナーの資料としても活用し、手前味噌になるが概ね好評であると感じている。

そんな中で数人の意匠設計者の方から「事例編と基礎知識編の難易度がかけ離れているではないか」という貴重なご意見もいただいた。もともと異なるコンセプトで著した別々の連載と特集を一冊まとめた本なので、そのような声があるのはある程度覚悟していた。だが反省すべき点は多くある。エクスナレッジさんからは事例編の連載の企画段階で、なるべく多くの読者に参考にしていただけるよう、構造上の特徴を持ちながらも特殊過ぎない木造住宅を事例するように依頼されていた。それにも関わらず連載が進むうちに、当時は住宅事例が少なかったという切実な理由もあって、非住宅の特殊な構造事例を掲載することが多くなっていった。これが上述の難易度の乖離を増長させてしまったことは否めず、ずっと気になっていた。

その一方で近年、地球環境負荷低減の観点から木造建築がかつてないほど着目され、非住宅や中大規模木造の建設数が国内で爆発的に増えている。中大規模木造は、戦中戦後に物資の不足から鉄骨造やRC造の代替として多く採用されていたが、1950年代の終わりから1980年代後半までほとんど建設されない時代が続いたこともあり、それをつくるための技術やネットワークは失われたと言われている。中大規模木造のつくり方が模索されている今、拙著の内容がその再構築にわずかでも寄与できるのではないかと考えた。私が中大規模木造で採用している構造は、一般流通木材と一般的な技術の組み合わせた軸組構法住宅の延長にあるものが多く、一定の汎用性は持っている。

そのようなことを考えているタイミングで、エクスナレッジさんから今回の改訂のお話をいただいた。しかも、事例編の連載を数回させていただき、入れ替えをさせていただけるという。このような経緯からエクスナレッジさんと相談しながら、極端に特殊な技術や構造システムを用いているものや、前職時代のプロジェクトを中心に、7事例を入れ替えさせていただくこととした。新しく追加した住宅4事例、非住宅3事例はどれも特徴的な構造でありがらも、一般的な木材と技術でできているものばかりである。

事例編は、いつも仕事の依頼と建築に対しての示唆をいただいているだけでなく、掲載の快諾から資料提供、原稿のチェックに至るまで多大なご協力いただいた建築家とそのスタッフの方々によって成立している。旧版でご協力いただいた7事例を外すことについては大変心苦しく感じている。この場を借りてお詫びを申し上げたい。

最後に私的な話を書かせていただきたい。私が大学卒業後から15年間に渡って厳しくも温かく育ててくださった増田建築構造事務所の増田一眞所長が今年の1月に亡くなった。自分が今、構造設計や執筆・講演などの仕事を広くさせていただけているのは増田所長のおかげに他ならない。私自身の思想・技術・ネットワークの元は増田事務所時代に構築された。構造設計を追求するだけでなく、さまざまなセミナーや運動といった社会活動を精力的に行い、そこで得られた情報やネットワークを新しい仕事にも生かすことを実践しておられたのは増田所長ご自身であった。その姿を間近でみていた私はいつか増田所長のような存在に近づきたいと考えていたが、50歳になった今も背中が見えない。私の現段階での仕事の成果である本改訂版を奥様や娘さんにお渡しし、ご霊前にお供えいただけたらと考えている。

2023年3月吉日　山田憲明

山田憲明 ［やまだ・のりあき］

山田憲明構造設計事務所

経　歴

1973年東京都生まれ。1997年京都大学工学部建築学科卒業後、同年に増田建築構造事務所入社。

2000年～ 2012年同社チーフエンジニアを務める。

2012年山田憲明構造設計事務所設立。

2013年～早稲田大学非常勤講師。

主な受賞歴

2011年　第22回JSCA賞作品賞「国際教養大学図書館棟」
2012年　第7回日本構造デザイン賞「東北大学大学院環境科学研究科エコラボ」
2019年　第14回木の建築賞　木の建築大賞「南小国町役場」
2020年　第15回木の建築賞　木の建築大賞「ふみの森もてぎ」
2020年　第23回木材活用コンクール最優秀賞（農林水産大臣賞）「大分県立（昭和電工）武道スポーツセンター」
最優秀賞（国土交通大臣賞）「住友林業筑波研究所新研究棟」
2021年　日本建築学会賞（作品）「上勝ゼロ・ウェイストセンター」
2021年　第22回JIA環境大賞「上勝ゼロ・ウェイストセンター」
2022年　第16回木の建築賞　木の建築大賞「道の駅ふたつい」
2022年　日経アーキテクチュア　編集部が選ぶ10大建築人2023

主な構造作品

2008年　国際教養大学中嶋記念図書館（仙田満+環境デザイン・コスモス設計共同企業体）*
2010年　東北大学大学院環境科学研究科エコラボ（ササキ設計）*
2013年　竹林寺納骨堂（堀部安嗣建築設計事務所）
2015年　ベラビスタスパ&マリーナ尾道　メインダイニング エレテギア（中村拓志&NAP建築設計事務所）
2016年　茂木町まちなか交流館（内田文雄+龍環境計画）
2019年　大分県立武道スポーツセンター（石本建築事務所）
2019年　住友林業筑波研究所新研究棟（le style h / Atelier Asami Kazuhiro、住友林業木化推進部）
2019年　本山寺五重塔解体・保存修理（多田善昭建築設計事務所）
2020年　上勝町ゼロ・ウェイストセンター（中村拓志&NAP建築設計事務所）
2021年　高浜の高床（福島加津也+中谷礼仁／千年村計画、福島加津也+冨永祥子建築設計事務所）
2022年　上野東照宮神符授与所／静心所（中村拓志&NAP建築設計事務所）

*は増田建築構造事務所時代の担当作品

ヤマダの木構造 改訂版

2023年4月1日　初版第1刷発行

著　者　山田憲明
発行者　澤井聖一
発行所　株式会社エクスナレッジ
〒106-0032
東京都港区六本木 7-2-26
https://www.xknowledge.co.jp/

お問い合わせ　編集　TEL：03-3403-1381
Fax：03-3403-1345
info@xknowledge.co.jp
販売　TEL：03-3403-1321
Fax：03-3403-1829